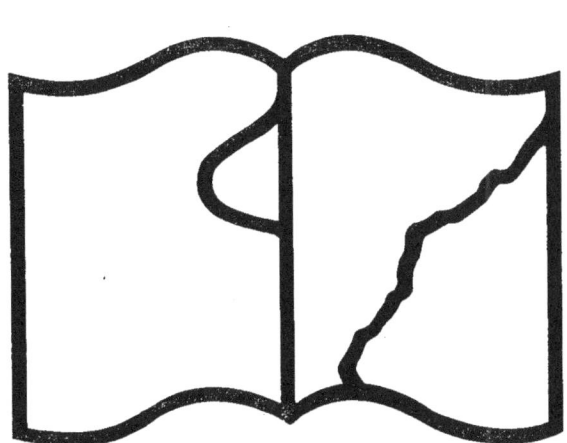

Texte détérioré — reliure défectueuse
NF Z 43-120-11

Carte en couleurs : Allemagne physique. — 14 Reproductions photographiques et 1 Plan. Fascicule **1**

Fasc. **1**

Prix : **60** cent. net.

L'ALLEMAGNE CONTEMPORAINE
ILLUSTRÉE

OBJET DE L'OUVRAGE

L'Allemagne, depuis trente ans, s'est transformée. A côté de la caserne, l'usine a surgi et passé la frontière, même la nôtre; et dans la lutte économique qui caractérise la vie moderne, l'industrie et le commerce allemands ont pris une place de jour en jour plus grande. Les journaux, les revues, quelques livres spéciaux de statistique et d'économie politique ont signalé, en France, cet essor considérable. Mais jusqu'à présent aucun ouvrage d'ensemble n'a fait vivre sous nos yeux l'Allemagne d'aujourd'hui. Nous sommes réduits, sur un sujet d'un intérêt aussi essentiel, à des renseignements épars ou vieillis, les conceptions qu'il provoque sont trop souvent inexactes et excessives dans un sens ou dans l'autre : car si l'on ne doit pas se dissimuler les progrès du peuple allemand, il ne faut pas non plus, comme nous avons parfois tendance à le faire, croire que tout soit parfait au delà du Rhin. *L'Allemagne contemporaine illustrée* a pour but de remettre les choses au point, en présentant au grand public la synthèse vivante et impartiale qui lui manque.

SOURCES D'INFORMATION

Cet ouvrage n'est pas un froid inventaire de mots et de chiffres. L'auteur a voulu *modeler* pour ainsi dire *son enquête sur le sol* même. Avant de parler de l'Allemagne, il l'a parcourue plusieurs fois : des photographies prises sur tous les points du territoire sont ses *témoins*. Il n'a pas cru que visiter quelques grandes villes devait suffire à juger le reste, comme font tant d'Allemands à notre égard.

Ce qu'une exploration consciencieuse a pu laisser dans l'ombre, il l'a demandé aux hommes et aux documents les mieux qualifiés pour compléter et préciser ses renseignements. Une bibliographie suit chaque chapitre et en indique les sources. A côté des œuvres les plus appréciées en Allemagne et des *statistiques officielles* de l'Empire allemand, les meilleurs, parmi nos travaux français, ont été mis à contribution : rapports de nos consuls dans le *Journal officiel du commerce;* nombreuses *monographies, voyages, enquêtes* sur l'Allemagne économique, *Bulletins* des *sociétés de géographie* de Paris et de province, etc. — Compte rendu officiel de l'exposition allemande en 1900; recensement de la population allemande en décembre 1900.

PLAN DE L'OUVRAGE

Le principe même de ce travail étant la *description sur place*, il trouve son développement logique dans les grandes divisions indiquées par la nature. La dissection d'un pays en *géographie physique, politique*, etc., commode pour l'usage, a le tort de trop séparer des choses unies par la réalité et de n'en donner que les aspects successifs. En prenant pour guide, sans nous y asservir, l'idée général du *relief* et des *eaux*, nous avons suivi les *grands courants de la vie* par régions : la côte (**Nord**); la région de l'**Ouest** (Rhin); le **Centre** (sillon de l'Elbe); la grande plaine de l'**Est**; la région **Sud** (Danube et Bavière).

Chemin faisant, chaque sujet se présente de lui-même et fait corps avec le sol qui le retient : l'*industrie* avec la région industrielle la plus caractéristique (Westphalie et Prusse rhénane), la *marine* avec les ports, l'*armée* avec son chef et la capitale. L'*Alsace*, française de cœur, bien qu'actuellement annexée, se lie à la *frontière* : il fait si bon quand même, retourner au pays !

On croit avoir tout dit en parlant des villes ; nous avons voulu connaître le *paysan* chez lui, dans les diverses régions de l'Allemagne. La *crise agraire* et *sociale* dont souffre le pays est pleine d'enseignements. On a enfin écarté par principe tout ce qui est purement spéculatif pour mettre bien en relief *ce qui nous intéresse le plus*, marine, armée, frontières, industrie, expansion, etc., et constitue pour les Français la *synthèse utile et vivante*, de l'Allemagne contemporaine.

Un *sommaire* au début de chaque développement, des *tables* très complètes à la fin de l'ouvrage, permettront de trouver sans peine le sujet dont on aura besoin.

ILLUSTRATION ET CARTOGRAPHIE

L'*image photographique*, directe et sans retouche, complète et anime singulièrement les personnages et les choses. Nos gravures abondantes et riches causeront plus d'une surprise. Il en est qui constituent de précieux documents.

La **carte** met les choses au point sur le terrain même de notre étude : elle est précise et d'une admirable netteté, comme dans l'*Atlas Larousse*. Nous n'avons pas cru que la science doive être nécessairement obscure. Les Allemands se sont fait une réputation justifiée en cartographie, ce qui ne les empêche pas de commettre des fautes et de présenter bien des contradictions. Il est parfois difficile de dégager la vérité. D'ailleurs, le moindre défaut des cartes allemandes est d'exiger pour les suivre une certaine expérience : la clarté n'est pas leur premier mérite. Notre carte : **Allemagne militaire** et chemins de fer, avec signaux de commandement, est la *première* établie sur documents officiels, d'après la loi de mars 1899 : elle présente *l'état actuel* des forces allemandes.

Du même format que l'*Atlas Larousse* et le *Paris-Atlas*, imprimée comme eux sur magnifique papier couché, et comme eux illustrée à profusion de merveilleuses reproductions photographiques, *L'Allemagne contemporaine illustrée* continue l'œuvre de vulgarisation si originale et si séduisante qui a été accueillie avec tant de succès dans ces deux ouvrages : c'est tout à la fois un livre d'un caractère véritablement artistique et un livre de fond de haute valeur, qui a sa place marquée dans la bibliothèque de tous ceux qui s'intéressent aux grandes questions du temps présent.

L'Allemagne contemporaine illustrée contiendra 8 cartes en couleurs, dont 4 sur double page, et 14 cartes en noir, dont 4 au moins sur toute la largeur de la page

---

L'Allemagne contemporaine illustrée formera 26 fascicules à **60 centimes**. Il paraîtra trois fascicules par mois jusqu'en septembre, quatre ou cinq par mois à partir d'octobre. L'ouvrage sera terminé en décembre 1901. — Il y aura une carte en couleurs tous les trois fascicules. Les fascicules accompagnés d'une carte en couleurs n'auront que 8 pages; tous les autres en auront 12.

Souscription à forfait à l'ouvrage complet

En fascicules ou en séries de cinq fascicules, au fur et à mesure de la publication.	13 fr. 50	Payable en deux traites égales : la première dans le mois qui suit la souscription; la douzième, le 5 décembre 1901.
En un volume *broché*, livrable à l'achèvement.	13 fr. 50	
En un volume *relié demi-chagrin* (fers spéciaux) livrable à l'achèvement.	18 fr. 50	

La souscription à forfait à prix réduit sera irrévocablement close le 31 octobre 1901

*Au 1ᵉʳ novembre, le prix de l'ouvrage sera porté à **15 francs** en fascicules, séries ou volume broché; — **20 francs** en volume relié.*

LIBRAIRIE LAROUSSE, 17, Rue Montparnasse, PARIS
Envoi franco au reçu d'un mandat-poste.

Vient de paraître :

MÉMENTO LAROUSSE

PETITE ENCYCLOPÉDIE DE LA VIE PRATIQUE

Contenant en un seul volume, classées méthodiquement, toutes les connaissances d'utilité journalière

Grammaire, Style, Littérature,
Histoire, Géographie, Cosmographie, Géologie,
Arithmétique, Géométrie pratique, Arpentage et Nivellement,
Topographie, Dessin, Physique et Chimie, Sciences naturelles, Agriculture,
Horticulture, Économie domestique, Hygiène, Morale,
Instruction civique, Droit usuel, Couture, Broderie, Gymnastique,
Musique, Savoir-vivre, Correspondance,
Renseignements usuels sur la Poste, le Télégraphe, etc.

Règles de grammaire, principes d'arithmétique, notions de sciences, d'histoire, etc., il ne se passe pour ainsi dire pas de jour que nous n'ayons besoin de retrouver quelque connaissance oubliée, quelque renseignement qui nous échappe. Tout le monde a remarqué la rapidité avec laquelle s'effacent les leçons apprises au temps de notre enfance, et qui ne s'est vu maintes fois embarrassé devant des questions auxquelles répondrait le premier écolier venu ?

On saisit donc quels services continuels rendra à tous un livre comme le *Mémento Larousse* : un livre qui résume, en un volume maniable et facile à consulter, tous les livres de classe qu'on ne possède plus et auxquels il serait du reste incommode d'avoir recours. Le *Mémento Larousse* est plus encore. Englobant sous une forme méthodique et substantielle tous les matériaux d'une solide instruction, il ne s'en tient pas aux programmes scolaires.

Il a cette originalité de faire place, à côté de la partie purement intellectuelle, à une foule de notions de la vie usuelle qu'on aurait peine à trouver réunies ailleurs. Il forme ainsi un tout d'une exceptionnelle valeur pratique, un véritable vade-mecum. Le *Mémento Larousse* est le complément du *Dictionnaire Larousse* : il a sa place marquée à côté de lui dans toutes les bibliothèques, sur toutes les tables de travail. A eux deux, l'un dans l'ordre alphabétique, l'autre dans l'ordre méthodique, ils contiennent toutes les connaissances d'utilité journalière.

Ajoutons que le *Mémento Larousse* rendra en particulier les plus grands services aux candidats aux divers examens (brevets de l'enseignement primaire, postes et télégraphes, etc.). Il sera également précieux pour les jeunes gens entrés dans la vie qui voudront conserver et même développer le savoir acquis sur les bancs de la classe.

Un volume in-16, 700 pages, 850 gravures, 20 tableaux synthétiques, 82 cartes, dont 50 en couleurs, exercices de dessin, de musique, etc. Cartonné, 4 fr. 50. — Relié toile . . . . 5 francs

LIBRAIRIE LAROUSSE, 17, Rue Montparnasse, PARIS
Envoi franco au reçu d'un mandat-poste.

Atlas Larousse illustré

*Magnifique publication de luxe
imprimée sur papier couché, et contenant 42 cartes en couleurs et 1158 reproductions photographiques*

L'*Atlas Larousse illustré* est tout à la fois un ouvrage de luxe d'un caractère réellement artistique et un livre de fonds qui présente un tableau d'ensemble absolument unique de la géographie du monde entier. Texte, cartes, illustrations, tout y concourt à donner une vision claire et rapide des choses. Complètes et simples en même temps, de bon goût et d'aspect séduisant, les cartes sont d'une netteté extraordinaire et même les moins expérimentés les liront sans aucune difficulté. Le texte contient en termes précis tout ce qu'il faut savoir sur la France et sur tous les pays de l'Europe et des autres parties du monde. Enfin, pour l'illustration, on n'a admis par principe que le document vrai, pris sur le vif, c'est-à-dire le document photographique, reproduit sans l'intermédiaire d'aucune retouche; il y a près de douze cents gravures, vues pittoresques et monumentales, détails du sol, types et costumes, qui constituent une collection absolument unique. « Ce livre, a dit M. de Lapparent, l'éminent géologue, nous semble appelé à répandre le goût de la science du globe, par la forme exceptionnellement attrayante dont on a su envelopper un fonds d'informations puisées aux meilleures sources. »

Prospectus spécimen sur demande.

L'ouvrage complet, en feuilles sous étui. . . 26 francs | En un volume relié demi-chagrin. . . . . . . 32 francs
En deux volumes reliés toile. . . . . . . 34 francs
On vend séparément relié toile : TOME I (FRANCE ET COLONIES), 15 francs; — TOME II (LES CINQ PARTIES DU MONDE), 20 francs

Paris-Atlas

*Magnifique publication de luxe, imprimée sur papier couché, 24 plans en couleurs,
595 reproductions photographiques, 32 dessins*

Conçu sur le même plan que l'*Atlas Larousse illustré*, imprimé sur papier de luxe et merveilleusement illustré, *Paris-Atlas* présente, par le texte et par l'image, le tableau le plus complet et le plus vivant qui ait jamais été donné du Paris d'aujourd'hui et de ses environs. La rédaction du texte a été confiée à un écrivain qui, depuis plus de vingt ans, s'occupe exclusivement d'histoire parisienne, M. Fernand Bournon. On n'a accordé que très peu de place aux détails rétrospectifs pour consacrer tout le soin possible à la description du Paris actuel, le seul véritablement intéressant pour nous. Pour l'illustration, c'est à la photographie qu'on a eu recours, comme dans l'*Atlas Larousse illustré*, et on peut dire que ce superbe ouvrage contient la collection de vues la plus caractéristique et la plus attachante qu'il soit possible de réunir sur Paris. Enfin le lecteur y trouvera une série de plans d'une remarquable exécution (plan d'ensemble, plan de chacun des vingt arrondissements, plans des environs).

Prospectus spécimen sur demande.

Un volume grand in-4°, broché. . . . . . . 18 francs | Relié demi-chagrin, fers spéciaux . . . . . . 23 francs

Les deux ouvrages ci-dessus peuvent être acquis à raison de **5 francs par mois**.
(Conditions valables seulement pour la France, l'Algérie, la Tunisie, l'Alsace-Lorraine, la Belgique et la Suisse.)

L'ALLEMAGNE
contemporaine illustrée

L'ALLEMAGNE
contemporaine illustrée

PAR

P. JOUSSET

22 Cartes dont 8 en couleurs
588 Reproductions photographiques

LIBRAIRIE LAROUSSE. PARIS.

PRÉFACE

Objet de l'ouvrage

   EPUIS trente ans, L'ALLEMAGNE s'est transformée : sa *marine,* née d'hier, compte déjà pour un élément important dans l'équilibre des forces européennes ; son *armée* ne cesse de croître; les *places* de guerre s'accumulent sur le front du Rhin, comme autant de foyers d'appel pour un *réseau ferré* de lignes accourues de tous les points de l'horizon. A ce faisceau menaçant, il faut ajouter l'*invasion économique* des agents commerciaux et des produits de l'Allemagne. Un élément nouveau s'est fait jour : l'*usine* a surgi à côté de la *caserne;* elle a passé la frontière ; et, dans la lutte économique qui caractérise la vie moderne, l'industrie et le commerce allemands ont pris une place de jour en jour plus grande.

Il n'est personne que ne touche cet essor considérable. Et cependant, si les journaux, les revues, quelques livres spéciaux de statistique et d'économie politique nous l'ont signalé, aucun ouvrage d'ensemble n'a mis sous nos yeux l'Allemagne nouvelle. A l'exception des érudits, des chercheurs et de ceux qu'éclaire un intérêt immédiat, les Français ne possèdent sur un sujet aussi essentiel que des renseignements épars, vieillis, ou des pamphlets dans lesquels le parti pris nuit à la froide recherche de la vérité.

D'autre part, s'il convient de recourir aux documents de source allemande, nous ne pouvons admettre aveuglément ce que nos voisins disent d'eux-mêmes. Tout n'est pas parfait au delà du Rhin, comme ils voudraient le faire croire : il s'en faut même, à y regarder de près. Un élan trop rapide s'effondre bien souvent en de tristes lendemains.

Le but de cet ouvrage est de *remettre les choses au point,* de grouper en *une synthèse* impartiale et vivante les éléments les plus divers et de montrer au grand public l'*Allemagne telle qu'elle est aujourd'hui,* c'est-à-dire, *comme il nous importe de la connaître.*

Sources d'informations :

Cet ouvrage n'est pas un froid inventaire de mots et de chiffres. L'auteur a voulu *modeler,* pour ainsi dire, *son enquête sur le sol* même. Avant de parler de l'Allemagne, il l'a parcourue plusieurs fois : des photographies prises sur tous les points du territoire sont ses *témoins.*

Ce qu'une exploration consciencieuse a pu laisser dans l'ombre, il l'a demandé aux hommes et aux documents les mieux qualifiés pour compléter et préciser ses connaissances. Une *bibliographie* suit chaque chapitre et en indique les sources. A côté des œuvres les plus appréciées en Allemagne et des *statistiques officielles* de l'Empire allemand, les meilleurs, parmi nos travaux français, ont été mis à contribution : *rapports de nos consuls* dans le *Journal officiel du commerce;* nombreuses *monographies, voyages, enquêtes* sur l'*Allemagne économique, Bulletins des sociétés de géographie* de Paris et de province, etc.

PRÉFACE

Développement de l'ouvrage :

La *description sur place* étant le principe qui l'inspire, notre travail trouve son développement logique dans les grandes divisions indiquées par la nature. La dissection totale d'un pays en *géographie physique, politique*, etc., commode pour l'usage des classes, ne va pas sans uniformité ni convenu : elle sépare des éléments groupés par la réalité, et n'en présente que des aspects successifs, sans vie et sans couleur. Nous devions au grand public une vérité plus saisissante.

En prenant pour guide, sans s'y asservir, l'idée générale du *relief* et des *eaux*, l'auteur a suivi les *grands courants de la vie* **par régions** : la côte (**Nord**) ; la région de l'**Ouest** (Rhin); le **Centre** (sillon de l'Elbe); la grande plaine de l'**Est** ; la région du **Sud** (Danube et Bavière).

Chemin faisant, chaque sujet se présente de lui-même et fait corps avec le sol qui le retient : l'*industrie* avec la région industrielle la plus caractérisque (Westphalie et Prusse Rhénane) ; la *marine* avec les ports ; l'*armée* avec son chef et la capitale ; la *frontière* avec l'Alsace ; l'*agriculture* avec les divers pays qui composent les traits variés de sa physionomie changeante.

On croit avoir tout dit en parlant des villes. Ce sont des haltes, précieuses sans doute, dans une excursion comme la nôtre. Mais nous avons aussi voulu connaître le *paysan* chez lui, dans les différentes régions de l'Allemagne : la *crise agraire* et *sociale* dont souffre ce pays est pleine d'enseignements. Nous avons enfin écarté par principe tout ce qui est purement spéculatif, pour mettre bien en relief *ce qui nous intéresse le plus :* marine, armée, frontières, industrie, institutions, mœurs, etc., en un mot tout ce qui constitue pour les Français la *synthèse utile* de l'Allemagne contemporaine.

Un *sommaire* au début de chaque développement, des *tables* très complètes à la fin de l'ouvrage, permettent de trouver sans peine le sujet que l'on désire étudier.

Illustration et Cartographie :

L'*image photographique*, directe et sans retouche, anime les personnages, complète l'idée des choses. Nos gravures, abondantes et riches, causeront plus d'une surprise. Il en est qui constituent de précieux *documents*.

La **carte** met les choses au point sur le terrain même de notre étude : elle est précise et nette, comme dans l'*Atlas Larousse*. Nous ne croyons pas que la science doive être nécessairement obscure. Les Allemands se sont fait une réputation justifiée en cartographie, ce qui ne les empêche pas de commettre des fautes, de tomber dans beaucoup de contradictions et de présenter bien des obscurités. Le moindre défaut des cartes allemandes est d'exiger pour les suivre une certaine expérience : la clarté n'est pas leur premier mérite. Notre carte : **Allemagne militaire** et chemins de fer, avec signaux de commandement, est la *première* établie sur documents officiels, d'après la loi de mars 1899 : elle présente l'*état actuel* des forces allemandes. La grande carte du *Rhin* offre une étude saisissante de la frontière.

Cet ouvrage, s'il éveille l'attention sur un sujet d'une importance capitale et fixe clairement la situation de l'Allemagne au début de ce siècle, rendra peut-être service ailleurs que dans le domaine spécial de la géographie.

P. JOUSSET.

HAMBOURG : PONT JETÉ SUR LE CANAL DE LA DOUANE, A LA LIMITE DU PORT LIBRE.

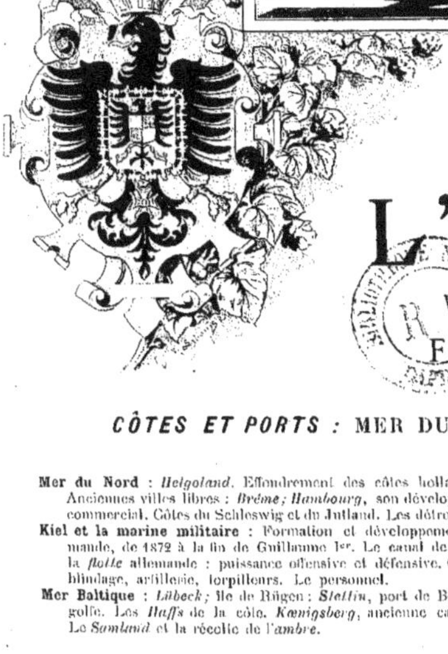

L'ALLEMAGNE

FRONT MARITIME

CÔTES ET PORTS : MER DU NORD. — MARINE DE GUERRE. — MER BALTIQUE.

Mer du Nord : *Helgoland*. Effondrement des côtes hollandaise et frisonne. Anciennes villes libres : *Brême; Hambourg*, son développement maritime et commercial. Côtes du Schleswig et du Jutland. Les détroits *danois*.

Kiel et la marine militaire : Formation et développement. La *marine* allemande, de 1872 à la fin de Guillaume Ier. Le canal de *Kiel*. État actuel de la *flotte* allemande : puissance offensive et défensive. Cuirassés, croiseurs, blindage, artillerie, torpilleurs. Le personnel.

Mer Baltique : *Lübeck;* île de Rügen : *Stettin*, port de Berlin. *Danzig* et son golfe. Les *Haffs* de la côte. *Kœnigsberg*, ancienne capitale de la Prusse. Le *Samland* et la récolte de l'*ambre*.

MER DU NORD

L'Allemagne n'a de *vraie* frontière qu'au nord, du côté de la mer : encore cette limite tracée par la nature est-elle mal affermie et rompue inégalement, de Hollande en Russie, par l'isthme du Schleswig-Holstein, racine du Jutland danois. A gauche, les flots de la mer du Nord battent le rivage ; à droite, s'étend la mer Baltique.

Avec les 540,667 kilomètres carrés de superficie compris entre ses frontières de terre, l'Allemagne est surtout une puissance continentale. Mais l'essor donné à son commerce maritime et par contre-coup à sa marine marchande et à sa marine de guerre ont donné au littoral allemand une importance plus considérable que ne le faisait prévoir son développement incommode.

Au large *du golfe* de la Jade, le rocher d'**Helgoland** est la sentinelle avancée de l'Allemagne dans la mer du Nord. On s'y rend de Hambourg, par bateau, en cinq ou six heures; ou bien, par express, en deux heures quinze minutes jusqu'à Cuxhaven (117 kilomètres) et de là, en trois heures, par le bateau. En 1890, l'île a été rétrocédée à l'Allemagne par les Anglais qui, l'ayant prise au Danemark (1807), avaient depuis négligé de la rendre. Ils y trouvaient, à l'abri des dunes et des récifs qui défendent l'île, comme un brise-lames, contre les vents du nord-est, un refuge commode pour leurs navires. A la fin du XVIIe siècle encore, la ligne avancée des écueils tenait par un isthme à l'île principale. Depuis, tous les contreforts d'Helgoland se sont effondrés et leurs débris dessinent comme une double voie d'accès vers la plate-forme surélevée : port du *Nord* et port du *Sud*.

L'ILE D'HELGOLAND, VUE DE LA DUNE.

La roche dure a résisté aux assauts de la mer. *Helgoland* n'est plus qu'un rocher, mais « un rocher superbe, dont les strates de grès bigarré presque horizontales et diversement sculptées par les pluies, le vent, le soleil, l'air salin, brillent en couleurs bien tranchées, vert, brun, rouge éclatant » (1). À l'extrémité orientale de l'île, un bourg de pilotes et de baigneurs occupe une plage étroite et monte à l'assaut des escarpements de la falaise. Un escalier (493 marches) et un ascenseur donnent accès au plateau ou *Oberland*, qui est recouvert de végétation (longueur, 1,750 mètres; largeur, 750; altitude, de 30 à 57 mètres). Au sud-est, et à la base même du rocher, l'*Unterland* n'est composé que de sable, avec quelques groupes de maisons. L'île a environ 65 hectares de superficie et 2,000 habitants d'origine frisonne, pêcheurs et pilotes, qui ont conservé en partie l'originalité des costumes et des anciennes mœurs. On se baigne surtout à la *Dune* ou *Sandinsel*, séparée de l'*Unterland* par 1,000 ou 1,200 mètres de mer : la Dune mesure 1,100 mètres de long, et 350 mètres, dans sa plus grande largeur.

CÔTES HOLLANDAISE ET FRISONNE.

Bien qu'elle se rétrécisse en ses deux extrémités, formant une sorte de canal : *pas de Calais* à l'ouest vers l'océan Atlantique; *Cattégat* à l'est, et *détroits danois* vers la Baltique, la **mer du Nord** est en réalité un grand golfe de l'*Océan Glacial* ouvert sur l'Europe, entre les *îles Britanniques* d'une part, le *Danemark* et la *Norvège* de l'autre.

Les *îles Shetland* en commandent l'entrée. De ce point, jusqu'à la côte norvégienne, elle mesure 370 kilomètres de large; la diagonale menée par le travers, de *Calais* à la pointe *Lindesnaes*, extrémité méridionale de la Norvège, est de 812 kilomètres.

La sonde y relève des profondeurs très inégales; à droite des Shetland, une sorte d'entonnoir (*Trichter*) s'enfonce à 150 mètres, et les côtes norvégiennes sont enveloppées de courants, profonds jusqu'à 600 et 700 mètres. Les *courants* alternent, au sud, avec des *récifs*, ou des *bancs de sable* dangereux (*Doggerbank*), surtout quand la tempête ou les brouillards égarent les navires dans ces parages. Aucune *île* de refuge à l'horizon; seul le rocher inhospitalier d'*Helgoland* se dresse loin de la côte. La mer n'a que 20 ou 30 mètres, en vue des côtes allemandes; elle s'enfonce, à mesure que l'on avance vers le nord.

(1) E. RECLUS, p. 737, *Europe centrale*.

UN PÊCHEUR DE LA CÔTE

Dans un bassin relativement resserré et aussi tourmenté que celui de la mer du Nord, la marée présente des niveaux forts différents. Du côté de Calais, elle monte à 3 mètres, puis diminue en s'étendant, pour refluer de nouveau, avec le flot venu d'Écosse. Un autre courant de marée vient du nord par le Trichter. Sur la côte de *Frise*, le flux monte de 1ᵐ,80 à 2ᵐ,50; à 2ᵐ,80 devant la baie de la Jade; à 3 mètres dans l'embouchure de l'*Elbe*. Mais tout près, sur la côte occidentale du *Jutland*, il n'atteint que 6, ou même 3 décimètres.

Avec le vent du nord-ouest, la marée pénètre profondément dans l'embouchure des fleuves et porte les gros navires sur un flot de 6 mètres jusqu'à *Hambourg* et *Anvers*. Entre les deux grandes cités maritimes de l'Elbe et de la Meuse, la côte qui regarde la mer du Nord est plus exposée que toute autre à l'assaut des vagues.

Depuis le grand effondrement qui rompit les falaises entre *Douvres* et *Calais* et ouvrit un passage à la *mer du Nord* sur l'Océan, cette rive a subi de furieux coups. Maintes fois on vit, en ces jours de tempête, les vagues déchaînées s'élancer en mugissant par le couloir des fleuves, couvrir les rives, escalader les pentes, remplir les dépressions, et s'étendre comme un linceul de mort au-dessus des cultures et des villages submergés.

Ainsi se sont ouvertes de vastes baies : le *Biesboch*, aux bouches de la Meuse; le *Dollart* devant l'Ems; la *Jade*, à côté du Weser. D'immenses territoires ont été engloutis : 72 villages dorment sous les eaux du *Biesboch*, depuis la nuit sinistre du 19 novembre 1421; le *Dollart* date de 1277 et recouvre 50 villages; enfin une irruption de la mer, en 1511, étala les flots du golfe de *Jade* sur une superficie de 190 kilomètres carrés.

Mais, de toutes les conquêtes de la mer, la plus importante a été celle du **Zuiderzée**, immense baie ouverte entre la Frise et la Hollande et à peu près à mi-distance de *Calais* à *Hambourg*. C'est le point de la côte le plus directement exposé aux fureurs du nord. Déjà Tacite parle d'un lac dormant, *Flevo*, que sillonne le cours de la *Vlie* profonde, dans le prolongement de l'*Yssel*, déversoir septentrional du *Rhin*. Les îles de *Vlieland* et de *Terschelling*, anciennes dunes disloquées par la mer, s'étaient séparées, en 1170 tout le pays intérieur, du *Texel* à l'île d'*Amland*, disparut sous les eaux. En même temps une cuvette en retrait s'était formée, au milieu de laquelle les îles d'*Urk* et de *Schokland*, rappellent encore les champs disparus. La grande submersion de 1395, en brisant l'isthme de séparation entre les deux bassins, maritime et intérieur, acheva le *golfe* qui est proprement le *Zuiderzée*, au-dessous de l'étranglement marqué par *Enkhuizen* et *Stavoren*, sur l'une et l'autre rive.

Mais l'homme a pris sa revanche sur la mer. Non content de mettre à l'abri de digues solides les grasses et fertiles campagnes de la *Flandre* et de la *Hollande*, il a entrepris de reconquérir les terres perdues. Déjà la mer intérieure de *Haarlem*, qui avait 4 mètres de profondeur, a été desséchée : 170 kilomètres carrés ont été rendus à la culture pour des milliers d'habitants. Le *Zuiderzée*, à son tour, est entamé. Une longue digue, enracinée sur *Enkhuizen* et l'île d'*Urk*, trace jusqu'à l'embouchure de l'*Yssel*, les limites du domaine convoité : la profondeur des eaux n'y dépasse pas 3m,50. Le travail est commencé; déjà quelques terres émergent, et bientôt surgira au soleil une immense province.

Cependant les îles échelonnées le long de la côte, marquent encore le triomphe de la mer ; ce sont les ruines des anciennes dunes arrachées au littoral, rompues et déchiquetées par le flot: *Schiermonnikoog*, *Borkum* (à l'Allemagne), sur les côtes frisonnes; *Juist*, *Norderney*, *Langeoog*, *Spiekeroog*, *Wangeroog* (cette dernière presque entièrement rongée et appelée à disparaître) entre le *Dollart* et la *Jade*. A la pointe qui sépare l'embouchure du Weser(1), de l'estuaire de l'Elbe, la petite île de *Neuwerk* est un reste des anciennes terres.

Les *îles frisonnes* de la côte allemande sont très fréquentées pour leurs bains, durant la belle saison : dans le groupe occidental, *Borkum* et **Norderney**, capitale de l'île du même nom (10 kilomètres de longueur, 2 à 3 kilomètres de largeur). On s'y rend de Emden et de Norden : Norderney reçoit plus de 16,000 baigneurs. De même, sur la côte occidentale du Schleswig, au-dessus de l'Elbe, *Wyk*, dans l'île de *Fœhr* (72 kilomètres carrés), *Westerland*, dans celle de *Sylt* (la plus grande de l'Allemagne dans la mer du Nord, 99 kilomètres de superficie, 12 kilomètres de long), sont des villégiatures à la mode. Au large, le rocher d'*Helgoland* annonce la vaste dépression qui réunit les deux estuaires de l'*Elbe* et du *Weser*, en une immense baie commune. L'Allemagne y possède trois grands ports : l'arsenal maritime de *Wilhelmshaven* (2), et les anciennes villes libres de *Brême* et de *Hambourg*.

Brême fut, au moyen âge, l'une des grandes cités maritimes du Nord, unies pour la défense de leur commerce. L'Association dont elle fit partie, compta. 71 villes, du golfe de Finlande aux bouches

(1) Les Allemands disent: *die Weser, la Weser*. De même ils parlent de l'Elbe et de l'Oder au féminin. Le Rhin par contre est masculin : c'est affaire d'usage. Nous suivrons le nôtre, pour être compris.

(2) Voir plus loin la description : Marine de guerre.

ESCALIER ET ASCENSEUR D'HELGOLAND.

de la Meuse. La *Hanse*, comme on désignait alors cette Association, possédait une armée de terre et une flotte de guerre contre les pirates et les ennemis de l'intérieur ; le Conseil suprême résidait à Lübeck. Lorsque, aux XVe et XVIe siècles, les grandes découvertes changèrent l'équilibre commercial du monde, la puissance *hanséatique* déclina au profit des Hollandais; décrut tout à fait, pendant la guerre de Trente ans et disparut enfin, au cours du XVIIe siècle (1669). La *ville libre de Brême* a conservé de son passé un port franc et certaines *prérogatives administratives*. Il semble qu'elle ait retrouvé de nos jours son ancienne prospérité, depuis qu'elle s'est ralliée (15 octobre 1888) à l'Union douanière de l'empire allemand ou *Zollverein*.

Brême s'élève sur les deux rives du Weser, surtout du côté droit, à 65 kilomètres de l'embouchure du fleuve et à 115 kilomètres de la haute mer (400 kilomètres de Berlin). Les remparts ont fait place à de magnifiques promenades (*Anlagen*) que baignent les eaux courante, sous d'opulentes frondaisons. Six passages, jetés au-dessus des fossés, portent les noms des anciennes portes de ville. Encore que les rues de la vieille cité n'aient plus qu'en partie leur originalité d'autrefois, *Brême* conserve de beaux monuments de son ancienne grandeur : l'*Hôtel de ville*, du XVe siècle, avec son riche balcon, les statues de l'empereur et des sept électeurs et le sous-sol-restaurant (*Rathskeller*), cher aux buveurs, sans lequel un hôtel de ville qui se respecte ne va guère en Allemagne. Devant l'hôtel de ville, une statue de *Roland*, tenant du bras gauche un bouclier, dans sa main droite un glaive nu, rappelle les franchises de la ville et son droit de haute juridiction ; la statue a 5m,60 et fut érigée en 1412. Le *Schütting* (1538-1594), en face, est le siège de la Chambre de commerce ; à droite, la *Bourse*, bel édifice gothique bâti en 1861, élève près de la cathédrale (*Dom*) la belle façade d'une salle grandiose, divisée en trois nefs, que dominent des tribunes latérales ornées de

FALAISES DE LA CÔTE OCCIDENTALE D'HELGOLAND.

fresques, et plafond à caissons, richement décoré. Le *musée* et la *bibliothèque* de la ville (100,000 volumes) sont dans le voisinage : près de la *poste*, sur la *Domsheide*, une statue en bronze de *Gustave-Adolphe* (épave sauvée d'un navire qui fit naufrage), doit être bien surprise de se trouver là. Un magnifique monument, élevé en l'honneur de Guillaume Ier, décore la petite place d'accès qui s'étend sous le pignon occidental de l'hôtel de ville.

De nouveaux quartiers peuplent la rive gauche du Weser. Le fleuve forme en cet endroit une île, dont la pointe s'avance avec la ville. Trois beaux ponts

LE NOUVEAU PHARE.

donnent passage d'une rive à l'autre; plus bas, le pont du chemin de fer.

En aval s'étend, sur la rive droite, le territoire du *port franc*, comprenant un *bassin* large de 120 mètres, long de 2 kilomètres et profond de 6ᵐ,80, bordé de magasins et d'entrepôts. Dans son ensemble, le *territoire du port libre de Brême*, avec le nouveau bassin de construction pour la marine de guerre, couvre 115 hectares de superficie.

Vegesack (rive droite, à 17 kilomètres de la ville) et *Bremerhaven*, ce dernier surtout, sont les *avant-ports* de Brême. *Bremerhaven* possède quatre bassins, dont l'un pour les grands paquebots du *Lloyd de l'Allemagne du Nord*.

Brême est le second port de l'Allemagne; mais il lui manque ce qui fait en partie la fortune de Hambourg, un vaste débouché intérieur; le Weser ne se peut comparer à l'Elbe. Cependant le progrès de Brême est sensible; depuis son entrée dans le *Zollverein*, le chiffre des affaires est plus que doublé et le tonnage des navires, à l'entrée, a augmenté de 200 pour 100. Le dernier relevé accuse 4,299 entrées avec 2,128,903 tonneaux. *Brême* possède une flotte marchande de 408 navires avec 496,098 tonneaux et 12,884 hommes d'équipage (256 vapeurs, 9,834 matelots); de puissants ateliers de construction : Société *Vulcan* de Vegesack; des Compagnies de navigation florissantes : *Argo*... C'est le premier marché

LE MOINE, A HELGOLAND.

de *tabac* du monde; le second, après Liverpool, pour le *riz* et le *coton*; les *laines*, les *sucres*, les *céréales* y sont encore l'objet de nombreuses transactions. Brême est aussi le port d'embarquement de nombreux émigrés; on a construit pour eux des navires spéciaux qui sont de véritables hôtels flottants, à six et sept étages. Mais le mouvement général de l'*émigration* est tombé, de 60,000 départs environ, qu'il atteignait en 1892, à 9,000 seulement, ces dernières années.

L'industrie de Brême, moins importante que le commerce, s'emploie surtout à la transformation des matières premières importées.

Il ne faut pas confondre la *ville* avec le *territoire* de Brême, ni celui-ci avec l'*ancien État*, dont l'origine remonte à l'archevêché créé par Charlemagne et qui comprenait tout le pays entre le Weser et l'Elbe inférieur. L'ancien *évêché de Brême*, sécularisé en 1648, passa successivement à la Suède, puis à la maison de Brunswick; fut incorporé au royaume de Westphalie; à la France en 1811 (Brême, chef-lieu du département des Bouches-du-Weser); enfin au Hanovre, et devint, en 1867, un complément de l'État prussien. C'est à ce titre que la Prusse a pu céder à Brême, par la convention de mars 1892, le terrain nécessaire à la construction d'un nouveau port, affecté à la marine de guerre de l'empire.

Le *territoire de Brême* comprend en tout : 257 kilomètres carrés, avec près de 220,000 habitants. La *ville* n'a que 163,418 habitants (rec. 1900); *Bremerhaven*, un peu plus de 20,000.

La *ville libre hanséatique* de **Brême** est entrée dans la Confédération de l'Allemagne du Nord, le 18 août 1866; sa *Constitution* actuelle date du 1ᵉʳ janvier 1894. Le Sénat, composé de 16 membres âgés de 30 ans au moins, possède, comme *gouvernement de l'État*, le pouvoir *exécutif*; et, en commun avec un Conseil électif ou *Bürgerschaft*, de 150 représentants, le pouvoir *législatif*. Les *sénateurs* sont élus à vie. Les conseillers de la *Bürgerschaft* le sont pour 6 ans (86 d'entre eux sont désignés par les citoyens classés en professions; le reste par le suffrage direct des districts électoraux). Le Conseil législatif est renouvelé tous les 3 ans, par moitié. Quant au Sénat, il est présidé par *deux bourgmestres* élus dans son sein pour *quatre ans*. Chacun d'eux exerce à son tour, pendant *un an*, le pouvoir exécutif; mais les bourgmestres ne sont pas immédiatement rééligibles. La *dette* de Brême est de

TERRE D'EN BAS ET PLAGE D'HELGOLAND.

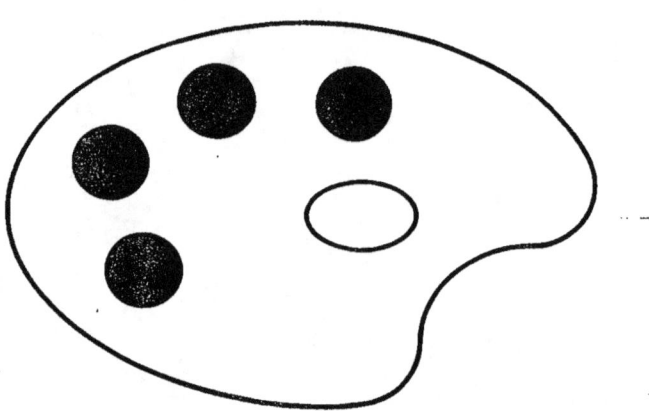

Original en couleur
NF Z 43-120-8

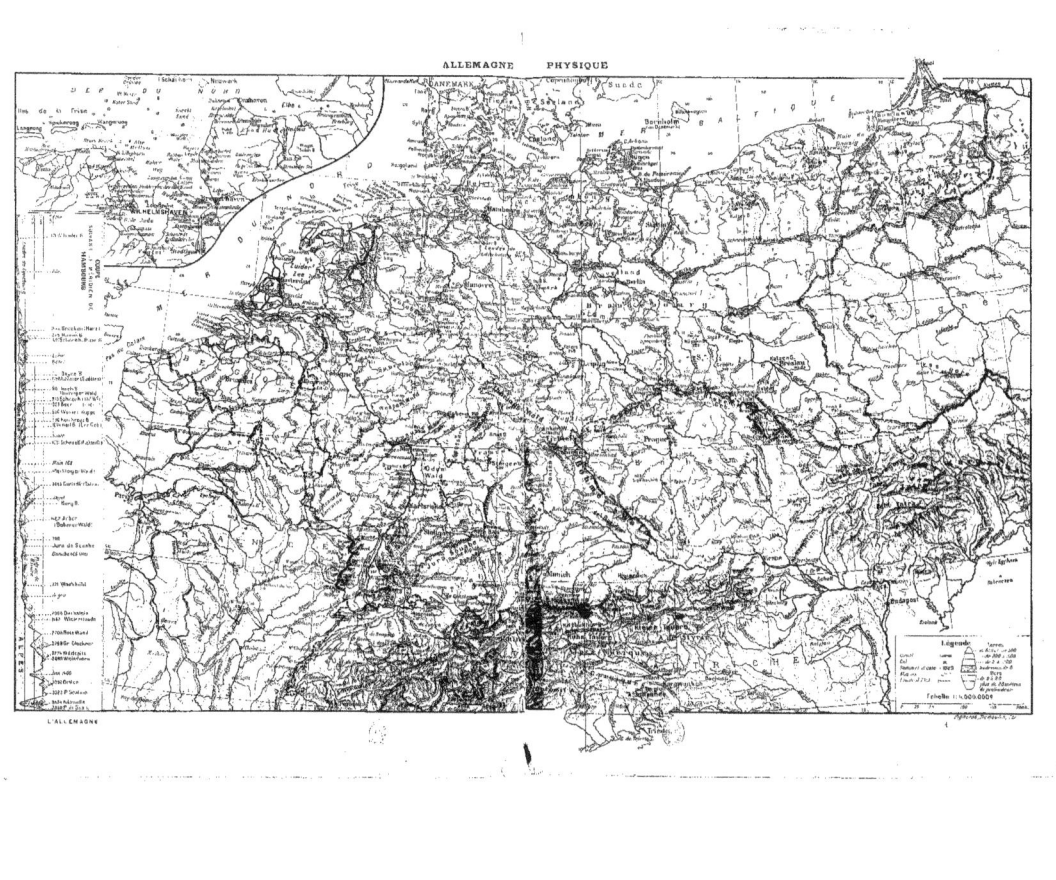

180,873,400 marcs(1); le budget de 23 millions (recettes) à 32 millions (dépenses). Les contingents militaires de Brême, Hambourg, Lübeck, forment des régiments à part, dans l'armée allemande.

Hambourg est à 110 kilomètres de Brême, et à une égale distance de la haute mer. L'Elbe y est accessible aux gros navires par 6 ou 7 mètres de fond, jusqu'en face de la ville. A cet endroit, la largeur du fleuve est de 250 à 530 mètres entre les quais, mais sans y comprendre les bras divers qui dessinent, sur la gauche, plusieurs îles importantes : *Finkenwärder*, *Altenwärder*, etc. L'échancrure de la rive droite, au confluent des deux rivières, *Bille* et *Alster*, était particulièrement favorable à l'établissement d'un port.

Depuis son entrée dans l'*Union douanière* de l'empire, ses franchises réservées, le *port de Hambourg* a été agrandi et transformé par d'immenses travaux. Déjà, de 1879 à 1888, on y avait dépensé 120 millions de marcs (150 millions de francs). Les *bassins* de la rive droite s'étendent vers *Altona*, sur une longueur de 8 kilomètres. Quatre cents gros vaisseaux, autant de bateaux de l'Elbe et bien d'autres encore peuvent y trouver place. On en découvre l'ensemble du haut du pont de l'Elbe (chemin de fer de Brême, Cologne, Paris), en amont de la ville ; à droite, le grand *Baakenhafen* et son parallèle, sur l'autre rive, le *Seegelschiffhafen*, port des voiliers (1,200 mètres de longueur, 140 à 270 mètres de largeur, 8 mètres de profondeur) ; dans le prolongement du Baaken, le *Grasbrookhafen*, où mouillent ceux des gros transatlantiques qui peuvent remonter jusque-là ; le *Sandthorhafen* (1,030 mètres de longueur), où se rangent les bateaux de la Méditerranée, les charbonniers anglais et hollandais ; à gauche, le port au pétrole, les chantiers de réparation ; puis, entre les deux rives ; jusqu'à l'horizon lointain, la double et triple ligne des navires symétriquement rangés comme des soldats en bataille. De tous côtés, le mouvement est intense, l'eau du fleuve battue en tempête, l'air déchiré de mugissements, obscurci d'une épaisse fumée : c'est un travail, une fièvre universels.

Le *port franc* suit le fleuve, jusqu'au pont de l'Elbe, et s'arrête, du côté de la ville, au *Zoll-Kanal* (canal de la douane), prolongement du *Binnenhafen*. C'est là, tout le long des quais, que s'allonge la suite interminable des *docks*, hautes et sombres prisons de briques et de fer, où s'engouffrent sans répit les produits des deux mondes. Rien de triste et de dur comme ces banales avenues où grincent les poulies d'appel et grondent les lourds camions sonnant la ferraille. Une foule affairée ne les anime point ; ici chacun a l'air soucieux et préoccupé ; l'on compte et l'on entasse.

L'un des ponts qui, franchissant le Zoll-kanal, réunissent les entrepôts à la ville ne manque pas d'allure. Le quai opposé est celui de l'ancien port (cela se sent) : ici, de proche en proche, débouchent les nombreux canaux ou *fleet* dérivés de l'*Alster* qui, se déroulant au milieu des maisons, comme autant de rues liquides, donnent à cette partie de la ville un aspect si original. Les voyageurs trop pressés y voient une autre Venise. Les canaux, en effet, manquent de limpidité, les chalands accostent aux magasins ouverts à fleur d'eau ; mais c'est peut-être le seul trait commun aux deux villes. Quelle relation entre ces épais et noirs bateaux traînés à grand effort et les sveltes gondoles qui glissent au moindre mouvement ? Et ces coulées obscures, réservoirs de puanteur ; ces maisons qui s'arc-boutent de leurs toits branlants pour éviter l'effondrement, ou titubent dans l'ombre sur leurs pilotis usés, comme des matelots issus à grand'peine des échoppes basses et louches ! Où retrouver ici l'harmonieux développement du Grand Canal, l'arc du Rialto, les palais brodés à jour et les mille surprises des ruelles et des carrefours ? Où les riches colonnades de Saint-Marc, les dômes légers et les rutilantes mosaïques de la vieille basilique ? Où les palais des doges, l'or des vieux marbres brunis par le temps, la moire tremblante des eaux ensoleillées sur le poli des porphyres ; la foule aimable et toute cette poésie de l'air limpide, de la lumière transparente et du ciel sans nuage, qui rendent si pénétrante la

HÔTEL DE VILLE DE BRÊME.

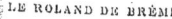

LE ROLAND DE BRÊME.

(1) Un marc = 1 fr. 25, à peu près.

PONT DU *WESER*, A BRÊME.

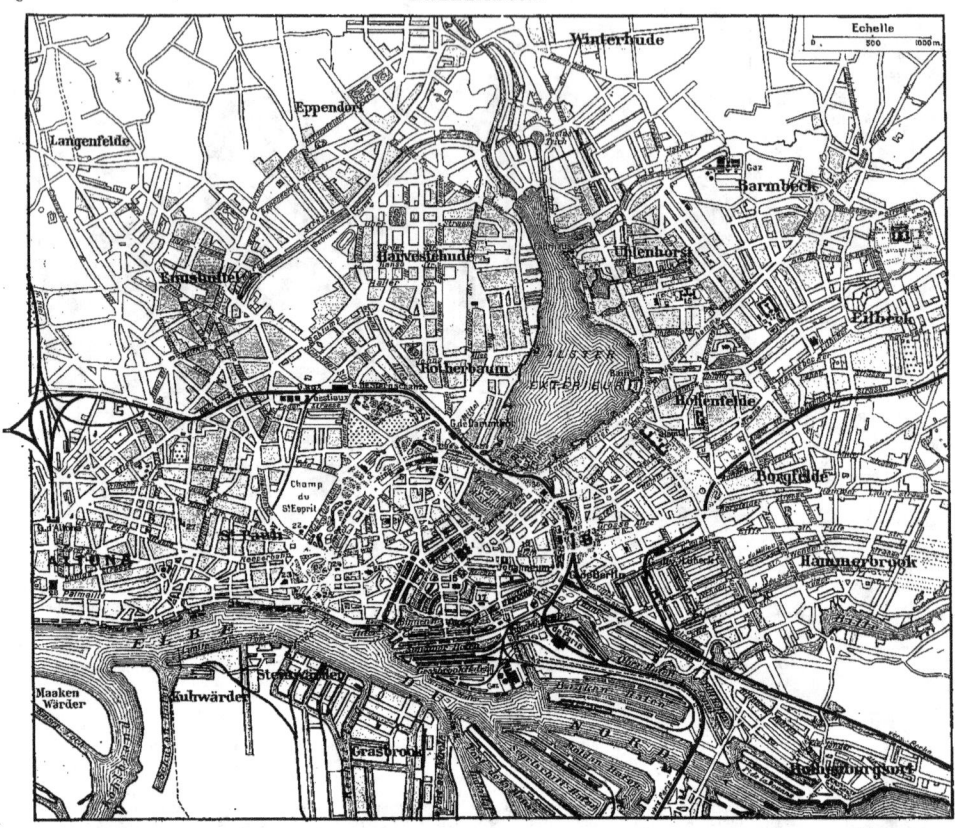

VILLE ET PORT DE HAMBOURG.

1. Hôtel de Ville. — 2. Bourse. — 3. Palais de Justice. — 4. Grande Poste. — 5. Direction de la Douane. — 6. Jardin zoologique. — 7. Jardin botanique. — 8. Théâtre municipal. — 9. Théâtre Thalia. — 10. Kunsthalle (musée des Beaux-Arts). — 11. Musée d'histoire naturelle. — 12. Musée d'art industriel. — 13. École professionnelle. — 14. Couvent de Sainte-Marie-Madeleine. — 15. Orphelinat. — 16. Église Sainte-Gertrude. — 17. Église Sainte-Catherine. — 18. Église Saint-Nicolas. — 19. Église Saint-Jacques. — 20. Église Saint-Michel. — 21. Synagogue. — 22. Panoramas. — 23. Cirque. — 24. Marché de l'Arsenal. — 25. Observatoire. — 26. Hôpital maritime. — 27. Marché de la Monnaie. — 28. Hôtel de Ville d'Altona. — 29. Damnsthor. — 30. Ferdinandsthor. — 31. Steinthor. — 32. Magdeburger Hafen. — 33. Langer zug.

joie de vivre? Il faut n'avoir vu ni Hambourg ni Venise, ou l'une des deux villes seulement, pour oser les comparer.
Hambourg est assez largement favorisé pour ne point prétendre encore à la poésie. C'est aujourd'hui *le premier port commercial* de l'Allemagne et de l'Europe continentale. Ses progrès tiennent du prodige; Londres et New-York n'ont qu'à se bien tenir. En 1875, un peu plus de 5,000 navires entraient à Hambourg et leur tonnage dépassait à peine 2 millions : vingt-cinq ans après, on relève 9,832 entrées avec 6,572,538 tonneaux; et 43,312 entrées, 7,765,950 tonneaux (dernier relevé). Plus de la moitié du mouvement se faisait par navires anglais ; la proportion est aujourd'hui renversée en faveur de l'Allemagne, et le trafic anglais est tombé à 25 pour 100. La valeur des importations anglaises est descendue de presque autant, au lieu que celles de l'Amérique ont quadruplé et celles de l'Asie passé à 270 millions.
La *flotte* spéciale de *Hambourg* compte, avec les voiliers, plus de 430 vapeurs de 637,000 tonnes : en tout 16,000 hommes d'équipage. Il passe ici, 30,000 bateaux par an, dont 17,000 et plus, de l'Elbe supérieur. Les deux cinquièmes du commerce maritime de l'Allemagne se font par *Hambourg* : la construction du canal de Kiel en a fait l'avant-port de la Baltique. Son *port franc*, territoire neutre, est comme un pied-à-terre prolongé, pour chaque nation : il favorise singulièrement les échanges. Comme la population ne cesse de s'accroître, et, avec elle l'industrie, l'importation des produits alimentaires et des matières premières, *Hambourg* a profité de ces circonstances exceptionnellement favorables. Son port ne suffit plus aux arrivages, bien qu'il soit immense et admirablement aménagé.
C'est avec les États-Unis, la Grande-Bretagne, l'Asie, l'Argentine, l'Afrique, le Chili, le Brésil, la Russie, les ports allemands, la France, les pays Scandinaves, les Pays-Bas, l'Espagne, l'Australie, l'Amérique centrale, la Belgique, l'Italie, que Hambourg fait le plus d'affaires, à l'*importation* (café, céréales, tabac, riz, vins, laines, cotons, cuirs et peaux, pétroles, machines). L'*exportation* se partage par ordre décroissant, entre la Grande-Bretagne, les États-Unis, les ports allemands, les pays Scandinaves, l'Asie, l'Afrique (Cap), la Russie, le Brésil, l'Argentine, l'Espagne, le Portugal, le reste de l'Amérique, les Pays-Bas, l'Australie, la Belgique, le Mexique, le Chili, l'Autriche et les Balkans, la France... et comprend : sucre, café, riz, tabac, farines,

céréales, œufs, bière, ciments, engrais, produits chimiques, cuirs, laines, cotons, métaux, toiles et cotonnades, papiers, livres, verres, poteries, instruments de musique.

Les *Compagnies de navigation* sont nombreuses et prospères : Hambourg-Amérique, Compagnie Kosmos, Compagnie allemande des armateurs, Hambourg-Pacifique, Wœrmann, Est africain, Australie, Levant, etc.

Bien qu'inférieure au commerce, l'*industrie* est active : minoteries, distilleries, brasseries, tissages, fonderies de fer et de cuivre, fabriques de machines, d'appareils électriques, de savons, de suifs, de caoutchouc, celluloïd, produits chimiques, verreries, constructions maritimes.

La ville de Hambourg forme un croissant ouvert sur le port, à l'embouchure de l'*Alster*. Avant d'atteindre l'Elbe, la rivière *holsteinoise* s'épanouit en deux bassins : le premier très grand, *Aussen-Alster*, de 172 hectares; l'autre plus petit ou *Binnen-Alster*, de 20 hectares, formant un carré irrégulier dont une pointe regarde au sud, vers le fleuve. Ce second bassin est enclavé dans les anciennes limites de la

LA BOURSE DE BRÊME.

ville et forme un lac intérieur, auquel l'animation de ses eaux sillonnées d'embarcations, peuplées de cygnes et bordées de belles promenades, donnent, au milieu de la turbulence des villes, un charme particulier. Les quais ornés de somptueux hôtels et de riches magasins, surtout au sud, le *Jungfernstieg*, sont la partie la plus brillante de Hambourg ; le coup d'œil qu'on en découvre du *Lombards brücke*, pont jeté sur l'étroite passe qui réunit les deux bassins de l'Alster, est d'une originale beauté.

Hambourg est une ville toute *moderne*, qui vaut surtout par une intense manifestation de vie. Peu de monuments du passé : l'incendie de 1842, qui dura trois jours et trois nuits, fit table rase d'une partie de la ville. A part quelques canaux, dont la courbe assez heureuse montre encore le spectacle curieux des mâts et des gros bateaux, entre une file serrée de hauts pignons; quelques vieux marchés, comme celui du *Wünsenbrücke*, où dès le matin babillent entre leurs paniers les accortes *Vierländeria* à la jupe courte, à la physionomie éveillée sous une originale coiffure, peu de quartiers ont conservé intact leur aspect d'autrefois. C'est encore le long des bas quais du *Binnen-Hafen* et dans la partie occidentale de la ville que le voyageur et l'artiste peuvent espérer quelques trouvailles; mais si les vieilles maisons n'ont point individuellement tout à fait disparu, les rues complètes sont rares. Il faut n'avoir vu aucune autre ville d'Allemagne comme Nüremberg ou Hildesheim par exemple, et plusieurs

FOSSÉS DES ANCIENS REMPARTS, A BRÊME.

autres, pour chercher à Hambourg un intérêt rétrospectif exceptionnel.

Le plus beau monument du nouveau Hambourg est l'*Hôtel de ville*, récemment construit : sa tour élancée, de 100 mètres, domine la *Bourse*, centre des grandes transactions et cœur même de la cité. N'est-ce pas un signe des temps, que cet édifice, à peine achevé en 1842, ait survécu à l'incendie, presque seul des anciens monuments? On l'a fort agrandi et embelli depuis. L'église *Saint-Nicolas* reconstruite (non loin du *Trostbrücke*), le *Johanneum* qui renferme la bibliothèque, la *Kunsthalle* (musée) sont encore de beaux édifices; le *Musée industriel* (*Museum für Kunst und Gewerbe*) est le plus important d'Allemagne, après celui de Berlin.

Autrefois, la ville comprenait deux *faubourgs* par delà les remparts : *Saint-Georges* au nord-est, *Saint-Paul* à l'ouest. Il n'y a plus de remparts, mais une suite de frais jardins bien arrosés. Aujourd'hui la ville déborde de toutes parts, longe fort loin l'*Alster extérieur*, mais se portant principalement à l'ouest, gagne par *Saint-Paul* jusqu'à la ville d'*Altona*, devenue pour ainsi dire, un complément de Hambourg. Des tramways confortables et fort nombreux permettent de franchir à bas prix et rapidement l'énorme distance ; il n'est guère de ville, à ce titre, mieux pourvue que Hambourg. Le *quartier Saint-Paul* (*Sanct Pauli*), que l'on traverse, est assourdi par une foire perpétuelle, théâtre des ébats des matelots. A côté de la ville des affaires, le Hambourg du plaisir s'y expose sans mesure et sans honte.

Altona est une ville de 161,386 habitants (rec. 1900), dans un site agréable que traversent la Kœnigstrasse et la Palmaille, belle avenue plantée de tilleuls. Ancienne ville du Holstein, *Altona* est devenue prussienne en 1866 et le siège du IXe corps d'armée. Ses environs élèvent une longue suite de villas, jusqu'à *Blankenese*, sur la rive droite de l'Elbe.

L'essor extraordinaire et décisif de *Hambourg* fait penser à celui des villes d'Amérique. En 1814, sa *population* était de 60,000 âmes; elle atteint aujourd'hui plus de 705,730 habitants (recensement de 1900). C'est la ville la plus peuplée de l'Allemagne, après Berlin; Munich, qui vient immédiatement au-dessous d'elle, n'atteint pas 500,000. Ancien fort avancé de *Charlemagne* contre les païens, sur la rive gauche de l'Alster; *ville hanséatique* au moyen âge, liguée encore avec *Brême* et *Lübeck*, même après la dissolution de la Hanse; *ville libre impériale* en 1618,

HAMBOURG : LES ARCADES, AU DÉBOUCHÉ DE L'*ALSTER* INTÉRIEUR.

affranchie enfin de la *suzeraineté* des ducs de *Holstein* à la fin du xviii° siècle (convention de Gottorp (1768), *Hambourg* fut occupée militairement par les troupes du maréchal Mortier (novembre 1806), et vit l'embouchure de l'Elbe barrée par les Anglais.

La paix de *Tilsit* la rendit à elle-même sept mois après (juillet 1807); mais ce répit fut de courte durée. Le 13 décembre 1810, la république était *incorporée à l'empire français*, comme chef-lieu du département des *Bouches-de-l'Elbe*. Le général Vandamme et le maréchal Davout, prince d'Eckmühl, qui l'occupèrent en 1813, la mirent si bien en état de défense, que, même après l'abdication de Napoléon, les Français y tenaient encore : il fallut un ordre exprès de Louis XVIII pour que Davout consentit enfin à la rendre. Redevenue elle-même, la *république de Hambourg* entra dans la *Confédération de l'Allemagne du Nord*, le 15 mai 1867 et adhéra au *Zollverein* en 1888, réserves faites des franchises du *port libre*.

Le **territoire** de *Hambourg* comprend, outre la ville, quelques villages environnants, *Bergedorf* sur la Bille, quelques villages des *Vierlander* (gens des quatre pays), anciens colons hollandais; enfin l'annexe

PONT SUR L'*ELBE*, A HAMBOURG.

de *Cuxhaven*, avant-port maritime (fortifié) sur la rive gauche de l'Elbe, dont l'acquisition remonte au xiv° siècle. Toutes ces *fractions réunies* forment une superficie de 415 kilomètres carrés. Le port libre de Hambourg compte pour 9 kilom. carrés 83; celui de Cuxhaven est de 0 kilom. carrés 58.

La **Constitution** revisée, du 13 octobre 1879, donne au *Sénat* le pouvoir exécutif et en commun, le pouvoir législatif, avec la *Bürgerschaft* (conseil de bourgeoisie). Le *Sénat* se compose de 18 membres élus à vie et âgés de 30 ans au moins, dont 9 doivent avoir étudié le droit, tandis que, des 9 autres, 7 doivent appartenir au commerce. La *Bürgerschaft* comprend 160 représentants de tous les citoyens : 40 sont élus par un collège de magistrats anciens et nouveaux, d'administrateurs et de membres des chambres de commerce et d'industrie; 40 sont choisis par les propriétaires fonciers de la ville, et 80 par le suffrage universel direct. Tous sont élus pour 6 ans et renouvelés par moitié, tous les 3 ans. Il faut avoir 25 ans pour être électeur; à 30 ans seulement l'on est éligible. *Deux bourgmestres* sont choisis par le Sénat pour *un an*.

La dette de l'État est de 375 millions et demi de marcs; le *budget* (recettes) de 88 millions. Hambourg envoie 3 députés au Reichstag et 1 plénipotentiaire au Conseil fédéral. A Hambourg, siège le *tribunal supérieur* (*Oberlandesgericht*) qui lui est commun avec les deux villes hanséatiques de Brême et de Lübeck.

CÔTES DU SCHLESWIG-HOLSTEIN ET DU JUTLAND.

La **côte** qui s'élève au-dessus de l'Elbe vers le nord (*Frise du nord*) n'a pas eu moins à souffrir de la mer que celle de la *Frise* proprement dite. De riches sédiments de sables et de marne recouvraient, jusqu'à 2 et 300 kilomètres en mer, les terres basses et les îles qui maintenant s'échelonnent, de l'Eider jusqu'à l'île danoise de *Fanö*. Les plus importants de ces débris du continent, sont *Nordstrand* au-dessus de l'Eider, *Pellworm*, *Amrum*, *Föhr*, *Sylt*, *Romö*, *Manö*. On les nomme : *îles frisonnes du nord*. Souvent la tempête fait rage sur ces bords : le flot bondit par-dessus les roches, fouille la terre avec furie, la déchire, l'émiette; amasse en dunes les parties sablonneuses, et entraîne le léger humus dans des baies détournées. Ainsi des îles se sont soudées (*Eiderstedt*); d'autres ont été rattachées au continent. Mais l'action de la mer est surtout destructive. Au xii° siècle, les *Uthland* comptaient encore 2,700 kilomètres carrés de terre, avec 95 villages. La tempête du 11 octobre 1634 en dévora 50 et mit en pièces les *Halliges*, pauvres débris qui s'effritent de plus en plus.

Une **Hallige** est une plaine unie, élevée à peine d'un mètre au-dessus du niveau moyen de la mer ; très souvent, surtout pendant les mois d'hiver, la vague recouvre cet îlot deux fois par jour. Les treize *Halliges* ont une superficie totale de 2,000 hectares. Les trois plus petites sont inhabitées et ne servent qu'à récolter un peu de foin, qui, mis en meules et recouvert de bottes de paille maintenues par des pierres à leurs extrémités, acquiert assez de consistance. On en fait des plates-formes pour les habitations isolées ; mais rarement ces appuis offrent une surface plus grande qu'il n'en faut, pour laisser un petit sentier autour de la maison. Aussi ne trouve-t-on sur les *Halliges* pas un seul coin de jardin pour cultiver quelques légumes ; pas un arbre pour se reposer à l'ombre. Les rayons du soleil y tombent d'aplomb sur de pâles herbages. (BIERNATZKY.) A l'intérieur, les irruptions de la mer ont découpé d'étranges sinuosités : des flaques d'eau stagnante rappellent que le pays « appartient déjà presque à l'Océan ».

L'habitant des *Halliges* n'a même pas la joie de voir autour de lui une mer bien claire : elle est d'un jaune repoussant, tout imprégnée de l'épaisse boue que le reflux laisse étalée sur place. Rien n'étonne plus ces déshérités. « Quand la mer couvre tout le pays, l'on voit surgir çà et là des toits de chaume, sous lesquels il est impossible d'imaginer que vivent des créatures humaines, des vieillards, des femmes, des enfants tranquillement attablés à boire leur thé et ne jetant qu'un regard distrait sur les vagues qui déferlent autour d'eux avec rage. » Il est souvent arrivé que des vaisseaux égarés par l'orage passèrent de nuit au milieu des *Halliges*. Alors les marins étonnés se croyaient enveloppés de sortilèges, « en voyant tout à coup reluire à côté d'eux, par l'interstice de quelque fenêtre, une joyeuse petite lumière qui semblait surgir du fond de l'Océan. »

LE PORT DES BATEAUX A VOILES, A HAMBOURG.

La tempête s'abat sur ces faibles refuges, le plus souvent avec la marée et soulève les eaux jusqu'à 6 mètres au-dessus du niveau ordinaire. Alors les ais fléchissent, les poutres craquent sous l'effort du flot déchaîné. Que de familles ont été balayées, ensevelies dans la même ruine avec leurs pauvres meubles brisés ! Malgré tout, l'habitant des *Halliges* aime son coin de terre. Ceux qui ont pu échapper au naufrage, rebâtissent leur hutte à la même place qu'auparavant, quitte à perdre de nouveau tout ce qu'ils possèdent et peut-être à y laisser la vie.

De l'île *Fanô* à la pointe extrême du **Jutland**, la côte danoise est défendue par un long cordon de dunes, dont les flèches peu épaisses abritent des lagunes intérieures, sans autre communication qu'une passe étroite, avec la mer.

Ces lagunes sont improprement nommées *fjords*. Les vaisseaux n'y peuvent pénétrer, à cause des bancs de sable qui en barrent l'entrée et défendent la côte au large, par plusieurs bourrelets successifs. Aucun littoral n'est plus redouté des marins ; ils l'appellent

ALLEMAGNE.

« la côte de fer ». Plus d'un navire égaré par le brouillard ou poussé par la haute mer s'y est perdu corps et biens. La mer du Nord y mérite bien son surnom de « *mer de meurtre* » *nord* ou *mord-meer* (mord, meurtre).

Au-dessus de la pointe *Blaavands Huk*, s'allongent le *Stavning* et le *Nissumfjord*. Le premier a 60 kilomètres de long sur 18 de large. Mais de tous, le plus important est le **Liimfjord**, long chapelet maritime qui déroule plusieurs bassins successifs dans toute la largeur du Jutland, entre l'Océan et la mer de *Cattégat*, sur un parcours de 180 kilomètres. Son étendue liquide est évaluée à 1,500 kilomètres carrés, environ. Par l'étroite fissure *Agger-Minde*, il débouche, à l'ouest, dans la mer du Nord. Les eaux de ce fjord, douces autrefois, sont aujourd'hui salées ; on y pêche des harengs en abondance, des homards et surtout des huîtres renommées pour leur délicatesse.

A la pointe du Jutland, derrière le *Liimfjord*, un phare éclaire un banc de sable dangereux, le *Skager-Rak*, qui avec la mer ou détroit de *Cattégat* désigne le coude brusque formé ici par la mer du Nord, au-devant de la Baltique. Entre les bancs du *Jutland* et les récifs rapprochés de la côte suédoise, la mer de *Cattégat* n'offre qu'un chenal praticable à la navigation : les îles *Læsö, Anholt, Samsö* en jalonnent la route. Le *Sund*, le *Grand-Belt*, le *Petit-Belt* lui servent de triple issue symétrique vers la Baltique, entre la Suède, les îles de *Seeland*, de

ENTREPÔTS, A HAMBOURG. *Phot. Lévy frères.*

Fionie et la côte danoise. Plusieurs fjords sinueux découpent la rive danoise au-dessus du Petit-Belt : le *Mariagerfjord* et le *Randersfjord*, son voisin, qui ont seulement 2 à 3 mètres de fond ; plus près, le *Horsensfjord*, long de 15 kilomètres, refuge commode pour les plus grands navires.

Le détroit du **Sund** mesure 105 kilomètres, du cap *Kullen* à celui de *Falsterbo* ; 46 kilomètres de large, à la hauteur de la ville danoise de *Kjöge*, 4 kilomètres seulement entre *Kronborg* (au Danemark) et la ville de *Helsingborg* (à la Suède). La rive danoise est généralement basse et boisée, avec de bons ports. *Elseneur, Copenhague* et *Kjöge*. Du côté suédois, la côte est plus découpée : *Helsingborg, Landskrona, Malmö,* en sont les meilleurs ports. Bien que le *Sund* ait 20 mètres d'eau vis-à-vis d'*Elseneur*, et 24 mètres, plus bas, les bancs de sable n'y laissent qu'un étroit chenal aux navires calant 7 mètres au plus. Cependant le mouvement commercial du Sund est très actif ; car il ne gèle que très *rarement*.

Le **Grand-Belt**, entre Seeland et Fionie, mesure 60 kilomètres, du Cattégat aux eaux de Laaland ; 28 kilomètres, dans sa plus grande largeur, 20 kilomètres entre *Korsör* (Seeland) et *Nyborg* (Fionie), avec une profondeur moyenne de 10 à 50 mètres. Mais le passage est coupé de hauts fonds et de récifs.

Le défilé du **Petit-Belt**, ressemble d'abord à un fleuve et n'a que 850 mètres ; mais il s'élargit beaucoup vers le sud. Sa longueur est de 60 kilomètres entre *Fredericia* et l'île d'*Ærö* ; sa profondeur, de 17 à 20 mètres. Les grands cuirassés y peuvent passer ; mais le détroit gèle souvent en hiver.

Au-dessous du *Petit-Belt*, la mer découpe sur les côtes du Holstein des baies et des ports excellents entre des promontoires boisés, comme les baies de *Flensbourg*, de *Kiel*, de *Neustadt*.

Kiel est une admirable position stratégique créée par la nature, au débouché intérieur des *détroits*. La baie a 15 kilomètres de longueur, 3 à 4 de largeur, 10m,50 à 12 mètres de profondeur. Un étranglement, de 800 mètres à peine, en défend l'entrée ; les plus grands navires de guerre peuvent évoluer à l'aise sur sa nappe tranquille. On a construit pour eux un bassin d'armement (215 mètres, sur 280 mètres et 10 mètres de profondeur) qui peut en recevoir jusqu'à sept à la fois. Grâce au faible écartement des rivages, la baie, tout entière sous le feu croisé des batteries côtières, peut passer pour imprenable : le fort *Stosch* et la citadelle de **Friedrichsort**, dépôt général des défenses sous-marines, en gardent la porte ; et ce n'est pas sans saisissement que l'on voit, dès l'entrée, les torpilles accroupies sur leurs étais de bois, monstres à la carapace luisante, toujours prêts à fondre sur l'arrivant, au premier signal. D'autres forts, *Heidberg, Korügen,* etc., s'échelonnent le long des rives.

Le *port de commerce* est au fond de la baie, à côté de la ville ; sa prospérité grandit chaque jour. Mais *Kiel* est avant tout, un *arsenal*; c'est le siège de la plupart des autorités maritimes : Amirauté, État-major de l'artillerie de marine, Académie de marine, Direction des Constructions navales. L'ancienne ville, enfermée dans une presqu'île, entre les eaux de la baie et un rentrant intérieur (Klein Kiel), est depuis longtemps débordée : son *Université*, le musée ethnographique, le musée *Thaulow* (*meubles* anciens et faïences du Holstein) méritent une visite (107,938 habitants).

Les *environs de Kiel* offrent de charmantes promenades, parmi les bois et les étangs ; surtout dans la vallée de la *Schwentine* qui débouche à l'est au-dessus d'*Ellerbek* et du port de radoub (*Kaiserl. Werft*).

AUTRE ASPECT DES ENTREPÔTS. *Phot. Max Priester.*

MARINE DE GUERRE

FORMATION ET DÉVELOPPEMENT.

Tard venue parmi les grandes marines de l'Europe, la marine allemande a eu cette bonne fortune de pouvoir édifier « sur table rase » sans avoir à compter avec les embarras d'un matériel ancien, ni à rompre avec la lenteur ou l'opposition de traditions conservatrices, parfois routinières.

L'expérience de ses voisins lui a largement profité ; après s'être formée à leur école, elle a créé et étendu ses moyens d'action avec une méthode et une persévérance, qui, en un temps relativement court, ont produit des résultats considérables.

L'essor de la marine militaire alle-

LE SANDTHORQUAI. *Phot. Mertens.*

L'ANCIEN JUNGFERNSTIEG, A HAMBOURG.

Phot. Max Priester.

mande date de trente ans à peine (1). Non que l'utilité d'une flotte de guerre, dans les eaux de la Baltique ou de la mer du Nord, eût échappé aux rois de Prusse. Dès le XVIIe siècle, le Grand Électeur construisait à Pillau une frégate de 40 canons ; Frédéric le Grand ne voulait que Danzig, pour en faire la base d'une action maritime. Mais que faire, avec un littoral bas et sablonneux, des estuaires encombrés, une mer fermée par le Danemark et les répugnances nettement exprimées du Hanovre, de Lübeck et de Hambourg à entrer dans des voies, redoutées pour leur indépendance. Avant une flotte, il fallait des rivages. L'union douanière du **Zollverein**, si habilement dirigée par les rois de Prusse, devait, par la fédération des *intérêts* commerciaux, entraîner bientôt l'unité *politique territoriale* de l'Allemagne et, par suite, l'union du *littoral* et la création d'une *marine commune*. Ce fut l'œuvre d'un demi-siècle de guerre et de politique.

En attendant, la *future marine* de l'Allemagne cheminait lentement, cherchant sa voie, non sans encombres, pendant que l'armée travaillait pour elle. Le *Danemark*, gardien des détroits et maître du Holstein, enfonçait comme un coin entre la mer du Nord et la Baltique : on résolut de l'écarter. La Prusse alors ne possédait qu'une corvette à voiles de 12 canons, l'*Amazone*, dont elle était très fière, et quelques canonnières à rames ; aussi n'est-ce point par mer qu'elle s'en prit au Danemark. Après une violente campagne menée par la presse des Universités, l'armée prussienne envahit les *duchés*. Mais les Danois tinrent bon, et l'invasion fut arrêtée par la médiation des puissances (*traité de Londres*, 1852). Bientôt l'agitation reprit ; malgré les protestations de la France et de l'Angleterre, la Prusse, de concert avec l'Autriche, enleva les **duchés** du *Schleswig-Holstein* (1864).

On avait, en toute hâte, pour parer au blocus des côtes, improvisé une *flottille* de défense, avec les fonds votés par le *Parlement de Francfort* : deux frégates furent achetées en Angleterre, une autre en Amérique ; la Prusse mit en ligne l'*Amazone* et de nombreuses canonnières à rames. Des équipages recrutés à tout hasard furent mis aux ordres d'un capitaine grec ; *Bremerhaven* désigné pour centre de ralliement. Cette tentative guerrière échoua piteusement : l'Angleterre, du haut de Helgoland, déclara qu'elle traiterait ces gens-là en pirates. La guerre terminée, on vendit aux enchères ce qui restait de la *flotte de Francfort* et le personnel fut congédié.

(1) Voir l'excellent ouvrage du général BOURRELLY : *La Marine de guerre de l'Allemagne*. — Paris, Challamel.

A défaut d'une flotte, la Prusse gagnait sur le Danemark la double côte du *Holstein* ; bientôt la défaite de l'Autriche, son alliée de la veille, lui en laissait la possession exclusive (1866). Enfin, par l'annexion des côtes du *Hanovre*, tout le littoral allemand, de Hollande en Russie, se trouva uni sous sa main. Le plus beau joyau de cette acquisition fut l'admirable baie de *Kiel*, sur la Baltique.

Déjà, en 1853, et comme pour préparer ces événements, Frédéric-Guillaume avait acheté du duc d'Oldenbourg le golfe de *Jade* (311 hectares) pour la somme de 1,875,000 francs, afin d'y créer un grand port de guerre sur la mer du Nord. Napoléon avait formé ce projet. La position, en effet, également éloignée de l'Ems et du Weser, commande la route maritime, de Hollande en Danemark.

Wilhelmshaven (port de Guillaume), dans la mer du Nord ; **Kiel** sur la Baltique, et le droit, stipulé par la *convention de Gastein*, de construire un *canal* à travers le Holstein, d'une mer à l'autre : tel fut l'immense profit maritime recueilli par la Prusse de sa double victoire et de son astucieuse politique. Cependant, il lui manquait, maîtresse de l'Allemagne du *Nord*, l'adhésion des états du *Sud* ; elle sut l'obtenir en les entraînant

UN *FLEET* (canal marchand).

HAMBOURG : UN *FLEET*.
Phot. Max Priester.

par la complicité d'une guerre contre nous : la fraternité des champs de bataille acheva l'œuvre de la politique et de l'intérêt, et fit l'unité de l'Allemagne.

Ce grand événement avait été prévu, soigneusement préparé. Dès 1867, au lendemain de *Sadowa*, la Prusse, en faisant rompre les pourparlers engagés entre la France et la Hollande au sujet du *Luxembourg*, faillit mettre le feu aux poudres; une autre provocation de ce genre, et la partie se trouvait engagée.

Le roi Guillaume dut envisager l'insuffisance de sa marine en personnel et en navires, et le peu de résistance des côtes contre une attaque possible de la flotte française ; on pourvut au plus pressé. Un projet d'**organisation** de la flotte, pour une période de dix années fut approuvé par le Parlement (1867-1877). Aussitôt deux *frégates cuirassées* furent achetées : la première en France (!) le *Frédéric-Charles*, sortie des ateliers de la Seyne; l'autre en Angleterre (*Prince-Impérial*). L'année suivante, nouvelle frégate cuirassée ; Kiel organise des chantiers pour la construction et l'armement des navires de guerre ; enfin le roi Guillaume inaugure solennellement le port de la Jade et lui donne son nom : *Wilhelmshaven* (1869).

Quand éclata la guerre de 1870, la marine allemande possédait : 3 frégates cuirassées, 2 monitors, 9 corvettes, 3 avisos, 22 canonnières ; *Wilhelmshaven* constituait un abri, les approches de *Kiel* étaient défendues.

Mais la Prusse avait surtout confiance en son armée pour frapper des coups sûrs et rapides qui ne devaient point laisser à l'ennemi désemparé le temps de mettre en valeur tous ses moyens d'action et paralysaient d'avance les mouvements de sa flotte. A quoi bon en effet, pour celle-ci, échanger avec la côte de bruyantes canonnades, sans troupes de

UNE « VIERLANDERIN ».
P. Joussot.

débarquement pour développer l'action de l'artillerie, ni corps d'armée combinant sur terre ses opérations avec celles de la marine ?

En conséquence, la marine allemande reçut l'ordre de se concentrer à l'abri de *Wilhelmshaven*, et de garder une attitude défensive, sur les flancs de la flotte française qui devait déboucher par la mer du Nord, dans la direction de la Baltique. Le rôle de la flotte allemande fut en effet modeste, insignifiant même, durant la guerre de 1870-1871. Mais la partie décisive se jouait ailleurs : la jeune marine sortit intacte de la bagarre, et notre défaite lui profita largement, comme auparavant celles du Danemark et de l'Autriche.

LA MARINE ALLEMANDE,
DE 1872 A LA FIN
DE GUILLAUME 1er.

L'empire nouveau appelait une *marine nouvelle*, pour défendre son littoral, protéger au loin son commerce, et en imposer aux vifs ressentiments que les succès répétés de l'Allemagne avaient suscités. En 1872, l'*Amirauté* fut instituée ; l'année suivante *1873*, date mémorable dans l'histoire maritime d'Allemagne, le prince de *Bismarck* proposait au Reichstag et faisait adopter un plan de **rénovation** complète, portant à fois sur la *défense fixe* et *mobile* des côtes. Tous les travaux devaient être terminés en dix ans (1873-1883). Sans plus discourir, on se mit à l'œuvre et, de tous côtés à la fois, comme si l'Allemagne, consciente du danger qu'elle aurait pu courir sur mer, et maîtresse enfin de la puissance financière indispensable pour les constructions coûteuses de la marine, était impatiente d'assurer contre tout retour le lendemain de son heureux coup de fortune. Trois cent onze millions 500,000 francs, dont 37,750,000 réservés pour le canal des *Deux-Mers* (Baltique, mer du Nord), furent pris sur l'indemnité de guerre payée par la France, et affectés aux travaux de la marine. *Danzig*, *Elbing*, *Stettin*, *Grabow*, *Wolgast*, *Kiel*, se hâtèrent de construire ; canonnières, corvettes, avisos... En 1874, l'arsenal de *Kiel* mettait à flot sa première frégate cuirassée, « *Friedrich der grosse* ». Deux ans après (1876), l'usine *Dillinger* fabriquait des plaques de cuirasses ; et *Krupp*, par l'acquisition du polygone de *Meppen* (1873), donnait à l'artillerie de marine une précision et une puissance nouvelles. Tout jusqu'aux machines, était désormais fourni par les ateliers indigènes, et l'Allemagne, sauf pour les torpilleurs, cessait d'être tributaire de la fabrication étrangère.

En même temps que la défense mobile, *celle des côtes* se développait ; on préleva pour elle une large part sur les 270 *millions* attribués à la réfection des *forteresses ; Wilhelmshaven*, les embouchures de l'Elbe, *Friedrichsort*, qui commande l'entrée de Kiel, *Stralsund*, *Swinemünde*, *Kolberg*, *Danzig* et *Weichselmünde*, *Pillau*, *Memel* ;

Kœnigsberg surtout et Wilhelmshaven, les deux pôles de la défense aux deux extrémités de la ligne littorale, furent soigneusement fortifiés.

On assura les intervalles par des *batteries côtières*, que relie, en arrière, une *voie ferrée* continue, complétée par des voies de pénétration à l'intérieur. Enfin, et ce fut l'œuvre principale du général de Caprivi, après de nombreux tâtonnements et de longues expériences, des batteries fixes, des *torpilles*, des *torpilleurs*, barrèrent l'entrée des ports et des estuaires fluviaux (Ems, Weser, Oder), les passes marines, entre les îles de la Frise, du Holstein, et les abords de Rügen.

Avec les nouveaux forts d'arrêt construits autour de Kiel, la *défense des côtes* paraissait, en 1883, sérieusement assurée. La *puissance offensive* de la *flotte* s'en trouvait augmentée d'autant. Les **entreprises coloniales** de M. de Bismarck, en 1884-1885, élargirent encore son champ d'action. En Afrique, les territoires de *Togo*, du *Cameroun*, du *Damara*, sur la côte occidentale, recevaient notification du protectorat allemand (1884) : quelques ports de la *Nouvelle-Guinée* et de l'archipel *Bismarck* furent occupés en Océanie. L'année suivante, cinq bâtiments de guerre exigeaient du sultan de *Zanzibar* la renonciation à ses droits sur une partie de la côte orientale africaine ; les îles *Samoa*, les *Fidji*, les îles *Marshall*, un peu plus les *Carolines* (elles le sont aujourd'hui), étaient déclarées colonies allemandes. D'un seul coup, presque en un tour de main, l'empire colonial allemand était fondé. Ce ne fut qu'un début, mais le branle était donné. Pour défendre ces stations lointaines et faire respecter le pavillon allemand, le chef de l'amirauté réclama des croiseurs à grande vitesse.

Mais le *personnel* manquait. Les premiers éducateurs de la marine allemande furent des *généraux*, le général *de Roon*, en même temps ministre de la Guerre et de la Marine, *de Stosch* intendant général de l'armée allemande, puis chef d'état-major de l'occupation, en 1870-71 ; enfin le général *de Caprivi*. « Le choix du souverain, indique suffisamment le but qu'il se proposait : jeter dans le moule de la discipline militaire le personnel de la flotte naissante, depuis l'officier jusqu'au matelot, jusqu'à l'ouvrier des chantiers, et l'y maintenir fermement ; appliquer aux établissements maritimes créés, les règles simples et positives de l'administration de l'armée. » (Général Bouilly.) Il y eut des mécomptes : comme lorsque, à l'occasion de la guerre russo-turque, quatre cuirassés furent envoyés en Méditerranée pour faire figure à côté des escadres française et anglaise ; deux furent à moitié désemparés et un troisième, le *Grosser Kurfürst*, coulé en plein jour par un partenaire, avec deux cent soixante-neuf hommes d'équipage. Cependant l'expérience vint, à force d'exercices, d'évolutions et de manœuvres ; l'empereur excitait l'émulation par des revues (1881), et lorsqu'il parut à *Kiel*, une dernière fois, pour poser solennellement la *première pierre* de l'écluse de *Holtenau*, à l'ouverture du *canal des Deux-Mers*, il dut être fier de contempler la *flotte* rangée en demi-

MARCHÉ VIEUX, A HAMBOURG.

cercle sous ses yeux. A sa mort, l'année suivante (1888), la *marine allemande* comptait : 13 gros vaisseaux et 14 canonnières cuirassées, 10 corvettes, 8 frégates-croiseurs, 5 autres croiseurs, 7 avisos, 5 canonnières, 10 bâtiments écoles, 96 torpilleurs, avec un personnel de 17,000 hommes exercés. Où étaient, après moins d'un demi-siècle, les souvenirs de l'*Amazone* et de la flotte de Francfort ?

LA MARINE, DEPUIS GUILLAUME II.

A la dernière revue navale que passait le vieil empereur dans les eaux de Kiel (3 juin 1887), son petit-fils, alors prince Guillaume, fut placé *à la suite* du bataillon d'infanterie de marine. Bientôt, la mort prématurée de son père Frédéric III le fit empereur. Dès lors, avec l'intuition de la prépondérance qu'une forte marine, doublant une puissante armée, doit donner pour le règlement des conflits dans toutes les parties du monde, Guillaume II marqua d'une façon passionnée et par des manifestations qui ont paru quelquefois excessives, son très vif intérêt pour la *marine*. On la dirait devenue, pour lui, une affaire personnelle : il suppute les forces de ses rivaux, compte les siennes, dresse des tableaux comparatifs pour éclairer l'opinion du Parlement ; aucune démarche ne coûte à son amour-propre. Sa vigueur et son obstination rappellent celles de son grand-père, lorsque, malgré l'opposition parlementaire plusieurs fois renouvelée, il poursuivait quand même la réorganisation et le développement de l'armée.

LE LONG DU CANAL DE LA DOUANE.

ALLEMAGNE.

Pour bien marquer l'importance de premier ordre qu'il attachait au *commandement supérieur de la marine*, Guillaume II déchargea l'*Amirauté* des soucis compliqués de l'*administration* proprement dite; et celle-ci fut confiée à la direction d'un secrétaire d'État. Au général de *Caprivi*, succédait, comme chef de la marine, un homme du métier, le vice-amiral *de Monts*, bientôt remplacé lui-même par le vice-amiral *von der Goltz*.

Déjà la flotte entrait en mouvement, son horizon s'élargit : une division de six bâtiments bloquait Zanzibar; une autre alla en Océanie bombarder Upolu; on poussait jusqu'au extrême Orient, pour affronter la Chine et occuper *Kiao-Tchéou*, aussitôt fortifié.

La *défense* des côtes allemandes n'est plus désormais le seul objectif de la flotte : protéger le pavillon allemand dans les mers lointaines; au besoin fonder des *comptoirs* et *conquérir*, telle est son ambition. Aussi ne cesse-t-on d'accroître sa puissance *offensive* par la construction de nouveaux navires de guerre. Mais, mieux que les expéditions lointaines, deux faits importants ont contribué, dès le début du règne de Guillaume II, à mettre en relief les forces maritimes de l'Allemagne : l'annexion d'*Helgoland* et l'ouverture du canal des *Deux-Mers*.

On sait de quel prix l'Allemagne a payé le rocher d'**Helgoland** (1) [juillet 1890] : elle abandonnait en retour à l'Angleterre le mouillage de *Walfish-bay*, dans le *Damaraland*, et à l'orient de l'Afrique, toute revendication souveraine sur le sultanat de *Vitu* et la *côte* voisine de *Zanzibar*. — « Prendre Helgoland comme équivalent, disait Bismarck à l'adresse de Caprivi qui avait négocié l'accord, montre plus d'imagination que de raison. » L'Allemagne, en général, éprouva un sentiment de soulagement à ne plus subir le regard de la sentinelle britannique **épiant** insolemment du haut de son observatoire les rivages allemands, comptant les navires à peine sortis du port et prête à donner au besoin,

(1) Voir plus haut; description de l'île, p. 2.

HAMBOURG : ENTRÉE DU BINNENHAFEN.

PONT LOMBARD ET BASSIN DE L'ALSTER INTÉRIEUR. Phot. Max Priester.

comme d'un réduit central, d'utiles indications à l'ennemi. Mais la valeur stratégique qu'il convenait d'attribuer à cette nouvelle acquisition souleva de vives polémiques parmi les Allemands.

Au dire des uns, *Helgoland* n'était rien moins que le boulevard de l'Allemagne au nord. Deux rades sont accessibles, entre l'île et la ligne des dunes et des récifs, qui la bordent à l'est : le port du *nord*, avec 6 ou 7 mètres de fond, pour les gros navires; l'autre au *sud*, avec 4 mètres ou 4m,50 seulement, excellent abri pour les torpilleurs. On pouvait, par quelques travaux, améliorer le mouillage du nord, qui recevrait ainsi les cuirassés, et en donnant au plateau un formidable appareil d'artillerie, la côte allemande se trouverait nécessairement préservée contre toute tentative de débarquement.

D'autres pensaient, au contraire, que l'île ne peut préserver de rien et n'a aucune valeur offensive. Sans doute, du haut du phare élevé par les Anglais et dont l'éclair porte à 56 kilomètres en mer, on peut fouiller l'horizon, découvrir au loin *Wangeroog* et *Neuwerk*, la Jade et l'embouchure de l'Elbe. Mais la portée des canons ne saurait atteindre jusque-là; il faudrait, pour interdire le passage aux navires entre l'île et la côte, battre un rayon de 28 kilomètres, ce qui constituait une pure utopie. D'ailleurs Helgoland n'était même pas un point de *repère* suffisant et ne dispensait pas de la sonde, pilote indispensable dans ces parages encombrés. L'*utilité* d'Helgoland parut donc toute *négative*, en ce sens qu'elle enlevait à l'ennemi un abri commode contre les rafales du nord et un centre de ravitaillement, en charbon et en vivres. La seule chose à faire était de mettre l'île à couvert d'une surprise par quelques batteries, mais on devait renoncer compter sur la flotte pour la défendre et préserver la côte d'un débarquement.

La vérité se trouva entre le dénigrement absolu et l'éloge trop enthousiaste. On admit, que, sans atteindre sûrement les navires ennemis, l'artillerie de l'île pourrait être assez puissante pour les *rejeter* sous les canons de la côte, limiter leur champ d'action et entraver ainsi leurs manœuvres. Le point de *repère* d'Helgoland n'était pas non plus sans valeur; car, en temps de guerre, une fois les balises, les bouées et tous autres signaux enlevés, aucun navire ennemi n'oserait se risquer, même à la sonde, dans ces parages difficiles; et serait contraint, par conséquent, de s'éclairer à l'approche d'un voisinage dangereux. Une puissante artillerie était nécessaire pour profiter de cette situation. Mais confier la défense de l'île à la flotte, c'était paralyser celle-ci. La position d'*Helgoland* devait être assez forte pour se défendre elle-même et repousser l'ennemi sous les fureurs du large et de la côte.

Sans attribuer à *Helgoland* une telle valeur, l'amirauté

se rangea au sentiment encore atténué du capitaine *Stenzel*. L'île possèderait une artillerie capable de *tenir l'ennemi en respect*, sinon l'empêcher de passer; on en peut faire une excellente *base d'action pour les torpilleurs*, un *centre de ravitaillement* pour l'escadre, un avant-garde de *signaux*. Et c'est ce qu'Helgoland est devenu aujourd'hui. Une batterie à tir rapide protège le mouillage du sud et l'arrivée : l'*Oberland* est défendu par quelques mortiers au centre; plusieurs grosses pièces établies sur blocs de béton battent les approches. La position est reliée

RADE DE KIEL ET CUIRASSÉS ALLEMANDS.

Phot. Max Schoss.

à *Neuwerk* et *Cuxhaven* par un câble sous-marin. Mais il y a loin de ce poste, excellent d'ailleurs, à la citadelle irrésistible pour l'attaque, inexpugnable pour la défense, que les imaginations échauffées du début rêvaient d'élever entre l'Océan et la côte allemande.

Canal de Kiel. — L'idée de couper l'isthme du Holstein et de relier la mer Baltique à celle du Nord par un canal qui éviterait aux navires le long et épineux détour des détroits danois, ne date pas d'hier. Lübeck possédait, au xve siècle, son canal des Deux-Mers, entre la *Trave* et l'*Elbe* par leurs deux affluents opposés, la *Stecknitz* et la *Delvenau*. Hambourg aussi voulut avoir le sien, par l'*Alster* : moins heureux que son voisin, ce canal fut obstrué par les sables.

Wallenstein, au xviie siècle, rêva également d'un canal pour l'armada impériale dont il se proclamait amiral : il proposait de relier *Boitzenbourg* sur l'Elbe, à *Wismar*, par le lac de *Schwerin* ; ce projet croula brusquement avec son auteur. Le seul canal important des Deux-Mers, jusqu'à ces trente dernières années, fut celui de l'*Eider*, entre *Tönning*, sur la mer du Nord, par *Rendsbourg* et *Holtenau*, dans la rade de *Kiel*. Christian VII l'avait construit, malgré les landes et les fonds incommodes : la navigation en tira grand profit.

Frédéric VII songeait à en faire, pour le Danemark, une ligne de défense contre ses entreprenants voisins; mais la voie d'eau fut jugée insuffisante comme protection et trop éloignée de la frontière. On voulait en ouvrir une autre, entre la baie de *Neustadt* et *Saint-Margarethe-sur-l'Elbe*, et par la *neutralisation* de ce canal, abriter ainsi à la fois le Holstein et le Danemark contre l'invasion. Frédéric VII mourut trop tôt, sans avoir pu réaliser cet utile projet. L'Allemagne l'a repris, mais au profit de sa conquête.

Depuis la convention de *Gastein* (1865), elle y songeait. Après la guerre franco-allemande, Bismarck en proposa la réalisation au Reichstag (1873). Mais la motion échoua, par l'opposition du parti militaire et l'intervention personnelle du maréchal de Moltke, auquel le *canal* parut dangereux, à cause des nombreuses troupes qu'il faudrait distraire de l'armée pour le défendre. Ce fut à l'initiative privée d'entraîner l'adhésion de l'État. Une vigoureuse campagne de presse remua l'opinion publique, et une compagnie anglaise se forma pour entreprendre les travaux, d'après les plans de l'ingénieur Lentze : il s'agissait de réunir *Brunsbüttel* et l'Elbe à *Holtenau* sur la rade de Kiel, par un canal à une seule écluse. Aussitôt l'Amirauté prit ce projet pour elle et en saisit le Reichstag, qui l'approuva; les frais devaient s'élever à 195 millions.

Le 3 juin 1887, les travaux étaient inaugurés par l'empereur Guillaume Ier; et en juin 1895, Guillaume II fit l'ouverture solennelle du canal devant cinquante-trois bâtiments de guerre étrangers et vingt-huit navires combattants de la marine allemande.

De **Holtenau** (rade de Kiel) jusqu'à son embouchure dans l'Elbe, (3 kilomètres en amont de Brunsbüttel), le *canal* parcourt 98 kilomètres, dont 27 empruntés, avec quelques raccourcis et des digues de défense, à l'ancien canal de l'Eider. Il est profond de 9 mètres à $9^m,30$, large de 60 mètres à niveau d'eau; de 22 mètres au plafond, et se développe à peu près horizontal de Holtenau à Rendsbourg, durant 38 kilomètres. Arrivé au seuil de séparation de l'Elbe et de l'Eider, il s'incline graduellement vers le fleuve. Deux écluses le ferment à chaque extrémité pour mettre les berges à l'abri des flots. Des *bassins de garage* établis de 12 en 12 kilomètres, permettent à plusieurs navires de s'y engager à la fois. On a prévu pour leur ravitaillement, des *dépôts de charbon* fortifiés, à chacun des débouchés. Quatre voies ferrées traversent le canal, sur deux ponts fixes et deux ponts tournants; la principale coupe les *duchés* dans leur longueur et passe au point central, Rendsbourg (direction de Neumünster, Lübeck, Hambourg). Mais le trafic

PORT DE FLENSBOURG (Schleswig).

Phot. Mertens.

maritime sur lequel on semblait compter pour détourner les navires des détroits danois, n'a pas répondu aux espérances premières. Les Danois, en faisant de Copenhague un port franc, ont maintenu à leur profit le courant commercial de la Baltique.

C'est en effet contre eux que le canal a été construit, et son intérêt est, avant tout, *stratégique*: l'Allemagne a voulu se délivrer du cauchemar de voir, en cas de guerre, le Danemark enfermer une partie de sa flotte dans la Baltique, ou l'étreindre dans la souricière des détroits. Le canal de Kiel assure désormais la communication entre les *deux fronts mari*times de l'Allemagne et permet à sa flotte de passer, à couvert de l'ennemi, d'une mer dans l'autre, pour se porter à la rencontre de l'assaillant et écarter ainsi les dangers d'un blocus ou d'un débarquement. Cela ne veut point dire que la puissance de la flotte soit doublée, ni qu'elle puisse à son aise combattre d'abord tout entière un ennemi dans la Baltique; puis, toujours concentrée, reparaître à l'autre extrémité du canal contre une autre flotte (française, par exemple), venue par la mer du Nord. Il faudrait supposer à l'ennemi une trop naïve complaisance. Dans l'hypothèse d'une attaque *simultanée*, des deux côtés à la fois, et

LE MARCHÉ, A KIEL.
Phot. Max Seboss.

c'est le cas le plus probable, la flotte allemande se trouverait encore divisée, mais, avec cet avantage précieux, de pouvoir détacher rapidement quelques unités de combat sur l'un ou l'autre théâtre des opérations.

Sa force *offensive* a été, non pas doublée, mais augmentée. Tandis qu'il fallait 38 ou 40 heures à un navire pour effectuer le long détour des détroits, supposé qu'ils fussent libres, on traverse maintenant d'une mer à l'autre en 15 heures à peu près, 18 au plus. Une quarantaine de navires passeraient en 17 heures. L'avantage est marqué.

Mais le canal, fait pour donner à la flotte une plus grande mobilité, ne la retiendrait-il point en cas de guerre, pour sa défense? Aussi, en a-t-on soigneusement fortifié les approches, pour qu'il soit en état de se défendre lui-même. Du côté de la Baltique : *Holtenau* est protégé par des forts détachés et la citadelle de **Friedrichsort** commande l'entrée de la rade de Kiel. A l'extérieur, le front stratégique constitué par l'île d'*Alsen*, l'*Alsensund*, et les fjords de *Flensbourg* et d'*Apenrade*, en défend les abords, sur la côte orientale du *Schleswig* et à l'issue du *Petit-Belt*, seul détroit praticable aux gros cuirassés. Du côté de la mer du Nord, les ouvrages de *Brunsbüttel* ont été reliés à l'embouchure de l'Elbe, que défend *Cuxhaven*. Car on ne doit pas l'oublier, le canal des *Deux-Mers* ne débouche directement *ni dans une mer ni dans l'autre*, et les navires de fort tonnage qui remontent l'Elbe, pour s'y engager, rencontreraient aux basses marées des fonds capables de ralentir ou même d'arrêter leur marche.

C'est un des points faibles de la communication. Il convient de compter aussi avec les accidents *naturels* qui peuvent entraver le cours intérieur du canal : glissements ou rupture des berges creusées dans des terrains instables, infiltrations des marécages et des polders à travers les digues, échouage d'un bâtiment; enfin une attaque hardie, inopinée, venue par terre et rompant en quelques minutes tout passage, par des dégâts irréparables. Autant que faire se peut, tous ces cas ont été prévus : des troupes concentrées en arrière, dans *Altona*, sont prêtes à courir au moindre signal sur les points menacés; *Rendsbourg*, au centre du *canal*, est un immense magasin d'approvisionnements et de munitions : plusieurs ponts sont fortifiés (Levensau). Mais une obstruction rendrait vaines toutes ces précautions, et le moindre retard en temps de guerre ferait le *canal* inutile ou même dangereux.

Il n'est pas sûr, d'ailleurs, que malgré leurs fortifications soigneusement calculées, les débouchés du canal soient à couvert d'une attaque brusque et déterminée, du moins du côté de la mer du Nord. La route est longue, de *Brunsbüttel* à *Wilhelmshaven*, et peut-être qu'une escadre allemande sortie du canal ne pourrait, sous la seule protection des batteries de la côte et d'Helgoland trop éloigné, gagner *Wilhelmshaven* sans encombre. Cette longue suite d'obstacles, bancs de sables et limons qui encombrent les rivages de la mer du Nord, surtout dans l'estuaire du Weser, de la Jade, de l'Ems et entre les îles frisonnes, tout en constituant une défense naturelle contre une tentative de débarquement,

CÔTES ET PORTS

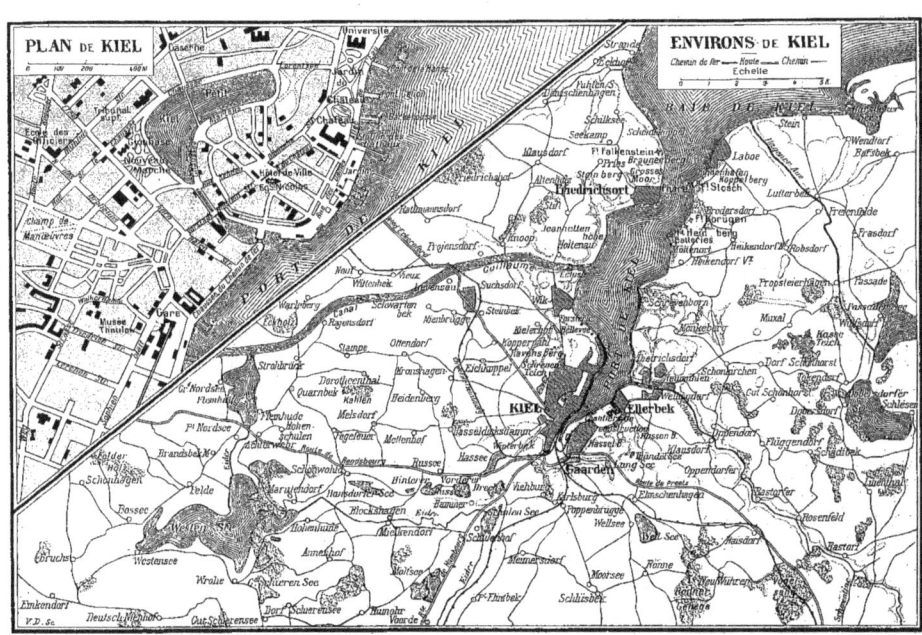

ne sont pas moins dangereux à une flotte défensive qui les prendrait par le travers. L'adversaire, au contraire, peut aborder de front le sillon des fleuves, porte ouverte de la mer sur l'intérieur : d'ailleurs les îles frisonnes, faites pour tenter l'ennemi, peuvent être enlevées et devenir une base d'opération pour l'attaque des côtes. Il est vrai, les troupes débarquées trouveraient en arrière un terrain difficile, coupé de marécages, et **Wilhelmshaven** n'est point d'un accès commode, même pour les navires allemands.

C'est un port entièrement artificiel ; il a coûté plus de 120 millions. Dans un argile sablonneux qui se délaye et s'effondre sous l'action de la mer, les ingénieurs ont dû construire à grand'peine des digues de soutènement. Le chenal d'entrée, long de 220 mètres, large de 110, est ouvert entre deux môles ; plus loin, une première écluse (44^m,70 sur 20^m,90) donne entrée dans l'avant-port ou *Vorhafen*, sorte de vestibule large de 125 mètres, long de 188 mètres, fermé par une seconde écluse. Alors un long canal de 1,168 mètres sur 68, épanoui par un bassin de radoub, conduit au port de guerre (377 mètres sur 220), auquel se rattachent des chantiers de construction, des ateliers de montage, des usines pour le travail du fer et de l'acier, le tout enfermé par une demi-cercle de remparts, que percent quatorze portes de fer.

Des forts défendent les approches. Au sud-est de l'arsenal, on pénètre directement du golfe de la *Jade*, entre deux jetées de 600 mètres (largeur, 6 mètres), dans le *port de commerce* (7 hectares et 8 mètres de profondeur), destiné aux transports et aux navires de guerre en service : une écluse le fait communiquer avec le *canal* de l'*Ems*. La plus grande partie du golfe de la *Jade*, est à sec durant les basses eaux. La petite rivière de la *Jade* qui prend sa source à 4 kilomètres d'Oldenbourg et vient se perdre en mer, après une course modeste de 22 kilomètres, lui a donné son nom. Mais ce golfe (197 kilomètres carrés), maintenant détourné à gauche par de violents effondrements, fut probablement un ancien estuaire du Weser. Alors s'engloutit le château de Mellum, à l'extrémité d'un banc de sable triangulaire qui sépare encore l'entrée de la Jade de l'extrême bouche du Weser. A 40 kilomètres de Wilhelmshaven, le feu de l'île *Wangeroog* en éclaire la route.

Wilhelmshaven et **Kiel** se prêtent par le *canal* un mutuel secours ;
mais qu'ils sont éloignés l'un de l'autre ! On voudrait les réunir directement en prolongeant le canal des Deux-Mers, de l'Elbe au Weser. Napoléon le projetait. Car la défense côtière livrée à ses seules ressources ne peut prétendre à tenir toujours en respect un adversaire résolu, surtout s'il peut combiner son attaque avec les opérations d'une troupe de secours. Qu'arriverait-il si la Russie, par exemple, débordant d'autre part sa frontière, jetait avec sa flotte 10,000 hommes sur les côtes allemandes de la Baltique ? On se flatte trop en Allemagne de pouvoir bloquer, au premier signal de guerre, l'escadre russe dans les ports de *Libau* et de *Cronstadt*, pour se porter avec toutes les forces allemandes contre l'ennemi de terre. Libau est seulement à 60 kilomètres de la frontière prussienne, et son port ne gèle presque pas. Le *canal* peut se trouver bloqué par l'ennemi accouru de deux côtés à la fois. Qu'adviendrait-il alors des forces navales qui s'y trouveraient engagées ? Ces considérations frappent sans doute assez vivement le

Phot. Max Schoss.
L'ACADÉMIE DE MARINE, A KIEL.

maréchal de Moltke pour qu'il ait voulu, dès le principe, faire opposition à l'ouverture du *canal*; ses avantages indéniables pour la concentration et l'offensive de la flotte, lui parurent encore sujets à trop de mécomptes.

Tant que le canal des Deux-Mers n'aura pas établi une communication, *exclusive de toute autre*, entre la Baltique et la mer du Nord, c'est-à-dire, tant que les *détroits* pourront livrer passage pour tourner la position, les Allemands n'auront pas recueilli de leur canal la sécurité et la force qu'ils semblaient en attendre. Les lois internationales de la *neutralité* n'interdisent point, en temps de guerre, le passage des navires belligérants dans les eaux d'un État neutre, pourvu qu'ils n'essaient ni de s'y ravitailler ni de s'y concerter pour une attaque prochaine. La **neutralité** du *Danemark* ne fermerait donc pas les détroits; mais en cas de guerre, une flotte française ou russe pourrait y pénétrer. D'ailleurs les récentes fortifications élevées à *Copenhague*, bien qu'elles aient pour but de mettre la capitale danoise à l'abri d'un bombardement, pourraient être une base d'action précieuse contre *Kiel*, soit pour le Danemark, soit pour un allié. La sécurité serait complète pour l'Allemagne si le Danemark pouvaient être neutralisé par la garantie des puissances, comme d'autres petits États européens. Les eaux neutralisées s'étendent, suivant la loi, jusqu'à 3 milles du rivage, soit environ à 5,500 mètres : le Petit-Belt, seul viable pour les gros cuirassés, n'a pas 700 mètres à l'entrée : il se trouverait ainsi fermé ; la Russie serait prisonnière dans la Baltique, désormais lac sans issue! Aussi la *neutralisation du Danemark* doit-elle être considérée comme une utopie.

ÉTAT ACTUEL DE LA FLOTTE ALLEMANDE.

L'ouverture du *canal de Kiel*, en dégageant l'action de la flotte, lui donnait libre carrière. Désormais, les côtes, bordées en partie de basfonds, paraissent à l'abri d'une surprise ou d'un blocus. De *Wangeroog-Wilhelmshaven*, à *Pillau-Kœnigsberg-Memel*, tous les points réputés accessibles : embouchures du Weser (*Bremerhaven*) et de l'Elbe (*Cuxhaven*); le canal (*Brunsbüttel, Holtenau, Kiel et son fjord*); le littoral baltique (*Stralsund, Swinemünde* en avant de Stettin, *Neufahrwasser* en aval de Danzig); tout ce que l'on peut croire exposé à une entreprise de l'ennemi est armé de forts et de batteries. Une *voie ferrée intérieure* court de Hollande en Russie, reliant entre eux tous les points fortifiés, et *Altona*, direction générale de la défense côtière, communique directement avec Berlin par un télé-

PHARE DE HOLTENAU.

graphe souterrain. Le *front maritime* est appuyé par des torpilles, des torpilleurs, des canonnières et aussi le chemin de ronde du canal des Deux-Mers. C'est la marine qui a mission de défendre les positions capitales; *Wilhelmshaven*, le *Weser*, l'*Elbe*, *Kiel* et son fjord. On a pensé que leur éducation spéciale et l'expérience de chaque jour permettent aux officiers de marine plus qu'à tous autres d'apprécier les mouvements d'une flotte, d'en prévenir l'attaque, d'atteindre enfin un but très mobile, en tirant tout le parti possible d'un matériel de guerre analogue à celui des navires. Les autres batteries côtières sont servies par l'*artillerie de place* prussienne. Bien qu'elle n'ait pas cessé d'être le sujet d'une étude attentive et la raison de manœuvres incessantes, la défense des côtes peut paraître définitive : dès 1895 la période *défensive* a été close.

Dans son discours de *Kiel*, Guillaume II traçait le nouveau programme de la flotte. « L'attaque, dit-il, est supérieure à la défense; aussi la flotte allemande devra-t-elle prendre une vigoureuse **offensive**. » Les unités de combats manquaient; le prince de Hohenlohe, l'amiral Hollmann, le baron de Marshall, les demandèrent au Reichstag, en lui soumettant un programme de constructions neuves. On s'y attendait. En vain l'empereur, donnant de sa personne, dressa des tableaux, des croquis représentant l'état des marines rivales, et les envoya au Reichstag; une partie des crédits fut refusée (1897). On parla de faire exécuter les constructions par un syndicat financier, en dehors de l'État; une escadre poussa jusqu'en extrême Orient, et occupa *Kiao-Tchéou*, montrant ainsi, par un acte, la raison même et l'utilité des navires jugés nécessaires.

« La dislocation de l'empire ottoman, l'isolement de l'empire chinois, l'instabilité de plusieurs États de l'Amérique méridionale nous ménagent de précieuses occasions. Il nous faut une flotte pour en tirer parti; il n'y a pas un instant à perdre. » Ainsi l'on se découvre; la flotte n'est plus destinée à écarter le blocus et la famine, à préserver les côtes d'une attaque ou à protéger des comptoirs

LE « HOHENZOLLERN ».

LE CUIRASSÉ « HILDEBRAND ».

existants ; la conquête est son but, l'*offensive* le moyen. Le Reichstag accorda en 1898 tout ce que demandait le gouvernement, soit 512,875,000 francs, à dépenser en six ans. A la fin de 1904, toutes les constructions neuves résolues alors, devront être terminées. Il n'est pas sans intérêt de jeter un coup d'œil sur les divers budgets de la marine, depuis le moment où, après la guerre franco-allemande, Bismarck proposait son plan de réorganisation maritime.

Le *budget de la marine* atteint :

32 millions 1/2 en 1873 51 millions 1/2 en 1876
48   —   en 1874   75   —   en 1877

en tout 543 millions, dans la période décennale 1873-1883. De 1883 à 1890, on a dépensé 418 millions; 1 milliard 189 millions 567,934 marcs, de 1890 à 1900, ainsi répartis :

Marcs.	Années.	Marcs.	Années.
99,846,090	1890-1891	107,824,882	1896-1897
105,960,262	1891-1892	146,906,867	1897-1898
106,761,993	1892-1893	152,097,370	1898-1899
....	....	107,187,385	1899-1900

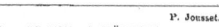

LA *TRAVE*, A LÜBECK.

PONT DE LEVENSAU.

Soit, en tout, 1 milliard 475 millions 709,917 francs 50, pour la période *décennale* 1890-1900. Il n'est pas tenu compte ici de 10 millions votés spécialement, pour *Kiao-Tchéou*. L'Allemagne a dépensé 2 milliards et demi pour sa marine, en ces trente dernières années. Et ce n'est pas fini, car la loi du 14 juin 1900 va doubler pour l'offensive la flotte de combat en quatre escadres, chacune de huit vaisseaux de ligne.

La **flotte** actuelle comprend des *vaisseaux de ligne*, tous cuirassés, formant le noyau des navires combattants; des *croiseurs* grands et petits (*avisos compris*); des *canonnières cuirassées* et des *torpilleurs*. On admet qu'un cuirassé doit être remplacé après vingt-cinq ans de service, les grands croiseurs après vingt ans, les petits au bout de quinze.

Les **vaisseaux de ligne** comprennent seulement trois catégories, depuis que le *König-Wilhelm*, le *Kaiser* et le *Deutschland* déjà anciens, ont été rangés parmi les croiseurs.

En première ligne, les *cuirassés d'escadre à tourelles*: *Brandenbourg* (1890), *Kurfürst Fr. Wilhelm*, *Weissenbourg* et *Wörth* (1892) [1] : cuirasse en acier au nickel ordinaire, 400 millimètres d'épaisseur dans la partie maîtresse, 300 millimètres aux extrémités, sur 200 millimètres de bois de teck, pont cuirassé 76 millimètres; 6 canons-culasse de 28 centimètres, accou-

(1) Voir l'*Aide-Mémoire de l'officier de marine*; par Ch. VALENTINO. — Paris, Lavauzelle, éditeur.

plés par deux en trois tourelles giratoires, couvertes d'une coupole d'acier ; 6 canons de 10 centimètres à tir rapide; 8 de 88 millimètres à tir rapide sur les passerelles, entre les mâts, protégés par des boucliers d'acier; 4 canons-revolvers dans les hunes; 2 bateaux vedettes torpilleurs et 12 embarcations porte-torpilles : (vitesse moyenne : 15 nœuds, très bonnes qualités nautiques). — *Kaiser-Friedrich III* (1896), *Kaiser-Wilhelm II* (1897), *Kaiser-Wilhelm der grosse* (1901) : cuirasse au nickel harveyé, 300 millimètres au milieu, 150 millimètres à l'avant; batterie centrale à 150 millimètres; 2 tours de commandement à 250 millimètres; 4 canons de 24 centimètres, rapides, par paire, en tourelles barbettes avant et arrière; 18 de 15 centimètres, tir rapide, au centre, dont 6 en tourelles tournantes, 12 en casemates séparées; 12 canons de 88 millimètres à tir rapide, avec boucliers de protection; 12 de 37 millimètres à tir rapide; 12 mitrailleuses de 8 millimètres; 6 tubes lance-torpilles; en tout six étages d'artillerie. On peut, en une minute, tirer 148 projectiles pesant 4,244 kilogrammes (1).

Une autre catégorie de vaisseaux de ligne (3ᵉ classe) est constituée par : *Oldenburg* (1884); *Baden*, *Bayern*, *Sachsen*, *Württemberg* (type *Sachsen*, 1877). La cuirasse de l'*Oldenburg* est en fer et acier, mais très insuffisante; celle des autres navires, en fer forgé, depuis recouvert de xylolithe. On a refondu ces quatre bâtiments, de 1897 à 1899, en leur donnant des machines et des chaudières nouvelles ; ce sont en somme d'assez bons garde-côtes, classés parmi les cuirassés de combat; ils filent 15 nœuds. Mais leur artillerie ne paraît pas suffisamment protégée: aussi doit-on les remplacer.

La flotte de ligne comprend encore : *Siegfried*, *Ægir*, *Beowulf*, *Hagen*, *Frithjof*, *Heimdall*, *Odin*, *Hildebrand*. Ces navires, garde-côtes cuirassés, construits d'abord pour garder les débouchés du canal, dans la Baltique et la mer du Nord (1898-1899), ont fait preuve de si bonnes qualités nautiques, qu'ils pourraient, en cas de guerre, se ranger parmi les cuirassés de

MATELOTS ALLEMANDS.

(1) En construction : *Kaiser-Barbarossa*, *Wittelsbach*.

combat (4e classe). Leur vitesse moyenne est de 16 nœuds, celle d'*Odin* et celle d'*Ægir*, de 17 nœuds. Ces deux derniers sont d'une construction très soignée, avec un pont cuirassé au-dessous de la flottaison; leur cuirasse est en acier nickelé; celle des autres, en acier *compound* (240mm). Sur *Ægir*, trois canons de 24 centimètres, en tourelles barbettes, sont mus par l'électricité; le mouvement est hydraulique sur *Odin*.

Le premier de ces bâtiments est fait pour porter pavillon d'officier général; son mouvement giratoire est excellent. A la vitesse de 12 nœuds, machine en arrière, il s'arrête en une minute et demie, après 270 mètres de parcours. *Hagen* va être amélioré; les autres également, après expérience faite.

Les dix **grands croiseurs** sont : d'abord trois anciens cuirassés d'escadre, le *Kœnig-Wilhelm* (1868); *Deutschland* (1874) et *Kaiser*; le premier deux fois transformé; les deux autres, renforcés d'artillerie. Avec eux, *Fürst-Bismarck*, *Freya*, *Herta*, *Hansa*, *Victoria-Louise*, *Vineta*, *Kaiserin-Augusta* : ce dernier remarquable par sa vitesse (21 nœuds 7). Les autres, du type *Freya*, filent 20 nœuds, bien protégés et bien armés, de construction tout à fait récente. *Kaiserin-Augusta* manque de protection. *Fürst-Bismarck* (1897), bien qu'il soit exposé par les flancs et n'ait pas une suffisante artillerie moyenne, possède cependant une puissance d'attaque peu inférieure à celle du *Kaiser-Wilhelm II*; il file 19 nœuds. Quant aux trois anciens cuirassés de cette catégorie, leur faible rayon d'action, leur vitesse médiocre, leur peu de mobilité doivent les faire prochainement remplacer. — A parcourir simplement la liste des unités de combat qui s'alignent dans le tableau de certaines flottes, l'on se prend à trembler devant un aussi formidable appareil. La réalité n'est point aussi troublante, si l'on y regarde de près. Plus d'un mastodonte appesanti par l'âge, encombré d'ajustements sans cesse renouvelés, se meut péniblement. Une belle couche de peinture ne suffit pas à le rendre souple et vigoureux pour l'action. Plus que jamais, en fait de navires, l'examen s'impose, du moins pour les sujets en vue.

Les **petits croiseurs** sont : *Irène* et *Prinzess-Wilhelm* (protégés), *Schwalbe* et *Sperber* (1887) qui doivent recevoir de nouveaux canons à tir rapide; *Bussard* (1890), *Condor*, *Falke*, *Cormoran*, *Geier*, *Seedler*, bons bâtiments bien armés, protégés [...] nœuds; *Gefion* [...] du type *Kaiserin* [...] *Nymphe*, *Gazelle* et *Niobé* (1898); *Ariadne* et *Thétis* (en construction); *Alexandrine* et *Arcona*, anciens croiseurs-corvettes (1885) qui, faute de protection et d'artillerie, n'ont aucune valeur et doivent être rayés de la flotte active. Enfin neuf avisos anciens et nouveaux, type *Greif* (1886), *Wacht*, *Meteor*, *Hela* (1895), *Comet*, ont été rangés parmi les petits croiseurs.

Pour suppléer, en cas de guerre, aux croiseurs qui lui manquent, l'Allemagne peut mobiliser onze *croiseurs auxiliaires*, filant plus de 20 nœuds et armés de huit canons de 15 centimètres, avec quatre de 125 millimètres et d'autres de plus petit calibre. Parmi ces navires, quatre appartiennent à la *Compagnie Nord-deutscher Lloyd*; cinq autres à la *Compagnie Hamburg Amerika Linie*. L'empereur a autorisé les commandants de ces navires, qui sont inscrits au cadre des officiers de réserve, à faire figurer la croix de fer sur leur pavillon. C'est comme une sorte de mobilisation anticipée.

La puissance de combat des navires cuirassés et des croiseurs protégés varie incessamment avec les progrès réalisés, en sens contraire, par le blindage protecteur et la force de pénétration des projectiles.

L'industrie du **blindage** est d'origine française : c'est l'ingénieur *Dupuy de Lôme*, qui, voilà un demi-siècle, eut l'idée de protéger les flancs des navires par des *plaques de fer*; la première frégate cuirassée la *Gloire*, pouvait braver impunément tous les canons d'alors. Cela passa pour une merveille. Le canon prit sa revanche, en augmentant son calibre et en développant la puissance des explosifs. Mais, en 1876, les Directeurs du Creusot, substituèrent aux plaques de fer, des *plaques d'acier* plus résistantes. L'Italie fit cuirasser ainsi deux grands navires de guerre : *Duilio* et *Dandolo*. Alors l'industrie anglaise imagina les plaques d'acier mixte ou *compound* (coulage d'acier en fusion sur plaques de fer chauffées). L'acier doux du

LÜBECK : MAGASINS DE BOIS SUR LA *TRAVE*.

ESCALIER DE L'HOTEL DE VILLE, A LÜBECK.

Creusot parut encore supérieur; on vint dès lors se former à notre école. Bientôt M. Schneider opposait la plaque en *acier nickel*, d'une ténacité extraordinaire, aux nouveaux projectiles indéformables en acier Holtzer. Enfin, pendant que Harvey augmentait le durcissement des blindages par un cément solide, l'acier nickel du Creusot, *cémenté* au gaz d'éclairage, obtenait par la pénétration régulière du carbone assez de dureté pour briser au choc les projectiles du plus gros calibre. Les marines française, russe, danoise, d'autres encore, furent pourvues de ces plaques de blindage.

L'industrie européenne s'en est em-

PORTE HOLSTENTHOR ET PLACE DU MARCHÉ, A LÜBECK.

parée; avec le *Creusot*, les usines de *Marrel* et de *Saint-Chamond* les fabriquent en France, et sont les premières marques. L'Angleterre emploie les cuirasses de *Brown*, *Vickers*; l'Allemagne celles de *Krupp*; l'Amérique celles de *Carnegie*; l'Italie celles de *Terni*. Le *procédé Krupp* a été acheté en France par Saint-Chamond : nickel, chrome, carbone, cuivre, manganèse, phosphore, soufre, silice, tels sont les éléments de sa composition. La face durcie des plaques brise ordinairement le projectile sans qu'il pénètre; mais la puissance d'un projectile plus fort pourrait être invincible.

En résumé : une plaque d'acier de 100 millimètres vaut une *plaque de fer* de 140 millimètres. L'acier au nickel vaut 155 millimètres de fer; enfin l'acier au nickel cémenté vaut 208 millimètres de fer.

La *cuirasse* ne constitue pas pour les navires de combat une défense irréductible; bien des causes peuvent en atténuer l'effet en bataille rangée. Aussi les Allemands, tout en s'appliquant à conserver aux plaques de blindage la plus grande résistance possible, cherchent-ils à en diminuer l'épaisseur dans leurs nouvelles constructions (voir les chiffres cités plus haut). Ils pensent qu'alléger le navire, lui donner plus de mobilité (le gros cuirassé *Wilhelm der Grosse* file 21 à 22 nœuds), facilite son offensive et lui permet d'échapper d'autant mieux aux coups de l'ennemi, qu'il est plus capable de l'atteindre lui-même.

D'ailleurs la force destructive de l'artillerie a grandi

ALLEMAGNE.

en même temps que la résistance de la cuirasse. Il s'en faut toutefois que la puissance du **canon** soit sans limites pour l'effet et la durée. Chaque coup détermine au départ une légère érosion des *rayures* d'origine; et, en se multipliant, cette usure finit par compromettre le bon service d'une pièce. Un *canon vit en raison inverse de son calibre*. Ainsi une pièce de 420 millimètres tirera facilement 80 coups; une de 340 millimètres 110 coups; pour un 300 millimètres, on peut compter 150 coups; 240 millimètres, 200 coups; 164 millimètres, 380 coups; 100 millimètres, 750 coups.

Tous les canons employés à bord et sur les côtes par la marine allemande sont de fabrication *Krupp*, les mitrailleuses, du système *Maxim* et *Nordenfelt*.

Des canonnières, des torpilles et des torpilleurs gardent les passes et les approches de la côte.

Les douze *canonnières* du type *Wespe* (1876) sont condamnées à disparaître: on les utilisera dans les ports. De nouvelles canonnières sont destinées au service des mers lointaines.

La **torpille** allemande est du système *Schwartzkopf*; un nouveau mécanisme permet de constater si le but visé a été atteint. On sait que la torpille est un engin explosif chargé au fulmicoton, destiné à frapper le navire au-dessous de la flottaison. Le fulmicoton possède une force explosible soixante-deux fois supérieure à celle de la poudre fine ordinaire : 23 kilogrammes soulèvent une colonne d'eau de 76 mètres. Les torpilles sont *fixes* (*dormantes* au fond, *flottantes* entre deux eaux, électro-explosives et automatiques) ou *mobiles*, suivant une direction déterminée. La torpille *Schwartzkopf*, en bronze phosphoreux, n'est point d'un entretien minutieux comme la torpille *Whitehead*. L'Allemagne a permis à l'Espagne, à l'Italie, au Brésil, à la Chine, au Japon de s'en servir; mais elle s'est réservée le monopole et le secret de la fabrication. L'engin, mû par l'air comprimé avec une vitesse de 30 nœuds, se maintient sous l'eau à une profondeur déterminée; on l'a beaucoup modifié et amélioré (charge 120 kilogrammes de cotonpoudre — appareil gyroscopique, qui ramène toujours la torpille dans la première direction reçue au départ).

VIEILLES MAISONS, A LÜBECK.

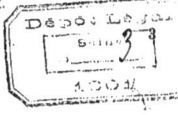

On a imaginé, pour se défendre contre les torpilles, les *filets métalliques Bullivant*, suspendus aux flancs du navire ; mais leur poids énorme (7 tonnes pour un gros cuirassé) entrave la marche et la réduit à 4 ou 5 nœuds. Quant aux *canons-revolver*, on ne peut compter que sur 7 pour 100 des coups, et 2 pour 100 seulement à 1,000 mètres, si le torpilleur a pu être assez tôt aperçu : encore les avaries subies par celui-ci peuvent-elles ne point le mettre hors de combat. Les navires n'ont qu'une garantie contre la *torpille* : leur double coque, des cloisons étanches, surtout une extrême vigilance qui permet d'écarter à temps le bateau lance-torpille. Une escadre près des côtes doit être munie de puissants appareils électriques, éclairée par une escadrille de contre-torpilleurs et de petits croiseurs rapides.

L'Allemagne va lancer 2 divisions de *contre-torpilleurs*, à 6 unités chacune : avec 3 canons de 2^{cm}, 3 lance-torpilles ; vitesse 27 nœuds. 2 autres divisions suivront. Elle possède 119 torpilleurs, dont 29 à 18 nœuds, 64 à 20 nœuds, 26 de 25 nœuds. Les Allemands étaient très fiers de leur flottille de **torpilleurs** ; de récentes mésaventures ont refroidi leur enthousiasme. Plusieurs (cinq) de ces petits bâtiments ont fait naufrage. Les sept plus anciens (1883-1887) ont été relégués comme navires de garde. On élève dans les nouvelles constructions le tonnage et la vitesse. Six torpilleurs de même déplacement forment une division ; ils sont tous, ou à peu près, construits par *Schichau*. Le service des torpilleurs est parfaitement organisé ; on les soumet à des exercices incessants qui les familiarisent avec les moindres détails des côtes. La marine allemande n'a pas en-

Phot. Mertens.
PORTE BURGTHOR, A LÜBECK.

core de *torpilleur sous-marin*. Un syndicat privé fait des essais, pour en revendre un exemplaire à l'État, s'il réussit. Le *sous-marin* de combat est encore une invention française ; l'amiral Bourgeois fut le premier à l'essayer comme torpilleur en 1860. Depuis, nous avons vu le *Goubet*, le *Gustave-Zédé*, le *Gymnote* ; le *Holland* (États-Unis)..., et il semble bien que cet engin mystérieux, qui peut approcher l'ennemi sans être vu, frapper à coup sûr, recevoir à 122 mètres et sous une épaisseur de 3^m,60 une charge de 45 kilogrammes de coton-poudre, sans broncher, qui sait plonger et fuir à l'abri des coups, doit être, dans un avenir prochain, l'un des moyens de destruction les plus redoutables.

1 *bâtiment-transport* de torpilles automatiques, 16 *navires-école* ; 9 au *service des ports* (1) ; 2 de réserve, 3 stationnaires complètent la liste des bâtiments de la marine allemande.

Le *Hohenzollern* (1892, 22 nœuds), yacht de l'empereur, est classé parmi les croiseurs auxiliaires.

Le **personnel** comprend, d'après Gotha, 29,028 hommes, parmi lesquels : 2 *amiraux* (*Kommendirender-Admiral*), 4 *vice-amiraux* (*Vize-Admiral*), 10 *contre-amiraux* (*Kontre-Admiral*), 51 *capitaines de vaisseau* (*Kapitäns zur See*), 19 *capitaines de frégate* (*Fregatten-Kapitäns*), 81 *capitaines de corvette* (*Korvetten-Kapitäns*), 194 *capitaines-lieutenants* (*Kapitän-Leutnants*), 296 *enseignes de vaisseau* (*Ober-Leutnants zur see*), 249 *aspirants brevetés* (*Leutnants zur see*), 270 *aspirants* (*Fähnrich zur see*), 455 *élèves* (*See-Kadetten*), 141 *ingénieurs-mécaniciens*, 92 *ingénieurs civils de la marine*, 14 *ingénieurs des torpilles*, 210 *commissaires* (corps civil), 153 *médecins*, 12 *aumôniers*, 102 *officiers, artificiers*, 44 *d'infanterie de marine* (*Seebataillons*) ; 905 *officiers de pont* (*Deckoffiziere*) ; en tout 29,028 officiers, élèves, sous-officiers, matelots, ingénieurs, payeurs, armuriers, employés d'intendance et d'approvisionnement, etc.

Le **service** *de la marine* prend les hommes, de dix-sept à quarante-cinq ans, dont trois ans dans la marine *active*, quatre dans la *réserve*, le reste dans la *Seewehr* et la *Landsturm*. Les hommes sont divisés en deux sections, celle des *chantiers* et celle des *matelots* ; l'instruction des sous-officiers est très soignée. Le personnel doit être réparti en 4 *escadres* à 2 *divisions* de 4 *cuirassés* chacune, avec 8 *grands* et 24 *petits croiseurs* dans les eaux territoriales, 3 *grands* et 10 *petits croiseurs* à l'étranger.

Bâtiments et personnel sont entraînés par une continuelle préparation à la guerre ; manœuvres de jour et de nuit, au large et sur la côte, embarquement et débarquement, ravitaillement de la flotte, tir, éclairage électrique, signaux, manœuvres de torpilles, rien n'est négligé pour tenir la flotte constamment en haleine. Au premier signal, elle est prête et sait ce qu'elle doit faire, la

LA SALLE DU CONSEIL DE VILLE, A LÜBECK.

(1) Parmi eux, les anciens cuirassés d'escadre *Friedrich der Grosse* et *Preussen* (1873).

majorité des cas ayant été prévus. Un mot de l'amiral commandant en chef, qui dépend lui-même directement de l'empereur : tout est en mouvement.

Dans une flotte créée pour l'offensive, on ne veut que des éléments jeunes et vigoureux. Tandis qu'*en France*, l'âge de la retraite sonne pour les *vice-amiraux* à soixante-cinq ans; soixante-deux, pour les *contre-amiraux*; soixante ans pour les *capitaines de vaisseau*; il est, *en Angleterre*, pour les mêmes grades, de soixante-cinq, soixante et cinquante-cinq ans; en *Allemagne*, cinquante-six, cinquante-trois et cinquante ans. Les capitaines de vaisseau allemands sont mis à la retraite dix ans avant les nôtres.

Telle qu'elle est, et bien que l'expérience, la force multiple et les ressources de certaines rivales lui manquent encore, la *marine allemande* est, dans la mesure de ses moyens actuels, un excellent instrument de combat. Il est clair que les Allemands, gens pratiques, ne l'ont point à si grands frais créée pour la parade, mais qu'ils voudront s'en servir non seulement dans les mers lointaines, mais aussi en Europe, pour conserver et au besoin pour acquérir. On devra, le cas échéant, compter sur l'action combinée de leur armée et de leur flotte, et peut-être celle-ci, quelque puissante que soit l'armée, décidera-t-elle du sort de la guerre.

MER BALTIQUE

La *mer Baltique* est un bassin presque fermé, d'un accès compliqué. Plusieurs États s'en partagent les côtes : la Suède possède la rive

LÜBECK : ÉTANG AUX MOULINS. — MUSÉE.

par la grande quantité d'alluvions que déposent sur le littoral les abondants et nombreux cours d'eau de l'Allemagne du Nord; sous leur action, le sel contenu en suspension dans la masse liquide est largement dilué, et grâce à l'éloignement de l'Océan qui ne lui permet pas de se renouveler, le poids spécifique des eaux diminue jusqu'au tiers de celui qui caractérise la mer du Nord.

Aussi la mer Baltique *gèle-t-elle* facilement. En décembre, les côtes se frangent de glace, les baies les plus étroites et les canaux riverains deviennent solides; les grands ports sont fermés, pour ne s'ouvrir qu'en avril, ou mai seulement, à l'ordinaire trafic. On a même vu la Baltique entièrement gelée, notamment en 1709; il fallut alors édifier sur la glace des hôtelleries provisoires pour les voyageurs et les marchands qui passaient des côtes allemandes à celles du Danemark ou de la Suède.

Même après la fonte des glaces, la température de la *Baltique* reste très froide jusqu'au cœur de l'été. Si aucun souffle ne l'agite, cette mer paraît immobile, sans *flux* ni *reflux*, bien qu'on ait observé dans le port de *Wismar* des oscillations périodiques, dont les maxima et minima, correspondant à la croissance et au décours de la lune, accusent un écart de 64 millimètres. Mais la Baltique, avec ses *vagues* courtes et heurtées, ses *brouillards*, et les *vents violents* qui la balayent, comme les grands lacs fermés, est une mer dangereuse. Aussitôt que, de Hambourg, le service de surveillance des côtes a télégraphié quelque perturbation atmosphérique, les ports hissent le signal d'alarme, et chacun se préserve comme il peut du naufrage.

LA PORTE DITE KROPELINERTHOR, A ROSTOCK

LÜBECK : HORLOGE ASTRONOMIQUE DE L'ÉGLISE Ste-MARIE.

septentrionale; le fond est aux Russes; le sud appartient en partie à l'Allemagne; enfin le Danemark en commande l'issue. Ce grand lac marin ou *mer de l'Est* (*ostsee*), mer des *Suèves*, des *Sarmates* ou des *Héros*, comme parlent les anciens chroniqueurs, couvre une superficie de 412,000 kilomètres carrés. Sa forme générale est assez bizarre.

Beaucoup de lacs alpestres sont plus profonds que la Baltique. On ne trouve que 10 mètres de fond en face de *Stettin* et de l'embouchure maritime de l'Oder (la Swine), 14 mètres seulement à *Kolberg*; et la côte poméranienne est généralement d'un abord si pénible, que les bateaux lourdement chargés doivent mouiller à 1 kilomètre au large. Plus loin, à l'est, de plus grandes profondeurs correspondent à l'écartement des rivages : on a relevé 174 mètres à la hauteur de *Memel*; 220 mètres au delà de *Gotland*.

Cette épaisseur médiocre de la nappe lacustre est encore atténuée

On compte 1,260 kilomètres environ, du *Petit-Belt* à la baie de *Cronstadt* ; mais rien n'est plus dissemblable que ces deux extrémités de la Baltique. Tandis que le fond oriental se dédouble en deux golfes immenses qui sont de vraies mers intérieures, celui de *Bothnie* entre la Russie et la Suède, et le golfe de *Finlande*, lac de Saint-Pétersbourg; le débouché occidental est obstrué par de grandes terres, *Seeland*, *Fionie*, *Laaland*, jetées comme une chaussée insulaire entre le promontoire suédois et le croissant du *Jutland-Schleswig-Holstein*.

ANCIEN HÔTEL
DE LA SOCIÉTÉ DE NAVIGATION, A LÜBECK.

Hors du labyrinthe des détroits, le promontoire de *Stralsund*, prolongé par l'île de *Rügen*, rapproche le littoral allemand de la côte suédoise et forme un second étranglement, comme une sorte de porte intérieure, que garde encore l'île de Bornholm, dernier satellite du Danemark sur la Baltique.

Alors, le littoral du sud se développe largement, et creuse trois grands golfes, dont deux sont allemands, ceux de *Stettin* et de *Danzig*, et le dernier, celui de *Riga*, sert de port avancé à la Russie.

Lübeck occupé, sur la Trave à l'entrée de la Baltique, une position symétrique de celle de Hambourg sur l'Elbe, du côté de la mer du Nord. Le voyageur qui, parti de Hambourg, les yeux troublés par la fumée du port et les oreilles assourdies par le fracas des quais et de la rue, descend, après 60 kilomètres d'une course rapide, sur les bords de la Trave, peut se croire transporté de trois siècles en arrière. A la fièvre du présent succède, presque sans transition, le calme et la dignité d'un passé florissant. *Lübeck* est une grandeur d'autrefois; mais elle n'est point morte, et il semble au contraire que, piquée par la prospérité de ses voisines, elle veuille reprendre une nouvelle jeunesse.

HÔTEL DE VILLE DE STRALSUND.

Son port maritime, *Travemünde*, est à 18 kilomètres plus bas, à l'abri de la baie de *Kiel* : voilà un avant-port bien gardé. Les plus gros navires s'y arrêtent, mais de récents travaux, en améliorant le cours de la *Trave*, permettent maintenant aux bateaux calant 5 mètres, de mouiller à quai, en pleine ville de Lübeck, et ce n'est pas une des moindres surprises de l'arrivée que les hautes mâtures se profilant au-dessus de la gare et semblant vouloir se mesurer avec les hardis clochers du voisinage.

Jadis capitale de la **Hanse**, fière de ses privilèges et de ses anciennes coutumes (Droit de Lübeck) devenues le droit de ses alliés, victorieuse des pirates danois, conquérante d'une partie du Danemark et de la Suède et maîtresse de ratifier le choix de leurs rois, Lübeck était arrivée dès le XIVᵉ siècle à l'apogée de sa puissance : les plus beaux de ses monuments datent de cette époque. Mais la découverte de l'Amérique, qui ouvrait à *Hambourg* un si bel horizon vers l'Océan, diminua, au détriment du *Lübeck*, l'importance de la *Baltique*. Puis, les progrès des monarchies du Nord, *Danemark*, *Suède* et *Russie*, les discordes civiles, la guerre de Trente ans, enfin la rareté croissante de certaines denrées commerciales, achevèrent de précipiter sa décadence ; le dernier conseil ou *diète* de la Hanse y fut tenu en 1669.

Mais *Lübeck* doit à ses grandes relations et à ses importantes ressources de n'être pas déchue. Occupée par les Français en 1806 et réunie à l'Empire, comme chef-lieu d'arrondissement du département des *Bouches-de-l'Elbe*, elle recouvra son indépendance en 1813 et, par le Congrès de Vienne, redevint ville libre.

Sa *flotte* d'aujourd'hui est encore peu de chose : 27 navires de 9,128 tonneaux, dont 26 vapeurs ; contre 500 navires (256 vapeurs) à *Brême*, et au moins 430 vapeurs à *Hambourg* (année 1900). Mais le *commerce* de Lübeck est fait surtout par des bateaux étrangers, suédois, norvégiens, danois et russes. On signalait récemment, près de 3,000 navires entrés dans son port; et tandis que la flotte de *Brême* dépasse encore vingt fois la sienne, le chiffre de ses entrées n'est guère moins élevé que d'un millier et demi.

L'*exportation* y est alimentée par les grains; l'*importation* par les denrées coloniales et les *bois* du Nord. Tout un bras de la *Trave* est réservé à ce dernier commerce (*Hafen für die Holzschiffe*); de grands magasins de réserve entretiennent une vive animation sur les quais de la ville. Fonderies de fer, fabriques de machines, manufactures de tabac, verreries ; telles sont les principales *industries*.

La *ville* est bâtie sur un promontoire qu'enveloppent les eaux de la *Trave* et de son affluent la *Wakenitz*, déversoir navigable du lac de *Ratzeburg* : un mince pédoncule au nord-est et plusieurs ponts

SASSNITZ (Ile de Rügen).

de divers côtés, rattachent la presqu'île au voisinage. Les eaux des deux rivières, épanouies en plusieurs bassins, déroulent, sous de frais ombrages, des aspects variés et pittoresques ; un long boulevard semé de jardins les accompagne au sud, et c'est un grand charme de trouver immédiatement à côté du bruit et de la confusion de la gare et du port un coin de fraîcheur et de lumière, comme ce lac animé ou *Mühlenteich* (étang aux moulins) que surplombent le bel édifice du *Musée* et les hautes tours du *Dom*.

Lübeck a conservé des monuments intéressants : la *cathédrale* ou *Dom*, l'église de *Sainte-Marie* (horloge astronomique) construite au XIIIe siècle, dans le goût des cathédrales françaises ; l'*Hôtel de ville* (*Rathaus*) au superbe escalier Renaissance, avec des salles remarquables, celle du Conseil de ville (*Bürgerschaft*), la salle du *Sénat*, la *Kriegstube*, dont la porte, les lambris, la cheminée de marbre sont de superbes productions du XIVe siècle. La grande porte ou *Holstenthor*, qui marque l'entrée principale de l'ancienne ville, est encore un intéressant souvenir. On y lit une double inscription. A l'intérieur : *S. P. Q. L.*, « le Sénat et le peuple de Lübeck », avec une double date : 1479 et 1871 marquant l'achèvement et la restauration de l'édifice. L'autre inscription domine l'édifice : *Concordia domi, foris pax*, « concorde à la maison ; au dehors, la paix ». Les deux énormes tours en poivrière qui encadrent cette porte sont de briques noircies par le temps : elles s'inclinent l'une

PANORAMA DE STRALSUND. — Phot. Sophus Williams.

vers l'autre, comme si la terre en était écrasée. A Lübeck, d'ailleurs, tout penche, les monuments comme le sol. Les deux tours de la cathédrale faiblissent d'une façon inquiétante pour les maisons voisines ; depuis longtemps celles de Sainte-Marie ne passent plus pour des chefs-d'œuvre d'équilibre. La brique lassée par les siècles, usée à l'air, s'effrite, cède, et par sa couleur ternie, donne aux monuments un aspect lourd et sans fraîcheur. L'Hôtel de ville paraît immuable, sans doute à cause de ses fortes assises que couronne un toit peu élevé, tout fleuri d'aigrettes et de pyramides originales. Lübeck a bien gardé son aspect d'autrefois; les vieilles maisons à pignons sur rue découpées à la manière hollandaise n'y sont pas rares, et l'observateur peut s'y donner, sans crainte de la foule, le plaisir de les examiner à loisir.

Les rues, en effet, sont aussi calmes que turbulentes celles de Hambourg; c'est peut-être la raison qui a déterminé l'administration des *tramways* à faire une économie de personnel en supprimant le receveur. Chacun, montant en voiture, dépose dans un tronc, fermé d'une vitre, les *10 pfennings* (un peu plus de 10 centimes) que coûte la place; ainsi le public fait sa police lui-même. La coutume est curieuse, originale peut-être par sa simplicité : je l'ai retrouvée dans quelques autres villes d'Allemagne; elle valait la peine d'être notée.

Dans la principale rue (la *Breitestrasse*) qui monte en traversant la ville dans sa plus grande longueur, se voient la *maison des anciens armateurs* (*Haus der Schiffergesellschaft*), transformée en brasserie; la *maison des marchands* (*Haus der Kaufleute Compagnie*); le bizarre *hôpital du Saint-Esprit*; la statue du poète *Geibel*; enfin le *Burgthor*, porte massive près de laquelle *Blücher*, poursuivi par *Soult*, *Murat* et *Bernadotte*, livra son dernier combat, avec les débris prussiens d'Iéna. Blücher est né dans la ville voisine de Rostock; le peintre *Overbeck* et l'historien *Curtius* sont originaires de Lübeck.

Le **territoire** de la *ville libre* comprend une certaine étendue de terrain longeant les deux rives de la Trave jusqu'à la mer, et plusieurs petites enclaves aux environs, prises dans la province prussienne du Holstein ; superficie totale, 299 kilomètres carrés avec plus de 82,000 habitants. Depuis 1868, Lübeck a cédé par traité à Hambourg ses droits sur le territoire de Bergedorf, que les deux cités possédaient en commun. Lübeck est entrée dans la Confédération de l'Allemagne du Nord, le 18 août 1866; elle a donné son adhésion au *Zollverein*, le 11 août 1868.

La *Constitution* de 1669, revisée en 1851 et le 7 avril 1875, confère le pouvoir *exécutif* à un *Sénat* composé de 14 membres élus à deux degrés et âgés de 30 ans au moins : 6 d'entre eux doivent être jurisconsultes, et 5 commerçants. Le pouvoir *législatif* appartient en commun au *Sénat* et à la *Bürgerschaft*, Chambre de 120 représentants, élus au suffrage universel et renouvelés par tiers, tous les deux ans. Tout citoyen majeur est électeur et éligible. La Constitution de Lübeck, pour être plus ancienne, est plus démocratique que celle de Hambourg et de Brême. Le *budget* des dépenses, avec 6 millions 220,000 marcs, dépasse sensiblement celui des *recettes*, à cause des grands travaux en cours (ponts métalliques, quais, levées, bassins, docks) : la *dette* monte à 32 millions et demi de marcs (40 millions 250,000 francs).

CÔTES DE MECKLEMBOURG ET DE POMÉRANIE.

Par delà *Wismar*, petit port de Schwerin, au fond d'une baie écartée que barre à moitié l'île de Poel, **Rostock** fut jadis l'émule de Lübeck. Bâtie comme elle sur un fleuve, la *Warnow*, à 10 kilomètres de la mer, elle a aussi conservé un aspect antique. Son fleuve, large de 500 mètres, est assez profond pour livrer passage aux bateaux de moyenne grandeur; les gros navires s'arrêtent à Warnemünde.

Rostock (54,713 habitants) possède encore la flotte la plus importante de la Baltique, mais son commerce n'est pas ce qu'il fut autrefois. Warnemünde et Heiligendamm, dans le voisinage de Doberan et non loin de *Rostock*, sont des bains de mer fréquentés.

Heiligendamm offre un exemple remarquable des entassements produits par le flot. On y voit accumulés des gisements de granit syénite, de silex, de jaspe, de porphyre, de quartz, d'agate, de feldspath, de toutes formes et de toutes couleurs, sur une distance de 3 kilomètres, une largeur de 300 mètres et 2 à 5 mètres de hauteur au-dessus du niveau ordinaire des eaux. La couche de tourbe qui sert de base à ce rempart naturel est elle-même à 3 décimètres au-dessous de la mer. Cette digue, la *sainte digue (Heiliger-damm)*, aurait été, d'après la légende, providentiellement soulevée du fond de la mer en une seule nuit, lors d'un coup de tempête (début du xivᵉ ou du xviᵉ siècle).

La Baltique roule fréquemment des bourrelets de galets et de dunes le long de ses rivages : par contre, elle pénètre aussi les terres basses, les mine et les emporte peu à peu, bien que son travail d'érosion ne puisse être comparé aux terribles emportements de la mer du Nord. Ainsi, au-dessus de la baie de *Wismar*, le *Salzhaff* découpe une profonde entaille, dont le rebord extérieur est déjà presque une île à peine retenue à la terre par un mince filet de 7 kilomètres. Non loin de Rostock, le *Fischland*, qui festonne le promontoire mecklembourgeois avec l'île de *Rügen*, est encore un exemple remarquable d'érosion. L'aspect en est singulier. Une péninsule quadrangulaire, le *Darss*, détachée du rivage vers le nord par la longue jetée naturelle du *Fischland*, présente au large un éperon avancé, puis oppose, face à la vague, la ligne régulière du *Zingst*, jusqu'à l'entrée du golfe qui est à l'est.

Derrière ce bastion défensif, une suite de bassins inégaux se déploient, reliés entre eux par de minces détroits : le *Grabow*, le *Bortherbodden*, le *Saalerbodden* ou lac salé, qu'une tempête pourrait ouvrir tout à coup vers l'ouest.

STUBBENKAMMER (Île de Rügen).
Phot. Sophus Williams.

Alors, le *Darss* se trouverait isolé en mer, et destiné à s'écrouler comme la contrepartie de la grande île de *Rügen*, sous la morsure des eaux.

Rügen faisait partie du continent voisin; le long couloir qui l'en sépare, le *Strelasund*, ne dépasse guère 2,250 mètres en largeur moyenne, et l'on peut reconstituer sans peine l'ancien littoral que dessinait autour du noyau insulaire principal l'île *Hiddensöe* et les trois péninsules de *Wittow*, *Jasmund*, *Mönchgut*, reliées entre elles par de fragiles guirlandes de terre. Moins bien préservée que la côte orientale par ses hautes falaises et ses débris de dunes, celle de l'ouest est profondément corrodée par la mer; d'étroites chaussées, des îles de toute grandeur, des baies charmantes ombragées de grands hêtres, en parsèment le contour. L'île dans son ensemble est formée d'assises de craie, qui s'élèvent à l'est en blanches falaises : tels, le *Kœnigs-Stuhl* ou *siège du roi*, qui domine les flots de 133 mètres, près de *Stubbenkammer*; ou encore le promontoire d'*Arcona*, moins élevé (63 mètres), mais dont les roches déchiquetées, et enveloppées de vols d'oiseaux, présentent, en s'avançant au loin, comme une proue à l'aspect redoutable. C'est là que l'idole des Wendes se dressait encore au xiiᵉ siècle.

De *Stubbenkammer* à *Sassnitz*, la côte est particulièrement pittoresque : c'est, à la belle saison, le rendez-vous de nombreux touristes : les beaux ombrages de la forêt de *Stubbenitz* y offrent de ravissantes échappées sur la mer, par les ravins, les vallons, les arbres qui descendent jusqu'au rivage; car l'eau de la Baltique, médiocrement salée, n'est point mortelle aux plantes, et les flots viennent bondir, en les

ARRIVÉE A SWINEMÜNDE.
Phot. Mertens.

PONT ET CHATEAU DE STETTIN

Phot. Sophus Williams.

éclaboussant de leur écume, jusque parmi les racines des hêtres vigoureux.

Cependant l'île de ce côté encore se désagrège : le petit îlot de *Ruden*, qui est maintenant à 10 kilomètres près d'*Usedom*, et sur lequel Gustave-Adolphe put camper avec ses troupes, faisait encore partie de l'île à la fin du XIII° siècle. A l'intérieur, le sol miné s'affaisse et forme sous l'action des eaux de petits lacs, des marais que ne tardent guère à embarrasser les alluvions et les tourbières. L'un de ces lacs, près de *Sassnitz*, rappelle, dit-on, les sacrifices qu'offraient les Rugiens à la déesse *Hertha*.

Rügen est la plus grande île de l'Allemagne : elle mesure 60 kilomètres dans sa plus longue section, 40 en largeur, et 967 kilomètres carrés de superficie, pour 45,000 habitants. La petite ville de *Bergen* est, au centre, le chef-lieu de l'île; plus bas *Putbus* est le siège d'une petite principauté.

Un bac à vapeur transporte directement les voyageurs et le wagon-poste de la ligne Berlin-Stralsund, dans l'île de *Rügen*; un autre bac fait le service ordinaire du détroit, entre Stralsund et le village d'*Altefæhr*.

Stralsund est célèbre par la résistance acharnée qu'elle opposa aux efforts de Wallenstein, durant la guerre de Trente ans (1628) : elle y perdit 20,000 hommes; mais l'assiégeant dut se retirer. Tour à tour suédoise; bombardée par l'électeur de Brandebourg en 1678; rendue à la *Suède*; prise par les Hollandais et les Danois (1809), malgré l'héroïque dévouement de Schill, la ville fut enfin annexée à la Prusse en 1815. Sa position naturelle est très forte : entourée par les deux grands étangs *Frankenteich* et *Knieperteich*, elle ne communique à la terre voisine que par trois jetées. Cependant on l'a démantelée.

Un bel *Hôtel de ville* (façade XV° siècle), plusieurs beaux édifices religieux, d'anciens hôtels témoignent de son ancienne richesse : après Lübeck, ce fut la deuxième ville de la Hanse sur la Baltique. *Stralsund* (31,083 habitants) importe de la houille, du fer, du bois, du vin, des denrées coloniales, etc.

De Stralsund à la frontière russe, la *côte allemande orientale de la Baltique* s'infléchit au-devant de deux fleuves, l'*Oder* en aval de *Stettin*, la *Vistule* au-dessous de *Danzig*. Mais ces deux grandes artères fluviales de l'Allemagne orientale ne portent point directement leurs eaux à la mer : celles-ci s'étalent et s'épurent dans de grands golfes intérieurs ou *haffs* qui communiquent eux-mêmes avec le large, par des passes étroites.

Le *haff* de l'Oder ou *Stettinerhaff*, est un large bassin d'eau douce qui mesure, dans sa plus grande étendue, 52 kilomètres d'est en ouest, et 22 kilomètres du nord au sud, 100 kilomètres environ de circuit, et une superficie de 797 kilomètres carrés. Deux grandes îles, *Usedom* et *Wollin*, arc-boutées en pointe, l'abritent du flot et indiquent par leurs plages régulières du côté de la mer, l'ancien littoral. Elles sont découpées vers l'intérieur. Les eaux du Haff se sont frayé un passage entre les deux îles et à leurs deux extrémités; au milieu, la coulée de la **Swine**, à droite la *Dievenow* et à gauche la *Peene*.

Tour à tour épanouie en golfes ou resserrée comme une rue, la *Peene*, entre le village de *Damerow* et la riche pêcherie de *Achterwasser*, n'a que 200 mètres de large, et sa profondeur atteint parfois à peine 2 mètres. La *Dievenow*, encore moins favorisée, file comme un canal derrière *Wollin*, se dédouble en deux bras; *Oberstrom* et *Unterstrom*, autour de l'île *Gristow*, et après avoir étalé ses eaux dans le *Kamminer Bodden* ou lac de *Kammin*, atteint péniblement la mer, par la fissure de *Dievenow*. Des trois embouchures de l'Oder, car les issues du haff sont proprement celles du fleuve, la passe médiane de la *Swine* est la seule navigable. La rivière se tord d'est en ouest et du sud au nord, entre Usedom

LA KRAHNTHOR, A DANZIG.

Phot. Mertens.

et Wollin, baigne *Swinemünde* à gauche (dans l'île de *Usedom*) et se prolonge au nord, entre deux môles qui la protègent des ensablements et ouvrent la route aux navires.

Moins importante par elle-même que ses deux voisines, la *Swine* doit à la pureté de son flot, aux digues qui la dirigent, et à des dragages continuels, d'être navigable pour les bateaux calant de 5 à 6 mètres. Un canal récent (le *Kaiserfahrt*) coupe au plus court directement jusqu'à *Swinemünde*. On s'est même préoccupé de le prolonger jusqu'à Stettin, car les eaux du haff ne présentent pas une profondeur régulière. Un autre projet voudrait, par une digue transversale, mener une voie ferrée directe, de Stettin à *Swinemünde*. Il a même été question de dessécher le grand lac : l'entreprise ne paraît point une chimère. Souvent les eaux du haff, incessamment comblé par de nouvelles alluvions, ne présentent qu'une épaisseur d'un mètre et quelquefois moins. On gagnerait ainsi un territoire de 650 kilomètres carrés pour la culture, et cinquante mille hommes en pourraient vivre.

Swinemünde est l'avant-port maritime de *Stettin* pour les navires de fort tonnage : les deux môles (de 1,100 et 1,500 mètres), qui prolongent l'embouchure de la Swine sont protégés par des ouvrages fortifiés.

Stettin est à 30 kilomètres du haff en amont, sur la rive gauche de l'Oder. Depuis la démolition des fortifications qui la resserraient, la ville s'est considérablement étendue : elle compte aujourd'hui 210,680 habitants. C'est le *port maritime de Berlin* (à 134 kilomètres par chemin de fer, et à 150 kilomètres de Stralsund), l'un des premiers de la Prusse. Du versant qu'elle occupe, la ville voit se dérouler, à travers de grasses plaines alluvionnaires, les eaux sinueuses de l'Oder. Deux bras se détachent du fleuve : la *Parnitz* et la *Dameritz*, pour venir se perdre dans le grand lac, *Dammschersee*. Cette plaine est à ce point déprimée et tributaire des eaux qui la traversent, qu'on a dû construire une levée de plusieurs kilomètres à travers le

HÔTEL DE VILLE DE DANZIG.

delta, pour atteindre la ville de *Damm*, à l'extrémité orientale du lac.

Aussi *Stettin* s'est-il étendu sur la gauche du fleuve, au nord et à l'ouest : les anciennes constructions sont en partie disparues et comme noyées dans la marée enveloppante des bâtisses nouvelles. L'*Hôtel de ville*, la *Poste*, la vieille porte *Kœnigsthor*, l'antique *château* des ducs de Poméranie (maison éteinte en 1637), dans lequel naquit Catherine II, impératrice de Russie : tels sont les édifices les plus dignes de remarque. Avant tout, *Stettin* est une ville nouvelle, qui grandit chaque jour. Déjà la petite cité de *Grabow*, les villages de *Bredow*, *Züllechow*, qui s'étendent à plus de 8 kilomètres au nord sur la rive fluviale, sont entrés dans le cercle urbain, tandis qu'une longue suite de maisons et de fabriques relient la ville, vers le sud, au village de *Pommerensdorf*.

Les faubourgs annexés sont tous des localités *industrielles*; on voit à *Bredow* les immenses chantiers de constructions maritimes de la Compagnie *Vulcan* (1). Stettin fabrique des machines à vapeur, des coffres-forts, des produits chimiques; raffine le sucre, distille les spiritueux, possède d'importantes minoteries, brasseries, etc. On en *exporte* des graines oléagineuses, du bois, des alcools, des céréales, contre le pétrole, les vins français, les graisses, les harengs, la houille, les produits coloniaux *importés* des ports étrangers. L'*Allemagne* vient au premier rang de son trafic maritime; après elle, l'*Angleterre*, le *Danemark*, la *Suède*.

La *flotte* de Stettin dépasse 200 navires, dont plus de 70 vapeurs de mer et 90 pour le fleuve. Des *brise-glace* leur frayent la voie, au début et à la fin de l'hiver; car les eaux engourdies et peu profondes du *haff* gèlent plus facilement et dégèlent moins vite que celles de l'Oder. *Swinemünde* est relié à Kœnigsberg, Riga, Copenhague, New-York, la France, l'Espagne, la Méditerranée par des services réguliers. *Stettin*, longtemps suédoise, fut acquise définitivement à la Prusse en 1720; nous l'avons occupée de 1806 à 1813.

INTÉRIEUR DE L'*ARTUSHOF*, OU BOURSE DE DANZIG.

(1) L'un des plus beaux transatlantiques de la flotte commerciale allemande, sinon le plus beau, le *Kaiser Wilhelm der Grosse* est sorti des ateliers « Vulcan ». Ce bateau gigantesque a 197m,50 en longueur de pont, et 190m,50 à la flottaison. Sa largeur extérieure est de 20m,16, son creux sous le pont supérieur 13m,50, le tirant d'eau 8m,50 en pleine charge. 2 machines à triple expansion à 4 cylindres composent l'appareil moteur, avec une puissance de 27,000 chevaux; les 2 hélices sont à 3 ailes de 6m,80 de diamètre et de 10 mètres de pas. Le *Kaiser* possède en outre 58 machines à vapeur auxiliaires pour les treuils, etc. Vitesse moyenne 22 nœuds.

Les soutes à charbon sont capables de recevoir la masse formidable de 4,500 tonnes de houille, de quoi charger une dizaine de trains de marchandises ordinaires. Dans ses 306 cabines, 926 passagers de première et de deuxième classe peuvent trouver place; on y peut ajouter 800 passagers de troisième classe et 400 hommes d'équipage. Au total, la population d'un gros village de plus de 2,000 âmes. Il y a six étages de pont, sans compter le pont promenade que domine un autre pont léger, et enfin la passerelle du commandant qui a l'air d'être sur le toit d'une haute maison. L'intérieur est bien aménagé.

La *côte poméranienne* dessine, à l'est de Stettin, un profil montagneux dont les dunes terminales projettent une longue flèche sablonneuse : la *Putzige Nehrung* avec le phare d'*Héla*, sentinelle avancée de Danzig. D'abord très affaissée à la hauteur de *Treptow*, dont l'ancien port *Regamünde* se voyait encore, il y a deux siècles sous les eaux ; puis à *Kolberg* (embouchure de la *Persante*), que l'on a peine à défendre contre les invasions de la mer, la côte se redresse, couverte de belles forêts jusqu'à *Köslin* et retombe en une série de *lagunes*, bordées d'un mince filet littoral. Des prairies et des bois recouvraient naguère le fond du lac *Jamund* ; aujourd'hui, des troncs arrachés sont jetés par le flot contre la fragile barrière qui tient encore, face à la mer, mais s'ébranle tous les jours. Toute la côte de Poméranie est bordée de sables. Ceux des environs de *Kolberg* sont chargés de parcelles ferrugineuses. Lorsque, après le ressaut des vagues, la grève reçoit les rayons du soleil, elle grésille en séchant, devient sonore, et sous l'action d'un choc répété, ou d'un passage fréquent, rend des sons métalliques assez forts pour être entendus au loin. On a observé un phénomène analogue au Sinaï, dans les Landes françaises, ailleurs encore.

GOLFE DE DANZIG.

Le vaste hémicycle dont Danzig commande le retrait occidental et que borne Memel, près de la frontière russe, est doublé à l'est de deux *haffs* importants : le *Kurisches-haff* qui reçoit les eaux de la *Memel*, déversoir du Niémen ; le *Frickes-haff* alimenté par le

A NEUFAHRWASSER.
Phot. Mertens.

Le **Frisches-haff** est déjà plus d'à moitié comblé par les alluvions de la Vistule et du Pregel, bien que ces deux fleuves n'y écoulent qu'une partie de leurs eaux à chaque extrémité. Leur apport devait être autrefois bien plus considérable, lorsque la Vistule y déversait par dizaines les ruisseaux marécageux et que le Pregel y amenait les eaux embourbées du Niémen. On estime à 850 kilomètres carrés, la superficie du Haff. Sa flèche de sable, du côté de la mer, a été, comme celle du *Kurisches-haff*, sa voisine, dépouillée des antiques forêts qui en maintenaient les dunes. Depuis, les ports se sont comblés, le sable a enseveli les villages ; la plage est déserte, bien qu'elle fût jadis la grande route de Kœnigsberg à Danzig. La seule passe qui en rompe aujourd'hui la ligne est celle de *Pillau*, vers le nord-est. Cette ouverture s'est déplacée plus d'une fois, tantôt à *Lochstädt*, point d'attache du Samland, tantôt au centre, vers *Rosenberg*, ou en face de *Bolga*, derniers passages qui furent obstrués par les commerçants de Danzig afin de ruiner la concurrence de ceux d'Elbing.

Danzig (140,539 hab.) est situé à 5 kilomètres de la Baltique, sur la *Mottlau*, non loin de son confluent avec la *Vistule*. Avant que son cours principal n'eût été contenu et ramené par de puissantes digues, la Vistule s'attardait en un dédale de marécages qui lui formaient un delta, et elle perdait à droite la meilleure partie de ses eaux dans le *Frisches-haff*, par le bras du *Nogat*, celui d'*Elbing* et mille sillons détachés. Un barrage rompt maintenant le confluent de la Nogat et les ingénieurs ont rétabli plus bas la communication, au moyen d'un canal à écluses, dont le débit a été réglé au tiers à peu près du volume total charrié par le fleuve. Mais, arrivée en vue de la mer, la masse principale du courant, au lieu de s'y porter directement, tourne brusquement à l'ouest, derrière une bande littorale peu épaisse ; et c'est seulement après avoir rallié la *Mottlau* à la hauteur de Danzig, que la Vistule atteint le flot, par la bouche de *Neufahrwasser*.

Neufahrwasser est à 7 kilomètres de Danzig : une jetée en granit

L'ARSENAL DE DANZIG.
Phot. Mertens.

Pregel et deux bras détachés de la Vistule, la *Nogat* et le canal d'*Elbing*, au lieu que le courant principal du fleuve détourné à gauche, se jette au-dessous de Danzig, directement à la mer. Entre le *Frisches-haff* à gauche, et le *Kurisches-haff* à droite, le plateau solide de *Samland* suspend, de part et d'autre, comme une guirlande, la double flèche de sable ou *Nehrung* qui défend chaque bassin contre les flots du large : on dirait, de chaque côté, une vague dont la crête se serait solidifiée avant d'atteindre la terre.

RUE DES DAMES, A DANZIG.
Phot. Mertens.

de 850 mètres défend le port contre les ensablements et les tempêtes du large. De ce point jusqu'à la ville, les navires passent sous les canons de *Weichselmünde*, trouvant partout, grâce à des dragages incessants, une profondeur de 5 mètres, jusqu'aux docks intérieurs. La *Mottlau* traverse Danzig, et forme, avant de recevoir son petit affluent, la *Radaune*, une grande île, la *Speicher-insel* ou *île des entrepôts*, dont les immenses magasins peuvent recevoir 100,000 tonnes de céréales. Un long et souvent double fossé plein d'eau (*Stadt graben*) enveloppe les remparts avec leurs vingt-deux bastions, jusqu'à la Vistule.

C'est au nord de la Mottlau que sont les plus anciens et les plus intéressants quartiers de Danzig : *Altstadt*, *Rechtstadt* et *Vorstadt*. La *Langegasse* et le *Langemarkt* qui les traversent, d'ouest en est, conservent de belles maisons à pignon sur rue et, autrefois, à perrons des xv° et xvi° siècles. Au point où la Langegasse s'élargit pour former le Langemarkt, s'élève l'*Hôtel de ville*, bel édifice gothique du xiv° siècle, restauré dans le style flamand de la Renaissance à la fin du xvi° siècle : il est dominé par une tour élégante de 48 mètres ; la salle rouge, celle des séances du Conseil

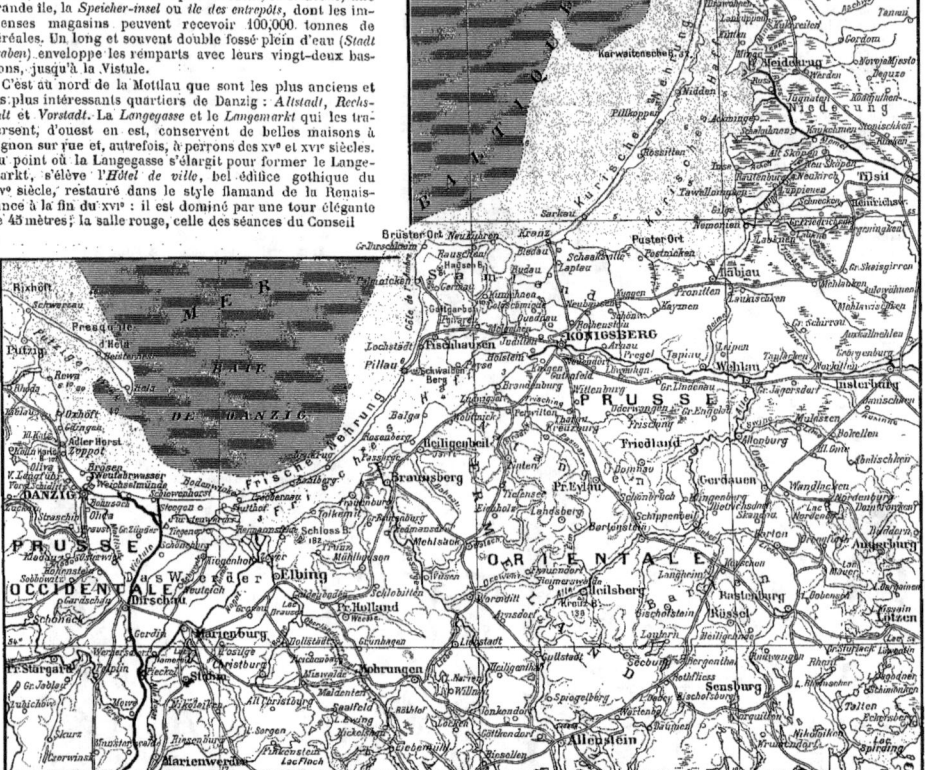

CÔTES DE LA BALTIQUE, DE DANZIG A LA FRONTIÈRE RUSSE. — PRUSSE ORIENTALE.

municipal, la salle de réception, donnent l'idée de la puissance et de l'antique richesse de Danzig. Les négociants se réunissaient tout près de là, dans l'*Artushof* ou *Junkerhof*, maison des xv° et xvi° siècles, aujourd'hui la *Bourse*. Parmi les édifices religieux, l'église *Sainte-Marie* dresse au-dessus de la ville, comme une forteresse, sa haute tour de 76 mètres, ornée de dix petites tourelles à pignon. Le *Hohes-Thor* (haute porte) remarquable construction du xvi° siècle, sur le modèle d'une porte de Vérone, ouvre la Langegasse vers le nord-ouest ; le *Grünes-Thor* (bâti en 1568) et le *Grünebrücke* (pont vert), donnent issue au Langemarkt vers le sud-est, et de l'autre côté de la Mottlau, par le *Milchkannenbrücke* (pont du pot au lait), sur le *Langgarten*. Plus de cinquante *ponts* sont jetés sur les lignes d'eau qui entourent ou partagent la ville. Les promenades sont à gauche ; entre le fossé et la double forteresse de *Bischofsberg* et de *Hagelsberg*, l'une d'elles, plantée de tilleuls, n'a pas moins de 2 kilomètres ; de ce côté aussi se portent les nouveaux quartiers.

L'industrie de *Danzig* est importante (fabriques d'armes et de munitions de l'État, constructions maritimes, fonderies de fer, machines,

chaudières et produits chimiques, papier, liqueurs — *Danziger goldwasser*, eau d'or de Dantzig — distilleries, tabacs). Mais son développement rapide tient surtout à ce que *Danzig*, au débouché de la Vistule sur la mer, est l'entrepôt des riches provinces agricoles (bois, grains) de l'ancienne Pologne. Après avoir été successivement vassale de l'Ordre Teutonique, ville libre associée à la Hanse, *Danzig* resta trois siècles sous le protectorat des rois de Pologne ; et, dans le partage de cet État, échut à la Prusse en 1793. Nous avons pris la ville (1807) avec le maréchal Lefebvre, qui reçut le titre de duc de *Danzig*. Elle a depuis fait retour à la Prusse en 1814. Danzig est une place forte de premier ordre : on voudrait aujourd'hui en faire un arsenal maritime, émule de Kiel et rival de Cronstadt. A l'encontre de ce qui est l'ordinaire pour beaucoup de villes allemandes, les environs sont charmants (Johannisberg, Oliva, bains de Westerplatte...). Pourtant Schopenhauer est un fils de Danzig.

Le **Kurisches-haff** couvre une superficie de 1,620 kilomètres carrés environ et reçoit les eaux de la *Minge*, surtout celles de la *Memel* (prolongement du Niémen), dont le delta s'avance par l'invasion incessante

KŒNIGSBERG : VUE PRISE DE LA BOURSE.

des terres. De hautes *dunes* de sable, qui atteignent 30, 40 et même jusqu'à 60 mètres, dessinent la *Nehrung* ou *flèche de Courlande*, qui ferme ce bassin : l'aspect en est désolé. Il n'y a pas deux siècles, de belles forêts y abritaient, dans les dépressions favorables, des villages entourés de riches cultures. Vint la guerre de Sept ans; le trésor épuisé du roi de Prusse cherchant de nouvelles ressources, les arbres furent abattus, les collines de sable livrées à elles-mêmes sans soutien. Alors, fléchissant au souffle du large, elles se replièrent sur les villages et les cultures, et, cheminant comme une armée en bataille, gagnèrent par an 5 à 6 mètres du côté de la lagune intérieure. Des portions de forêts s'effondrèrent, ensevelies jusqu'à la tête des pins. Seuls, les bois de Schwarzort en conservent le souvenir, en attendant qu'ils disparaissent à leur tour.

Trois *brèches* se sont ouvertes sous la poussée du flot extérieur, dans la barrière sablonneuse; on les a obstruées par des barrages artificiels et des fascines que le sable recouvre. Mais il est facile de reconnaître le passage de la mer, à l'affaissement de la ligne des dunes et aux marécages qui en remplissent les bas-fonds. En certains points, l'isthme n'a pas plus de 300 mètres de large et sa résistance ne tiendrait pas contre une nuit de tempête, comme celles qui se déchaînent parfois sur les rivages de la mer du Nord. Des anciennes brèches, il ne reste que la passe ou *gran de Memel*, à la racine orientale de la flèche. C'est un chenal de 400 mètres, autrefois d'un kilomètre, ouvert entre les sables, mais dont le canal utilisable n'excède pas 70 mètres; encore, malgré les dragages continuels, et les racines employées pour fixer les dunes qui l'enserrent, n'y pénètre-t-on qu'avec la plus grande prudence.

Kœnigsberg (187,897 habitants) occupe le fond du *Frisches-haff* sur les deux rives du Prégel, à 8 kilomètres en amont de son embouchure. La ville doit son origine à une forteresse élevée en 1255 par les chevaliers de l'Ordre Teutonique, qui la nommèrent *montagne* ou *hauteur du roi* (*Kœnigs-berg*), en l'honneur d'Ottocar, roi de Bohème. Quand les chevaliers, vaincus par la Pologne, durent abandonner *Marienbourg*, Kœnigsberg devint leur capitale et la résidence du grand maître. Le château actuel conserve cette tradition il fut habité plus tard, après la sécularisation de l'Ordre, par les ducs de Prusse (1525-1618), successeurs d'Albert Iᵉʳ, et c'est là que l'électeur-duc Frédéric III se couronna roi de Prusse, sous le nom de Frédéric Iᵉʳ (1701). Frédéric-Guillaume III y trouva un refuge après Iéna : c'est là encore que Guillaume Iᵉʳ fut couronné roi de Prusse. A la porte, près du château, s'élèvent les statues de Frédéric, premier roi, et d'Albert, premier duc de Prusse. Le *Schlossteich*, étang du château, traverse la ville à 12 mètres au-dessus du niveau du Pregel et reçoit les eaux d'un autre étang, plus élevé que lui de 10 mètres encore. L'*Université* ou *Collegium Albertinum*, fondée en 1544, possède des collections considérables et compte un millier d'étudiants : c'est l'une des plus richement dotées, mais non des plus fréquentées de l'Allemagne ; *Kant* y professa.

Le *commerce* et l'*industrie* de Kœnigsberg sont fort importants; aussi les écoles industrielles et commerciales n'y font-elles pas défaut. Sa corporation des marchands est puissante, la navigation active, bien que la rivière n'ait guère plus de 3 mètres de fond, ce qui oblige les gros navires à décharger leur cargaison à *Pillau*. Un chemin de fer relie ce port maritime à la ville ; des services de bateaux sont dirigés vers Elbing, Memel, Amsterdam — Principaux articles d'*importation* : harengs, café, épices, vin, fruits, riz, pétrole, charbon, fer ; à l'*exportation* : froment, thé, farine, bois, lin, chanvre, orge, avoine, seigle. *Kœnigsberg* est une place de premier ordre ;

UNIVERSITÉ DE KŒNIGSBERG.

TILSIT : VUE PRISE DU CÔTÉ DE LA *MEMEL*.   Phot. Mertens.

dix-sept grandes tours et sept portes monumentales ornées de statues témoignent de son ancienne importance ; aujourd'hui la place est reliée au *Frisches-haff* par une série de forts.

La *presqu'île de* **Samland** offre, dans les environs de Kœnigsberg, de jolis buts d'excursion ; ses collines (100 à 150 mètres) et ses forêts, élevées au-dessus d'une région basse et marécageuse, ont fait surnommer ce plateau « le paradis de la Prusse ». Tout est relatif. Un bras détaché du Pregel, la *Deime*, l'enveloppe, en confluant vers le *Kurisches-haff*.

Le *Samland* est sans doute l'une de ces *îles de l'ambre* si recherchées des anciens. On y venait de la mer Noire et de la Baltique, et il est facile de reconnaître, à la trace des monnaies antiques retrouvées, les pistes suivies par les hardis chercheurs d'ambre, à travers les marécages sarmates, comme dans les solitudes glacées de l'Amérique ou de l'Asie, celles des trappeurs de fourrures. Des *caches d'ambre*, semées de distance en distance, permettaient de mettre en sûreté la précieuse denrée.

L'**ambre** est la résine d'un conifère dont les épais massifs couvraient, à l'époque tertiaire, la surface de la Baltique, le Danemark, une partie de la mer du Nord, de grands espaces en Allemagne et en Russie. La résine ou *succin* (*Bernstein*) tamisée, dissoute, cristallisée par le lent travail des siècles, présente parfois sous l'or transparent de son écorce les débris emprisonnés de végétaux, de minéraux et d'insectes appartenant à des espèces disparues. Ces fragments sont des plus précieux : ils se trouvent de préférence le long des haffs de la Baltique et sur la côte du *Samland*. Mais combien de forêts préhistoriques ont dû contribuer à la coulée de résine ! Un mètre de sable à peine, sous la forêt actuelle de Schwarzort, couvre des restes de chênes : la forêt morte sous la forêt vivante ; et plus bas encore, apparaissent les restes d'une troisième forêt qui occupait toute la longueur des dunes. Ce sont les témoins des divers affaissements du littoral, comme plus loin, et dans le même terrain, « des alluvions marines exhaussées au-dessus des berges témoignent de mouvements inverses qui se sont succédés dans ce sol toujours en vibration ». (E. RECLUS, d'après le géologue Berendt.)

L'ambre a pour gîte ordinaire les couches de *terre bleue*, terrains qui s'étendent précisément au fond de la Baltique. « Arraché et roulé par les vagues sur le rivage, tantôt sec comme un caillou léger, tantôt entouré d'herbages marins, l'*ambre* est recueilli par les gens du peuple qui s'en vont, un bâton à la main, remuer le sable ou les galets de la plage et mettent dans une petite hotte les fragments qui brillent à leurs yeux. » Mais parfois, l'ambre, ballotté par le vent à la surface des flots « surnage dans le varech, le limon, et retombe ensuite au fond de la mer. Les pêcheurs descendent alors dans l'eau jusqu'à mi-jambes et recueillent le *Bernstein*, « cette bénédiction de la côte », à la main ou dans de petits filets assez semblables à ceux dont on se sert, en France, pour prendre les crevettes. Lorsque la mer est tranquille et transparente, les Prussiens montent dans des canots et, armés de longues gaffes, harponnent l'ambre qui reluit ». (Léon DUPLESSIS.)

Mais ce sont là des moyens tout primitifs. L'industrie a entrepris l'exploitation de l'*ambre*. A la cueillette riveraine et aux pêcheurs, on a substitué des scaphandriers qui vont, au fond de la mer, faire une récolte plus fructueuse. De nombreuses dragues à vapeur puisent encore avec des seaux le limon mêlé de bois, de paille, d'animaux aquatiques, d'où l'ambre est dépouillé à la main. Au système des galeries à ciel ouvert ou des puits comme celui de *Gluckau*, près de Danzig, qui fouillait la terre à plus de 150 mètres au-dessous du niveau de la mer et que l'on a exploité durant près de deux siècles,

VIEUX CHATEAU DE KŒNIGSBERG.   Phot. Mertens.

on a substitué des galeries de mines, d'où la terre bleue s'extrait comme la houille : telles les galeries de *Palmnicken*, près de Kœnigsberg. L'ambre se recueille encore sur le littoral russe de la Baltique, le long du Holstein, du Jutland, sur les côtes de Sibérie ; mais aucune contrée n'en est aussi riche que le *Samland*. La production annuelle du monde atteindrait 125,000 kilogrammes, dont 65,000 environ pour le littoral qui s'étend de Memel à Danzig, et 25,000 pour le seul *Samland*. C'est Danzig qui exporte le plus d'ambre, surtout en Orient.

Memel est une ville de 20,174 habitants, à 20 kilomètres de la frontière russe. On y a construit à grands frais des jetées et des môles de granit pour en faciliter l'accès aux bois de la Pologne russe, qui descendent par le Niémen et les canaux voisins. De nombreuses scieries à vapeur débitent les planches, les douves, les lattes, les traverses de chemin de fer, que des navires portent en Europe, et bien au-delà, jusqu'aux Indes.

OUVRAGES A CONSULTER : Daniel : *Géographie physique de l'Allemagne*. — Berghaus : *Atlas physique*. — Thoulet : *Océanographie* (Chapelot et Cⁱᵉ). — Tables de Bähner. — *Statistique générale de l'empire allemand*. — Statistiques particulières pour Brême, Hambourg, Lübeck. — *Bulletin de la Société de Géographie de Bordeaux* (1889) ; Hambourg, son histoire, son commerce. — Ch. Grad : Ports militaires de l'Allemagne (*Nature*, 1879-80) ; Stettin, Memel, Danzig (*Économiste français*, 1883-84-85). — *Moniteur officiel du commerce*. — *Bulletin consulaire* : l'Ambre, par Léon Duplessis (1883). — *L'Année maritime* ; La marine de guerre de l'Allemagne, par le général Bourelly (Challamel, Paris. [Extrait du *Correspondant*]). — C. Valentino : *Aide-mémoire de l'officier de marine* (Ch.-Lavauzelle, Paris). — T. Sombart, lieutenant de vaisseau : *Développement du commerce maritime allemand* (librairie militaire Chaplot).

VUE GÉNÉRALE DE BERLIN, PRISE DE L'HÔTEL DE VILLE.

LA CAPITALE ET L'ARMÉE

BERLIN. — ENVIRONS DE LA CAPITALE. FORMATION ET ÉTAT ACTUEL DE L'ARMÉE ALLEMANDE.

Berlin : *Aspect général*. Avenue des Tilleuls. *La population. Palais et Musées. Institutions. Origines de la ville*. Les Hohenzollern : Brandebourg et Prusse. *Développement de Berlin* : les rues, l'industrie et le commerce. Moyens de communication, tramways, éclairage, édilité. Importance de la *situation géographique*.
Environs de Berlin : *Le Thiergarten. Charlottenbourg* : le Mausolée. — SPANDAU : *le trésor de guerre*. — POTSDAM : le Château; *Sans-Souci*; Nouveau Palais.
L'Armée : Sa formation. Frédéric le Grand. Événements qui l'ont développée sous Guillaume Ier. — *État actuel*. Recrutement. Distribution des troupes : Corps d'armée et camps. Défense des frontières. — Infanterie, cavalerie, artillerie. — *Krupp et son usine*. — Troupes auxiliaires du génie : train, intendance. — *Cadres : Sous-officiers. Officiers*. Écoles de Cadets et autres. L'avancement : Écoles militaires; Académie de guerre. Écoles de tir, d'artillerie. — *Grand état-major* : son organisation. *Ministère de la Guerre. Inspections générales*. — *L'Empereur*. Cabinet militaire. — Étendards. Décorations. Budget.

Berlin n'est pas une merveille : on s'en doutait. Beaucoup d'Allemands le pensent; quelques-uns en conviennent. Cela ne veut point dire que la capitale allemande soit dépourvue d'intérêt : elle en offre, au contraire, un très grand. De riches collections bien aménagées, à défaut de monuments remarquables; de nombreuses institutions; des embellissements nouveaux; l'activité industrielle et commerciale tous les jours croissante; enfin sa situation privilégiée dans l'empire donnent à Berlin une intensité de vie qui mérite, à plus d'un titre, de fixer l'attention. L'abord, il faut l'avouer, manque de séduction. Une longue plaine monotone, semée de noirs bouquets de pins et de flaques d'eau; une revêche nature; des bâtisses efflanquées dans de vagues enclos; des débris de toute sorte, scories dont le travail humain frange ses rivages; enfin le long ennui des rues alignées sous le brouillard de l'usine : comment un mouvement de plaisir ou d'intérêt se dégagerait-il de cette banalité? Du moins, la déception première trouve-t-elle bientôt un dérivatif dans le vif mouvement de la foule et des voitures. Voici la gare de *Potsdam*; une belle avenue plantée d'arbres; l'entrée maîtresse ou porte de *Brandebourg*; l'avenue des *Tilleuls* qui conduit au palais.

Mais, ville pratique avant tout, Berlin s'est préoccupé d'abord d'étendre le champ de son activité et d'en multiplier les moyens. De nouveaux quartiers ont surgi en bloc; on a prolongé les avenues à perte d'haleine; les faubourgs ont été dévorés, la campagne envahie par des constructions hâtives. Quelques places bien bâties, des squares plantés, plusieurs monuments d'assez belle apparence animent l'uniformité de l'ensemble. Partout cependant, on sent la hâte, le convenu du plan arrêté, comme sur un champ de manœuvre; tandis que la vieille ville, au milieu de ce mouvement, et la cité qui en est le cœur, gardent à peu près, malgré de réels progrès, leur aspect d'autrefois. On y retrouve, avec plus d'animation, sans doute, un chef-lieu de province : Prusse ou Brandebourg; la capitale d'un État particulier, plutôt que celle d'un grand empire.

ALLEMAGNE.

LA PORTE DE BRANDEBOURG, A BERLIN.

La **porte de Brandebourg**, qui ouvre Berlin du côté de l'ouest, est une réminiscence des Propylées d'Athènes, mais des Propylées en exil sur les rives plates et monotones de la Sprée. Cinq portes découpent sa masse architecturale (hauteur, 24 mètres; largeur, plus de 62m,50): le quadrige de Victoire qui en couronne le faîte voudrait lui donner l'air d'un arc de triomphe. C'est en effet l'entrée de la fameuse avenue des *Tilleuls*, « Unter den Linden », qui mène directement au palais de l'empereur. Mais les constructions trop hautes qui dominent la *Porte* de chaque côté, sans laisser d'espace, lui enlèvent une partie de son effet, l'écrasent et la font ressembler à la porte d'un camp. Aussitôt s'ouvre la *place de Paris*; on y trouve de l'air, avec de belles allées, des arbres, des plantes: là s'élèvent le palais Blücher, le casino des officiers, et dans ce « doux » voisinage, non loin de l'entrée, l'élégante construction de l'*ambassade de France*.

La place de Paris annonce dignement l'**avenue des Tilleuls**, que termine, à l'autre extrémité, la place de l'Opéra: c'est la plus belle promenade de Berlin. Longue de 4 kilomètres, avec une largeur moyenne de 60 mètres, bordée de beaux hôtels (ministère de l'Intérieur, des Cultes, ambassade de Russie), de somptueux magasins, de cafés animés (galerie de l'Empereur, café Bauer) l'avenue ne produit point la surprise qui s'attache d'ordinaire à la belle proportion des choses et à l'intense mouvement de la vie. C'est que le regard, satisfait d'un trait par l'aspect uniforme, ne s'intéresse qu'au détail des objets, et successivement. Le terrain d'ailleurs est plat, couvert d'arbres plutôt bas et d'aspect assez commun (tilleuls et marronniers). Cinq grandes avenues livrent passage: au milieu, les promeneurs; de chaque côté, dans une double allée spéciale, les cavaliers; enfin, les deux routes de voitures et les trottoirs qui longent les magasins. Le mouvement se trouve partagé et l'intérêt avec lui. Aussi chercheriez-vous en vain, comme en certains points de nos boulevards, de la Bastille à la Madeleine, ce torrent humain sans cesse renouvelé par de nouvelles vagues qui montent des rues transversales; ces foules houleuses, ces mêlées extraordinaires de bêtes et de gens, puissant remous de vie qui, à Paris, surprend, réjouit et déconcerte l'étranger.

A l'extrémité des *Tilleuls*, la place de l'*Opéra* et celle de l'*Arsenal*, une seule place en réalité, présentent comme un réduit de la puissance prussienne, autour de **Frédéric** *le Grand*. Ce génial ouvrier en a été constitué le gardien. Sa statue, adossée aux derniers arbres de l'avenue, regarde, du haut de son socle de granit: à droite, le *palais de l'empereur Guillaume Ier*, la *Bibliothèque*, l'*Opéra*, l'église catholique *Sainte-Hedwige* (en retrait), le *palais de l'impératrice Frédéric*; au fond, le *pont du Château*, qui enjambe la Sprée; à gauche l'*Académie royale* (un peu en retour), l'*Université*, l'*arsenal*, et entre les deux, le *corps de garde du roi*; enfin, disséminées entre les monuments cinq statues de généraux: York, Blücher, Gneisenau (en bronze), Bülow et Scharnhorst (en marbre). Ce ne sont pas les statues de généraux qui manquent à Berlin. Il n'est guère de place qui ne rappelle quelque souvenir guerrier: le contraire étonnerait chez un peuple pour lequel la guerre fut, jusqu'à ce jour, une si fructueuse industrie. Autour de Frédéric le Grand, veillent des cavaliers: *Henri de Prusse*, le *duc de Brunswick*, les généraux *Zieten* et *Seydlitz*; sur les faces du monument, des groupes animés font revivre en grandeur naturelle les collaborateurs et contemporains du roi: Tauenzien, Kleist, Winterfeldt, le comte de Schwerin et Léopold de Dessau, Kant et Lessing. Le monument atteint 13m,50 de haut, et l'ensemble ne manque pas de grandeur.

Le fondateur du nouvel empire, *Guillaume Ier*, vécut sous le regard de Frédéric II; c'est dans le premier palais à droite qu'il est mort, le 9 mars 1888. On visite le palais: tout y est dans le même état qu'au moment où l'hôte disparut pour aller reposer dans le mausolée de Charlottenbourg. On y perçoit déjà cette odeur fade qui envahit les choses d'un musée. Les Allemands pénètrent là comme en un sanctuaire; dans la salle du conseil, le drapeau impérial, le siège de l'empereur et celui du plus obstiné de nos ennemis, Bismarck. Une suite de salles où s'étale un luxe bourgeois; quelques pièces de choix (salon

PALAIS DU REICHSTAG (PARLEMENT).

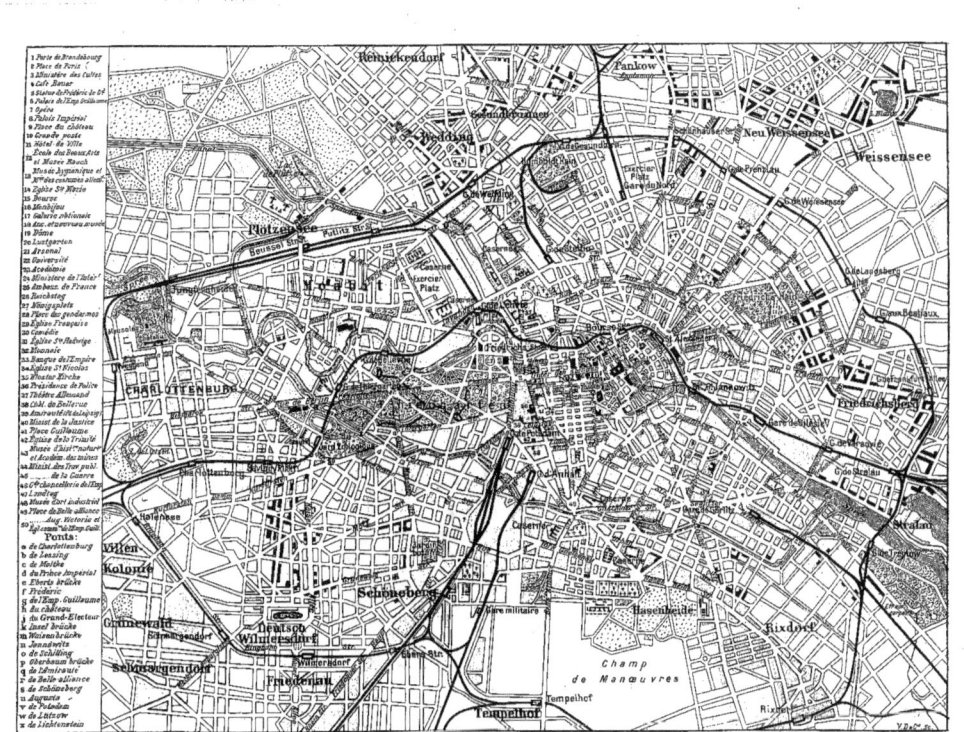

PLAN DE BERLIN

malachite, service en lapis-lazuli), de nombreux portraits, ne peuvent provoquer l'étonnement. Mais chaque chose, si petite qu'elle soit, rappelle le maître. Son cabinet de travail est envahi par les bibelots et les souvenirs; je n'ai pas compté moins de huit bouledogues sur la table de l'empereur : partageait-il le goût de son chancelier pour les molosses et leurs solides mâchoires? Une fenêtre donne sur la place : c'est de là que Guillaume saluait les troupes à leur passage et recevait les ovations de la foule.

Le portique de l'**Opéra** est orné d'un fronton intéressant, par Rietschel : il y a place à l'intérieur pour 1,650 spectateurs. On compte à Berlin une vingtaine de théâtres ; outre l'Opéra, le *Schauspielhaus* pour la tragédie et la comédie, le *Théâtre allemand*, le *Lessingtheater*, etc.

Les concerts sont nombreux : Académie de chant, Philharmonie, etc.; partout la musique militaire. Il faut voir, chaque jour, à l'heure où la garde se relève, le flot populaire monter avec le ronflement des cuivres et l'aigre sifflement des fifres, de la porte de Brandebourg à la place de l'Opéra : hommes, enfants, employés, ouvriers, balayent la rue de leur groupe animé. C'est une surprise, on ne s'attendait guère à aussi libre allure chez un peuple froid et composé d'ordinaire.

Le **Berlinois**, en effet, est un Allemand à part ; il ne passe pas en Allemagne pour le pur représentant de la race, et c'est avec raison : 24 pour 100 d'origine slave, beaucoup de Français réfugiés au XVIIe s., et seulement 40 pour 100 d'origine germanique entrent dans le mouvement de cette population essentiellement composite.

Aussi le Berlinois est-il d'accueil relativement facile, vif, un peu raide ; mais alerte dans sa démarche, il n'a point l'air, comme en certaines provinces, de vouloir enfoncer l'asphalte du trottoir sous le pas de parade. On ne peut l'accuser d'un culte exagéré pour les choses de la cour et de l'armée (les dieux s'en vont) ; il est naturellement sceptique et se console par quelques traits des rudesses qu'il lui faut endurer. Cela n'enlève rien, d'ailleurs, à son patriotisme et il est bien trop avisé pour ne point en tirer avantage. Tous les moyens propres à développer sa prospérité matérielle, il les recherche et les emploie énergiquement : nulle ville, à cet égard n'est mieux dotée que Berlin. *Journaux et revues* pullulent : il y en a plus de six cents, politiques, artistiques et scientifiques, parmi lesquels près de la moitié spécialement rédigés pour l'industrie et le commerce.

Phot. Sophus Williams.
PASSAGE DE LA GALERIE IMPÉRIALE.

De nombreuses **collections** sont ouvertes à l'enseignement populaire : le *muséum des sciences naturelles*, qui comprend trois beaux édifices : musée d'histoire naturelle, musée géologique (Académie des mines) et musée agricole ; le *musée d'Ethnographie* (collection Schliemann, antiquités d'Afrique, d'Amérique, d'Hindoustan, de Chine) ; le *musée Industriel* (« Kunstgewerbe Museum ») dans le style de la Renaissance hellénique, avec une heureuse décoration de terres cuites et de mosaïques (produits divers de l'industrie, tant anciens que modernes et pour tous les pays) ; le *musée des Costumes allemands* ; les musées *Hygiénique* et *Postal* ; le jardin *Zoologique* et le *jardin Botanique* en dehors de la ville au Thiergarten ; le bel *aquarium* de l'avenue des Tilleuls ; enfin les musées plus spécialement destinés à l'étude des *Beaux-Arts* et renfermant d'importantes collections de statues et de tableaux.

L'instruction proprement dite est donnée par 15 collèges au moins, autant d'écoles réales (8 avec le latin)

P. Jousset.
PALAIS DE GUILLAUME Ier ET ALLÉE DES TILLEULS.

LA SPRÉE : GARE DE LEHRTE.
P. Jousset.

près de 200 écoles primaires, des écoles supérieures de filles et des écoles spéciales : *Haute École des Beaux-Arts*, de Musique, Institut de Médecine, séminaire des Langues orientales, Bureau statistique de Prusse, séminaire Pédagogique, écoles d'Artillerie et du Génie, et au-dessus de tout, l'*Université*, l'*Académie*, et un excellent instrument de travail, la *Bibliothèque*.

Bâtiment sans originalité et sans grâce, « vraie armoire aux bouquins », comme disent les Berlinois, la **Bibliothèque** royale s'appuie au palais de Guillaume Ier. Elle est moins riche que celles de Paris, de Saint-Pétersbourg, de Munich, mais parfaitement organisée. Fondée seulement en 1661 (construite en 1775-1780), elle comprend environ un million de volumes avec plus de quinze mille manuscrits : premières épreuves des écrits de Luther, Bible de Gutenberg, composée en 1450 avec des caractères mobiles, miniatures de L. Cranach, *Codex Witikindi*, évangile manuscrit du VIIIe siècle (peut-être donné par Charlemagne au chef des Saxons),

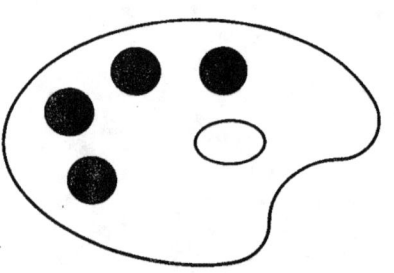

Original en couleur
NF Z 43-120-8

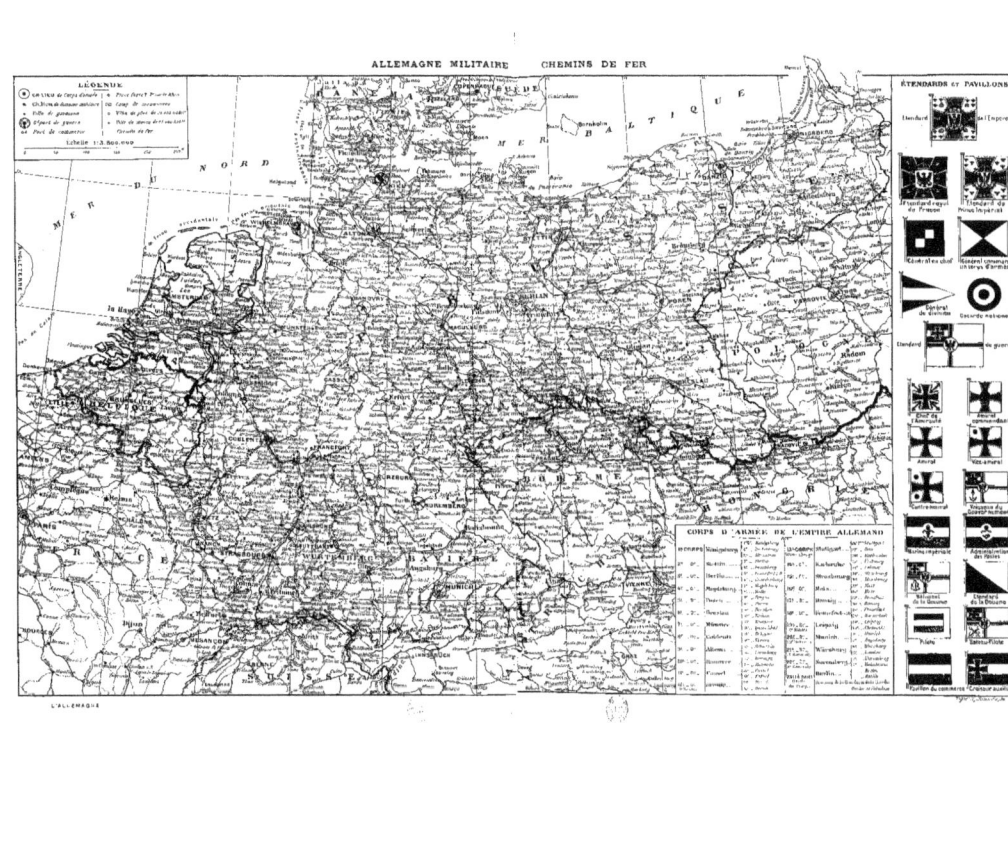

beaucoup de partitions musicales originales (celle de la neuvième symphonie de Beethoven); enfin des livres chinois, la machine et les hémisphères d'Otto de Guéricke....

Le *palais de l'***Académie** *des Sciences et des Beaux-Arts* est le siège de ces sociétés savantes, fondées (1694-1700) d'après les vues de Leibniz. L'Académie publie des bulletins mensuels, des comptes rendus ou traités de ses travaux; divers *recueils*, inscriptions latines et grecques, documents sur l'histoire d'Allemagne...

Avec cette institution, l'*Observatoire* et de nombreuses sociétés savantes; la *Société de géographie* (mémoires et comptes rendus), des *Sociétés de jurisprudence*, *d'anthropologie*, *d'archéologie*, *d'économie politique*, *de médecine et chirurgie*, complètent le haut enseignement technique.

L'**Université** en prépare les éléments. Fondée en 1810 et la plus importante de l'Allemagne, l'Université de Berlin compte plus de 5,000 étudiants : le palais en est insuffisant; on n'y fait qu'une partie des cours. Dans le jardin qui s'étend entre les deux ailes, s'élèvent, depuis 1883, les statues de Guillaume et d'Alexandre de Humboldt.

L'Université et l'Académie sont aux avant-postes de l'arsenal, près duquel veille le *corps de garde* du roi, petit édifice de style dorique, d'assez mesquine apparence.

L'**Arsenal**, aujourd'hui temple ou musée de la guerre, conserve les trophées des victoires prussiennes. Là sont rangés, dans un ordre méthodique et avec un soin pieux, les différents engins guerriers inventés pour tuer les hommes, depuis l'antique bombarde et les boulets de pierre, jusqu'aux canons à tir rapide et aux obus foudroyants. Quelle ingéniosité dans la destruction! Au milieu de la cour intérieure que dessine le carré du palais, sous la clarté crue qui tombe des hautes vitrines, une *Borussia* (Prusse) gigantesque commande impérieusement entre des canons démantelés : parmi eux, hélas! quelques canons français et les trois couleurs, au milieu des trophées qui s'accrochent aux murs. Un double escalier conduit à l'étage supérieur dans le *hall de la gloire* (*Ruhmeshalle*), où de grands tableaux retracent en trois salles, les faits importants de l'histoire nationale. Puis ce sont, à droite et à gauche, de longues galeries sans fin où défilent les costumes militaires les plus variés, les armes blanches, les fusils, les pistolets dans toutes leurs transformations. On peut y suivre pas à pas le développement de la Prusse; car elle a surtout grandi par la guerre : il n'y manque même pas les portraits des soldats géants que le roi-sergent faisait venir à grands frais des quatre coins de l'Europe, ni les costumes, les décorations et les armes de Guillaume Ier dans ses différentes campagnes.

Le *pont* qui conduit à la place du Château, au-dessus du bras gauche de la Sprée, n'est point pour atténuer l'impression de lassitude guerrière que l'on emporte de l'arsenal. Des groupes y personnifient l'éducation du jeune soldat.

Musées. — Au cœur de l'*île* que forme ici la Sprée, le *château royal*, résidence officielle de l'empereur, occupe, en hauteur, presque tout l'espace compris entre les deux bras de la rivière. A l'est, une place le sépare du quartier insulaire et conduit par le *pont du Grand Électeur* à la *Kœnigstrasse* (rue du Roi), l'une des plus commerçantes du vieux Berlin. A gauche du château, la *place du Lustgarten* (square ou jardin de plaisance) donne vue sur le *pont Guillaume*, le *Dom* et le *musée* de peinture.

Le *Dom*, nouvellement restauré, contient plusieurs monuments funéraires de la famille régnante; c'est le Saint-Denis des Hohenzollern.

Les collections de peinture et de sculpture sont réparties en trois édifices : le *Vieux Musée*, le *Nouveau Musée* et la *Galerie nationale*.

Le *Vieux Musée* (53 mètres de large, 86 mètres de long, 19 mètres de haut, construit par Schinkel (1824-1828) est dominé par une coupole que couronnent quatres groupes en bronze (dompteurs de chevaux, Pégase abreuvé par les Heures). Un large perron conduit au portique dessiné par dix-huit colonnes ioniques, et peuplé de statues; Cornelius en a décoré les murs d'incompréhensibles fresques. La

FRÉDÉRIC LE GRAND.

Phot. Lévy frères.

galerie des antiques, assez pauvre d'origine (elle remonte à Frédéric le Grand), mais fort enrichie en 1879 et en 1884 par les antiquités de Pergame et la galerie Saburow; les *sculptures du moyen âge et de la Renaissance*, et surtout la *galerie de peinture*, moins remarquable par la quantité des œuvres que par la façon dont elle représente les diverses écoles : telles sont les richesses du *Vieux Musée*. La récente acquisition de la collection Suermondt a coûté 1,250,000 francs.

Une galerie franchissant la rue permet de passer directement en arrière, dans le *Nouveau Musée* : l'entrée principale est à droite et donne immédiatement sous le *hall* gigantesque de l'escalier

BERLIN : VIEUX MUSÉE.

en hauteur. Une abside termine l'édifice ; un vestibule à huit colonnes le précède : l'ensemble ne manque pas de noblesse. Ces galeries renferment des sculptures et des peintures *modernes* allemandes : elles ne suffisent déjà plus.

Aux pieds du musée, le pont *Frédéric* porte des aigles de bronze, dont le bec tient suspendue l'ampoule électrique : c'est avec le pont de l'*Empereur-Guillaume*, qui couronne le Lustgarten, l'un des plus ornés de la capitale. Ce dernier, achevé seulement en 1880, est une construction monumentale décorée de trophées, d'armoiries et de Victoires. La statue du *Grand Électeur*, sur le pont de ce nom, à l'entrée de la rue du Roi, fait l'orgueil de nos voisins. Les architectes allemands, en général, montrent un goût parfois heureux pour la décoration des ponts ; ils ont racheté par la richesse des détails, le défaut d'ampleur que leur imposait ici la mesquinerie de la rivière.

On ne s'attend guère à trouver le Louvre sur les bords de la Sprée. Le **château** *royal*, aujourd'hui résidence de l'empereur, a été, pour son malheur, bâti à une mauvaise époque (fin du xvii⁰ et début du xviii⁰ s.), remanié et agrandi plusieurs fois. Il forme un immense carré, long de 200 mètres, large de 117 mètres, et haut de 30 mètres, enfermant deux petites cours et deux grandes, dont l'une entourée d'arcades est l'œuvre de *Schlüter* et l'autre possède une belle œuvre de *Kiss*, « Saint Georges terrassant le dragon ». Sur le bord du toit, quelques rares statues essaient de peupler la solitude de la frise. Le dôme de la chapelle (70ᵐ,60) donne un certain caractère à la porte bâtie par Eosander, qui regarde le bras inférieur de la Sprée. Des deux façades construites par Schlüter, celle du Lustgarten est terne et froide malgré les dorures de l'entrée. Celle qui donne sur la place du Château a plus grand air.

(20ᵐ,20 de haut, 38 mètres de long, 15ᵐ,70 de large). L'édifice est de Stüler (1843-1845) et n'a rien de remarquable, qu'à l'intérieur : antiquités d'Asie et d'Égypte, moulages, *antiquarium* comprenant des bronzes, des terres cuites, vases, camées... Vu du dehors, le monument a l'air de ce qu'il est en réalité, une annexe.

Tout autre est la *Galerie nationale* (construite par Strack d'après les plans de Stüler, ouverte en 1876). Du milieu d'un square entouré de colonnades et orné de sculptures, elle détache librement sa silhouette de temple corinthien (longueur 60 mètres, largeur 32 mètres), au-dessus d'un soubassement de 10ᵐ,70

LE PALAIS IMPÉRIAL ET LA *SPRÉE*.

BERLIN : L'ARSENAL.

Le palais compte de magnifiques appartements ; les plus anciens, au nord-ouest datent du temps du Grand Électeur : là sont les vieilles chambres de parade et les portraits de famille. A l'ouest, la chambre du Drap d'or, les salles de l'Aigle rouge et de l'Aigle noir, celle des Chevaliers avec de beaux panneaux, une riche argenterie et une colonne en argent massif offerte par les officiers au roi Guillaume, le trône royal de même métal. Enfin, après la chambre de la reine, la salle Blanche, somptueuse galerie de 31ᵐ,50 sur 15ᵐ,70 qui montre les statues en marbre des douze électeurs de Brandebourg. Ces riches appartements servent aux grandes réceptions et aux fêtes de la cour ; on les visite par groupes, mais une sage économie préside à leur conservation. Comme à l'entrée des mosquées de Constantinople, le profane doit chausser de larges babouches protectrices ; et rien n'est amusant comme de voir la

ANCIENNE RÉSIDENCE DES BURGRAVES DE HOHENZOLLERN, A NUREMBERG.

mine des braves gens ainsi affublés, ou les zigzags extravagants de quelque lourd Poméranien mal d'aplomb sur la glace des parquets luisants.

Face au palais, et empiétant sur la rivière, une riche colonnade forme couronnement à la triomphale *statue équestre de l'empereur Guillaume I*. Déjà resserrée entre des quais élevés, la Sprée est si peu de chose en cet endroit que si, d'aventure, le monument assis sur une base moins solide venait à glisser, il ne se noierait pas. J'ai vu une seule péniche amarrée devant le palais : deux ensemble ne sauraient marcher de front sans se heurter. Le mouvement de la rivière est ailleurs ; mais c'est ici le berceau même de la ville.

La **Sprée** n'a pas grand air : certains Allemands la traitent de mare. Consciente de son rôle, elle chemine obscurément, charriant des eaux peu limpides. On quitte ses bords, on les retrouve sans grand intérêt, et, dans ce long sillon à travers la ville, l'œil ne saurait trouver un aspect nouveau, cherche en vain un horizon, quelque lumineuse trouée, comme celle qui resplendit sur la Seine, de Notre-Dame au Trocadéro, avec la triomphale chevauchée des ponts, entre une double rangée de palais.

Si modeste qu'elle soit, la rivière berlinoise a son prix : c'est un cours d'eau éminemment utile. Large de 140 mètres, profonde de 3 mètres, à son entrée dans Berlin, elle porte jusqu'au pont Jannovitz une nombreuse batellerie et de légers bateaux à vapeur.

Épanouie au-dessous du *Waisenbrücke* (pont des Orphelins) en un large bassin encombré sur sa gauche par des réservoirs à poisson, la Sprée se divise en deux bras qui enveloppent l'antique cité. Celui du sud, plus étroit, franchit les pilotis du vieux pont de l'île ou *Inselbrücke*, peut-être le plus ancien de Berlin ; et déviant au nord-ouest, rallié au-dessus de l'*Ebertsbrücke* la branche du nord. Celle-ci est plus abondante et plus claire : au *Mühlendamm*, elle n'a que 50 mètres de large, mais 4 mètres de profondeur et baigne en arrière, les murs du *château*, du *Dom* et de la *Galerie nationale*. Aussitôt reformée, la rivière atteint 100 mètres, porte des bateaux à vapeur et s'écoule lentement, égout de la grande ville, vers la *Havel*, qu'elle rejoint à 18 kilomètres plus loin. Entre temps, elle reçoit le tribut peu parfumé de la *Panke*, ruisseau heureusement couvert, la Bièvre des Berlinois.

A 1 kilomètre environ du chemin de fer de Treplow, en amont de la ville, une double prise d'eau forme un *grand canal de navigation* qui, grossi du canal *Louise*, dérivé de la Sprée au pont *Schilling* (2 kilomètres), développe à travers la partie méridionale de Berlin une verdoyante parure d'arbres et le spectacle toujours animé d'un cours d'eau. Ce canal forme deux grands bassins ; le plus vivant s'étend au delà de la place Belle-Alliance, en aval du pont *Schöneberg* et derrière la gare d'Anhalt : il s'y fait un intense mouvement. Plus loin, affranchi des rigueurs de la ligne droite, le canal s'éloigne librement, serpente, comme un cours d'eau naturel, sous les frais ombrages du Thiergarten ; enfin,

CHATEAU PATRIMONIAL DES HOHENZOLLERN, EN SOUABE.

d'écluse en écluse, retrouve, après 10 kilomètres de cours, la *Sprée* à Charlottenbourg. En face de lui débouche un canal de jonction (*Verbindungs kanal*), dérivé du grand canal de *Berlin* à *Spandau*, nouvelle saignée faite à la rivière au nord de la ville, un peu en aval du nouveau Reichstag.

Plus important encore que le canal du Sud, celui du Nord forme deux grands ports : celui de *Humboldt*, près de la gare de Lehrte (2 hectares), et le *Nordhafen* (3 hectares), tous deux fort animés par les chalands et les lourds camions qui peuplent les quais.

LA *SPRÉE* ET LA GALERIE NATIONALE, A BERLIN.

GALERIE NATIONALE.

ORIGINE DE BERLIN. LES HOHENZOLLERN.

Depuis longtemps, la ville a franchi la double ceinture d'eau qui, tout en facilitant son commerce, contribuait autrefois à sa défense. Simple bourgade de pêcheurs et de marchands, le *Berlin primitif* se pressait dans l'île de la *Sprée* : la commodité de la défense sur ce tertre émergeant de la plaine inondée; la facilité des communications d'une rive à l'autre, et, par le chemin naturel de la rivière, les relations entre deux grands fleuves, l'*Elbe* et l'*Oder*, attirèrent sur ces bords de nombreux colons.

Berlin (*Brljina*) paraît pour la première fois dans l'histoire au XIIIᵉ siècle : il formait avec le groupe insulaire de la Sprée ou *alt Kölln* (colline, colonie ?) une cité primitive appartenant à la *Marche* du Milieu, pays situé entre l'Elbe et l'Oder moyens, et dont *Brennibor* sur la Havel (plus tard Brandebourg) fut la capitale. L'un et l'autre groupe étaient dus à des colons d'origine *wende* (slave). Mais Slaves et Germains se disputaient alors la terre avec acharnement. Dans cette mêlée des peuples, les ducs de Saxe, suzerains de la *Marche* depuis deux siècles, en donnèrent la charge à un prince de la maison d'Ascanie, *Albert l'Ours*, qui s'empara de *Brennibor* en 1157 et prit le titre de margrave de Brandebourg. Des colons germaniques, appelés de Flandre et de Zélande, furent implantés au cœur du pays.

L'*AMAZONE*, par Kiss (Vieux Musée).

Deux siècles et demi après, l'empereur Sigismond cédait le *margraviat* et le titre d'*électeur*, en nantissement d'un prêt de 100,000 florins, à un cadet des **Hohenzollern**, déjà *burgraves de Nuremberg*. Du manoir de *Zollern* qui domine l'âpre plateau de Souabe, aux marécages du *Brandebourg*, et, de là aux forêts inondées de la *Prusse*, les étapes de la famille ont été rapides. Un parent des margraves, *Albert de Brandebourg*, grand maître de l'*Ordre Teutonique*, sécularisa les biens de son ordre, prit le titre de *duc de Prusse* (1525) et laissa son titre avec ses États aux *Hohenzollern*, margraves-électeurs de Brandebourg.

Les origines de la **Prusse**, ou plutôt du groupement humain que l'on est convenu de désigner par le nom générique de *Pruzzi* ou *Porussi*, sont assez confuses. Peut-être faut-il comprendre sous ce nom les peuplades d'origine scandinave et slave qui vivaient dans le bassin du Niémen et de la basse Vistule (d'où le nom de *Po*, en slavon auprès, et *Russ*, rivière). Ils étaient païens. Charlemagne, l'empereur Othon, Boleslas, premier roi chrétien de Pologne, s'employèrent inutilement à les réduire. On appela contre eux, pour cette croisade d'un nouveau genre, l'ordre religieux militaire des *Chevaliers de l'Ordre Teutonique*, qui guerroyaient en Palestine. Deux siècles d'efforts réduisirent les *Pruzzi* sinon à se soumettre, du moins à émigrer en partie, laissant la place aux *Chevaliers*. Alors ceux-ci firent appel aux colons allemands, et bientôt fut constitué, avec *Marienbourg* pour capitale, un État de deux millions d'habitants, en plein monde slave. Mais l'Ordre pâtit de ses propres succès, tomba en décadence, et battu par les Polonais en 1410, dut leur céder, par la paix de Thorn, une partie de ses États; la capitale fut transférée, de *Marienbourg* à *Kœnigsberg*, bientôt la *Prusse* liée au *Brandebourg*.

Dégager la *Prusse* de la suzeraineté de Pologne; la réunir au *Brandebourg* par la conquête des territoires intermédiaires appartenant à la Suède ou à la maison d'Autriche; affranchir enfin le Brandebourg de tout lien de vassalité vis-à-vis de l'Empire : telle fut la tâche des *Hohenzollern*, **électeurs** de *Brandebourg* et **ducs** *de Prusse*. Avec l'âpreté traditionnelle, une vigilance toujours en éveil, de bonnes troupes, et une sorte d'intuition de l'avenir, ils ne cessèrent de grandir, tirant profit des circonstances, tantôt pour l'un tantôt pour l'autre, au mieux de leurs intérêts. Déjà, ils avaient pris pied sur le Rhin (succession de Clèves), et sur l'Elbe (traités de Westphalie), quand le traité d'*Oliva* (1660) leur donna la pleine indépendance du duché de *Prusse*. Bientôt le *duc* voulut prendre figure de **roi**, et, profitant des embarras de l'empereur Léopold, auquel il donna 6 millions de florins, se fit couronner à *Kœnigsberg*, sous le nom de *Frédéric Ier* (1701). Au traité d'Utrecht (1713), l'Europe reconnut le nouveau roi « *en Prusse* ».

Puis, ce fut, avec *Frédéric le Grand*, la conquête de la *Silésie*, qui réunissait ensemble la Sprée, l'Oder et la basse Vistule; le *partage de la Pologne* — *Waterloo* après *Iéna*; la domination du *Rhin*; — la **Confédération germanique** (1815) sur les ruines de la *Confédération Rhénane* établie par *Napoléon* (1806), sous le protectorat de la France.

Après la tourmente, l'empereur d'Autriche restait président de la *Diète germanique*, siégeant à *Francfort*; mais, en fait, la Prusse tenait la *Confédération* sous sa main. A la première occasion, elle s'en fit le bras armé, revendiqua pour elle, contre le *Danemark*, les duchés de *Schleswig et de Holstein*, les emporta de concert avec l'Autriche. Puis se retournant presque aussitôt contre son alliée de la veille, elle l'écrase à *Sadowa* (1866) et garde pour prix de sa double victoire, tout le *Hanovre*, le *duché de Nassau*, la *Hesse-Cassel*. De plus, les *duchés danois* restaient prussiens, avec *Kiel* et la baie de la Jade. Francfort fut occupé, la *Confédération germanique* dissoute, après un demi-siècle d'existence et remplacée par une **Confédération de l'Allemagne du Nord**, sous l'hégémonie politique et militaire de *la Prusse*.

On sait comment *Guillaume Ier* et son ministre *Bismarck*, complétant l'*Union industrielle* et *commerciale* de l'Allemagne, commencée par l'union douanière du *Zollverein*, rallièrent, en 1867, les États du Sud, et enfin mirent le sceau à la domination prussienne par notre défaite et l'établissement du **nouvel Empire** (18 janvier 1871).

RUE DE L'EMPEREUR-GUILLAUME, A BERLIN. — *Phot. Lévy frères.*

DÉVELOPPEMENT DE BERLIN.

La fortune de *Berlin* grandit avec celle des Hohenzollern. D'abord **cité indépendante**, puis assujettie et choisie comme résidence, à la fin du XVe siècle, par les *électeurs de Brandebourg*, elle devenait, avec Frédéric Ier, en 1701, la **capitale** de ses États. La ville progressa et s'embellit à la fois. *Frédéric Ier* fit élever l'arsenal et le château royal. Mais le grand bâtisseur de la famille fut *Frédéric le Grand*; il n'est rien que ce prince, petit homme futé toujours en éveil, n'ait abordé, malgré un règne surchargé d'événements. Général, écrivain, artiste, joueur de flûte et émule de Voltaire son hôte, il voulut encore être architecte. *Potsdam* est son œuvre; dans *Berlin* même, il éleva de nombreuses constructions, mais d'une inspiration rarement heureuse : cela rappelle la caserne et l'alignement sur un champ d'exercices. On lui doit l'Opéra, le palais de l'Académie actuelle, le *bâtiment* de la Bibliothèque (ce qui n'est pas un beau titre de gloire), les deux tours à coupole de la place des Gendarmes. Malgré les épreuves de la guerre de Sept ans, la population de Berlin montait, sous son règne, à 150,000 habitants. La renaissance qui suivit, en Prusse, la revanche d'Iéna et les traités de 1815 vit s'élever : le vieux Musée, le pont du Château, le Corps de garde du roi, le théâtre Schauspielhaus.

Mais la capitale gagnait surtout en étendue et en **population**. On y comptait plus de 500,000 habitants à l'avènement de Guillaume Ier (1861), au delà de 700,000 après

MONUMENT DE GUILLAUME Ier, A BERLIN. — *Phot. Lévy frères.*

ALLEMAGNE.

en 1880, le million était dépassé. Deux siècles ont fait franchir à la population de Berlin une étape formidable : 60,000 habitants en 1701 ; 172,000 en 1800 ; 1,884,151 aujourd'hui (recens. fin 1900). La capitale allemande a grandi comme une ville d'Amérique. De tous les points de l'Allemagne et de la Prusse, en particulier, les immigrants coureurs d'aventures ou de plaisir, hommes de travail et d'argent s'y portent avec furie; et plus de la moitié de cette population hétéroclite est employée par l'industrie. On imagine ce que peut être la moralité dans un pareil mélange. A vrai dire, la question n'existe pas ; mais l'on ne peut s'empêcher de sourire à la mine effarouchée ou aux propos risqués de certains censeurs, lorsqu'ils parlent de leurs voisins. Voudraient-ils nous faire croire qu'ils ignorent ce qui se passe chez eux ?

La *superficie* de Berlin s'est développée presque sans limite : on l'estime aujourd'hui à plus de 63 kilomètres carrés, dont le tiers en constructions. Autour du noyau primitif de la vieille ville (*ancien Berlin*, *vieux Köln*, *nouveau Köln* et *île Frédéric*) se sont développés sept quartiers concentriques :

FONTAINE DU CHATEAU, A BERLIN.

Friedrichstadt, *Dorotheenstadt*, *Friederich-Wilhelmstadt*, le quartier de *Spandau*, *Königstadt*, *Luisenstadt* et *Stralau*. Les deux premiers sont brillants et animés ; là s'étend, en longueur, sur plus de 3,000 mètres, la rue Frédéric, de la porte d'Oranienbourg, à la place Belle-Alliance. C'est l'artère maîtresse de la ville : elle coupe l'*avenue des Tilleuls*, la *Behrenstrasse*, rue de la haute finance, la rue de *Leipzig* (4,500 mètres) et rencontre, à la place Belle-Alliance, la *Wilhelmstrasse* (1,600 mètres), voie aristocratique, peuplée, jusqu'à la place de Paris, d'hôtels somptueux, de palais, d'ambassades : dans cette rue, le bas pavillon de la Chancellerie où travailla *Bismarck*.

A leur tour, les **nouveaux quartiers** ont été enveloppés : les faubourgs se sont rattachés à la ville : *Rosenthal*, *Oranienbourg*, *Moabit* et *Wedding* au nord; *Thiergarten*, *Schöneberg*, *Tempelhof* à l'ouest et au sud. *Rosenthal* (*Reinickendorf*), *Moabit* et *Wedding*, forment une grande cité industrielle. Déjà les usines et les maisons gagnent à l'ouest jusqu'à Charlottenbourg; des rues, des places sont amorcées de tous côtés. Sous la poussée des milliards, au lendemain de la guerre de 1870-1871, la fureur de la spéculation bouleversa toutes les têtes : il semblait que les limites de Berlin dussent être reculées jusqu'à l'horizon. Ce fut à qui pourrait acheter un coin de terre, l'entourer d'un boulevard, d'un jardin, et la marée des bâtisses efflanquées monta de toutes parts. Celles qui ne sont pas des ruines attendent encore leurs habitants; les édifices, les écoles, les statues demeurent en projet, la ligne des boulevards (Schönhauser, allée de Prenzlau), d'interminables chaussées désertes s'enfoncent dans la solitude des landes et des sables que battent la pluie et les vents froids du nord-est. Malgré cette aventure, les progrès de Berlin ne laissent pas d'être considérables, surtout à l'ouest. Mais la hâte extrême de ce développement nuit à son originalité. De longues rues, droites à l'infini, ne laissent rien pour le pittoresque et l'imprévu. Les façades les plus nouvelles avec leurs frontons, leurs colonnes, leurs statues, ne suffisent pas à égayer le regard : ce décor, fait le plus souvent de briques, de bois, de fonte, de tôle, recouvert de ciment ou de plâtre, produit, par le mélange des styles, une impression d'étonnement plutôt que de plaisir. Tout cela manque de vérité. Plusieurs beaux monuments, heureusement semés dans la masse des constructions banales : Musées ethnographique et industriel, Landtag, Reichstag, nouvel Hôtel de ville, atténuent un peu cette impression. Mais Berlin est, en général, une chose trop moderne; il lui manque la mesure, le goût et la patine du temps, ce grand artiste : c'est d'ailleurs et avant tout, une *ville d'affaires*.

Industrie et Commerce. — Sans avoir de spécialité industrielle comme Chemnitz, Essen, Elberfeld, Crefeld, Berlin l'emporte par le champ de son activité. L'*industrie métallurgique* est remarquable ; à l'exemple de la fameuse usine de Borzig, cent usines se sont fondées pour la construction des machines à vapeur, locomotives, wagons, armes, appareils électriques, machines à coudre... L'*industrie textile* (laine, soie, coton), la teinturerie et l'impression sur étoffes, la fabrication des articles de luxe *à bon marché*, tapis, velours, linge, fleurs artificielles, etc..., y est également florissante. On démarque nos modes, tant *l'article de Paris* est toujours un objet de convoitise. Il faut citer encore l'industrie du meuble, du caoutchouc, de la *porcelaine* (Charlottenbourg), du carton, des produits chimiques, des savons, de la parfumerie. Les manufactures de tabac et les *brasseries* suffisent à peine à la consommation locale, et ce n'est pas peu dire.

Berlin est le premier marché de *laines* de l'empire ; il tire les *céréales* des provinces orientales, de la Russie, de la Hongrie et vend ce qu'il ne consomme pas. On y importe les *houilles* de Silésie, une grande quantité d'*alcools*, les *bois* de Russie et de Norvège; il se fait un grand commerce de produits coloniaux : sucre, pétrole, cuirs. La capitale de « l'intelligence » (!) rivalise avec Stuttgart

LA SALLE BLANCHE, AU CHATEAU.

et Leipzig pour la librairie. Les établissements *financiers* y sont nombreux et puissants (Banque de l'empire, *Deutsche Bank*...); c'est l'une des premières places du marché européen.

Communications. — Pour un tel mouvement d'affaires, la ville a donné libre carrière à la circulation.

Berlin possède cinq grandes *gares* : *Anhalt* (vers Dresde, Prague et Vienne); *Leipzig*, Francfort-sur-le-Main); la gare de *Potsdam* (Magdebourg, Cassel, Coblentz); *Lehrte* (vers Hambourg, Hanovre, Cologne); *Stettin* (vers Stralsund, Danzig); *Görlitz* (région méridionale de la Sprée). La ligne de *Zossen*, qui conduit au polygone de Kümmersdorf, est exclusivement militaire. Un chemin de fer de *ceinture* (*Ringbahn*) réunit toutes les voies. Enfin, sauf Anhalt-Dresde et Stettin-Nord, les grandes lignes se raccordent au **Métropolitain** (*Stadtbahn*): c'est même de là que partent tous les trains de l'Est et de la Silésie. Le *Métropolitain*, en activité depuis 1882, relie, en suivant la Sprée, l'ouest à l'est de Berlin par un réseau de 11 kilomètres et quart. La voie est assez large pour que quatre trains puissent y circuler de front : en certains points, comme au pont Jannovitz, les piliers qui la soutiennent empiètent sur le cours de la Sprée. Le niveau du viaduc court à 6 ou 7 mètres au-dessus des rues, et l'on n'y compte pas moins de 8 kilomètres en maçonnerie, 1,800 mètres en fer, 1,700 de remblai; 64 petits ponts; 2 grands; 11 gares, dont quatre pour les relations extérieures. Car, on peut partir directement du *Métropolitain* en express pour Hambourg, Cologne, Francfort, et cela au cœur même de la ville, de la gare *centrale* qui dessert la *Friedrichstrasse*. Ce point, dit un auteur allemand (*Gazette nationale*, février 1882), « est un des centres de la puissance de la Prusse et de l'empire » : le mouvement y est digne d'une capitale (trains toutes les dix minutes; cinq minutes, le dimanche). On a dépensé pour le *Métropolitain* 75 millions de marcs (près de 94 millions de francs).

Les *tramways* sont nombreux à Berlin, et si quelques-uns, tous les jours plus rares, se traînent encore à la remorque de pauvres bêtes efflanquées (j'en ai vu déboucher sur la place de l'Opéra en vue du Château [1899]), la plupart sont mus par l'électricité. De la porte de Brandebourg au travers du Thiergarten, jusqu'à Charlottenbourg, l'énorme distance est franchie rapidement pour quelques pfennings (centimes). L'industrie électrique a pris en Allemagne, et à Berlin surtout, un essor extraordinaire. La traction des tramways se fait généralement par le système dit « à *trolley* » : une petite poulie court sur un fil suspendu, en communication avec l'usine productrice, et tenant à un levier fixé au ciel de la voiture, fournit l'énergie électrique. Si la voie est large, le fil se suspend à des poteaux échelonnés le long du trottoir; mais dans les villes de province

TOUR DE L'HÔTEL DE VILLE, PONT DU GRAND-ÉLECTEUR ET CHATEAU.
Phot. Sophus Williams.

où les rues sont étroites parfois et pourtant animées, le réseau des fils entrecroisés barre la vue, et les passants, sous ce grillage métallique, ont l'air de se promener dans une cage. Les nouveaux systèmes inaugurés en France, distribuant l'énergie à la voiture conductrice par le sol même, ou par des accumulateurs, enlèvent à la traction électrique par « trolley » tout ce qu'elle a de disgracieux et d'encombrant.

Les *omnibus* de Berlin sont insignifiants et relativement peu nombreux. Quant aux *voitures de place* et aux cochers, ils ressemblent étonnamment aux nôtres : allure, costume, physionomie, tantôt rude ou joviale, résignée ou goguenarde; on les dirait formés à même école. Les voitures (*droschken*) sont avec ou sans compteur; mais toutes possèdent une couverture pour « le voyageur » : même en été, par les fraîches soirées, ce détail a son prix.

L'*éclairage* de Berlin est brillant et, pour une ville d'affaires aussi peu soucieuse du pittoresque, organisé avec goût. Les lampes électriques sont suspendues à des colonnes souvent gracieuses, et l'on chercherait en vain dans le quartier de l'Opéra et des palais, quelque chose d'analogue aux deux vilains piliers d'usine montés sur leurs échasses en treillis de fer, qui déshonoraient jadis notre place du Carrousel, à deux pas de l'arc de Triomphe, et sous le regard du Louvre.

Depuis 1883, Berlin est administré séparément comme un cercle à part (*Verwaltungsbezirk*), bien qu'il ait encore certains organes administratifs communs avec la province de Brandebourg. A la tête de la ville: le *préfet de police* pour le gouvernement; le conseil des *Magistrats* (ou conseil municipal), composé de trente-quatre membres et présidé par le premier *bourgmestre* et son *adjoint*, tous les deux rétribués, ainsi que dix-huit autres membres du conseil.

Le *budget urbain*, malgré une dette assez élevée, est relativement moins onéreux que celui de certaines grandes villes; le Berlinois pourrait rendre plus d'un point au Parisien: il est vrai, Berlin n'est pas Paris.

Situation privilégiée de Berlin. — On donne plusieurs causes à la rapide fortune de Berlin. Il n'est pas douteux que, devenue *capitale* d'un État sans cesse grandissant, la ville n'ait dû à cette situation privilégiée la puissance d'attraction qui s'attache à la présence d'un nombreux personnel dirigeant et à la multiplicité des intérêts mis en jeu par la *présence* du souverain. Les Hohenzollern, d'ailleurs, soucieux du développement de leur capitale, et tantôt autoritaires, tantôt s'inspirant d'un esprit libéral, donnèrent par la force des encouragements et de l'exemple une puissante impulsion au progrès des sciences, des arts et des industries utiles. On ouvrit les portes toutes grandes aux commerçants, aux colons, aux réfugiés de toute sorte que l'inclémence du sort, la contrainte ou la cupidité poussaient des villes d'Allemagne et du reste de l'Europe. Les noms français qui se lisent ici témoignent que beaucoup de nos compatriotes y trouvèrent asile,

THÉATRE: SCHAUSPIELHAUS, A BERLIN.
Phot. Sophus Williams.

lors de la *révocation de l'édit de Nantes*. La colonie qu'ils fondèrent est devenue un quartier important (*Moabit*).

Mais Berlin n'est point seulement un rendez-vous de fonctionnaires et de bureaucrates, de commerçants et de colons que ses institutions fortement organisées poussaient dans la voie d'un progrès inévitable, sa *situation géographique* l'avait marqué pour le commandement et la richesse.

La capitale de l'empire « occupe à peu près exactement le milieu de la région comprise entre les cours de l'Elbe et de l'Oder, et, par les lacs et les rivières qui se ramifient en cet isthme continental, elle est devenue l'entrepôt nécessaire des denrées et des marchandises des deux fleuves. Suivant l'ingénieuse comparaison de Kohl, elle a disposé son réseau, comme une araignée qui tendrait ses fils entre deux arbres. Du grand marché du haut Oder à la ville la plus importante de l'Elbe inférieur, de Breslau à Hambourg, le chemin naturel passe à Berlin et de là se croise avec une autre diagonale, celle qui mène de Leipzig à Stettin. Admirablement situé par rapport aux fleuves de l'Allemagne du Nord et à leurs bassins, Berlin ne l'est pas moins relativement aux deux mers qui baignent les côtes germaniques. Il commande l'un et l'autre littoral, de l'Ems aux eaux du Niémen. » (E. Reclus) [1]. L'homme a développé et complété ce qu'avait si bien préparé la nature.

ENVIRONS DE BERLIN

LE THIERGARTEN. — CHARLOTTENBOURG. — SPANDAU.

Création utilitaire, dans la plus maussade et la plus prosaïque des plaines, *Berlin* n'a pas d'environs immédiats qui puissent être comparés

(1) *Géographie universelle*. Europe centrale, p. 837-8.

BERLIN: LE PONT JANNOVITZ ET LE RESTAURANT DU BELVÉDÈRE.
Phot. Sophus Williams.

PLACE DES GENDARMES, A BERLIN.

nument de Frédéric-Guillaume III (par Drake), celui de la reine Louise (par Encke), la *Vendangeuse* de Drake, les *Lions* de Wolff; près de la ville, le monument de Gœthe et celui de Lessing.

Au sud-est du parc, le *jardin botanique* possède 20,000 espèces; les serres nombreuses et bien aménagées comptent aujourd'hui parmi les meilleures de l'Europe.

Enfin, au nord-est de la ville, le *bois Frédéric* (53 hectares); au nord, le *parc de Humboldt* (château et tombeau des deux frères); à l'est, deux villages de la Sprée, *Stralau* et *Treptow*: tels sont les endroits favorisés où le Berlinois peut promener ses loisirs.

Charlottenbourg, à l'extrémité du Thiergarten, serait sans grand intérêt, malgré sa nombreuse population, le jardin *Flora*, de belles serres, et une longue suite de restaurants et de brasseries, si l'on n'y visitait la Manufacture royale de porcelaine et le Mausolée.

La *Manufacture* date de 1761 et fut d'abord une entreprise privée : Frédéric le Grand l'acheta pour l'État; on y vit jusqu'à 500 ouvriers. Mais la faveur du public lui préféra longtemps les produits de *Meissen* (Saxe); aujourd'hui la Manufacture semble entrée dans une voie plus prospère.

Derrière le *château*, long bâtiment flanqué de deux ailes et surmonté d'un dôme, le *Mausolée* royal se cache dans le lointain d'un parc, dessiné par Le Nôtre. Le monument par lui-même n'a rien de remarquable; il semble, au contraire, se faire petit pour mieux se dissimuler dans le silence d'un mystérieux taillis. Au-dessus d'une crypte, se voient les monuments de l'empereur Guillaume Ier (mort en 1888) et de l'impératrice Augusta (morte en 1890); ceux de Frédéric-Guillaume III (mort en 1840) et de la reine Louise (morte en 1810), deux chefs-d'œuvre de Rauch, le dernier surtout. Au seuil

PONT BELLE-ALLIANCE.

à ceux des grandes capitales de l'Europe, Vienne, Paris, Londres. Rien, sauf du côté de l'ouest, et un peu loin, à l'est, dans le *Spreewald*, n'y est fait pour charmer le regard et délasser de la fièvre des villes.

Le **Thiergarten**, qui prolonge la capitale, étale 255 hectares de taillis en terrain plat, de la porte de Brandebourg à Charlottenbourg. Le bois côtoie les bords de la Sprée, jusqu'au château de Bellevue, et rejoint, en aval, le canal de dérivation. Jadis, plus étendu, il poussait à l'est, jusqu'à la place de l'Arsenal et nourrissait un nombreux gibier (*Thiergarten*, jardin des animaux). On a parqué les bêtes au sud-ouest, dans un vaste enclos de 30 hectares, le *jardin zoologique*.

C'est la région pittoresque du bois : le *Seepark* (parc aux lacs), avec de jolies pièces d'eau abritées sous une opulente futaie (étang aux poissons dorés); des îles minuscules (îles Louise, Rousseau); des coins solitaires ou animés donnant l'impression d'une nature arrangée pour le plaisir des yeux. Le reste du bois est fruste et a pourtant son charme. On compte les très belles allées. Celle de la *Victoire*, avec ses hémicycles en retrait, qui dressent dans la verdure, les statues en marbre des anciens margraves de Brandebourg, a certainement grand air; elle range la lisière du bois à droite, tout près de la ville et conduit à la *place Royale*, que domine le monument érigé en souvenir des guerres de 1864, 1866, 1870-1871. Cette construction compliquée appuie, sur sa base de granit, une galerie de seize colonnes, formant cercle elle-même autour d'une colonne centrale qui mesure 26 mètres et porte à 61 mètres de hauteur totale une statue dorée de la Victoire. Tout près, à droite, le nouveau *Reichstag* montre, au-dessus d'arbres trop rapprochés, l'imposante masse de sa lourde architecture.

Quelques œuvres d'art ornent le *Thiergarten* : le mo-

ALLEMAGNE.

LA *SPRÉE*, A L'ENTRÉE DE BERLIN.

du Mausolée, se dresse dans la lumière bleue, un ange armé d'un glaive : l'effet est un peu théâtral.

Charlottenbourg s'étend à l'ouest, comme le Thiergarten, par une série de jolies villas, formant le beau quartier de *Westend*.

Spandau touche Charlottenbourg ; c'est l'arsenal de Berlin, au confluent de la Havel et de la Sprée. On y conserve, dans la *Juliusthurm* (tour Julius), le trésor de guerre, fait d'une partie de nos dépouilles. L'indemnité versée par la France, après la malheureuse campagne de 1870-1871, a reçu divers emplois : 700 millions ont constitué le fonds destiné aux payement des pensions militaires, dit *fonds des invalides*; 270 millions furent affectés à la transformation des *forteresses*; 45 millions à la

MUSÉE D'ART INDUSTRIEL, A BERLIN.

récompense de services exceptionnels ; 30 millions pour la construction du nouveau Reichstag. On consacra 214 millions aux chemins de fer d'Alsace-Lorraine, surtout dans un intérêt stratégique. Enfin 130 millions formèrent le *trésor de guerre*; exactement 120 millions de marcs.

Cette somme importante serait en or monnayé, partagée entre douze grandes caisses, dont chacune est divisée elle-même en dix autres de chacune un million. Des sacs de 100,000 marcs, formés aux 2/3, de pièces de 20 marcs et pour 1/3, avec des pièces de 10 marcs, constituent en dix sacs, chaque million.

Le précieux dépôt doit être vérifié de temps à autre, avec soin, par *deux conseillers* choisis dans la *Commission d'amortissement des dettes de l'État* : ils ne peuvent pénétrer dans la tour du Trésor, qu'en introduisant ensemble dans la serrure les deux petites clés spéciales qui leur sont confiées. On vérifie, au hasard, plusieurs sacs de 100,000 marcs, dans diverses sections, et un rapport de l'inspection est établi. Le numéraire et les titres des *trois autres fonds d'État* : ceux des *invalides*, des *forteresses* et du *Parlement*, sont de même inspectés minutieusement; et, après inventaire fait, la porte se referme, par le même procédé qui l'avait ouverte. Voilà ce que l'on dit.

Le *trésor de guerre* serait, le cas échéant, d'un secours précieux. L'empereur, s'il n'a le pouvoir de déclarer la guerre, en dehors d'un danger immédiat, qu'avec l'assentiment du Conseil fédéral, peut ordonner la mobilisation de l'armée : grâce au *trésor de guerre*, il ne dépend ainsi que de lui-même.

POTSDAM.

Potsdam est situé en aval de Spandau, à 25 minutes en chemin de fer de Berlin, dans une région boisée que les eaux abondantes et paresseuses de la *Havel* découpent en une série d'étangs, de golfes, de lacs et d'îles aux sinuosités pittoresques. Des jardins remplacent aujourd'hui en partie les terres basses et marécageuses d'autrefois. Le *château* s'élève près du pont, à l'entrée de la ville; sa fondation est due au Grand Électeur. C'est là que le roi-sergent faisait manœuvrer, sur la Paradeplatz, ses grenadiers gigantesques, et s'enfermait, parmi les pots de bière, pour fumer avec ses amis. *Potsdam* doit presque tout à Frédéric le Grand, qui en fit son séjour préféré. Les restes du prince y reposent dans un caveau de la *Garnisonskirche*; il ne se peut rien de plus simple que ce tombeau d'un grand homme. Tout, dans le château, rappelle son souvenir : le cabinet de travail avec sa table tachée d'encre; le pupitre à musique; la chambre à coucher, séparée

CHANCELLERIE IMPÉRIALE.

de la bibliothèque par une balustrade en argent; le cabinet secret et la table mobile qui, en l'affranchissant du service, permettaient au roi de causer à l'abri des oreilles indiscrètes.

Le style même du château n'a rien de remarquable; il rappelle le XVIIIe siècle par l'aspect extérieur et la décoration des appartements. Peut-être la double rampe qui monte à la porte médiane donne-t-elle un peu de lourdeur à l'édifice; mais la galerie qui ferme la cour et borde le jardin (Lustgarten) du côté de la rivière, n'est pas sans élégance.

De la ville elle-même, il n'y a rien à dire : une population de fonctionnaires, de soldats et de petits marchands semés par les longues rues droites et les places désertes, ne suffit pas à en troubler le silence. Potsdam, le *Versailles des rois de Prusse* (un petit Versailles), est tout entier dans son parc et ses trois châteaux : celui de la *Ville*, *Sans-Souci* et le *Nouveau Palais*, ces deux derniers, entièrement construits par Frédéric le Grand.

A l'entrée du parc, le campanile de l'église de la Paix, gracieuse basilique ornée d'un cloître intérieur

BASSIN DE GARAGE DE LA *SPRÉE*: AU FOND, GARE D'ANHALT.

et d'une élégante colonnade qui se mire dans les eaux, conserve les restes du défunt empereur Frédéric III. Un atrium conduit à son tombeau : sous la coupole de marbre, sa statue couchée repose à côté du monument de ses deux fils, Valdemar et Sigismond; au-dessus de l'autel, une belle Pietà.

Sans-Souci, construit en 1745, fut la résidence presque exclusive de Frédéric le Grand. L'édifice est tout en longueur, mais appuyé sur une succession de terrasses, d'où la vue est admirable. On montre la place préférée où le prince aimait à se tenir et l'endroit où sont enterrés ses lévriers : « C'est là aussi, disait-il, près d'une statue de Flore, que je veux être enterré; alors je serai *sans souci* ». Formé par un précepteur français, ami et correspondant de Voltaire qu'il voulait, non sans malice, avoir près de lui, Frédéric II lisait assidûment nos historiens, nos poètes, nos philosophes, et usait volontiers de la langue française, qu'il préférait à l'allemand. La bibliothèque de Sans-Souci n'est composée que de livres français, et ce fait a frappé sans doute quelques autres voyageurs comme moi. Le prince, d'ailleurs, se flattait de composer des vers et écrivit fort correctement en notre langue plusieurs ouvrages : *Mémoires pour servir à l'histoire du Brandebourg*; *Histoire de mon temps*; *Histoire de la guerre de Sept ans*; *l'Anti-Machiavel*, etc. La plupart de ses appartements sont intacts, richement décorés et éclairés d'une belle lumière. Des toiles de Watteau, des Lancret, ornent la salle d'audience ; on montre quelques bustes antiques, la galerie où se promenait le roi; enfin le marbre saisissant qui le représente au moment où, la face convulsée, l'œil hagard, il voit approcher son ennemie, la mort. Le fauteuil où il rendit le dernier soupir a été conservé dans le musée particulier des *Hohenzollern*, à Berlin (château de Monbijou), non loin de la Galerie nationale. Là, sont réunis tous les souvenirs de famille, cadeaux, couronnes funéraires, drapeaux, portraits, armures, uniformes portés par les différents princes de cette famille, depuis

STATUE DE LA REINE LOUISE.

les anciens électeurs jusqu'aux empereurs Guillaume Ier et Frédéric III. On y trouve le chapeau, la salade et les bottes invraisemblables du Grand Électeur; les sièges rustiques de la tabagie du roi-sergent; les jouets et l'uniforme de Frédéric II enfant; celui qu'il porta au feu des batailles, son chapeau râpé, sa cuiller de voyage, ses lunettes d'approche, plusieurs flûtes, de nombreuses tabatières, enfin, le fauteuil dans lequel il est mort.

Sans-Souci éveille la physionomie de ce prince. A l'entrée, le fameux moulin à vent, sujet de si vives contestations : plus loin, fermant la cour intérieure du palais, à l'opposé de la grande terrasse, un charmant hémicycle de légères colonnes, qui domine l'horizon des forêts.

Dans le voisinage, l'*Orangerie* dépasse la mesure ordinaire de ces sortes de constructions : c'est un véritable monument de style florentin, achevé seulement en 1856. On y a du faîte, une vue agréable sur le cours de la Havel et ses verdoyantes oasis.

Le **Nouveau Palais**, à l'extrémité du grand parc de Potsdam, fut bâti par Frédéric II après la guerre de Sept ans (1763); il compte près de 200 pièces bien décorées. En face, une porte monumentale dont les deux ailes surélevées servent à l'administration et à la garde du château; les sentinelles et les guérites ne manquent pas aux environs. Dans ce palais est mort Frédéric III en 1888 (15 juin); Guillaume II l'habite durant l'été.

D'agréables retraites égayent les environs de *Potsdam* et dominent, du haut des tertres boisés, les pittoresques méandres de la rivière : *Babelsberg*, château de style gothique anglais, autrefois séjour de Guillaume Ier, maintenant propriété de l'empereur; à côté et par là l'anse minuscule du petit Glienicke, le beau parc et le château du prince Frédéric-Léopold, fils du prince Frédéric-Charles; au nord-ouest, le palais de *Marbre* sur l'*Heiligesee*; enfin, au loin, la *Pfaueninsel* (île des paons), et la villa ruiniforme de Frédéric-Guillaume III.

PotsDam (59,814 habitants) est le chef-lieu du **Brandebourg** et le siège du gouvernement de cette province : l'ancienne capitale, *Brandebourg*, a perdu son titre. Mais, postée à mi-chemin, de Berlin à Magdebourg, la grande cité de l'Elbe, et bâtie comme Potsdam, au milieu d'un dédale de lacs et d'eaux profondes, au coude que forme la Havel vers le nord dans la direction de Hambourg, l'antique cité *wende* a pris une physionomie nouvelle; son port est des plus animés : c'est l'intermédiaire naturel entre la capitale de l'empire et le principal entrepôt du commerce allemand.

A CONSULTER : *Berlin et ses monuments* (publié par la Société des architectes); M. Ring: *La Ville impériale de Berlin*; Schwebel: *Histoire de Berlin*; R. Borrmann: *Monuments et Statues* ; Schasler : *Musées royaux*; Bædeker; *Statistique de Berlin*; Kiessling : *Plans récents* (1900).

LA PLACE DŒNHOFF, A BERLIN.

L'ARMÉE

SA FORMATION.

L'armée est le bouclier de l'empire, la condition même de son existence; aussi n'épargne-t-on aucun sacrifice pour en maintenir et développer la puissance. C'est, chez les *Hohenzollern*, une tradition de famille. Le Grand Électeur, le roi-sergent et Frédéric le Grand ont été les premiers organisateurs de l'armée prussienne. Passer ses soldats en revue, les faire évoluer comme des automates sur un échiquier, compter ses géants achetés à grands frais, le *roi-sergent* (Frédéric-Guillaume Ier) n'eut pas de plus grand plaisir : la discipline d'alors était rigoureuse, l'exercice et la théorie inculqués aux hommes à grands coups de bâton, les manœuvres incessantes. A la mort de ce prince, l'armée prussienne comptait près de 100,000 hommes, dont plus du quart étranger (1).

Ce fut entre les mains de son fils, *Frédéric le Grand*, troisième roi de Prusse, un puissant instrument de conquête. Ces belles troupes, pour

LA SALLE DES PORCELAINES, AU CHATEAU DE CHARLOTTENBOURG. — Phot. Lévy frères.

lesquelles on redoutait les hasards de la guerre, Frédéric les plia aux vues de son génie et les organisa pour l'*action*. Il eut jusqu'à 200,000 hommes sous les armes. Tacticien de premier ordre, brave de sa personne, hardi dans ses décisions, Frédéric déconcertait les théoriciens de la guerre et bouleversait tous les calculs par des coups imprévus. Battu parfois, jamais lassé, il trouvait dans les revers l'inspiration de nouvelles victoires. Rien, même dans les camps, n'échappait à sa vigilance toujours en éveil, de sorte que, malgré un état de guerre presque incessant, il laissa des États prospères avec un surcroit de 4 millions d'habitants.

Grisée par les succès de Frédéric le Grand, la Prusse s'endormit au souvenir de *Rosbach*: le réveil d'*Iéna* fut terrible (1806); c'en était fait de l'armée et presque de l'État. Réduite de moitié par le traité de Tilsit, la Prusse vit son roi fugitif à Kœnigsberg, les Français à Berlin et dans toutes les places fortes; l'armée limitée à 42,000 hommes. Ce fut encore, en cette extrémité, la suprême ressource de *Frédéric-Guillaume III*.

Aidé et inspiré par *Scharnhorst* (un Hanovrien !), il voulut d'abord que sa petite armée fût *nationale* : on supprima l'enrôlement étranger; tout Prussien dut être soldat de 18 à 26 ans. Enfin, pour éluder les dures conditions imposées par la défaite au recrutement des troupes prussiennes, les soldats instruits furent renvoyés dans leurs foyers et remplacés au fur et à mesure par de nouvelles recrues. L'armée se trouva ainsi versée, comme *en réserve, dans la nation*; de sorte que, avec un *contingent* limité à 42,000 hommes, la Prusse pouvait mettre en ligne 130,000 hommes, à l'*effectif de paix*.

Leipzig et Waterloo vengèrent Iéna. Mais, quand furent tombés l'enthousiasme de la victoire et la surexcitation du danger, les sacrifices imposés par les circonstances au patriotisme prussien firent sentir leur poids au pays : le recrutement se faisait mal. Alors survint **Guillaume Ier** (1861). Contemporain du désastre et de la résurrection de la Prusse au début du même siècle, il fit proposer par le général de Roon une première réforme qui se heurta, devant le Parlement, à un refus obstiné de crédits. La réforme se fit néanmoins, vigoureusement soutenue par le nouveau ministre, *comte de Bismarck-Schœnhausen* (1862). Chaque succès : défaite du *Danemark*, puis défaite de l'*Autriche*, marque désormais une progression de l'armée prussienne.

La partie de *Sadowa* (2) et le traité de *Prague* valurent au vainqueur quelques millions de *sujets* et de nombreux *alliés* : il fallut élargir les cadres de l'armée; étendre le système prussien à toute l'*Allemagne confédérée* (1867).

Déjà les contingents des petits États, comme *Schwarzbourg, Lippe, Waldeck*, étaient organisés et administrés par la *Prusse* : à peine une cocarde sur le casque prussien rappelle-t-elle aux soldats leur pays d'origine. De même pour les contingents d'*Oldenbourg, Saxe-Weimar, Anhalt, Saxe-Meiningen, Altenbourg, Cobourg-Gotha, Reuss, Schwarzbourg*; mais ceux-ci forment des corps complets entre eux, et l'aigle prussien

---

(1) L'*Armée allemande*, par le Cte Henmann. — Paris, Charles-Lavauzelle.
(2) Le fusil à tir rapide dont se servirent les troupes prussiennes, apporté par *Dreyse* à Berlin, eut pour premier inventeur l'armurier parisien *Pauly*.

du casque porte en réduction les écussons régionaux. Pour *Bade*, les officiers sont simplement *officiers prussiens;* néanmoins le casque de la troupe porte les armes du *grand-duché*, et le contingent *badois* ne peut être employé au dehors. Il y en a pourtant en Alsace (XIV⁰ corps). Les grands-duchés de *Hesse* et de *Mecklembourg* ont pu se réserver quelques privilèges. Les *Hessois* forment une division séparée; on qualifie ces troupes de *grand-ducales*, et les officiers sont brevetés à la fois par l'empereur et par leur souverain particulier. Quant aux contingents de **Saxe**, de **Württemberg** et de **Bavière** ils forment des corps autonomes, servant chez eux et portant les couleurs avec les armes de l'État qui leur est propre. C'est le souverain qui nomme les officiers; excepté, pour la *Saxe*, les commandants de corps d'armée; pour le *Württemberg*, la réserve de l'approbation impériale. La *Bavière* a su garder son armée : budget, grades, forteresses, écoles militaires, mobilisation même, tout dépend encore du gouvernement et du roi. L'*armée royale bavaroise* ne doit obéissance qu'au droit général d'inspection. En dépit de ces éléments divers, épaves d'une ancienne indépendance, et malgré les exceptions de détail stipulées par des *conventions particulières* avec la puissance dirigeante, l'armée des **États confédérés** d'*Allemagne* forme de fait un tout compact, organisé par les mêmes méthodes, et obéissant à la même impulsion. La guerre de 1870 a fortifié ces liens.

Après les incidents de *Luxembourg*, pacifiquement réglés par la Conférence de Londres, la *candidature* d'un *Hohenzollern* au trône d'Espagne fournissait à la Prusse l'occasion ardemment cherchée par *Bismarck* et de *Moltke*, pour mettre en valeur la formidable puissance militaire dont ils disposaient. En *juillet 1870*, la guerre éclata entre l'Allemagne et la France, à la suite de la fameuse *dépêche d'Ems*. Le roi de Prusse avait promis de ne pas soutenir la candidature Hohenzollern, mais on voulut qu'il s'engageât pour l'avenir. Après une discussion courtoise, il déclara ne pouvoir reprendre la conversation sur une affaire déjà réglée à l'amiable. En dénaturant sciemment les faits par sa dépêche, et en faisant croire à une injure, Bismarck mettait la France dans la nécessité de la relever.

L'Allemagne, après la *mobilisation complète* de ses troupes, disposait de 1,183,400 hommes avec 255,000 chevaux. Plus d'*un million deux cent mille hommes* sont *entrés en France*. Le *18 janvier 1871*, le roi de Prusse fut proclamé *empereur* par les princes confédérés, à Versailles, et notre défaite était scellée par le *traité de Francfort* (10 mai 1871), au prix de 5 milliards et de l'*Alsace-Lorraine*. Il fallut attendre jusqu'en septembre 1873, *la libération totale du sol français*, par le départ de Manteuffel et des derniers soldats allemands.

A nouvel empire, nouvelle armée : elle ne cessa plus de grandir avec

PANORAMA DE POTSDAM.

le flot montant de la population, grossi par la conquête et l'annexion. En même temps l'*effectif de guerre* montait : d'après la loi du 3 août 1893, l'armée allemande *mobilisée* atteindrait le chiffre formidable de 4 millions d'hommes, un million sur chaque frontière, comme le voulait Bismarck ; 3 millions, si l'on excepte le *Landsturm*.

ÉTAT ACTUEL DE L'ARMÉE ALLEMANDE.

Recrutement. — La loi militaire promulguée le 2 mai 1874 et modifiée par plusieurs lois successives, surtout celles du 3 août 1893 et du 25 mars 1899, peut être considérée comme la charte constitutive de l'armée allemande. La *loi de 1893* établit le *service effectif de deux ans*; Sauf pour la cavalerie et l'artillerie à cheval, tous les hommes font : *2 ans* dans l'armée *active* (mais un ordre de l'empereur peut maintenir le contingent un an de plus sous les drapeaux); *5 ans* dans la *réserve* ; *5 ans* dans le *premier ban* de la *Landwehr*, et 7 *ans* dans le *second*.

Les cavaliers et artilleurs à cheval servent effectivement : *3 ans* dans *l'armée active*, *4 ans* dans la *réserve*; *3 ans* dans le *premier ban de la Landwehr*, *9 ans* dans le *second*. En tout, 19 ans de service obligatoire pour tous les Allemands, de *20 à 39* ans accomplis.

La *Landwehr*, créée en 1812, doit, en cas de mobilisation, marcher comme l'armée active. Le *Landsturm*, équivalant à une véritable « *levée en masse* » contre l'invasion du territoire; il est convoqué par décret spécial. On divise le *Landsturm* comme la Landwehr en *deux bans* : au *premier*, appartient tout Allemand qui, de *17 à 39* ans, ne fait partie active ni de l'armée, ni de la marine. Le *deuxième ban* comprend tous les hommes sortis de la Landwehr et autres, de *39 à 45* ans.

D'après la loi de 1893, le *contingent actif* s'élevait à 479,229 hommes,

CHATEAU DE POTSDAM.

non compris le *surplus de remplacement* incorporé chaque année au-dessus du chiffre prévu par l'effectif budgétaire et destiné à combler les vides, à mesure qu'ils se produisent. Il faut aussi compter à part, comme réserve spéciale de *complément* ou de *dépôt*, **Ersatz-Reserve**, les dispensés du service ordinaire par leur numéro de tirage, le titre de soutiens de famille, la faiblesse de constitution, et environ 9,000 *volontaires d'un an*. Ceux-ci sont équipés et nourris à leurs frais. La *réserve de dépôt*, celle de l'armée active et la *Landwehr* du premier ban sont astreintes à des exercices réguliers.

Les *instituteurs* primaires font un an de service actif. Pour les ecclésiastiques *catholiques*, s'ils sont ordonnés avant le 1er avril de la 7e année de leur obligation au service, on les en dispense, en les inscrivant dans la réserve de dépôt, avec exemption d'exercices.

La *loi du 25 mars 1899* a prévu et réglé la progression de *l'effectif de paix*, du 1er octobre 1899 au 31 mars 1904 : il doit atteindre en 1903 le chiffre de 495,500 hommes, sans compter les volontaires d'un an.

Distribution des troupes. — L'armée allemande compte aujourd'hui **494,436 soldats** (1) (381,366 à la Prusse et aux États confédérés ; 35,383 à la Saxe royale ; 49,726 au Württemberg ; 54,662 à la Bavière), avec 80,556 sous-officiers et 23,844 officiers. Dans ce nombre, la *cavalerie* figure pour 68,635 officiers, sous-officiers et soldats avec 63,135 chevaux de service ; *l'artillerie de campagne* pour 67,296 hommes et 32,879 chevaux, avec 24,079 hommes d'artillerie à pied. En tout, 103,000 chevaux de service à l'effectif budgétaire, non compris ceux des officiers, des volontaires d'un an et les réformés ou *Krämperpferde*.

Toute l'armée allemande est répartie en **23 corps d'armée** (loi du 25 mars 1899) : 3 pour la Bavière, 2 en Saxe, 1 pour le Württemberg, 17 pour la Prusse et les autres États confédérés (2). Ces corps se recrutent complètement en **22 régions de corps d'armée**, le corps de la *garde* tirant ses éléments des diverses provinces de la Prusse.

POTSDAM : BIBLIOTHÈQUE DE FRÉDÉRIC LE GRAND
AU CHATEAU DE SANS-SOUCI.

ÉGLISE DE LA GARNISON, A POTSDAM.

(1) *Almanach de Gotha*, 1904.
(2) Voir notre carte : *Allemagne militaire*.

Tous les corps d'armée sont englobés dans cinq inspections générales : *Berlin, Dresde, Hanovre, Munich* et *Karlsruhe*.

Chaque *corps d'armée* comprend d'ordinaire **2** divisions, excepté le 1er (Kœnigsberg), le XIVe (Karlsruhe) qui en ont chacun 3, et le corps d'armée de la *Garde* prussienne, qui a 2 divisions d'infanterie et une de cavalerie. Cela fait en tout **48** *divisions*, non compris la cavalerie de la garde.

Les *corps d'armée* sont organisés spécialement en vue de la frontière qu'ils ont à défendre. A l'est, *Kœnigsberg* (1er *corps*), fait tête contre la Russie ; à l'ouest, derrière le rideau des forteresses d'avant-garde, *Karlsruhe* (XIVe *corps*) appuie la ligne du Rhin. Pour **Kœnigsberg** : 1re division, répartie entre *Kœnigsberg* et Tilsit ; 2e division à *Insterbourg* (Gumbinnen, Rastenbourg, Goldap) ; 37e division, *Allenstein* (Lyck et Sensbourg). Dans la dépendance de **Karlsruhe**, la 28e division est à *Karlsruhe* (Mannheim, Rastatt, Bruchsal) ; la 29e division à *Fribourg-en-Brisgau* (Constance), avec 2 brigades à Mulhouse ; la 39e division à *Colmar* (Schlestadt) et en Alsace, Lahr et Offenbourg (rive droite du Rhin) ; de plus, un régiment d'artillerie à pied est détaché à *Strasbourg*, des pionniers à Kehl.

En arrière de *Kœnigsberg*, **Danzig** (XVIIe *corps*) : 36e division à *Danzig* (Deutsch-Eylau) ; 35e division à *Graudenz* (Thorn), pour la défense de la basse Vistule. Entre la Vistule et l'Oder, **Posen** (Ve *corps*) : 10e division à *Posen* et Ostrowo, et 9e division à *Glogau*, sur le moyen Oder. Enfin, sur l'Oder supérieur, **Breslau** (VIe *corps*) : forces réparties sur Breslau, 11e division ; *Neisse*, 12e division, au débouché des chemins de montagne, de l'Oder en Bohême. Tel est le front de terre déployé contre la Russie, à l'appui de *Glogau* (tête de pont), des places de *Posen* et de *Thorn, Graudenz* et les têtes de pont de *Marienburg* et de *Dirschau*. En avant, le fort de *Boyen* ; *Memel, Kœnigsberg* et *Danzig* sur le front de mer. Au nord, **Stettin** (IIe *corps*) : 4e division à *Bromberg*, 3e division à *Stettin* ; **Altona** (IXe *corps*) : 17e division à *Schwerin* (Rostock, Lübeck, Altona), 18e division à *Flensbourg*. Ces deux corps se tendent la main le long de la Baltique et du canal Guillaume, jusqu'à

MOULIN DE SANS-SOUCI.

L'ARMÉE

CHÂTEAU DE SANS-SOUCI, A POTSDAM.

l'embouchure de l'Elbe, en nouant la défense aux deux pivots maritimes de *Kiel* et de *Wilhelmshaven*.

Tous ces *corps d'armée* : Breslau, Posen, Danzig, Stettin, Altona, sont à *deux divisions* seulement, mais l'une d'elles a toujours *trois brigades d'infanterie*.

Au nord-ouest, **Münster** (VIIe *corps*) est constitué de même, en face de la Hollande et de la Belgique : 13e division de 3 brigades, à *Münster* (Wesel, Minden, Detmold, Paderborn, Mülheim a. R.); 14e division à *Düsseldorf* (Cologne, Wesel), avec, sur l'angle de gauche, le camp de manœuvres d'*Elsenborn*, menace suspendue, de l'Eifel sur les *Ardennes* françaises.

On a très fortement organisé le quadrilatère stratégique compris entre les deux bras du *Rhin* coudés sur *Mayence*, et le double cours de la *Moselle* et de la *Zorn*, avec Metz en tête, Coblentz et Strasbourg aux angles de flanc, sur le grand fleuve. Cette sorte de bastion naturel est défendu par le VIIIe *corps*, **Coblentz**; le XVe, **Strasbourg**; en pointe, le XVIe, **Metz**, et, à l'opposé en arrière, la place de *Mayence* qu'appuie le XVIIIe *corps*, établi à **Francfort-sur-le-Main**.

Bien que les trois premiers de ces corps (*Coblentz*, *Metz*, *Strasbourg*) et *Metz* en particulier, qui pèse sur la frontière même, aient une importance capitale, chacun d'eux ne comprend que *deux divisions*; il est vrai que l'une d'elles est à *trois brigades* au lieu de deux. Mais, sous l'inoffensive uniformité des formules, il est facile de découvrir ici un effort spécial. *Metz* possède par lui-même, *trois régiments d'artillerie à pied*, contre un seul qui est l'ordinaire pour 2 divisions.

De même, *Strasbourg* n'a que 2 divisions : la 30e *division*, à *trois brigades* (Strasbourg, Sarrebourg, Dieuze, Saverne, Bitche) et la 34e *division* (Strasbourg et Haguenau). Mais la place possède encore *trois régiments* au lieu de deux, dans la 61e et la 85e en titre de ses *cinq brigades d'infanterie*. Cela fait, en somme, *quatre régiments de plus* que pour un corps d'armée ordinaire. Les *pionniers* d'ailleurs pullulent ici, comme à Metz, et, dans le voisinage, le camp d'artillerie de *Haguenau*, sans compter sa garnison habituelle (2 régiments d'artillerie), tient en réserve, sous prétexte d'exercices, un précieux concours.

Bien mieux, le XIVe *corps*, **Karlsruhe**, embusqué de l'autre côté du Rhin, avec ses *3 divisions* d'attente, projette dans *Strasbourg* un régiment d'artillerie à pied; à *Mulhouse*, une brigade d'infanterie et une brigade de cavalerie ; enfin, à *Colmar* une division d'infanterie, la 30e (brigade de chasseurs répartie entre Colmar et Schlestadt).

Même situation d'appel pour la place de *Metz* : le corps d'armée qui, de **Coblentz**, au centre, pourvoit à la défense de *Cologne* et d'*Aix-la-Chapelle*, prolonge son action par la vallée de la Moselle (16e division à *Trèves*) et celle de la Sarre (1 brigade d'infanterie et 1 brigade de cavalerie à *Sarrebrück*), jusque dans les parages de la grande place lorraine.

A la ligne d'arrière *Worms*, *Darmstadt*, *Mayence* gardent le Rhin; dans la dépendance du XVIIIe *corps*, **Francfort**, qui barre la vallée du *Main*, grande route de l'Allemagne centrale (2 divisions en 4 brigades, dont 2 à 3 régiments).

De plus le terrain accidenté qui emplit l'intervalle entre les deux bras du grand fleuve, des escarpements de la *Moselle* au plateau du *Hardt*, et constitue en partie le *Palatinat bavarois*, reçoit un contingent spécial du IIe *corps* bavarois campé à **Würzbourg**, second obstacle, après Francfort, par le travers du *Main*. *Landau* possède une division bavaroise (répartie sur Landau, Germersheim, Deux-Ponts, Dieuze), et, jusqu'à *Metz*, *Würzbourg envoie une brigade d'infanterie et un régiment d'artillerie à pied*.

De cette manière, et pour *deux divisions* seulement, l'on compte à **Metz** : 6 brigades d'infanterie, 2 brigades de cavalerie, 2 brigades d'artillerie de campagne (en 4 régiments) et 4 régiments d'artillerie à pied. Telle est la réalité sous les formules ordinaires.

Appuyées et pourvues de tous côtés à la fois, dégagées par surcroît de la défense de l'arrière-pays, les deux *places d'avant-garde*, **Metz** et **Strasbourg**, conservent ainsi toute leur puissance effective pour la défense ou pour l'attaque. Corps d'élite au milieu de ceux qui leur font cortège (*Coblentz*, *Francfort*, *Würzbourg*, *Karlsruhe*), le XVe et le XVIe corps ont accumulé dans leur sphère d'attraction, et sur un espace relativement restreint, un si grand nombre d'hommes et une telle puissance de guerre, que l'on dirait une *mobilisation anticipée ;* la carte ne suffit plus à en porter le détail, ni la terre à nourrir ceux qui l'occupent.

Au sud de l'Allemagne, la *ligne du Danube* est gardée par le Württemberg et la Bavière, avec la place d'**Ulm**, sur les deux rives du fleuve

GRAND BASSIN DE SANS-SOUCI.

MÉANDRES DE LA *HAVEL*.

(27e division du XIIIe corps, **Stuttgart**); *Ingolstadt*, rive gauche avec une tête de pont, fort Tilly, à droite (1 régiment d'artillerie à pied); les postes de *Straubing* (1 bataillon de chasseurs), et *Passau* (1 régiment d'infanterie), troupes détachées du 1er *corps bavarois* à **Munich**.

Enfin, l'*Elbe*, fortement appuyé au cœur de l'Allemagne par la place de **Magdebourg** (IVe *corps*) et les ouvrages de *Torgau*, échelonne plus haut, à portée de ses rives, le IIe *saxon* à **Leipzig** et le 1er saxon à **Dresde**. Ces deux corps détachent sur le double flanc montagneux de la Bohême autrichienne : *Leipzig*, la 40e division à *Chemnitz* (*Zwickau*, brigade à trois régiments); *Dresde*, des régiments sur *Pirna*, *Freiberg*, *Bautzen*. La Silésie et l'Oder ne sont pas éloignés.

Ainsi, l'Allemagne a développé sur toutes ses frontières, mais principalement à l'ouest, et à l'appui de ses places fortes, le vivant rempart de **22 corps d'armée**. Au centre et au-dessus d'eux, parce qu'il forme un *corps d'élite*, le corps de la **garde**, tient garnison dans **Berlin** et Potsdam : il compte 5 brigades d'infanterie (dont 2 à 3 régiments), groupées en *deux divisions d'infanterie*, avec 2 brigades d'artillerie de campagne; et, de plus, une importante *division de cavalerie* en 4 brigades. Cela n'empêche pas la *capitale* d'être encore le siège du IIIe **corps d'armée** : 5e division à *Francfort-sur-l'Oder*, contre l'ennemi de l'est; 6e à *Brandebourg*, contre celui de l'ouest. Sans être fortifiée, la **capitale** ainsi pourvue de troupes, gardée à droite, gardée à gauche, entre *Custrin* et *Magdebourg*; protégée, du nord, par *Stettin*; pourvue enfin par l'arsenal voisin de *Spandau*, constitue le *réduit central de la défense*, et le puissant moteur qui anime tout le reste.

Des **camps de manœuvres** complètent et prêtent au besoin main-

L'ORANGERIE, A POTSDAM.

forte aux *corps d'armée*, en mettant à leur portée les utiles réserves de troupes et d'approvisionnements qu'entraînent à l'ordinaire des exercices réguliers. Certains de ces camps ont un rôle *stratégique*. Le camp de *Lokbourg* avoisine Magdebourg, à l'est ; celui de *Lockstedt* appuie *Glückstadt*, poste gardé à l'embouchure de l'Elbe et en arrière du canal. *Munster* (ne pas confondre avec la ville de *Münster*) veille entre Brême et Lunebourg, l'Elbe et le Weser. *Wesel* possède un champ de manœuvres, à l'embouchure de la Lippe (rive gauche); Paderborn, celui de *Senne*; Cologne, celui de *Wahn* (art.); et, sur les dernières pentes de l'Eifel (ouest de Bonn), le grand camp d'*Elsenborn* guette les Ardennes, non loin de Verviers. Près de Strasbourg, *Hagenau* (un autre camp, *Haspelscheidt*, est formé en Alsace); *Griesheim*, près de Darmstadt; *Hammelbourg*, sur la rive droite du Main, au-dessous de Würzbourg; *Lechfeld*, sur le Lech, en Bavière, au-dessus d'Augsbourg; *Münsingen*, en Württemberg, entre le Neckar et le Danube; *Zeithain*, en Saxe, face à Riesa, sur la ligne de Leipzig à Dresde. Enfin, *Lamsdorf*, près de la Neisse, au débouché des routes de la Bohême sur l'Oder (art.); les camps de *Thorn* (art.) et de *Graudenz*, près de ces deux places; *Hammerstein*, sur le plateau poméranien, entre Danzig et Stettin (art.); et, sur le front d'attaque tourné contre la Russie, à l'extrême opposé du camp d'Elsenborn dirigé contre nous, le grand camp d'*Arys*, dans une région de forêts et de marécages, en avant d'Allenstein et du lac de Spirding.

Infanterie : 173 régiments à 3 bataillons, 41 *régiments* à 2 bataillons, en tout 607 *bataillons*, avec 18 bataillons de chasseurs, chacun comptant en moyenne 4 compagnies; au total 2,500 compagnies d'infanterie. Chaque bataillon encadre 22 officiers et 640 hommes au grand effectif; 18 officiers, 570 hommes à l'effectif restreint. On a prévu, pour chaque homme *cinq tenues*, conservées dans les magasins de compagnie : tenue de guerre entièrement neuve; *de parade* pour les grandes occasions; *de parade ordinaire et du dimanche; de service; de corvée*.

Le *fusil* est du système *Mauser* (1888-98), magasin à 5 cartouches, calibre 7.9 mm, hausse graduée à 2,000 mètres, portée 3,800 mètres, poids, 4 kil. 100; nouvelle baïonnette plus longue et plus forte. Les meilleurs tireurs reçoivent un prix en argent et les insignes. Chaque fantassin porte 3 cartouchières, deux par devant, une en arrière, avec 120 cartouches (autrefois 150), et sa *charge totale*, de la chaussure à la pointe du casque en paratonnerre, y compris les vêtements et les armes, fusil, cartouchières, baïonnette, ceinturon, sac, courroies, musette en toile brune, manteau, tente-abri, marmite, bidon, n'excède pas 25 kilogr. Une *plaque d'identité* est fixée sous les effets, et chacun, en campagne, possède outre trois jours de vivres, un *sachet de pansement* spécial. Dans la vie ordinaire, le soldat allemand (il ressemble à quelques autres) n'est pas gâté : soupe maigre ou café le matin, soupe à la viande au repas de midi, fromage le soir, et du café si l'on est assez riche; tel est *l'ordinaire*, un vrai régal encore, pour des Spartiates. De grandes fabriques de *conserves* ont été établies pour l'armée à Spandau, Strasbourg, Amberg en Bavière : Mayence peut fournir 100,000 rations par jour (viande et légumes). La *solde* (le *prêt*, pour les soldats) est payée dans chaque bataillon par un officier d'administration (Zahlmeister) aidé d'un sous-officier, aspirant payeur.

Cavalerie : *93 régiments* à *5 escadrons* (4 actifs et 1 de dépôt), et *17 escadrons* de chasseurs à cheval, total : 482 *escadrons* (à la fin de 1902). Chaque *escadron* compte 146 hommes, 140 chevaux, 4 officiers, *grand cadre*; 138 hommes, 137 chevaux, 4 officiers, *cadre moyen*; 133 hommes, 133 chevaux, 4 officiers, *cadre restreint*. La cavalerie de la *garde* est indépendante : on en choisit les hommes avec soin pour leur haute taille, comme ceux du 2ᵉ régiment de la garde à pied, « les perches à houblon », ainsi qu'on les appelle, ou encore les grenadiers du 1ᵉʳ régiment, à qui leur antique mitre, sorte de pyramide en zinc doré, vaut le surnom de « têtes en fer blanc ».

Toute la cavalerie est répartie en 28 régiments de *dragons*, 25 de *uhlans*, 20 de *hussards*, 10 de *cuirassiers*, 6 de *chevau-légers* et 4 de *reiter* bavarois et saxons. Pour leurs camarades, les *cuirassiers*, vêtus de blanc, sont des « sacs à farine », la cuirasse n'étant conservée qu'à la tenue de parade. Suivant la couleur de leur uniforme, rouge, vert aux passementeries jaunes, les *hussards* sont « des vers luisants »; ceux de la garde, des « œufs aux épinards » (6ᵉ régiment), ou des « perroquets » (10ᵉ régiment). Les cavaliers, d'ailleurs, ne se gênent point pour qualifier le *fantassin* d'épithètes méprisantes : « rat des champs, sauteur de sillons, lièvre de sable, taupe ou ver de terre(pionniers), rat d'eau (pontonniers), etc.

Tous les cavaliers sont armés de la *lance* (hampe en tôle d'acier de 3ᵐ,20), avec une flamme blanche et noire pour la Prusse, bleue et blanche pour la Bavière, blanche pour la Saxe royale, noire et rouge pour le Würtemberg. La *carabine* est moins longue que le fusil d'infanterie, mais du même système. Le *sabre*, droit pour les cuirassiers et les uhlans, est un peu recourbé pour les hussards et les dragons.

Phot. Mertens.
CHATEAU DE BABELSBERG, PRÈS POTSDAM.

Artillerie de campagne : *94 régiments*, 574 batteries (fin 1902). Chaque *batterie montée, grand cadre*, possède 6 pièces attelées et 2 chariots, 75 chevaux, 127 hommes et 4 officiers; *cadre moyen* : 6 pièces attelées, 60 chevaux, 115 hommes et 4 officiers; *petit cadre* : 4 pièces attelées, 44 chevaux, 102 hommes et 4 officiers. La *batterie à cheval* compte, *grand cadre* : 6 pièces attelées, 2 chariots attelés, 120 chevaux, 121 hommes, 5 officiers; *petit cadre* : 4 pièces attelées, 76 chevaux, 92 hommes, 4 officiers. Les nouvelles pièces de campagne, à tir rapide, sont du calibre 77 millimètres; les *obusiers* (1898), du calibre 105 millimètres. Le matériel est peint en bleu et comporte, pour chaque batterie complète sur pied de guerre : 6 pièces, 8 caissons, 3 chariots et une forge, en tout 18 voitures.

Des *champs de tir* ont été largement organisés à Döberitz, près Spandau, Kummersdorf, au sud de Berlin, Jüterbog, etc.

L'État possède plusieurs *manufactures d'armes*, dont les principales sont celles de *Spandau* en Prusse (canons et projectiles, cartouches, poudres, ateliers de construction); *Ingolstadt*, en Bavière. Siegbourg et Dresde fabriquent des projectiles; Erfurt, Amberg, Solingen, les armes blanches; Suhl et Sommerda, les revolvers. Il y a des arsenaux à Deutz-Cologne, Strasbourg, Spandau et Danzig; des poudreries à Ingolstadt, Hanau, Gnaschwitz. L'usine *Löwe*, à Berlin, fournit des fusils; *Krupp* d'Essen (établissement particulier), les canons. Le père Krupp, fondateur de l'usine, était coutelier. Alfred Krupp, son fils, « le roi des canons », est mort en 1887. Vingt mille chevaux vapeur en 450 machines, 90 pilons de 50 à 100,000 kilogrammes, plus de 1,500 fourneaux, de 1,000 machines-outils, au moins 90 locomotives et un millier de wagons : tel est l'outillage formidable de cet antre des Cyclopes. L'usine occupe 400 hectares, dont plus du cinquième, en constructions; un chemin de fer l'entoure, pénètre par des voies de raccordement dans les principaux ateliers et en déverse les produits à la station de Borbeck, sur la grande ligne Minden-Cologne. « Par une chance tout à fait heureuse, l'usine a pu acquérir tout près d'elle des houillères donnant le charbon le plus pur et le plus propre à la métallurgie de toute l'Allemagne, et passer avec

POTSDAM : ÉGLISE DE LA PAIX.

ALLEMAGNE.

TOUR DU CHATEAU DE BABELSBERG.

PALAIS DE MARBRE.

d'autres Compagnies de mines de charbon presque comprises dans ses bâtiments, un marché qui lui en assure les produits. M. Krupp a pu même acheter, dans le Nassau, à Sayn, près de Neuwied, et jusqu'en Espagne, des fosses à minerai, des hauts fourneaux et des forges bien installées qui fournissent à Essen le fer et la fonte pour la fabrication de l'acier... L'usine fabrique des bandages de roues pour wagons, des plaques de blindage pour les navires, des rails, des essieux, des machines-outils, des laminoirs, des tiges de pompe, des affûts, des chaudières, des roues, des objets de chaudronnerie, etc., mais surtout des canons (les deux cinquièmes de la production). On a vu, dans les ateliers, réunis à la fois, plus de 150 canons de tous calibres dont quelques-uns pesaient 12,800 kilogrammes et valaient plus de 100,000 francs pièce. » TURGAN : *Les Grandes Usines*.

L'usine Krupp pourrait fabriquer en 24 heures : 150 roues de wagon, près de 3,000 rails, 1,500 obus et 250 canons en un mois. Elle possède un champ de tir pour l'essai de ses engins à *Dülmen* (7 kilomètres) et un autre, près de *Meppen*, qui a 17 kilomètres. A la suite d'un accord (décembre 1892), l'usine Gruson, de *Buckau*, près Magdebourg, s'est rattachée à l'usine Krupp. On fabrique à Buckau des coupoles cuirassées, des projectiles, des affûts et aussi des canons.

L'artillerie à pied doit former 18 régiments (fin 1902), à 2 bataillons pour la plupart, soit 38 bataillons; chacun d'eux de 4 compagnies, soit 152 compagnies et 580 hommes en moyenne par bataillon. Ces troupes sont en dehors des formations de brigade et de division. Elles ont pour mission de défendre les places et doivent servir, au besoin, durant les opérations, des pièces de gros calibre. Spandau possède 2 *parcs de siège* de 400 pièces; il y a aussi des réserves à Posen et à Coblentz.

On emploie pour le service des places, les sièges et la défense des côtes, des pièces de divers modèles, les plus anciennes appelées à disparaître : calibres 9 et 12 centimètres en acier et en bronze; le 15 centimètres court en acier; 15 centimètres fretté; canons et obusiers de 21 centimètres; canons-revolvers, à tir rapide, 3 et 5 centimètres. Ces engins lancent : le shrapnel (300 balles ou éclats), l'obus brisant, la boîte à mitraille, l'obus allongé.

TROUPES AUXILIAIRES.

Les **troupes du génie** sont constituées par des bataillons de pionniers, 26 bataillons (fin 1902), de chacun 4 compagnies : en tout 102 compagnies de 153 hommes. Un bataillon de pionniers bavarois n'a que 2 compagnies.

Les **chemins de fer** et l'**aérostation** emploient 3 régiments de chemins de fer (2 bataillons de 4 compagnies à 188 hommes par compagnie), 1 bataillon d'*aérostiers* à 2 compagnies de 144 hommes par compagnie. Pour le *télégraphe*, 3 bataillons, 10 compagnies, de 130 hommes en moyenne.

Le *service des chemins de fer* est dirigé par un inspecteur général qui a sous ses ordres 8 *commissaires de chemins de fer* et 20 *commissaires de ligne*, officiers supérieurs qui résident sur les points stratégiques les plus importants du réseau ferré allemand. Chaque section, correspondant autant que possible à une région de corps d'armée, comprend une *commission de ligne* (militaire et civile) qui sert d'intermédiaire entre le grand État-major et les administrations de chemins de fer.

Le **train des équipages** doit compter 22 bataillons à 3 compagnies et 1 bataillon de 2 compagnies.

L'**auditorat**, formé de juristes diplômés, assure l'exercice de la justice militaire; en temps de guerre, il se fait aider par la *gendarmerie de campagne*. Chaque division, grande garnison ou institution militaire est pourvue de 2 *aumôniers*, l'un catholique, l'autre protestant.

Le service des **invalides** n'est point centralisé comme chez nous; mais, les hommes sont dispersés dans plusieurs établissements : à Berlin, Combourg (Württemberg), Benedictbeuren (Bavière).

Le **service de santé** comprend plus de 2,000 *médecins*, 650 *vétérinaires*, 20 *pharmaciens*, 2,000 *infirmiers*, ainsi que de nombreux *aides de lazaret* ayant rang de sous-officiers. Les médecins forment une hiérarchie *assimilée* à celle des *officiers*. Il y a 6 ou 7 médecins pour chaque régiment d'artillerie, 3 pour celui de cavalerie, 2 par bataillon d'infanterie, avec 16 brancardiers, choisis et instruits parmi les hommes les plus anciens de la landwehr.

LA *HAVEL*, VUE DU CHATEAU DE BABELSBERG.

L'intendance est organisée tout à fait à part et comprend des *fonctionnaires directeurs* (recrutés, après examen, parmi les *civils* ou les *officiers* ayant six ans de service) et des *employés* chargés de l'exécution des ordres. Ce sont nos officiers d'administration ; ils peuvent être promus au degré supérieur. L'intendance n'a que de simples rapports administratifs avec le service de santé et celui de l'habillement : elle pourvoit aux dépôts et ordonnance les fonds.

LES CADRES.

1° **Sous-officiers.** Les titres des gradés sont, après le *Gefreite* (premier soldat exempt de certaines corvées), l'*Unteroffizier*, dont les fonctions rappellent celles de nos caporaux ; le *Sergeant*, le *Vice-Feldwebel* ou *Vice-Wachtmeister* ; le *Feldwebel*, sergent-major, ou *Wachtmeister*, maréchal de logis chef ; le *Fähnrich* ou enseigne *porte-épée*, qui porte la dragonne et même le sabre d'officier, quand il a subi l'examen de ce grade. Les trois quarts des sous-officiers sortent du rang. Pour les soldats rengagés, des cours de sous-officiers (*Kapitulantenschulen*) sont ouverts au chef-lieu des divers corps d'armée. Les jeunes gens qui désirent faire leur carrière comme sous-officiers peuvent se préparer par deux ans d'études dans des écoles spéciales (*Unteroffiziervorschulen*) aux *écoles de sous-officiers* proprement dites (9, dont 6 en Prusse, 1 en Bavière, 1 en Saxe, 1 en Bade). Ces *écoles* reçoivent les engagés *volontaires* de 17 à 20 ans. Après 2 ou 3 ans de cours, les candidats s'inscrivent pour 4 ans et prennent rang dans les corps de troupes, en attendant leur grade. Les sous-officiers jouissent, en Allemagne, d'une considération particulière.

Dix musiciens *titulaires* ont rang de sous-officier, dans chaque régiment. Avec 32 auxiliaires pris dans les compagnies, ils forment la musique régimentaire. Souvent ce groupe est remarquable ; on l'autorise alors à donner des concerts, généralement fort suivis. La troupe marche au son des tambours plats et des fifres ; ce n'est ni beau, ni bien entraînant ; mais la tradition est là.

2° **Officiers.** Degrés de la hiérarchie :

Leutnant (sous-lieutenant) ;
Ober-Leutnant (lieutenant) ;
Hauptmann ou *Rittmeister*, inf. ou cav. (capitaine) ;
Major (chef de bataillon ou d'escadrons) ;
Oberst-Leutnant (lieutenant-colonel).
Oberst (colonel) ;
General-major (général de brigade) ;
General-Leutnant (général de division) ;
General (général de corps d'armée) ;

ÉTUDE DU SOL : CASCADES DU GROBBACH (Forêt Noire). Phot. Salzer.

Feld-Marschall (général-maréchal).

Cinq officiers généraux ont rang de maréchal avec des titres particuliers : *Feldzeugmeistergeneral; colonel-général de la cavalerie*...

A moins de quelque action d'éclat, le sous-officier allemand ne peut prétendre à l'épaulette. Les *officiers* se recrutent parmi les *avantageurs* ou les *cadets*.

Pour devenir **avantageur**, il faut, de 17 à 23 ans, produire un brevet de capacité délivré par une commission siégeant à Berlin, ou un diplôme universitaire équivalent. Le candidat entre alors dans un régiment avec l'assentiment du colonel, fait fonction des divers grades inférieurs et, après 5 ou 6 mois, subit un examen d'aptitude qui, en cas de succès, lui donne le titre de *Porte-épée-Fähnrich*, caractérisé, c'est-à-dire qu'il a le titre sans la fonction. Quelques mois plus tard, il prend place dans une *École de guerre*.

Les **cadets** sont des fils d'officiers ou de sous-officiers tués, blessés à l'ennemi, ou ayant de longs états de service.

Onze écoles sont ouvertes aux *cadets*, à partir de onze ans : neuf en Prusse, une à Dresde, une à Munich. Après 4 ans, les études s'achèvent à l'École supérieure de *Lichterfelde*, près de Berlin ; mais on ne reçoit plus de candidats au delà de seize ans : les cours sont de *deux* ans. Ceux que l'examen de sortie classe dans les cinquante premiers numéros, font une troisième année et sont ensuite nommés, d'office, au grade de *sous-lieutenant*. Leurs camarades sont répartis dans les régiments, d'où, après 5 mois d'exercice, au minimum, ils entrent à l'École de guerre, avec le titre de *porte-épée Fähnrich*. Ici *Cadets* et *Avantageurs* sont confondus dans les mêmes cours. Il y a *onze* **Écoles de guerre** (Metz, Cassel, Neisse,

FLEUVES : LE *NECKAR*, A HEIDELBERG. Phot. Lange.

LE *RHIN*, A MAYENCE, VUE PRISE DE CASTEL.

Hersfeld, Hanovre, Engers, Anklam, Danzig, Glogau, *Potsdam*, Munich). Après trente-cinq semaines, les élèves officiers passent, à Berlin, l'examen réglementaire et prennent dans un régiment le grade de *second lieutenant*, sauf avis favorable des officiers préalablement consultés.

Ceux d'entre les officiers subalternes qui ne sont pas mariés doivent prendre leur repas de midi dans des *mess* ou *casinos* subventionnés par l'État. Quant au *mariage des officiers*, il est soumis à certaines conditions. Ceux qui touchent une solde supérieure à celle de capitaine en second ne sont point astreints à un revenu particulier.

L'*avancement* se fait en principe à l'ancienneté et par arme pour le grade de lieutenant, par corps pour les capitaines, par arme pour les majors et, sur toute l'armée, au delà de ce grade. Les officiers promus au titre de l'*état-major* comme capitaines ou majors, gagnent de cinq à six ans sur leurs camarades. La tradition, du reste, et le droit du souverain, chef direct de l'armée, corrigent ce que le principe de l'ancienneté peut avoir de trop absolu. Souvent un officier remplit la *fonction* d'un grade supérieur au sien, sans en avoir le *brevet*. De même, si un officier d'un grade supérieur est jugé incapable, ou, pour des raisons personnelles prend sa retraite, il arrive qu'on lui confère, comme titre d'honneur, le grade supérieur au sien, mais sans le brevet ni la solde: c'est alors un *officier caractérisé*.

ÉCOLES MILITAIRES.

Écoles militaires. — Outre les *Écoles d'application d'artillerie et du génie* de Berlin ou de Munich, destinées à former les officiers de ces armes spéciales, on compte : l'*École de tir d'artillerie*, à Jüterbog, où deux séries de cours reçoivent annuellement 1 officier et 1 sous-officier dési-

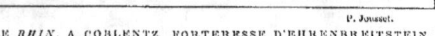

LE *RHIN*, A COBLENTZ. FORTERESSE D'EHRENBREITSTEIN.

gnés par chaque régiment; l'*École d'artillerie et du génie* (supérieure) de Charlottenbourg, école d'application pour les seconds lieutenants de ces armes et les officiers de cavalerie et d'infanterie désireux de permuter; les *Écoles d'artificiers* et de *construction de forteresses*, à Berlin et à Munich; l'*École de tir de Spandau*, divisée en deux sections : l'une pour les officiers et sous-officiers *instructeurs*, détachés des régiments pendant trois mois et demi; l'autre qui recherche et perfectionne toutes les *inventions* dont le tir est l'objet. Un *bataillon d'instruction* (Lehr-infanterie-bataillon), créé à Potsdam, assure pour l'infanterie l'unité des théories et des manœuvres : tous les corps d'armée y envoient un certain nombre d'hommes, officiers, sous-officiers, soldats.

La cavalerie possède l'*École d'équitation* de Hanovre, une autre à Dresde et une à Munich. Enfin viennent les *Écoles de gymnastique*, de *médecine et chirurgie*, à Berlin; l'*École de maréchalerie*, l'*École vétérinaire*.

Au-dessus de toutes les écoles spéciales, se placent l'**Académie de guerre**, de *Berlin* et celle de *Munich*. On y admet, au concours, environ *cent trente* élèves par an, sans condition de grade, mais habituellement des lieutenants, après 3 ans de service (4 en Bavière). L'école (*Allgemeine Kriegsschule*) a pour but de développer une instruction militaire déjà sérieuse et l'étude approfondie des éléments qui constituent la science du commandement et de la guerre. Les cours sont de 3 ans, mais ne durent que 9 mois chaque année. L'un des trois mois, qui restent libres, est employé aux voyages d'études pratiques; les deux autres sont consacrés aux grandes manœuvres. De tous les cours, le plus important est celui d'histoire militaire; puis viennent la géographie, la balistique, l'étude approfondie du français et du russe, le tir, la fortification. Pas d'examen à la sortie; les notes obtenues en tiennent lieu. Les meilleurs élèves, choisis par le chef d'état-major de l'armée, passent un ou deux ans au grand État-major; leurs camarades rejoignent les corps de troupes.

Ceux des *stagiaires d'état-major* qui s'acquittent avec succès de leurs travaux sont promus hors tour, prennent le titre d'*état-major*, et passent à la disposition du chef de l'armée. Suivant leurs aptitudes et les besoins du service ils sont employés dans les corps, à l'étranger, au grand État-major même, ou attachés

LA *LAHN*, A LIMBOURG.

comme adjudants à la personne des princes et de l'empereur. Près de la moitié passe au service des corps d'armée.

Chaque commandant de corps est aidé d'un **état-major** *particulier*, comprenant deux catégories d'officiers : les officiers d'*état-major* proprement dits (deux en temps de paix), de qui dépendent : les exercices, les manœuvres, la mobilisation, voies ferrées, ponts, armements, etc.; les officiers dits de l'*adjudantur* (trois en temps de paix), la plupart sortis de l'Académie de guerre, mais non classés pour le grand État-major : personnel, recrutement, congés, remonte, service intérieur des places, entrent dans leurs attributions. Un *chef d'état-major particulier* centralise tous les travaux, les rapports des services distincts, santé, intendance, etc., et les transmet au *général commandant* en chef. — Le général de *division* travaille directement avec deux officiers, un d'*état-major* et un de l'*adjudantur*.

L'effectif des *officiers titulaires d'état-major* est fixé par le budget et ne dépasse guère annuellement deux cent soixante ; mais si l'on compte ensemble les officiers de tous grades attachés aux services d'état-major et à la personne des princes, le cadre est plus que triplé. A chaque état-major particulier de corps d'armée se trouve attaché, avec l'adjudantur, un officier *à la disposition*. C'est un officier retraité, qui s'engage à reprendre du service actif en temps de guerre et conserve en attendant son uniforme et son grade. Presque tout le service du **recrutement** est entre les mains de ces officiers. On distingue dans les 22 régions de corps d'armée plus de 100 circonscriptions de brigades, divisées elles-mêmes en 288 circonscriptions de landwehr. A la tête de chacune d'elles, un officier supérieur, d'ordinaire retraité, et *à la disposition* (Z. D.), dirige, avec l'aide d'un lieutenant de troupes, le recrutement et administre le personnel, officiers et soldats, qui appartient à la réserve de l'armée active, à la réserve de recrutement, à la landwehr, premier et deuxième ban, enfin au landsturm : tout l'effectif en congé ou *Beurlaubtenstand*, comme on dit là-bas. Des cadres inférieurs et un personnel de sous-officiers et de soldats lui viennent en aide.

Une bonne partie des officiers de réserve et de landwehr est fournie par les *volontaires d'un an*. Ceux-ci, nommés sous-officiers après leur année de service, doivent subir deux périodes d'instruction de huit semaines chacune, passer deux examens, être agréés par le corps d'officiers et s'engager pour trois ans dans la réserve. Après quoi ils passent dans la landwehr, comme officiers.

HAUT COMMANDEMENT.

Le **grand État-major** est dirigé par le *chef d'état-major général* de l'armée (de Moltke le fut de 1857 à 1888), assisté d'un *quartier-maître général*, et de trois *quartiers-maîtres supérieurs*. Il prépare les opéra-

LE *RHIN*, A SOONECK.

tions de guerre et comprend plusieurs *sections :* la première étudie la Russie ; la deuxième, l'Allemagne ; la troisième, la France et l'Europe occidentale ; la quatrième s'occupe des places fortes ; la sixième des manœuvres, voyages d'instruction. Enfin l'histoire de la guerre, les chemins de fer, la cartographie et les *levés*, les *renseignements* sur les armées étrangères, appartiennent à des commissions spéciales. Les officiers sont répartis en *deux groupes :* personnel fixe d'officiers titulaires (*Generalstabsoffiziere*), qui constitue le *cadre principal* ou *Haupt Etat*; officiers détachés, pour un temps, de leur corps et formant ce qu'on appelle le *Neben-Etat*, ou *cadre latéral*. Il faut y joindre des officiers de l'*adjudantur*, des *stagiaires* suivant les cours, sans être expressément classés dans l'état-major ; enfin quelques *officiers d'ordonnance*.

Une bibliothèque importante est mise à la disposition des officiers.

La Saxe et le *Wurtemberg* sont représentés d'une façon proportionnelle, au grand État-major de Berlin. Munich possède son *État-major* particulier, pour l'armée bavaroise.

Le **ministre de la Guerre** prussien est ministre de toute l'armée allemande, sauf pour les contingents de Bavière, de Saxe et du Wurtemberg, chacun de ces États possédant un *ministère spécial*. La Bavière, notamment, a gardé sur ce point une sorte d'autonomie : son budget de la Guerre, fixé en bloc par le Reichstag, est réparti par le Parlement bavarois. Bien que la Saxe et le Wurtemberg aient un *ministre de la Guerre*, les crédits de leur budget militaire sont examinés et votés *en détail* par le Reichstag allemand. Parmi les auxiliaires directs du

PONT DE LA *MOSELLE*, A COBLENTZ.

haut commandement, il faut encore compter, outre le *ministère de la Guerre* pour l'administration, le *grand État-major* pour la préparation à la guerre et les manœuvres : **cinq inspections générales** qui encadrent 22 corps d'armée et dépendent immédiatement de l'empereur ; une *inspection générale de la cavalerie ;* celles de l'*artillerie à pied ;* du corps des *ingénieurs ;* de l'armement, des *Écoles militaires.*

Le chef suprême de l'armée est l'**empereur** et l'organe immédiat pour la transmission de ses ordres, le **cabinet militaire.** Une section de ce groupe s'occupe du personnel des officiers. Mais on ne doit pas confondre le *cabinet militaire* avec la suite du souverain, ou *maison militaire ;* ni avec le *grand quartier général,* qui comprend près d'un millier d'hommes et d'officiers, organisés même en temps de paix.

L'**étendard** de l'*empereur*, chef de l'armée, est carré, orange, coupé d'une

qui comptent près d'un million d'adhérents ; le seul *Deutscher Kriegerbund* en a plus de 500,000.

Les **décorations** sont de plusieurs sortes. Outre les médailles commémoratives des campagnes de 1870-1871, 1866, 1864, et les distinc-

LE *RHIN*, A COLOGNE.

tions de service : la *Croix de fer*, distribuée à tous les combattants de 1870 et créée en 1813 par Frédéric-Guillaume III pour tous ceux qui prenaient les armes contre nous ; l'*ordre de la Couronne ;* de *Hohenzollern* (1841) : croix d'or émaillée blanc et noir, avec la devise *Vom Fels zum Meer* (du rocher à la mer) ; l'*ordre pour le Mérite*, création de Frédéric le Grand ; l'*Aigle rouge* (1705), pour les services militaires et civils ; étoile d'argent avec aigle rouge et devise *Sincere et constanter* (avec sincérité et constance) ; l'*Aigle noir*, le premier de tous, créé par Frédéric Ier, le 18 janvier 1701 : plaque d'argent et, sur un champ orange, l'aigle noir avec la devise *Suum cuique !* (chacun le sien !).

L'ELBE A DRESDE ; VUE PRISE DE LA TERRASSE DE BRÜHL.

croix noire bordée d'argent, et portant en son milieu l'écusson d'or impérial couronné, avec l'aigle noire aux ailes éployées : entre les bras de la croix, quatre petites couronnes à trois aigles chacune. L'*étendard de Prusse* est le même, sur fond rouge et porte au centre un écusson d'argent, avec la couronne royale. On a pourvu le *prince héritier* d'un étendard spécial, semblable à celui de l'empereur ; mais avec un écusson central bordé rouge, surmonté d'une couronne. L'*étendard* du *commandant en chef* est formé d'un carré rouge, coupé intérieurement d'un autre carré plus petit, en damier blanc et noir ; celui du *commandant de corps* est rectangulaire, coupé en losange, de blanc, rouge et noir ; le *général de division* porte un fanion triangulaire, aux trois couleurs superposées, le blanc au milieu. Le *drapeau fédéral* allemand est noir, blanc et rouge en bandes horizontales ; mais l'armée ne s'en sert pas.

Tout soldat en arrivant au corps, tout officier en prenant son grade doit prêter *serment* sur le drapeau et sur l'épée ; cette cérémonie affecte un double caractère à la fois religieux et militaire : « Je fais, devant Dieu, qui sait et qui peut tout, le serment de servir avec honneur et fidélité Sa Majesté l'empereur d'Allemagne, roi de Prusse... » L'esprit militaire est soigneusement entretenu, même en dehors du régiment, par les *Sociétés d'anciens militaires* (*Krieger-Vereine*),

leurs décorations spéciales, et il n'en est point, fût-ce le moindre, qui n'ait la sienne et n'en soit fier. Mais, tout se paye.

Le **budget** de guerre annuel pour tout l'empire allemand (1901) est de 541,521,093 marcs (676,901,366 francs) en *dépenses ordinaires*, et de 128,596,601 marcs (160,745,751 francs) en *dépenses extraordinaires* ; soit 837,647,117 francs en *tout* (1). Le budget de la guerre français est inférieur de 478 millions et demi.

A CONSULTER : Niox : *Géographie militaire.* — Commandant Heumann : *l'Armée allemande.* — E. Mourin : *Histoire de l'infanterie prussienne.* — Général Pierron : *Méthodes de guerre.* — Ténot : *La Frontière.* — Général X. : *Études stratégiques de la frontière nord-est* (éd. Lavauzelle). — Bornecque : *Examen du système des fortifications.* — Étude sur le réseau ferré allemand, au point de vue de la concentration (extrait de la *Revue d'infanterie*). — *L'Artillerie de l'avenir*, étude sur l'artillerie de campagne allemande, son état actuel, etc. — *Revue militaire des armées étrangères*, rédigée à l'état-major de l'armée (Chapelot, éd.). — J. Lauth, chef d'escadron breveté d'état-major : *État militaire des principales puissances étrangères en 1900* (Berger-Levrault, éd.).

─────────

(1) On ne comprend point dans ces chiffres les dépenses de la marine (190,877,937 fr.), ni celles des pensions militaires ; de Kaulchébou.

VUE D'ENSEMBLE SUR LE SOL

RELIEF, FLEUVES, CLIMAT. — RÉGION DE L'OUEST.

Relief du sol : La montagne et la plaine. *Cours d'eau* : Rhin, Elbe, Oder, Danube. Climats des montagnes, des hauts plateaux, de la plaine ; et, de l'ouest à l'est. Pluies. Forêts.
Région de l'Ouest : *Rhin supérieur ou helvétique*. Sources du fleuve. Lac et ville de Constance. Chutes et cours du Rhin, au pied de la *Forêt Noire*.

RELIEF DU SOL

L'Allemagne tient à peu près le milieu de la grande plaine européenne qui s'incline vers l'océan du nord. Les écoliers allemands apprennent qu'elle est « le trait d'union nécessaire des autres continents, le cœur de l'Europe et de notre planète, nécessaire à sa vie, comme cet organe essentiel l'est à la vie du corps (!) ». Mais l'entente n'est même point faite encore sur l'orthographe du nom qui désigne cette contrée. La plupart des géographes allemands l'appellent *Deutschland*; Franck, Happel et Münster écrivent *Teutschland*; les Danois disent *Tydsland*; les Hollandais, *Duitsland*; les Italiens, à la fois *Germania*, *Allemagna*, *popolo tedesco*; les Slaves, *Nemetz* (*Nemce*, *Niemiec*), c'est-à-dire « ce qui n'est pas slave ». (1)

La structure du **sol** allemand n'affecte point une forme symétrique. Tandis que l'*Espagne* présente, derrière le rempart des Pyrénées, une suite de plateaux grandioses, coupés de failles profondes; la *Scandinavie*, de hautes terres dentelées au-dessus du flot; l'*Italie*, une longue arête, articulée de courts sillons; la *France*, une série harmonieuse de bassins fluviaux dessinés, mais non séparés, par des bourrelets aisément franchissables: rien de pareil ne se trouve en *Allemagne*. La plaine et la montagne s'y touchent, mais ne mêlent guère leur domaine.

Appuyé sur le *socle des* **Alpes**, au sud, le sol allemand s'incline par gradins inégaux jusqu'à la *dépression sédimentaire*, qui disparaît dans les réservoirs peu profonds de la *mer du Nord* et de la *Baltique*. Mais, le sud-ouest, formé de hauts plateaux (ceux de Bavière et de Souabe), de chaînes modestes (*Forêt Noire*, *Jura* souabe ou *Rauhe alp*, et *Jura* franconien); de massifs rayonnants et isolés (*Odenwald* et *Spessart*), est généralement assez élevé. C'est la **haute Allemagne**. Elle se noue en un point central, *Fichtelgebirge*, à l'arête *montagneuse* qui la sépare transversalement de la *plaine du nord* ou **basse Allemagne**, sur un parcours d'environ 1,000 kilomètres.

Les principaux massifs de la **traverse** *longitudinale* sont, d'est en ouest : les monts *Sudètes*, les *Riesengebirge* (monts des Géants), les *Erzgebirge* (monts des métaux), les *Fichtelgebirge* (monts des pins), le *Thüringerwald* (forêt de Thuringe), le *Rhön*, le *Vogelsgberg* (mont des oiseaux), les ailes symétriques du *Rhin*, *Taunus* et *Westerwald*, *Hunsrück* et *Eifel*. Les *Ardennes* forment le dernier gradin occidental du rempart; les monts de *Thuringe* et de *Harz*, en sont l'éperon central *avancé*, entre les deux sillons principaux du *Rhin* et de l'*Elbe*, qui, de gauche et de droite, ont dû s'ouvrir une sortie vers la plaine.

Cette **crête transversale**, au temps où les peuples en marche se cherchaient une patrie, a endigué ou dirigé les migrations des tribus. C'est grâce à elle, sans doute, que la *Bohême slave*, à l'abri derrière son triangle de hauteurs, a dû jusqu'à nos jours, de n'être pas encore submergée par le flot germanique. Des fédérations diverses et souvent ennemies s'établirent, les unes au nord (*Chérusques*), les autres au sud de

LE VIEUX PONT DU *MAIN*, A WURZBOURG.   P. Jousset.

(1) DANIEL. *Géographie physique de l'Allemagne*.

ROCHERS DE LA BASTEI ; *SUISSE SAXONNE*.   Ph. Tamme.

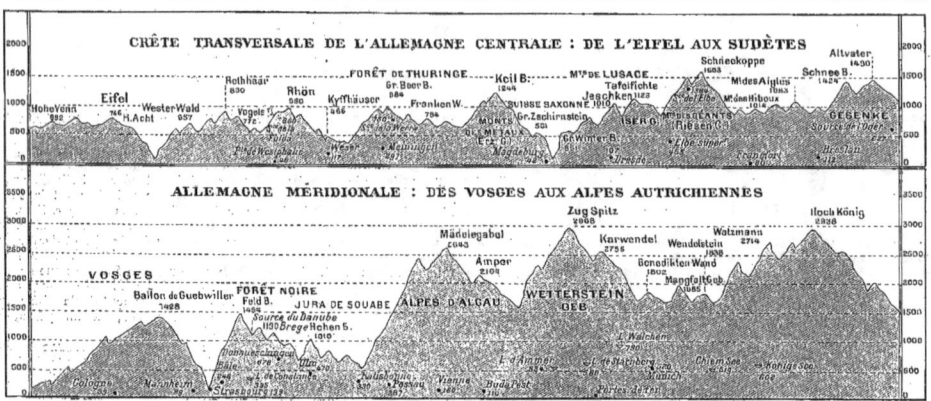

COUPES TRANSVERSALES DU RELIEF ALLEMAND (d'après Hickmann, Stieler, Andree, Bædeker).

la chaîne (Marcomans). Il se forma deux courants distincts de langues comme de peuples, les dialectes du *haut* et du *bas allemand*. Mais pour difficile qu'il ait pu paraître, même à des peuples primitifs, l'**éperon** montagneux du **centre**, dédale de plateaux, de collines et de forêts, coupé par les couloirs de la *Saale* et des affluents supérieurs du *Weser* et du *Main*, loin d'être un obstacle à la fusion du nord et du sud, devint comme le creuset où se réunirent, pour y être fondus en une langue commune et en un seul peuple, les dialectes et les tribus de race germanique.

Nul pays n'est plus riche de traditions et de souvenirs que ce nœud de *Thuringe*; c'est pour les Allemands comme un musée de famille. Rien aussi n'était plus favorable que la diversité de la région à l'établissement du régime féodal. L'unité politique de l'Allemagne en fut retardée : une multitude de petites principautés le partageaient : celles qui font figure encore, subsistent comme les témoins du morcellement passé. Mais ce n'est guère plus qu'un souvenir.

Tandis qu'au sud le bassin du Danube, largement ouvert, favorisa de bonne heure l'établissement d'un puissant État, la *Bavière*, la plaine du nord, partagée, vit naître et tomber plusieurs *principautés*, dont la dernière venue, la *Prusse*, finit par absorber les autres, et toute l'Allemagne avec elles.

La **plaine** *allemande*, qui s'étend au nord de l'arête transversale, n'est pas très élevée. « Si la Baltique et la mer du Nord montaient de 200 mètres, les temps géologiques se renouvelleraient (1). » On verrait les milliers de lacs du Mecklembourg et de la Poméranie, restes d'une mer à peine disparue, débordés par le flot; les sédiments édifier lentement leurs assises au fond des eaux; la tempête battre les contreforts du Harz. La haute *Allemagne* surgirait, avec ses chaînes, ses massifs isolés, ses plateaux, ses volcans aujourd'hui éteints, mais dont la ligne de feu est aisément reconnaissable, depuis l'Eifel (Laacher-see) jusqu'aux monts de Bohême, en passant par les Siebengebirge (les sept montagnes), le Vogelsberg, l'Odenwald, les Fichtelgebirge.

On remarque dans la *plaine du nord* deux parties distinctes : celle de l'ouest, qui descend à la mer du Nord; celle de l'est, de formation relativement récente, qui constitue l'*hinterland* de la Baltique. Les deux plaines unies représentent environ les deux tiers de l'Allemagne.

FLEUVES.

Trois *fleuves* principaux drainent l'Allemagne du Nord et portent ses eaux des montagnes à la mer : le *Rhin* à l'extrême gauche, l'*Oder* à l'aile droite, l'*Elbe* au milieu. Nul mieux que l'**Elbe** ne réunit les caractéristiques du sol allemand : fleuve de hautes terres par sa source, il s'échappe du quadrilatère de Bohême (à 620 kilomètres de son embouchure). Sur sa gauche, la *Saale* lui apporte les eaux du dédale montagneux de Thuringe; à droite la *Havel*, issue d'un lac, recueille pour lui les eaux paresseuses de la *Sprée*, qui se traîne de lac en marécage, sur un terrain tellement plat que la *Neisse*, sa voisine, eût pu aussi bien l'entraîner à l'est vers l'Oder. Entre les deux bassins du grand fleuve de l'est et de celui du centre, l'*Oder* et l'*Elbe*, il n'y a presque pas de déclivité marquée; les deux plaines n'en font qu'une.

Tout autrement se développe, à l'ouest, le cours du **Rhin**. Ce fleuve (*strom*, torrent) est un briseur d'obstacles : les arêtes de la Forêt Noire, du lac de Constance à Bâle; la barrière du Taunus et du Hunsrück, à Bingen, n'ont pu l'arrêter. Tour à tour, fleuve de montagne, plus rarement fleuve de plaine (en Alsace et au-dessous de Bonn), le Rhin bondit, se précipite d'un cours rapide, anguleux, tourmenté; se ramifie, s'étale, se resserre à travers les terrains et les pays les plus divers. Entre le Rhin et l'Elbe, le *Weser* est encore un fleuve de montagne puis de plaine, couloir de la région centrale au-dessus du Main. Enfin, tout à fait à l'est, et par delà l'*Oder*, la *Vistule* inférieure et les bouches du *Niémen* complètent les sillons qui strient la plaine allemande du nord et entraînent ses eaux.

Le *Weser*, l'*Elbe*, l'*Oder*, la *Vistule*, le *Niémen* gagnent la

L'*ELBE*, SOUS LES ESCARPEMENTS DE LA BASTEI.

(1) DANIEL.

L'*ELBE* A MAGDEBOURG : VUE PRISE DE FRIEDRICHSTADT.

mer par des courbes symétriques qui « se reproduisent à peu près exactement à 2 ou 300 kilomètres d'intervalle ». Il fut un temps où l'*Elbe*, du point qu'occupe aujourd'hui Magdebourg, coulait plus à gauche vers le Weser, par le lit actuel de l'*Aller*. De même l'*Oder*, à Francfort, descendait à gauche, vers l'Elbe. Du coude aigu de Bromberg, la *Vistule* poursuivait sa route vers l'*Oder*, à la place de la *Netze* et de la *Wartha*. Enfin, le *Niémen*, qui se jette dans le lac maritime du *Kurisches Haff*, gagnait, au lieu du *Pregel*, le golfe plus occidental de Kœnigsberg. « On dirait que dans toute son étendue, le plan incliné formé par la plaine de l'Allemagne du Nord s'est penché du côté de l'Orient(1) », entraînant avec lui les eaux de sa surface.

Derrière le rideau du *Jura souabe* et du *Jura franconien*, entre les Alpes et les monts de Bohême, le **Danube** s'est attribué un domaine particulier. N'était, disent les géographes allemands, le rempart aérien des cimes alpestres, le Danube, se dirigeant vers le sud, aurait gagné l'Adriatique, et serait devenu le Rhône de l'Allemagne, avec Trieste pour Marseille. Mais, enserré par le cercle des hauteurs qui le pressent, il est devenu un fleuve *cosmopolite*, ouvrant la route directe de Constantinople et de l'Orient. La *Roumanie*, la *Bulgarie*, la *Serbie* affleurent son cours inférieur ; la *Hongrie* et l'*Autriche* tiennent le centre. Par son *cours supérieur* seulement, de Passau à l'origine, le Danube est *allemand*. Mais sa source détournée (*Donaueschingen*) et les deux ruisseaux *Brege* et *Brigach* qui forment son premier aliment appartiennent au plateau de Souabe et avoisinent la Forêt Noire. Par la vallée de la *Dreisam*, qui descend au Rhin, et débouche à l'ouest dans la plaine, les deux grands fleuves, Rhin et Danube, se tendent la main. L'un enserre au sud la base de la Forêt ; l'autre prolonge à l'est, par delà le lac de Constance, un même fossé de drainage. Le *Rhin* et le *Danube* sont les deux fleuves les plus longs et les plus abondants de l'Europe centrale ; leur cours formait un sérieux obstacle aux barbares primitifs et, pour les Romains, c'était la frontière naturelle de leur empire, derrière laquelle grondait, mal contenu, le remous du monde germanique.

(1) E. RECLUS. *L'Europe centrale*.

LE *HARZ* : VALLÉE DE LA BODE.

CLIMATS.

Le **climat** d'une région dépend, en principe, de sa position entre le pôle et l'équateur, ce réservoir de chaleur universelle. Le 45ᵉ degré, qui marque le milieu de l'intervalle, représente, aussi la vraie moyenne du *climat tempéré*. La France est traversée par ce 45ᵉ degré ; l'Allemagne s'étend un peu au-dessus. Mais des conditions multiples modifient, dans la pratique, le principe général et varient à l'infini les *climats particuliers*, comme : l'*altitude* des montagnes, la *dépression* des plaines, la *proximité* ou l'éloignement de la mer, la direction des *vents*, l'abondance des *pluies*.

Ainsi l'Allemagne du **sud-ouest** perd, à cause de son altitude, une partie de la chaleur qu'elle devrait à sa position méridionale, peu éloignée du 45ᵉ degré. Au contraire, l'Allemagne du **nord-ouest** doit au voisinage et à l'action régulatrice de la mer une température plus chaude que ne le comporte sa latitude. Le grand courant du *gulf-stream*, cet immense fleuve sous-marin qui roule vers le nord les eaux chaudes emmagasinées sous les tropiques, n'est pas tellement éloigné des côtes allemandes qu'elles n'en ressentent, elles aussi, la bienfaisante influence. Il en résulte une sensible égalité de température entre la haute Allemagne du sud et la basse Allemagne du nord-ouest. Le Rhin, qui réunit les deux régions, en offre un exemple remarquable : Spire, Cologne, le Main jusqu'à Wurzbourg, la basse vallée du Neckar, ont la même température. A *Bonn*, qui commande la plaine inférieure du fleuve ; la moyenne est de 9° 88 ; on relève à *Bâle* 9° 68, au débouché des montagnes, et à 482 mètres au-dessus du niveau de la mer. De ce point jusqu'à *Emmerich*, malgré un parcours de 600 kilomètres, le ciel ne change guère.

C'est le *climat maritime* qui domine dans la région moyenne et inférieure du Rhin, comme aussi dans la plus grande partie de l'Allemagne de l'*ouest*, jusqu'au delà de l'Elbe ; si l'on excepte les plateaux et les îlots montagneux.

Le contraste climatérique est marqué entre l'*ouest* et l'*est*, mais d'une façon moins rude, que sur les plateaux et dans les hautes montagnes du sud. Encore les

LE *HARZ* : ROCHER DE REGENSTEIN, PRÈS BLANKENBOURG.

cimes élevées des **Alpes**, exposées toute l'année aux courants aériens venus de l'équateur, offrent-elles plus de sérénité et des écarts moins brusques, entre les chaleurs de l'été et les froids de l'hiver. Il n'est pas rare qu'au mois de janvier, le *Rhigi-Kulm* soit moins froid que la ville de Zurich, qui est à 1,370 mètres au-dessous de lui. Cependant les différences climatériques ne sont nulle part aussi sensibles sur un plus petit espace que dans les Alpes ; depuis les vallées blotties au sud, sous les rayons d'un chaud soleil, jusqu'aux crêtes éblouissantes de neiges éternelles, tous les degrés de chaleur se mesurent à la montée : on dirait les saisons échelonnées, la parure de l'hiver après celle de l'été, dans la même journée.

Moins saisissants, les écarts qui se produisent dans l'est de l'Allemagne sont aussi réels. Tandis que le *climat de l'ouest* est tempéré, sans froid ni chaleur excessifs, et surtout maritime, celui de l'**est** est **continental**, exposé sans abri, comme l'immense plaine russe qu'il prolonge, aux influences glacées du pôle : très froid en hiver, torride en été.

Le *printemps* y est tardif, sujet à de piquantes récidives, vers le milieu de mai, d'ordinaire au retour des « trois saints de glace », comme le peuple a coutume de parler.

Le premier tiers de juin voit également se produire un refroidissement. Cela tient à l'énorme quantité de glace accumulée dans le golfe de Botnie qui, pour fondre, emprunte à l'air ambiant, réchauffé par le soleil, une partie de son calorique. Les grandes masses d'eau glacée que charrient les fleuves russes, la mise en marche des banquises flottantes dans les mers du nord,

DANS LE *HARZ*.

colte du seigle ; la Silésie, la Saxe, le Brandebourg et la haute Allemagne, au milieu du même mois ; tandis que cette récolte, favorisée par un printemps précoce, est mûre avec les premiers jours de juin dans la *région rhénane*.

Le *printemps* s'annonce sur le Rhin avant la fin de février ; en mars dans le centre et le sud ; en avril et mai seulement pour les pays

contribuent encore à la formation des courants aériens froids. En revanche, la Baltique qui refroidit ses bords au printemps leur garde dans ses eaux, pour l'automne et l'hiver, une réserve de chaleur importante ; *Danzig* et *Kœnigsberg* sont moins froids que *Tilsit*, situé plus avant dans les terres.

Les *fleuves* allemands gèlent généralement en *hiver* : l'Oder 70 jours, l'Elbe 62, le Rhin environ 25 jours. Mais l'hiver *du Rhin* est relativement doux, surtout entre Cologne et Coblentz : le froid n'y descend guère au-dessous de 0° en moyenne ; tandis qu'à Trèves, on compte 5 jours, à Berlin 42, à Stettin 73, à Breslau 83, à Danzig 103 jours, à température de glace.

Dans l'*est*, on ne compte guère que cinq mois à l'abri de la *gelée* (17 mai-14 octobre) ; aussi les récoltes, éprouvées par les froids tardifs ne viennent-elles qu'assez tard à maturité. C'est en fin de juillet seulement que la Prusse et la Poméranie font la ré-

de l'est. Ces différences ne tiennent pas seulement à la diversité de latitude et à l'éloignement de la mer, mais surtout à la direction des **vents** et à l'abondance des *pluies*. Ce sont les vents du sud-ouest, *humides* et *tièdes*, qui soufflent de préférence en hiver sur l'Allemagne occidentale. En été, les vents de l'est y apportent la fraîcheur ; mais le vent du nord-est, refroidi par les mers polaires, provoque toujours un abaissement marqué de la température.

Pluies. — Chargés des vapeurs de l'Océan, les nuages, poussés par les vents d'ouest, se déversent en pluies abondantes au contact des montagnes ; mais le versant occidental des régions montagneuses, touché le premier, est aussi le mieux arrosé. L'autre versant ne reçoit que des ondées déjà fort appauvries : ce fait est surtout remarquable pour le *Harz*, la *Thuringe* et la *forêt de Bohême*. Dans cette région, comme aussi dans le *Sauerland*, la *Forêt Noire*, l'*Eifel*, surtout les *Alpes*, les eaux pluviales sont abondantes et s'épanchent en nombreux torrents.

La *décroissance* des pluies s'observe de l'*ouest* à l'est, à mesure que l'on s'éloigne du grand réservoir océanique. Pourtant le régime est inégal, abondant sur la mer du Nord (en automne) ; plus pauvre, sur le littoral de la Baltique. Le

RELIEF, FLEUVES, CLIMATS

minimum de précipitations atmosphériques a été observé en Silésie, vers Breslau ; le *maximum* dans les Alpes.

Forêts. — Si les montagnes sont les condensateurs naturels des nuages, les *forêts*, conservent et distribuent leurs eaux : ce sont les réservoirs de l'humidité, et à ce titre, elles jouent un rôle important pour le climat et la fertilité d'un pays.

L'Allemagne est encore riche en *forêts*, bien que l'antique et immense forêt germanique ne se retrouve plus guère ailleurs que dans les Alpes et sur les versants de la Bohême, du côté de la Bavière. Les belles forêts des monts *Hercyniens*, de la *Thuringe* du *Harz* du *Spessart*, de la *Forêt Noire*, du *Taunus*, ne sont que de grands et beaux débris. Cependant la *forêt* couvre encore un peu plus du quart du sol cultivé. Il n'y a que la Russie et les pays scandinaves pour être plus riches : la France l'est un peu plus de moitié moins ; en Angleterre, les parcs boisés ont remplacé les forêts proprement dites. L'Allemagne de l'est, Prusse et Brandebourg, est encore assez boisée ; celle qui s'étend au nord-ouest de l'Elbe, est la plus pauvre ; mais rien ne surpasse les magnifiques chênaies mêlées de hêtres, qui donnent un si vif attrait à la région du haut Weser.

On estime à 25,56 pour 100 la moyenne des forêts en *Prusse*; à 33,47 celle de *Bavière*; 35 celle du grand-duché de *Hesse*; 35,45 dans les États de *Thuringe*; 40,93 au grand-duché de *Bade*. Il y a plus de 22,000 grandes *exploitations* exclusivement *forestières*. Les forêts de l'État couvrent 32,4 pour 100 du sol boisé; communales, 19,2; privées, 48,3. Plus de la moitié est plantée d'arbres à aiguilles; 34,5 pour 100 d'arbres à feuilles. L'Allemagne *importe* pour 308 millions de marcs et *exporte* pour 22 millions et demi en bois de construction et bois à ouvrer. (Catalogue off. de l'Exp. all. en 1900.)

Dans les hautes montagnes, l'*épicéa*, le *sapin commun* (*pinus abies*), le *pin sylvestre* dominent; la Forêt Noire leur doit son nom. Mais l'épicéa, si beau encore sur les versants thuringiens, ne prospère déjà plus sur ceux du Harz. Le *chêne rouvre* (*quercus robur*), le *hêtre* sont les arbres des montagnes peu élevées, avec le *bouleau*, les *ormes*, le *sorbier*.

Dans la plaine : le *peuplier*, le *saule*, le *tremble* et surtout le *tilleul*. Avec le chêne, cet arbre tient une grande place

HÔTEL DE VILLE DE LINDAU
(Lac de *Constance*).

dans les traditions et les légendes du peuple allemand. On lui attribuait le privilège de n'être jamais touché par la foudre, ainsi que celui d'écarter les sortilèges. A l'ombre du tilleul, on rendait la justice ; il semblait transporter au milieu des villages la poésie de la forêt, et c'est encore lui, sur la place du marché, qui présidait aux ébats populaires. Nul arbre n'a été plus chanté; il a donné son nom à la principale avenue de Berlin : *Unter den Linden*, sous les *Tilleuls*.

RÉGION DE L'OUEST

LE RHIN D'ORIGINE.

Des glaciers alpestres aux bas-fonds de Hollande, le Rhin descend d'un cours rapide, franchissant, comme par gradins, les montagnes, les plateaux et la plaine, et formant pour ainsi dire *trois bassins* qui se prolongent : le **Rhin supérieur** ou **helvétique**, des sources à Bâle ; le **Rhin moyen**, de *Bâle à Cologne*, avec étape de *Bâle à Mayence*-Bingen ; enfin, le **Rhin** de plaine ou **inférieur**, de *Cologne à Emmerich* ou plutôt *Elten* (douane allemande). De ce point, le fleuve entre en *Hollande*, et multiplie les rayons de son estuaire jusqu'à la mer du Nord.

Le cours du Rhin est l'un des plus tourmentés qui soient en Europe et l'un des moins directs. En droite ligne, il serait de 750 kilomètres à peu près : on lui a donné, avec les détours, près de 1,300 kilomètres (1,298 d'après

L'*ODER*, A BRESLAU.

Klöden). Les géographes ne s'entendent guère sur le point de départ qu'il convient de prendre comme étant la source la plus lointaine du fleuve et les sinuosités à porter en compte : de là leur désaccord.

Le **Rhin helvétique** enveloppe la Suisse de l'est, en une vaste courbe, *opposée* à celle que son principal affluent de gauche, l'*Aar*, décrit symétriquement à l'ouest. Entre les deux fleuves, la *Reuss* et la *Limmat*, tributaires de l'Aar, découpent l'intervalle. Par lui-même et ses affluents,

ULM ET LE *DANUBE*.

le *Rhin* draine les eaux des deux tiers de la Suisse.

Les neiges éternelles et les *glaciers* qui l'alimentent sont comme des réservoirs solides qui lui assurent un débit régulier. A l'ouest, l'*Oberland bernois*; à l'est, les crêtes d'*Adula*, que noue, au centre, le massif du **Saint-Gothard**, dessinent dans ces hautes régions, le soulèvement qui incline les eaux du Rhin vers le nord. Du *Saint-Gothard*, la coupure de la *Reuss* ouvre à *Andermatt* la

PORT DE LINDAU, SUR LE LAC DE CONSTANCE.

UNE RUE DE LINDAU.

communication de la haute vallée du *Rhin* (par l'*Oberalp*) avec celles de l'*Aar* et du *Rhône* (la *Furka*). Les limites extérieures qui bornent d'ailleurs le domaine général du *Rhin helvétique* sont : à l'ouest, le *Jura francosuisse*, à l'est, les monts d'*Albula*, de *Silvretta*, le *Rhätikon*, les *Alpes d'Algau* et le bourrelet de collines, qui court au nord du lac de Constance.

Des crêtes intérieures, rayonnant du point central du Saint-Gothard, séparent l'Aar de la Reuss (*Alpes des Quatre-Cantons*); la Reuss de la Linth-Limmat (*Alpes de Glaris* et de *Schwyz*); la Limmat du lac de Constance (*Alpes d'Appenzell*). Enfin, puisés à la même source glacée, les torrents nourriciers du Rhin épurent leurs eaux et reposent leur fougue dans de grands lacs similaires, qui leur servent de régulateurs, au débouché des hautes montagnes : lacs de *Brienz* et de *Thoune* (Thun), pour l'Aar; lac des *Quatre-Cantons*, pour la Reuss; de *Zürich*, pour la Limmat; lac de *Constance*, pour le Rhin lui-même.

Le **Rhin** bondit à l'est du Gothard (à l'opposé du Rhône), emportant les eaux de plus de cent glaciers, en deux sillons principaux : le *Rhin antérieur* et le *Rhin postérieur*.

Le **Rhin antérieur** (*Vorder-Rhein*) s'écoule du lac *Toma*, petite nappe d'eau de 400 pas, sur moitié environ, qui s'abrite au nord-est du *Badus* et filtre les eaux des crêtes voisines (*piz Nurschallas*.) Le torrent naissant effleure le voisinage de l'*Oberalp* (lac de 1 kil. 1/2, dont le déversoir est à gauche, vers la Reuss); mais prend résolument la direction de l'est, comme

s'il voulait, ainsi que l'Inn, courir directement au Danube : il recueille à *Dissentis* le contingent du *Rhin moyen* et par Ilanz rallié, à Reichenau-Tamins, la seconde branche maîtresse du fleuve, le *Rhin postérieur* ou *Hinter-Rhein*.

Le **Rhin postérieur**. — Dans une haute vallée du massif d'*Adula* que ferme le glacier du *Rheinwald* (3,398 mètres), et au pied même de la haute masse de glace dont la partie inférieure prend le nom spécial de *glacier du Paradis*, le *Rhin postérieur* paraît, à 2,216 mètres d'altitude (en contre-bas de la cabane de *Zapport*, 2,320 mètres). Aussitôt grossi par les filets qui, de toutes parts, échappent aux crevasses des glaciers : *Rheinquellhorn*, 3,200 mètres; *Zapporthorn*, 3,140 mètres; *Güferhorn*, 3,393 mètres, *Kochberghorn*, le torrent s'élance à travers de maigres pâturages semés d'éboulis, souvent couvert par les avalanches qui se fixent en ponts de neige au-dessus de ses eaux tumultueuses. Il roule ainsi par *Nufenen*, *Splügen*, ouvrant la double route du *Bernardino* et du *Splügen* vers l'Italie (*Coire-Roveredo*, *Coire-Chiavenna*). Bientôt le torrent creuse une faille profonde entre des parois à pic qui touchent presque et montent à 4 ou 500 mètres : c'est la **Via Mala**, de tragique mémoire.

Une route (construite en 1822) franchit la gorge sur trois ponts aériens lancés, comme un défi d'un rocher à l'autre (1), s'enfonce au delà de *Rongellen* dans la nuit d'un tunnel (le *Trou perdu*), pour surplomber encore, sous la lumière indécise filtrant d'en haut à 500 mètres au-dessus du torrent qui mugit. L'on dit que parfois, lorsque souffle sur les glaciers le vent tiède des Alpes, le *fœhn*, les eaux grossies tout à coup, par mille cascades, montent dans leur prison trop étroite et s'élancent, emportant comme un fétu les débris d'étais branlants, fragile passage autrefois suspendu aux flancs de l'abîme. Bien qu'elle soit maintenant sans péril, cette route a gardé une sombre grandeur. C'est par

VUE GÉNÉRALE DE CONSTANCE.

(1) Le premier pont en descendant date de 1834; les deux autres de 1738-1739.

les précipices et les glaciers de la région voisine que l'intrépide Lecourbe conduisit ses troupes dans les *Grisons*, en 1799.

La *Via Mala* débouche tout à coup, près de *Thusis*, en pleine lumière. Grossi de l'*Albula*, qui vient du *Julier* et du *Septimer*, le *Rhin postérieur* atteint, à *Reichenau* (590 mètres d'altitude), l'autre bras du fleuve ou *Rhin antérieur*, après être descendu d'environ 4,000 mètres, sur un parcours évalué à 40 kilomètres.

Les deux torrents unis sous le même nom forment déjà un cours d'eau flottable. En aval de *Coire*, avec le contingent de la *Plessur*, le *Rhin* est navigable pour de petites embarcations. Enfin, grossi à droite de la *Landquart*, à gauche de la *Tamina* (gorges de Pfœffers), le *Rhin* s'étale dans une plaine alluviale de 300 kilomètres carrés, qu'il ne cesse d'étendre, par l'apport toujours renouvelé de ses alluvions. On a peine à maintenir son cours impétueux par des travaux de correction et des digues. A *Sargans*, en aval de *Ragatz*, le seuil qui le retient sur sa gauche n'a pas plus de 5 à 6 mètres ; si la venue subite d'une crue l'élevait d'autant, le *Rhin* irait directement, comme autrefois sans doute, aux lacs de *Wallenstadt* et de *Zurich*, et rejoindrait l'*Aar* par le cours de la *Limmat*.

Tout près de Sargans, le Rhin arrose déjà une « capitale » *Vaduz* (1 140 habitants), chef-lieu de la principauté de *Liechtenstein* (159 kilomètres carrés). Quand il débouche dans le lac de Constance, par 398 mètres d'altitude, il a descendu près de 2,000 mètres pour le parcours peu développé de 170 kilomètres.

Le lac de Constance (*Boden-See*, ancien *Brigantinus lacus* des Romains) a environ 150 kilomètres de tour et 539 kilomètres carrés de superficie. On lui donne 70 kilo-

PORTE SCHNETZTHOR, A CONSTANCE.

leurs bagages sur le bateau, s'ils vont seulement d'un territoire allemand à un autre. Même avec cette précaution, trois douanes restent à subir, souvent en moins de deux heures ; l'on se tromperait d'ailleurs en pensant que les employés préposés à ces aimables fonctions proportionnent leur zèle à l'importance de l'État qu'ils représentent : c'est le contraire qui arrive souvent.

Constance (21,363 habitants) est une très ancienne ville fondée par l'empereur Gratien, et appelée par lui du nom de sa femme : Constantia. Son évêché, sécularisé en 1802, puis supprimé en 1827, remontait au temps de Charlemagne. *Constance* a vu, dans un célèbre *concile œcuménique* (1414-1418), trois papes déposés, le grand schisme terminé par l'élection de Martin V ; enfin la condamnation de *Jean Huss* et de Jérôme de Prague. L'ancienne salle du concile (longue de 48 mètres), aux gros piliers de chêne, se voit encore dans la massive construction de l'*Entrepôt* (Kaufhaus), qui domine le fond du port. Non loin de là, dans une petite île du lac, confinant au rivage, l'ancien couvent des dominicains, où fut enfermé Jean Huss, est aujourd'hui un hôtel ; de l'ancienne chapelle on a fait une salle à manger grandiose, trop peut-être : le cloître bien conservé est orné de peintures. La chancellerie municipale conserve de précieuses archives ; une élégante tour gothique signale au loin l'ancienne basilique cathédrale.

Constance a été donnée à Bade par la paix de Presbourg (1805), qui l'enlevait à l'Autriche. Il s'y fait un grand commerce de transit avec la Suisse. Les eaux du lac sont aussi fort animées par les bateaux de pêche, les voiliers, les bateaux à vapeur. Il est rare que l'hiver interrompe le trafic ; mais si le corps du lac ne gèle guère qu'une fois par siècle, le *Zeller-See* et l'*Ueberlinger-See* gèlent

ENTREPÔT : SALLE DU CONCILE DE CONSTANCE.

mètres dans sa plus grande longueur, de Bregenz à l'embouchure de la Stockach ; 15 kilomètres de large environ, et 276 mètres de profondeur, entre Friedrichshafen et Arbon, 240 mètres entre Mersebourg et Constance, 315 mètres entre Bregenz et Lindau.

L'extrême pointe du lac, l'*Ueberlinger-See*, ne lui sert point d'issue. Après un cours prolongé sous les eaux lacustres, le *Rhin* en sort, purifié, par un canal de 4 kilomètres de long qui verse ses eaux d'émeraude dans le petit lac *Unter-See* ou *Zeller-See*. Ce réservoir est un épanouissement extérieur du grand lac, symétrique de l'*Ueberlinger* ; mais à près de 1 mètre plus bas. Une digue qui réglerait le débit du canal, en élevant le niveau général du *lac de Constance*, pourrait servir de régulateur à tout le cours inférieur du *Rhin*.

A l'issue même du lac, sur la gauche du canal, la *ville de Constance* forme une enclave du grand-duché de *Bade*, sur la rive méridionale, qui appartient à la Suisse, presque tout entière. *Rorschach* et *Romanshorn* sont des villes suisses ; mais à l'est, *Bregenz* est à l'Autriche, et en remontant vers le nord, *Lindau* à la Bavière, *Friedrichshafen* au Wurtemberg. Les eaux du lac étant *territoire neutre*, ceux qui en font le tour ont la joie de passer par cinq douanes différentes, à moins de faire marquer

ALLEMAGNE

CATHÉDRALE DE CONSTANCE.

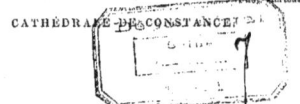

7

VUE DE STEIN, SUR LE *RHIN*.

LE TROMPETTE
DE SÆCKINGEN.

presque tous les ans. Le lac de Constance a des gonflements subits comme le Léman et le *fœhn* y soulève parfois de redoutables tempêtes. A la fonte des neiges, il monte, pour reprendre ensuite graduellement son niveau ordinaire.

Le **Rhin** s'échappe de l'Unter-See à *Stein*, avec un volume de 330 mètres cubes d'eau par seconde; c'est déjà un fleuve puissant. Passé *Schaffouse*, enclave suisse en territoire badois (rive droite), il rencontre par le travers, au pied du château de *Laufen*, une ride jurassique qu'il brise, et bondit par-dessus l'obstacle, en formant la plus puissante cataracte de l'Europe. « Entre les flots blancs d'écume qui s'entre-heurtent, se dressent deux énormes rochers, hérissés de broussailles au feuillage toujours humide; de la cataracte s'élève incessamment une poussière d'eau que le vent promène en nuages irisés. » (E. RECLUS.) Durant les belles nuits d'été, le spectacle est d'une rare magnificence. Le fleuve, au-dessus de la cataracte, a 115 mètres de large; de nombreuses usines utilisent l'entraînement de ses eaux. La chute proprement dite mesure 15 mètres du côté de la rive droite; 19 mètres du côté de *Laufen*; mais en comptant tous les rapides, on peut en évaluer la hauteur totale à 30 mètres.

Plus loin, près de *Zurzach*, le Rhin se heurte à un nouvel obstacle; enfin les gneiss de *Laufenbourg* et les roches en calcaire coquillier de *Rheinfelden* entravent jusqu'à Bâle sa navigation. Waldshut et *Sæckingen*, sur la rive droite, sont d'anciennes villes forestières comme Rheinfelden et Laufenbourg sur la rive gauche; le fleuve dans cette partie de son cours sépare exactement la Suisse et le grand-duché de Bade. Déjà grossi de la *Thür*, il reçoit encore de Suisse l'*Aar* qui lui apporte 508 mètres cubes d'eau par seconde (plus qu'il n'en roule lui-même); enfin la pittoresque rivière de *Birse*.

Sur la droite du courant, les pentes allemandes de la Forêt Noire lui envoient la *Schwarza*, l'*Alb*, la *Wehra*, surtout la *Wiese*, qui débouche de l'autre côté de Bâle, un peu au-dessus de l'ancienne ville française de *Huningue*. Le territoire de *Bâle* appartient à la Suisse; mais pour amener leurs troupes du Wurtemberg et de Bavière de ce côté-ci du Rhin, sans violer la *neutralité voisine*, les Allemands ont amorcé au-dessous de *Lörrach*, dans la vallée de la *Wiese*, un raccordement ferré, qui passe le fleuve en aval de *Huningue* et rejoint à *Saint-Louis* la ligne directe de Bâle à Mulhouse. Resserré entre les hauteurs de la Forêt Noire et les terrasses jurassiques qui le refoulent au nord, le Rhin, à partir de Bâle, entre dans la plaine d'Alsace; son *cours supérieur* est fini.

Le **Rhin moyen** ou allemand (franco-allemand avant 1870) gagne la Hollande par trois échelons de niveau et d'aspect très différents.

1° De *Bâle* à *Mayence*, il sillonne le fond d'un ancien bassin lacustre, dont l'échine des *Vosges*, prolongée par le plateau du *Hardt*, à gauche, la Forêt Noire et l'*Odenwald* à droite, marquent les anciens bords;
2° de *Bingen* au-dessous de Mayence, jusqu'à *Bonn*, le Rhin se déroule par un couloir de rochers, entre les contreforts du *Taunus* et du *Westerwald* d'une part, du *Hunsrück* et de l'*Eifel* d'autre part: c'est le Rhin féodal; 3° de *Bonn* jusqu'à *Emmerich*, il coule largement dans une plaine alluviale, peu à peu conquise sur la mer aux temps géologiques.

Un certain nombre de mots-racines, pris dans la nature, servent à composer en allemand les **noms géographiques**.

MONTAGNES ET FLEUVES.

Berg, *Gebirge* (de *Bergen*, protéger), désigne les hauteurs, et indique un lieu élevé et fortifié comme *Fels-berg* (montagne de rochers). — *Stein*, pierre. — *Steig* est un sentier de montagnes. — *Feld*, la plaine. — *Thal*, *Wang*, une vallée. — *Boden*, une dépression humide. — *Ar*, marais. — *Bruch*, *Moor*, pays marécageux (Oder *Bruch*, marécages de l'Oder). — *Land*, étendue, par opposition aux terres cultivées ou élevées.

Gau ou *Gries* désigne le sable grossier des rives. — *Damm*, une digue. — *Brunnen*, la fontaine. — *Fleet* (eaux de Hambourg), le voisinage de l'eau. — *Spring*, de *Springen*, une source jaillissante. — *Aich*, *Aa*, eau courante (Aix-la-Chapelle, *Aachen*). — *Laufen*, une chute d'eau (celle du Rhin). — *Werth*, île au milieu d'un fleuve. — *Gemünd*, le confluent. — *Mund*, bouche. — *Horn*, pointe qui s'avance. — *See*, cuvette d'eau, lac ou mer.

FORÊTS ET DÉFRICHEMENTS.

Wald, forêt, se confond avec *Berg*, montagne: ainsi *Thüringervald* (forêt de Thuringe), *Bayrischerwald* (forêt de Bavière): la raison en est claire. — *Hart*, forêt; de même *Holz* qui veut dire bois. — *Busch*, taillis; mais *Buche*, hêtre. — *Eich* ou *Aichen*, de chêne. — *Linde*, tilleul. — *Fichtel*, *Tanne* (tannerie), pin. — *Gereuth*, *Rode*, *Rod*, désignent une clairière. — *Loch*, *Lach* (flambée), une forêt défrichée. — *Acker*, le champ cultivé. — *Garten*, le jardin ou l'enclos.

HABITATION.

Büren, *Büttel*, propriété. — *Ingen* indique la possession: *Lotharingen*, possession de Lothaire. — *Heim*, résidence. — *Hütte*, *Hude*, cabane. — *Haus*, maison forte. — *Hof*, cour. — *Hagen*, palissade. — *Dorf*, village. — *Stadt*, *Stedt*, ville. — *Burg*, lieu fortifié. — *Thurm*, tour. — *Schloss*, château. — *Kirche* et *Münster*, église.

Plus d'un nom allemand est d'origine celtique (Rhin, Belt...) ou slave; ceux qui se terminent en *witz*, *litz*, *zig* (Danzig), quand ils n'ont pas été germanisés.

LAUFENBOURG ET LE *RHIN*.

LAC DU FELDBERG (Forêt Noire).   Phot. Mertens.

LE RHIN

RHIN MOYEN, DE BALE A MAYENCE (Cours du fleuve et Rive droite).
BADE. — WÜRTTEMBERG. — BASSIN DU MAIN.

Cours du fleuve : Les rives, les crues ; bancs et îles du Rhin, gibier et poisson. Vieux et Neuf-Brisach, Spire et Worms.
Forêt Noire : Ses hauteurs, ses vallées. *Fribourg*. Les gorges de la Dreisam. La Kinzig et la Murg. Produits du sol et de l'industrie. *Baden-Baden*.— *Le grand-duché de Bade* : capitale, gouvernement, communications. *Heidelberg* et Mannheim.
Région du Neckar et Württemberg : Le Jura souabe, ses cavernes, ses vallées. Sigmaringen. Cours du Neckar : *Tübingen* et son Université. Produits du sol et industrie du Württemberg. *Stuttgart* ; le gouvernement. *Ulm*, sur le Danube. — *Principauté de Hohenzollern*. Le château.
Bassin du Main : Plaine de Franconie et *Nuremberg*. Cours supérieur du Main. Les *Fichtelgebirge* et leurs passages. *Cobourg*. *Bayreuth*. *Suisse franconienne*. — Cours moyen et inférieur du Main : les déserts du *Rhön* et du *Vogelsberg*. Le *Spessart* et ses forêts. *Würzbourg*. Une évocation d'autrefois : *Rothenbourg-sur-Tauber*. L'Odenwald. *Francfort*. — *Grand-duché de Hesse* : *Darmstadt* ; le gouvernement.

DE BALE A MAYENCE
COURS DU RHIN.

Au débouché de *Bâle*, le **Rhin** garde encore les allures d'un torrent. Dans un lit étroit de 206 mètres, sous de hautes *terrasses* qui le dominent à 65 mètres de hauteur, il roule 800 à 1,000 mètres cubes d'eau par seconde ; 3 ou 4,000 en temps de crue. On a compté de 5 à 6,000 mètres cubes par seconde, à Kehl ; et 7,000 à Mayence, en décembre 1882 et janvier 1883.

Les *terrasses* qui servent d'assises à la ville de Bâle sont faites de gravier de cailloux, semblables à ceux que charrie le fleuve : elles descendent vers la plaine en gradins superposés, rebords de l'ancien lit que les eaux ont abandonné successivement, en se creusant un sillon plus profond. Le moins élevé de ces talus (*rideaux*), se prolonge comme le fleuve — mais à quelque distance — de Saint-Louis (Huningue) jusqu'à Neuf-Brisach ; et c'est sur cette plate-forme naturelle que se sont réfugiés les villages, à l'abri des inondations. La *terrasse alsacienne* a sa contre-partie sur la *rive badoise* : elle atteste le retrait des eaux et le comblement de la vallée.

Cette immense cavité qui s'ouvre entre les *Vosges* et la *Forêt Noire*, a été comblée par le lent travail des siècles avec les débris et les graviers arrachés aux montagnes des Alpes et du Jura, par les courants glaciaires. De chaque côté, les cours d'eau descendus des deux chaînes parallèles ont accumulé des assises de *galets*. Puis, une épaisse couche de **loess** ou *loehm*, limon fertile formé de sable fin, de carbonate de chaux et d'argile, apporté en suspension par les eaux de l'ancien glacier du Rhin, s'est déposée sur de grandes étendues, bien que d'une façon inégale, au-dessus du gravier des anciennes terrasses. L'épaisseur du *loess* peut atteindre 60 mètres et plus ; on y retrouve fréquemment des os de rhinocéros, d'éléphant, de bœuf, et d'innombrables coquilles particulières aux pays froids du Nord. L'homme a certainement vécu en Alsace à l'époque des anciens glaciers vosgiens disparus, avec le grand ours des cavernes, le renne, le mammouth, etc.

Le **Rhin** entraîne encore aujourd'hui dans ses eaux une grande

VALLÉE DE LA DREISAM. *Phot. Rœbcke.*

ailleurs, multipliant les méandres, creusant des sillons qui s'entre-croisent et enveloppent un grand nombre d'îles. Vienne la crue, tous ces faux bras qui accompagnent le fleuve s'emplissent, débordent pour former, au retrait des eaux, des lacs temporaires, des couloirs tranquilles et sans issue, des étangs et des marécages perdus sous le fouillis des hautes herbes.

Rien de pittoresque comme le dédale des *îles du Rhin*.

« Certaines d'entre elles ne sont que de simples bancs de cailloux sans végétation. D'autres, plus étendues, séparées par des nappes d'eau larges et profondes, présentent des berges élevées et des plages de sable fin, de vieux *saules* séculaires aux souches rongées par les inondations, des bois touffus de *chênes*, des *prairies* dans les dépressions, des *champs* cultivés sur les hauteurs. » (Ch. GRAD, *L'Alsace*). On y rencontre des fermes isolées, avec des *houblonnières* aux longues perches ; les aspects les plus frais et les plus riants à côté des plus sauvages ; le murmure de l'eau claire sur un lit de menu gravier, et tout près, à travers les bouquets de *peupliers*, d'*ormes* et d'*érables*, la voix sonore du courant. Dans les fourrés de *troènes*, de *fusains*, de *bourdaines* et de *buissons épineux*, le *sanglier* cache sa bauge et le *lièvre* trouve gîte avec le *faisan*, le *chevreuil*, la *perdrix*, chassés de la plaine.

Au temps des migrations, les oiseaux affluent des régions froides et se reposent ici, avant de reprendre leur route vers le sud : *sarcelles*, *canards*, *macreuses*, *oies sauvages*, quelquefois le *cygne noir* et le *cormoran*, les *vanneaux* par troupes, les *pluviers à collier*, les *étourneaux*, les *poules d'eau*, les *échassiers*, *hérons*, etc., y trouvent asile. Ces *îles du Rhin* sont le paradis du chasseur et aussi de l'amateur de pêche. Dans les trous impénétrables, sous l'épais manteau des hautes herbes où vivent, sans crainte, de vieilles *carpes* au dos moussu, l'on pêche d'énormes *brochets*, la *perche* et, au mois de mai, l'*alose* de passage, comme l'*esturgeon* et le *saumon* (entre Strasbourg et Brisach).

Malheureusement pour les chasseurs, les

quantité de limon marneux très dissemblable de l'antique *loess*. D'après les calculs de M. Daubrée, 118,200 mètres cubes de limon seraient passés au pont de Kehl, dans la seule journée du 15 au 16 janvier 1849. La quantité roulée par les eaux du fleuve, en face de Germersheim est presque incroyable : il y aurait, en ce point, 1,000 mètres cubes de cailloux par mètre de longueur. Telle est encore la violence du courant, au sortir de Bâle, qu'il roule des galets pesant jusqu'à 24 kilogrammes ; les crues en projettent par-dessus les berges des masses considérables.

Ceux des galets qui s'amassent dans le lit même du fleuve, agglomérés avec le gravier, forment des seuils incommodes pour la navigation. Au temps des grandes eaux, c'est-à-dire de février en juillet, lors de la fonte des neiges dans le bassin supérieur du fleuve, ces bancs disparaissent, mais on les retrouve en septembre, émergeant de 1 à 2 mètres ou invisibles, presque à fleur d'eau. Chaque année, des ingénieurs font l'exact relevé de l'étendue et de la disposition des **bancs** ; car ceux-ci se déplacent et marchent, pour ainsi dire, avec le courant. Le flot des crues attaque la tête de chaque grève, fait glisser les galets les uns par-dessus les autres, désagrège le gravier des flancs ; et tous ces matériaux se déposent à l'autre extrémité : ainsi la grève marche. Le déplacement des *bancs* varie avec la violence des crues, d'une année à l'autre. En 1867, année d'eau exceptionnelle, il a été de 683 mètres ; mais, en moyenne, il n'est guère au-dessous de 300 mètres. On a relevé plus de 120 bancs de gravier disséminés tantôt vers une rive, tantôt vers l'autre, de Lauterbourg à Bâle, dans le lit du Rhin.

A *Bâle*, l'altitude du fleuve est de 226 mètres ; à *Lauterbourg*, extrémité de la plaine d'Alsace, de 100 mètres ; enfin, de 80 mètres seulement, à Mayence. Le premier palier est, on le voit, le plus rapide, surtout entre *Bâle* et *Kehl* (135 mètres), en face de Strasbourg, où la différence des niveaux accuse près de 100 mètres. Aussi le fleuve court-il d'une allure folle, cherchant sa voie, tantôt à droite sur la *rive badoise*, tantôt à gauche dans la *plaine alsacienne*, arrachant les terres qu'il porte

DANS LA VALLÉE DE LA GUTACH.

Phot. Mertens.

AUBERGE *HIMMELREICH* : VAL D'ENFER (Forêt-Noire).

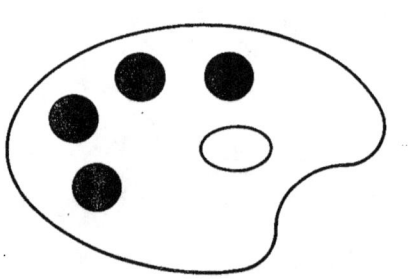

Original en couleur
NF Z 43-120-8

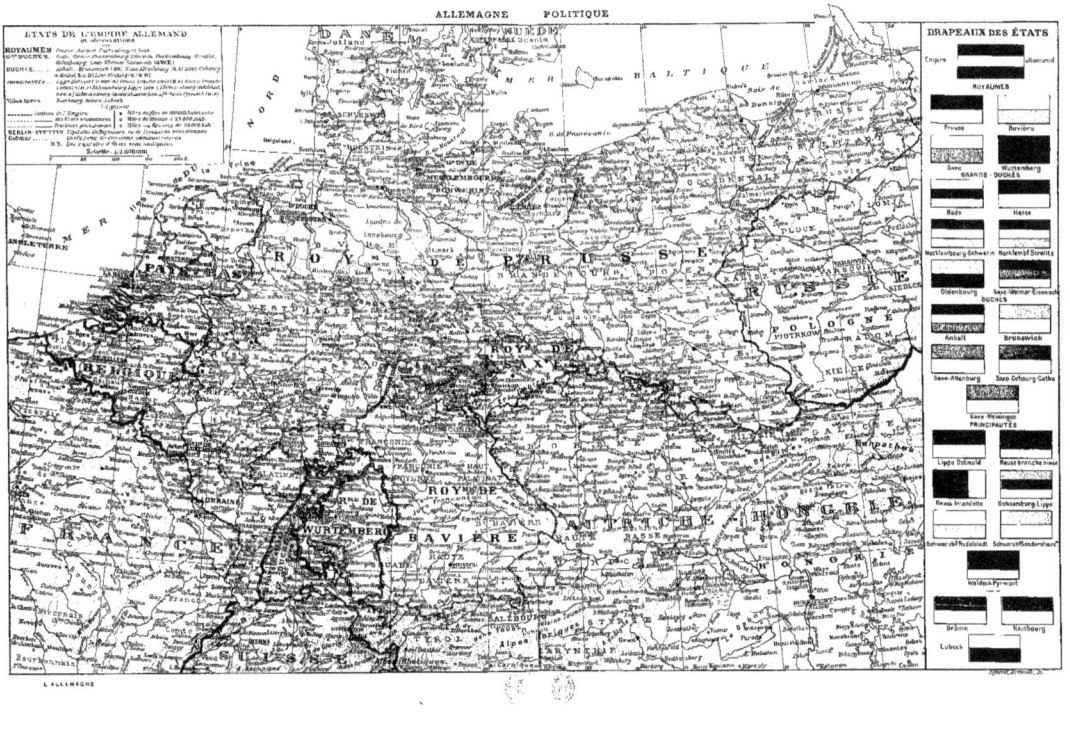

L'ENTREPÔT, A FRIBOURG.   Phot. Roebcke.

eaux du fleuve, entraînées de plus en plus dans le lit artificiel qu'on leur a creusé, délaissent graduellement les faux bras du voisinage ; les îles se soudent, par places, aux champs cultivés.

La **régularisation** du Rhin par des digues directrices est relativement récente. Commencée en 1840, elle se complète encore : on a coupé court aux nombreux méandres et ramené le lit du fleuve à une largeur moyenne de 250 mètres au minimum. Le niveau y a gagné 30 centimètres de profondeur en face de Strasbourg, et l'assèchement des rives, par l'abaissement des nappes riveraines, a étendu et assaini les localités voisines.

Il n'en était pas ainsi autrefois ; plusieurs kilomètres de fondrières, de marécages, de bras morts et profonds, de coulées rapides, séparaient les deux rives extrêmes du *thalweg*, et l'on comprend l'importance que prenaient pour les anciens les points où le cours du fleuve, plus profond, mais régulier, rendait le passage plus facile. Aussi les Romains avaient-ils établi sur la rive gauche du Rhin leurs postes avancés contre la Germanie aux endroits propices, comme *Bâle, Strasbourg, Spire, Worms, Mayence, Coblentz*. A *Strasbourg, Cologne, Mayence*, camps retranchés devenus des grandes villes, aboutissaient les trois grandes routes des *Gaules* : la rive droite était presque déserte et le Rhin pouvait passer pour une véritable frontière. C'est à peine si, plus tard, les villes osèrent se rapprocher des rives, tant celles-ci étaient incertaines et changeantes !

La carte du chevalier Beaurain, dressée pour expliquer les campagnes de Turenne en 1674-1675, indique au moins huit bras du fleuve entre l'Alsace et le pays de Bade. *Schœnau, Drusenheim, Seltz* étaient sur les bords du Rhin, alors qu'ils en sont fort éloignés aujourd'hui. Par un semblable effet du recul des eaux, la *Moder*, rivière de *Haguenau*, dut, il y a un siècle, allonger sa course pour rejoindre le Rhin, qu'elle atteignait beaucoup plus haut. Enfin, en 1870, le village de *Wenbourg*, près de Germersheim, qui était sur la rive droite, se trouva sur la rive gauche. Pareil mécompte survint à **Vieux-Brisach**.

Jadis, un bras du fleuve, détaché en amont de ce point, enveloppait le massif volcanique du *Kaiserstuhl* et suivait la lisière de la Forêt Noire, où ses traces sont visibles jusqu'à Ettingen ; les eaux, refoulées par les alluvions des torrents voisins, *Elz* et *Dreisam*, se retirèrent et revinrent au courant principal. Mais, en 1295, le fleuve se jeta tout à coup à droite de Vieux-Brisach et l'enferma dans une île. Au XVIe siècle encore, une carte d'Alsace représente la vieille forteresse sur un rocher isolé par les eaux. Aujourd'hui *Vieux-Brisach* est rattaché à la terre ferme de la rive droite. Son aspect a bien changé : bastions, remparts, triple enceinte qui baignaient leurs pieds dans le fleuve, vieux donjon à créneaux, tout s'est effondré sous plusieurs bombardements. Le dernier date de 1793 ; mais à la suite du terrible siège de 1637, l'Autriche, à qui la place appartenait, avait déjà rasé ses fortifications trop endommagées. *Vieux-Brisach* (*Alt Breisach*), ancienne capitale du *Brisgau*, qui lui a pris son nom, est d'origine celtique : ce fut entre les évêques de Bâle, l'Autriche et la France un sujet perpétuel de contestations. Une inscription gravée au-dessus de l'ancienne porte du Rhin lui fait dire : *Limes eram Gallis, nunc pons et janua fio ; si pergunt, Gallis nullibi limes erit.* « Jadis frontière pour les Français, me voilà devenue un pont et une porte ; s'ils continuent, la frontière pour eux ne sera plus nulle part. » Il faudrait aujourd'hui retourner la vieille porte et son enseigne.

Louis XIV avait construit une ville neuve de *Brisach* en face de l'ancienne ; mais sur la rive opposée. Le traité de Ryswick lui ayant imposé l'obligation de la démolir, il le fit ; mais, à 3 kilomètres du fleuve, Vauban éleva la petite forteresse de **Neuf-Brisach**, qui subsiste encore. Le rôle de ce poste est important, car il garde la communication, de Colmar à Fribourg-en-Brisgau ; de la vallée de Münster, par la Fecht, à celle de la Dreisam vers Neustadt-Donaueschingen ; du *Rhin au Danube*.

Neuf-Brisach a perdu la plupart de ses habitants : il n'a ni commerce ni industrie, et la garnison, déjà réduite, tire ses provisions de l'autre côté du Rhin. La ville est construite comme un camp :

LA RUE DE L'EMPEREUR, A FRIBOURG.   Phot. Roebcke.

VUE GÉNÉRALE DE TODTNAU (Forêt Noire). Phot. Ruebcke.

2,000 hommes peuvent tenir dans ses quatre casernes; 4,000 dans les casemates des remparts : au milieu, le désert de la place d'armes, et de tous côtés, l'herbe dans les rues. L'ancien pont fixe qui communiquait avec Vieux-Brisach a été remplacé par un pont de bateaux; en amont, le fleuve est traversé par le pont de fer de la voie *Colmar-Fribourg*.

Strasbourg commande le Rhin alsacien, de *Bâle* à *Lauterbourg*; mais Strasbourg n'est pas sur le Rhin.

En aval de *Lauterbourg*, le fleuve baigne *Spire*, *Ludwigshafen*, ancienne tête de pont fortifié, aujourd'hui rivale de *Mannheim*; *Worms*; enfin *Mayence*, toutes villes de la rive gauche, excepté *Mannheim*, qui est située à droite, sur des terrains autrefois marécageux, entre le double cours du *Neckar* et du *Rhin*.

Spire, capitale de la *Bavière rhénane*, et Worms, ville de la Hesse-Darmstadt, comptent parmi les anciennes cités du Rhin.

Spire (Speyer) est l'ancienne *Noviomagus* des Gaulois, *Augusta Nemetum* des Romains; elle eut un évêque dès le IVe siècle, et sa cathédrale (*Dom*), seul monument qui lui reste, témoigne d'une ancienne importance. C'est une magnifique basilique romane, de grandes dimensions (134m,40 de long, 55m,60 au transept, 32m,70 de hauteur; superficie, 4,470 mètres carrés). Commencée en 1030 par *Conrad II*, elle garda son tombeau et celui de ses successeurs, *Henri V* [1] (mort en 1125); *Rodolphe de Habsbourg* (mort en 1291); *Adolphe de Nassau*. Mais un incendie la dévasta en 1450; puis vinrent les troupes de Louvois, qui la saccagèrent. Nouveau pillage en 1794; on en fit un magasin, jusqu'au jour où Napoléon Ier la rendit au culte (1806); on l'a depuis restaurée.

Depuis la fin du XIIIe siècle, Spire était *ville libre* de l'empire germanique et les empereurs y résidèrent souvent; plus de vingt-cinq diètes y furent tenues. De 1801 à 1814, la ville appartint à la France (chef-lieu d'arrondissement du département du Mont-Tonnerre); mais les traités de 1815 la donnèrent à la Bavière. *Spire* a repris de nos jours par le commerce (céréales, tabac, houblon, pépinières) une grande activité.

Worms (à 15 minutes du Rhin), d'origine celtique (ville des *Vangiones*), successivement romaine (jusqu'en 431), résidence des Burgondes, des rois francs et de Charlemagne, puis ville libre impériale, comme Spire, eut à subir les mêmes vicissitudes : Danois, Allemands de Tilly, Suédois, Espagnols, Français la pillèrent

(1) C'est à *Worms* que ce prince signa en 1122, avec le pape *Calixte II*, le concordat qui mit fin à la querelle des investitures.

tour à tour au XVIIe siècle. Il lui reste une *cathédrale* romane (134 mètres de longueur) et deux églises, *Liebfrauenkirche* et *Saint-Paul*, cette dernière transformée en musée historique du plus haut intérêt. Un très beau monument, élevé à la mémoire de *Luther* et de ses collaborateurs, rappelle que le chef de la Réforme soutint ici ses doctrines devant la diète réunie par Charles-Quint en 1521. Le traité de *Lunéville* (1801) donna *Worms* à la France; elle appartient depuis 1815 au grand-duché de Hesse. Son port fluvial est très actif; fabriques de lainages, peaux glacées, malt, cigares, savons, cuirs vernis, machines, verreries, minoteries, etc. Les crus de ses vignobles sont célèbres, surtout le *Liebfrauenmilch*, source de revenus plus sûrs et moins funestes que l'or *pur* du Rhin, ce trésor confié à la garde des *Ondines*, filles du fleuve, et dont le *Niebelung Alberich*, gnome souterrain, forgea un anneau enchanté qui lui donnait la puissance suprême.

C'est à *Worms*, ancienne capitale des Burgondes, que se passèrent plusieurs des événements racontés par la légende des *Niebelungen*. Aujourd'hui, l'or du Rhin, qui causa tant de maux, ne se trouve plus qu'en proportion minime, à l'état de paillettes, dans les sables du fleuve. Il n'y a pas longtemps encore, les orpailleurs badois et alsaciens ont pu fournir jusqu'à 40,000 ou 50,000 francs d'or, par an, à la Monnaie de Karlsruhe, c'est-à-dire les quatre cinquièmes de la production totale dans cette région du Rhin. Mais si l'on considère que ces pauvres gens doivent remuer, au prix de peines infinies, 10 mètres cubes de gravier aurifère pour en tirer 2 grammes au plus du précieux métal, et gagner ainsi moins de 2 francs par jour, on comprend que leur industrie tombe de plus en plus et qu'ils préfèrent trouver en quelque ville manufacturière un gain certain, plutôt que de mourir à moitié de faim et de fatigue, à la poursuite des paillettes

LE *TITI-SEE*. Phot. Ruebcke.

problématiques. Les poètes, les musiciens ont célébré *l'or* du Rhin par des strophes dithyrambiques; que ne se sont-ils faits *orpailleurs?*

Comme Spire et Worms, *Mannheim* et le port opposé de *Ludwigshafen* sont deux villes modernes, l'une complément de l'autre; mais Ludwigshafen est bavaroise; Mannheim appartient au grand-duché de Bade. Un beau pont en treillis relie les deux villes par-dessus le Rhin et sert à la fois au chemin de fer et aux piétons. La ville actuelle de *Ludwigshafen* (Port-Louis) compte plus de 20,000 habitants et remonte seulement à 1843; son importance commerciale et fluviale grandit tous les jours.

FORÊT NOIRE ET GRAND-DUCHÉ DE BADE

LA MONTAGNE.

A l'intérieur du grand angle que trace le Rhin, de Constance à Mayence, avec Bâle pour sommet, le soulèvement de la **Forêt Noire** forme le rebord oriental de la vallée du fleuve, en face des **Vosges** qui en sont le rebord occidental. De part et d'autre, le *granit* occupe la partie méridionale du massif et s'élève en pyramides et en coupoles dominant de plusieurs centaines de mètres les assises rougeâtres du *grès vosgien*; dans les montagnes de l'est comme dans celles de l'ouest, ces grès s'étendent en couches énormes, sur lesquelles s'appuient extérieurement des strates appartenant au trias et au jurassique; enfin, dans la *Forêt Noire* comme dans les *Vosges*, ont jailli çà et là en petits massifs, des porphyres d'éruption, véritables volcans, qui pourtant ne sont percés d'aucun cratère. « De montagne à montagne, la

VUE GÉNÉRALE DE FRIBOURG. Phot. Rœbeke.

correspondance est telle, que dans la partie méridionale des deux chaînes des roches de transition contenant des traces d'anthracite se rencontrent avec des allures symétriques. » (E. RECLUS).

Mais la cassure des roches de la *Forêt Noire*, du côté du Rhin, est plus nette que celle des *Vosges* et aussi moins régulière; elle forme des rentrants, comme celui de *Fribourg*, anciens golfes comblés depuis par les alluvions des torrents *Elz* et *Dreisam*, auxquels deux massifs isolés, surgis dans la plaine, le *Kaiserstuhl* et le *Tüniberg*, barraient le chemin direct du fleuve. Le **Kaiserstuhl** (siège de l'empereur) est une masse de basalte et de dolérite comprenant quarante à cinquante sommets, dont l'un des plus élevés, le « Kaiserstuhl »

VALLÉE DE LA WEHRA. Phot. Rœbeke.

(557 mètres), aurait servi de siège impérial à *Rodolphe de Habsbourg* (!) pour rendre la justice. Sur une superficie de 100 kilomètres carrés, une trentaine de villages disséminés dans les vallons, parmi les bois, les prés, les champs et les vergers, donnent au paysage beaucoup de grâce champêtre et d'animation.

Vieux-Brisach s'élève sur un promontoire avancé du *Kaiserstuhl* au-dessus du Rhin. De là les Vosges paraissent tout à clair. Mais tandis que la crête vosgienne s'allonge d'une façon à peu près continue, du *Ballon d'Alsace* à la trouée de *Saales*, les sommets de la *Forêt Noire* présentent des groupes isolés, séparés les uns des autres par de profondes entailles; leur succession ne forme point une ligne de faîte régulière. D'ailleurs, le plus haut sommet de la *Forêt Noire* est au sud, le *Feldberg*, comme dans les *Vosges*, le grand *Ballon*. Mais cet important massif forestier n'est point, ainsi que son partenaire vosgien, séparé de la masse principale des montagnes : celle-ci l'étreint au contraire et l'appuie de ses contreforts.

Brusquement soulevé au sud, la Forêt Noire s'abaisse graduellement vers le nord, de val en montagne, jusqu'à la dépression de *Pforzheim*. Sa longueur est de 165 kilomètres, sur une largeur de 40 à 45 kilomètres. Rien n'autorise à prolonger, sous le même nom, la chaîne jusqu'au Neckar; en réalité la montagne est finie.

Les anciens appelaient ce long massif boisé : *Martinia sylva* ou forêt de *Mars;* forêt résineuse. L'épais manteau de sapins qui en couvre les pentes l'a fait nommer *Forêt Noire*; mais elle n'est point aussi sombre que son nom le pourrait faire croire. Des vallées riantes et animées la découpent en tous sens. Celle de la *Kinzig*, ouverte obliquement dans le massif, du sud-est au nord-ouest, y trace une ligne de démarcation importante entre les hauts sommets et les groupes inférieurs, la **Forêt Noire supérieure** au sud et la **Forêt Noire inférieure** au nord.

Le **Feldberg** (1,494 mètres) est le roi de la **Forêt Noire supérieure**; il préside un cercle de hauts sommets : le *Hochkopf*, la *Hohe Möhr*, dont les raides escarpements tombent au-dessus du Rhin helvétique; le *Blauen* (1,165 mètres), belvédère de la plaine rhénane; le *Belchen* ou Ballon (1,415 mètres), au-dessus de Badenweiler (bains romains); enfin, en arrière, de l'autre côté du fossé de la *Dreisam*, le *Hohle Graben* (1,036 mètres). Aucun attrait spécial ne recommande le sommet du Feldberg; son front, arrondi au-dessus des forêts, se couvre en été d'herbe fraîche que les troupeaux viennent paître sous la conduite de rustiques bergers. Mais de là-haut le regard se promène sur un spectacle admirable, les neiges alpestres de la Suisse aux sommets gazonnés des Vosges, qui s'estompent à l'horizon occidental.

De tous côtés, aux flancs de la montagne, les rubans argentés des torrents filtrent sous l'épaisse ramure des bois : la *Wiese*, la *Wehra*, aux sites admirables, l'*Alb*, sauvage, qui courent au Rhin helvétique; la capricieuse *Wutach*, qui après s'être dirigée à l'est par une pente incertaine, comme si elle voulait rejoindre le Danube, se replie brusquement au pied de l'Eichberg, et verse en amont de Waldshut le contingent des petits lacs échelonnés sur le versant du Feldberg : *Feldberg-See* à 1,112 mètres d'altitude, et *Titi-See* son réservoir inférieur, par la décharge du Seebach. Il ne semble pas que le *Titi-See* justifie l'affluence des touristes

DANS LA MONTAGNE (Læffelthal).

qui s'y pressent, à la belle saison. Qui a vu nos jolis lacs des Vosges ne saurait trouver aucun charme à cette nappe morose de 2 kilomètres (profondeur 30 mètres) qui s'étend entre des rives plates, mal ombragées, dans un paysage sans couleur.

Par bonheur, le *Titi-See* est voisin de la **Dreisam**. La sémillante rivière s'élance par bonds et cascades bouillonnantes dans une faille profonde qu'elle s'est creusée à la base septentrionale du *Feldberg*. Une route y glisse en lacets avec le torrent; elle fut inaugurée en 1770 pour la venue en France de Marie-Antoinette, et remplace l'étroit et dangereux sentier tenté autrefois par Villars. Depuis, le général Moreau y effectua sa retraite devant l'archiduc Charles, en 1796. On a doublé la route d'une voie ferrée, de Fribourg à *Neustadt*; elle se déroule par des tunnels et des viaducs nombreux jetés au-dessus du torrent (gorge de la *Ravenna*); mais la raideur des pentes a transformé la voie, pour quelque distance, en chemin de fer à crémaillère, et le fond de la gorge est si resserré, ou *Hœllenpass*, est si resserré, que le torrent, la voie ferrée et la route ont peine à trouver place ensemble. Le plus curieux aspect se découvre à l'endroit nommé *Hirschsprung* (saut du cerf) : à peine si les parois à pic laissent apercevoir une bande de ciel bleu entre les branches de pins, de hêtres et de bouleaux qui les couronnent.

Au débouché de la *Dreisam* dans la plaine, **Fribourg** dresse fièrement, dans un amphithéâtre de bois et de vignobles, la délicate flèche ajourée de sa cathédrale, rivale de celle de Strasbourg. Le monument de la *Victoire*, élevé en 1876, sur la *Kaiserstrasse*, « au XIVe corps d'armée allemand et à son chef le général de Werder, le peuple badois reconnaissant », ne signifie sans doute pas que les Fribourgeois voulurent glorifier le général qui bombarda Strasbourg avec tant d'entrain et cribla d'obus sa merveilleuse cathédrale. *Fribourg-en-Brisgau*, ancien fief des Habsbourg et capitale de l'Autriche antérieure; pris par les Français, fortifié par Vauban (1677) et rendu à la paix de Ryswick; emporté de nouveau par Villars (1713) et rendu encore; pour la troisième fois pris et démantelé en 1745 et restitué par la paix d'Aix-la-Chapelle (1748), garde sans doute le souvenir de si rudes assauts. La paix de Presbourg l'a donné au grand-duché de *Bade* (1806); son fondateur fut *Berthold de Zœhringen* vers la fin du XIe siècle. On a élevé une statue au successeur de ce prince, Berthold III, le « législateur de Fribourg », non loin d'une vieille *fontaine* gothique, qui donne à la Kaiserstrasse un caractère tout à fait archaïque et original. La massive porte *Saint-Martin* ouvre l'extrémité de cette rue. Outre sa belle *cathédrale* gothique en grès rouge (125 mètres de long), *Fribourg* possède encore beaucoup de vieilles maisons intéressantes; un *hôtel de ville* aux murs peints à fresque, le *Kaufhaus*, charmant édifice du XVe siècle,

VUE GÉNÉRALE DE TRIBERG.

FORÊT NOIRE — BADE

VIEUX CHATEAU DE BADEN-BADEN.
Phot. Salzer.

dont la façade à colonnes est ornée d'un balcon flanqué de légères tourelles. L'*Université* de Fribourg, fondée au xve siècle, compte encore un millier d'étudiants. L'industrie de la ville est active (soieries, cotonnades, poteries, boutons, machines); les environs sont charmants: on a, du *Schlossberg*, une vue comparable à celle qui se déroule au pied du vieux château de Heidelberg (61,513 habitants).

Fribourg est la clef de la *Dreisam* et de la voie ferrée qui conduit par sa vallée jusqu'à *Neustadt*, avec prolongement routier sur *Donaueschingen*, tête du *Danube*. Après la pente qui monte abrupte de la plaine du Rhin, le chemin, à la hauteur du *Titi-See*, ne présente plus d'obstacles. C'est, en effet, un caractère commun à toute cette chaîne forestière que la fusion des hauts sommets avec l'empâtement des terres élevées qu'ils soutiennent à l'est. La frontière, de la *montagne* au *plateau*, est incertaine : sur ces hautes terrasses, les cours d'eau enchevêtrent leurs sources, coulant les uns vers le Rhin comme la *Kinzig* et la *Murg*, le *Neckar* qui s'incline par un long détour au revers des monts; les autres, comme la *Brege* ou la *Brigach*, rivières mères du *Danube*, qui plongent autour du *Kesselberg* et au cœur même de la Forêt Noire, au-devant de l'*Elz* et de la *Kinzig*, tributaires de la plaine rhénane. La vallée de la *Gutach*, affluent de gauche de la Kinzig, est opposée à celle de la *Brigach*; par là passe la grande ligne transversale de la Forêt Noire qui conduit, de *Strasbourg* à *Donaueschingen* avec *Hornberg* et *Triberg* pour étapes dans les hautes montagnes, *Villingen* sur le plateau. A gauche, des massifs encore assez élevés rivaux du Feldberg (*Kandel, Rohrhardts, Hünersedel* que découpe l'Elz); à droite le *Mooswald*, le *Kniebis*, la *Hornisgrinde* (1,166 m.), sommet culminant de la **Forêt Noire inférieure**, dans le triangle que forment la *Kinzig* et le *Murg*.

ALLEMAGNE.

DANS LA VALLÉE DE L'*ELZ*.
Phot. Robeke.

Le *Kniebis* (973 mètres), limitrophe du plateau que jalonne *Freudenstadt*, domine un éventail de rivières : la *Murg*, la *Rench*, la *Wolfack*, affluent de droite de la *Kinzig*. On montre aux environs les restes d'une ancienne redoute construite par les Württembergeois (*Schwedenschanze*) pour garder le passage. Non loin de là, près de la *Hornisgrinde*, le petit lac *Mummel-See* (altitude 1,032 mètres) s'étale dans une cuvette profonde; aucun poisson ne vit, dit-on, sous cette sombre nappe, le brouillard règne sur ses bords et lorsque souffle la tempête, on entend, disent les gens du pays, des murmures confus, comme des voix souterraines : ce sont les *ondines*, gardiennes des eaux thermales voisines, *Rippoldsau, Griesbach, Petersthal, Antogast*. Par les belles nuits d'été, leurs rondes joyeuses se déroulent à la clarté de la lune sur les rives du lac mystérieux. *Rippoldsau* est le mieux organisé des bains du Kniebis; ses eaux riches en bicarbonate de chaux, carbonate de fer, avec un peu de sulfate de soude, conviennent aux anémiques. Mais on vient surtout au Kniebis pour y respirer l'air salutaire des sapins et explorer les pittoresques vallées voisines.

La *Kinzig* et la *Rench* sont riches d'aspects variés, gracieux ou sévères; mais il faut quitter les sentiers battus, pénétrer les vallons reculés pour goûter le mystère des bois. Là se réfugient parmi les érables, les *lutins* amis du forestier qui les honore; les *sylvains* gardiens des eaux, dont la douce voix murmure, pareille « au souffle joyeux du printemps ». De tous côtés, les torrents, les cascades et jusque dans les coins les plus reculés le spectacle de l'activité humaine, mêlée au mouvement d'une exubérante nature. Quelle surprise, au détour du bois, dans des prairies inconnues, de rencontrer à côté des *scieries* bourdonnantes, les huttes des *verriers*, les *fonderies*, les cabanes à *résine*, et ces maisons originales de la Forêt, balcons extérieurs et toits surbaissés, où pendant les loisirs du long hiver on découpe patiemment ces petits chefs-d'œuvre d'*horlogerie* que *Furtwangen*, *Freudenstadt*, *Triberg*, *Villingen* (orgues mécaniques) expédient dans toutes les parties du monde. La Forêt Noire *badoise* fabrique annuellement 2 millions 200,000 horloges et pendules, pour une valeur de 20 millions; la Forêt Noire *wurttembergeoise* n'atteint qu'à 15 millions.

Triberg n'est pas seulement un point dominant sur la grande ligne ferrée *transversale* de la Forêt; on y voit comme un résumé de l'industrie et des beautés naturelles du pays. Sa cascade formée par le *Fallbach* tombe en sept étages, d'une hauteur de 180 mètres, sur des blocs de granit; les hauts sapins qui l'enveloppent sous une fine rosée, lui donnent un grand attrait pittoresque. On visite à *Triberg* un musée permanent, où sont exposés les spécimens variés des horloges du pays : le *coucou*, le *trompeter*, les clochettes, les orgues mécaniques à tuyaux. Au-dessous de Triberg, les femmes de *Schapbach* et de *Hornberg* conservent leur ancien costume : jupes noires, corsages verts, larges chapeaux ornés de rosettes en laine rouge, pour les jeunes filles, noires pour les autres; de rutilants gilets, de larges habits, voilà pour les hommes. C'est un tableau inattendu, une surprise assez rare en ce temps de banal universel.

VALLÉE DE LA MURG : PRODUITS DU SOL ET DE L'INDUSTRIE.

Dans la région des sources de la *Murg*, les cascades de *Büttenstein* (Gründenbach) au-dessous des ruines d'*Allerheiligen*, présentent un site remarquable. On vante particulièrement la *vallée de la* **Murg**. La rivière se forme de deux ruisseaux élevés (934 mètres), la Rouge et la Blanche Murg. Tantôt aimable et discrète, sauvage et grandiose, la vallée, quittant la solitude des hautes forêts, se développe, au-dessous

de *Schœnmünzach*, à travers les rochers pittoresques de grès bigarré ou les pentes de gneiss, bouillonne contre les blocs de granit qui encombrent ses rives et le cours des ruisseaux qu'elle entraîne par mille cascatelles, à travers *Forbach*, *Weissenbach*, *Eberstein* et *Gernsbach*, voisin de Baden-Baden. Villages et donjons, rocs altiers coiffés de sapins, collines adoucies qu'escaladent la vigne et le châtaignier, les panoramas les plus divers se succèdent, pour la joie de l'œil ravi. Mais les touristes de *Baden-Baden* et de *Heidelberg* ont fait à la vallée de la *Murg* une réputation spéciale de beauté, que d'autres vallées de la Forêt Noire, plus retirées, méritaient à aussi juste titre; l'*Arcadie badoise*, comme on appelle la vallée de la Murg, n'est pas seule, et ses sœurs ont seulement le tort d'être plus modestes.

Il se fait par la *Murg*, la *Rench*, la *Kinzig* et l'*Alb* un grand mouvement de **flottage** de bois. Les forêts du pays sont sa grande richesse : on évalue encore, malgré une exploitation incessante, à près de moitié de la superficie totale, les bois du grand-duché de Bade. Sur les pentes abruptes de la Forêt dirigées vers le Rhin, le glissage du bois, comme dans les Vosges, est impossible. Certains torrents trop rapides sont même impraticables pour le flottage : les autres servent au transport, grâce à des réservoirs supérieurs qui donnent à la poussée des eaux la force et la continuité nécessaires. C'est par la *Kinzig*, que descendent à *Offenbourg* les grandes pièces de charpente et les poutres; le bois de chauffage, les planches, les troncs de sapin, suivent la *Murg* à *Gernsbach*. On réunit, sur le *Rhin*, les bois flottés en trains immenses, que des *mariniers-flotteurs* conduisent jusqu'en Hollande. Depuis des siècles, l'exploitation du bois est partagée entre de vieilles sociétés dont les membres, les *schiffer*, possèdent des scieries, des bûcherons, des gardes et des flotteurs particuliers; les bénéfices sont répartis entre les sociétaires.

On connaît peu la mendicité dans la Forêt Noire : car, outre les **produits** naturels du sol (*carrières de gypse, marne et ciment, argiles réfractaires et sables à verreries, sources minérales, forêts*), les vallées offrent une végétation luxuriante et produisent des *céréales* (avoine, orge, froment, pommes de terre), des *fruits*, dont il s'exporte de grandes quantités dans le voisinage (pommes, poires, prunes, pêches, cerises). On trouve des bois entiers de noisetiers, de châtaigniers, de noyers. Les *vignobles* donnent des crus appréciés, dits *Markgräfler*, *Affenthaler* rouge, *Klingenberger* blanc; produits de Constance; surtout ceux d'*Ortenau* et du *Kaiserstuhl*. La superficie du vignoble badois est d'environ 20,000 hectares.

Le *tabac* de Bade passe pour le meilleur de l'Allemagne (Mannheim, Ladenbourg). Enfin, la *pêche* dans les torrents et les rivières, la *chasse* en forêt,

L'OOS, RUISSEAU DE BADEN.

GERNSBACH, PRÈS BADEN.

l'*élevage* des prairies basses et des plateaux fournissent des revenus importants.

La *Murg* débouche dans le Rhin au-dessous de *Rastatt*, petite ville qui fixa l'attention du monde quand Villars et le prince Eugène de Savoie y discutaient, à grand éclat, les conditions de la paix qui termina la longue guerre pour la succession d'Espagne, entre la France et l'empire. Rastatt rappelle un souvenir tragique : à 800 mètres de la ville, les commissaires français venus au congrès de 1797-1799 furent assassinés par des hussards autrichiens. En retour de Rastatt, son poste avancé du côté du Rhin, *Pforzheim* est assis au confluent de trois rivières, affluents du Neckar, et commande la contrée largement ouverte sous les derniers talus de la Forêt. L'industrie de Pforzheim est active : outre les objets de *bijouterie* à bon marché, l'on y travaille les *cuirs* pour l'exportation, comme à Lahr et Weinheim; aux environs, de nombreuses fabriques de *papier*.

Bien que le pays de Bade soit essentiellement agricole et forestier, son

VUE GÉNÉRALE DE BADEN.
Phot. Solzer.

industrie a pris un grand développement: fabriques de *machines* à Karlsruhe, Heidelberg; articles *acier*, *aiguilles*, à Ladenbourg, Saint-Blasien; *colonnades* de Constance, Saint-Blasien, Schopfheim; *soieries* de Fribourg, Saeckingen, Lichtenau; *sucre de betteraves* à Waghäusel; enfin *chapeaux de paille* fabriqués par les femmes de la montagne, à côté des horloges, des bois sculptés... La *bière*, cela se devine, provoque à souhait la culture du *houblon*; nombreuses sont les distilleries de *kirsch* et d'*alcool*.

BADEN-BADEN : LA CAPITALE, LE GOUVERNEMENT.

Sur la gauche de *Gernsbach*, un rideau de montagnes abrite Baden-Baden, dans le coquet vallon de l'*Oos*, affluent de la Murg. Pauvre cours d'eau que l'Oos; encore l'a-t-on canalisé en partie et couvert de ponts en treillis qui lui enlèvent tout caractère pittoresque : c'est un ruisseau civilisé. **Baden-Baden** est moins une grande ville qu'une villégiature à la mode : durant la belle saison, sa population augmente de 50,000 habitants, hôtes de passage pour la plupart, souvent même hôtes d'un jour. Les *sources thermales et minérales* ont fait la fortune de Baden ; il n'y en a pas moins de vingt (température variable, de 54 à 69°), qui fournissent un débit de 770 mètres cubes par jour. La plus riche des sources, la *Ursprung*, alimente le principal établissement de bains ou *Friedrichsbad*, bel édifice Renaissance construit en grès rouge et blanc (1869-1877), orné de médaillons et de statues. Tout y est remarquablement installé : bains d'eau froide, d'eau chaude, de vapeur, douches, natation, électricité, massage, etc.

Le rendez-vous des buveurs est à la *Trinkhalle*, qui dresse son portique à colonnes sur la rive gauche de l'Oos. Tout près, la *Conversationshaus*, aux salles magnifiquement décorées par des artistes français, donne des fêtes et des concerts. Le *théâtre* est voisin, ainsi que l'exposition artistique permanente de la *Kunsthalle*. Tout ce quartier de la rive gauche est fort animé; l'allée de *Lichtenthal* y attire les promeneurs par ses beaux ombrages de chênes, d'érables et de tilleuls, que bordent fort loin les massifs de fleurs et les jardins des villas. C'est le chemin suivi pour les excursions au couvent de *Lichtenthal*, à l'établissement de pisciculture de *Gaisbach* ou vers la cascade du Grobbach (Gerolsau). Si l'on veut, le chemin monte à gauche par *Müllenbach* au mont Mercure (672 mètres), ainsi nommé d'une pierre votive qu'on y a trouvée, avec une dédicace en l'honneur de ce dieu. Plus haut, les ruines d'*Eberstein* rappellent une gracieuse légende. Enfin, par delà des *rochers* porphyriques aux formations étranges, les épaisses murailles de l'antique donjon de Bade, *Hohenbaden*, résidence des margraves pendant trois siècles (du XII° à la fin du XV°), défient encore la morsure du temps. La tour du donjon domine, d'un contrefort du *Battert*, à 400 mètres d'altitude, au loin, la plaine et le Rhin; au pied, la belle vallée de Bade.

Une route sinueuse descend, sous le couvert de la hautaine forêt, jusqu'au *nouveau Château*, demeure du grand-duc pendant l'été. De là, bien que le château soit à mi-côte, la vue est encore belle; l'*église paroissiale*, où reposent, sous le chœur, les margraves catholiques; l'*Hôtel de ville*; le marché; la *Sophienstrasse* plantée comme un boulevard; le *pont Léopold*, enfin les *édifices* de la rive gauche, tout cela disséminé dans un cadre verdoyant qui monte par degrés jusqu'aux buées lointaines, forme un tableau ravissant de fraîcheur et de vie.

La prospérité de *Baden-Baden* est relativement récente, bien que les Romains aient connu l'efficacité de ses eaux et lui aient donné, avec le nom de *Civitas Aurelia Aquensis* (en l'honneur d'Aurélien Alexandre Sévère), le privilège réservé aux grandes cités comme Lyon, Autun, Rome, de posséder une de ces *bornes milliaires* qui servaient de départ au calcul des distances, le long des anciennes voies romaines. L'ancien château lui-même est construit sur les ruines d'un fort romain; de nombreux restes de murs urbains disparus, des autels *funéraires*, des pièces de monnaie ont été retrouvés un peu de tous côtés.

Quand la ligne frontière de Rome céda sous la poussée barbare, les anciens peuples *celtique* et *gaulois*, habitants du sol, furent submergés dans le flot des *Allemani*. Plus tard, Charlemagne institua un duc de *Souabe* ou d'*Allemanie* sur toute la plaine du Rhin moyen, jusqu'aux Vosges. L'autonomie féodale du pays de Bade ne se dégagea confusément que vers le milieu du XIᵉ siècle sous un *margrave* ou comte de frontière, de la famille de *Zähringen*, dont la branche actuelle de *Bade Durlach* est héritière. La fortune de Napoléon fut profitable aux ducs de Bade : ils lui doivent les domaines du Palatinat situés à droite du Rhin (Heidelberg), et après leur adhésion à la Confédération du Rhin (1806), de nouveaux territoires au nord du lac de Constance, ainsi que le titre de *grand-duc*. Plus heureux que d'autres princes, ils gardèrent en 1814 ce qu'ils avaient reçu, si bien qu'au lieu d'un État insignifiant comprenant *Baden* et *Karlsruhe* avec des parcelles dispersées, les souverains de Bade gouvernent aujourd'hui un *territoire* cinq fois plus grand qu'autrefois. *Superficie :* 15,263 kilomètres carrés ; 1,725,500 *habitants*. La prospérité de *Baden-Baden* a suivi celle de l'État; l'on n'y comptait encore que 2,500 visiteurs en 1815; un demi-siècle a deux fois décuplé ce nombre. Malgré les souvenirs de la dernière guerre (1870-71) qui tiennent éloignée la clientèle française, et la suppression des jeux en 1872, la beauté du site, l'efficacité des eaux, les courses, attirent encore à Bade une grande affluence de toutes les parties de l'Europe. Toutes les langues, tous les cultes s'y rencontrent dans les divers temples : églises catholiques, temples protestants, églises anglicane, russe, grecque. *Baden-Baden* ne perd point tous ses hôtes durant l'hiver : c'est encore, en cette saison, une ville de 15 à 16,000 habitants.

BAINS FRÉDÉRIC, A BADE.

La capitale, Karlsruhe.

— Ceux que séduit la prétentieuse uniformité de longues rues disposées en éventail au-devant d'un château central doivent s'arrêter à *Karlsruhe* : ils y trouveront un exemplaire assez réussi de cet idéal. La ville est d'hier, fondée en 1715 par le margrave *Charles-Guillaume de Durlach*, à 10 kilomètres du Rhin et sur la lisière de la forêt du Hardt. Elle porte honorablement son titre de capitale, sans n'en attendez point de grande surprise, hormis celle de voir en raccourci la grande rue *Charles-Frédéric* où défilent : un *obélisque* en l'honneur du grand-duc Charles, fondateur de la Constitution, l'*Exposition industrielle*, l'*Hôtel de ville* sur la place du Marché; la *statue* du grand-duc Louis; une pyramide à l'intersection de la Kaiserstrasse; enfin, groupés dans un rayon peu étendu : le *théâtre*, l'*Académie* (tableaux de Holbein, L. Cranach, A. Carrache, L. di Credi, Overbeck, Bayer, Lessing), le beau palais des *Collections réunies* (antiquités, armures) sur la place Frédéric; à gauche le *palais de justice*, la *Monnaie*, l'*École des Beaux-Arts*; à droite l'*École polytechnique*. Tout le bagage d'une grande ville moderne trouve place d'après un plan nettement défini. D'ailleurs, les promenades ne manquent pas dans les jardins du grand-duc et la forêt à laquelle est adossée la Résidence. *Karlsruhe*, sans le château, serait incompréhensible : de toutes les rues paraît, comme au bout de longues vues concentriques, le développement de ses trois ordres d'architecture (1754-1756), que surmonte une tour élevée de 45 mètres, dite *Tour de plomb*, phare de la capitale.

Une ville aussi bien ordonnée formait un cadre favorable au développement *industriel* : locomotives, wagons, verres, gants, doublé or et argent, maroquinerie, produits chimiques, cigares, meubles, poterie, instruments de musique, quincaillerie, tout cela s'y fabrique, sans compter l'ennui, pour

CHATEAU ET STATUE DU GRAND-DUC CHARLES-FRÉDÉRIC, A KARLSRUHE.

ceux que ne retiennent point en ce lieu les liens de la famille et de l'intérêt ou le goût du convenu. *Karlsruhe* (96,976 habitants) n'est pas très loin de Baden-Baden; c'est son excuse.

Le gouvernement de *Bade* est une monarchie constitutionnelle héréditaire. Constitution du 22 août 1818. Le grand-duc partage le pouvoir législatif avec les états : une *première Chambre* qui comprend les princes de la maison grand-ducale, les seigneurs médiatisés, l'archevêque de Fribourg et un prélat évangélique, 8 représentants des territoires seigneuriaux élus pour huit ans, 2 représentants des Universités et plusieurs membres (8 au plus) désignés par le grand-duc; une *seconde Chambre* qui compte 63 députés; 43 nommés par les districts ruraux et 20 par 13 villes, tous élus par le suffrage à deux degrés pour quatre ans et renouvelés par moitié, tous les deux ans. Pour être *électeur* il faut avoir vingt-cinq ans; trente pour être *éligible*. Les *Chambres* se réunissent tous les deux ans.

VUE PRISE DU CHATEAU DE HEIDELBERG. Phot. Lange.

Les organes du gouvernement sont : le *ministère d'État*, que préside le grand-duc (cour de cassation); le ministère de la *maison grand-ducale et des Affaires étrangères*, duquel dépendent les légations badoises à Berlin, Munich, Stuttgart, et la direction des chemins de fer; le *ministère de la Justice, des Cultes et de l'Instruction publique*. — 60 justices de bailliages, sept tribunaux et le Tribunal supérieur de Karlsruhe, administrent la justice. Par exception, les deux Universités de Fribourg et de Heidelberg relèvent directement du ministre, ainsi que l'École polytechnique de Karlsruhe. Les cultes se partagent 1,057,417 catholiques, 637,604 protestants, 25,903 israélites. Du *ministère de l'Intérieur* dépendent quatre circonscriptions (*Bezirke*) : Constance, Fribourg, Karlsruhe, Mannheim; 11 cercles (*Kreise*), 52 bailliages. Le ministère des *Finances* administre l'impôt, les douanes, l'amortissement, le domaine. Le *budget* est de 103 millions de francs; la *dette* de 466 millions 710,000 francs, provenant surtout des chemins de fer.

COMMUNICATIONS.

Au débouché des montagnes dans la plaine, *Karlsruhe* est à portée du Rhin et au centre de la grande ligne ferrée qui conduit, par la rive droite du fleuve, de *Bâle* à *Francfort-Mayence*, en rangeant la base de la Forêt et les talus de l'Odenwald. Toutes les localités qui prennent jour sur le Rhin à l'entrée des défilés de montagne sont ainsi réunies entre elles et avec la capitale : *Mulheim* (embranchement sur Mulhouse); *Fribourg*, sur la Dreisam, affluent de l'Elz (embranchement sur Colmar); *Lahr*, sur la Schutter; *Offenbourg*, sur la Kinzig (embranchement d'Appenweier sur Kehl-Strasbourg); *Achern*, à une demi-heure de *Sasbach*, où un obélisque de granit, haut de 12 mètres, conserve la mémoire de Turenne tué en cet endroit le 27 juillet 1675; *Oos* (voie de Baden-Baden); *Rastatt*; enfin *Karlsruhe* et sur la droite *Durlach* (berceau de la famille régnante). Vers le nord, la capitale badoise communique avec *Heidelberg* et *Mannheim*, son port sur le Rhin, au débouché du Neckar; *Darmstadt*, chef-lieu du grand-duché de Hesse; enfin *Mayence* et *Francfort*.

Heidelberg, l'une des villes d'Allemagne le plus joliment situées, domine le Neckar à sa sortie des montagnes. Le vieux château qui la surplombe, fut créé au XIIIᵉ siècle, par les *comtes palatins*, électeurs du Saint-Empire, qui abandonnèrent pour lui le donjon de *Stahleck* sur le Rhin. Cinq siècles durant, ce château leur servit de résidence; Robert Iᵉʳ, Frédéric le Victorieux, Othon-Henri, Frédéric V le pourvurent successivement de solides défenses et l'embellirent de nouvelles constructions. En 1688, les troupes du général français Mélac le firent sauter, avant de battre en retraite et quatre ans après, le maréchal de Lorges le dévastait avec la ville.

Il faut détester cette guerre du Palatinat qui accumula tant de ruines; mais ce qui reste du *château* de Heidelberg en fait encore un objet d'étonnement. Les visiteurs y affluent de tous les points de l'Allemagne et du monde; c'est une richesse pour *Heidelberg*. Du château de Saint-Cloud, les canons allemands ne nous ont même pas laissé de belles ruines, mais à

LE TONNEAU DE HEIDELBERG. Phot. Lange.

ALLEMAGNE. 8.

COUR DU CHATEAU DE HEIDELBERG.

peine des débris informes. Les Français d'ailleurs n'ont point fait tout le mal à Heidelberg. Après eux, la foudre a renversé et incendié ce qui restait debout. Mais avant leur passage, la guerre de Trente ans avait fait son œuvre; de la ville prise d'assaut par Tilly (1622), une seule maison reste encore debout, celle qui est connue aujourd'hui sous le nom de *Ritter*; l'œuvre de destruction était, on le voit, fort avancée.

Tel qu'il est, le *château de Heidelberg* a fort grand air. Sur la droite, en entrant, un puits dresse sa voûte couronnée de feuillage sur des colonnes de granit apportées du palais de Charlemagne, à Ingelheim. En face, une grande construction (*Friedrichsbau*) à quatre étages (dorique, toscan, ionique, corinthien) heureusement proportionnés. Tout près à droite, et ne faisant qu'un corps de palais avec le bâtiment précédent, le *Otto-Heinrichsbau*, superbe, édifice à trois étages, richement décoré, élève sur un double perron sa porte appuyée de cariatides : les statues de la façade sont de cet édifice le plus beau travail de la Renaissance allemande. On montre à gauche, dans les caves du *Ruprechtsbau*, construction gothique très simple, le fameux *tonneau de Heidelberg*, qui peut contenir 283,229 bouteilles. Le *Friedrichsbau* renferme un musée intéressant. Au dehors, la *Tour fendue* dont le bloc solide (murs épais de 6m,50) tint bon contre la poudre des Français; il n'en subsiste plus qu'une partie. Enfin, avant l'entrée même du château, la *porte Élisabeth*, sorte d'arc de triomphe élevé par Frédéric V en l'honneur de sa femme, fille de Jacques Ier d'Angleterre et petite-fille de Marie-Stuart. De la terrasse extérieure, suspendue à la façade du château au-dessus de la vallée, on jouit d'une vue incomparable sur les coteaux boisés du Neckar : le belvédère du *Heiligenberg*; le vieux *pont* et ses statues; plus loin, le nouveau pont; et tout le long du fleuve, la *ville* groupée en un long défilé sur le versant de la montagne avec les flèches de ses *églises*; l'*Université* six fois séculaire, l'une des plus illustres d'Allemagne au XVIe siècle (un millier d'étudiants, jurisprudence, bibliothèque); à l'horizon lointain, le ruban argenté du fleuve qui multiplie ses détours à travers la campagne jusqu'à *Mannheim* : tel est ce panorama merveilleux. L'*industrie* de la ville s'est développée (manufactures de tabac, produits chimiques, instruments de précision, lainages, cuirs). *Mannheim* est le port de *Heidelberg* et du grand-duché de Bade sur le Rhin.

Mannheim (140,384 habitants, rec. 1900) est une ville américaine en Allemagne. Ses rues, coupées à angle droit, forment cent dix carrés, tous de même grandeur et n'ayant d'autre perspective, du côté du Rhin, que par le château et les jardins qui l'entourent. La ville date de 1608 et fut fondée par l'électeur palatin *Frédéric IV*. — *Charles-Philippe* abandonna pour se fixer ici sa résidence de Heidelberg (1721). Charles-Théodore quitta *Mannheim* pour Munich, en 1778. Un *château* à visiter (musées); le *théâtre* avec une statue de *Schiller*, dont les premières pièces (*les Brigands*) furent jouées ici : *Mannheim* ne pouvait moins pour les passants égarés dans ce paradis de l'industrie.

Mannheim ne compte pas moins de 350 établissements industriels : fabriques de produits chimiques et de machines, manufactures de cigares, raffineries, brasseries, bijouterie, glaces (Saint-Gobain) à 5 kilomètres de la ville (*Kœferthal*). C'est une des premières places marchandes du Rhin; houblon, bois, tabacs, grains, etc., s'y expédient, en échange du charbon, du café, des vins, du pétrole. Le *port* de *Mannheim*, débouché de deux grandes régions, est double, à la fois sur le Rhin et le Neckar : un beau pont suspendu traverse cette rivière; un autre porte les piétons et les trains à *Ludwigshafen*, sur la rive gauche du Rhin.

Mannheim et *Heidelberg* sont villes badoises depuis un siècle; leur acquisition a été précieuse pour le grand-duché; par là, en effet, il commande le cours inférieur du *Neckar* et le point de départ de la grande navigation sur le *Rhin*. Rien de plus bizarre que la *frontière de Bade* en son irrégularité voulue. Après le *Neckar inférieur*, elle touche le *Main* moyen à la hauteur de Würzbourg, par l'embouchure de la Tauber à *Wertheim*. La *Murg*, grande route de ses montagnes, ne lui appartient pas tout

AILE OTHON-HENRI AU CHATEAU DE HEIDELBERG.

entière ; près de *Gernsbach*, à deux pas de Baden, elle affleure le *Württemberg*, qui en possède la source, ainsi que celle de la *Kinzig*. En revanche, la *Brigach* et la *Brege*, artères premières du *Danube*, appartiennent à Bade, ainsi que la source adventice « Donau » (1), qui sourd d'un clair bassin au pied du château des *Fürstenberg* à *Donaueschingen* (678 mètres d'altitude). Mais à peine né en territoire badois, le Danube s'en écarte, à 25 kilomètres de là, traverse un angle du *Württemberg*, refait en *terre badoise* une douzaine de kilomètres, coupe la petite principauté de *Hohenzollern-Sigmaringen*, pour revenir encore au *Württemberg* et gagner la *Bavière*.

Dans ce partage des fleuves, la part de *Bade* est assez belle, mais il importe surtout à sa prospérité de posséder outre la rive droite du Rhin (sauf quelques enclaves de montagnes), les passages qui conduisent de ce grand *fleuve* au *Danube* : routes de la *Dreisam*, de la *Kinzig* et de la *Murg*, convergeant de *Rastatt*-*Karlsruhe*, *Offenbourg* (Strasbourg), *Fribourg* (Colmar), vers le même point central et dominant de *Donaueschingen*. Le port du grand lac rhénan, *Constance*, et la tête de la grande navigation sur le fleuve *Mannheim*, sont sous la dépendance de *Bade* ; et par là paraît clairement le rôle de ce petit État : il barre, en le conservant pour lui-même, la communication du *Rhin* moyen au *Württemberg* et à la *Bavière*.

Mais son ancienne situation d'État frontière l'exposant à trop de hasards, le *grand-duché de Bade* fut des premiers à se ranger sous les drapeaux de la Prusse victorieuse à Sadowa, et à réclamer, dès le début de la guerre de 1870, *l'annexion de l'Alsace* (2 septembre).

Son adhésion à la *Confédération de l'Allemagne du Nord*, pour la fondation de l'*empire allemand*, date du 15 novembre 1870. Il y a doublement gagné : des alliés d'abord sur sa frontière incertaine de l'est, puis une sérieuse barrière d'avant-garde sur la rive gauche du Rhin, par l'annexion du pays jusqu'aux Vosges.

Bade n'a plus à craindre, semble-t-il, le contact immédiat de ses voisins de l'ouest. Il fournit à l'*armée impériale* : neuf régiments d'infanterie, trois de dragons, cinq régiments d'artillerie de campagne, un bataillon de pionniers, un du train, un régiment d'artillerie à pied ; tout cela formant partie intégrante du XIV° corps d'armée. *Bade* a trois voix dans le *Conseil fédéral*, et envoie quatorze députés au *Reichstag*.

OUVRAGES A CONSULTER : Bock : *Statistique de Wurtemberg pour Bade*. — *Das badische Land oder Badische Heimatskunde* (Karlsruhe). — Wilhelm Jensen : *La Forêt Noire* (pays et habitants), (Leipzig, en allemand). — Weech : *Histoire de Bade*, jusqu'à son adhésion à l'empire allemand.

(1) Dans le pays, on ne donne le nom de Danube qu'au cours d'eau formé par cette source, réunie avec la Brege et la Brigach.

CHATEAU DE HEIDELBERG : LA TOUR FENDUE.

— Schnars : *Bade et environs* (Bade, 1891). — Adolph von OEchelhäuser : *Le Château de Heidelberg* (Heidelberg, all.) — *Carte de Souabe* au 1/100000, publiée à Paris en 1848, d'après les levés des ingénieurs français ; *Carte spéciale du grand-duché*, publiée par le génie badois, au 1/50000 et réduction à 1/200000 ou au 1/400000.

LE NECKAR ET LE ROYAUME DE WÜRTTEMBERG

Adossées aux sommets de la *Forêt Noire*, et arc-boutées d'autre part sur l'épais bourrelet du *Jura souabe*, les hautes terres du Württemberg descendent avec le *Neckar*, par une succession de plateaux et de plaines, vers la grande trouée ouverte entre les dernières terrasses de la Forêt et celles de l'Odenwald sur la vallée du Rhin. C'est une région distincte, originale et faite pour recevoir un peuple, mais non un pays isolé du voisinage. Outre la grande vallée du *Neckar*, et les vallons de la Forêt Noire sur le Rhin, des dépressions et des cluses ouvertes à travers le rempart du Jura lui donnent jour, au sud, vers le lac de *Constance* et le *Danube*.

Le Jura souabe. — Il y a complète analogie de nature entre le *Jura souabe* et le *Jura franco-suisse* ; l'un forme le prolongement de l'autre. Mais sous l'éperon arrondi du *Feldberg*, qui noue au sud le *Schwarzwald* au-dessus de Bâle, les plissements du Jura franco-suisse, déviant de leur direction primitive, se sont infléchis à l'est et, coupant le Rhin de plusieurs seuils (*Laufen*), se sont redressés au-dessus du Danube naissant en un faisceau compact désigné sous plusieurs noms : *Heuberg*, *Alpes de Hohenzollern*, *Rauhe Alp*, *Albuch*, *Härtfeld*. Là se termine, au-dessus de la coupure de la *Wærnitz*, la masse principale du soulèvement, par la *Rauhe-Wanne* (615 mètres). L'altitude initiale est bien plus considérable. Mais il est remarquable que la suture de

LE PONT DU *NECKAR*, A MANNHEIM.

Phot. Mertens.

jonction du *Jura souabe* avec les croupes extrêmes du Schwarzwald a déterminé un affaissement du plateau, comme sous l'effort d'une énorme pression (1). De cette haute région déprimée, la *Baar*, découlent : au sud le *Danube*; au nord, le *Neckar*; et par là aussi passe la voie ferrée de *Stuttgart* à *Schaffouse* sur le Rhin, par Rottweil, Donaueschingen; et de *Stuttgart*, par Rottweil à *Tuttlingen*, sur le Danube. A l'autre extrémité du soulèvement, une double cluse jurassique ouvre encore la route de *Stuttgart* à *Ulm* par *Gmünd* ou *Göppingen*; et de *Ulm* par delà le Danube, vers *Friedrichshafen*, port du Württemberg sur le lac de Constance.

La plus épaisse masse du *Jura souabe* est constituée par l'empâtement de la **Rauhe-Alp**, région de hauts plateaux dont les pentes descendent en mamelons allongés, du côté du Danube. C'est un rude pays, sur la hauteur : on l'appelle *Apre-mont* (Rauhe-Alp); la roche y perce au milieu d'un guzon chétif, semé de rares arbrisseaux. Point d'abri contre les morsures de l'hiver. Sur un sol avare, végète, dans des villages clairsemés, une race dure, authentique descendance de l'ancien peuple des *Suèves*, que l'âpreté même de leur pays préserva de la con-

PORTE DU CHATEAU, A TÜBINGEN.   Phot. Mertens.

fusion et du mélange des invasions. Au contraire de notre Jura, qui domine à droite la plaine suisse; le *Jura souabe* a renversé ses escarpements vers le nord : on dirait une vague tordue dont la crête, en déferlant, s'est brisée au-dessus du Württemberg. Dans cette muraille, les eaux ont découpé des promontoires élevés, dont quelques-uns tenant à peine par quelque arête au corps de la montagne s'avancent jusque dans la plaine, côte à côte, avec le verdoyant sillon des vallées.

Sur ce rebord septentrional du Jura, culminent les hauts sommets : le *Oberhohenberg* (1,010 mètres), qui marque le redressement des montagnes à droite de Rottweil et de la coulée du Danube; puis le *Kornbühl* (887 mètres); le *Rossberg* (873 mètres), le *Ahlsberg* (827 mètres), au-dessus de Reutlingen et de la riante vallée de l'*Echaz*, qui conduit par Honau jusqu'à *Lichtenstein*. Merveilleuse silhouette que ce hardi manoir, nid d'aigle enraciné sur les vives arêtes d'un rocher sauvage. Les flancs de la montagne voisine recèlent des grottes merveilleuses : la *Nebelhoehle*, l'*Olgahoehle* (Honau), la *Karlshoehle*, dont les stalactites, brillantes encore sous leur manteau de fumée amassée par les torches, semblent de fines colonnettes ou de riches dentelles de pierres suspendues pour la demeure de quelque divinité souterraine. Rien n'y rappelle les hautes coupoles, les châteaux forts, les montagnes de pierre, les vastes horizons qui se déroulent à travers les grottes d'*Adelsberg*; ou encore le merveilleux enchevêtrement des salles, des couloirs, des précipices, creusés par les torrents qui roulent sous la voûte de nos *causses* et dans la région du Tarn.

Mais les cavernes du *Jura souabe* ont révélé d'autres mystères dans leurs retraites : le renne s'y réfugia, au temps de la pierre polie, parmi les hommes primitifs. On a retrouvé à *Boll*, sur la lisière de la plaine, des squelettes de grands reptiles de l'âge du lias; au *Klosterberg* (environs de *Steinheim* — ligne Aalen-Ulm) — par le travers de la masse jurassique, les géologues doivent de nombreuses variétés d'anciens coquillages. Comme une sorte de réservoir latent, le sol qui touche *Reutlingen* s'est imprégné d'huile minérale, résidu graisseux des animaux enfouis. Enfin, là où ronflent maintenant la vapeur et les usines, au centre même du pays, parmi les jardins et les champs cultivés qu'anime le tumulte de la capitale, Stuttgart-Cannstatt, le rhinocéros et le mammouth eurent autrefois leur repaire.

Au delà de Lichtenstein et des grottes de Honau, la fraîche vallée d'*Urach* égrène sa légère cascade (26 mètres), à côté du *Hohen Urach* (682 mètres) et des *Grüne Felsen* (rochers verts, 808 mètres). Puis s'ouvre le joli val de *Lenningen*, au pied des rochers de *Beuren* et du *Hohenneuffen* (732 mètres). Plus haut, le *Breitenstein* (810 mètres); le *Kornberg*; et de l'autre côté de la Fils, le belvédère du *Rechberg* (706 mètres), d'où un mince dos de rochers

---

(1) Quelques cotes d'altitude rendent cet affaissement sensible : *Donaueschingen* (678 mètres), source du Danube, et *Villingen* un peu au-dessus (704 mètres), sont inscrits dans un triangle marqué par le *Eichberg* (914 mètres), qui domine les talus appelés Randen, au-dessus de Schaffouse; le *Kesselberg* (1,026 mètres), sur le haut plateau; le *Oberhohenberg* (1,010 mètres), au seuil du Jura souabe.

LE NECKAR, A TÜBINGEN.   P. Joussot.

conduit au contrefort avancé du *Hohenstaufen* (683 mètres). Un vieux pan de mur, une chapelle, rien autre chose ne rappelle la puissante famille qui eut là son berceau; brillante, mais éphémère lignée, qui fournit six empereurs à l'Allemagne (1137-1254) et combattit avec *Frédéric Barberousse* (1152-1190) pour la domination de l'empire sur l'Italie, contre les défenseurs de l'indépendance nationale. On appelait *guelfes* les partisans du pape, et de l'Italie indépendante; *gibelins* ceux de l'empereur. Le château de *Waiblingen*, qui profilait ses hautes murailles non loin du Hohenstauffen, sur un promontoire avancé au-dessus de la plaine de *Cannstatt*, leur donnait son nom.

Sur un cône isolé en avant des montagnes, comme le *Teck* (774 mètres), à l'issue du val de Lenningen ou l'*Achalm* (706 mètres), à droite de Reutlingen, le château de **Hohenzollern**, dressé à l'extrémité occidentale du Jura souabe, contraste par sa hautaine splendeur avec les misérables ruines laissées par les *Hohenstaufen*. La hauteur qui porte le château est raide (866-853-845 mètres!), isolée au milieu de la plaine, et rappelle la fortune de la famille qui est aujourd'hui maîtresse de l'empire. De l'ancien manoir, il ne subsiste que la chapelle catholique; tout est moderne, refait à neuf (1850-1867), mais d'après l'antique. Bastions, tours de défense, murs soudés au rocher épais; rien n'y manque. Le génie militaire y a travaillé en même temps que les architectes : on dirait le château prêt à soutenir un siège (1). Il y a d'ailleurs une caserne à l'intérieur (ce qui est bien Hohenzollern) et à côté un restaurant (l'indispensable en Allemagne). Tout cela ne cadre guère avec les souvenirs : le tilleul du roi au milieu de la cour, la salle des comtes, celles des évêques, des empereurs; mais qu'importe? De là, planant sur la Souabe, le Danube et la Forêt Noire, le *burg* féodal guettait sa proie jusqu'à l'horizon lointain : « Du rocher à la mer » (*vom Fels zum Meer*), c'est la devise de la famille. Elle se comprend; mais il y a bien quelque ironie dans celle que Frédéric Ier de Hohenzollern, roi de Prusse, inscrivit plus tard sur la plaque de l'*Aigle noir* : *Suum cuique*, « à chacun le sien. »

BASSIN DU NECKAR :
COLLINES ET VALLÉES.

Entre les croupes boisées de la *Forêt Noire* et l'escarpement intérieur du *Jura allemand*, la **région souabe** ne présente point de fortes saillies, mais une heureuse diversité de plateaux, de plaines fertiles découpées en compartiments successifs par les mamelons qui s'avancent le long des divers affluents du Neckar, jusqu'au cours principal du fleuve. A droite, monte le *Schurwald*, détaché de la Rauhe Alp entre *Fils* et *Rems*, deux rivières sœurs, dont la première conduit de Stuttgart à Ulm par Göppingen. C'est d'un promontoire avancé du Schurwald que le château de *Würtneberg* (peut-être un ancien fort gaulois, comme *Virodunum*) vit jadis se grouper dans la plaine, au cœur même du pays, les tribus primitives qui l'habi-

MAISON SOUABE.

taient et se sont depuis fondues en un seul peuple. L'ancienne demeure féodale, reconstruite en 1825, est aujourd'hui remplacée par une église grecque.

Au delà de la *Rems* jusqu'à la coupure de la *Murr*, le **Welsheimerwald** présente une sorte de Forêt Noire en miniature. Enfin, deux rivières jumelles, de même longueur à peu près (180 kilomètres), la *Kocher* et la *Jagst*, enveloppent dans une courbe symétriquement développée : les *Elwangerberge* détachés de l'Alpe souabe et, intérieurement, les *Löwensteinerberge*, en amont de Heilbronn.

Sur la gauche, les rives du Neckar sont accidentées par le *Schanbuch* (583 mètres), dont les magnifiques hêtraies confinent au *Filder*, plateau extraordinairement fertile de 150 kilomètres carrés, voisin du *Bopser* (485 mètres) et de Stuttgart. Un seul grand affluent, l'*Enz*, apporte au Neckar le tribut du versant oriental de la Forêt Noire : il court d'abord suivant l'axe des montagnes jusqu'à *Wildbad* (eaux thermales chlorurées), atteint, en mugissant à travers les bois de sapins, *Pforzheim* et, après avoir rallié le contingent de la puissante *Nagold*, va se perdre dans le fleuve à Besigheim.

Le **Neckar** naît à 4 kilomètres de Villingen, dans cette haute région surbaissée de la *Baar*, d'où les eaux incertaines s'épanchent à la fois vers le Rhin et le Danube. Ce n'est d'abord qu'un insignifiant ruisseau, qui bavarde sur un lit de pierrailles. Passé *Schwenningen*, il fait tourner quelques moulins; à

PAYSAN SOUABE.

(1) Voy. page 39.

UNE RUE DE REUTLINGEN.

Rottweil, vieille cité libre, encore drapée de ses murailles, le *Neckar* est assez fort déjà pour entailler profondément le plateau qui l'enserre. D'une altitude moyenne de 698 mètres, il est tombé à 390 mètres, lorsqu'il atteint le coude de *Horb*. Ses eaux grondent, impétueuses, entre de hautes murailles, à 100 mètres de profondeur; c'est un vrai torrent. Mais il s'apaise, à mesure que la pente diminue : *Tübingen*, au confluent de l'*Ammer*, marque la fin de son cours supérieur et torrentiel.

Rien de mieux aménagé que le *cours moyen du Neckar* pour le plaisir des yeux. De parallèle qu'il était d'abord au Schwarzwald, le torrent s'en écarte à *Horb*, comme s'il voulait faire place à un nouveau fossé de drainage, la *Nagold*, qui égoutte les pentes forestières dans cette même direction. A *Plochingen*, nouveau détour du fleuve; il dévie au nord, va, vient par de nombreux méandres jusqu'aux terrasses de l'*Odenwald*, qui, à la hauteur d'*Eberbach*, le recourbent franchement à l'ouest vers le Rhin. *Heidelberg* marque le seuil du fleuve, des montagnes à la plaine. Mais toute cette partie de son cours inférieur appartient à Bade; le centre, au-dessus d'*Eberbach* jusqu'à *Tübingen*, et la source

CHATEAU DE LICHTENSTEIN.

elle-même du fleuve restent au Würtlemberg; ce n'est pas la région la moins belle ni la moins fertile.

On dirait le cours du *Neckar moyen* tracé par un ingénieux dessinateur de parcs, habile à découvrir des sites variés sur un petit espace, à dégager la perspective et à conduire le regard, des défilés à la plaine, et d'une plaine à l'autre, jusqu'au large horizon du Rhin. Ces contractions successives, sous la pression des collines adjacentes, mêlées d'élargissements épanouis à la rencontre des vallées latérales, constituent pour le Neckar une beauté et une richesse. Carrefours ouverts au travail et à la civilisation, les plaines ont attiré de divers points l'activité voisine dans l'artère principale et sont devenues, en même temps que de merveilleuses oasis de culture, des points de croisement naturels pour les routes et les chemins de fer, le centre du mouvement et de la vie du pays. Aussi est-ce là qu'on sont édifiées les cités maitresses : *Tübingen*, au débouché du Neckar supérieur; *Heilbronn*, à l'autre pôle du fleuve; au centre, *Stuttgart*, la capitale.

Tübingen est célèbre par son *Université*; les étudiants (un peu plus de 1,400) y forment la dixième partie de la population et l'*industrie* de la ville a surtout pour aliment l'imprimerie, la librairie, la fabrication des instruments de précision. C'est le premier duc de Würtlemberg, *Eberhard le Barbu*, qui fonda l'Université de Tübingen, en 1477; *Kepler, Hegel, Schelling* y furent élèves; *Mélanchthon*, professeur. Le poète *Uhland*, originaire de la cité, y fut à la fois professeur et étudiant : la maison qu'il habitait se voit encore à la tête du vieux pont, sur la rive gauche du *Neckar*. Toute la ville s'étage de ce côté au pied du *vieux château*, construit en 1535 par le duc Ulrich; quelques jardins resserrés contre les parois du rocher surplombent le fleuve de leur verdure; en face court une magnifique promenade de beaux arbres. Vue d'en bas, la masse du château est assez lourde; mais elle impose, au-dessus d'un large horizon. C'est maintenant un *Observatoire;* les vieux murs enferment encore des laboratoires et la *bibliothèque* universitaire (280,000 volumes). L'Université, l'une des plus riches d'Allemagne, compte sept facultés, dont les plus réputées sont celles de *médecine* et de *théologie*. Deux séminaires, l'un de théologie catholique, l'autre de théologie protestante; des musées d'archéologie et de paléontologie, des amphithéâtres, des collèges, etc., y sont adjoints. Le *palais universitaire* est en haut de la ville, hors la portée du Neckar; c'est un coin fort animé par le va-et-vient des étudiants; mais il s'en faut que les quartiers en bordure du fleuve soient

CASCADE DE URACH.

WILDBAD.

aussi noirs ou d'aspect aussi rétrograde que le répètent certains auteurs. Hormis la base immédiate du château, les coteaux avec leurs vignes et leurs villas parmi les bouquets d'arbres, ont l'aspect le plus riant.

La *vigne*, qui se montre au-dessous de Tübingen, ne quitte plus le fleuve jusqu'à **Heilbronn**, où ses massifs mêlés aux arbres et aux arbustes font une aimable parure à la « ville des fleurs ». *Heilbronn* veut dire « fontaine du salut ». Charlemagne lui aurait donné ce nom à cause d'une source minérale, tarie depuis, qui jaillissait sous l'autel même d'une église. Le site de *Heilbronn* est séduisant : son hôtel de ville ogival ; l'antique église de Saint-Kilian ; la haute tour rouge qui domine le pont du Neckar, y retiennent les touristes. Heilbronn est de plus une ville d'*industrie* (fabriques de machines, papeteries, bijouterie, sucre de betterave, etc.). Il y a, aux environs, des *carrières* et des *salines* importantes.

Les bateaux à vapeur remontent jusqu'à Heilbronn. Autrefois des remous et des rochers jetés en travers du Neckar par les massifs voisins arrêtaient la navigation ; le canal Guillaume a tourné l'obstacle et ouvert la voie du fleuve vers Cannstatt.

VUE GÉNÉRALE DE ESSLINGEN.

Produits du sol. — Le Württemberg n'a pas de houille ; mais les *tourbières* y sont nombreuses. On tire des *carrières* le marbre et la pierre à chaux presque partout, le grès en Forêt Noire, à Heidenheim l'argile céramique. Plusieurs *salines* sont exploitées par l'État : celles de Jagstfeld (sous Heilbronn), de Wilhelmsglück (cours moyen de la Kocher). C'est à peu près la seule richesse minérale du pays, avec le *fer*, qui se trouve aux environs de Freudenstadt (Forêt Noire) et sur le versant septentrional de la Rauhe Alp (Aalen, Wasseralfingen). Dans cette région, également, les *sources sulfureuses* de Reutlingen et de Boll, les *eaux acidulées* de Göppingen, enfin les *sources alcalines*

MUSÉE INDUSTRIEL, A STUTTGART.

de Wildbad (déjà cité) et de Liebenzell, dans la zone du Schwarzwald.

Le *sol* du Württemberg est en général fort bien cultivé et donne de gros produits ; près de la moitié appartient à la culture des *céréales* : froment, orge, seigle, pommes de terre, colza, chanvre, tabac, houblon, betterave. On exporte beaucoup de ces produits en Suisse et dans les pays montagneux du voisinage. Les *forêts* occupent 30 pour 100 du territoire ; certaines régions trop rocheuses ou arides, comme la Rauhe Alp, représentent 8 pour 100 de terres inutilisables. Le reste est soumis à une *culture* intensive, non pas tant par l'application de méthodes spéciales que par la division du travail ; car le *sol* est *très partagé*, pulvérisé même, au point que certains lopins de terre sont trop petits pour y tourner une charrue. La grande étendue des *biens communaux* en forêts et pâturages, les *associations agricoles* pour l'achat des semences, compensent chez les déshérités, l'insuffisance de leurs moyens de subsistance.

L'*élève du bétail* est développée, surtout celle des chevaux : d'Esslingen à Cannstatt, la *culture maraîchère* ; celle des *arbres fruitiers*, d'Esslingen à Heilbronn, qui exporte en grand les produits de ses pépinières et de ses vergers. Les *vignes* abondent sur les coteaux autour de *Cannstatt, Stuttgart, Felbach, Heilbronn, Laufen, Weinsberg*. Le vin est ordinaire et s'exporte peu. Vignoble : 21 500 hectares.

L'industrie. — *Esslingen*, un des principaux centres industriels du Württemberg, fabrique à la fois des *vins mousseux*, des lainages, des machines, des locomotives ; et il y a un contraste piquant entre ce mouvement de la vie moderne et les remparts du XIIIᵉ siècle qui couronnent encore la ville. Esslingen possède encore des *fonderies de fer*. Six autres établissements de ce genre appartiennent à l'État (Friedrichsthal, Schussenried...). Cannstatt, Reutlingen, Stuttgart, fondent des *cloches* ; les *armes* viennent d'Oberndorf ; la *poudre* de Rottweil ; les *orgues* de Ludwigsbourg ; les *cotonnades*, les *papiers* de Göppingen, Heidenheim, Heilbronn ; les *toiles* de la Rauhe Alp ; les *cuirs* de Reutlingen, Calw. Enfin Stuttgart fabrique des objets en *laiton* et en *bronze*, en or et en *argent* ; des *instruments de musique* ; des *meubles* ; des *instruments de précision* ; la *droguerie*, le *sucre*, la *bière*, les *vinaigres*. Pour l'industrie du livre, la capitale württembergeoise est la troisième d'Allemagne, après Leipzig et Berlin : imprimeries, fonderies en caractères, lithographies, ateliers de reliure y font vivre tout un peuple.

Stuttgart et son annexe *Cannstatt* résument d'une façon éminente l'*activité industrielle* du Württemberg. La région de plaines et de collines qui entoure (*Oberesgäu, Strohgäu*) la capitale est aussi d'une fertilité proverbiale ; rien n'égale le *Filder* pour la production des légumes et des céréales. Les raisins non plus ne manquent pas à Stuttgart ; mais le soleil qui les mûrit sur l'amphithéâtre des coteaux voisins devient accablant à la saison d'été. Au contraire, des brouillards persistants planent pendant l'hiver et l'automne, grâce à la profusion des eaux et au voisinage des forêts. Ce n'est point un « paradis », comme disent les géographes allemands, que la campagne de Stuttgart ; mais une région spéciale sous un ciel assez clément, une oasis de choix, si l'on veut, et qui doit en effet paraître l'Éden rêvé aux rudes habitants de l'âpre Jura souabe.

CAPITALE ET GOUVERNEMENT.

Stuttgart (176,318 habitants) est d'aspect moderne : capitale depuis 1321, *Eberhard le Barbu* y construisit, dans la seconde moitié du xve siècle, un *château* dont les murs épais subsistent encore ; les tourelles d'angle, celles où l'on monte à cheval par un plan incliné, forment un heureux contraste avec la nouvelle résidence princière, œuvre du xviiie siècle. Tout l'ancien Stuttgart se groupait en arrière du château d'Eberhard ; la *Stiftskirche*, collégiale du xve siècle (restaurée en 1841) avec les statues en pierre des comtes de Württemberg ; le *vieux marché* et son inévitable *hôtel de ville* ; puis, au hasard, quelques *rues tortueuses*, non sans intérêt.

La *ville nouvelle* est de meilleure ordonnance ; au débarqué de la gare et sur le front qui conduit au Neckar par les longues avenues du parc royal, le *château*, construit en 1746, achevé en 1807 par le duc-roi Frédéric, présente un beau développement de façade, aux deux ailes en retour d'équerre ; une couronne le surmonte, et il contient presque autant de pièces, quelques-unes superbes, que de jours dans l'année. Sur la place, une *colonne* commémorative, haute de 18 mètres, et portant une statue de la Concorde, rappelle le vingt-cinquième anniversaire du roi Guillaume Ier (1841), créateur de la Constitution. Attenant au château, l'*Académie* et la *Karlschule*, jadis école militaire où *Schiller* fut élevé (1) ; le *palais Guillaume* et le

(1) *Schiller* est né à *Marbach* (1759-1805), sur la rive droite du Neckar.

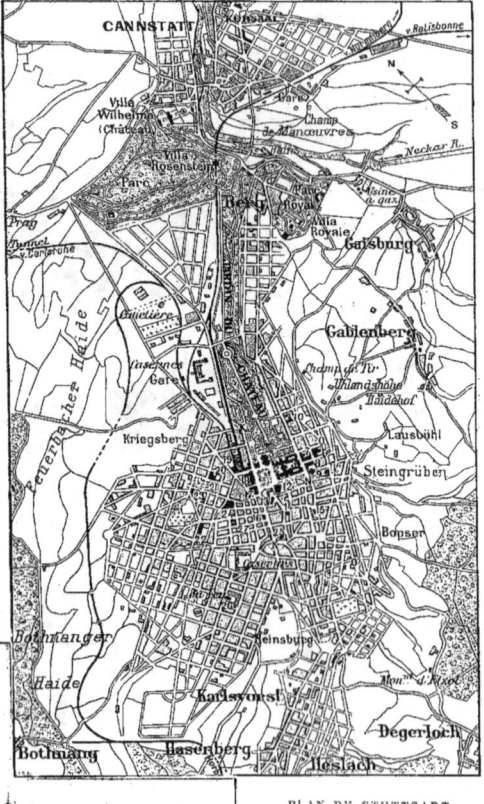

PLACE DU VIEUX-MARCHÉ, A STUTTGART.

Phot. Schaller.

PLAN DE STUTTGART.

K. Königstrasse (rue du Roi). — O. Olgastrasse. — N. Neckarstrasse. — 1. Place du Château. — 2. Château royal. — 3. Académie. — 4. Église catholique. — 5. Théâtre. — 6. Palais de Justice. — 7. Bibliothèque. — 8. Archives nationales. — 9. Palais du roi Guillaume, Ministère de la Guerre. — 10. Musée des Beaux-Arts ; Monnaie. — 11. Poste. — 12. Vieux château. — 13. Église collégiale. — 14. Hôtel de ville et place du Marché. — 15. Église Saint-Léonard. — 16. Ministère des Affaires étrangères. — 17. Palais du prince royal. — 18. Königsbau et grande poste. — 19. Gare. — 20. Polytechnicum. — 21. Jardin de la ville. — 22. Liederhalle (salle de concerts). — 23. Gewerbehalle et Bourse. — 24. Musée industriel. — 25. Police, Musée industriel. — 26. Église Saint-Jean. — 27. Église de l'hôpital.

ministère de la guerre (bustes de Bismarck et du maréchal de Moltke) ; les Archives, la *Bibliothèque* (cinq cent mille volumes, sept mille deux cents bibles en plus de cent langues), le *palais de Justice* et ses groupes allégoriques

WÜRTTEMBERG

à grand effet; enfin, un peu plus loin, sur la Neckarstrasse et à l'ombre du parc, la *Monnaie*, l'*École* et le *Musée des Beaux-Arts*. Tout cela forme comme une cité officielle. En face sont groupés, près de la *gare*, la *grande Poste*, le *Königsbau* (1856-1860) avec cafés et magasins au rez-de-chaussée, salle de concert et d'exposition au premier étage; le *palais du prince héritier*, un *Musée industriel*, l'*École polytechnique*, le jardin de la ville.

La *rue Royale*, qui coupe Stuttgart dans toute sa longueur, passe entre la gare et la Résidence: tout un nouveau quartier s'est construit sur sa gauche; on y trouve la régularité des villes américaines, des rues coupées à angle droit, autour d'une sorte de lac intérieur, le *Feuer-See*, d'où s'élève dans un frais décor, l'église Saint-Jean.

Parallèle à la rue Royale, la longue *rue du Neckar* conduit jusqu'à Berg, sur le fleuve, et réunit ainsi Stuttgart et Cannstatt. *Berg* est un faubourg de la capitale; des sources minérales y jaillissent au milieu d'une île du Neckar; sur les hauteurs environnantes, une villa royale et, plus loin, le château mauresque de la *Wilhelma* au delà du parc de *Rosenstein*.

LA RÉSIDENCE, A STUTTGART.

Le fleuve est large de 100 mètres, à peu près. Dans un amphithéâtre de bois, de vergers et de pâturages, *Cannstatt*, vu de loin, produit une agréable impression; la ville par elle-même ne retient guère. Elle est depuis longtemps célèbre pour ses eaux *salines ferrugineuses*; les Romains y avaient créé un nœud de routes important. Cannstatt fut longtemps la capitale du Württemberg; le concours des baigneurs et des touristes s'y fait maintenant plus rare, depuis qu'elle se transforme en ville industrielle. Ses pépinières sont réputées; mais on y fabrique aussi des machines (naturellement), des appareils électro-techniques, des pompes, de la toile cirée, de l'ouate, etc.; manufactures de tabac, brasseries.

Ludwigsbourg, en aval de Stuttgart et au pied de l'Asperg (1), est une contrefaçon de Versailles, avec un château inhabité mais fort beau, entouré de grands jardins (parc de la Favorite). A l'ouest de Stuttgart, la *Solitude* est encore une villa princière.

Gouvernement. — La constitution du Württemberg date de 1819: on n'y est pas venu sans peine. Peuplé originairement de vagues aborigènes, puis de tribus gauloises, et plus tard de peuples germaniques auxquels on attribue confusément le nom de *Suèves*, le pays passa successivement aux Romains, puis aux Francs, qui, après Tolbiac, en firent partie intégrante du *duché de Souabe*. Ce vaste État, qui enveloppait des populations très diverses: Suèves, Alamans, Burgondes non romanisés (vallée de l'Aar), Ligures peut-être, Francs..., subsista jusqu'à la fin du XIIIe siècle.

La mort de *Conradin*, dernier des *Hohenstaufen* de la dynastie de *Souabe*, laissa le champ libre aux *comtes de Württemberg*, possesseurs de la plus grande partie du Neckar. Maximilien leur donna le titre de *duc* en 1495. La fin du XVIIIe siècle et le début du XIXe ouvrirent au Württemberg une carrière plus large. D'abord ennemi, puis allié de Napoléon, le duc Frédéric reçut de l'empereur le titre de *roi* et un utile appui.

(1) L'Asperg est une montagne isolée en forme de table (356 mètres), dont la forteresse, la Bastille du Württemberg, sert de prison d'État.

ALLEMAGNE.

L'année 1813 trouva le Württemberg engagé parmi les alliés, puis en France, à leur suite.

Même indépendance, lorsque l'empire nouveau parut à l'horizon de l'Allemagne. Charles Ier, petit-fils du premier roi württembergeois Frédéric II, se déclara il est vrai pour l'Autriche contre la Prusse dans la question du Schleswig-Holstein, mais *Sadowa* changea ses vues, comme celles du grand-duc de Bade. Déjà rallié au *Zollverein*, le Württemberg prit rang à côté de la Prusse contre nous, et par traité du 25 novembre 1870, entra dans la *Confédération de l'Allemagne du Nord*, pour la formation de l'empire allemand.

D'après la *Constitution* de 1819, modifiée en 1868 et 1874, le *roi* gouverne à l'aide de six ministres et partage le pouvoir législatif avec un Parlement, qui comprend deux Chambres: 1° *Chambre des seigneurs*, 29 membres héréditaires, princes royaux et seigneurs médiatisés, 7 fonctionnaires d'État, nommés à vie; 2° *Chambre des députés*, 93 membres élus pour six ans, dont 23 représentants de la noblesse (8), du clergé (4 protestants, 2 catholiques), de l'université de Tübingen (1), choisis par le suffrage à deux degrés, et 70 représentants des principales villes ou bailliages, élus par le suffrage direct. Il faut avoir vingt-cinq ans pour être électeur, trente pour être éligible.

Le *budget* est de 100 millions de francs, la dette de 600 millions. L'armée forme le XIIIe corps de l'empire. *Superficie:* 19,517 kilomètres carrés; *population:* un peu plus de 2 millions, dont 1 million et demi de *protestants*, 620,000 *catholiques*. La *langue* populaire, ancien dialecte souabe, montre une certaine rudesse qui ne messied point, dit-on, à l'air quelque

INTÉRIEUR DU VIEUX CHATEAU DE STUTTGART.

VUE GÉNÉRALE DE HEILBRONN.   Phot. Mertens.

peu lourd et rêveur des campagnards, habitants des hauts plateaux. Le Württemberg d'ailleurs n'est point confiné dans la seule vallée du Neckar; sa population est mélangée et faite des divers éléments que constituaient les anciens peuples, en marche vers l'occident et le midi.

Le Württemberg en effet regarde le Rhin, touche le Danube et le lac de Constance, cette mer intérieure autour de laquelle chacun des peuples voisins a voulu trouver place. La provende n'était point à dédaigner : la pêche du lac est fructueuse, le commerce actif et la campagne voisine assez fertile; *Ravensbourg* est entouré de vignes, et plus haut, *Ulm*, sur le Danube, possède des jardins dont les produits (asperges, choux-fleurs) sont fort appréciés des gourmets.

Ulm est la citadelle frontière du Württemberg du côté de la Bavière : elle commande le cours supérieur du Danube. Le général autrichien *Mack* dut y capituler avec une armée de 28,000 hommes devant Napoléon; *Hochstedt*, sur la rive gauche du fleuve, rappelle la victoire de Villars sur les Impériaux en 1703, la défaite de Tallart (1704) et la victoire de Moreau sur les Autrichiens en 1800. *Donauwörth* et *Nordlingen*, dans le voisinage, à la base de la Rauhe-Alp, sur la coupure de la Wörnitz, sont célèbres dans l'histoire des guerres (Soult, 1805; Turenne, 1645).

Ulm est la clef de toute la contrée : cette place commande la grande voie de communication du Rhin au Danube par la Forêt Noire ou le détour de la Franconie. Dès l'époque carolingienne, *Ulm* se fit connaître. C'était, au moyen âge, une ville libre impériale d'importance considérable, possédant un vaste territoire et une nombreuse population; son apogée remonte au XVe siècle. Il lui reste de cette époque une merveilleuse cathédrale gothique à cinq nefs, la plus vaste de toute l'Allemagne après celle de Cologne : une multitude y pourrait tenir. La tour de la façade (achevée en 1877-90) s'élance à 161 mètres; 5 mètres plus haut qu'à Cologne : l'intérieur mesure 127 mètres de long, 50 de large, 43 de haut. Dans ce vaste espace, on trouve des merveilles de délicatesse : la chaire en tilleul sculpté, de 1500; des fonts octogones de *Syrlin le Vieux* (1470); des stalles en chêne, de la fin du XVe siècle; un tabernacle aérien (1469), délicate découpure de pierre, le plus haut que l'on connaisse (29 mètres). Ulm reçut la Réforme en 1530. Un hôtel de ville original, la belle fontaine du *Fischkasten*, quelques anciennes demeures patriciennes complètent l'écrin artistique de la ville.

L'aspect des rues voisines de la *Blau*, qui se jette ici dans le Danube, ménage quelque surprise aux chercheurs d'imprévu : cascades, moulins bavards, tanneries, canaux baignant de vieilles masures en bois, mares aux canards quelque peu troubles (et odorantes), tout un va-et-vient populaire; c'est un coin du passé oublié. On a, par bonheur, conservé le long du *Danube* une sorte de chemin de ronde, débris de l'ancienne muraille, qui forme une originale et ravissante promenade : d'un côté le mouvement du fleuve, de l'autre, le fossé qu'anime une eau courante sous le fouillis d'une végétation folle. Sur le rebord du talus, une haute rangée d'anciennes demeures : pignons découpés, tourelles à demi effacées, balcons altiers, toits aigus, ont refait leur toilette un peu fanée par les ans. La rive droite du Danube, *Neu-Ulm*, appartient à la Bavière; la gauche, celle de la ville, dépend du Württemberg : deux ponts les relient, l'un pour le chemin de fer à la hauteur de la citadelle; l'autre plus bas, arcbouté en deux parties sur une île du fleuve. Ulm est au Württemberg depuis 1810; la place fut forteresse de la *Confédération germanique* (1842-1866); c'est aujourd'hui le boulevard de l'Allemagne sur le Danube. Ses ouvrages ont été réorganisés en 1876, et pourvus, sur les rives du fleuve, de forts détachés.

L'*industrie* d'Ulm (42,977 hab.) gagne chaque jour. De nouveaux quartiers bien plantés s'étendent au-dessus de la ville, dans la sphère d'attraction de la gare. Bien qu'excentrique en apparence, *Ulm* communique avec *Stuttgart* par une coupure de la Rauhe-Alp; c'est le belvédère méridional du Württemberg, une étape reliant la route du Neckar moyen à la rive droite du lac de Constance.

PRINCIPAUTÉ DE HOHENZOLLERN.

La géographie de l'Allemagne a de ces étrangetés. Enclave de *Bade* et du *Württemberg*, avec des parcelles intérieures appartenant au premier État, la petite **principauté** *prussienne* **de Hohenzollern** s'allonge du *Neckar* au *Danube*, sur la ligne de séparation des eaux que mesurent le *Kornbühl* (887 mètres) et les

VIEUX QUARTIER DE LA BLAU, A ULM.   P. Joussot.

hauteurs du *Zollern*. Sa plus grande largeur est de 25 kilomètres; la longueur, de 100 kilomètres à peu près : mais la ligne frontière de ce petit État échappe à la description, même si l'on ne veut point parler des enclaves enchevêtrées entre les territoires voisins, du grand-duché de Bade et du Württemberg.

Sigmaringen (4,894 hab.) en est le chef-lieu, ou la *capitale;* ce qui ne veut point dire que l'on y trouve toujours un omnibus à la gare. C'est une capitale modeste : les rues en sont plus libres, et montent, montent encore jusqu'au château, dont le piédestal de rochers plonge à pic dans les eaux du Danube. Situation pittoresque s'il en fut, et pleine d'un charme tout champêtre, au-dessus d'une vallée qui se perd dans la fraîcheur des prairies et des bois. A voir l'antique demeure soigneusement entretenue, reconstruite, parée, l'on devine la fortune de ses maîtres. Un triple seuil de portes, l'entrée du donjon, la chapelle et une longue voûte qui grimpe à la terrasse supérieure ; la galerie des armes et des armures où, à côté des chevaliers bardés de fer, sont rangés en bataille canons, mousquets, arbalètes ; la belle salle féodale, dont la voûte aux pendentifs de bois sculpté commande un superbe horizon et conserve dans les vitrines les bijoux de famille, des émaux, des fragments de tapisserie, des vases précieux, des tableaux, tout rappelle par de multiples souvenirs la longue suite d'une antique lignée.

Les **Hohenzollern** ont formé deux courants de famille : la maison de *Souabe*, qui fut l'aînée, eut deux représentants, les comtes, depuis princes, de *Hohenzollern-Hechingen* (1) et ceux de *Hohenzollern-Sigmaringen;* leurs héritiers ont abdiqué (1849) entre les mains du roi de *Prusse,* chef de la branche cadette ou *franconienne,* d'où sont venus les burgraves de *Nuremberg,* depuis électeurs de *Brandebourg,* ducs et enfin rois de *Prusse.* Ainsi les deux principautés de *Hohenzollern* sont aujourd'hui réunies au domaine de la monarchie prussienne ; *Sigmaringen* en est le centre administratif. Cela lui vaut quelques voyageurs. *Sigmaringen* et *Hechingen,* pôles extrêmes de la principauté, gravitent maintenant autour de l'antique château de *Zollern* qui fut le berceau de la famille.

OUVRAGES A CONSULTER : Weigelt (G.) : *Description géographique, ethnographique et politique du royaume de Württemberg* (All.) — Les Histoires de Pfister, Mohl, Spittler et Sattler. — *Description du pays ; le peuple, l'État,* publié à Stuttgart par le « Bureau statistique et géographique ». — Frans : *Geognostische Beschreibung* (description) *von Württemberg, Baden und Hohenzollern* (Stuttgart). — Manuel de voyage publié par la rédaction de l'*Union-Führer* (Stuttgart, Leipzig, Berlin). — *Carte de Fink* au 1/200000; *Carte du Bureau statistique* (Stuttgart); *Hydrographische Uebersichtskarte; Cartes de Regelmann :* montagnes et fleuves au 1/600000.

(1) Hechingen, petite ville voisine du château de Zollern.

LA CATHÉDRALE D'ULM.
Phot. Mertens.

BASSIN DU MAIN.
FRANCONIE. — GRAND-DUCHÉ DE HESSE

La région. — *Bâle,* au coude du Rhin, marque le sommet d'un *triangle de montagnes* qui appuient et dessinent sur l'horizon, d'abord la *plaine souabe* sillonnée par le Neckar, plus loin la *plaine de Franconie* qu'arrose le Main. Ce vaste triangle est, sans grande rigidité d'ailleurs, à peu près rectangulaire, avec le *Schwarzwald* et l'*Odenwald* pour ligne d'appui suivant le cours du Rhin ; le *Jura* souabe et le *Jura franconien* comme grand côté détaché au-dessus du Danube dans la direction du *Fichtelberg;* enfin, sur cette borne de l'Allemagne centrale, une suite de massifs amorcés qui descendent du nord vers le Main : *Frankenwald* et *Thüringerwald, Hohe-Rhön* et *Vogelsberg,* dont l'éperon avancé, le *Spessart,* plonge sur le fleuve, face à l'*Odenwald,* et dans le voisinage du Rhin.

Bien que nettement arrêtée au-dessus du pays environnant, la silhouette triangulaire des montagnes ne forme point un dessin continu : entre le cône du *Vogelsberg,* par exemple, l'arête transversale du *Rhön,* et la croupe allongée du *Thüringerwald,* se creusent de profondes découpures où roulent les torrents de la *Fulda* et de la *Werra* vers le nord ; de la *Sinn* et de la *Saale* franconienne vers le sud. L'*Odenwald* lui-même, sur la rive gauche du *Main,* ne tient pas à la *Forêt Noire,* bien que la plupart des géographes se croient obligés d'indiquer un soulèvement quelconque entre les deux massifs, pour la symétrie sans doute. Car l'extrême promontoire de l'*Odenwald* au sud, rocher d'appui du château de Heidelberg, n'a que 568 mètres et il faut, pour rencontrer une hauteur analogue, traverser toute la plaine de Karlsruhe jusqu'au *Battert* (565 mètres), au-dessus de Baden-Baden. Cette large trouée ouverte entre les deux systèmes montagneux, du Rhin au Neckar, et de Karlsruhe à Stuttgart ne compte que des

HÔTEL DE VILLE D'ULM.

Phot. Zimmermann.

CHATEAU DE SIGMARINGEN.

plissements sans importance au seuil de la plaine rhénane, et mérite un nom spécial : le *Kraichgau* (région de la Kraich, petit cours d'eau qui descend au Rhin), ou encore l'*Elsenzgau*, région déjà plus élevée, dont une hauteur de 244 mètres (le Letzen) annonce le soulèvement prochain de l'*Odenwald*.

Cette discontinuité des lignes montagneuses paraît encore plus manifeste dans le **Jura franconien**. C'est, dit-on, un prolongement du *Jura souabe*; mais en descendant vers Nordlingen, l'extrême talus de la *Rauhe-Alp*, j'ai vainement cherché la suite des montagnes. Au pied même, la *Wörnitz*, affluent du Danube, coule du nord au sud; plus loin l'*Altmühl* descend au même fleuve : une montagne les dirigerait vers le nord. Bien plus, si l'on gagne la région d'où viennent ces deux rivières,

FRAUENTHOR, L'UNE DES PORTES DE NUREMBERG.

Le *Jura franconien*, d'ailleurs, ne constitue nullement un obstacle entre *Main* et *Danube* : il livre un facile passage au *canal Louis*, sorte de voie d'eau tracée d'avance par la Pegnitz, et au *chemin de fer* de Nüremberg à Ratisbonne. En suivant cette voie, il est difficile à l'œil le mieux prévenu de voir dans la campagne environnante autre chose qu'une plaine bossuée de quelques collines qui montent, entre le cours de la *Pegnitz* rhénane et de la *Naab* danubienne, jusqu'aux terrasses des *Fichtelgebirge*. A l'horizon, le *Böhmerwald* estompe sa brumeuse silhouette, au-dessus de la plaine bavaroise. On passe ainsi, presque sans transition marquée, d'une plaine à l'autre, de *Franconie* en *Bavière*, l'une inclinée vers le nord, puisqu'elle y entraîne ses cours d'eau, mais regardant au sud; distincte de sa voisine

au nord-ouest d'Ansbach, il semble en s'approchant que la *Rezat* franconienne, affluent du Main, suivant d'abord un cours parallèle à celui des deux affluents danubiens, va comme une rivière sœur prendre la direction du sud (1); une ondulation de terrain la replie au nord dans le domaine du *Main* et du *Rhin*. Ici reprend le soulèvement des montagnes avec le *Schlossberg* (607 mètres). Mais il est en réalité séparé du *Jura souabe* par un entonnoir ouvert sur le midi et le Danube. Les contreforts de la Rauhe-Alp, brusquement détournés de son extrémité vers le nord par les *Ellwangerberge*, les *Frankenhöhe* et leur prolongement de *Steigerwald*, buttoir du Main, forment nettement à l'ouest le rebord de cette large trouée pratiquée entre le double alignement jurassique de Souabe et de Franconie.

(1) La Rezat et l'Altmühl reçoivent les eaux d'un même étang et coulent parallèlement durant 60 kilomètres.

HÔPITAL DE NUREMBERG.

par le climat, les productions, la population, mais non séparée, plutôt unie par la commune échappée du Danube. Aussi la politique, si bizarre d'ordinaire, s'est-elle trouvée cette fois d'accord avec les prévisions de la nature, en unissant les deux pays voisins sous les lois communes de la *Bavière*.

Ancienne métropole de la haute Franconie, **Nüremberg** fut, au moyen âge, une porte ouverte de l'Allemagne sur l'Italie, un trait d'union entre le nord et le sud, par le mouvement du commerce, de la science et des arts.

La cité conserve sa couronne de remparts et de tours : massifs donjons à la garde des portes; réduits carrés appuyant le corps de place à intervalles réguliers; mâchicoulis, sveltes tourelles du guet aux lanternes ajourées. Et ces ouvrages ne sont point des ruines, mais

MOULINS DE LA PEGNITZ, A NUREMBERG.

de gaillardes murailles, bien qu'une cohue échevelée d'arbustes, de lilas, de lierres suspendus au milieu des grands arbres montent du fossé et répandent la poésie de leur feuillage sur les pierres grisonnantes.

Il n'y a qu'un pas, de la gare à la porte de ville, dite *Frauenthor*, la largeur d'un boulevard ; mais c'est un saut brusque dans le passé : l'illusion est parfaite. Elle ne cesse point d'ailleurs à l'entrée, autant du moins qu'on pourrait le craindre ; car les architectes modernes ont eu l'heureuse inspiration de mettre autant que possible les constructions nouvelles en harmonie avec celles d'autrefois. Aussi n'y voit-on guère le barbare mélange de délicates œuvres d'art perdues dans un fatras de hideuses bâtisses. La rue a conservé sa libre allure et se garde bien de marcher droit : ici épanouie en large carrefour, là resserrée dans un étroit couloir, perdue plus loin sous une voûte, dé-

VUE GÉNÉRALE DE NÜREMBERG (Prise de la Tour Saint-Laurent). — Phot. Schmidt.

gringolant un escalier jusqu'à la coupée centrale de la *Pegnitz*, humble rivière qui partage en deux la cité.

Point de quais sur la rive, du moins ils ne paraissent qu'à de rares intervalles ; les murs voisins plongent dans l'eau courante, détachent leurs balcons en bois découpé, leurs pignons en saillie, les poivrières accrochées aux arêtes, et sur la pente rapide des toits rouges l'étonnante chevauchée des lucarnes coiffées de leurs bonnets pointus. Quelques maisons franchissent audacieusement d'une rive à l'autre, comme la massive construction de l'hôpital appuyée sur une île : ici c'est un moulin qui ronfle, là-bas une cascatelle, un îlot dans les fourrés duquel s'ébat une flottille de canards ; et parmi les ponts, les passerelles de traverse, les passages couverts au milieu des hauts peupliers et des vieilles tours, c'est un mouvement et une vie incroyables. De l'île *Schütt* au *Hallerthor*, la coulée de la *Pegnitz* est le joyau pittoresque de Nüremberg.

Il faut renoncer à dire, par le détail, les surprises d'art et de fantaisie semées comme à plaisir par les artistes de la grande cité sur les places et les monuments : la rosace de *Saint-Laurent* et la fontaine *des Vertus* ; le porche de *Notre-Dame* et la *Belle fontaine*, cette transparente découpure ; le tombeau de saint *Sebald*, œuvre admirable de Pierre Vischer, et cette ingénieuse trouvaille de *l'homme aux oies* ; le décor des fenêtres, les ferrures des portes, les lanternes, les chimères, les escaliers intérieurs et les cours d'illustres demeures, comme celles de *Topler*, *Tucher*, *Peller*... « Il y a là, disait au XVe siècle Æneas Sylvius, depuis pape sous le nom de Pie II, des maisons de citadins qui seraient dignes d'un roi. »

Les musées sont partout ; la ville elle-même est un écrin qui en renferme plusieurs autres et dont le plus riche est à coup sûr le *musée Germanique*. Là, dans le cadre approprié d'un ancien couvent de chartreux, revivent : le maître graveur *Albert Dürer*, le peintre *Wohlgemuth*, *Adam Kraft* le sculpteur, *Pierre Vischer* le fondeur en bronze, le poète *Hans Sachs*, le sculpteur sur bois *Veit Stoss*. Presque en même temps que ces grands artistes, des astronomes, des mathématiciens, des inventeurs illustraient la cité : *Johann Müller* dit *Regiomontanus*, qui fit imprimer le premier livre d'astronomie ; *Martin Behaim* son disciple, dont on conserve le globe terrestre construit en 1492 ; l'astronome *Johann Schoener*, à côté d'eux, *Pierre Hell*, qui inventa les montres en 1500 ; *Jean Lobsinger*, les fusils à vent ; *Érasme Ebener*, l'alliage de laiton. Tout le Nüremberg des XVe et XVIe siècles défile sous ces galeries, le long du cloître aux sveltes colonnes, dans les cours emplies de souvenirs et par les escaliers à jour. L'évocation est saisissante : à côté des précieuses enluminures et des vénérables incunables, d'anciennes gravures sur bois et sur métal, des vitraux, broderies, tissus et jusqu'aux objets de la vie familiale, ferronneries, bijoux, montres primitives, instruments de musique (clarinettes), costumes d'autrefois. On a même reproduit, avec son mobilier, l'habitation d'un ancien citoyen de Nüremberg, une cuisine, une pharmacie aux drogues étranges, comme celles que je notai au musée de Prague, dans la boutique d'un confrère en alchimie : pierre philosophale, pilules perpétuelles, poumon de renard, foie de loup, langues d'oiseaux, crânes humains, hirondelles grillées..., thérapeutique étrange pour le moins : heureusement que tout cela s'écrit en latin.

Le *musée industriel de Nüremberg* présente un autre genre d'intérêt. Pourquoi n'avons-nous pas en France dans nos principales villes,

ALLEMAGNE. 9.

comme partout en Allemagne, une exposition permanente des produits particuliers à chaque région ? C'est pour le fabricant une réclame perpétuelle et de bon aloi.

Tout *Nüremberg* est dominé par son *château*. Il n'est pas remarquable, tant s'en faut; mais intéressant par les souvenirs qu'il rappelle. Connu dès Charlemagne, *Nüremberg*, peuplé de *Wendes* à l'origine, fut de bonne heure un marché important, au croisement des routes du Rhin et du Danube. Conrad II y construisit une forteresse, dite de *Zollern*, en 1024; Frédéric Barberousse l'agrandit, l'habita : où n'a-t-il pas habité?

Au XIIIe siècle, *Nüremberg* était ville libre de l'empire, et, deux siècles après, la gardienne du trésor impérial (1). Entre temps, les comtes de *Zollern* de la branche cadette dite de Franconie, se firent donner par l'empereur le commandement du château, ainsi que le droit de rendre la justice et de lever certains impôts. Il y eut peu d'accord entre la ville riche, remuante, jalouse de ses franchises et les *burgraves de Hohenzollern*. A maintes reprises le château courut des risques sérieux. Il en reste une triple entrée originale, de vieilles tours et, au-dessus d'une cour intérieure assez étroite, quelques appartements, deux chapelles romanes superposées, la grande salle seigneuriale. Au dehors, la cour pentagone conserve des instruments du supplice, quelques-uns d'une authenticité douteuse. L'ensemble du *château* forme une masse d'aspect plutôt rébarbatif, sans grand caractère; on sent qu'il était fait pour combattre; mais la terrasse domine un bel horizon.

Seconde ville de Bavière par sa population (260,743 habitants), *Nüremberg* en est la première pour l'activité industrielle et commerciale. On y fabrique en grand les machines, le bronze, les fils de métal, le bleu d'outremer, les instruments d'optique et de physique. C'est le centre d'exploitation des crayons *Faber*.

(1) Nüremberg reçut la Réforme en 1525.

LA TOUR DU BOURREAU, A NÜREMBERG.

Nüremberg et *Fürth*, sa voisine, occupent à la fabrication des **jouets** 2,000 ouvriers dans plusieurs usines, sans compter ceux qui travaillent chez eux. Les trois quarts des jouets sont en fer-blanc : chemins de fer, bateaux, poissons, toupies, lanternes magiques, sabres, soldats d'étain dits « soldats de plomb », cuisines et ameublements de poupées, décalcomanies, dominos, jetons, etc. De nombreux jouets en bois et en corne, fabriqués à la grosse dans les montagnes de la Bavière ou du *Rhön*, sont revendus aux marchands de Nüremberg.

La seule exportation des jouets d'étain représente un million.

LE MAIN ET SES MONTAGNES.

Main supérieur. — Bien qu'orienté vers le sud, *Nüremberg* est dans la dépendance fluviale du *Rhön* et du *Main*, son principal tributaire. L'inclinaison du *plateau franconien* porte ses eaux de ce côté jusqu'à Bamberg, où, par une sorte d'entonnoir, le Main s'engouffre entre les roches opposées du *Steigerwald* et des *Hassberge*. La source du *Main* est au *Fichtelberg*.

Si important qu'il soit, le *Fichtelberg* (mont des pins) ne mérite pas le rôle essentiel que l'opinion commune lui attribue. Ce n'est pas le nœud des montagnes allemandes, mais le massif le plus central de l'Allemagne, à la fois au seuil du monde germanique occidental et du monde germano-slave qui s'étend à l'orient. Trois ailes montagneuses s'en écartent : le *Böhmerwald* au sud, le *Jura franconien* au sud-ouest; le *Frankenwald*, et le *Thüringerwald*, vers le nord. Trois grands fleuves aussi en reçoivent des affluents : au *Danube*, la *Naab*; au *Rhin*, le *Main*; à l'*Elbe*, l'*Eger* et la *Saale*. Mais le *Fichtelberg* n'est point une montagne, ni même un massif dressé comme une barrière; les invasions et les armées l'ont tourné facilement. Il est large de 30 kilomètres à peu près, fait de granit, avec une masse centrale, le *Schneeberg* et l'*Ochsenkopf*, et deux contreforts, l'un au nord, le *Waldstein*; l'autre au sud, le *Kössein*.

L'*Ochsenkopf* (1,023 mètres) est le cœur du massif. N'a-t-on pas voulu l'appeler « la couronne de l'Allemagne »! De loin, son sommet a l'air d'une boule; c'est en réalité une croupe de 7 kilomètres de long, dirigée de l'ouest à l'est, et semée de blocs de granit; quelques stries remarquées sur plusieurs d'entre eux, figureraient des lettres, de grossiers dessins, même une *tête de bœuf* : de là, sans doute, le nom de cette croupe. L'ascension du **Schneeberg** (1,053 mètres) est facile, jusqu'à la surface qui le couronne; des blocs y sont épars sur un circuit de 3 kilomètres et l'on peut escalader par une échelle le plus élevé d'entre eux, sorte de rocher dressé à 8 mètres de hauteur : c'est le point culminant de la chaîne. Les plus gros blocs appartiennent au grand *Waldstein* (880 mètres), dont la croupe nettement détachée de la masse principale domine par son vieux donjon des hauteurs couronnées de ruines (Epprechtstein, grand Kornberg) et la haute plaine de l'Eger. Au sud, la vue s'étend du *Kössein* (938 mètres) sur un paysage moins grandiose, mais plus agréable, plus familier par la variété des détails. Tout près, *Alexandersbad* paraît blotti dans un joli coin; et, plus haut, paraît *Louisbourg*, sorte de « montagne en ruine, amas confus

LA SYNAGOGUE, A NÜREMBERG.

d'énormes blocs de granit aux formes les plus étranges, entre lesquels ont poussé des buissons et des sapins » (BÆDEKER). Pour trop arrangée qu'elle soit, cette nature n'en a pas moins quelque attrait.

Il court sur les *Fichtelgebirge* des histoires populaires qui en font la Californie de l'Allemagne. Sous la montagne, dit-on, sont cachés des trésors, chaque pierre tient en réserve le métal précieux; il suffit d'un mot pour briser le charme qui retient toutes ces richesses, et chacun est avide d'en découvrir le secret. Le paysan à sa charrue, le bûcheron dans la forêt, le pauvre diable qui fend ses meules de charbon ou casse à grand effort la pierre de granit, chacun ouvre un œil inquiet de l'espoir toujours déçu, qu'il verra enfin jaillir au soleil

NÜREMBERG : HÔTEL DU COQ ROUGE.

le Frankenwald, des ruisseaux sans importance que le courant de l'*Itz* porte au sud vers le Main.

L'Itz, il est vrai, baigne une capitale, **Cobourg**. J'ai failli me perdre dans cette métropole..., faute de rencontrer quelqu'un pour me donner une indication. Un conseiller à la cour « Hofrath », me tira fort heureusement d'embarras; ils sont tous conseillers de quelque chose dans les petites capitales allemandes, et je suis loin de m'en plaindre, mon guide s'étant montré fort obligeant. Nous vîmes ensemble le désert de la place du *Marché* avec l'*Hôtel de ville* et la maison du gouvernement, le *Zeughaus* et la statue du *prince Albert* d'Angleterre, qui se repose ici du tumulte de Londres. A côté, le *théâtre*, qui a, ma foi, bon air; la statue du duc *Ernest Ier*; la *Résidence* silencieuse, et le *parc* qui conduit par le flanc de la colline jusqu'à l'ancien château, ou *Feste Cobourg*. Cette vieille forteresse, que ne put prendre Wallenstein, a été convertie en *musée*. De là-haut (161 mètres) le regard descend sur la tranquille cité, moitié ville et moitié campagne, qui, autour de constructions anciennes, signe d'une vieille noblesse, a groupé des promenades

LA BELLE FONTAINE, A NÜREMBERG.

NÜREMBERG : PORTAIL DE L'ÉGLISE SAINT-LAURENT.

l'éclair du joyeux métal. La population du massif vit de culture et d'élevage, de fonderies et de mines. Trop peu visité, le Fichtelberg, avec ses bois et ses rochers sauvages, reste en Allemagne la citadelle des secrets, des légendes et des songes.

Des *Fichtelgebirge* au soulèvement de *Thuringe*, l'amincissement des montagnes prend le nom spécial de **Frankenwald**. C'est une chaîne de grauwake, épaisse de plusieurs kilomètres, qui allonge ses croupes massives et ses plateaux à une altitude moyenne de 650 mètres. Quelques cônes de schistes ou de quartz, des arêtes vives et contournées, des sommets isolés, arrondis en forme de ballons, donnent à ses vallées une assez grande variété.

Le soulèvement du *Frankenwald* se noue au massif voisin des *monts de Thuringe*; mais on ne saurait les confondre. Il n'y a d'analogue entre ces deux systèmes que la même direction initiale. Encore doit-on considérer les *monts de Thuringe* comme formés de deux parties : celle du sud, parente du *Frankenwald* par la constitution géologique et le caractère du plateau (hauteur moyenne de la chaîne, 668 mètres); celle du nord-ouest, bâtie de gneiss et de grès permien que trouent des îlots de granit.

Vue du nord, cette partie du **Thüringerwald** paraît une crête tranchante, de 726 mètres environ, accidentée de sommets très franchement dessinés. Les croupes du sud, au contraire, se présentent en gradins allongés, coupés de longues et sinueuses vallées. Le *Kieferlé*, qui en est la hauteur principale, a 868 mètres, et ne les paraît pas. De ces hauteurs descendent au-dessous du *Rodach*, émis par ombreuses, favorables au repos, de coquettes et fraîches villas qu'éveille à peine le courant discret d'une jolie rivière. On compte, paraît-il, plus de 20,000 habitants à Cobourg. Sans en vouloir médire (et je m'en garderais bien, les *Cobourg* étant fort répandus dans le monde), je défie qu'on s'en doute. Heureuses gens ! Pas d'asphalte, pas de tramways ! Il y a néanmoins une *industrie* : peintures de décors, lainages et cotonnades, machines, meubles, jouets en porcelaine et en papier mâché... Une capitale ne pouvait moins faire.

Les duchés réunis de *Saxe-Cobourg* et *Gotha* forment un petit État constitutionnel héréditaire dans la postérité mâle (primogéniture) de ce nom. Ils appartiennent à la Confédération de l'Allemagne du Nord

COSTUMES DE BASSE-FRANCONIE.

depuis le 18 août 1866. Constitution de 1852. Onze députés composent la *Diète* de Cobourg ; dix-neuf celle de Gotha : tous élus pour quatre ans, au suffrage à deux degrés. On est éligible à trente ans, électeur à vingt-cinq. La réunion des deux diètes forme un *Parlement* commun. Superficie : 1,958 kilomètres carrés. Population : 217,000 habitants. Les finances de Gotha sont prospères. Ai-je dit qu'il y a un *ministre*

d'État, des ministres spéciaux pour Cobourg et pour Gotha, un grand maréchal de la cour, un sénéchal, un grand écuyer, un veneur, etc. Rien ne manque à Cobourg.

Le **Main** (1) descend des Fichtelgebirge par un double courant : le *Main blanc* et le *Main rouge* (l'un n'étant pas d'ailleurs plus coloré que l'autre). Il y a lieu d'attribuer au Main blanc une importance spéciale.

Il naît sur le flanc intérieur de l'*Ochsenkopf* à 894 mètres d'altitude, près d'une cluse profonde ouverte entre cette montagne et le *Schneeberg*. Ancien réservoir commun du *Main* et de la *Naab*, qui en sort à l'extrémité opposée pour descendre au Danube, le fond de cette faille, comblée par les éboulements de roches et les débris de végétaux, est aujourd'hui une tourbière (la *Seelohe*), longue de 3 kilomètres sur 100 mètres à peu près de large. On peut, au temps de la sécheresse, hasarder quelques pas sur sa voûte durcie, bien qu'elle tremble un peu ; mais par les temps humides l'enlisement est certain : les plus longues perches n'y trouvent pas d'arrêt.

Au sortir des montagnes, le Main rencontre dans un site pittoresque la petite ville de *Berneck* (375 mètres d'altitude) ; son cours torrentiel est terminé. Il serpente alors doucement, au-devant de son frère le Main rouge, qu'il trouve au-dessous de *Kulmbach*, près du château de *Steinhausen*. Le *Main rouge* sort des talus qui fondent ensemble le Fichtelgebirge et le Jura franconien (480 mètres d'altitude). Son cours est plus lent encore que celui du Main blanc ; il arrose **Bayreuth**, ancienne capitale du margraviat de ce nom, aujourd'hui chef-lieu du cercle de la Haute-Franconie, réuni à la Bavière en 1807. C'est à Bayreuth que le génie de *Wagner* (2) se leva sur l'Allemagne. L'ancien château des margraves, quelques statues, d'agréables résidences comme l'*Ermitage*, *Fantaisie*, un grand parc, ne constituent point à cette petite ville un attrait capable d'y attirer les hôtes de tous les coins du monde.

Bayreuth c'est *Wagner*, lorsqu'on joue ses œuvres, dans le théâtre *Festspielhaus*, créé pour son génie, hors de la ville et au seuil de la forêt.

Alors, la foule des étrangers, les artistes, les curieux, les flâneurs et les désappointés, en quête d'une place introuvable, donnent aux rues ordinairement très calmes une animation exceptionnelle. C'est le *Wagnerzeit* ou *temps de Wagner*, comme on dit làbas. Ce mot répond à tout : Wagner est la providence de ce pays. Il repose sous les grands arbres d'un parc, près de la demeure où il souffrit et triompha.

Déjà nourri par l'apport abondant des ruisseaux de montagnes (Rodach et Itz), le *Main* reçoit, en aval de

(1) On *Mein* : *Mœnus*, disaient les Romains. L'orthographe actuelle *Main* ne date que du XVIIe siècle. Ce nom est d'origine celtique.

(2) Richard Wagner, né à Leipzig en 1813, mort à Venise en 1883. Ses œuvres maîtresses sont : *Parsifal, Lohengrin, Tristan et Yseult, Tannhäuser, Les Maîtres chanteurs ; La Tétralogie* ou *l'Anneau des Niebelungen* : *Or du Rhin, Walkyrie, Siegfried, Crépuscule des dieux*.

PORTE DE L'ANCIEN ABATTOIR, A NÜREMBERG.

DÉTAIL DU PRESBYTÈRE DE St-SÉBALD.

Bamberg, sur sa gauche, une rivière dont le débit est double du sien, la *Regnitz*. C'est comme une sorte de long canal formé de la double *Rezat* et dirigé du sud au nord avec deux ailes d'affluents presque parallèles la Zenn et l'Aisch à l'ouest; la Rednitz (fossé d'écoulement de la Pegnitz) et la Wiesent, à l'est. Le cours de cette dernière rivière est fort pittoresque, à travers un pays que l'on est convenu d'appeler la **Suisse franconienne.**

Il y a plusieurs *Suisses* en Allemagne : *Suisse saxonne, franconienne, prussienne,* etc. Cela témoigne d'heureux souvenirs, plutôt que d'une parfaite ressemblance : on a la Suisse que l'on peut. Celle de Franconie offre un réel intérêt. « De riches prairies aux ruisseaux de cristal, enlacées tantôt par des montagnes couvertes de forêts, tantôt par des groupes sauvages de *roches* sur les éperons desquels sont opposés châteaux contre châteaux, ruines contre ruines ; à l'intérieur, des grottes ruisselantes de stalactites. » (DANIEL.) Tel est l'aspect original que présentent *Rabenstein,* le *Weichsenfeld,* vieux donjon de *Rabeneck, Riesenbourg,* roche entaillée de deux arcades gigantesques, sous un front d'herbes de fleurs et de buissons. Dans les grottes de *Müggendorf,* une voûte (construite évidemment par quelque fée) monte à 12 mètres de hauteur, et suspend des perles transparentes à mille pointes de cristal.

La *Wiesent* finit près de *Forcheim* dans un paysage monotone, que parcourt depuis son origine la prosaïque Regnitz. Lorsque le *Main,* brisant la traverse du *Steigerwald* et des *Hussberge,* précipite ses eaux par la brèche ouverte, son courant ne put entraîner toute la masse liquide accumulée au-dessus de l'entonnoir de Bamberg. Une multitude de petits lacs, restes d'anciens bassins lacustres, encombrent la rive gauche de la *Regnitz,* en aval de *Fürth.* La campagne n'est pas belle et forme un contraste frappant avec la région voisine. On ne peut tout avoir : *Nüremberg, Bayreuth,* la *Suisse franconienne* et **Bamberg.**

Assise sur cinq collines, dans un site agréable auquel la *Regnitz,* en divisant son cours prête un charme de plus, l'ancienne résidence des princes-évêques a de quoi retenir les artistes : une belle *cathédrale* romane dont les quatre tours (deux imitées de Laon) planent au-dessus des environs; l'intérieur de cet édifice qui est un vrai musée (œuvres de P. Vischer, Schwanthaler, tombeaux de Henri II et de l'impératrice Cunégonde); une riche *bibliothèque* (bible d'Alcuin, livre d'heures de Henri II); l'église *Saint-Michel;* l'*Hôtel de ville* dans son île; l'aspect varié du *pont;* la *Résidence,* enfin, d'où Napoléon partit pour Iéna et par une fenêtre de laquelle Berthier se jeta, lors du passage des Russes, et trouva la mort.

A l'issue de la Haute-Franconie, *Bamberg* est une rivale de *Nüremberg,* dans un autre genre. Mais on ne vit pas d'art seulement. Le *canal Louis* conduit, par Bamberg, du Rhin au Danube.

Aussi l'industrie et le commerce ont-ils, cela va sans dire, pris à Bamberg un large droit de cité.

VUE DE RABENECK (Suisse franconienne).

ROCHERS DU WALDSTEIN (Fichtelgebirge).

COURS MOYEN DU MAIN.

Le cours moyen du Main est dominé au nord par les massifs du *Rhön,* du *Vogelsberg* et du *Spessart,* éperon avancé des deux systèmes sur le fleuve.

Le **Rhön,** par la nature de ses roches (grès bigarré, basaltes superposés, etc.) et la forme de ses sommets, témoigne d'une origine volcanique. Il est riche en sources minérales (*Kissingen*); mais, c'est une région complexe, bizarre, déconcertante, dressée comme un défi en face des monts de Thuringe, de l'autre côté de la vallée de la Werra. La direction même du *Rhön,* du sud-ouest au nord-est, est une bizarrerie parmi les massifs voisins. On distingue dans sa masse : le *Rhön méridional,* le *haut Rhön* et le *Rhön antérieur.*

Le *Rhön du sud* s'élève par des versants boisés à essences feuillues, et des assises de basalte, jusqu'au *Kreuzberg* (930 mètres), croupe désolée où, parmi de maigres herbages, se dresse la croix de *saint Kilian,* apôtre de la Franconie. C'est un lieu de pèlerinage; la première croix qui fut plantée en cet endroit remonterait au VIIe siècle. Non loin de là, un couvent de franciscains reçoit les hôtes de passage et les pèlerins; la crête qui s'avance au-dessus de la vallée prochaine a reçu le nom de *Kilianskopf* (tête de Kilian).

Croupes allongées en prairies du côté de la *Fulda,* entassements de basaltes d'où surplombent les plus belles forêts, crêtes extérieures tranchant au-dessus des vallées, cônes de faîte ou plateaux fertiles, tel se présente l'ensemble du haut Rhön. Le *Heidelstein,* le *Wasserkuppe* (950 mètres), à la source de la Fulda, le

Pferdskopf ou tête de cheval, en sont les maîtresses protubérances. Il règne sur ces hauteurs un mauvais climat. Rarement la montagne rejette son manteau d'épais nuages : sur les plateaux déprimés, perpétuellement noyés de brouillards et de pluies, d'immenses marécages s'étendent sous une herbe traîtresse, où tout ce qui vit de boue et d'eau, grouille à loisir. Au loin, le sol tremble et fond en de véritables abîmes; malheur à l'imprudent qui s'aventure sans guide dans cette région maudite! Les tempêtes d'hiver s'y déchaînent avec fureur, entassant la neige à 10 mètres, et même plus. C'est la *Sibérie* en Allemagne, et ceux qu'attire la rigueur polaire n'ont vraiment pas besoin de s'y risquer en ballon; qu'ils aillent au *Rhön*. Souvent en mai, l'hiver sévit encore : aussi les pauvres gens du pays (car il est habité), vivent-ils de pommes de terre, de légumes et de rares céréales produites par les vallées; le lin et quelques prairies se cachent dans les endroits abrités.

Le *Rhön antérieur* est moins rude que son sauvage voisin, mais original pourtant. Là, d'une enveloppe de marne irisée recouverte de calcaire, la montagne de *Milsebourg* (833 mètres) porte un sommet de phonolithes sur des assises de basalte. Une croix domine le point culminant, à quelque distance de la fontaine de *Saint-Gangolf*. Les roches écroulées en forme de redoutes; une haute muraille et les colonnes du *Teufelswand* (mur du diable); des rocs posés à l'aventure les uns au-dessus des autres; le mystère qui plane au loin sur les masses sombres et silencieuses de la montagne : toute cette primitive nature dégage une pénétrante émotion.

Le **Vogelsberg**, en dépit de son nom (mont des oiseaux), n'est guère plus joyeux que le *Rhön* : ils sont séparés par la vallée de la *Fulda*. Sur un immense cône de basalte, le plateau de l'*Oberwald* groupe autour du *Taufstein*, en un circuit de 15 kilomètres, des bois de hêtres, de pins et d'érables qu'interrompent çà et là des champs de bruyères ou des prairies marécageuses. De nombreuses vallées sillonnent les flancs de la montagne, et leur nombre augmente à mesure qu'on descend, jusqu'à ne présenter entre elles, près de la base, que des isthmes comptant à peine plusieurs centaines de pas. La faune et la flore du *Vogelsberg* offrent un vif intérêt. Sa race d'hommes est robuste, formée à l'endurance par un climat rigoureux : « L'hiver, dit-on, y dure les trois quarts de l'année; et, pendant l'autre quart, il fait froid. » Aussi la vieille population *hessoise* qui habite le *Vogelsberg* a-t-elle assez bien conservé les traits de son caractère originel : hors les chemins de conquête, les Romains n'ont pu l'entamer. Est-ce un bonheur pour elle?

Le **Spessart**, promontoire détaché en avant du Vogelsberg et du Rhön, plonge de trois côtés sur le fossé du *Main*. Sa crête est continue sur une hauteur moyenne de 450 à 550 mètres, que varient quelques boursouflures. Une immense forêt recouvre le *Spessart*; on y trouve

CITADELLE DE MARIENBERG, A WÜRZBOURG.

des hêtres de 35 mètres, des chênes de 50 mètres et plus; nulle part, en Allemagne, les bois ne sont plus vigoureux. Sous le couvert de ces profondes retraites vit toute une population d'hôtes sauvages : faisans, chats, vautours, etc.; le gibier abonde comme les arbres. Mais les routes sont rares dans ce labyrinthe, les fourrés commodes pour l'embuscade; aussi la plupart des histoires de brigands ont-elles le *Spessart* pour théâtre nécessaire. Tout d'ailleurs y paraît prêter à l'illusion. De rares habitations recèlent une population misérable, sous des toits ouverts au-dessus du foyer, comme dans les pays sauvages : la promiscuité, la consomption, les privations de toute sorte déciment ces malheureux; car l'hiver est dur sur le *Spessart*, malgré l'abri des forêts. Il n'est pas rare, au cœur d'un été éphémère et brûlant, de trouver encore dans les gorges exposées au nord, des amas de neige que conservent la rigueur de l'altitude et la froideur des nuits.

Spessart, *Rhön*, *Vogelsberg*, il semble qu'une puissante, mais marâtre nature ait pris plaisir à jeter la triple antithèse de ces âpres régions au-dessus de la riante *vallée moyenne* du *Main*. En bas, le fleuve déroule paresseusement ses replis, de Schweinfurt au delà d'Aschaffenbourg, entre des coteaux tapissés de vignobles, vaguant deçà de-là au gré de son caprice : tantôt sous quelque bec rocheux que couronne une vieille ruine, tantôt nonchalamment au travers de luxuriantes et grasses campagnes. De la source au confluent dans le Rhin, son cours mesure 519 kilomètres; il serait de 252 kilomètres en droite

RUE DE LA CATHÉDRALE, A WÜRZBOURG.

HÔTEL DE VILLE DE ROTHENBOURG.

ligne. Les replis qu'il déroule paraissent des tronçons de fleuve juxtaposés : d'abord ils forment un triangle (*Schweinfurt, Ochsenfurt, Gemünden*), puis un carré (*Gemünden, Wertheim, Miltenberg, Aschaffenbourg, Hanau*), tous les deux ouverts du côté du nord.

Würzbourg, entre le Steigerwald et le Spessart, est à peu près au centre du bassin du Main. La ville du « rococo », ainsi qu'on la désigne en Allemagne, mérite mieux qu'une courte visite. Ses princes-évêques [1] l'ont dotée de monuments et d'institutions remarquables : le *Dom*, dont le décor est si peu celui d'un temple ; la *Résidence*, au grand escalier décoré de fresques par Tiepolo ; l'*Université*, fondée par l'évêque Julius Echter de Mespelbrunnen (1,500 étudiants, la plupart en médecine) ; l'*hôpital*, institué par le même évêque et doté à plus de 40 millions ; enfin, le *vieux pont* du Main, orné de statues, et dominant la rive gauche du fleuve, la citadelle de *Marienberg*, dans un cercle de coteaux ensoleillés. Au-dessus de *Würzbourg*, les frontons dentelés de *Mainberg*, les ruines du couvent de *Dettelbach*, les dix tours de *Sulzfeld* donnent aux rives une grande variété. Aux approches de Gemünden et du confluent de la *Saale* franconienne, les ruines, les détails pittoresques s'accumulent. Puis c'est, sur le cours méridional

[1] L'évêché de Würzbourg remonte à l'an 741 et ses princes-évêques furent indépendants jusqu'en 1803.

du *Main*, jusqu'au poétique débris de *Miltenberg* suspendu sur son rocher de grès, un défilé comparable aux belles parties du Rhin et du Danube. *Wertheim* est au cœur de la région, dans un amphithéâtre de vignes et de forêts, à l'embouchure de la *Tauber*.

Ceux qui fuient la banalité des chemins battus et que n'entraîne point trop la réclame intéressée des hôtels, trouveront dans cette jolie vallée de la Tauber plus d'un sujet d'étonnement. D'abord la source ; à qui est-elle ? Les Wurtembergeois disent : « elle est à nous ; » les Bavarois : « elle vient de notre côté. » La capricieuse *Tauber* passe à droite, à gauche, d'un pays dans l'autre, entre les cours d'eau qui vont au *Main supérieur*, au *Danube* et au *Neckar ;* enfin, pour mettre tout le monde d'accord, elle finit à *Wertheim*, en pays badois. Dans le voisinage des sources, la petite ville de **Rothenbourg**, généralement ignorée des touristes, offre sur son coteau l'étrange appareil d'une fortification intacte : grosses tours carrées, entrées masquées par des couloirs de défense (porte de l'hôpital), chemins de ronde et, accrochés aux toits aigus, des nids de cigognes au-dessus des lampes électriques. Car cette ville *moyen âge* est éclairée à l'électricité, et ce n'est pas l'une des moindres surprises qu'on y trouve. J'y ai vu des étables inondées de lumière et, sous l'attirail de guerre des remparts et des portes, des attelages de bœufs qui traînaient à pas comptés de lourdes charrettes criant sur leurs essieux. A *Rothenbourg*, le contraste est partout ; c'est à la fois une ville fortifiée et un grand village. Sur la place du Marché, l'on se croirait au XVe siècle, et, des prairies voisines, que nourrit la *Tauber*, monte l'haleine embaumée de la pleine campagne. La *fontaine* principale, l'*Hôtel de ville*, avec sa colonnade Renaissance et le beau beffroi qui le surmonte, la magnifique église *Saint-Jacques*, les portes, les escaliers intérieurs, les maisons qui montent et descendent, des restes de cloîtres, surtout les remparts, attirent à *Rothenbourg* les peintres et les voyageurs en quête d'inédit. Qu'ils se hâtent. Non que la ville doive de sitôt abattre son originale ceinture ; mais la cohue des touristes n'est pas loin, *Ansbach, Nüremberg* sont à quelques heures seulement.

Chaque année, au temps de la Pentecôte, *Rothenbourg* célèbre l'anniversaire de sa délivrance. Ancienne république libre, elle eut particulièrement à souffrir durant la guerre de Trente ans ; les troupes de *Tilly* la prirent malgré son héroïque défense. Elle fut pillée, vouée au pire ; mais le vainqueur mit son salut à un prix original. N'écoutant que son courage, le bourgmestre releva le défi, et à la stupéfaction de tous (peut-être de lui-même tout le premier), avala d'un trait plusieurs

FONTAINE, A ROTHENBOURG. — P. Joussel.

Phot. Bauer.
WÜRZBOURG : TOUR DU COMTE ECKART.

pots de bière; je n'ose en dire le nombre grossi par la légende; mais ce fut un *maître coup*, et qui sauva la ville. *Rothenbourg* fête encore, et officiellement, le *Meister-Trunk*, à grand renfort de personnages et de costumes, au milieu d'un immense concours de peuple.

L'**Odenwald** clôt, avec le *Spessart*, le cours moyen du Main. C'est une chaîne de 50 kilomètres en longueur moyenne, sur une largeur de 32 à 40 kilomètres. La pente sud-est, faite de grès bigarré, s'abaisse par des croupes et des vallonnements couverts de cultures; les basaltes du *Katzenbuckel* (597 mètres) la redressent dans le voisinage du Spessart; puis ce sont des escarpements qui tombent, au nord et à l'ouest, sur la dépression combinée du Main et du Rhin. On dirait que sur ce rebord, le Malchen ou *Mœlibocus* (515 mètres) s'est campé pour dominer l'horizon : *Francfort* à droite, sur le *Main*, dans un cirque de hauteurs; *Mayence*, au confluent des deux fleuves; *Darmstadt*, au pied de l'Odenwald; et le long du grand fleuve, des villages populeux, des villes florissantes : *Mannheim*, *Spire*... défilent sous le regard. Au loin, la ligne des *Vosges* qui descend par le *Hardt* du Palatinat vers la trouée de *Bingen* à la rencontre du *Taunus*.

Une profonde entaille sépare le Mœlibocus du *Felsberg*, son voisin; ce sont les deux sommets les plus importants du massif. De là, tandis que le granit domine au nord, une avalanche de syénites a répandu vers le sud le désordre pittoresque d'une véritable mer de rochers; dans un bloc, on a taillé une colonne géante de 11 mètres; d'autres ont fourni le *navire*, de 16 mètres environ, et une base colossale (peut-être celle de la colonne), qui mesure 13 mètres de pourtour. Le village de *Neunkirchen* émerge pour ainsi dire d'une montagne écroulée.

L'*Odenwald* est un pays de légendes; là périt Siegfried, dans une

PORTE D'ENTRÉE, A ROTHENBOURG.

Phot. Trenkle.

LA KLINGENTHOR, A ROTHENBOURG.

chasse organisée par les Burgondes. La population, mêlée de *Francs* et d'*Alemans*, a gardé une vive imagination dans un corps robuste. Grâce à la coutume des biens indivis qui s'est perpétuée dans ces montagnes, les villages s'étendent fort loin, détachant de tous côtés des maisons isolées sur le flanc des rivières ou dans le fond de quelque tranquille vallée.

Francfort commande le **cours inférieur** du Main dans un carrefour de routes, entre l'*Odenwald*, le *Spessart*, le *Vogelsberg*, le *Taunus* : toutes dirigées vers le *Rhin*. La fortune de cette ville était écrite. Elle remonte au temps de Charlemagne, modeste encore : ce prince y réunit un concile et la gratifia d'une colonie de Saxons, qui a laissé son nom au faubourg actuel de *Sachsenhausen*. Devenue, après le traité de Verdun (843), capitale du royaume oriental des *Francs* d'Austrasie, elle reçut plus tard, dans l'empire, une situation de marque parmi les cités libres. La *Bulle d'or* de Charles IV (on la conserve sous vitrine au musée Stœdel) lui conféra le privilège d'être la ville des élections impériales. Puis, les franchises s'ajoutant les unes aux autres, elle reçut de *Charles-Quint* le droit de battre monnaie : l'aigle à deux têtes était dans ses armes; elle ne reconnaissait d'autre maître que l'empereur. La vieille salle du *Römer*, aujourd'hui réparée, demeure la fidèle gardienne de ces traditions; c'est là, entre une haie d'empereurs dont les portraits, plus ou moins exacts, sont peints à fresque le long des murs, que se donnait le premier festin du nouvel élu; la grande fenêtre en rosace qui éclaire le fond de la salle donne sur un balcon d'où l'empereur s'offrait aux acclamations populaires. La place, les maisons environnantes, carapaces d'ardoises sur pignons pointus, restes de peinture, ruelles obscures; le *Dom*, bel édifice ogival mais restreint (XIII° et XIV° siècle), où se faisait la cérémonie du couronnement : tout cela, c'est le *vieux Francfort*. Des murailles, il ne reste rien que quelques portes. Le pont du Main (1342), jeté en double sur une île, rappelle l'ancien *passage des Francs* (*Frank-furt*) : ici défilèrent sans doute ces tribus guerrières qui, de la vallée du Main ne devaient s'arrêter qu'à la mer. Le vieux *Francfort* n'est plus qu'une relique. *Napoléon* en fit, au début du XIX° siècle (1803), le siège de la Diète pour la *Confédération du Rhin*; puis la capitale d'un grand-duché sous le prince-primat de Mayence; bientôt un chef-lieu indépendant. Mais déjà l'étoile de Francfort pâlissait. Siège encore de la *Diète germanique*, la guerre de 1866 lui enleva ce dernier fleuron et la Prusse victorieuse la mit, vaisseau de haut bord, à la suite d'un remorqueur, sous la dépendance de *Wiesbaden*. C'est là que fut signée le 10 mai 1871 la charte de Sedan, dite *traité de Francfort*, imposée à la France.

Francfort est maintenant une simple grande ville dans l'empire, l'argent et l'industrie lui ont fait des destinées nouvelles ; sa *population* a presque décuplé depuis un siècle (288,489 habitants aujourd'hui). Aussi, de longues avenues bordées de maisons somptueuses ont-elles étendu la cité. Plus ces *foires* antiques qui appelaient les marchands des quatre coins de l'horizon : la ville elle-même est un *marché perpétuel*, un centre de transactions d'où dépend en partie la vie industrielle de l'Allemagne. C'est l'une des grandes cités de la finance : la *Bourse* est son temple.

Il y a en Allemagne plusieurs **Bourses** régulatrices des marchés. *Berlin* jusqu'à présent faisait loi pour les grains ; *Leipzig*, pour l'industrie textile et la librairie : *Brême* accapare le commerce du coton et du tabac ; *Hambourg*, celui du café et des marchandises d'importance. Mais, entre toutes les autres, les *Bourses de Berlin* (1,374 valeurs à la cote officielle); *Hambourg* (433); *Francfort-sur-le-Main* (1,076) sont les grands facteurs du crédit et du mouvement financier en Allemagne : leur action dépasse même les frontières de l'État.

Un quart environ du *capital allemand* est pris par le marché des valeurs, et les *deux tiers* des placements profitent aux *entreprises nationales* (emprunts des communes et de l'État, sociétés industrielles, banques, institutions hypothécaires). Sur cinq mille *sociétés par actions*, plus de seize cents datent seulement d'un quart de siècle, et les *neuf dixièmes* d'entre elles sont consacrées à l'industrie (mines, métaux et machines, électricité, textiles, chemins de fer, alimentation).

Si les *sociétés d'assurances*, les *banques*, les *institutions de crédit* n'entrent que pour un dixième dans la répartition générale des sociétés financières, elles absorbent, en revanche, près d'un *tiers du capital engagé*. C'est dire leur importance.

Aux *institutions de* **crédit foncier** appartiennent quarante *banques hypothécaires* (capital actions : 544 millions de marcs ; fonds de réserve : 169 millions); douze *instituts de crédit* pour la noblesse, en Prusse; l'*Institut d'obligations foncières*, à Berlin, dont la sphère est limitée, et quinze autres banques officielles de *crédit provincial*.

Il est impossible de compter les petites **banques** *privées* : elles pullulent. Une douzaine de banquiers font un total d'affaires qui ne cède guère à celui des grandes *banques par actions*. Celles-ci dépassent un peu la centaine ; c'est là que l'industrie trouve son meilleur appoint. *Sept grandes banques berlinoises d'effets* sont particulièrement audacieuses (capital-actions : 765 millions de marcs ; 140 millions de réserve ; 40 millions de réserve spéciale). Dix autres grandes *banques*, leurs émules, ont plus de 30 millions de capital chacune, et possèdent,

Phot. Mertens.
PORTE DE L'HÔPITAL, A ROTHENBOURG.

comme celles de *Berlin* et de *Hambourg*, des succursales à l'étranger, dans l'Amérique du Sud et jusqu'en Asie orientale. Certaines *banques* sont de véritables puissances. Outre la **Banque d'empire** et ses 294 bureaux succursales (capital : 180 millions), il existe encore *sept banques particulières* autorisées à émettre des **billets** en circulation. Elles sont soumises par l'État à des règlements de garantie, et leurs opérations strictement déterminées au commerce de l'or et de l'argent, prêts contre valeurs, conservation et virement de fonds, lettres de change, payements et encaissements, achat et vente d'effets pour des tiers. La loi de 1899 porte à 491 millions le total des billets sans couverture et les quatre cinquièmes en reviennent à la *Banque d'empire*.

La valeur totale du **numéraire** circulant en Allemagne peut être estimée à 3 milliards 437 millions de marcs en or, 507 millions en monnaie d'argent, 58 millions et demi en nickel, et 14 millions de cuivre. On ne compte pas dans ces chiffres les monnaies à empreinte allemande, environ 400 millions, autorisées jusqu'à nouvel ordre.

Rien ne manque à **Francfort** de ce qui paraît nécessaire au confort et au luxe de la vie moderne : *théâtres*, jardin des palmiers (*Palmengarten*), *jardin zoologique*, salles de concert, très grands hôtels, gare magnifique, et aussi quelques *musées*. Parmi eux, l'*Institut Staedel* possède quelques bonnes toiles et des restes intéressants pour

Phot. Trenkle.
PORTE DE L'HÔTEL DE VILLE DE ROTHENBOURG.
ALLEMAGNE.

Phot. Mertens.
MONUMENT DE GUTENBERG, A FRANCFORT.

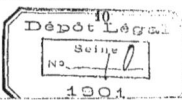

l'histoire de la ville; le musée *Bethmann* sert d'écrin à l'*Ariane* de Dannecker; enfin viennent les *Archives*, la *Bibliothèque*, le musée *Rothschild* et sa riche collection d'orfèvrerie; la maison où *Gœthe* naquit, et non loin de la statue élevée au grand poète, le groupe consacré aux inventeurs de l'imprimerie : *Gutenberg*, *Fust* et *Schœffer*. A force d'avoir des statues, *Gutenberg* finira bien sans doute par être le véritable créateur de l'imprimerie.

C'est à *Francfort* que parut, en 1615, le premier journal quotidien, et celui-ci n'a point cessé de paraître. Combien de ses frères, dans le monde, pourraient en dire autant? *Francfort* a produit *Gœthe*, l'antiquaire *Hermann*, le juriste *Carl de Savigny*, les peintres *Goldschmidt et Schlesinger*, *Ravenstein* le géographe, enfin *Mayer-Anselm Rothschild*, fondateur de la dynastie qui règne aujourd'hui sur les finances de Vienne, de Paris et de Londres.

L'antique maison qui fut le berceau de la famille (*roth*, *schild*, à l'enseigne rouge), a bénéficié de cette extraordinaire fortune; on l'a rajeunie. A côté d'elle, la *Judengasse* (rue des Juifs) a vu tomber ses déplorables masures : ce n'est plus qu'un nom ancien sur une rue nouvelle. Tout est nouveau à *Francfort*, hors le centre de la ville. C'est, depuis la canalisation du Main, un *port* florissant qui reçoit plus de 4,500 bateaux par an. Les usines s'étendent au loin, jusqu'à la ville hessoise d'*Offenbach*, peuplant une plaine fertile, à la fois grenier, cave, carrière, forêt et cuisine de la remuante cité. A la place du *livre* dont le commerce est bien tombé au profit de Leipzig, les machines, les produits chimiques, les *bijoux*, sont maîtres de la place.

GRAND-DUCHÉ DE HESSE

Le *grand-duché de Hesse* est formé de deux tronçons, dont le principal est coupé en deux par le Rhin; à droite *Darmstadt*, à gauche *Mayence*. La capitale, **Darmstadt** (72,019 habitants) s'élève au pied de l'Odenwald, sur la plaine, à peu près à égale distance de Francfort et de Worms, sur la route très fréquentée de Mannheim. Que dire de *Darmstadt* que l'on ne devine déjà? Les rues en carré de sa voisine Mannheim l'ont rendue jalouse, elle en possède maintenant. Un *château*, cela va de soi. Un *théâtre*, en doutez-vous? Sans compter le musée fatidique, l'*Hôtel de ville*, quelques *statues* et une *colonne* en grès rouge de 43 mètres, à la mémoire de Louis Ier, rénovateur de la ville, il y a près d'un siècle. Ce fut un prince avisé que Louis Ier; mais la *capitale* du duché n'en est pas la première ville. *Mayence* (84,591 habitants), bien que bâtie à gauche du Rhin, rayonne sur les environs par son passé et l'importance de sa position à la porte de l'Allemagne intérieure. La grande cité commande une région originale, comprise comme elle dans la boucle intérieure du fleuve (1).

Le **grand-duché de Hesse** forme une monarchie constitutionnelle héréditaire dans

L'OPÉRA DE FRANCFORT. — Phot. Mertens.

VIEUX PONT ET CATHÉDRALE DE FRANCFORT. — P. Jousset.

la postérité mâle, ordre de primogéniture, et à défaut d'un héritier direct désigné par la naissance ou un pacte de famille, transmissible à la descendance féminine. Entré dans l'*empire* par traité du 48 novembre 1870, le grand-duché est régi par la *Constitution* de 1820, revisée en 1872. Le prince partage le pouvoir législatif avec une *première Chambre* composée de princes majeurs de sa Maison, des chefs de famille médiatisés, de deux députés de la noblesse et de douze membres nommés à vie; une *seconde Chambre* élue (cinquante membres) pour six ans, au suffrage à deux degrés (dix représentants des villes et quarante des districts électoraux). A vingt-cinq ans, l'on est électeur et éligible.

Superficie : 7,682 kilomètres carrés. *Population*: 1,040,000 habitants. *Budget* (dépenses) : 58 millions et demi de francs; *dette publique* : 334 m[ill]ions 329,608 francs. Le *contingent hessois* forme la 25e division du XVIIIe corps d'armée de l'empire (convention du 8 juin 1871 avec la Prusse).

(1) Voir description page 127

LA COUPÉE DE LA SCHLUCHT.

LE RHIN

RHIN MOYEN, DE BALE A MAYENCE (Rive gauche) : VOSGES ET PAYS ANNEXÉS. BOUCLE DU RHIN.

Vosges et Alsace-Lorraine (1) : *Aspect général* des Vosges; les Ballons; les Chaumes. Hautes, moyennes et basses Vosges. Le Hardt. Trouée de Belfort. *La montagne et ses forêts* (exploitation du bois, gibier), les pâturages et les fromageries. *La crête et ses passages* : ballon d'Alsace, le Donon, le Hohneck et la Schlucht. Cols et routes de la chaîne. *Vallées vosgiennes* : anciens glaciers et lacs. Vallon industriel de la Thur; la Fecht, la Bruche. *Climat*: Vignobles; Ribeauvillé, Hohkœnigsbourg. *La plaine d'Alsace et ses villes* : Schlestadt, Colmar, Altkirch et le Soundgau; *Mulhouse* et ses industries; *Strasbourg*, Wissembourg et Haguenau. Le mur païen. Val d'Orbey; Sainte-Marie-aux-Mines. *Frontière des langues*. Divisions administratives et gouvernement.

Boucle du Rhin : Vallons et rochers. La *Nahe*. Agates d'Oberstein. *Kreuznach*. Palatinat Bavarois. Hesse Rhénane et *Mayence*.

LES VOSGES

Aspect général. — Vues du Rhin, les Vosges semblent un mur épais dont la crête, légèrement festonnée, barre l'horizon. Avec la

(1) L'Alsace-Lorraine forme, sur la rive gauche du Rhin, un monde à part; nous lui avons donné un développement exceptionnel, surtout à cause de la frontière.

chaîne parallèle de la Forêt Noire, qui leur fait face, de l'autre côté du fleuve, on dirait les doubles assises d'une voûte gigantesque qui se serait effondrée. Quelques géologues ont formulé cette hypothèse comme étant l'expression d'un fait éloigné.

Le talus des Vosges n'est pas infranchissable, comme l'abrupt rempart des Pyrénées centrales, ou découpé d'arêtes élevées, comme celles des Alpes. La soudure des massifs est complète, mais leur peu d'élévation relative permet d'en gravir les sommets par le sillon des torrents. L'escalade est plus dure du côté du Rhin. Au-dessus de la plaine, qui pénètre profondément dans l'intervalle des monts, l'**escarpement** monte, sous l'épaisse ramure des bois, jusqu'aux vastes étendues gazonnées qui couronnent le faîte. Au contraire, la descente sur l'autre versant est facile; elle s'allonge, déroulant ses lacets par une suite de croupes échelonnées jusqu'au *plateau de Lorraine*, dont les *Vosges* semblent être ainsi le mur de soutènement.

La Forêt Noire, sœur des Vosges, présente la même disposition : escarpement du côté du Rhin, avec des torrents qui tombent en cascades précipitées, tandis que, sur le revers des monts, le cours du *Neckar* se développe librement à travers le *plateau de Souabe* et enveloppe le massif forestier, avant de se jeter dans le grand fleuve. Ainsi,

TUNNEL DE LA SCHLUCHT.

le revers des Vosges est sillonné par le cours allongé de la *Moselle*, qui, au travers du plateau de Lorraine, rejoint le Rhin vers le nord, pendant que sur la côte alsacienne les torrents, dévalant des sommets, courent au fossé commun de l'Ill qui les réunit tous, pour les jeter dans le fleuve.

Les plus hautes cimes des Vosges ne sont point distribuées le long de la chaîne principale; elles se groupent à la racine méridionale pour l'étayer : *ballons d'Alsace, de Servance, le Rossberg*. Le sommet culminant, *Grand Ballon* ou *ballon de Guebwiller*, est même détaché un peu à l'écart sur la droite, comme un puissant contrefort de l'escarpement alsacien sur la plaine rhénane.

On a voulu voir dans la forme arrondie des **ballons** l'explication du nom qu'ils portent. Mais l'aspect d'une montagne varie suivant le point d'où on l'examine : tel sommet qui paraît arrondi, vu de Lorraine, est au contraire abrupt du côté opposé; vérité en deçà, erreur au delà. D'ailleurs, beaucoup des prétendus dômes vosgiens ne sont rien moins qu'arrondis. Le *ballon d'Alsace*, par exemple, se termine par un plateau et tombe à pic sur la vallée des Charbonniers; la tête du *Grand Ballon* présente l'aspect d'une cime à double bosse; le versant du *ballon de Servance* surplombe au-dessus de la Moselle. Et que de montagnes désignées sous le nom de *ballon* ou *Belchen*, dans le dialecte alsacien, le *Belchen* de la Forêt Noire près de Badenweiler, celui du Jura suisse dans le canton de Soleure, présentent des formes tourmentées et des escarpements très raides! D'autres, au contraire, comme le *Rothenbach* et le *Hohneck*, qui ont absolument la forme d'un dôme, n'en portent pas le nom. Il faut admettre que *ballon* signifie autre chose qu'une forme arrondie. « *Belchen, ballon* ou *bâlon*, avec les altérations diverses françaises ou allemandes, sont en réalité des formes différentes d'un même nom, suivant toute apparence, dérivé d'une racine commune. Les populations de langue française appellent *bâlon* les montagnes nommées *Belch* dans les dialectes allemands. Au dire des archéologues, ces montagnes sont des sommets consacrés autrefois au culte de *Bel* ou de *Bêlen*, le dieu *Soleil* des Celtes. De nombreux monuments consistant en inscriptions, en autels, en pierres levées, rendent ou doivent rendre témoignage de ce culte disparu. » (Ch. GRAD.)

Solidement arcboutée au groupe des ballons, celui de *Servance* (1,189 mètres), le ballon d'*Alsace* (1,250 mètres) et son éperon avancé au-dessus de la trouée de Belfort, le *Bärenkopf* (1,077 mètres), le *Rossberg* (1,196 mètres) et le *Grand Ballon* (1,426 mètres), la chaîne des **hautes Vosges** dirige vers le nord son échine granitique par le *Drumont*, le *Grand Ventron* (1,309 mètres), le *Rothenbach* (1,319 mètres), le *Hohneck* (1,366 mètres), le *Tanneck*, les longues étendues des *Hautes-Chaumes* (1,306 mètres), le *Grand Brezouars* (1,231 mètres), le *H^t des Hérauts* (998 mètres), enfin le *Climont* (974 mètres), le *Champ du Feu* (1,095 mètres), jusqu'à la découpure de la *Bruche*, où la principale chaîne se brise.

Un rameau juxtaposé la double de l'autre côté du *col de Saales* et, prenant son point d'appui sur l'*Ormont* (890 mètres), au nord-est de Saint-Dié, prolonge le soulèvement vosgien avec le *Donon* (1,010 mètres ou 1,013, carte allemande), le *Katzenberg* (1,007 mètres), le *Schneeberg*, le *Rosskopf* jusqu'à la trouée de *Saverne*, creusée par le cours de la Zorn.

Ce prolongement de la chaîne a reçu le nom de **moyennes Vosges**. A vrai dire, bien que sa direction soit parallèle à celle de la chaîne principale, il forme avec elle un même soulèvement granitique, élevé comme un îlot de montagnes au-dessus de la plaine d'Alsace, à travers les bandes gréseuses qui le soudent au plateau de Lorraine et du Hardt, du sud-ouest au nord-est.

Les **basses Vosges**, au nord du col de Saverne, sont moins des montagnes qu'une transition mouvementée entre la chaîne proprement dite et le plateau du Hardt, qui en est l'épanouissement naturel vers le nord. Mais où finissent exactement les basses Vosges? Leurs talus n'ont d'apparente élévation que du côté de la plaine alsacienne; ils se déroulent en un demi-cercle qui porte *Phalsbourg* et la *Petite-Pierre*, anciennes défenses du passage de *Saverne*; plus loin, le *Grand-Wintersberg* (577 mètres), au-dessus de Niederbronn, le *Monenberg*, le *Hochwald*, le *Geisberg* (548 mètres), qui commande le col de *Pigeonnier* en amont de *Wissembourg*.

Tous les points de ce cirque convergent à l'est vers *Haguenau*, dans la plaine, et leur complet développement tient entre la *Zorn* et la *Lauter*, *Saverne* et *Wissembourg-Lauterbourg*. C'est un seuil de défense naturelle au regard du Rhin et de la plaine. Mais, à l'ouest et au nord, il se fond entre les *plateaux de Lorraine* et du *Hardt*. La *Lauter*, à cet égard, n'est qu'un point de repère et non pas une séparation; on pourrait

HÔTEL DE LA SCHLUCHT (Côté français).

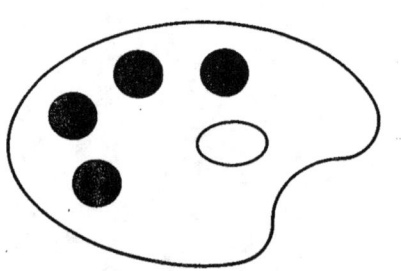

Original en couleur
NF Z 43-120-B

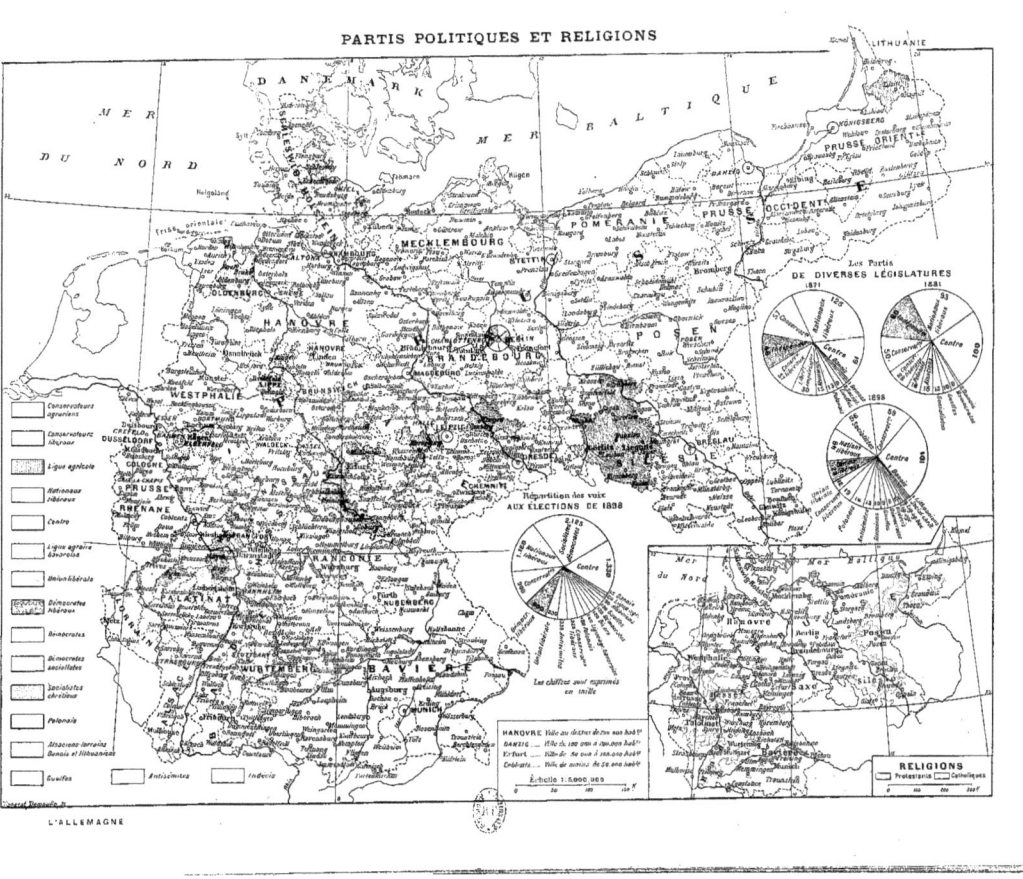

prendre plus justement pour ligne de fusion entre les deux systèmes, montagne et plateau, la ligne de la *Queich*, de *Deux-Ponts* à *Landau* (par Pirmasens).

Le **Hardt** est un plateau de formation vosgienne, mais sa limite est nettement marquée par l'arrêt du *grès* à la vallée de la *Pfrim*, en aval de *Worms*. On ne saurait, à cause de cela, comprendre dans le système complet des Vosges, comme le font certains géographes, le *Donnersberg* et la série de gibbosités qui accidentent, au nord, le rentrant du Rhin jusqu'à *Mayence*, entre le fleuve à l'est, et son affluent de l'ouest, la *Nahe*. Ces soulèvements n'ont rien de commun avec les Vosges, bien qu'ils en paraissent le complément extérieur pour une nomenclature.

A l'opposé, l'extrémité méridionale des Vosges est marquée par une chute rapide des *ballons* au-dessus de la **trouée de Belfort**; il

LE LAC BLANC.   Phot. Meriens.

n'y a pas de séparation mieux marquée; le soulèvement des *Vosges* tranche en face de celui du *Jura*. Dans la *dépression*, quelques vallonnements insignifiants inclinent les eaux d'un côté vers l'*Ill* et le *Rhin*, de l'autre vers le *Doubs* et la *Saône*. Mais ils ne constituent pas un obstacle, encore moins un lien, entre les deux systèmes qui se regardent, et, dans ce passage largement ouvert où circulent à l'aise routes, chemins de fer et canaux (canal de la Marne au Rhin), on a toujours cherché sans succès le fameux *col de Valdieu*, cher à certains géographes, c'est-à-dire un passage entre deux semblants de montagnes. *Valdieu* marque un seuil de séparation des eaux; mais on ne vit jamais col si imperceptible qu'en cet endroit.

Arrêtées brusquement au sud, les Vosges descendent à l'ouest, du *ballon de Servance*, par une série de terrasses qui dessinent, en suivant la rive gauche de la Moselle, des parois de 300 à 400 mètres. Sur le versant qui regarde au sud vers la Saône, ces pentes s'abaissent par des talus de plus en plus faibles, au milieu desquels se creusent une multitude d'étangs. A la hauteur de Remiremont, la crête vosgienne abandonne la Moselle et rallie au seuil du canal de l'Est, entre *Moselle* et *Saône*, le plateau mamelonné des **Faucilles**.

Le grès bigarré des Faucilles forme trait d'union entre le grès vosgien et le calcaire du **plateau de Langres**, et c'est ici véritablement que se terminent les *Vosges*.

Les anciens l'entendaient ainsi; à leurs yeux, le mot *Vosges* (nom d'origine celtique), *Vogesus* pour les Latins, *Vogesen* en Allemagne, désigne un vaste ensemble de montagnes ayant pour pivot le ballon d'Alsace et se dirigeant au nord vers le confluent du Rhin et de la Moselle; vers le sud-ouest jusqu'au plateau de Langres. Ainsi se vérifie le texte de César : « La *Meuse*, dit-il, qui prend sa source dans les *Vosges*, près du pays des Lingons. (*De Bello gallico*, l. IV.) La longueur du massif, y compris le *Hardt*, est d'environ 250 kilomètres; sa largeur, variable, plus resserrée au centre, de 60 à 70 kilomètres aux deux extrémités. Les *hautes Vosges* mesurent seules 120 kilomètres en longueur, de la base du ballon d'Alsace à la hauteur de Strasbourg; elles forment, avec les *moyennes Vosges*, la chaîne proprement dite.

LA MONTAGNE.

Forêts et pâturages. — Le ballon de *Guebwiller* ou *Grand Ballon* est le roi des Vosges; il trône à l'écart de la ligne maîtresse, au-dessus de la plaine d'Alsace, à 1,200 mètres d'altitude (1,426 mètres au-dessus du niveau de la mer). Sa masse emplit l'intervalle que dessinent deux torrents, la *Thur* et la *Lauch*, et figure par sa base une pyramide triangulaire dont une double arête extérieure atteint *Guebwiller* (val de la Lauch) et *Thann* (vallée de la Thur), tandis que la troisième se relie par le *Lauchenkopf* (1,286 mètres), à l'axe de la chaîne principale. Point de pic aigu ni d'arête heurtée sur le *Grand Ballon*, mais partout des formes arrondies, aux chutes plus ou moins rapides. Nul mieux que ce massif ne permet de saisir le caractère général des Vosges; il en est à la fois le point culminant et le parfait exemplaire.

En bas, les champs de *seigle* et de *pommes de terre*, les vergers et les arbres à fruit, *pommiers et cerisiers*, *pruniers et merisiers*, dont on fait un *kirsch* réputé, la vigne et, déjà mélangés à la forêt comme ses avant-coureurs, les *pommiers* et les *poiriers* sauvages.

Au-dessus des *châtaigneraies* et des taillis mêlés de *chênes* auxquels il faut l'air et la terre profonde, s'étagent par massifs le *sapin* (pinus *abies*), le *frêne*, l'*érable*, le *hêtre* (*fagus sylvatica*), qui monte plus hardi que le sapin lui-même. D'autres espèces, introduites avec succès, l'*épicéa*, le *pin sylvestre*, le *mélèze* (par exception), forment des groupes importants, mais surtout dans la région des Vosges moyennes. On admire les belles futaies de *Wasselonne*, de *Château-Salins*, de *Bitche* et certains massifs de la forêt de *Haguenau*. Malgré bien des déprédations, la forêt couvre encore 30 pour 100 du sol de l'Alsace; les massifs du

et la *Bruche* sert encore effectivement au flottage du bois. Mais pour amener jusqu'aux torrents les arbres abattus sur les flancs des hautes montagnes, que de peines et de périls coûtait et coûte encore ce transport! Soutenus par de hardis convoyeurs, les traîneaux de petite coupe glissent sur des chemins de *schlitte* faits, exprès pour eux, de traverses espacées sur une double rampe de troncs d'arbres ajoutés bout à bout; ils franchissent ainsi les torrents, s'accrochent aux pa-

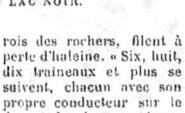

LA ROUTE DU LAC NOIR.

BASSIN SUPÉRIEUR DU NIDECK.

Donon, du *Hohwald*, du *Lauchen*, du *Rothried*, de *Kolben*, de *Herrenberg*, sur le versant oriental, sont des restes magnifiques de l'antique forêt qui couvrait autrefois toute la chaîne. On a rencontré dans la forêt du *Hohwald* (au pied du *Champ du Feu*) des arbres âgés de cent vingt ans qui montent à 50 mètres, avec des fûts mesurant 4 et 5 mètres de circonférence.

Lorsqu'au sortir des vallées ensoleillées, toutes bourdonnantes du travail humain et fleurant bon le foin coupé, on pénètre avec le sentier qui grimpe dans l'ombre fraîche des grands bois, il est difficile de ne pas éprouver un vif saisissement : le calme, la solitude, ce clair obscur sous une voûte épaisse d'où filtrent à peine sous les vents d'orage quelques gouttes de pluie; le mystère de ces profondes retraites, temples primitifs élevés par la nature, tout émeut l'âme d'un religieux respect. Ce n'est point la forêt vierge, abrupte, entremêlée, sauvage : des forestiers attentifs, la surveillent, l'aménagent en comptent les arbres avec soin; mais « les fûts sont si hauts et si droits, leur branchage se balance avec tant de majesté, dans les ramures froissées résonne une voix si puissante, que l'on est tout entier sous le charme de la forêt; on la croirait vivante. » (E. Reclus, *Europe centrale*, p. 511.)

Plus du quart des **forêts** appartient à l'État; le reste est indivis entre l'État et les communes ou bien propriété des seules communes et des particuliers. L'État exploite lui-même (et ne s'en prive guère) son domaine forestier, sans l'intermédiaire d'aucune adjudication; il abat ses arbres, les débite dans des scieries qu'il a fait bâtir et les livre au commerce. Le rendement des forêts domaniales pourrait être estimé à 1,500,000 mètres cubes et le revenu net à 33 fr. 50 par hectare. D'excellentes routes pénètrent de toutes parts jusqu'au cœur des montagnes et ont singulièrement facilité l'exploitation forestière. Il fallait autrefois recourir à l'eau des torrents, « ces chemins qui marchent », et leur confier les bois de chauffage et de construction, ceux-ci liés en radeaux, pour les entraîner vers Colmar et Strasbourg. La *Doller*, la *Thur*, la *Fecht*, la *Lauch*, sont encore désignées par les classements administratifs comme cours d'eau *flottables*,

rois des rochers, filent à perte d'haleine. « Six, huit, dix traîneaux et plus se suivent, chacun avec son propre conducteur sur le devant, les bras au brancard. Un fort grincement les annonce au loin. Malheur au *schlitteur* si son genou fléchit, si son soulier glisse sur une traverse, s'il ne réussit pas à modérer la course du traîneau. » (Ch. Grad.)

L'exploitation progressive des bois en a dispersé les sauvages habitants, surtout dans la région escarpée de la chaîne. De nombreuses espèces signalées par les textes comme peuplant autrefois l'immense forêt vosgienne, le *bison*, l'*aurochs*, l'*élan*, le *renne*, le *lynx*, le *bouquetin*, l'*ours*, ont complètement disparu. Encore le *sanglier*, le *cerf*, le *chevreuil*, le *loup* recherchent-ils de préférence le couvert des moyennes et des basses Vosges.

VUE SUR SAINTE-ODILE.

Les hauts sommets sont dépourvus de gros gibier et n'ont conservé que des rongeurs de petite taille, comme la *martre* et la *fouine*; le *blaireau* et la *loutre* se cachant d'ordinaire à mi-côte et même dans la plaine. Quelques *chats sauvages* et des *renards* complètent la faune vosgienne.

Les oiseaux sont moins rares; on en compte près de soixante espèces, mais beaucoup ne fréquentent la montagne que pour y couver et descendent, à la chute des neiges. La *pie*, la *gélinotte*, surtout le *coq de bruyère* y demeurent malgré l'hiver. Le grand coq de bruyère (*tetras urogallus*) passe pour le plus beau gibier à plumes d'Europe, après l'outarde ; il se rencontre sur toute l'étendue de la chaîne vosgienne, du ballon d'Alsace au Schneeberg, jamais dans

LE LAC NOIR.

les forêts de la plaine. Les chasseurs des Vosges en tuent chaque année. On trouve encore le grand *tetras* dans le Jura, les Alpes et les Pyrénées, dans les monts de Bohême et de Silésie, et jusqu'en Suède. La *gélinotte*, petite espèce voisine du *tetras*, niche dans les bouquets de fougères et les buissons des Vosges.

Au-dessus des forêts, la croupe du *Grand Ballon* présente une grande étendue mamelonnée qui, après la fonte des neiges, se couvre de gazon. C'est la providence des troupeaux : ils viennent, au cœur de l'été, paître dans l'air frais, à l'abri des insectes que la chaleur a déchaînés sur la plaine. Six mois durant, la neige recouvre la double tête du *Grand Ballon;* quelques bouquets de hêtres nains, échappés à peine à la rigueur du climat, des myrtilles, des bruyères animent sa pelouse estivale.

C'est un trait commun à tous les sommets des Vosges que la clairière gazonnée pratiquée au-dessus de leurs forêts : le *ballon d'Alsace,* le *Hohneck,* le *Donon,* dominent ainsi de leur tête chenue une couronne de bois épais. Le long de la chaîne s'étendent de vastes espaces dénudés les **Chaumes** *(calvi montes)*, comme on les appelle, champs élevés et découverts qui forment de bons pâturages, à la saison d'été. « Toujours les forêts qui couvrent les pentes viennent s'y terminer par des buissons de hêtres nains, de l'apparence la plus chétive. Ces buissons sont généralement déjetés et courbés au nord-est par le vent du sud-ouest, de manière à faire comprendre que la violence de ce vent est la cause principale qui dépouille d'arbres les parties supérieures des Vosges et n'y laisse croître que du gazon. Le dépérissement des arbres est ici naturel, et la dent des bestiaux, qui broutent impitoyablement leur feuillage, n'est que l'auxiliaire des agents atmosphériques. » (ÉLIE DE BEAUMONT.) Il convient d'ajouter que l'initiative du mal est venue des montagnards eux-mêmes, qui ont détruit les premiers arbres pour former des terrains de pâture. On a tenté, non sans succès, le reboisement de plusieurs *chaumes* lorrains.

Sur ces hauteurs sont disséminés les chalets des pâtres ou *marcaires* (de *melker, melken,* traire) qui gardent ici leurs troupeaux, de juin au temps des premières neiges ; quelques-uns même, en louant des réserves moins élevées, ne quittent la montagne que vers Noël. Plus des quatre cinquièmes des vaches à lait demeurent en bas dans les vallées. Celles que le *marcaire* exploite ne lui appartiennent pas toujours, toutes du moins, et sont louées pour la saison, moyennant une redevance proportionnée au revenu présumé. Le *fromage* est fabriqué dans les chalets et il est de deux sortes : *gras* et *maigre* ; chaque marcaire fait descendre journellement le produit de la veille, mais les grandes exploitations conservent leurs fromages dans des caves aménagées sur place. Il se fait un grand commerce de ces fromages : à elle seule la vallée de *Munster,* qui fabrique les plus réputés, peut en fournir 170,000 kilogrammes. *La Poutroye, La Baroche, Guebwiller, Saint-Amarin, Kirchberg* (vallée de Masevaux) et plusieurs sociétés, celle de *Lucelle* (en Soundgau), les *sociétés laitières de Mulhouse,* de *Colmar...* pratiquent cette fructueuse industrie. Sur le versant lorrain des Vosges, la *Bresse, Cornimont, Remiremont, Saint-Dié,* surtout *Gérardmer* (Géromé) produisent des fromages renommés. « Sans Nancy et Géromé, que serait la Lorraine? »

Les *hauts pâturages* des Vosges, bien que souvent exploités par des pâtres alsaciens, ont été de tout temps rattachés au domaine lorrain. Les *Hautes-Chaumes,* qui s'étendent au nord de la Schlucht; celles des moyennes Vosges, qui précèdent le Donon, sont restées possessions française; c'est en effet une terre orientée vers nous. La *ligne frontière* ne s'y

VUE GÉNÉRALE DE SCHIRMECK.

attache guère, mais suit plutôt la crête des monts, du moins dans les hautes Vosges.

LA CRÊTE.

Sommets et passages. — A regarder la ligne des Vosges, de la *trouée de Belfort* au *col de Saverne,* il semblerait que la conquête eût pu trouver une digue dans cette longue suite de montagnes que la cassure de *Saales* brise en *deux chaînes,* complément l'une de l'autre : la politique et l'intérêt en ont décidé autrement.

Amorcée à l'orient de *Belfort,* un peu à gauche de *Valdieu,* la ligne *frontière* escalade les flancs du *Bärenkopf* et atteint le *ballon d'Alsace,* à peu près sur la ligne de partage des eaux, entre les bassins de l'Ill et du Doubs, et à la lisière de mélange des langues française et allemande d'origine : le fait est assez rare pour qu'il mérite d'être marqué. Le **ballon d'Alsace** est une borne gigantesque, un belvédère magnifique d'où le regard embrasse les grands sommets des Vosges au nord, *Belfort* au pied, *Mulhouse* à droite dans la plaine

Phot. V. Franck.

LA FRONTIÈRE, AU COL DU BONHOMME.

rhénane, le *Feldberg* dans la Forêt Noire par delà le grand fleuve, la *Jungfrau* et le *mont Blanc* lui-même, lorsque l'atmosphère est limpide; enfin le *Jura*, la *Saône* et, du côté de la *Lorraine française* un splendide horizon. Aux flancs mêmes du ballon, l'entonnoir de l'*Alfeld*, la *Chaudière*, comme on l'appelle, aux parois escarpées qui tombent jusqu'à 500 mètres de profondeur.

Avec le soulèvement voisin du *ballon de Servence* entièrement français, le *ballon d'Alsace* constitue un groupe hydrographique important et commande les routes de communication d'un pays à l'autre.

De là descendent la *Doller*, affluent de l'Ill; le ruisseau de *Saint-Nicolas*, la *Madeleine*, la *Savoureuse*, rivière de *Belfort*, et, sur la gauche, la *Lisaine*, qui par le fossé de l'*Allaine* va grossir le *Doubs*; puis le *Rahin* et l'*Oignon*, le *Breuchin*, nourriciers de la *Saône*; enfin à la base septentrionale du ballon, le sillon de la *Presle*, torrent de la Moselle naissante et la profonde coupure de la vallée des *Charbonniers*. Toutes ces vallées sont dans la dépendance de la cime maîtresse; des forts en battent l'accès; soldats et douaniers surveillent les chemins et les sentiers d'alentour. Leur vigilance ne peut cependant qu'atténuer, sans la détruire, la *contrebande* audacieuse qui, à la faveur de la nuit, malgré les tempêtes et les neiges de l'hiver, transporte par de longs détours et d'effroyables casse-cou les lourds ballots de *tabac* et le dur *alcool* poméranien, poison à bon marché.

PAYSAGE DU HAUT-BARR.

Du *ballon d'Alsace*, comme pivot, la **frontière** suit à peu près la crête des hauts sommets jusqu'à la *coupure de Saales* qu'elle contourne pour gagner, le long des *moyennes Vosges*, les terrasses occidentales du *Donon*. Alors, la ligne dévie au nord-ouest, laissant les ruisseaux de la *Sarre* et les marécages de *Dieuze*, gagne, au-dessous de *Château-Salins*, la *Seille moyenne* qu'elle suit, dépasse et coupe encore pour rallier la *Moselle* en face de *Pagny*. Un peu plus bas, au-dessous d'*Aranville*, elle traverse le fleuve par une courbe de pure fantaisie, enveloppe le territoire de *Metz* et de *Thionville* jusqu'à la frontière du *Luxembourg*. La frontière lorraine ne peut comprendre qu'avec l'aide d'une carte, et encore! Mais la frontière vosgienne peut se ramener à deux bornes principales : le *ballon d'Alsace* au sud, le *Donon* au nord, en laissant ce dernier sommet à l'annexion.

Le **Donon** est la cime maîtresse des moyennes Vosges : il porte une couronne de blocs autour d'un cône de grès, sorte de dalle naturelle où la légende voudrait voir le tombeau du prétendu chef de la dynastie mérovingienne, *Pharamond*, de nébuleuse mémoire. La pierre terminale du Donon présente les restes d'un temple consacré à Mercure, et les blocs carrés qui se dressent sur son pourtour ressemblent beaucoup aux *pierres levées* des Celtes. C'est le grès vosgien qui constitue la tête du Donon, mais on trouve le grès rouge au pied de ses escarpements. Du Donon rayonnent en France : le *Rabodeau*, la *Plaine*, la *Vezouse*, affluents de la Meurthe; puis jusqu'au Rosskopf, les sources diverses de la *Sarre* et de la *Zorn*, tributaires divergents de la *Moselle* et du *Rhin* ; le flanc droit du massif est escarpé par le fossé oblique de la *Bruche*. Dans l'intervalle de ces cours d'eau, surtout entre la Bruche, la Fave, la haute Meurthe et le Rabodeau, les *moyennes Vosges* présentent les aspects les plus divers. Au-dessus de la Bruche le contrefort de la *Chatte pendue*, qui appuie les *chaumes voisins* du Donon, monte à 880 mètres d'altitude; la tête d'*Ormont*, racine de la chaîne au-dessus de Saint-Dié, mesure 890 mètres. Mais, alors, le soulèvement perd en relief ce qu'il gagne en largeur : les communications sont relativement faciles de Lorraine en Alsace. « Dans toute cette zone la formation de grès vosgien prédomine, les roches plus anciennes se montrent seulement au fond des vallées. » (Ch. Grad.) C'est, dans les parages du *Donon* et de ses environs une région d'un grand charme pittoresque. Des vallons se creusent à travers les strates de grès en encorbellement que couronnent de magnifiques hêtraies. « Les eaux y glissent sans bruit et sans cascades sur du sable fin. Point de grands amas de gros cailloux roulés dans leur lit, et comme le grès vosgien laisse filtrer ses eaux, on ne voit pas autant de sources que sur les flancs des montagnes granitiques,

LE TEMPLE DU DONON.

mais celles qui jaillissent au fond des vallées sont extrêmement limpides. Les formes spéciales des rochers de grès vosgien, les lignes horizontales qui s'y dessinent, leur donnent un aspect de ruines qui s'allie heureusement avec les débris de constructions féodales dont plusieurs sont couronnés. » (Ch. Grad.)

Le *Donon* domine le soulèvement des moyennes Vosges à peu près à mi-distance de *Saint-Dié* à *Saverne* ou du val de la *Bruche* (par Saales) à celui de la *Zorn*. Tel est à peu près situé le **Hohneck** (1,366 mètres), sommet culminant des *hautes Vosges*, entre le *col de Saales* et la descente du ballon d'Alsace sur la *trouée de Belfort*. Bien que ce massif de granit soit moins élevé que le *Grand Ballon*, il doit à sa position centrale sur la chaîne un rôle important; c'est un nœud hydrographique de premier ordre et la clef du principal passage des Vosges. Ses flancs ne sont point découpés, mais présentent une masse arrondie, sur l'un et l'autre versant. On l'aborde facilement par le sentier frontière qui s'ajuste au *col de la Schlucht* à travers des bois de hêtres; la cime est gazonnée, sans aucun buisson. Mais tandis que, sur la pente lorraine, vers le sud-ouest, « le *petit lac de Blanchemer* abrite ses eaux diaphanes dans une coupe verdoyante », entre les escarpements du Hohneck et du Montabbey, se creusent la gorge de *Frankenthal* et le cirque alpestre de *Wormspel*.

« Chutes d'eau, torrents, escarpements, ravins, forêts, forment au *Frankenthal* un ensemble sauvage d'effet grandiose... Dans les anfractuosités poussent en fourrés l'érable, le hêtre, le sorbier des oiseleurs, le frêne, le sureau aux baies rouges; au milieu des plaques de gazon, l'arnica aux fleurs jaunes, des masses de renoncules dorées, le myosotis bleu, ou bien l'adhamante aux senteurs subtiles, accompagnés, dans les endroits humides, de l'angélique pyrénéenne. Nous pourrions composer ici tout un herbier d'espèces alpines en y joignant la digitale rouge et jaune, la ciguë aux feuilles ternes. Il tombe au *Frankenthal* 10 mètres de neige, et même plus, car de grandes masses sont balayées des hauteurs dans les cirques. Rien d'étonnant que la neige s'accumule en quantité suffisante pour former de petites avalanches au printemps... Dans le cirque de *Wormspel*, plus de neige. Le champ de névé, à l'éblouissante surface, visible encore au mois de juillet, a totalement fondu sans laisser de trace. Malgré le soleil et la pluie, les *amas* accumulés fondent lentement, parce que la neige transformée d'abord en glace constitue un embryon de glacier. Pour parler juste, il faudrait les appeler de petits *glaciers temporaires* auxquels il ne manque pour grandir que le temps de vivre jusqu'aux neiges nouvelles, avec un ciel plus couvert et un moindre degré de température. » (Ch. Grad.)

Phot. Mertens.

HAUT BARR, PRÈS DE SAVERNE.

KAYSERSBERG.

Le *Hohneck* est le Saint-Gothard des Vosges; il domine, d'une part, les sources de la *Meurthe*, de la *Vologne* et de la *Moselotte* (ruisseaux nourriciers de la *Moselle*); de l'autre côté, les torrents de la *Thur* et de la *Fecht*. Ce dernier ouvre avec la *Vologne*, par le *col de la Schlucht*, entre le Hohneck et le Tanet, la grande route d'*Épinal-Gérardmer* à *Munster-Colmar*. Cette route a été achevée en 1860 : à la place d'un sentier raboteux, à peine praticable aux montagnards ou aux bêtes légèrement chargées, une voie large, excellente, déroule ses replis au milieu des rochers, des forêts et des torrents. Mais la montée diffère de chaque versant. Du côté lorrain, la pente douce, gracieuse, suivant les cascatelles (*saut des Cuves*) et les rumeurs de la *Vologne* bavarde, gravit les rebords élevés du lac de *Longemer* sous un dôme de sapins gigantesques qui descendent jusqu'aux rives de la nappe miroitante. A 5 kilomètres du faîte, et tout près de la *Roche du Diable*, qui s'ouvre à travers la montagne, une sorte de promontoire avancé développe au regard surpris la profonde et solitaire vallée où dorment, enchâssées dans l'émeraude des bois, ces deux merveilles de grâce, les lacs de *Retournemer* et de *Longemer*, que réunit le fil d'argent de la *Vologne*. Le *col de la* **Schlucht** est à 1,150 mètres d'altitude et à 216 mètres en contre-bas du *Hohneck*. C'est la frontière : des poteaux à l'aigle noir l'indiquent sur la route. On compte 15 kilomètres jusqu'ici depuis *Gérardmer* et 17 k. 3 dans l'autre direction jusqu'à *Munster*.

Mais l'altitude de *Munster* étant inférieure à celle de Gérardmer, la route tombe en moyenne de 45 millimètres par mètre sur le versant alsacien, tandis qu'elle s'incline de 32 millimètres seulement du côté de la Lorraine. La route alsacienne de la *Schlucht* est donc plus escarpée; du col on aperçoit *Munster* par un temps clair.

Les lacets du chemin se multiplient aux flancs de la roche, surplombent les précipices et on dirait, au-dessus de *Soultzeren*, un ruban blanc

ALLEMAGNE.

taillé à vif dans un pan de muraille. Le *col de la Schlucht* est le **passage** central des Vosges; les autres se distribuent au nord et au sud en deux groupes. Au sud, les chemins que réunit le val de la *Thur*, venant de Moselotte et de la Moselle par les cols de *Bramont*, d'*Oderen* et de *Bussang*. Une voie ferrée remonte la vallée de la Thur, par *Thann* et *Saint-Amarin*, jusqu'à *Wesserling-Krüth*, et, de l'autre côté, la Moselle jusqu'à *Bussang*; la Moselotte jusqu'à *Cornimont*, tête de ligne sur les cols de Bramont et d'Oderen. (Incidemment, le *col des Charbonniers* débouche de la haute Moselle et, par le flanc du ballon d'Alsace, sur la vallée de la *Doller* et Massevaux, vers *Mulhouse*.)

Au nord de la Schlucht, l'éventail de la *Meurthe* et de son affluent la *Fave* conduit de *Saint-Dié* à *Colmar*, par Fraize et le *col du Bonhomme*, ouvert sur la *Béchine*, affluent de la *Weiss*; de *Saint-Dié* à *Sainte-Marie-aux-Mines* par la vallée de la *Liepvrette*, vers *Schlestadt*; ou par la *Fave* et le *col de* **Saales**, soit encore vers Schlestadt en empruntant le val de *Villé*, soit plutôt vers *Rothau, Schirmeck, Molsheim, Strasbourg*, par la vallée de la *Bruche*. En aval de Saint-Dié, une double route ajustée sur la Meurthe permet de gagner la voie de *Saales* par *Senones*, ou, en partant de *Raon-l'Étape*, *Schirmeck*, au pied du Donon. Ce sont, dans le rayonnement de *Saint-Dié*, trois routes, appuyées sur la Meurthe, qui se dirigent vers *Strasbourg*; et, par la Fave et la Meurthe supérieure, deux autres routes, l'une en double accès sur *Schlestadt*, l'autre directe sur *Colmar*, complément de la route de la Schlucht. Sur la gauche, les têtes des lignes ferrées sont à *Fraize, Saint-Dié, Senones*; à droite, *Lapoutroye* (de Colmar), *Sainte-Marie-aux-Mines* et *Villé* (de Schlestadt); enfin *Saales* (de Strasbourg). La voie ferrée de *Saales* remonte jusqu'à la frontière elle-même, et de plus elle tourne l'obstacle des Vosges centrales, en débouchant directement sur Saint-Dié et la vallée de la Meurthe. C'est sans doute le point le plus important de toute la frontière vosgienne.

VALLÉES VOSGIENNES.

Les **cours d'eau** alsaciens des grandes Vosges présentent une ordonnance remarquable. Aux deux extrémités de la chaîne, les courbes opposées de la *Thur* et de la *Bruche*, unies en leur sommet par la crête des montagnes, développent un grand arc de cercle dont la corde de base est tracée par l'*Ill*, fossé de drainage transversal du versant alsacien. Dans l'intervalle, deux groupes, formés par la *Fecht* et la *Weiss*, la Liepvrette et le *Giesen*, combinés deux à deux, débouchent des montagnes, l'un à la hauteur de *Colmar*, l'autre vers *Schlestadt*, et tombent au réservoir commun. Sur les flancs de ce vaste arc de cercle, la *Thur*, à gauche, est doublée extérieurement par la courbe de la *Doller* venue du *ballon d'Alsace* et dirigée par les pentes du *Bärenkopf* sur la plaine alsacienne; enfin, de l'autre côté de la Bruche et à l'extrémité des moyennes Vosges, l'harmonieux sillon de la *Zorn* creuse à Saverne le fossé terminal de la chaîne.

Même analogie dans le développement et la vie de ces vallées. Leurs torrents naissent à la racine d'anciens glaciers dont les **moraines** frontales superposent en travers de l'issue, des terrasses étagées par gradins vers la plaine; ou bien les eaux emprisonnées dans des cirques forment de petits lacs de montagne, régulateurs des torrents, à la fonte des neiges, et réservoirs d'eau naturels, pendant l'été. Ainsi le joli lac de *Sewen*, dans la haute vallée de la Doller; celui du *Grand Ballon*, qui s'écoule par le *Seebach* dans la *Lauch*, affluent de la *Thur*. Ce lac repose sur une digue morainique, à 950 mètres d'altitude; il est très poissonneux et profond de 20 mètres au moins, pour

HÔTEL DE VILLE DE MULHOUSE. — *Phot. de M. Braun.*

TOUR DE HOH-RAPPOLSTEIN. — *Phot. Alb. Lutz.*

MAISON DES MÉNÉTRIERS, A RIBEAUVILLÉ.

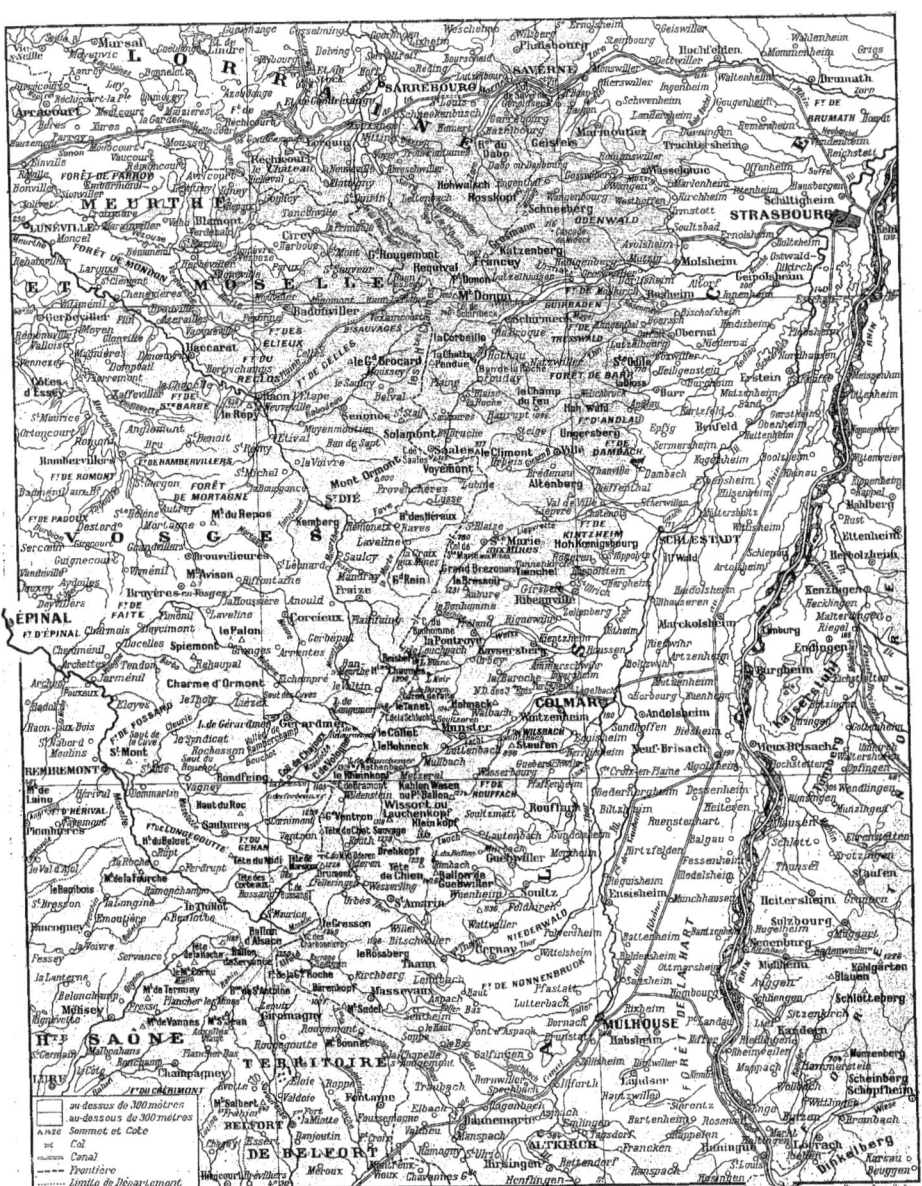

FRONTIÈRE FRANCO-ALLEMANDE DES VOSGES.

LES HALLES, A OBERNAI.

MAIRIE DE MOLSHEIM.

VIEILLE PORTE, A RIQUEWIHR.

menter un canal destiné au transport des matériaux. Survint plus tard un abat d'eau; le lac, déjà gonflé par une abondante fonte de neige, brisa l'obstacle qui l'enfermait et, sous une trombe subite, tout roula pêle-mêle, la digue et l'écluse, les arbres, les rochers, les bestiaux culbutés et les maisons arrachées. Une conduite souterraine munie de vannes écoule aujourd'hui le trop-plein du lac.

Plus haut que lui, et tapi sous les chaumes à l'abri de la crête, le lac de *Daren* envoie son tribut à la *Fecht;* dans le voisinage, les lacs d'Orbey, lac *Noir* et lac *Blanc*, s'écoulent par la *Weiss*, rivière sœur de la Fecht. Comparées aux lacs du versant occidental, ces deux nappes élevées ont un caractère agreste et sauvage. Dans une cuvette de granit taillée comme à l'emporte-pièce au flanc de la montagne, le *lac Noir* s'abrite sous des escarpements abrupts que couronnent, à droite de noirs massifs de sapins, à gauche des blocs arides semés de quelques chétifs buissons. La cascade qui tombe de 20 mètres au fond du lac a déposé lentement une plage de sable stratifié sur ses bords; l'on peut, suivant des yeux la chute d'eau, remonter avec elle de gradin en gradin jusqu'aux neiges qui persistent encore en plein mois de juillet à 2 ou 300 mètres plus haut. En dépit de son nom, l'eau du *lac Noir* est parfaitement limpide et transparente, excepté quand la tempête, engouffrée entre ses hautes parois, fait rage et soulève des vagues jusqu'à 2 mètres de hauteur.

Le *lac Noir* est à 980 mètres d'altitude, le *lac Blanc* à 1,054 mètres; par le *Blanc Rupt*, qui est son émissaire, celui-ci rallie les eaux du lac Noir et forme au-dessus d'Orbey le torrent de la *Weiss*, tributaire de la *Fecht*. A la porte de sortie des deux lacs, une moraine frontale, affleurement d'un ancien glacier, faite de cailloux et de blocs fortement comprimés, forme un bourrelet compact et solide sur lequel on a eu l'idée de construire une digue pour contenir le trop-plein des réservoirs : une superficie de 7 hectares environ. Lorsqu'il construisit Neuf-Brisach, Vauban utilisa ce réservoir à l'aide d'une digue et d'une écluse pour ali-

deux murs secs en granit, séparés par des amas de sable, de rochers, de terre et un massif de béton hydraulique, sont appuyés par des blocs intérieurs destinés à préserver le mur de soutènement contre la gelée. Ces barrages s'élèvent à 6 mètres pour le *lac Blanc*, 11 mètres pour le *lac Noir*, au-dessus du niveau moyen. L'eau s'écoule par des tuyaux en fonte protégés de côté et d'autre par une cage et munis au dehors d'une vanne de retenue qui débouche sur un canal à murs parallèles. Du côté du lac, un parapet protège l'ouvrage contre l'effort des vagues. Grâce à ces barrages, le danger et les ravages des inondations sont à peu près écartés, et lorsque les ardeurs de la canicule dévorent la plaine, buvant l'eau des rivières, une réserve de 3 millions de mètres cubes assure aux prairies une irrigation salutaire et le mouvement aux usines qui vivent de la vie du torrent. L'heureux succès des barrages d'Orbey a provoqué de divers côtés la construction de retenues semblables dans les vallées de *Münster* (la Fecht) et de *Saint-Amarin* (Thur), de *Guebwiller* (Lauch), de *Massevaux* (Doller). Et ce n'est pas l'un des moindres traits pittoresques des vallées vosgiennes que cette activité du torrent mêlée à celle de l'industrie humaine; le ronflement des eaux à côté de celui des machines.

TOUR DES BOUCHERS, A RIBEAUVILLÉ.

La vie industrielle est intense dans les vallées de la *Thur*, de la *Lauch*, de la *Fecht*, de la *Liepvrette*, de la *Bruche;* mais celle de la *Thur*, comme un rayon écarté de la grande cité voisine, Mulhouse, est particulièrement remarquable. *Thann* et ses fabriques de produits chimiques (intimement liées au développement de l'industrie textile), *Malmerspach* et ses filatures de laine, *Saint-Amarin*, *Wesserling*, *Krüth*, qui travaillent le coton (filature, tissage, blanchiment, impression) et jusqu'à *Wildenstein*, au cœur même des montagnes, marquent les étapes industrielles de la vallée. Au-devant des cols de Bramont, d'Oderen et de Bussang, *Wesserling* domine le centre de la région, du haut de sa moraine transversale, énorme digue de blocs, de galets, schisteux et de fragments divers entassés en terrasse au front d'un ancien glacier. L'énorme barrage est coupé en deux par le torrent. D'autres bourrelets similaires s'élèvent en arrière de Wesserling et marquent les retraits successifs des masses glaciaires, lorsque les précipitations neigeuses ne compensèrent plus la fusion de la glace à son extrémité inférieure. Des traînées de blocs erratiques avec sables et galets striés indiquent en longueur sur les deux versants de la vallée, à partir de Wesserling, les bords de l'ancien fleuve glacé.

Des **moraines** *frontales* analogues à celles de Wesserling, se rencontrent dans les Vosges, à 480 mètres dans la vallée de la Fecht; à 440 mètres (*Kirchberg*) dans celle de la Doller; à 450 mètres (*Giromagny*) dans celle de la Savoureuse, où les coups de polissoir du glacier sont particulièrement intéressants à observer; enfin à 420 mètres (*Longuet*) dans la vallée de la Moselle. (C. Grad.) Il ne faudrait pas un froid excessif pour faire remettre les anciens glaciers; un peu plus de neige, avec un abaissement de température de quelques degrés, suffirait.

Climat. — La température moyenne des montagnes à l'altitude de 1,200 mètres varie entre 5 et 4 degrés centigrades; on peut habiter toute l'année l'hôtel-chalet de la Schlucht. Les Vosges, en effet, bien que soumises pendant l'hiver à un froid très vif, n'ont pas de neiges perpétuelles, à l'exception toutefois de certains cirques abrités qui la conservent d'octobre à juin. Au printemps, les précipitations sont abondantes et les orages, fréquents durant l'été, provoquent une chute de température très sensible. Ces écarts de la chaleur au froid caractérisent la plaine d'Alsace, dont le climat est essentiellement continental; on cite certains jours où le thermomètre a varié de 15 ou même 20 degrés à la suite d'un orage, dans une seule journée. Mais l'automne des montagnes est souvent admirable; maintes fois, les bergers des hauts sommets ont pu voir sur les deux versants de la chaîne des brumes épaisses étendre leurs flocons humides et froids sur la basse plaine d'Alsace ou le plateau de Lorraine, tandis qu'ils baignaient eux-mêmes dans un air pur et limpide sous un soleil radieux. En général, le climat d'Alsace est plus sec, plus froid; celui de Lorraine, moins excessif, plus humide.

Cependant il faut s'éloigner des Vosges pour trouver en Lorraine les

RUINES DE SAINT-ULRICH.   Phot. Alb. Lutz.

arbres fruitiers et la vigne qui prospèrent jusqu'à 400 mètres d'altitude dans les vallons alsaciens. On chercherait en vain dans la *Bresse* ou à *Gérardmer* les raisins qui mûrissent à *Thann*, *Riquewihr*, *Turckheim*, *Ribeauvillé*. Dans la vallée de la Thur, les treilles remontent fort loin sur les pentes bien exposées, jusqu'à *Saint-Amarin* et même *Wildenstein*; dans le vallon de *Guebwiller*, jusqu'à *Lautenbach*; au val de *Villé* jusqu'à *Steige*. On attribue à l'empereur Probus l'introduction de la vigne en Alsace, au IIIe siècle : tout ne vient pas de l'autre côté du Rhin.

Les **vignobles alsaciens** tiennent un bon rang : leurs produits sont plus secs, plus chauds que ceux du Rhin; les *rieslings* vigoureux d'Alsace l'emportent sur ceux du Palatinat. On fabrique même des mousseux connus sous le nom de tisane d'Alsace. Parmi les vins les plus estimés sont le vin gris et parfumé de Riquewihr, le *rangen* de Thann, le *muhlfurst* de Hunawihr, le *brand* de Turckheim, le *sering* de Murbach, le *kitterlé* de Guebwiller, agréable au goût, mais terrible brise-mollets. A côté des crus du haut Rhin se placent ceux de l'Alsace inférieure, vins rouges d'Ottrott et de Morsbronn, *klewner* de Heiligenstein, *finkenwehr* des chartreux de Molsheim, enfin les vins de Wolsheim.

Ribeauvillé (*Rappoltsweiler*), entre Colmar et Schlestadt, dans un pli des montagnes centrales, tient une place d'honneur parmi les localités du vignoble alsacien. Chaque année, ses édiles, à la veille des vendanges, célèbrent le *Pfiffertag* ou fête des musiciens, en souvenir de l'ancienne corporation des ménétriers, joyeux compagnons dont les concerts égayaient autrefois les fêtes populaires. Leur chef, le noble comte de Rappolstein, les gouvernait avec le titre de « roi ». L'ancienne maison dite des *Ménétriers*, sorte d'hôtellerie, appelée encore *Maison de la Vierge* à cause de sa décoration; quelques vieux pans de murs et la haute tour des Bouchers, sont dans la ville les seuls restes du passé. Au-dessus des vignobles, les vieux murs des trois anciens manoirs, *Saint-Ulrich*, *Girsberg*, *Hoh-Rappolstein*, découpent sur le ciel leur silhouette romantique.

Presque toutes les localités du

GIRSBERG ET SES RUINES.   Phot. Alb. Lutz.

vignoble alsacien présentent le même caractère : des pans de murs, reste d'une enceinte fortifiée, des rues étroites à pignons pointus, mêlés de constructions modernes, quelques vieilles tours à côté de l'usine où l'on file et l'on tisse ; le passé mêlé au présent, sous le regard des ruines féodales qui couronnent les coteaux voisins. Ainsi se présentent *Egisheim* avec sa forteresse, *Kaysersberg* et son vieux burg impérial. **Kaysersberg** fut ville libre de l'Empire, comme Ribeauvillé : son prévôt, à la fois chef militaire et grand justicier, commanda souvent les contingents de la ville à côté de ceux de Colmar et de Strasbourg, pour réprimer les brigandages des landgraves. Aujourd'hui la cité est démantelée ; quatre ou cinq tours, un corps de garde à colonnades, quelques maisons à toit aigu, le donjon et son vieux château lui restent encore.

Le climat sous-vosgien est moins rude que celui des montagnes et de la plaine : on dirait qu'à cause de cela tout un chapelet de petites cités se sont réfugiées à l'ouverture de la plaine avec les vignes, dans les plis de la montagne ; on y était plus à l'abri, plus en sûreté aussi. Ainsi s'égrènent au pied des Vosges, *Cernay*, *Soultz*, *Guebwiller*, *Rouffach*, *Wintzenheim*, *Turkheim*, *Kaysersberg*, *Ammerschwir*, *Barr*, *Obernai*, *Rosheim*, *Molsheim*, etc. ; et partout, sur les promontoires, des ruines féodales. La plus importante ruine d'Alsace est celle de la **Hoh-Kœnigsbourg**. Barberousse en fut le fondateur. L'ensemble de ses ouvrages mesure 270 mètres de long et les murs ont jusqu'à 10 mètres d'épaisseur : cinq portes fortifiées en défendaient l'accès ; enfin de hautes et solides tours complétaient sa masse imposante. De l'ancienne hôtellerie faite pour recevoir les hôtes de distinction, il ne reste pas vestige. Les hôtes de Barberousse s'arrêtent aujourd'hui un peu plus bas que le château, dans un hôtel récemment aménagé. L'imposante masse de la Hoh-Kœnigsbourg domine toute la contrée environnante et s'aperçoit de fort loin. *Schlestadt* la voit tout à clair : d'ailleurs le château et la forêt qui l'entoure appartiennent à la ville. Colmar et Schlestadt, sa voisine, s'avancent au centre de la plaine d'Alsace, à la rencontre des montagnes.

LA PLAINE D'ALSACE ET SES VILLES.

Schlestadt est une très ancienne ville ; les rois francs, Charlemagne y résidèrent. Française depuis le xviie siècle et ancien chef-lieu du département du Haut-Rhin, la ville, assiégée inutilement en 1814 et 1815, fut bombardée et prise en 1870, malgré l'exploit du capitaine *Stévenot* qui avec 48 hommes seulement tint en échec, quatre heures durant, 400 Allemands, les mit en fuite et rentra avec 7 prisonniers, n'ayant dans sa vaillante troupe que 2 blessés. Les remparts de Schlestadt ont été abattus ; de grandes avenues donnent maintenant jour dans la ville. Son aspect a perdu en pittoresque, mais il n'y manque pas encore de souvenirs intéressants : la vieille porte de l'horloge, avec son beffroi et ses peintures originales ; l'église Sainte-Foi, celle de Saint-Georges, édifice de styles différents, du xiie au xve siècle ; enfin une bibliothèque municipale fondée par le curé de Schlestadt en 1462, au début de l'imprimerie et très riche en incunables (livre de *Beatus rhenanus*). Dès le xve siècle, la ville possédait une école d'humanistes renommée. L'art de vernisser la poterie fut une invention de Schlestadt au xiiie siècle. Aujourd'hui trois manufactures, les seules d'Alsace en ce genre, filent et tissent les métaux et en font des toiles métalliques.

Colmar est situé à 16 kilomètres du Rhin, au pied de l'amphithéâtre des Vosges : l'Ill, qui coule à quelque distance de la ville vers l'est, en reçoit un ruisseau, la *Lauch*, frère du torrent de Guebwiller qui conflue vers la Thur. Il rallie, à travers Colmar, le *Logelbach*, canal dérivé de la Fecht. Les deux ruisseaux, surtout à

UN COIN DE LA *LAUCH*, A COLMAR.

LE LONG DU *LOGELBACH*, A COLMAR.

MAISON DES TÊTES, A COLMAR.

l'est, avec leurs vieilles maisons en bordure ornées de petits jardinets fleuris, les lavoirs bavards, les arbres, les festons de treilles suspendus au-dessus de l'eau, offrent plus d'un coin pittoresque; il est fâcheux pour le regard que l'odorat n'éprouve pas les mêmes joies. Ce n'est d'ailleurs qu'une exception. *Colmar*, ancienne ville libre de l'Empire (1226) avait un gouvernement autonome et comptait en 1354 parmi les dix villes de la *Décapole d'Alsace*. Française depuis la campagne de Turenne en 1675, trop à l'étroit derrière sa vieille enceinte, elle s'étend aujourd'hui de tous côtés. Le quartier neuf de la Préfecture et du Champ de Mars, avec les statues du général Rapp et de l'amiral Bruat, n'a rien à envier aux villes les plus modernes; la perspective est fort belle sur la rue de Rouffach. *Rapp* est un enfant de Colmar; engagé à seize ans, il fut de tous les grands combats de l'empire, reçut vingt-deux blessures et s'illustra par la défense de Dantzig. *Bruat* eut une rare intrépidité : à Navarin, dans le Levant, à Tahiti, dans la mer d'Azov, comme chef de l'armée navale d'Orient, il se montra soldat, marin et diplomate.

Colmar compte encore, parmi ses enfants, le fabuliste poète *Pfeffel* mort en 1809; le grand peintre graveur Martin *Schongauer* (fin du XVe siècle).

Ici, d'ailleurs, les souvenirs abondent. Dans la vieille ville, les rues cheminent au hasard, s'allongent à droite, à gauche, avec la surprise des carrefours, des ruelles inattendues, et des maisons anciennes, comme la maison des *têtes* au pignon orné de figures étranges, celle des *arcades*, le délicat balcon Renaissance du *commissariat de police*;

Phot. V. Franck.
TOUR DE L'HORLOGE, A SCHLESTADT.

le *Kaufhaus*, sa gracieuse balustrade à jour autour du toit et sa rampe aux lourds balustres de pierre (aujourd'hui chambre de commerce au premier étage). Entre toutes, la maison *Pfister*, au coin de la rue des *Marchands* bordée d'anciennes maisons, est un beau spécimen des anciennes habitations bourgeoises : artistement découpée, tourelles en encorbellement, galeries extérieures, escalier en saillie, c'est un vrai musée dans la rue. Tout près de là, l'ancienne *collégiale Saint-Martin* est un bel édifice gothique; malgré l'une de ses tours inachevée, l'autre coiffée d'un chapeau chinois, elle ne fait pas mauvaise figure parmi les beaux édifices religieux. La perle des anciens monuments de Colmar est le *cloître* des *Unterlinden*, ancien couvent de dominicaines, autour d'une cour intérieure aux délicates ogives trilobées. Dans la belle église conventuelle, un musée de peinture réservé aux connaisseurs la joie de tableaux provenant des maîtres *Holbein*, *Dürer*, *Schongauer*, dont la statue méditative, œuvre de Bartholdi, s'élève dans la cour intérieure du cloître. Quelques tableaux de *Henner* complètent la collection au rez-de-chaussée. Sous les galeries claustrales, un musée lapidaire et archéologique conserve des objets précieux pour l'historien : la bibliothèque et une Société d'histoire naturelle occupent le premier étage.

Colmar (36,590 habitants) est un chef-lieu de district de la Haute-Alsace. C'est une grande et belle ville, très tranquille; mais sa situation au débouché des Vosges centrales, à mi-chemin de Bâle à Strasbourg, et à portée de la montagne et du fleuve, lui donne une importance particulière.

VUE DE VIEUX-BRISACH. (Rive droite du Rhin).

En arrière de Colmar et à l'appui de Schlestadt, l'*Ill*, récepteur commun des eaux vosgiennes, coupe la plaine, du sud au nord, entre le Rhin et les montagnes. C'est la rivière d'Alsace par excellence (*Ill* ou *Ellsass*, pays de l'*Ill*). Elle descend du Jura franco-suisse, entre des talus de soutènement qui portent leur front jusqu'aux environs de Mulhouse. En retrait, de droite et de gauche, la trouée de *Bâle* et celle de *Belfort* : à mi-côte du terrassement, *Altkirch* ; enfin *Mulhouse*, gardant comme un seuil avancé entre les Vosges et le Rhin, les routes de France, de Suisse et d'Allemagne. *Mulhouse* au sud, *Strasbourg* au nord, près de l'embouchure de l'Ill, sont les deux *pôles* de la *plaine d'Alsace*, en arrière des deux portes occidentales, *Belfort* et *Saverne*.

Altkirch, dont la haute tour, la plus haute de l'Alsace, veillait autrefois, comme une sentinelle au-dessus de Mulhouse, sur tous les pays environnants, domine encore la région de l'Ill supérieur ou *Soundgau*, pays du sud, par opposition au *Nordgau*, pays du nord ou Alsace inférieure : la première appellation seule subsiste dans le langage ordinaire. Le *Soundgau* est une région originale de collines et de plateaux, dont l'altitude oscille entre 400 et 500 mètres au nord de Ferrette, pour atteindre brusquement au-dessus de 800 mètres avec les premiers gradins du Jura. Mais déjà ce n'est plus l'Alsace. L'Ill naît à environ 525 mètres d'altitude, près de Winckel ; le sillon qu'il trace, comme celui de la *Largue*, son premier affluent, n'a le caractère d'une vraie vallée que dans le voisinage des sources. A mi-côte du Soundgau, l'*Ill* range le pied de la terrasse sur laquelle *Altkirch* dresse son église (l'église actuelle est moderne et remonte à 1850), au-dessus de la voie ferrée Belfort-Mulhouse-Bâle. Là se sont rencontrés, au seuil de l'occident romain, les *Rauraques* d'origine celtique, les *Burgondes*, les *Helvètes*, comme à une étape naturelle, avant de franchir la porte ouverte entre le Jura et le pied des Vosges. La population, très mêlée d'origine, a pris dans le Soundgau un caractère propre, rapproché de celui des Suisses. *Dannemarie*, *Hirsingen*, *Ferrette*, *Altkirch*, le chef-lieu, sont les principales localités. *Dürmenach* compte de nombreux israélites.

HOH-KŒNIGSBOURG, PRÈS SCHLESTADT.

Le *Soundgau* est une région éminemment agricole : des bouquets de bois, des prairies, des champs de froment sur les pentes sillonnées par les lents attelages de bœufs ; quelques vignes encore qui se chauffent à l'abri des coteaux exposés au soleil, tels sont les traits communs au paysage. Peu ou pas d'industrie (horlogerie) ; c'est le contraire des vallées vosgiennes, de Mulhouse surtout, qui est le centre industriel le plus important d'Alsace.

Mulhouse (88,465 habitants) est la seconde ville d'Alsace. Au carrefour des routes qui rayonnent sur le Rhône, le Rhin, la Suisse et le Nord, son brillant avenir était scellé d'avance. D'abord fief des évêques de Strasbourg, puis des Habsbourg originaires de la Suisse voisine, la cité prit rang dès le xive siècle parmi les villes libres de la *Décapole* d'Alsace, petites républiques analogues aux cités suisses. Les

MURS ET COUR DE LA FORTERESSE DE HOH-KŒNIGSBOURG.

Phot. Mertens.

UNIVERSITÉ DE STRASBOURG.

traités de Westphalie qui donnèrent l'Alsace à la France laissèrent à Mulhouse ses libertés et c'est seulement en 1798 que la ville se donna *librement* à la France : six semaines après, le 15 mars, la population célébrait avec enthousiasme la fête officielle de cette réunion. Depuis lors, brisant les limites étroites imposées à son activité, la cité n'a cessé de grandir. Hormis deux belles églises et un vieil *hôtel de ville*, gracieuse construction du XVIe siècle, dont un escalier couvert à double rampe et des peintures murales ornent la façade, Mulhouse a gardé peu de monuments capables d'arrêter les touristes; en revanche, c'est l'une des plus importantes cités industrielles du monde.

Les premières indiennes y furent fabriquées en 1746, à peu près au temps où *Cernay*, sa voisine, donnait un essor inconnu aux tissages (1750). *Wesserling* se vante d'avoir produit la première filature de la région, mais c'est à *Mulhouse* que la vapeur fut appliquée à l'industrie textile. Depuis lors, filatures, tissages de laine et de coton, impressions de toiles peintes, de mousselines, riches tissus, ateliers de construction de machines, fonderies, fabriques de produits chimiques, tout s'y est multiplié à la fois. Il n'est pas jusqu'aux cultivateurs voisins, piqués par la prospérité de la ville, qui n'aient voulu aussi industrialiser les produits de leurs champs par l'établissement d'une *société laitière* qui recueille tout le lait du voisinage. Avec ce lait, garanti pur (comme toujours), on fabrique des fromages qui sont expédiés au loin. Mais *l'industrie textile* est le propre de Mulhouse; la moitié au moins des ouvriers qui vivent en Alsace de ce travail habite Mulhouse ou les environs. Ses impressions sont réputées pour leur bon goût et leur originalité; nulle part ailleurs la fabrication des toiles peintes n'a été portée à ce degré de perfection. Aussi les diverses manufactures les déroulent-elles par millions de mètres; il n'y a que l'Angleterre et l'Écosse, avec des produits de qualité inférieure, pour se partager avec Mulhouse la meilleure part d'une immense clientèle. Le mérite de cette prospérité industrielle doit être attribué en partie à la *Société industrielle de Mulhouse*, dont l'hôtel et le musée occupent la partie inférieure de la place de la Bourse, au centre d'un beau quartier. Cette Société, sorte d'association de secours mutuels fondée en 1826 par les fabricants pour s'éclairer, se soutenir, fut reconnue d'utilité publique en 1832. Diverses sections s'y occupent de mécanique, de chimie, de statistique, de beaux-arts, de questions ouvrières et travaillent sans cesse à améliorer les conditions du travail et des produits, en leur assurant le bénéfice de découvertes nouvelles et de débouchés tous les jours plus étendus. La Société entretient de riches collections, des écoles techniques et a pris l'heureuse initiative de cités ouvrières qui, en améliorant la vie de l'ouvrier par l'épargne et l'acquisition à bas prix de son logement et des choses nécessaires à la vie (sociétés de consommation), ont créé une grande ruche laborieuse autour des usines, une ville nouvelle à côté de l'ancienne. Mulhouse est fière de son industrie et de ses œuvres ouvrières; c'est un modèle qui n'a pas encore été dépassé; et il n'est pas d'hier.

Une partie de l'Alsace vit de son **industrie** textile, *Thann*, *Bouxwiller* en Alsace comme *Dieuze* en Lorraine. *Tarckheim* et *Rixheim* ont de grandes papeteries; *Strasbourg*, *Barr* et *Metz*, des tanneries importantes. La culture des *céréales* : blé, avoine, orge, seigle, houblon, tabac, chanvre, pommes de terre, est aussi fort développée dans la plaine et les vallées latérales. Mais le **sous-sol** est pauvre : quelques sources froides salines ferrugineuses ou alcalines acidulées, *Carola*, *Soultzmatt*, *Bronn*, *Soultz-les-Bains*, *Niederbronn*; plusieurs sources de *pétrole* dans la région de Wissembourg et de Haguenau, telles sont, avec les carrières de grès vosgien, les principales ressources.

CATHÉDRALE DE STRASBOURG.

On a depuis plus d'un demi-siècle abandonné les anciens filons argentifères de *Sainte-Marie-aux-Mines*.

Au contraire, la *Lorraine* (1) est riche en **mines** : *houilles* du cercle de Forbach (qui prolonge le bassin de la Sarre); mines de fer et *hauts fourneaux* de Hayange, Gros-Moyeuvre, Ottange, Ars-sur-Moselle (Metz-campagne), Stieringen-Wendel (cercle de Forbach), près de Niederbronn, en Basse-Alsace; *salines* de la Sarre et de la Seille (Sarralbe, Moyenvic, Ley, Dieuze, Chambrey). L'industrie de la *verrerie* (Saint-Louis, Meisenthal, Trois-Fontaines); celle de la *porcelaine* et du *grès* (Sarreguemines) sont aussi prospères en Lorraine.

L'Alsace, en revanche, possède l'industrie fort originale des établissements de *pisciculture de Huningue*. C'est à l'aide des subventions de l'empereur Napoléon III qu'a été créé cet établissement modèle (1852-1858) pour la multiplication des *saumons*, l'acclimatation de nouvelles espèces et la conservation des *truites*, qui menaçaient de disparaître dans les torrents des Vosges.

Pays de transit, l'Alsace-Lorraine fait les trois quarts de son *commerce* avec l'extérieur. Outre de grandes voies *fluviales* (canal de la Marne au Rhin, canal du Rhône au Rhin, qui sillonnent la double trouée terminale des Vosges, et le Rhin lui-même), elle possède un réseau de voies *ferrées* extraordinairement serré, mais organisé surtout en vue du rattachement stratégique et économique à l'Allemagne.

Strasbourg, ancien village *celtique*, dont les Romains conservèrent le nom (*Argentorat*) lorsqu'ils en firent un poste fortifié contre la Germanie, est situé non loin de l'embouchure de l'*Ill* et à 3 kil. environ du *Rhin*, au point de convergence des routes de la plaine, vers l'un des principaux passages du fleuve. Quand la digue romaine échelonnée le long du Rhin céda sous l'effort de l'invasion, Strasbourg se trouva enveloppé de barbares et comme perdu dans cette marée montante. La victoire de *Tolbiac*, en rejetant les *Allamans* en Germanie, rendit la ville à elle-même; *Clovis*, converti à la foi chrétienne, y dressa, en vue du fleuve, une église primitive (510), comme l'étendard d'une civilisation nouvelle en face de la barbarie.

PALAIS IMPÉRIAL, A STRASBOURG.

Strasbourg (forteresse, *burg*; de la route, *strasse*) resta *franque* durant trois siècles, son siège épiscopal prit une grande importance politique et religieuse, que *Charlemagne* augmenta encore. C'est à *Strasbourg* (842) que *Louis le Germanique* et *Charles le Chauve* scellèrent leur alliance par un serment fameux qui est resté l'un des plus anciens monuments de notre langue. Longtemps la ville releva exclusivement de ses évêques; des franchises successivement obtenues aux XIIe et XIIIe siècles furent définitivement imposées en 1260 par les milices strasbourgeoises, qui commandait un petit seigneur du pays helvète, *Rodolphe de Habsbourg*, plus tard empereur et chef d'une illustre maison. La république de Strasbourg vécut ainsi forte et indépendante durant le moyen âge, comme *ville libre* et immédiate de l'empire : une petite armée de 5,000 fantassins et de 2,000 cavaliers lui permit d'en imposer aux hobereaux pillards du voisinage. Sa belle cathédrale, les essais décisifs d'imprimerie qu'y fit Gutenberg (1434-1440) l'illustrèrent alors.

En 1681, par une *capitulation* signée le 30 septembre, la cité ouvrit ses portes à Louis XIV, déjà maître de l'*Alsace*; toutes les libertés communales furent maintenues et les évêques conservèrent leur ancien domaine avec le titre de prince. Depuis lors, Strasbourg est demeurée *française*, malgré les deux sièges de 1814 et de 1815, d'ailleurs inutiles, jusqu'au bombardement terrible qui, en 1870, la réduisit à merci, couverte de morts et de ruines. L'horreur de ce spectacle est encore présente à toutes les mémoires. Commencé le 23 août, le bombardement ne cessa que le 27 septembre. Les défenseurs étaient 18,000, sous les ordres du général *Uhrich*; encore doit-on compter seulement comme

(1) L'indication des ressources économiques de l'Alsace-Lorraine a été concentrée ici, pour n'y plus revenir.

FAÇADE DE LA NOUVELLE POSTE, A STRASBOURG.

L'ILL, A STRASBOURG.   P. Jousset.

Quand les remparts ne furent plus qu'un amas informe, les rues encombrées de décombres, de poutres noircies, de fer tordu, 500 maisons réduites en poudre, 2,000 habitants mutilés, la population décimée, 8,000 malheureux entièrement ruinés, vivant dans des caves, des trous, des huttes misérables, il fallut se rendre. Et l'on parle encore de Heidelberg !

Aussitôt après l'annexion, les Allemands doublèrent l'étendue de la ville, en ne conservant de l'ancienne enceinte que la partie voisine de la citadelle (1). A côté de l'ancien Strasbourg, groupé autour des deux bras de l'Ill et dans le cercle intérieur que forme la rivière, une ville nouvelle s'étend au large du côté de l'est, mais elle est loin d'être peuplée encore. Le *Palais impérial*, celui de la *Délégation régionale* (*Landesauschus*), l'*Université*, richement dotée, la *Poste* immense, sont le plus bel ornement de ce quartier : au loin, le parc de *Contades* et, entre l'Ill et le canal, le magnifique et ancien *parc de l'Orangerie*. Ce nouveau Strasbourg est large, somptueux, mais un peu vide et morne; ce n'est plus Strasbourg.

Non loin de la belle promenade du *Broglie* et de la place *Kléber*, la ville montre avec orgueil sa *vieille cathédrale*. Plusieurs fois rebâtie, ébranlée par les tremblements de terre, rasée par l'incendie, la cathédrale fut reconstruite au xi° siècle par l'évêque *Vernher ;* le chœur ainsi que la crypte sont d'un beau style roman.

troupes régulières : un régiment de ligne (le 87°), quelques compagnies de pontonniers, un dépôt de chasseurs, 600 artilleurs en tout. Le reste comprenait quelques débris de Frœschwiller, des mobiles et des gardes nationaux armés à la hâte. Les assiégeants étaient, dès le début, 20,000, puis 60,000, puis plus de 80,000 Badois et Bavarois, sous les ordres du général *de Werder*. L'investissement était complet le 13 août. Le bombardement dura trente et un jours complets, durant lesquels 241 bouches à feu lancèrent près de 194,000 projectiles : obus, shrapnells, bombes, etc. La nuit du 24 août fut terrible entre toutes; le *Musée de peinture*, qui renfermait des toiles précieuses du Tintoret, du Corrège, de Véronèse, de Jordaens, de Philippe de Champaigne, etc., la *Bibliothèque* et ses milliers d'incunables, le *Temple-Neuf*, les plus belles maisons, des rues entières furent la proie de l'incendie et réduites en monceaux de ruines.

Le lendemain, car l'horrible canonnade ne cessait ni jour ni nuit, la *cathédrale* flambait, sa toiture effondrée, l'orgue éventré, les vitraux en pièces, les statues mutilées, et, détail plus poignant, les obus éclataient sur *l'hôpital civil*, parmi les malades et les blessés à demi morts déjà. En vain l'évêque était allé en parlementaire demander au général *de Werder* de tourner ses efforts sur la citadelle et les remparts et d'épargner la ville elle-même et ses habitants. On demanda passage pour les femmes, les enfants et les vieillards : tout fut inutile. Il fut répondu que la population inoffensive étant un élément de faiblesse pour la ville, on ne pouvait abandonner un si précieux avantage. Cela se passait à la fin du xix° siècle ! Enfin, la généreuse intervention de trois délégués suisses obtint, après trois semaines d'angoisses, l'élargissement de quelques malheureux.

Au xiii° siècle, *Conrad de Lichtenberg* y ajusta une très belle nef et entreprit une façade dans le goût des cathédrales françaises; c'est un des beaux spécimens du style gothique, le plus beau après celui de Cologne, sur le Rhin. Un grand artiste, *Erwin de Steinbach* (qui probablement n'était pas de Steinbach [Bade] bien qu'on lui ait élevé une statue en cet endroit), construisit la façade; après sa mort (1318), son fils Jean acheva l'œuvre; un autre de ses enfants, Sabine, sculpta pour la cathédrale des statues qui sont des chefs-d'œuvre (portail sud).

(1) Voyez *Strasbourg*, place de guerre, p. 139.

LA PLACE KLÉBER, A STRASBOURG.

Bien qu'elle manque d'unité dans le style et de proportions dans ses diverses parties, avec une flèche démesurément élevée, 142m,42 (cathédrale d'Ulm, 161 mètres; Cologne, 156 mètres), la cathédrale de Strasbourg produit une forte impression de grandeur. La façade est un chef-d'œuvre de ciselure : les plus grands princes, Clovis, Dagobert, Rodolphe de Habsbourg, Louis XIV à cheval, Othon, Charles Martel, Louis le Débonnaire, Charles le Chauve, y figurent comme à un rendez-vous; colonnettes, clochetons, rosaces, arabesques de fines nervures qui semblent défier le ciseau, tout cela est admirable. L'intérieur conserve une chaire, délicat travail de la Renaissance, par Jean Hammerer, et la fameuse *horloge astronomique* deux fois remplacée depuis 1352, en dernier lieu par un artiste de Strasbourg, M. Schwilgué (1842).

Strasbourg a vu naître *Kléber*, dont la statue, par Grass, orne la grande place centrale; *Kellermann*, le pasteur *Oberlin*, *Gustave Doré*. Des statues y ont été élevées à *Gutenberg*, par David d'Angers; à *Desaix*, non loin du Rhin, dans une parcelle conservée à la France. Enfin l'église Saint-Thomas possède le monument du *maréchal de Saxe*, par Pigalle.

L'importance économique de Strasbourg ne s'est pas développée en proportion de sa valeur stratégique. Ses *pâtés de foies gras*, sa *bière* sont universellement renommés. Des fonderies, des fabriques de toiles cirées, de conserves alimentaires constituent la principale industrie. Il se fait un grand commerce de *houblon*, de *chevaux*, de *pelleteries*, etc.

Strasbourg (150,270 habitants), capitale de l'*Alsace-Lorraine*, est la résidence du *Statthalter*, délégué par l'empereur pour le gouvernement de la province; c'est le chef-lieu du XVe corps d'armée allemand.

En arrière de Strasbourg, le col de **Saverne**, ouvert par la Zorn, fut le chemin de toutes les invasions; par là passent, à côté de la rivière, le canal de la Marne au Rhin, la voie ferrée de Metz et de Nancy, enfin la route qui conduit à Strasbourg par deux directions, *Hochfelden* et *Wasselonne*. Perché sur un piédestal de rochers, le donjon de *Hoh-Barr*, « œil de l'Alsace », veillait sur ce passage. Les princes-évêques de Strasbourg y eurent une résidence; le nouveau château, construit à la fin du XVIIIe siècle par le cardinal Louis de Rohan, est un beau palais. *Saverne*, même de nos jours, ne ment point à son originine (*tres tabernæ*, les trois hôtelleries) : la grand'route est encore la principale rue de la ville. L'industrie est représentée par les usines du *Zornhof*. On trouve aux environs de belles ruines : les anciens châteaux de *Geroldseck* et d'*Ochsenstein* et, dans la jolie vallée de la *Zinzel*, les habitations de troglodytes du *Graufthal*.

Le rebord en demi-cercle des moyennes Vosges conduit de la Zorn à la Lauter, de *Saverne* à *Wissembourg* et, dans l'intervalle,

PORTAIL NORD DE LA CATHÉDRALE ET LE BROGLIE (Boulevard), A STRASBOURG.

Phalsbourg, la *Petite-Pierre*, *Bitche* commandent l'accès du plateau.

Haguenau s'élève sur la Moder, au centre de l'hémicycle, mais en contre-bas, dans la plaine : c'est vers ce point que convergent toutes les routes descendues des terrasses voisines et se dirigeant, comme celle de Saverne, sur Strasbourg.

Haguenau a vu les premières batailles de la guerre de 1870. *Wissembourg*, *Wœrth*, *Fræschviller*, *Morsbronn* (Reichshoffen) résonnent comme de glorieux, mais douloureux souvenirs. Tous ces points jalonnent le talus du Hardt et des moyennes Vosges au-dessus de la plaine et défendent la route de Haguenau-Niederbronn-Sarreguemines-Sarrebrück, du Rhin à la Moselle.

Le général *Douay* tenait, en sentinelle avancée, *Wissembourg* (1); le 4 août, la troisième armée allemande, commandée par le prince royal

---

(1) Wissembourg commande la route de Pirmasens, Deux-Ponts, à travers le Palatinat.

(plus tard Frédéric III), le surprit et 40,000 hommes refoulèrent, malgré des prodiges de valeur, les 5,000 Français du général Douay, qui fut tué dans la bataille. Aussitôt, le maréchal de *Mac-Mahon* prit position près de *Werth*, *Froschwiller* (1) et *Reichshoffen*; un engagement d'avant-garde dégénéra, le 6 août, en bataille générale; les Allemands étaient 126,000 hommes, avec 300 pièces de canon, contre 46,000 Français et 120 canons. « Le combat fut opiniâtre et des régiments entiers se firent écraser sans reculer; l'artillerie montra un superbe courage : elle perdit vingt-huit pièces sous le feu; mais la supériorité du nombre était trop grande. Pour dégager l'aile droite, qui avait été débordée, la brigade de cavalerie Michel reçut l'ordre de charger. Le 8e et le 9e cuirassiers et deux escadrons du 6e lanciers se lancèrent à la charge contre l'infanterie ennemie à travers les houblonnières. On cultive le houblon en le faisant monter le long de grandes perches; les chevaux s'y embarrassaient. Cependant la charge passa comme un ouragan et vint s'engouffrer dans le village de *Morsbronn*, dont les rues étaient barricadées. Semblable au bruit de la grêle, le son des balles résonnait sur les armures. » (Général BONIE.) Les cuirassiers furent anéantis; un très petit nombre se rallièrent; beaucoup furent tués; le reste, démonté et fait prisonnier.

« Cette charge est restée comme l'exemple du plus héroïque dévouement et de la plus magnifique intrépidité. » (Général NIOX : *La Guerre de 1870*.)

Cette fois encore, le nombre l'emportait; le maréchal de Mac-Mahon se retira des Vosges et de la Moselle sur Châlons. Le jour même de *Froschwiller* (6 août), la première et la deuxième armée allemande entraient en lutte avec le général Frossard à *Forbach* et *Spickeren*, au sud de *Sarrebruck*. Les Allemands étaient 70,000 hommes, les Français 30,000. Réduit à ses seules forces, le général Frossard dut céder le terrain; la route de *Metz* était ouverte, en même temps que celle de *Strasbourg*.

Toute l'étendue de la plaine entre le Rhin et les moyennes Vosges était autrefois, et même au début de ce siècle, couverte d'une immense forêt. On a défriché par places les terrains de limon. Partout ailleurs, où le sol trop maigre ne se prête pas aux cultures arables, le bois subsiste encore. La *forêt Sainte* ou *forêt de Haguenau*, indivise entre l'État et la ville, est pour celle-ci une source d'importants revenus (2). Peu ou point d'industrie d'ailleurs,

en cette contrée, hormis la culture en grand du *houblon* (plus de 120,000 perches); peu de monuments. L'ancien palais, où l'empereur Barberousse fut souvent conduit par le plaisir de la chasse, n'existe plus; il s'élevait dans l'îlot que forme la *Moder* au milieu de la ville; le maréchal de Créqui en fit détruire les restes en 1677. On a remplacé aujourd'hui le palais par une caserne; dans les environs de la ville, un grand champ de tir pour l'artillerie.

L'invasion de 1870 est venue par la trouée que barraient les **lignes** de **Wissembourg**, construites par le maréchal de Villars, le long de la Lauter, entre les plateaux du Hardt et le Rhin. Ces *lignes de Wissembourg* n'existent plus; la charrue a en partie nivelé le terrain. Faites d'un rempart de terre à parapet en glacis, avec la Lauter sur le front comme fossé, et des redoutes de distance en distance, elles barraient toute la vallée, de *Lauterbourg* à *Wissembourg* et au delà, jusqu'au col du *Pigeonnier* (route de Bitche). On pouvait, à l'aide de quelques digues munies d'écluses, étendre sur le front la zone d'inondation. Dès avant la guerre de 1870-71, *Wissembourg* était déclassé comme place forte, sa ligne d'appui étant désormais sans valeur.

Quant à *Lauterbourg*, place d'arrêt élevée sur l'emplacement d'un fort romain, les Impériaux l'avaient, au XIIIe siècle, entouré d'une enceinte crénelée avec quinze tours, à l'appui des fortifications de la ville haute construites par Othon III. À 2 kilomètres plus loin, sur un promontoire, le camp du *Trippelaker* formait la tête des lignes, immédiatement au-dessus du Rhin. Les retranchements du camp se voient encore; mais l'ancienne enceinte de Lauterbourg fut démantelée et les tours de la place, à l'exception d'une seule,

STRASBOURG : LES CIGOGNES.

Phot. Wolf.

L'*ILL*, A STRASBOURG.

P. Jousset.

(1) Froschwiller commande la route de Bitche-Sarreguemines et celle de Saverne.

(2) Il reste à l'autre extrémité de la plaine d'Alsace une autre ancienne forêt, celle de la *Hart* (ou *Harth*), entre Bâle et Ensisheim; mais c'est plutôt un pays boisé assez pauvre (32 kilomètres de longueur). Ensisheim fut le siège de la Régence autrichienne en 1431; puis du Conseil souverain d'Alsace, de 1659 à 1674.

ALLEMAGNE.

détruites en 1706. Lauterbourg est déclassé. Les lignes de *Wissembourg* sont intéressantes pour l'histoire des invasions germaniques en Alsace; déjà, suivant Ammien Marcellin, un chef des Allamans, s'était heurté en cet endroit contre deux forts romains.

On retrouve sur un promontoire des Vosges, au sud-ouest de Strasbourg, des vestiges de retranchements encore plus anciens, élevés par les premiers habitants du sol contre l'invasion. Telle fut, à n'en pas douter, la destination du **Mur païen** qui entoure de sa triple enceinte la plateforme du couvent et de la chapelle des Anges, à *Sainte-Odile*. Il ne faut pas moins de trois heures pour faire le tour de ces murs. Les assises sont faites de blocs de grès vosgien grossièrement équarris, posés deux à deux en épaisseur, sans mortier ni ciment, mais simplement de la terre et des pierres cassées dans les intervalles. Certains archéologues ont voulu voir dans ce camp retranché l'emplacement d'une ville ou d'une enceinte sacrée.

STRASBOURG : PALAIS DE LA DÉLÉGATION PROVINCIALE.

Le rempart commencé par les Gaulois fut remanié et agrandi par les architectes romains et servit certainement de refuge aux populations *gallo-romaines* et celtiques de la plaine et de la montagne contre les envahisseurs *germaniques*.

Non moins durable et plus significative encore, la persistance de l'*ancienne* **langue**, dans ces montagnes, demeure comme une protestation vivante contre l'invasion. Les gens d'*Orbey*, de la *Poutroye*, de *Sainte-Marie-aux-Mines*, de *Villé*, de la *vallée de la Bruche*, forment un îlot résistant de *population gallo-romaine*, distincte de ses voisins par les mœurs, le type et le langage. On parle là un patois roman dont le vieux français forme le fond, mêlé de vocables latins et celtiques. Bien que l'étude de l'allemand soit obligatoire dans les écoles, on ne l'emploie pas dans le langage courant. La conquête n'a pu que germaniser les noms de villages : *Sainte-Marie-aux-Mines* est devenu *Markirch*; *Orbey*, *Urbeis*; le *Bonhomme*, *Diedolshausen*; la *Poutroye*, *Schnierlach*, etc. Ces quatre vallées au nord de la Schlucht, la *Weiss*, la *Lieprvette*, le *Giesen* et surtout la *Bruche* renferment des groupes considérables de populations *welches*. Sainte-Marie-aux-Mines et ses environs appartiennent pour les deux tiers à cette origine; tout le canton de *Schirmeck* est du domaine roman: la langue française descend avec la *Bruche* jusqu'à Wisches. *Saales*, à l'autre extrémité, est exclusivement français.

De l'autre côté du *Donon*, la limite des langues suit la ligne de séparation des eaux entre la *Zorn* et la *Sarre*, sans toutefois qu'il y ait rien d'absolu dans cette distinction, et gagne par étapes *Sarrebourg*, *Albestrof* et *Boulay*. *Sarreguemines* parle allemand, mais le français domine à *Sarrebourg*; il est exclusif dans le canton de *Dieuze*, à *Château-Salins* et l'emporte dans la majeure partie des cercles de Sarreguemines, de Boulay, de Forbach. Tout *Metz* parle français; seuls les immigrés parlent allemand.

Pour l'*Alsace*, en dehors des groupes de montagnes déjà signalés et des *grandes villes* noyées dans la langue allemande, comme *Strasbourg*, *Colmar*, *Mulhouse*, où un très grand nombre d'habitants parlent exclusivement français, la ligne de partage des langues suit à peu près la crête des montagnes jusqu'à la base du *Bärenkopf*, pour traverser la trouée par *Massevaux*, *Dammemarie*, *Hirsingen*, *Lucelle*, à la frontière suisse. Mais plusieurs localités portent à la fois un nom français et un nom allemand : *Valdieu*, par exemple, que les Allemands nomment *Gottesthal*, bien qu'on y parle uniquement français.

Il est fort difficile d'assigner aux langues une *ligne de démarcation* absolue; le mélange des idiomes et des races se fait entre envahisseurs et envahis comme se mêlent les eaux d'un fleuve à celles de l'océan. Mais, à considérer en Alsace la persistance de l'ancienne langue, cette *ligne de crue* tracée par la marée montante de l'invasion germanique, il est remarquable que le flot, butant contre la chaîne principale des Vosges, a pénétré dans l'intervalle des monts, excepté dans l'épaisseur abritée au sud-ouest de Strasbourg; puis, refluant aux portes de la plaine, s'est amassé au sud vers la trouée de *Belfort*, au nord vers la trouée de *Saverne*, qu'elle a tournée, comme l'invasion récente.

Il ne faut pas, du reste, accorder à cette question des *langues* une importance exagérée; la langue

VIEUX QUARTIER DE L'*ILL*, A STRASBOURG.

des vainqueurs peut s'imposer par la conquête ; sans cela les Allemands ne se donneraient pas tant de mal pour y arriver en Alsace-Lorraine. Mais que l'on écrive *Markirch* pour *Sainte-Marie-aux-Mines*, *Schnierlach* pour la *Poutroye*, etc., les mots ne changent point la race, encore moins les sentiments. Ce sont des *mots* importés et pas autre chose ; d'euxmêmes ils ne prouvent rien. Le zèle d'une administration ombrageuse, les subtilités des philologues, les déclamations des pamphlétaires, pas plus que les dithyrambes sur « les frères de l'autre côté du Rhin » et « le morceau séparé de la patrie allemande » ne peuvent atteindre à une valeur de droit.

En réalité, le *nouvel empire* est un **conquérant** ; il ne relève ni des *Habsbourg*, dont l'Alsace était un domaine patrimonial voisin de leur berceau, ni de *Barberousse*, dont l'égide impériale était pour les républiques d'Alsace la sauvegarde de leurs franchises contre les hobereaux pillards. Tout ce passé n'a rien de commun avec la récente *annexion*. De l'autre côté du Rhin, autrefois couloir de la civilisation au seuil de la barbarie, la *masse germanique*, fondue au creuset de la foi chrétienne, a formé des peuples nouveaux réunis aujourd'hui en un groupement d'États dont le centre de gravité est à l'est. L'axe de l'empire s'est déplacé, et l'Alsace, *celtique* d'origine, *gallo-romaine*, puis *franque* durant huit siècles, *libre* en grande partie pendant la période impériale du moyen âge, *française* pendant deux siècles et demi, apparaît à l'ouest non point comme une dépendance, mais comme une *juxtaposition* récente de l'empire nouveau. Cette annexion brutale est un *anachronisme* à la fin du XIXᵉ siècle ; butin de guerre, l'Alsace demeure comme un gage vivant de la complicité guerrière qui a scellé l'union des diverses parties de l'Allemagne sous l'épée dominatrice de la Prusse.

Le traité de *Francfort* a détaché de la France ou morcelé, pour former l'*Alsace-Lorraine*, les anciens arrondissements de *Sarreguemines*, *Thionville*, *Metz* et *Briey*, de l'ancien département de la Moselle ; ceux de *Sarrebourg* et *Château-Salins*, du département de la Meurthe ; en partie le canton de *Schirmeck* et celui de *Saales*, autrefois au département des Vosges ; enfin, tout le département du *Bas-Rhin* et celui du *Haut-Rhin*, excepté *Belfort*, Giromagny, Fontaine (partie) et Delle, dont on a fait le territoire de Belfort, resté à la France. *Belfort* n'a pas été pris en 1870-1871 ; la place, vigoureusement défendue par le colonel *Denfert-Rochereau*, du 3 novembre 1870 au 16 février 1871, soutint un siège de cent trois jours, dont soixante-treize jours de bombardement, et c'est seulement par ordre du gouvernement de la Défense nationale que la garnison en sortit, avec armes et bagages.

L'annexion de l'Alsace par l'Allemagne fut suivie d'un grand exode de population (1) ; on voulut l'enrayer par la loi d'*option* (1872). Plus de 160,000 Alsaciens optèrent pour la France : 50,000 seulement purent sortir. Mais le mouvement de protestation, excité encore par la loi de recrutement de 1873, se manifesta hautement aux premières élections législatives : 15 députés, tous protestataires, furent envoyés au Parlement de l'empire.

Rien n'est plus digne d'intérêt que cette lutte du sentiment public chez un peuple contre le gouvernement qui lui est imposé par la force : créa-

CHAIRE DANS LA CATHÉDRALE DE STRASBOURG.

tion d'une *Délégation* (*Landesausschuss*) [1874], sorte de *diète provinciale* appelée à délibérer sur les intérêts du pays, à examiner les projets de loi proposés par le gouvernement impérial (1877), à produire enfin ceux que le pays lui-même juge utiles (1879) ; nomination d'un *lieutenant* représentant de l'empereur (*Statthalter*), pour ajuster autant que possible les vues du conquérant aux revendications des administrés ; mesures *conciliatrices* ou *vexatoires* (expulsion des Compagnies d'assurance françaises, suppression de la presse protestataire, exclusion du français des écoles, de la Délégation, des tribunaux ; nomination des maires livrée au gouverneur, passeports pour la frontière française ; politique des gouverneurs *Manteuffel*, prince de *Hohenlohe-Schillingsfürst*,

---

(1) 200,000 émigrés de 1871 à 1890.

Hohenlohe-Langenbourg); rien n'a pu éteindre la protestation des annexés contre la conquête brutale.

Une détente, cependant, s'est produite depuis 1893 : la contrainte des passeports a été atténuée; on parle d'abolir la loi dictatoriale. Mais quel résultat pour trente années d'efforts dans un pays tenu à merci !

CHEMINS DE FER D'ALSACE-LORRAINE.

L'annexion de l'*Alsace-Lorraine* entraîna celle de son réseau ferré. Le traité de Francfort en tint compte pour 325 millions au gouvernement français qui, en vertu de son droit de rachat, prenait par la circonstance, le rôle et les intérêts de la Compagnie de l'Est. L'ensemble du réseau annexé pouvait atteindre 760 kilomètres, dont plus de la moitié à double voie. Quant à la ligne Colmar-Münster, qui était la propriété de cette dernière ville, on en fit l'objet d'une négociation séparée avec le gouvernement allemand qui la racheta plus tard.

Il faut remonter jusqu'en 1839 pour trouver la première voie ferrée établie en Alsace : *Mulhouse-Thann*, dans la vallée de la Thur (1). Bientôt une grande ligne reliait **Strasbourg** à **Bâle** par la vallée du Rhin (1847) et détachait un tronçon, de *Mulhouse* sur *Belfort* et la grande route de Paris. A l'autre extrémité des Vosges, le col de Saverne livrait passage à la grande ligne **Strasbourg-Paris**, par *Avricourt-Nancy* (1852), avec prolongement ultérieur, de *Nancy-Frouard* sur *Metz* et *Sarrebrück* à la frontière prussienne. De Metz encore, une voie ralliait *Thionville* et au delà, le Luxembourg. D'autre part, sur la longue artère alsacienne *Bâle-Strasbourg*, prolongée au nord par *Wissembourg*, dans la direction de Spire et de Mayence, parallèlement au grand fleuve, une traverse occidentale fut amorcée, de *Haguenau* vers *Sarreguemines-Thionville*, voie directe du Rhin à la Moselle. En 1870, quand la guerre

(1) Les meilleurs éléments de cette étude sont dus à la *Revue militaire de l'Étranger*, rédigée par l'état-major français. Librairie militaire Chapelot et Cie, Paris.

PONT DE KEHL.

éclata, cette route importante n'était pas terminée : les trois quarts seulement étaient viables; mais par le raccord de *Sarrebrück-Metz*, elle conduisait à cette place. Une double ligne unissait donc *Strasbourg* à *Metz* : l'une par Haguenau-Sarreguemines, l'autre par Saverne-Avricourt, Nancy et Frouard. On avait d'ailleurs atténué ce double détour par la section médiane *Sarrebourg-Sarreguemines*, jetée entre les deux voies. Toutefois il s'en fallait que les communications fussent aussi directes et aussi rapides qu'elles le sont devenues depuis. Des tronçons de lignes locales se soudaient d'ailleurs à la base de *Strasbourg-Bâle*, et montaient de la plaine d'Alsace par les vallées des Vosges.

Mais tout ce réseau s'était développé successivement, sollicité par l'intérêt économique et les circonstances, beaucoup plus que par des considérations stratégiques. Une seule voie franchissait alors le Rhin, de *Strasbourg* à *Kehl*, entre l'Alsace et le grand-duché de Bade.

Aujourd'hui, tout est renversé. L'**Alsace-Lorraine** autrefois orientée du côté de la France, a dû être tirée par des liens de fer du côté de l'Allemagne d'outre-Rhin. On a multiplié les passages sur le fleuve, autant de voies pour la pénétration germanique, et resserré entre elles par des lignes multiples et rapides, les deux places *Metz* et *Strasbourg*, pivots de l'*occupation*. Tout le réseau ferré actuel d'Alsace-Lorraine a été organisé dans ce double but de rattachement extérieur et de renforcement. Ce qui ne présente qu'un intérêt purement économique a été mis à l'arrière-plan sans hésitation et malgré les réclamations réitérées des autorités locales; l'intérêt stratégique prime tout le reste.

Lignes de communication. — Dans la seule période 1872-1878, il a été dépensé 200 millions au moins pour le réseau ferré d'*Alsace-Lorraine* : 80 millions de 1878 à 1884; 40 millions de 1884 à 1892; 100 millions en trois ans, de 1892 à 1895. Une sorte de fièvre s'est emparée du conquérant pour resserrer de plus en plus les mailles du filet qui emprisonne sa conquête.

L'entreprise d'abord n'alla pas sans difficultés : on dut adapter l'ancien réseau aux formations allemandes; modifier les signaux, la

Phot. Alb. Wolf.
STRASBOURG : LA CHANCELLERIE, PRÈS DE LA CATHÉDRALE.

VOSGES ET PAYS ANNEXÉS

VIEILLE MAISON, A SAVERNE.

PAYSAGE DANS LE GRAUFTHAL.

AU GRAUFTHAL.

des nouvelles constructions. **Strasbourg** fut relié directement à **Metz** par la traverse *Réding-Remilly*, de la ligne Saverne-Avricourt au coude de Metz-Sarrebrück. La ligne nouvelle de jonction n'avait que 155 kilomètres, au lieu de 200 par le détour Haguenau-Sarreguemines, et 207 par Nancy-Frouard. D'où économie de trajet et de temps, qu'accentue encore la douceur des pentes et l'aménagement soigné de la ligne. Il fallait autrefois de cinq à six heures : on en met trois maintenant, pour aller de *Strasbourg à Metz*.

Parallèle à cette ligne essentielle, la route si importante de **Haguenau-Thionville**, par *Sarreguemines*, d'abord terminée, reçut double voie et tracé direct par le raccord de *Kalhausen*. Puis, entre ces deux artères vitales ouvertes du Rhin à la Moselle, et de Strasbourg à Metz, une sorte d'araignée guerrière tissa de multiples fils qui en assurent la communication et le dégagement : *Courcelles-Téterchen* et *Bouzonville-Dillingen* par le val de la Nied, qui débouche à la Sarre ; l'ancienne route de *Remilly*, Bening, *Sarrebruck*; l'étoile médiane de *Sarralbe*, qui rayonne à la fois vers Sarreguemines, Kalhausen, Sarrebourg, Benestroff, et, par ce point, atteint *Avricourt* et *Château-Salins*, à deux pas de la frontière française. Toutes ces traverses ont été munies d'une double voie, afin de canaliser plus vite l'écoulement des troupes sur le front même d'attaque, opposé à Nancy-Lunéville, entre Metz et Saverne-Strasbourg.

En arrière, **Sarreguemines**, à cheval sur la ligne *Haguenau-Thionville*, prend une importance capitale dans cette distribution des coulées d'invasion. Vers ce point, en effet, convergent à *gauche* : la ligne de Metz-Courcelles, l'ancien Metz-Remilly; les lignes de Thionville; de Trèves par la vallée de la Sarre et Sarrebrück ; de Trèves-Neunkirchen ; toutes voies qui débouchent de la *Moselle*, entraînant à la fois les forces de *Coblentz* par la route du fleuve et celles de *Cologne* par les plateaux de l'Eifel. Au *sud*, *Sarreguemines* plonge par *Sarralbe* jusqu'en vue de nos postes avancés. Du *nord*, ce centre de ralliement appelle par *Sarrebrück-Neunkirchen*, le mouvement de Bingen (et du Rhin au-dessous de Mayence), par la vallée de la *Nahe* ; celui du Palatinat par une double ligne : celle de *Kaiserslautern*, bifurquée en son extrémité sur Bingen-Mayence, et ralliée, en cours de route, sur le Rhin, par Worms, Ludwigshafen-Mannheim et Spire ; la ligne de *Deux-Ponts*, *Landau*, *Germersheim*, émissaire de celle de Stuttgart sur l'autre rive. Vers l'est, enfin, *Sarreguemines* joint *Haguenau*, doublement : par *Bitche*, mais surtout par la grande voie directe de *Kalhausen*, d'où un tronçon détaché : *Obermodern-Mommenheim*, pousse en raccourci vers Strasbourg.

marche des trains ; créer un matériel roulant ; achever les voies ferrées déjà entreprises.

Mais tout de suite se révéla l'idée stratégique

La capitale de l'*Alsace* est bardée de fer. Déjà reliée à Bâle d'une part, de l'autre à Wissembourg, **Strasbourg** n'avait sur le Rhin qu'un pont, celui de Kehl, pour communiquer avec la grande ligne parallèle qui longe, sur la rive droite du fleuve, les contreforts de la Forêt Noire, de Bâle à Karlsruhe, Darmstadt, Francfort-Mayence.

L'Allemagne a doublé le pont de Kehl et construit trois nouveaux ponts avec voie ferrée sur le Rhin, qui relient entre Bâle et Strasbourg,

VIEUX PONT DE BATEAUX SUR LE RHIN, A SPIRE.

CHEMINS DE FER D'ALSACE-LORRAINE.

ANCIENNE PORTE, A SPIRE.

RUINES DU CHATEAU DE TRIFELS.

les réseaux parallèles d'Alsace et de Bade, entre : **Colmar-Vieux-Brisach**, **Fribourg**; **Mulhouse-Mülheim**, par *Eichwald*; **Saint-Louis** (Huningue) à **Léopoldshöhe-Lörrach**, ligne de la Forêt Noire méridionale. Ces trois ponts ont une importance capitale pour le drainage des masses humaines affluant de la rive droite. Trois travées sur le fleuve, de 70 mètres chacune et quatre travées d'approche (deux à Huningue) au-dessus des terres basses voisines, avec des piles enfoncées à 18 et même 22 mètres au-dessous de l'étiage, pour échapper aux affouillements des crues : tels sont les caractères communs à ces traverses de fer. Un pont de bateaux les complète en aval; une digue en protège les voies d'accès contre les ébranlements du flot de crue. Pour atteindre le fleuve, la ligne de *Colmar-Vieux-Brisach* ne franchit pas moins de huit ponts (sur la Thur, l'Ill, canal de Widensolen, fossés de Neuf-Brisach avec halte à l'intérieur de la forteresse, canal du Rhône au Rhin, cours du Giesen vert, enfin le Brunnenwasser). On juge, par les difficultés vaincues, du prix que les Allemands attachent à la communication d'une rive à l'autre.

Le pont de *Saint-Louis-Leopoldshöhe* leur est surtout précieux. En effet, l'ancienne ligne *Bâle-Constance*, passant deux fois en territoire suisse, présentait un double arrêt pour le transport des troupes. Désormais les trains allemands, laissant Bâle à droite, filent par Saint-Louis, Lörrach, Waldshut, Tuttlingen et le Danube, sur Ulm et Munich. Toute la *Bavière* peut courir par cette voie, et gagner l'Alsace et Strasbourg directement, sans atteindre la neutralité suisse. Et de peur que la grande ligne alsacienne *Bâle-Strasbourg* ne soit encombrée par l'afflux subit et disproportionné des hommes, des chevaux et du matériel de guerre, on a doublé la ligne principale par un tramway voisin du fleuve, de *Mulhouse à Colmar* (Ensisheim) et de *Colmar à Strasbourg* (Marckolsheim). Trois gares ont été aménagées à *Mulhouse* pour le triage des marchandises, des troupes et des voyageurs.

Bien mieux, à **Schlestadt**, une traverse ajustée sur la ligne maîtresse gagne *Molsheim* et **Saverne**, et ouvre ainsi la route directe de Metz, sans passer par Strasbourg. On veut même, comme si tous ces courants d'accès ne suffisaient pas encore, diriger un tramway de *Barr* (ligne de Saverne) à *Rhinau* (rive gauche du Rhin), et de *Ribeauvillé* à *Marckolsheim*, traverser le fleuve sur un pont fixe, et rejoindre en face le réseau badois. Cela ferait cinq passages au moins sur le Rhin, entre Bâle et Strasbourg. L'ancien pont de bateaux de *Kehl* a été remplacé par un pont fixe accolé au viaduc à double voie du chemin de fer.

Au nord de *Strasbourg*, l'ancienne ligne **Haguenau-Wissembourg-Landau** vers Neustadt, Alzey, Mayence, qui rangeait les talus du Hardt, à 20 kilomètres environ du fleuve, parut insuffisante, et une voie essentiellement stratégique (c'est le maréchal de Moltke qui en a fait adopter le projet) suit à peu de distance la rive gauche du Rhin par **Lauterbourg**, Germersheim, Spire, Ludwigshafen, Worms et Mayence. Les travaux en ont été fort coûteux, mais c'est le chemin le plus court de *Strasbourg* à *Mayence* et de Haguenau sur *Rastatt* et **Karlsruhe**, par l'important embranchement de *Roeschwoog* et le pont fixe de *Roppenheim*.

Les traverses du fleuve ne manquent pas dans cette région. C'est que la double porte du Neckar et du Main, sur le Rhin, doit y accumuler par Francfort, Darmstadt, Mannheim, Heidelberg, Karlsruhe, des multitudes serrées. La double ligne du Palatinat, *Spire-Kaiserslautern* et *Germersheim-Landau-Deux-Ponts*, doit en saisir une partie. Mais c'est par *Haguenau* que Rastatt et Karlsruhe, le Württemberg et Bade

OBERSTEIN, SUR LA *NAHE*.

ANCIEN CHATEAU D'EBERNBOURG.   *Phot. Mertens.*

trouvent leur naturelle issue. Un raccord direct a été prévu pour décharger Haguenau : de *Lauterbourg* sur *Merzwiller*, ligne de Bitche-Sarreguemines; un autre au débouché du pont de Roppenheim, par *Oberhofen-Bischwiller*, sur Strasbourg.

Entre cette double poussée de fer sur *Metz* à l'ouest, *Strasbourg* au sud, *Haguenau* semble un phare de l'invasion établi sur cette rive, en face de Karlsruhe et des masses que l'Allemagne y a spécialement accumulées dès le temps de paix.

Mulhouse, à l'autre extrémité de la plaine d'Alsace, en regard de Belfort; **Haguenau** dans le nord, au-dessus du passage de Saverne; **Thionville** à l'ouest, par la Moselle; et, entre ce fleuve et le Rhin, **Sarreguemines** : tels sont les centres de ralliement et de dispersion des voies de transport. Chacun de ces postes commande une région. Mais il semble bien que nulle part le réseau ne soit aussi serré que sur le front de *Sarreguemines*, en face même de la brèche béante vers Nancy. Par cette trouée, appuyé de droite sur Metz et de gauche sur Strasbourg, doit s'engouffrer le flot envahisseur. Les *Vosges* seront ainsi tournées, en même temps que déjà pénétrées de toutes parts.

Lignes de pénétration. — De la plaine du Rhin, soudés à la ligne de base *Strasbourg-Bâle*, des tronçons ferrés s'insinuent par les vallées des torrents, aussi près que possible de la crête frontière : ligne de **Mulhouse**-*Massevaux*, vallée de la Doller (prolongée jusqu'à *Sewen*, au pied même du ballon d'Alsace); *Mulhouse*-*Wesserling* (vallée de la Thur) avec prolongement jusqu'à *Kruth* (routes de la haute Moselle par les cols de Bussang et d'Oderen); *Mulhouse*-Bollwiller-Guebwiller-*Lautenbach* (vallée de la Lauch), avec raccord probable de Lautenbach au ballon d'Alsace. De **Colmar**, une ligne atteint (par la vallée de la Fecht) *Münster* et *Metzéral*, en vue du col de la Schlucht. Du même point, l'on gagne (par la Weiss) la *Poutroye*, chemin du col du Bonhomme et de la Meurthe. De **Schlestadt** (val du Giesen) part la voie ferrée de *Sainte-Marie-aux-Mines*, avec le tramway sur route du *Val de Villé*, double pointe dirigée vers Saint-Dié (par la vallée de la Fave, affluent de la Meurthe); la seconde voie ferrée devant être prolongée jusqu'à Steige. Dès maintenant, une bonne route la relie en arrière de Saales à Rothau, dans la vallée de la Bruche. Enfin, le cours de la *Bruche* conduit une voie ferrée, par *Schirmeck* (au pied du Donon), *Mutzig* et ses forts, *Molsheim* et *Strasbourg*. Du côté de Saales, les rails affleurent à la frontière même. Sur le revers du Donon une double pointe allongée de *Sarrebourg* sur *Vallerystal*, et par *Lorquin* sur *Abreschwiller*, remonte la *Sarre* vers sa source, et menace notre front *Cirey*, *Badonviller*, *Senones* au flanc du col de Saales.

De tous côtés, les voies ferrées poussent jusqu'aux limites de l'occupation. En face de Belfort : *Altkirch-Ferrette* gagne vers Delle, Porrentruy, avec rattachement probable en arrière, sur Huningue. A l'autre extrémité, dans le cercle de Metz, *Thionville-Hayange-Fontoy* est opposé à Longuyon; *Audun-le-Tiche*, à Longwy; *Hadonganage - Moyeuvre* remonte le val français de l'Orne; *Metz-Amanvillers*, est en face de Conflans; *Metz-Novéant*, conduit à Pagny-Frouard-Nancy.

C'est un hérissement universel, un investissement minutieux; on dirait une cotte de mailles aux nœuds infrangibles rivée par l'Allemagne à sa proie. La terre d'Alsace en fléchit sous le poids : elle peut paraître conquise; mais le peuple qu'elle nourrit de sa sève, le sera-t-il jamais?

ADMINISTRATION.

L'Alsace-Lorraine ne constitue pas un domaine de l'empereur, bien qu'il en nomme le gouverneur, ni un État souverain comme les autres États de la Confédération allemande; c'est une province *régie immédiatement* par les *organes de l'empire*, « *Reichsland* ». Les lois qui la concernent doivent être votées par le *Conseil fédéral*, sur la proposition de l'empereur, et après que la *Délégation* en a délibéré; deux commissaires, au besoin, représentent le pays devant le Conseil fédéral. Si l'accord ne peut s'établir, le projet de loi vient devant le *Parlement* de l'empire, où l'Alsace-Lorraine envoie 15 députés. Les pouvoirs de la *Délégation* provinciale durent trois ans : l'Assemblée comprend

VALLÉE DE LA NAHE : LE RHEINGRAFENSTEIN.   *Phot. Mertens.*

LE VIEUX PONT, A KREUZNACH.

58 membres, dont 34 élus par les conseils généraux, 4 par les conseils communaux des principales villes, 20 par les électeurs de second degré des autres conseils municipaux. L'établissement de la *Délégation* a été une concession intéressée faite aux partisans de l'autonomie alsacienne.

A côté et au-dessus de la Délégation, le *Statthalter*, nommé par l'empereur, gouverne et administre, aidé d'un *conseil d'État* et d'un *ministère* divisé en plusieurs sections : Intérieur, Justice et Cultes, Finances, Industrie et Domaines, Agriculture et Travaux publics, chaque section avec un sous-secrétaire d'État, sous la direction générale d'un secrétaire d'État responsable.

Au point de vue *administratif*, l'Alsace-Lorraine est divisée en *3 districts* (*bezirke*) : Haute-Alsace, chef-lieu Colmar; Basse-Alsace, chef-lieu Strasbourg; *Lorraine*, chef-lieu Metz ; chacun sous un président (*Bezirks Président*) équivalant à un préfet. Les districts forment 22 cercles (*Kreise*) dirigés chacun par un *Kreisdirektor* (sorte de sous-préfet). Chaque commune possède un *conseil municipal* (*Gemeinderath*) et un maire (*Bürgermeister*). Enfin un conseil de cercle (*Kreistag*) et un conseil de district (*Bezirkstag*) rappellent nos *conseils d'arrondissement* et nos *conseils généraux*. Les membres en sont élus comme ceux des conseils municipaux, par le suffrage universel. La subdivision des cercles en cantons est plutôt judiciaire qu'administrative.

L'organisation *judiciaire* comprend 75 tribunaux de canton, 6 tribunaux de région (*Landgerichte*), 1 tribunal supérieur à Colmar (*Oberlandesgericht*); et en fin de compte, la cour supérieure de *Leipzig* (*Reichsgericht*), commune à tout l'empire. Le droit civil est celui du Code français; pour le reste, la législation allemande.

On compte en Alsace-Lorraine 1,650,000 habitants environ pour une superficie de 14,511 kilomètres carrés. Si l'immigration allemande n'avait en partie compensé l'émigration indigène, la population, au lieu de rester à peu près stationnaire, aurait subi une importante diminution. Les *catholiques* sont 1,250,000; les *protestants*, un peu plus de 350,000; les *israélites*, près de 33,000. Deux *évêques*, à Metz et à Strasbourg, ne dépendent immédiatement que du pape. Les protestants ont un *consistoire supérieur* à Strasbourg avec 7 inspections, pour la Confession d'Augsbourg. L'Église réformée dépend directement du ministère. Les israélites ont un consistoire à Colmar, à Strasbourg et à Metz.

Les *finances provinciales* sont prospères, avec un *budget* de recettes légèrement supérieur à celui des dépenses. Ce n'est pas d'aujourd'hui que l'Alsace et la Lorraine sont de riches provinces. Le contingent militaire du pays est réparti entre les corps d'armée de l'empire.

OUVRAGES A CONSULTER. Joanne : *Vosges et Alsace.* — Mündel: *Die Vogesen, Reisehandbuch.* — G. R. Lepsius : *Die Oberrheinische Tiefebene und ihr Randgebirge.* — *Bulletin de la Société géologique de France.* — Ch. Grad : *Orographie des basses Vosges* (Annuaire du Club alpin français, 1875); du même : *L'Alsace, le pays et ses habitants* (Tour du Monde); *Statistiche Mittheilungen über Elsass-Lothringen.* — *Musée pittoresque et historique de l'Alsace.* — Julien Sée : *Les Chroniques d'Alsace.* — Documents d'Art d'Alsace-Lorraine. — G. Lang : *Spezial Karte von Elsass-Lothringen 1/200 000*, Leipzig; *Cartes d'état-major; Carte du Dépôt des fortifications ; Carte au 1/200 000* et *Carte géologique de France.*

BOUCLE DU RHIN

Dans le prolongement de l'Alsace, entre la *Lauter* au sud, la *Nahe* à l'ouest, le *Rhin* à l'est et au nord, le plateau accidenté du **Hardt** élève ses bourrelets de grès bigarré et de craie tertiaire à 320 mètres de hauteur moyenne. Il n'a l'air d'une terrasse que du côté de la dépression rhénane. A l'occident, il s'adosse d'une part, avec l'aride région de *Westrich*, au plateau de Lorraine, vers Sarrebrück, et, de l'autre, se perd en tournant la source de la *Nahe*, dans les contreforts du *Hoch-Wald* et le massif soulèvement du *Hunsrück* qui accidentent la rive

LA NAHE, A KREUZNACH.

droite de la Moselle. Les hauteurs du *Hardt* se dépriment en leur centre, près de *Kaiserslautern*, dans le fond d'un ancien lac transformé en tourbière; elles ne forment plus qu'un plateau ondulé à la base du *Donnersberg*, ou *mont Tonnerre* (684 ou 687 mètres), masse porphyrique de 4 kilomètres de tour presque entièrement boisée, dont les saillies conservent encore les restes d'un antique refuge celtique.

Plusieurs rivières rayonnent du plateau dans tous les sens, vers le *Rhin*, la *Sarre* et la *Nahe*, qui en est le fossé de drainage occidental; mais la plus longue de ces rivières, la *Lauter*, est encore fort écourtée. Au-dessus d'elle, la *Queich*, avec *Landau*, assiégé et pris sept fois durant la guerre de Trente ans, pris par Louis XIV en 1680, puis fortifié et français jusqu'en 1815 (fortifications démolies en 1867). La *Queich* fut une route d'invasion où les Allamans et les Francs se rencontrèrent. En aval, le *Speyerbach*, dont un bras vient à *Spire*; la charmante vallée de l'*Isenach*, aux ruines pittoresques de *Limbourg* et de *Hardenbourg*, avec la jolie ville de *Dürkheim*, qui chauffe ses vignobles au soleil. Dürkheim n'a presque rien d'antique; on l'a deux fois rebâti, notamment après le passage des troupes de Louis XIV en 1689; il est vrai que l'électeur palatin, en 1471, avait considérablement déblayé le terrain par une destruction complète. *Neustadt*, sur le Speyerbach (17,800 habitants), la voisine de Dürkheim, montre dans ses environs un château, la *Maxbourg*, dont le sort fut pareil. Ce vieux château fort, comme tant d'autres, a été détruit par les troupes françaises en 1688; mais il le fut auparavant, en 1552, par le margrave Albert de Brandebourg, en 1525 par les Rustauds, sans doute plusieurs fois encore pendant le cours des guerres féodales, et il remplaçait lui-même un ancien camp romain qu'il avait aussi fallu raser, sans préjudice peut-être d'un plus ancien refuge primitif. Telle est, souvent répétée, l'histoire de ces vieilles ruines; ainsi vont les tristesses de la guerre. Mais Louis XIV et Louvois n'en sont pas les seuls héros, même après vingt siècles d'histoire.

La *Pfrimm* descend en aval de Worms. La *Selz*, rivière d'Alzey, se déroule vers le nord et tombe en plein coude du Rhin entre Mayence et Bingen, où finit la Nahe. Enfin, au sud, la *Blies*, rivière voisine de Deux-Ponts (*Zweibrücken*), rejoint la Sarre à Sarreguemines.

La **Nahe** (140 kilomètres) mérite une place à part : c'est une petite rivière pittoresque, dont les rives fertiles se déroulent à travers des champs cultivés, des vignobles, des coteaux que couronnent, sur de hardis promontoires porphyriques, de vieux castels en ruine. Elle roule ainsi au pied du rocher à pic d'Oberstein et court sous le regard du *Rothenfels*, de l'*Ebernbourg* (celui-là fortifié par les Français, détruit par d'autres), de *Münster-am-Stein* (salines et bains), du roc altier de *Rheingrafenstein* (132 mètres au-dessus de la rivière), passe à *Kreuznach* et atteint enfin *Bingen* sur le Rhin dans un bel amphithéâtre de collines.

Kreuznach (21,330 habitants) est célèbre par ses bains bromo-iodés (*Elisabethquelle*) : un vieux pont à maisons originales réunit par une île l'ancienne ville et la nouvelle. A vingt minutes de Kreuznach,

FONTAINE DE LA VIERGE, A MAYENCE

STATUE DE GUTENBERG, A MAYENCE.

les grandes salines de *Carls-Halle* et *Theodors-Halle* appartiennent au grand-duc de Hesse. Kreuznach, d'ailleurs, est à la Prusse depuis 1814; Ebernbourg, dans son voisinage, appartient au Palatinat; Oberstein, un peu plus haut, fait partie de la principauté de *Birkenfeld*, au grand-duché d'Oldenbourg. Voilà bien des voisins, au moins inattendus.

La petite *principauté de* **Birkenfeld**, enclavée de tous côtés par la Prusse rhénane, appartient au grand-duché d'*Oldenbourg* depuis 1815; elle ne compte guère plus de 42,000 habitants : sa capitale (car c'en est une) *Birkenfeld*, n'en a pas 3,000; exactement 2,231 (dern. recens.). C'est le centre administratif de la région.

Oberstein (8,290 habitants) constitue le plus clair revenu de la principauté. Dès le XVe siècle, on y trouvait des agates que les habitants apprirent à polir. Le petit ruisseau de l'*Idar*, qui rejoint la Nahe à l'entrée d'Oberstein, fait mouvoir de nombreux moulins, et c'est une joie d'y rencontrer à chaque détour, sous le feuillage des grands bois, les sémillantes cascades qui animent cette rustique et charmante industrie. Le village d'*Idar*, à 3 kilomètres plus haut, en concentre les produits, cachets, bijoux, figurines, dans une salle spéciale (*Gewerbehalle*). Oberstein et Idar comptent plus de cent bijoutiers occupés à monter les pierres préparées; mais ce n'est plus dans le pays même qu'elles sont recueillies : Montevideo, le Brésil, l'Inde et la Sibérie sont devenus les tributaires d'Oberstein. On est parvenu à imprégner les pierres avec des matières colorantes du plus heureux effet. Il est difficile de trouver un site plus original que celui d'*Oberstein* : sur un rocher de 125 mètres, un vieux château domine l'église, à demi taillée dans le roc vif, et surplombe au-dessus du torrent.

A l'est d'Oberstein, mais séparée par un bourrelet de la Prusse rhénane, la majeure partie de la boucle du Rhin forme le *Palatinat bavarois*, à l'exception toutefois du sommet, qui se rattache à la *Hesse*, avec Mayence.

PALATINAT BAVAROIS.

Le **Palatinat bavarois** du *Rhin* est un reste assez bizarre du passé. Les comtes *palatins* (comtes du palais) étaient chargés, au temps de Charlemagne, puis des empereurs germaniques, de rendre la justice en leur nom. Les privilèges accordés à cet office lui constituèrent, avec le temps, une souveraineté attachée spécialement à deux territoires, l'un qui se trouve au nord de la Bavière, *Haut-Palatinat*, capitale *Amberg*, entre Ratisbonne, Nüremberg et les monts de Bohême; l'autre, en bordure du Rhin, ou *Bas-Palatinat*, capitale *Heidelberg*, dont on a distrait, pour le grand-duché de Bade, la rive droite du fleuve, en laissant l'autre rive à la Bavière.

Le *Palatinat bavarois* actuel ne représente donc qu'une partie de l'ancien et il est séparé de la Hesse et de Bade. Il appartient à la France, lorsque le titulaire, duc des *Deux-Ponts*, Maximilien-Joseph, dut, après la paix de Lunéville, l'abandonner pour la *Bavière*, dont plus tard il fut roi. Le *Palatinat français* formait alors deux départements: *Rhin-et-Moselle*, *Mont-Tonnerre*. Les traités de 1815 le rendirent à la Bavière, démembré, mais avec *Spire* pour capitale.

C'est un pays assez heureusement pourvu, malgré le climat un peu âpre des hauteurs et le sol pauvre de la région de *Westrich*. Autrefois, l'émigration recrutait un assez fort contingent parmi les gens du Palatinat; mais aujourd'hui, les terres incultes étant devenues l'exception, ce pays est relativement prospère. Environ 40 pour 100 du sol appartiennent aux forêts, 2 pour 100 à la vigne, 44 pour 100 aux jardins et terres labourées. On récolte le seigle, l'orge, l'avoine, le lin, le tabac, le chanvre, les pommes de terre, d'assez bons fruits, des noix, des châtaignes, etc. Les crus de la région (*Pfælzer Weine*) sont fort appréciés: *Ruppertsberger*, *Deidesheimer*, *Forster*.

Chaque rive du *Glan* affluent de la Nahe, possède un long dépôt de tourbe, et la partie la plus pauvre en produits naturels est précisément la plus riche en carrières et en mines: on en tire le grès, la pierre à chaux, le sel gemme, du marbre, du porphyre, de l'argile à brique, enfin de la houille dans la partie du Westrich qui confine au plateau lorrain et au riche bassin houiller de Sarrebrück, l'un des plus riches de l'Europe.

Après Spire, la seconde ville du Palatinat est *Kaiserslautern* (46,300 habitants). Cette ville occupe une situation centrale à l'intersection des routes qui vont de *Sarrebrück* vers *Bingen*, *Mayence*, *Worms*, *Ludwigshafen*, *Spire*, sur le Rhin; c'est une voie d'invasion suivie dès l'origine par les Romains, comme en témoignent les restes de refuges construits par les habitants primitifs. La route qui coupe au sud, entre *Sarrebrück*, *Pirmasens*, *Landau* (et *Karlsruhe*, de l'autre côté du Rhin), n'a pas moins d'importance; c'est la voie de la *Queich*, parallèle à celle de la *Lauter*, frontière d'Alsace.

GRAND-DUCHÉ DE HESSE.

Au nord du Palatinat bavarois, la *Hesse rhénane* avec Mayence, tient le coude du Rhin. **Mayence** est une ancienne cité romaine; aucune ville du Rhin n'a mieux conservé ce caractère: à l'issue du Main et de Francfort, il semble que ce soit un autre monde. Elle fut peut-être fondée par *Agrippa* (38 av. J.-C.); du moins *Drusus* en fit un front d'attaque et de défense contre la Germanie; son camp s'étendait sur la hauteur qu'occupe la citadelle aujourd'hui. Le monument érigé à sa mémoire, l'*Eigelstein* (pierre de l'aigle, *aquila*), se voit encore dans l'angle sud-est de la forteresse: c'est une masse en blocage dont le revêtement de pierre a disparu, pour ne laisser qu'une sorte de tour tronquée, de couleur gris noir, s'élevant à 13 mètres au-dessus du sol. Un aqueduc, dont il subsiste soixante piliers mesurant jusqu'à 7 mètres de hauteur, amenait au camp romain l'eau d'une

PAVILLON DE LA VILLE, A MAYENCE.

MAYENCE: LE PONT DU CHEMIN DE FER.

source qui existe encore, le *Kœnigs-Born*, à deux heures de la ville, au-dessus du village de *Finthen*. Enfin le lit du Rhin conserve les restes d'un pont construit sous *Trajan*, pour unir la place au fort élevé sur la rive droite (*castellum*, *Castel*), et en défendre les approches. Un magnifique pont de grès rouge, amorcé presque en face du château, remplace aujourd'hui l'ancien pont romain. C'est au *château*, converti en musée, que sont réunies les nombreuses antiquités romaines (pierres tumulaires, autels, bas-reliefs) trouvées dans les terrains de la ville.

Mayence passa de bonne heure au christianisme (IVe siècle). *Saint Boniface*, apôtre de l'Allemagne centrale, en fut évêque (m. 755). Sous l'inspiration d'*Arnold Walpoden*, Mayence prit la tête d'une *ligue des villes rhénanes* (1254) qui réunit en une puissante association plus de cent villes, depuis Bâle jusqu'à la mer du Nord. Ses archevêques, princes électeurs et de droit chanceliers de l'empire, la gouvernèrent après 1462. Déjà *Gutenberg*, le plus illustre des enfants de Mayence, avait produit sa première œuvre, la fameuse bible imprimée de 1450 à 1455, avec *Jean Fust*. Mais on ne sait presque rien de certain sur la personne du célèbre inventeur ; ses compatriotes lui ont élevé, au milieu de la place qui touche la cathédrale, une statue modelée par *Thorwaldsen* et fondue à Paris (1837). La cathédrale voisine (*Dom*) est l'un des édifices les plus intéressants de Mayence, pour l'histoire de l'architecture ; elle a été maintes fois remaniée et reconstruite depuis l'origine (745). Il lui reste du Xe siècle, les vantaux en bronze de la porte principale, fondus par ordre de l'archevêque *Willigis* ; de nombreux monuments princiers à l'intérieur ; un cloître gothique du XIVe siècle ; une tour centrale à coupole, le tout de style mêlé, roman et gothique, d'apparence byzantine et de grandes dimensions.

La place de *Mayence* fut enlevée en 1792 par *Custine*, reprise par les Prussiens de *Kalkreuth* ; enfin, laissée définitivement à la France par le traité de *Campo-Formio* (1797), elle devint le chef-lieu du département du *Mont-Tonnerre*. Les traités de 1815, en la donnant à la *Hesse*, en firent une place forte de la Confédération germanique, au nom de laquelle la Prusse et l'Autriche l'occupèrent en commun. C'est aujourd'hui l'une des premières places de guerre de l'empire (1).

(1) Voyez plus loin, Mayence, place de guerre, p. 146.

MAYENCE : LA PLACE DU MARCHÉ.

Qui a vu *Mayence* il y a vingt ans ne la reconnaîtrait plus ; l'enceinte s'est agrandie, étendant à l'est de l'ancienne ville des quartiers nouveaux avec de fort belles rues (*Kaiserstrasse*), des boulevards plantés et, sur le pourtour, de superbes promenades. *Mayence* (84,500 habitants) est un centre de *navigation* très active entre Mannheim et Cologne : là s'arrêtent les bateaux qui, chaque année, transportent des milliers de touristes à travers les enchantements du *Rhin héroïque*, de Bingen à Bonn. L'*industrie* de la ville produit, outre des conserves variées, des lainages, des cuirs, des machines, des meubles, etc. On y fait un grand commerce de ces anciennes *poteries* allemandes décorées en bleu : amphores, pots à bière, hanaps aux flancs rebondis, faits pour abreuver une famille entière.

PONT DE CASTEL, A MAYENCE.

Biebrich, sur la rive droite du Rhin, *Wiesbaden*, sur les premiers contreforts du Taunus, sont les villégiatures préférées des environs de Mayence.

Wiesbaden, autrefois capitale du duché de Nassau, aujourd'hui chef-lieu de district prussien, est une ville de 86,000 âmes coquettement assise sur les bords du Salzbach, dans un cercle de vergers et de vignes. Le *charme agreste* des environs (belvédère du *Neroberg*, 224 mètres) ; les *eaux chaudes* (chlorurées-sodiques, à la *Kochbrunnen*) ; le *Kursaal* et ses fêtes, le parc, le climat heureux, y attirent chaque année plus de 60,000 étrangers. Les Romains connaissaient l'efficacité des eaux de *Wiesbaden*. Pline en parle dans son Histoire naturelle. On compte aujourd'hui vingt-huit sources, en dehors de la *Kochbrunnen* qui est la plus importante.

BINGEN ET LA *NAHE*.

LE RHIN

DE MAYENCE A COLOGNE

Jusqu'à Coblentz : Hunsrück et *Taunus* : vins du Rhin ; la *Germanie*. Cours *héroïque du fleuve* : Rheinstein ; les *burgs* et les *légendes*. *Coblentz*. Vallée de la *Lahn* et Marbourg : *Hoche* et *Marceau*.

Le Rhin stratégique : La *frontière* entre Paris et Berlin. *Ponts fortifiés* et *Places de guerre* : *Strasbourg* et ses forts ; Mayence et Castel ; *Cologne-Deutz ; Coblentz-Ehrenbreitstein ; Metz*, forts et batteries, derniers travaux ; Sarrelouis et *Bitche ; Mobilisation*.

La Moselle : *Metz* ; la Sarre, *Sarrebrück* et son bassin houiller. *Trèves*. La Moselle pittoresque : de Trèves à Coblentz.

Au delà de Coblentz : l'*Eifel* et ses lacs volcaniques. Cours du Rhin, de Coblentz à Cologne. Le Westerwald et les *sept montagnes* : le Dragon ; Roland. *Bonn, Cologne*.

LA *GERMANIE*, AU NIEDERWALD.

JUSQU'A COBLENTZ

Relief. — Quand l'immense bassin lacustre étalé entre la *Forêt Noire* et les *Vosges* rompit l'entrave qui le retenait au nord-ouest par les talus combinés du *Taunus* et du *Hunsrück*, les eaux s'engouffrèrent avec violence dans la brèche ouverte et, fusant entre les interstices des monts, se frayèrent une issue vers la mer. De part et d'autre, le long du fleuve, se dressent non pas deux murailles continues, mais des promontoires avancés, des croupes, des rochers surplombants, éperons de massifs largement développés qui viennent buter sur le Rhin en systèmes opposés : sur l'aile droite, le *Taunus* et le *Westerwald*, que sépare le fossé de la *Lahn* ; à gauche et en face, le Hunsrück et l'*Eifel*, que sépare le cours de la *Moselle*. Bonn est à l'issue des défilés

ALLEMAGNE.

du Rhin, *Bingen* à l'entrée ; et *Coblentz*, à l'embouchure de la Moselle, en marque à peu près l'étape moyenne.

L'épaisseur du **Hunsrück** (et non pas Hundsrück) emplit l'intervalle rectangulaire que dessinent, sur la gauche du Rhin, la *Moselle*, la Sarre, et la *Nahe* qui conflue à Bingen. D'où vient le nom de *Hunsrück*? Peut-être des *Huns*, qui essayèrent de se maintenir dans ce massif (hauteur des Huns) : quelques désignations particulières au pays semblent se rapporter à ce souvenir. Mais on n'en peut tirer qu'une conjecture. Le *Hunsrück* est un soulèvement de hautes terres auxquelles des rochers de quartz donnent l'aspect de montagnes.

C'est de la Sarre, à l'ouest, que le bourrelet principal de soutènement se dirige par le *Hochwald* (Teufelskopf), l'*Idarwald* (Idarkopf) [745 m.], Zwei Steinen ou Deux-Pierres), le *Soonwald*, au-dessus de la Nahe, jusqu'au Rhin. De belles forêts, des mines de vif-argent et des agates, des salines et surtout le bassin houiller qui affleure au sud vers Sarrebrück, font de cette partie du *Hunsrück* une région pleine de ressources. Vers le Rhin, les croupes s'élèvent à 593 mètres au dessus d'Oberwesal, et descendent avec le *Kühkopf* à 385 mètres sur la pointe que décrit l'embouchure de la Moselle.

La masse opposée du **Taunus** accuse nettement ses rebords comme une barre de traverse jetée au-dessus du confluent du Main et du Rhin. C'est même de ce côté que le nom de Taunus lui convient particulièrement ; pour le peuple, c'est la hauteur *die Höhe*, simplement. L'escarpe qui regarde le *Main* s'élève à 7 kilomètres du fleuve. L'échelonnent à la base et sous le couvert d'une robuste végétation plus de quarante sources minérales. Le *Taunus* est la montagne des sources : *Homboug*, à 18 kilomètres de Francfort (eaux salines ferrugineuses), *Soden*, sur le Sulzbach (vingt-trois sources ferrugineuses acidulées), *Weilbach* (eau sulfureuse), *Wiesbaden*, la reine des stations thermales du Taunus (1), *Schlangenbad*, *Langen-Schwalbach*, un peu à l'écart, *Ems* enfin, la rivale de Wiesbaden, et villégiature de Coblentz, dans la charmante vallée de la *Lahn*. Ems et Wiesbaden étaient fréquentés des Romains. Ceux-ci avaient fait de l'aile

(1) Voyez p. 128.

43

droite du *Taunus*, au-dessus de la plaine, une tête de front pour le long barrage de retranchements dressé contre les Germains, depuis le coude de Ratisbonne jusqu'à celui de Mayence, et plus loin, jusqu'aux Sept montagnes qui dominent la plaine ouverte du côté de Cologne. On visite, de Hombourg, les restes de la fortification romaine du *Saalbourg* : l'enceinte de pierres mise à découvert mesure 221 mètres de long sur 146 de large; une amorce de rempart et de fossé constituant le retranchement, est visible à trois cents pas de la forteresse.

La hauteur maîtresse du Taunus, le *grand Feldberg* (880 mètres)

wallul) et mesurait environ 16 kilomètres de long sur 8 de large : un abatis d'arbres de cinquante pas, le *Gebück*, en défendait l'approche. Sur ces pentes mûrit encore le meilleur raisin d'Allemagne : le *Rauenthaler*, près d'Eltville, émule du *Hochheimer* (sur le Main); crus de *Erbach*, *Kiedrich*, *Hallgarten*, *Hattenheim-Marcobrunnen*, de *Winkel*, de *Geisenheim* (Rothenb.), de *Rüdesheim* (quoique déjà inférieur à sa réputation) et de *Johannisberg*, tels sont les vins les plus estimés. *Assmannshausen*, un peu plus loin, produit un bon vin rouge : mais la plupart de ces vins sont blancs, remarquables par leur légèreté (peu d'alcool) et

CHÂTEAU DE RHEINSTEIN.

LA *GERMANIE*, AU NIEDERWALD.

domine cette région, au-dessus du petit Feldberg et de l'*Alt König* (798 mètres), que couronne un double mur en pierres sèches, refuge sans doute des anciens habitants, avant l'époque romaine. Sur le flanc de la montagne, le château de *Falkenstein* (486 mètres) rappelle l'histoire de ce chevalier bandit nommé Kurt qui, non content de dévaliser les passants et les marchands, attaquait avec ses sept fils, pillards comme lui, les villages et les villes qu'il savait sans défense. *Rodolphe de Habsbourg*, qui déploya tant d'énergie contre le brigandage du Rhin, l'assiégea dans son repaire, le prit et lui coupa la tête; il n'avait pas fallu moins d'une année pour le saisir.

Au contraire de l'*Alt König*, le *grand Feldberg* est d'un accès facile; au-dessus des forêts, il n'y a d'autre végétation que de maigres bruyères. Un bloc de quartz, long de 9 mètres, large de 8 et haut de 4 environ, constitue le sommet : cette pierre bizarre surnommée le lit de Brunehaut, était connue déjà du temps de Charlemagne. Les versants du Feldberg sont de schiste argileux; c'est le caractère général de la chaîne, comme celui du Hunsrück.

Du Feldberg par le *Rossert* (516 mètres), au-dessus d'Eppstein, la *hohe Kanzel*, l'*Eichelberg* (536 mètres), crête de Wiesbaden, la *Hohe Wurzel*, les *Kalte Herberge* (620 mètres), la chaîne du *Taunus* vient tomber sur le Rhin qu'elle resserre en face de Bingen par les escarpements du *Niederwald* (343 mètres).

Toutes ces hauteurs descendent au Rhin par de longues croupes ensoleillées que tapissent jusqu'au fleuve les fameux vignobles du **Rheingau**. Ce coin de terre favorisé appartient aux archevêques de Mayence qui eurent longtemps leur résidence à Eltville, sur le bord même du fleuve. Le domaine commençait un peu en amont (Nieder-

leur bouquet délicat dû sans doute au terrain schisteux qui les produit.

Les produits du château de *Johannisberg* sont particulièrement appréciés. Ce domaine (ne pas confondre avec le village) n'a guère que 45 hectares; la récolte est limitée mais peut donner, en année favorable, plus de 180,000 francs de revenu. Napoléon avait donné ce domaine à Kellermann; avant lui, le prince d'Orange (Guillaume Ier, roi des Pays-Bas) et l'abbaye de Fulda le tenaient des archevêques de Mayence, qui en furent les premiers propriétaires.

Le *Rheingau* proprement dit étage ses terrasses le long du Rhin sur la rive droite, entre Schierstein et Caub. On y récolte, en année favorable, 70 à 80,000 hectolitres de vin, pour une valeur moyenne de 8 à 10 millions. Aussi le moindre coin de vignoble bien exposé peut-il prétendre à des prix élevés. La **Prusse** doit à la prise de possession de ces riches terroirs le premier rang parmi les États allemands propriétaires de vignes. Elle détient, outre le *Rheingau* (Hesse-Nassau, 3,021 hectares), le reste du Rhin, la *Moselle*, la *Sarre*, la *Nahe* et l'*Ahr* viticoles (ensemble 12,309 hectares); de plus, 748 hectares en *Saxe*, 4,338 en *Silésie*, quelques domaines en *Poméranie* et même en *Brandebourg*. Mais ces derniers territoires sont insignifiants. Les meilleurs crus de la **Moselle** : *Grünhæuser*, *Piesporter*, *Geisberger*, *Scharzhofberger*, *Bocksteiner*, *Zeltinger*, *Bernkasteler*, sont réputés pour leur finesse, leur limpidité. Trèves, Bernkastel, Trarbach, Coblentz en centralisent le commerce. Les vins de la **Nahe** sont moins souples et moins légers (*Kreuznach*, *Niederhausen*...); ceux de l'**Ahr**, plutôt rouges (*Walporzheim* et *Ahrweiler*), passent pour des dérivés éloignés du bourgogne.

C'est autour du *Rhin* moyen et de ses principaux affluents que gravitent les meilleurs *vignobles* de l'Allemagne. Ainsi, dans la boucle du

LE RHIN : DE MAYENCE A COBLENTZ

BINGEN ET LA NAHE.

LE RHIN : TOUR DES SOURIS, PRÈS DE BINGEN.

fleuve, les coteaux ensoleillés du *Hardt* nourrissent les vignobles du **Palatinat bavarois** (*Frankenthal, Neustadt-Forst, Deidesheim* et *Ruppertsberg*). A côté, ceux de la **Hesse rhénane** (*Scharlachberg, Nierstein, Oppenheim, Bensheim, Auerbach* et *Heppenheim*, vins dits de la « route de Berg ». Dans toutes ces régions, mais principalement le long du Rhin et de la Moselle, la fabrication des *vins mousseux* alimente une exportation considérable vers la Grande-Bretagne et l'Amérique. Le **Main** aussi fabrique des mousseux ; ses meilleurs vignobles environnent *Würzbourg*.

En dehors des provinces rhénanes, on compte encore 340 hectares de vignes dans le *royaume de Saxe*, 194 en *Thuringe*, bien loin après la **Hesse** (12,437 hectares), le grand-duché de **Bade** (19,670 hectares), la **Bavière** franconienne et palatine (24,690 hectares), le **Württemberg** (21,500 hectares), territoires voisins du grand fleuve de l'ouest.

Les produits du vignoble allemand tirent leur valeur économique de la qualité et du prix auquel ils se vendent, beaucoup plus que d'un rendement considérable. On estime à 132,500 hectares, au moins, la *surface* cultivée en *vignes*, ce qui n'équivaut pas à la quatre cent dixième partie de la *superficie totale* de l'empire. Mais, si l'Allemagne ne vient qu'au septième rang des puissances pour le chiffre brut de sa récolte, elle passe au quatrième pour le revenu qu'elle en retire ; après l'Italie, l'Espagne, la France, et immédiatement avant l'Autriche - Hongrie. Des mesures sévères ont pu localiser par des destructions partielles les ravages du phylloxera ; mais les vignes allemandes ont toujours à redouter l'inclémence d'un climat relativement sujet à bien des mécomptes.

Au-dessus de Rüdesheim et en face de Bingen, le plateau boisé du **Niederwald** commande l'entrée des défilés du Rhin. Sur le versant abrupt qui tombe au fleuve, un énorme soubassement de 25 mètres, porte une colossale statue de la *Germanie* (10m,50), couronne d'une main, l'autre sur le glaive, au milieu d'un cortège guerrier. C'est un trophée de la victoire allemande et le symbole de la garde du Rhin.

Les monuments érigés en souvenir de la dernière guerre ne se comptent plus en Allemagne. Sans parler de la gigantesque statue d'*Arminius* (Hermann), dressée sur le *Grotenbourg* (près de Detmold, dans le Teutoburgerwald) pour rappeler la défaite des Romains ; le temple de la *Wathalla* ouvert sur le Danube aux héros de la Germanie ; le monument de *Barberousse* au Kyffhäuser ; enfin les innombrables statues élevées à *Guillaume Ier*, palladium de l'empire ; chaque ville, même infime, a voulu avoir son *Kriegerdenkmal* (monument des guerriers). C'est un déchaînement sans mesure. Si la France voulait honorer de pareille façon chacune de ses gloires, quel hymne chanteraient nos places et nos monuments !

COURS DU RHIN.

A *Bingen* s'ouvre l'extraordinaire coulée du Rhin héroïque. Tous les contrastes de la nature et des hommes y ont été réunis : vieux murs désemparés au milieu des guirlandes de vignes qui escaladent joyeusement les pentes ; rocs sourcilleux plongeant dans le flot ou abritant de fertiles vallons ; gais villages alignés sur la rive, petites villes antiques serrées encore dans leur ceinture de remparts ; tours de péage au

VUE GÉNÉRALE DE BRAUBACH.

LE *RHIN*, VU DES HAUTEURS DE BACHARACH.

milieu du courant et châteaux forts hérissant les crêtes par-dessus l'épais massif des forêts, ou bien tapis à mi-côte sur quelque saillie pour mieux saisir une proie; les uns, tremblant sur leurs assises, d'autres prêts à braver une nouvelle série de siècles; tout se mêle, tout se heurte, l'inertie et la force, la grandeur, l'effroi ou la joie des souvenirs. Ces vieilles pierres ont une voix : l'histoire anime leur solitude; à toutes les arêtes, aux lierres qui les enveloppent, la poésie et la légende ont suspendu leur trame sombre ou légère. Si elles pouvaient parler ! Le Rhin, jadis frontière de la civilisation et de la barbarie, a vu défiler bien des peuples : *César* et ses légions; la cohue des *Germains* empanachés; le déchaînement des *Huns*, dont les cris sauvages faisaient trembler les rochers. Puis ce fut *Charlemagne*, et quand l'éclair de sa grande épée s'évanouit dans la nuit du IXe siècle, une nouvelle invasion jeta dans les forts avancés du monde romain des hordes de pillards qui bravèrent impunément la colère des empereurs et des villes coalisées. *Rodolphe de Habsbourg*, *Barberousse* et tant d'autres s'y épuisèrent en longs efforts : l'un d'eux, l'empereur *Adolphe*, fut même retenu prisonnier dans le donjon de *Fürstenberg*, parce qu'il refusait de payer passage, en se rendant à Aix-la-Chapelle pour y être couronné. Alors vint la chevalerie; le drapeau *des croisades* flotta sur les sommets et entraîna jusqu'en Orient les paladins de la foi et les chercheurs d'aventures. Les donjons s'humanisèrent, et ils

UNE RUE A BACHARACH.

semblaient enracinés pour jamais ; la colère de *Louis XIV* s'abattit sur eux et les brisa : ruines déplorables, mais que de victimes furent vengées ! Le Gaulois reparut sur ces bords qu'il avait jadis connus comme limites de son domaine : *Hoche, Marceau*, les parcoururent; les grenadiers de *Napoléon* y passèrent comme une rafale de gloire. Le *Rhin*, cette grande rue des peuples, a vu bien des retours !

Bingen (9,670 habitants) en défend la porte intérieure du côté de l'Allemagne : là se croisent les routes militaires de Trèves, Mayence et Cologne. La guerre de Trente ans et Louis XIV n'ont rien laissé des anciens murs; mais on y domine du château de *Klopp*, aujourd'hui restauré, le confluent de la *Nahe* et l'ouverture du Rhin. A droite, les ruines altières de l'*Ehrenfels*, ancien château des archevêques de Mayence ; à gauche, les bouillonnements du fleuve sur des écueils à fleur d'eau ; enfin, battue d'un flot rapide, entre les contre-forts rapprochés des montagnes, la *Mäuseturm*, ou tour des souris, ancien poste de guet pour le péage, et peut être phare de secours pour la navigation, autrefois très dangereuse en ces parages. S'il faut croire la légende, un accapareur sans pitié, qui fut évêque de Mayence, aurait péri dans ce refuge, mangé vivant par les souris, pour avoir laissé mourir de faim les pauvres gens qu'il devait secourir. Mais l'histoire dit du personnage ainsi désigné sous le nom de *Hatto*, qu'il fut précisément conseiller de l'empereur, d'un caractère impérieux, mais réputé pour sa sagesse. Chef de douze abbayes riches et puissantes, et supérieur du clergé allemand, il fonda, au moins pour une grande part, la puissance séculière du siège épiscopal de Mayence et eut sans doute plus d'un ennemi.

Les anciens forts romains de la rive gauche du Rhin sont presque tous devenus des demeures féodales : voici *Rheinstein*, sur son rocher droit, à

CAUB ET LE PFALZ.

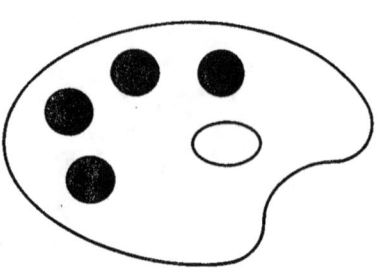

Original en couleur
NF Z 43-120-8

LE RHIN

80 mètres au-dessus du fleuve (le prince Frédéric de Prusse l'a restauré en 1829); *Falkenbourg*, dont l'empereur *Rodolphe* fit pendre tous les bandits; *Sooneck*, ancien repaire comme son voisin, détruit aussi par Rodolphe de Habsbourg (restauré depuis 1834 et appartenant aujourd'hui à l'empereur Guillaume). *Fürstenberg*, *Stahleck*, rappellent les mêmes souvenirs et la même audace. Résidence des comtes palatins, *Stahleck* fut pris et détruit par les Français après avoir longtemps tenu sous la crainte la petite cité de *Bacharach* qu'il domine. Les tours altières qui subsistent de cette grande forteresse, l'épaisseur des murs de granit, comme scellés dans le roc, la profondeur de l'abîme qu'ils commandent du côté du Rhin, sont encore un sujet de stupeur. A mi-côte se détachent les jolies arcades en grès rouge de Saint-Werner et la flèche gothique d'un clocher qui s'aperçoit de tous les points de l'horizon, mais dont la pointe atteint à peine au pied du redoutable donjon. De cette hauteur la vue est incomparable : il est rare malheureusement que l'atmosphère du Rhin soit parfaitement pure; une sorte de buée enveloppe ses parois élevées, et il faut s'approcher ou descendre le fleuve pour percevoir nettement le détail des choses. *Bacharah* est connu pour son excellent vin; des restes de remparts et de tours, quelques vieilles maisons, lui donnent un aspect original.

Lorch, en amont de *Bacharah*, sur la droite; *Caub* en aval et *Oberwesel*, à l'opposé, chevauchent en zig-zag d'une rive à l'autre. L'église gothique de *Lorch*, qui possède la plus belle sonnerie du Rheingau, son rocher légendaire (échelle du Diable), au débouché de la froide Wisper, le voisinage de l'énorme forteresse démantelée de *Sauerbourg*, à l'ombre de laquelle dort le dernier des Sickingen, l'antiquité de la ville connue dès le IXᵉ siècle, donnent quelque intérêt à cette rive droite du Rhin, si dépourvue au sortir de Bingen. Dans un décor de remparts que couronne le *Gutenfels* et dont l'épaisse carapace du *Pfalz* paraît un avant-poste détaché sur un écueil au milieu du fleuve, *Caub* est plein d'animation : il s'y fait un gros commerce de vins et d'ardoises. Le *Gutenfels* rappelle une gracieuse légende d'amour. C'est à Caub que dans la nuit du 31 décembre 1813 au 1ᵉʳ janvier 1814, l'armée de Silésie (Prussiens de York et Russes de Langeron) défila sous les ordres de *Blücher* et, après avoir passé le Rhin, s'engagea dans la vallée de *Steeg*, derrière Bacharah, pour atteindre les Français.

La pittoresque envolée d'*Oberwesel*, du château de, *Schœnbourg*, berceau d'une illustre famille (qui fournit à la France le maréchal de Schomberg), paraît se dérouler au-dessus d'un lac. Ici, le Rhin franchit par un brusque détour le promontoire du *Rosstein*; un peu plus loin nouvel obstacle, le sombre rocher de la *Lurlei* (200 mètres) se dresse à pic au-dessus des flots. Autrefois, dit la légende, une enchanteresse, fée bienfaisante ou terrible, « se montrait aux navigateurs [1] sur la cime du rocher. Sa figure était ravissante, son voile couleur des flots; une longue chevelure blonde flottait sur ses épaules et quiconque la voyait, ne pouvait échapper à l'attirance de son regard et de son chant doux comme la brise. Le batelier dans sa nacelle oublie l'écueil, ne voit qu'elle; et tandis qu'il la contemple, barque et rameur vont à la dérive et s'abîment dans les flots. Le fils du comte palatin Bruno, fleur de chevalerie, qui vivait dans l'île voisine du *Rheinpfalz*, vit la gracieuse apparition et pensa en mourir de saisissement. Rien ne l'en put distraire. Un soir qu'il chantait son amour, une vague l'enveloppa; il disparut. Mais voici qu'à l'appel de la nymphe le flot monte jusqu'à la pointe du rocher, la reçoit doucement et la porte dans un palais de cristal, sous la profondeur des eaux. Depuis, on ne l'a pas revue; mais pendant les belles et douces nuits de printemps, lorsque la lune répand sa mystérieuse clarté sur la contrée, le navigateur attentif entend à travers le bruit des vagues les sons mourants d'une voix admirablement tendre qui répète l'hymne du château de cristal ». *Lore* était le nom de la nymphe, *lei* celui du rocher; on en fit Lorelei, puis *Lurlei* aujourd'hui.

RHIN PITTORESQUE : DE BOPPARD A ANDERNACH.

Je rêvais à ces choses, ou plutôt j'essayais de rêver; car comment

(1) *Légendes et traditions du Rhin* par Kiefer.

prêter l'oreille à l'écho lointain des âges au milieu de la cohue tapageuse des voyageurs et des touristes qui descendent le Rhin, de Mayence à Cologne. Pour qui aime à se souvenir, c'est une épreuve. Les magnifiques bateaux du Rhin sont proprement de grands restaurants toujours agités; impossible de remuer ni même de voir d'une place tranquille, sans être heurté par quelque bruyant *keltner* (garçon), courant aux appels, chargé de bière et de victuailles. Dans l'entrepont, la « restauration » ne désemplit pas; à peine partis, le repas sonne. J'aime les bords du Rhin : ils ont de la grandeur, du charme, de la poésie; mais les gens ! Ils sont là, sans doute, pour le contraste.

Une dégringolade de murs et de tours signale **Saint-Goar**, au détour de la Lurlei. Cette terrible forteresse de *Rheinfels*, à laquelle s'adosse la petite ville, fut une des plus redoutables de la contrée. « C'est une montagne évidée à l'intérieur avec des ruines sur sa tête; deux ou trois étages d'appartements et de corridors souterrains qui paraissent avoir été creusés par des taupes colossales; d'immenses décombres, des salles démesurées dont l'ogive a cinquante pieds d'ouverture, sept cachots avec leurs oubliettes... » (V. Hugo, *Le Rhin*.) La forteresse date de 1245 : vingt-six villes du Rhin s'y acharnèrent sans pouvoir la prendre par un siège de quinze mois. Nous l'avons fait sauter et les ruines ont été adjugées pour 2,500 francs. Triste fin d'une chose tapageuse. *Saint-Goar* doit son origine au pieux ermite de ce nom, qui évangélisa la contrée au VIe siècle, du temps de Sigisbert, roi d'Austrasie. Les pauvres gens reçurent de lui plus d'un enseignement utile : il leur apprit à planter la vigne, à cultiver les légumes et les fruits; leurs embarcations furent améliorées pour la pêche. Car la pêche est une industrie fructueuse autour de la *Lurlei*. Nulle part le Rhin n'est aussi resserré ni aussi profond : les eaux s'y sont amassées en une nappe épaisse de 23 mètres, que striaient autrefois des remous pleins de hasards pour les barques légères; le saumon aime ces retraites fraîches et peu accessibles aux rayons du soleil. On en prenait jusqu'à 8,000 livres par an; mais le poisson fuit aujourd'hui, troublé par le bruit du chemin de fer et le sillage des bateaux à vapeur.

LA LURLEI. — Phot. Schœnscheidt.

S*t*-*Goarshausen*, sur l'autre rive, n'est qu'une parade de maisons blanches, le long d'un quai à l'abri des crues. Sur l'horizon se profilent les pans de mur du *Chat* et de la *Souris*, anciens castels rivaux qui semblent se guetter encore. Plus loin *Sterrenberg* et *Liebenstein* rappellent deux frères qui croisèrent l'épée dans un duel terrible dont une femme fut l'enjeu. En réalité, le duel eut lieu pour rappeler l'un des princes au respect des lois de la chevalerie qui ne permettaient pas le retrait de la foi engagée, surtout à l'égard d'une fiancée. Enfin voici **Boppard**, antique village celtique, avec des restes de fortifications romaines (IVe siècle), dans un joli site sur une boucle du Rhin; *Rhens* et la source analogue à celle de Seltz qui jaillit du sein même du fleuve; le *Kœnigstuhl*, édicule octogone élevé par l'empereur Charles IV, en 1376, restauré en 1843. Il rappelle l'endroit où, suivant une antique tradition, les électeurs assemblés délibéraient au bord même du fleuve sur les grands intérêts de l'empire; c'était ici la limite des domaines respectifs attribués aux électeurs archevêques de Cologne, de Mayence, de Trèves et au palatin du Rhin. Non loin de là, *Stolzenfels*, ancienne résidence des électeurs de Trèves, détruit par les Français et offert par la ville de *Coblentz* en 1823 au prince royal de Prusse, domine de sa tour pentagone le confluent opposé de la Lahn, sur la rive droite du Rhin.

Coblentz, au centre de rayonnement de la *Lahn* et de la *Moselle* sur le *Rhin*, est tout pénétré du souvenir français. Vingt ans, cette ville fut à nous (de 1794 à 1814) : c'était le chef-lieu du département de Rhin-et-Moselle. Les émigrés y eurent leur quartier général, Brunswick en data son insolent manifeste. C'est un Français, l'architecte Peyne, qui à la fin du XVIIIe siècle construisit pour le dernier électeur de Trèves, Clément Wenceslas, le magnifique château qui domine le Rhin; les nécessités de la guerre en firent un hospice, puis une caserne. La Prusse, à qui les conventions de 1814 le donnèrent, en a fait une résidence royale; la vue dont elle jouit sur les coteaux d'en face, *Ehrenbreitstein*, *Asterstein*, *Pfaffendorf*, est merveilleuse.

Il n'est guère de ville du Rhin dont le site se puisse comparer à celui de Coblentz. Assise sur les hauteurs que découpe en

LE *RHIN*, A SAINT-GOAR. — Phot. Schœnscheidt.

pointe le double confluent de la Moselle et du Rhin, elle a vue sur les deux vallées : l'une grandiose, l'autre gracieuse, riches l'une comme l'autre et pleines de vie. Un *pont de bateaux* mobile traverse le Rhin au pied du roc d'*Ehrenbreitstein* aux embrasures menaçantes : vienne une flottille marchande ou l'un de ces grands caravansérails mobiles qui font le service du fleuve, plusieurs barques du pont, mues automatiquement par une double machine à vapeur, se déplacent de droite et de gauche pour livrer passage. L'importance d'*Ehrenbreitstein*, qui est une petite ville, voudrait sans doute un pont fixe ; la défense de la place en a autrement décidé, et ce pont est surtout un passage à soldats, prêt à se rompre au premier signal. Un *vieux pont* de pierre du xive siècle, réparé et élargi depuis, traverse la Moselle un peu au-dessus de son embouchure.

La vieille ville regardait de ce côté. Elle est sans grand intérêt et n'a conservé que peu de monuments : l'ancien *palais archiépiscopal* et ses deux tours, aujourd'hui transformé en fabrique d'objets en fer-blanc ; l'antique église de *Saint-Castor*, fondée au ixe siècle, rétablie au xiie, dans le style des basiliques romanes avec quatre tours et un chœur à galerie. A l'embouchure même de la Moselle, dominant les deux fleuves, un entassement de pierres cyclopéennes porte la colossale statue équestre de Guillaume Ier.

De là, les quais de la cité moderne s'étendent bordés d'hôtels et se prolongent par une promenade de 2 kilomètres 1/2, les *Rhein-Anlagen* (due à l'ancienne impératrice Augusta), au delà du pont du chemin de fer rhénan, jusqu'au pont-viaduc de la voie Berlin-Metz, au pied des hauteurs de la Chartreuse. Le chemin de fer rhénan enveloppe la ville dans un demi-cercle et franchit successivement les deux fleuves, le Rhin d'une part, au-dessus du pont de bateaux, la Moselle de l'autre, au-dessus

CHATEAU DE STOLZENFELS.

LE CHAT.

de son vieux pont. De la ville même de *Coblentz*, (45,150 habitants), il n'y a trop grand'chose à dire : elle possède quelque *industrie*, quelques statues ; quelle ville n'en a pas ? On y fait un grand commerce de vin. Mais l'importance de Coblentz est surtout stratégique et lui vient de sa position au confluent de deux grands fleuves. Déjà les Romains y avaient une station fortifiée : *ad confluentes* (d'où lui vient son nom) ; les rois d'Austrasie y résidèrent. Ville libre, puis dépendante de l'archevêque de Trèves, Française et enfin Prussienne, Coblentz est aujourd'hui l'une des importantes places de l'empire, le déversoir du Rhin sur la Moselle. On compte de ce point 216 kilomètres jusqu'à Metz.

VALLÉE DE LA LAHN.

C'est une agréable rivière que la **Lahn** : l'âpreté des plateaux voisins, assises du Westerwald à l'ouest, l'empâtement déjeté du lointain Taunus du côté de l'est, donnent un charme de plus à cette veine d'animation et de fraîcheur. Aussi comme les villes et les villages se pressent sur les deux rives ! D'abord *Oberlahnstein*, qui malgré son revêtement archaïque de remparts et de fossés, avec la tour à créneaux de

Lahneck qui couronne les hauteurs, ne laisse pas d'être une ville tout à fait moderne : de grands dépôts de minerai de fer et de manganèse alimentent ses fabriques et son commerce. Dans la vallée, **Ems** (6,500 habitants), allonge paresseusement près de la *Lahn* ses maisons blanches et ses villas ; les pentes voisines percées de rochers (*Sieben-Køpfe*, *Winterberg*, *Kemmenau*) sont abritées d'une opulente frondaison. Douze mille baigneurs viennent à Ems chaque année, attirés par la vertu de ses eaux ; une haute tour construite sur les fondements romains au sommet du Winterberg, remplace celle qui autrefois jalonnait sur la Lahn l'immense ligne romaine entre Ratisbonne, Mayence et les *sept montagnes* voisines de Cologne.

A 8 kilomètres plus haut, **Nassau** rappelle par les ruines de son vieux château le duché de ce nom, et le baron de Stein, un de ceux qui firent le plus pour la restauration de la Prusse en 1807 : sa statue s'élève sur une saillie de rocher depuis 1872 ; l'on montre aussi le château où il naquit et vécut.

VUE GÉNÉRALE DE BACHARACH.

Le château de *Schaumbourg* (ancienne résidence des princes de ce nom, aujourd'hui au duc d'Oldenbourg); *Dietz* et son vieux château pittoresque perché à un détour de la Lahn; *Limbourg*, son étonnante cathédrale à sept tours suspendue au-dessus de la rivière et sa cascade qui fait tourner un antique moulin; *Dietkirchen*; *Runkel*; *Weilbourg*, doublement riche par le site et des mines de fer dont le rendement atteint 45 et 50 pour 100 de métal; *Wetzlar* et le bel amphithéâtre qui se déroule au-dessus du fleuve; *Giessen* et son université; **Marbourg** enfin, dans un site qui dépasse tous les autres : telles sont les charmantes étapes de cette sinueuse vallée de la Lahn.

MONUMENT DE GUILLAUME Ier, A COBLENTZ.

L'église Sainte-Elisabeth est le trésor de *Marbourg* : elle s'élève sur le tombeau même de sainte Elisabeth de Hongrie, landgrave de Thuringe, morte à vingt-quatre ans, en 1231 ; la châsse en argent doré qui contenait ses restes est vide depuis la Réforme. Des maisons intéressantes, un hôtel de ville de 1512, le château avec sa chapelle, la salle des Chevaliers et celle où se fit sans résultat le colloque des réformateurs, Luther, Zwingle, Mélanchthon, Œcolampade; les bâtiments gothiques de l'Université, l'ensemble pittoresque de la cité, font de Marbourg la reine de la Lahn, non loin de sa source.

Wetzlar, son émule en beauté, est également riche de souvenirs.

LE *RHIN*, A COBLENTZ.

Ville libre et siège de la cour de justice impériale pendant plus d'un siècle (1698-1806), elle eut l'honneur de compter Gœthe parmi ses hôtes. **Hoche** y mourut, emporté par une maladie inopinée (le poison, dit-on), lorsque, après avoir échappé aux sollicitations de Barras pour un rôle qui ne convenait ni à sa droiture, ni à son génie, il revenait de Paris prendre à Wetzlar le commandement de l'armée d'Allemagne.

Engagé à seize ans, Hoche avait défendu Dunkerque, battu les Autrichiens à *Wissembourg*, pris Germersheim, Spire, Worms et fait évacuer l'Alsace (1793). La haine de Saint-Just le jeta en prison ; il fut délivré par le 9 thermidor. Pacificateur de la Vendée (1796), commandant de l'armée de Sambre-et-Meuse en 1797, vainqueur sur le Rhin, à *Neuwied*, *Altenkirchen*, il avait poussé jusqu'à *Wetzlar* et préparait de nouvelles victoires. Mort à vingt-neuf ans, général à vingt-quatre, il montra les qualités d'un chef éminent et d'un rare diplomate. Ses restes furent déposés avec ceux de *Marceau*, près de *Coblentz*.

Hoche est né à Versailles, en 1768.

Marceau, son frère d'armes, repose au pied du *Petersberg*, à dix minutes de la ville de Coblentz, sur la rive gauche de la Moselle. De nombreux prisonniers français, morts à Coblentz en 1870-1871, ont été inhumés dans le même enclos planté d'arbres : on les avait parqués dix mille dans un camp, sur le plateau de la Chartreuse.

Le tombeau de Marceau est très simple : une pyramide triangulaire, où se lit d'un côté : « Ici repose *Marceau*, né à Chartres, département d'Eure-et-Loir, soldat à 16 ans, général à 22 ans. Il mourut en combattant pour sa patrie, le dernier jour de l'an IV de la République française. Qui que tu sois, respecte les cendres de ce jeune héros. » La seconde face porte : « L'armée de Sambre-et-Meuse, après sa retraite de la Franconie quittait la Lahn. Le général Marceau commandait la droite. Il était chargé de couvrir les divisions qui défilaient sur *Altenkirchen*. Le 3e jour complémentaire, il faisait des dispositions au sortir de la forêt de *Hochstbach*, lorsqu'il fut mortellement atteint d'une balle. On le transporta à Altenkirchen où sa faiblesse obligea de l'abandonner à la générosité des ennemis. Il mourut entre les bras de quelques Français et des généraux autrichiens dans

FORTERESSE D'EHRENBREITSTEIN.

la XXVIe année de son âge. » Sur la troisième face : « Il vainquit dans les champs de Fleurus, sur les bords de l'*Ourte*, de la Roer, de la Moselle et du Rhin. *L'armée de Sambre-et-Meuse à son brave général Marceau.* » Au-dessous, un lion sculpté dans la pierre. Le courage de Marceau, son admirable sang-froid, ses nobles sentiments d'humanité, commandaient le respect: l'ennemi observa un armistice pour lui rendre les honneurs funèbres.

LE RHIN STRATÉGIQUE
LA FRONTIÈRE
ENTRE PARIS ET BERLIN.

Les chiffres ont leur éloquence : il n'est pas sans intérêt de comparer les distances qui séparent *Paris et Berlin* des principaux points de la région frontière. Les deux capitales sont à 1,061 kilomètres l'une de l'autre, par Cologne. De **Paris** à **Cologne**, on compte 492 kilomètres et de **Cologne** à **Berlin** (1) par Elberfeld, Hanovre,

(1) Ces chiffres sont empruntés, pour le réseau *français* au livret *Chaix* des chemins de fer; pour le réseau *allemand* au guide *Badeker*. Les indicateurs présentent entre eux et souvent avec eux-mêmes des différences qui peuvent aller jusqu'à 4 kilomètre pour les grandes distances. On trouve même parfois ce fait bizarre que le total des kilomètres pris séparément d'une station à l'autre et additionnés n'égale pas toujours très exactement la distance générale indiquée d'autre part et d'un trait. Il faut, bon gré mal gré, se contenter bien souvent d'approcher la vérité le plus près possible.

CHATEAU DE LAHNECK. Phot. Schoenscheidt.

569 kilomètres. Mais *Paris* est à 238 kilomètres de la *frontière* belge (Maubeuge, *Jeumont*, dernière station française), tandis que de *Berlin*, par Cologne, Aix-la-Chapelle à la dernière station allemande du côté de la Belgique, *Herbesthal*, il y a 654 kilomètres. Entre les deux frontières s'étendent 170 kilomètres de *territoire belge*, par la vallée de la Meuse (Namur, Liége, Verviers), et ce terrain est neutre en principe ; mais jusqu'où prévaut la neutralité contre la force? Il est certain, en tout cas, que Cologne est à 77 kilomètres plus près de Paris que de Berlin par la voie la plus courte (1) : cette perspective n'est pas sans enseignement.

Paris est à 394 kilomètres de **Luxembourg** par Longwy (Paris-Longwy, 345 kilomètres). Mais de Luxembourg à **Metz**, il n'y a que 66 kilomètres et 52 kilomètres seulement jusqu'à Trèves (par Wass.), sur la grande ligne de communication : Metz, Coblentz, Berlin.

Paris à Metz : 1° De la ligne de *Longwy* se détache à Longuyon (15 kilomètres avant Longwy) un embranchement de 83 kilomètres sur Metz par Thionville, ce qui donne pour le parcours total Paris-

(1) De Berlin à Cologne par Brunswick-Soest, 576 kilomètres — par Francfort, Mayence et le Rhin, 762 kilomètres — dont: 539 kilomètres, Berlin-Francfort (par Erfurt) ; 38 kilomètres, Francfort-Mayence; 223 kilomètres, Francfort-Cologne; 70 kilomètres, Cologne-Aix-la-Chapelle; 15 kilomètres, Aix-la-Chapelle-Herbesthal; 30 kilomètres, Aix-la-Chapelle-Verviers; 100 kilomètres, Cologne-Verviers. Il n'y a que 37 kilomètres d'Aix-la-Chapelle à Maëstricht (Hollande).

VUE GÉNÉRALE D'EMS. Phot. Schoenscheidt.

ALLEMAGNE.

EMS : ROCHER DE LA BÆDERLEI.   Phot. Schœnscheidt.

Metz par cette voie, 413 kilomètres ; 2° par Verdun-Batilly (1), 348 kilomètres ; 3° par Frouard (2), 392 kilomètres.

De **Metz** à **Berlin** (3) par Sarrebrück-Francfort, 871 kilomètres si l'on prend la voie de Cassel ; 829 kilomètres seulement par Erfurt. Mais la voie la plus courte est par *Coblentz*, Niederlahnstein, Ems, Cassel, Nordhausen, Güterglück (4), 760 kilomètres. *Metz* étant, d'autre part, à 56 kilomètres de *Nancy* et à 18 kilomètres de chez nous, du côté de *Verdun*, c'est une tête de bélier formidable à notre porte même. Si la France possédait à 348 kilomètres seulement de *Berlin* (c'est la distance de Metz à Paris), une place pareille, il n'y aurait qu'un cri en Allemagne, pour déclarer qu'une telle menace est incompatible avec la sécurité et l'honneur d'une nation. Nous ne pouvons moins faire que d'en dire autant.

Vers Strasbourg et Belfort, la menace est moins présente, sans être pourtant fort éloignée.

De **Paris** à **Strasbourg** par Nancy-Avricourt, on compte 503 kilomètres (5).

---

(1) Paris-Batilly, 330 kilomètres ; il y a 2 kilomètres de Batilly, dernière station française, à Amanvillers, première station allemande, et de ce point 16 kilomètres jusqu'à Metz.

(2) 19 kilomètres de Pagny, frontière française, à Metz ; 48 kilomètres de Frouard à Metz ; 8 kilomètres de Frouard Nancy ; 56 kilomètres Nancy-Metz.

(3) Metz-Francfort, 290 kilomètres ; Francfort-Berlin, par Giessen-Cassel, 581 kilomètres et Francfort-Berlin, par Erfurt, 539 kilomètres.

(4) Metz-Coblentz, 216 kilomètres ; Metz-Trèves, 104 kilomètres ; Trèves-Coblentz, 112 kilomètres ; Coblentz-Berlin, 544 kilomètres ; Coblentz est à 93 kilomètres de Mayence, 92 kilomètres de Cologne ; Trèves-Cologne, par l'Eifel, 179 kilomètres.

(5) Dont 353 kilomètres Paris-Nancy ; 412 kilomètres Paris-Avricourt (All.) ; 150 kilomètres Nancy-Strasbourg.

Strasbourg - Berlin, par Karlsruhe-Francfort, 772 kilomètres (1). Il y a de *Strasbourg à Metz* par Saverne, 159 kilomètres (44 jusqu'à Saverne) ; et de *Strasbourg à Bâle* (2) 141 kilomètres par Mulhouse.

Paris - Belfort, 443 kilomètres et *Belfort-Bâle* par Mulhouse (3), 82 kilomètres ; *Belfort-Bâle* par Delémont sans passer sur le territoire allemand, 102 kilomètres ; soit 545 kilomètres de *Paris à Bâle* par ce détour et 525 kilomètres par la voie directe de Mulhouse.

Belfort-Berlin, 929 kilomètres par *Strasbourg*, ou 917 kilomètres par *Mulhouse-Mülheim* (4), *Fribourg, Karlsruhe, Francfort, Erfurt*. La frontière est à Petit-Croix, 37 kilomètres de Mulhouse et 12 kilomètres de Belfort. Il résulte de ces chiffres que la distance de *Berlin* à Belfort et à Metz dépasse de plus du double celle qui existe envers ces deux points et *Paris* :

Paris 443 kilomètres, *Belfort*, 917 kilomètres Berlin
Paris 348 kilomètres, *Metz*, 760 kilomètres Berlin

La frontière ainsi fixée, avec les principales forces de l'empire portées de ce côté, constitue moins une ligne de séparation entre deux pays voisins qu'une ligne d'invasion ; les Allemands sont à plus des deux tiers de la route entre les deux capitales. Aussi, dans l'immense espace qui s'étend du Rhin à Berlin, le grand état-major allemand a-t-il négligé d'excellentes lignes de défense préparées par la nature. Tout son effort s'est porté sur le Rhin et au delà, cette ligne ne lui suffisant plus.

PONTS DU RHIN ET PLACES DE GUERRE.

Par lui-même, le *Rhin* constitue déjà un obstacle sérieux : de Bâle à Mayence (5), il multiplie les faux bras, son cours est très rapide. Sur plusieurs points, des voies ferrées le traversent : on a fortifié les plus importantes.

DIETZ, SUR LA *LAHN*.   Phot. Hardt.

(1) Dont 233 kilomètres jusqu'à Francfort par Kehl, Appenweier ; soit 67 kilomètres jusqu'à Oos-Bade ; 33 kilomètres, Oos-Bade-Karlsruhe ; 55 kilomètres, Karlsruhe-Heidelberg ; 61 kilomètres, Heidelberg-Darmstadt ; 27 kilomètres, Darmstadt-Francfort.

(2) Strasbourg-Colmar, 68 kilomètres ; Mulhouse, 108 kilomètres ; Colmar-Fribourg, 44 kilomètres ; Fribourg-Bâle, 62 kilomètres ; en Bâle-Karlsruhe, le long de la Forêt Noire, 197 kilomètres en tout.

(3) Belfort-Mulhouse, 49 kilomètres ; Mulhouse-Bâle 33 kilomètres.

(4) Mulhouse-Mülheim, 22 kilomètres ; Mülheim-Fribourg, 29 kilomètres.

(5) Voyez p. 67, la description de cette partie du cours.

Ponts fortifiés, de *Bâle à Strasbourg-Kehl* (1). — *Huningue* (ligne de Saint-Louis, Lörrach en Forêt Noire), raccord sur la ligne Bâle-Mulhouse : pont-cage métallique, deux voies, passerelle pour voitures et piétons; longueur 285 mètres. A 1 kilomètre, *pont de bateaux*, largeur 6 mètres, longueur 212 mètres; garde-fou en bois, 1m,30 de haut. Tours défensives à chaque extrémité, avec chambre de mine.

Neuenbourg (ligne de Mulhouse-Mülheim), mêmes caractéristiques que pour le pont de Huningue : longueur 359 mètres. *Pont de bateaux* à 400 mètres en aval : longueur 194 mètres, largeur 6 mètres, garde-fou.

Vieux-Brisach (Colmar, Fribourg, Vieux-Brisach), même pont que les précédents avec tours défensives à chaque extrémité et chambres de mine; longueur 362 mètres, largeur 7 mètres, passerelle de 1m,50 pour piétons. *Pont de bateaux*, longueur 208 mètres, largeur 6 mètres.

A 4 kilomètres de la rive gauche du fleuve, la petite place de *Neuf-Brisach* surveille cette route importante qui conduit d'*Épinal* à travers les Vosges par *Münster*, ou de *Saint-Dié* à *Colmar*, et de là sur *Fribourg*, au débouché de la *Dreisam*, voie directe au travers de la Forêt Noire vers *Neustadt*, *Donaueschingen* et le *Danube*.

C'est pour créer de notre côté, un appui au passage du Rhin, que Vauban avait élevé le fort d'arrêt de *Neuf-Brisach*. Les Allemands ont conservé la place en la simplifiant : l'action des feux a été étendue et des abris ont été créés contre l'obus. On ne doit point négliger le réduit naturel de défense constitué, sur la rive droite, au dos de Vieux-Brisach, par le massif isolé du *Kaiserstuhl*.

Kehl (ligne d'Offenbourg à Strasbourg), double voie avec cage en treillis. Le pont de bateaux a été

(1) *Étude stratégique de la frontière nord-est*, par le général X*** (Lavauzelle, éditeur).

CATHÉDRALE DE LIMBOURG.
Phot. Hardt.

remplacé par un pont fixe et contigu.

Les places entre *Bâle et Mayence* (1). — Le Rhin, de Suisse en Hollande, dessine une courbe concave, dont *Mayence* est le pivot, les deux bras du fleuve étendus semblant une pince gigantesque dont *Cologne* au nord, *Strasbourg* au sud, marquent les pointes dirigées contre nous. En tête et à l'extrémité de la perpendiculaire menée de *Mayence*, comme sommet du triangle sur notre ligne frontière, *Metz* est une menace immédiate à portée de canon et un abri pour la concentration de l'armée allemande.

Strasbourg est situé à 3 kilomètres du Rhin sur l'Ill. La place n'avait en 1870 qu'une citadelle et une enceinte avec dehors, mais aucun fort détaché. En quelques années, les Allemands ont plus que doublé le circuit de l'enceinte et l'ont appuyé de treize forts. Il ne reste de la ligne primitive que la partie comprise entre l'Ill supérieur et la citadelle. Tout le reste a été porté plus avant, à l'ouest et au nord, avec tracé polygonal et une ligne bastionnée le long du canal, qui, dérivé de l'Ill supérieur, enveloppe la place, au sud et à l'est, d'une ligne d'eau ininterrompue, jusqu'à l'Ill inférieur. Une sorte d'avant-canal, amorcé plus en amont sur la rivière (*Kleiner Rheinstrom*), double au sud cette puissante ligne d'eau. L'Ill forme encore à l'intérieur de la ville un îlot ou petit réduit central, sans valeur défensive aujourd'hui. Onze portes coupent la ligne d'en-

VUE GÉNÉRALE DE LIMBOURG.
Phot. Hardt

ceinte et la largeur des fossés est de 30 mètres au niveau de l'eau.

Treize forts élargissent l'action de la place et forment un camp retranché de 56 kilomètres de tour, défendu par 40,000 hommes d'infanterie, 7,000 artilleurs, un millier de pionniers, 1,000 canons pour le moins. Dix forts s'élèvent sur la *rive gauche* du Rhin, immédiatement autour de la place : forts *Fransecky*, entre l'Ill et le Rhin (fossés

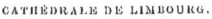

CATHÉDRALE DE LIMBOURG.
P. Jousset.

(1) L'Allemagne a, depuis 1871, déclassé un certain nombre de places fortes, pour améliorer les autres, et faire de quelques-unes de vastes camps retranchés. Les *places déclassées* sont Schlestadt, Lützelstein, Lichtenberg, Marsal, Phalsbourg, Landau, Juliers, Slade, Minden, Wittemberg, Erfurt, Rendsbourg, Kosel, et en partie Stettin (sauf le fort) et Graudenz, qui pourtant a été conservé.

pleins d'eau); *de Moltke*, en arrière de Reichstett; *de Roon*, sur la ligne de Strasbourg à Saverne, *front nord*. — *Podbielsky*, sous Mundolsheim; *Prince royal*, en arrière de la Souffel; *Grand-duc de Bade*, sur Oberhausbergen; *de Bismarck* sur Wolfisheim, entre la Bruche et Oberhausbergen; *Prince royal de Saxe*, près Lingolsheim, sur la ligne de Molsheim et à droite de la Bruche.; *front ouest.* — *Von der Tann* et fort *Werder*, de chaque côté de l'Ill, près de Grafenstaden (fossés pleins d'eau); *front fortifié sur le Rhin*. Toute l'Allemagne est ici réunie : *Bavière, Saxe, Bade, Wurtemberg, Prusse*, pour garder sa proie. Six forts sont à fossés secs, leur relief est à 8 mètres au-dessus du terrain; celui des autres s'élève à 14 mètres. Ils sont armés de vingt-six à vingt-huit pièces et renferment avec de vastes magasins à munitions, des logements pour un millier d'hommes. Sur la rive droite du Rhin, formant pour ainsi dire tête de pont, les forts *Kirchbach, Bose, Blumenthal*, en cercle autour de Kehl, contribuent au système de la défense générale.

Le nœud de la défense est au nord-ouest, la colline de *Hausbergen*, dernier contrefort avancé des Vosges, entre les vallées de la Zorn et de la Bruche, à 50 mètres d'altitude environ. On y a élevé, pour cette raison, le *fort de Mundolsheim* (fossés secs) derrière l'église de ce village. De plus, la vallée de la Bruche est commandée par deux forts d'arrêt : le *fort Guillaume II*, sur le *Molsheimerberg*, près de Mutzig, et un autre du voisinage. L'action combinée de ces deux solides postes d'avant-garde prolonge l'effort de la place au-devant de Saales et de Saverne, au point de rencontre des deux voies ferrées sur Molsheim-Avolsheim. La vallée de la Zorn, qui conduit par Saverne à celle de la Sarre et trace ainsi le chemin de Strasbourg à Metz, est surveillée en avant par *Sarrebourg*.

De Strasbourg à Mayence, la ligne du fleuve est jalonnée par *Germersheim* (rive gauche) et un peu moins loin par *Rastatt* (rive droite). Du temps où *Germersheim* formait avec Landau un front de guerre, il avait plus d'importance; c'est maintenant une tête de pont : enceinte polygonale et ouvrages détachés jusqu'à 1,200 mètres.

Rastatt sur la Murg, barre la plaine qui s'étend du Rhin au pied de la Forêt Noire : l'enceinte est appuyée de trois forts : Louis, Frédéric et Léopold, avec des ouvrages avancés, onze lunettes, à 1 kilomètre environ.

Mayence a vu son enceinte considérablement agrandie, comme Strasbourg. Sentinelle du Main, qui conduit au cœur de l'Allemagne, vers l'Elbe et débouche à la fois sur le Weser au nord et le Danube au sud, cette place est d'une valeur stratégique considérable. Aussi l'a-t-on fortifiée avec soin. Le tracé de l'*enceinte nouvelle* est polygonal. Les anciens forts de *Peters-Aue*, de la *pointe du Main*, de *Hartmühle, Hartenberg, Weissenau* ont été renforcés. La *citadelle* à droite, face au Rhin, commande l'embouchure du Main et la ligne de Francfort. De nouveaux postes ont été dressés sur les deux rives du fleuve, deux sur les hauteurs de *Hechtsheim*, un sur l'*emplacement* d'où fut conduit par nous le siège de 1793, sur la croupe boisée de *Ludwigshæhe*; enfin sur la rive droite, les ouvrages de *Hochheim*, du *Petersberg*, de *Biberich* complètent la position de *Castel*.

Mayence possède *trois ponts* sur le Rhin : le pont de pierre, qui réunit la ville en son milieu avec *Castel*, faubourg de la rive droite; un pont de chemin de fer en amont

ENTRÉE DU CHATEAU DE RUNKEL.

(longueur 1,290 mètres, quatre arches de 125 mètres d'ouverture, ligne de Francfort-Darmstadt); un autre pont pour voie ferrée, en aval de la ville, et au travers de l'île Peters-Aue.

Les places, *de Mayence en Hollande*. — Dans le couloir de rochers qui enserre le cours profond du Rhin entre Bingen et Coblentz, le passage d'une rive à l'autre peut être regardé comme téméraire, sinon impossible.

Cologne constitue un point d'appui très fort pour une attaque de flanc contre nous par le *Rhin* et la *Meuse*. On a entouré la place d'une *enceinte polygonale* analogue à celle de *Strasbourg*, mais avec des *fossés* à sec de 10 mètres de large au fond. Un pont fixe et un *pont de bateaux* unissent la ville à son faubourg de *Deutz*, comme Mayence à Castel.

Le *pont fixe*, qui s'ouvre derrière le chevet de la cathédrale, est formé en réalité de deux ponts en treillis de fer accolés l'un à l'autre et reposant sur trois piles communes (longueur 412 mètres, largeur totale 19 mètres, hauteur 14m,70 au-dessus du niveau moyen du fleuve). Une partie du pont est réservée au chemin de fer à double voie, avec double treillis; l'autre sert aux voitures et aux piétons. Deux statues équestres, en bronze, barrent l'entrée du pont et la sortie, celle de *Frédéric-Guillaume IV* (rive gauche) et celle de *Guillaume Ier* (rive droite). Le pont, de ce côté, n'a pas d'issue directe, et la route

VIEUX PONT, A LIMBOURG.

bifurque à angle droit le long du fleuve par une rampe garnie de casemates et de meurtrières.

Douze grands forts sont détachés de l'enceinte.

Les forts de la rive gauche sont : 1° *Niehl*, près du Rhin en aval; 2° *Longerich*; 3° entre Longerich et Bocklemünd; 4° *Bocklemünd*, avec un poste détaché entre Bocklemünd-Müngersdorf; 5° *Müngersdorf*; 6° *Efferen*; 7° entre *Efferen-Rondorf*; 8° *Marienberg*, près du Rhin en amont. Sur la rive droite : 9° *Bayenthal*; 10° *Ostheim*, à droite de Kalk; 11° *Mülheim*, à droite du Strunder; 12° *Stammheim*, en face de Niehl, sur l'autre rive.

RUNKEL-SCHADECK.

De *Cologne* à la **frontière hollandaise**, le Rhin est difficilement franchissable; aussi, à part Wesel qui est une sentinelle avancée, a-t-on seulement défendu quelques ponts de chemins de fer : fort *Hamm* (Düsseldorf-Neuss), tours de *Rheinhausen* (Crefeld-Duisbourg).

Wesel s'élève sur la droite du Rhin, à l'embouchure de la Lippe : son enceinte est bastionnée. Un pont de bateaux relie la place avec l'île de *Baderich* et à la rive gauche que défend le fort *Blücher*, et une annexe nouvellement construite au nord-ouest. La voie ferrée de *Düsseldorf* traverse le Rhin sur un *pont* grandiose dont la défense est assurée par un petit fort sur la rive gauche de la Lippe combiné avec deux autres postes détachés sur la droite de la rivière.

Il est remarquable que ces trois grandes places, *Cologne, Mayence, Strasbourg*, toutes sur la *rive gauche* du Rhin, concentrent avec leurs avant-postes complémentaires de la rive droite, les points d'appui échelonnés par les Romains le long du grand fleuve, pour contenir la Germanie : tout cela s'est retourné contre nous.

Coblentz (encore une station romaine, *Confluentes*, au confluent du Rhin et de la Moselle) défend l'intervalle entre *Cologne* et *Mayence* et maintient les communications naturelles de la ligne du Rhin avec *Metz*, front d'attaque avancé. *Coblentz* s'élève sur la hauteur que dessine l'angle de jonction de la Moselle et du Rhin : le Karthauserberg (mont de la Chartreuse) qui domine la ville, est couronné par le fort *Alexandre* et appuyé au nord-est par le fort *Constantin*; plus loin, le fort *Blücher*. Dans le cercle du Petersberg (rive gauche de la Moselle), le fort *François*; le fort *Rübenheim* et la flèche de la Moselle; celle de *Neuendorf* et les ouvrages de *Rübenach*. Enfin en arrière, l'ouvrage du *Kühkopf*, face à l'embouchure de la Lahn, et sur le plateau, à gauche de la Moselle ceux de *Güls* et de *Metternich* : tels sont les moyens de la place sur la rive gauche du Rhin.

Mais la clef de la défense est à droite du fleuve, avec les fortifications du plateau de *Pfaffendorf* (fort *Asterstein* et quatre ouvrages détachés), surtout la forteresse d'*Ehrenbreitstein*. C'est une sorte de citadelle naturelle, fouillée dans un massif rocheux inaccessible, excepté par le nord, et qui tombe à pic de 118 mètres dans les eaux du Rhin. Le feu de ses batteries enfile directement l'embouchure de la Moselle, et bat à 3 kilomètres la gorge du fort Alexandre. Cette forteresse passe pour imprenable (les Français l'ont prise pourtant, après un an de siège (1799); grâce à elle, Coblentz était regardée comme la plus forte place du Rhin. Il n'en est plus ainsi depuis la construction des grandes places : Cologne, Mayence, Strasbourg. Autour d'*Ehrenbreitstein*, s'est formée une petite ville de 5,000 habitants : un *pont de bateaux* l'unit à Coblentz; mais ce pont est souvent encombré de troupes, et s'ouvre régulièrement (par un double mécanisme à vapeur) pour laisser passer les grands bateaux du Rhin. Deux autres ponts, mais beaucoup plus en amont, unissent les deux rives : le pont du *chemin de fer rhénan*, 334 mètres (Mayence-Cologne); plus haut le pont du chemin de fer de *Berlin à Metz*, qui traverse l'île d'Oberwerth (longueur totale 400 mètres).

La *Moselle* est franchie par un pont de pierre, au-dessous de celui du chemin de fer.

Metz est en tête de la Moselle, à son confluent avec la Seille. La Moselle en amont forme deux îles : le *pré Saint-Symphorien* et une autre plus petite, l'île rectangulaire du *Saulcy*, toutes les deux en regard de la haute terrasse ou *Esplanade* qui les domine. Alors la rivière se dédouble en deux cours, l'un le *principal* qui poursuit au nord-ouest; l'autre qui entre dans la ville, enveloppe une île

DIETKIRCHEN.

VUE DE BRAUNFELS.

Phot. Hardt

ALLEMAGNE.

intérieure et après avoir rallié la Seille hors des murs, rejoint le cours principal avec lequel il forme en aval une île nouvelle, l'île *Chambière*. Ainsi, de toutes parts, Metz est entouré d'eau, excepté vers le sud, mais on y a suppléé, et d'ailleurs le cours de la Moselle est de ce côté un obstacle pour toute armée venant de l'ouest.

Bien que Metz n'eût en 1870, pour se défendre, que le corps de place proprement dit avec les ouvrages détachés de *Saint-Quentin*, de *Plappeville*, et sur la droite ceux de *Saint-Julien* et de *Queuleu*, ainsi que les redoutes en terre, des *Bordes* et de *Saint-Privat*, c'était déjà par sa position naturelle une place très forte, capable de tenir en échec les meilleures armées de l'Europe. Les Allemands ont fait de Metz un immense camp retranché renfermant, dans un périmètre de 25 kilomètres de développement, la ville, ses faubourgs et douze grands villages.

Le plus rapproché des forts est le Frédéric-Charles à 4,500 mètres de la cathédrale ; le plus éloigné à l'ouest, est celui d'Alvensleben, à environ 6,500 mètres ; les autres sont à 3 et 4,000 mètres. Tous les intervalles sont barrés par des lignes de *batteries* munies d'abris en béton pour les servants et les munitions. On a fortifié de la même manière par des cuirasses en ciment les réduits des forts, augmenté l'épaisseur des glacis, protégé les approches par des grilles de fer. Jusqu'ici la plupart des ouvrages appuyaient sur une voûte murée, épaisse de 1 mètre environ, une couche de sable de 90 centimètres que recouvrait une carapace de 5 mètres variant entre 1 et 2 mètres. Mais l'on a trouvé que ces formidables cuirasses, même celles de 4 mètres, n'étaient pas de force contre nos projectiles de siège : tout a été muni de « béton renforcé » blindé d'acier comme les navires.

L'enceinte de *Metz* a été agrandie à l'est du côté de la Seille (porte des Allemands, fort *Steinmetz*), dégagée à l'ouest, du côté de l'ancienne porte de France ; on veut même largement donner du jour à la ville suffisamment défendue. La ceinture fortifiée qui l'entoure au loin, comprend, à droite, les forts *Manteuffel* (Saint-Julien), au confluent inférieur de la Seille et de la Moselle ; *Zastrow* (les Bordes), en avant du *Steinmetz* (Bellecroix) ; *Goben* (fort Queuleu), dominant la Seille ; *Prince Auguste de Würtemberg* (fort Saint-Privat), dans l'intervalle qui fait front au sud, entre la Seille et la Moselle. Sur la gauche de la rivière, la colline de Saint-Quentin, couverte par les forts *Frédéric-Charles* (Saint-Quentin), *Manstein* sur le front ouest, *Alvensleben* (Plappeville) au nord-ouest, forme une formidable citadelle. Les forts *Kameke* et *Hindersin* (Saint-Éloi) tiennent le front nord, en reliant Alvensleben à Manteuffel. Et l'avant-garde des forts avance toujours : ouvrages de *Rozérieulles*, *Point-du-Jour*, qui avec le *Manstein* battent le chemin de fer de Conflans-Verdun ; fort du *Gorgimont* (Kronprinz), entre Ars et Ancy-sur-Moselle ; celui du *Saint-Blaise* (ou fort *Haseler*), sur l'autre rive du fleuve, près de Jouy-aux-Arches, qui couvre de feux, avec ses ouvrages avancés, la ligne de Nancy et la vallée de la Moselle, de Ars à Pagny, Pont-à-Mousson et Frouard (ligne de Toul).

Thionville (*Diedenhofen*), en aval de Metz, est une *gare militaire* destinée à recevoir et à écouler les troupes venant de Trèves et Coblentz par la vallée de la Moselle. Les anciennes fortifications de Thionville ont été améliorées : on y a construit deux nouveaux forts.

En arrière de Metz, *Sarrelouis* veille la Sarre, et le fort de *Bitche* garde l'intervalle jusqu'au Rhin, comme la pointe d'un triangle dont les angles de base seraient marqués par Sarrelouis et Germersheim.

Les abris ont été agrandis, de grandes casernes construites en bas, la place améliorée, la garnison renforcée (plus de 4,000 hommes), et dans le voisinage, le grand camp d'artillerie d'*Haspelscheid* pourra réunir un corps d'armée.

Bitche demeure, au milieu de cette région, comme un trophée de souvenir. On n'a pas oublié son héroïque résistance. Isolé au faîte des Vosges, sur un tertre qui surplombe le vallon de la Horn, mais que dominent les mamelons boisés du voisi-

TOUR DU CHATEAU DE BRAUNFELS.
Phot. S. Williams.

PANORAMA DE WEILBOURG, SUR LA *LAHN*.
Phot. Saphus Williams.

nage, avec son antique château, des remparts sans blindage, des embrasures presque toutes vides, des abris à poudre insuffisants, 53 vieilles pièces de canon dont 12 rayées seulement, Bitche, défendu par des gens de cœur, 2,500 hommes sans cohésion, soldats, douaniers, gendarmes, gardes nationaux, artilleurs, qu'anime et soutient l'héroïque valeur du commandant Teyssier, refuse de se rendre. Isolé depuis le 6 août 1870, le fort tint bon contre les bombardements : aucun point une condition de victoire. Ce que Napoléon obtint au pas accéléré de ses grenadiers, il le faut obtenir aujourd'hui par la vapeur : le *chemin de fer* est devenu un *instrument de combat*. Les Allemands l'ont ainsi compris. Aussi ont-ils multiplié à satiété les voies d'accès rapide sur notre frontière.

Mobilisation. — Le simple examen du réseau ferré d'Alsace-Lorraine (1) décèle à n'en pas douter la pensée de l'Allemagne. C'est dans le quadrilatère **Metz, Thionville, Sarrebourg, Sarreguemines,** qu'elle a préparé le terrain d'une offensive future : là est le foyer d'appel de toutes ses forces. On y aboutit de tous les points de l'horizon allemand, par des lignes multiples et rapides, comme en un centre dont les rayons passent par Trèves - Cologne, Münster-Hanovre, Hambourg-Altona; Coblentz, Cassel, Magdebourg, Berlin; Mayence, Francfort, Leipzig, Dresde; Karlsruhe, Stuttgart, Würzbourg, Nüremberg et Munich. Tous les corps d'armée distribués à la surface de l'Empire (2), même les plus éloignés, ont des ordres de

de la citadelle qui ne fût mortel, la plupart des maisons en cendres, les autres à demi consumées, la famine, le typhus, la variole, les parlementaires de l'ennemi et ses propositions honorables, rien ne put venir à bout de cette invincible résistance.

Déjà les préliminaires de paix étaient signés, *Bitche* compris dans la rançon de guerre; mais le vieux fort tenait toujours haut le drapeau. Sur un ordre enfin, mais le 27 mars seulement, après huit mois de blocus, la garnison sortait fièrement, enseignes déployées, avec ses armes, ses canons, ses bagages charriés sur des fourgons ennemis. L'épopée est d'hier, les survivants la redisent encore.

Contre le formidable

UNIVERSITÉ ET CHATEAU DE MARBOURG.

appareil de guerre entassé près de nous, il a fallu créer de toutes pièces un abri, « notre muraille de Chine » comme disent les Allemands, derrière une frontière sans défense (1). De Belfort à Epinal et de Toul à Verdun, la route d'invasion est semée d'obstacles. Mais la trouée de la Meuse en aval de Verdun est insuffisamment garantie par l'Ardenne, la neutralité belge et celle du Luxembourg. Là paraît être le danger : notre ligne peut être tournée; il est vrai que par un autre côté, la ligne allemande peut l'être aussi. Le premier arrivé sera donc maître de la campagne ; la rapidité de la concentration devient ainsi marche vers l'ouest; un mot décisif, et cette trombe s'abattrait sur le Rhin.

Dix-neuf voies ferrées l'y attendent pour traverser le fleuve : *Saint-Louis - Huningue - Lörrach; Mulhouse - Mülheim, par Eichwald; Colmar-Vieux - Brisach; Strasbourg - Kehl; Roppenheim - Rastadt; Maxau - Karlsruhe; Germersheim - Bruchsal; Spire - Heidelberg; Ludwigshafen - Mannheim; Worms - Rosengarten; Mayence - Francfort; Mayence - Castel; Coblentz - Berlin; Coblentz deux rives du Rhin; Cologne - Deutz; Düsseldorf - Neuss; Duisburg,*

---

(1) Voir dans l'*Atlas Larousse*, la carte : Défenses du nord et de l'est, p. 80.

(1) Voyez p. 129, notre étude spéciale du réseau ferré alsacien-lorrain.
(2) Voyez : Corps d'armée allemands, p. 50, et notre carte militaire de l'Allemagne.

Rheinhausen, Crefeld; *Ruhrort*; *Wesel* enfin ; sans compter le bac de Obercassel-Poppelsdorf, près de Bonn ; et en Alsace : Rhinau-ligne badoise; Marckolsheim-Sasbach.

Si l'on excepte deux ponts de bateaux pour voie ferrée, condamnés à faire place à des passages solides, toutes ces lignes sont établies sur ponts fixes, dont quelques-uns à double voie. Elles s'adaptent au réseau ferré d'Alsace-Lorraine strictement aménagé pour les recevoir. Ici, les voies principales ont été redressées, munies de raccourcis pour permettre aux trains de filer à toute vitesse et directement sur le point terminal qui les attend. On a doublé presque toutes les voies, adouci les pentes, créé des stations d'approvisionnement d'eau pour les locomotives, parfaitement inutiles d'ailleurs en temps de paix. Des garages de matériel, des quais de débarquement allongent à l'infini leurs kilomètres, même au pied des montagnes, à *Barr*, à *Wasselonne*... *Sarreguemines*, qui avait 8 kilomètres de garage en 1872, dépassait vingt ans après 30 kilomètres, absolument hors de proportion avec les besoins du trafic ordinaire. Les trains de la Moselle, de la Sarre et du Rhin qui convergent en ce point par Sarrebrück, Deux-Ponts et Neunkirchen, ont reçu des dégagements spéciaux. De même

METZ : LA *MOSELLE*, PRISE DU PONT DE LA PUCELLE.

on a reconstruit et doté de larges aménagements et de quais de débarquement la gare de *Thionville*, celle de *Metz*, construite sur la rive droite de la Moselle, entre ce fleuve et le canal du Fort, en tête de ligne sur Sierk, Trèves, Coblentz. La gare de *Saverne* a été dégagée, ainsi que celles de *Haguenau* et de *Wissembourg* par des raccords voisins. Celle de *Strasbourg*, totalement reconstruite, a coûté 15 millions. *Mulhouse* possède trois gares : Mulhouse-Ville, Mulhouse-Nord et Mulhouse-Wanne. Les abords en ont été reculés pour les petites lignes de montagne et de tramways. Enfin la ligne Schlestadt-Saverne, si importante pour le transport des troupes de l'Allemagne du Sud vers Metz et le front de concentration, a été enlevée par-dessus la ligne de Strasbourg-Rothau, avec une nouvelle gare de *Molsheim*. Tout ce qui peut entraver ou compliquer la marche des trains a été résolument écarté et tout ce qui peut augmenter le rendement d'une ligne a été fiévreusement réa-

METZ : LA *MOSELLE*, PRISE DU PONT MOREAU.

lisé. Concentration rapide, *mobilisation* foudroyante ; cette idée surgit partout en traits de fer. Il s'agit, en effet, de gagner vingt-quatre heures sur l'adversaire, de désorganiser ses plans, de troubler la concentration de ses forces, de lui imposer des mouvements imprévus, ce qui est déjà un gage de succès. Le premier prêt sera le vainqueur, ont pensé les Allemands, et ils ont voulu que fût prévu pour cela.

Si l'on estime à 102 le nombre de trains nécessaires pour transporter un corps d'armée (40,000 hommes au moins), 45 trains par jour pour une ligne à deux voies, 20 trains pour les lignes à une voie, avec une vitesse de 25 kilomètres à l'heure et une marche de vingt heures sur vingt-quatre (les quatre autres étant consacrées au repos), l'on arrive au résultat suivant. *Dix-sept corps d'armée* peuvent être transportés simultanément en *six jours et demi*, soit environ *650,000 hommes*, sur notre frontière, prêts à entrer en ligne. Il ne faut pas oublier que, dès le premier jour, trois corps d'armée, le XVe à Strasbourg, le XVIe à Metz et le XIVe à Karlsruhe (détachements à Colmar et à Mulhouse), seraient en mouvement sur place. Toute *la cavalerie*, en partie déjà sur la frontière, serait prête le *cinquième jour* (1).

Enfin, les *trains stratégiques* mis en route et continuant de déverser réserves, approvisionnements, munitions, il suit que *onze jours au plus tard*, après l'ordre de mobilisation, *toute l'armée allemande* de *premier choc* (plus d'un million d'hommes) serait rendue au point de rassemblement.

La concentration d'une armée moderne ressemble à un violent déplacement de peuple : c'est l'ancienne invasion barbare perfectionnée. Mais il y a une limite au rendement des chemins de fer et à l'effort humain : un million de soldats paraît être le maximum de troupes qu'un généralissime peut faire mouvoir, camper et combattre. Nous avons organisé d'ailleurs, la contre-partie de l'immense effort stratégique dirigé par l'Allemagne contre nous. Mais de quel côté se produira l'attaque ? Sera-ce nécessairement dans la région préparée ? Se fera-t-elle sans trouble de part et d'autre, et de hardis partis de cavalerie ne jetteront-ils point le désarroi dans ces voies ferrées et ces mouvements si minutieusement calculés ?

(1) « Étude sur le réseau ferré allemand, au point de vue de la concentration. » Extrait de la *Revue d'Infanterie*.

LA MOSELLE

La Moselle naît en France, du versant occidental des Vosges, au-dessus de *Saint-Maurice* et de *Bussang*. Grossie de la *Moselotte* non loin de Remiremont, puis de la *Vologne* qui lui apporte, par un émissaire, le trop-plein du lac de *Gérardmer*, elle détache une prise d'eau vers le réservoir de Bouzey pour l'alimentation du canal de l'Est, arrose *Épinal* et rejoint à *Toul*, le canal de la Marne au Rhin qu'elle suit vers le nord-est jusqu'à *Liverdun*. *Pompey* marque, en aval, le confluent de la *Meurthe* (Nancy), son plus grand tributaire français. Pont-à-Mousson, *Pagny*, enfin *Arnaville* jalonnent ses rives jusque passé la frontière. Pour un cours total de 520 kilomètres, la Moselle développe environ 60 kilomètres en Lorraine annexée; le cours supérieur appartient aux deux départements des *Vosges* et de *Meurthe-et-Moselle*.

A **Metz**, la *Moselle* est un beau fleuve, au

CATHÉDRALE DE METZ.

PONT DE LA PUCELLE, A METZ.

cours apaisé, serpentant au milieu de grasses prairies. Elle range les terrasses occidentales de la ville, après avoir formé une grande île; détache sur la droite un bras qui se dédouble lui-même en une boucle intérieure, et rallie au débouché, la *Seille*, dont les eaux viennent au courant principal. La Moselle ouvre à l'intérieur de Metz de jolis aspects: dans l'île qu'elle forme s'élèvent la *Comédie*, l'ancienne préfecture. Il y a plus loin des chutes d'eau, des moulins; et sur la droite, du côté de la Seille, qui projette au milieu des maisons un rameau occidental, d'antiques et savoureuses tanneries en bordure de l'eau.

Metz (58,466 habitants) resserre encore ses maisons sur un étroit espace encerclé de remparts (1); les rues droites ne sont pas longues. On y rencontre quelques coins originaux, comme la longue *place Saint-Louis* bordée d'une rangée d'arcades. La *cathédrale* est au centre sur le point culminant, sa haute tour de 118 mètres domine la ville. *Saint-Étienne* est un bel édifice gothique, dont la nef commencée au début du XIVe siècle par l'initiative de l'évêque français Adhémar de Monteil, fut terminée seulement en 1392; elle mesure 43m,19 en hauteur de voûte, et possède, ainsi que le chœur bâti plus tard, de remarquables vitraux des XIVe et XVe siècles (début du XVIe dans le chœur). Un vilain *portique* ajusté sur la façade en 1764 déshonorait l'édifice. Sur la place latérale (*place d'Armes*) une statue du maréchal *Fabert*

(1) On doit les démolir depuis l'extension de la nouvelle enceinte fortifiée.

originaire de Metz (1599); l'*Hôtel de ville* par *Blondel* (1774), avec des verrières de *Maréchal*; enfin sur l'*Esplanade*, qui surplombe à l'ouest la ligne des bastions, des remparts et de la Moselle, la statue du brave *Ney*, fusil en main, prêt à l'action. Plus loin, mais lui tournant le dos, la statue équestre de l'empereur *Guillaume Ier* et celle de *Frédéric-Charles* commandant de l'armée d'investissement au siège de Metz.

Il paraît que ces statues ont eu des malheurs ou que l'on en craint pour elles, car elles sont gardées par une sentinelle. C'est la seule fois que j'ai vu des statues gardées: il n'y en a peut-être pas d'autres dans le monde; mais cette confiance est pleine d'enseignement.

A Metz, d'ailleurs, l'une des premières places de guerre de l'Empire, peut-être la première, tout est soldat; l'ancienne *porte de France* a été élargie, rasée, pour le passage des troupes. Le chiffre actuel de la garnison donne plus d'un soldat pour deux habitants; voilà des gens

LE PONT DE JOUY-AUX-ARCHES.

bien gardés et cela ne laisse pas d'être flatteur pour eux. Beaucoup sont partis, préférant l'exil à la loi du vainqueur; des immigrants germains les ont remplacés et comptent pour un quart dans la population actuelle. Ceux des Messins qui restent, peuvent se demander s'ils sont encore chez eux. *Metz* est une *place* occupée : cela se voit. Le ressentiment du passé, les appréhensions du présent ont contraint des visages autrefois plus ouverts. Cependant, il faut vivre.

L'industrie messine fabrique des lainages, molletons, flanelles, étoffes d'ameublement, draps, lits en fer, machines agricoles; ses fonderies de cloches, ses écoles de peinture sur verre ont acquis une réputation universelle. Le travail du cuir, le commerce du vin et des volailles, les pépinières, les conserves alimentaires (mirabelles), le bois, le fer sont l'objet de nombreuses transactions.

Metz fait maintenant partie du territoire annexé : elle est fière

LE MARÉCHAL NEY.

Phot. Prillot.
LES TANNERIES, A METZ.

d'une gloire séculaire. C'est la patrie de Fabert (1662), de Richepanse (1802), de Kellermann (1825), de Théodore de Neuhof (1756), de l'aéronaute Pilâtre de Rozier (1785), du géologue Daubrée, de Rœderer, de Lacretelle, de Mme Amable Tastu, d'Ambroise Thomas, du peintre verrier Maréchal, du chimiste Barral. Ses ancêtres furent *Gaulois*. Quand César s'y présenta, les *Mediomatrices* était l'une des grandes cités de la *Gaule* Belgique. Les Romains la surnommèrent *Divodurum*; mais plus tard, au ve siècle, *Mettis* fit revivre le souvenir de son nom primitif. Après l'avalanche désordonnée des Vandales et des Huns, les *Francs* à leur tour s'y établirent et en firent la capitale du royaume d'*Austrasie*, sous les chefs de la famille de Mérovée. Dès le m^e siècle, *Metz* eut un évêque. Charlemagne, par l'octroi de nombreux privilèges, en fit un prince ; la ville toutefois vécut au moyen âge avec le titre de *ville impériale*.

En octobre 1551, par l'acte de Friedwald, *Maurice de Saxe* reconnaissait, en son nom et au nom des princes allemands, au roi de France Henri II, le titre de *vicaire de l'Empire*, dans les quatre villes impériales de langue française : *Cambrai, Metz, Toul* et *Verdun*. Le joug politique et religieux que Charles-Quint voulait imposer à l'Allemagne avait produit ce contre-coup. Henri II se présenta sous les murs de *Metz* le 10 avril 1552 : la cité ouvrit ses portes. Trois jours après, *Toul* envoyait ses clefs, et le 14, on occupait Nancy. Après une courte promenade sur le Rhin jusqu'à Spire, les Français, au retour, prirent possession de *Verdun* (12 juin de la même année).

Charles-Quint, échappé d'Innsbrück à la poursuite de Maurice de Saxe, eut à peine signé le traité de *Passau* (août 1552), qu'il résolut de reprendre *Metz*. Près de 80,000 hommes furent assemblés d'Allemagne, d'Espagne, d'Italie, avec 114 bouches à feu; l'empereur lui-même voulut paraître à la tête des troupes. *Metz* n'avait pas de remparts capables de résistance, mais *François de Guise* commandait la défense. Il construisit des bastions, transforma les toits des églises en plates-formes qu'on garnit de canons, et comme au début, les ouvriers manquaient, il voulut donner l'exemple en portant la hotte plusieurs heures par jour avec les gentilshommes de sa compagnie. Il rassembla des grains, des vivres; rasa les faubourgs... (DARESTE, *Histoire de France*, t. IV). Le 19 octobre la place fut investie; l'artillerie impériale renversa les tours de la porte Champenoise, et Guise y reçut plusieurs éclats de boulets. Il *refusa de négocier*, fit arrêter les parlementaires et ne cessa de combattre par des sorties vigoureuses. « Chaque nouvelle brèche découvrait un nouveau rempart. » Enfin l'hiver sévit à la fin de décembre, après soixante-cinq jours de siège, dont quarante-cinq de tranchée ouverte, et quinze mille coups de canon tirés, Charles-Quint ordonna la retraite, laissant sur le terrain le tiers environ de ses troupes.

Depuis, *Metz* resta française jusqu'au 29 octobre 1870 : dans une place toute vibrante de l'héroïque souvenir de Guise, Bazaine capitulait avec 100,000 obus de réserve et 170,000 soldats frémissant de l'inaction mortelle qui les étreignait. C'est l'un des plus douloureux souvenirs de notre histoire. On sait comment après les premiers engagements de *Wissembourg, Freschwiller* (Wœrth, d'après les Allemands) et *Forbach*, l'armée française fut concentrée autour de Metz sous les ordres du maréchal Bazaine. L'empereur Napoléon III éprouvait pour Bazaine une insurmontable méfiance; mais il fit taire ses préférences personnelles devant l'avis exprimé par le Corps législatif, les ministres et l'opinion qui désignaient le maréchal pour le commandement en chef.

Une seconde armée était en formation au camp de Châlons; Bazaine résolut de la rejoindre en se retirant sur Verdun. Mais le mouvement de ses troupes ne se dessina qu'avec une extrême lenteur, assez seulement pour faire connaître à l'ennemi le plan qu'il allait exécuter. Les Allemands résolurent de l'entraver,

FABERT.

en attaquant aussitôt. Une première bataille livrée à *Borny* (est de Metz, 14 août) ne donna aucun résultat apparent ; 70,000 Allemands, 50,000 Français se battirent avec acharnement : « Le champ de bataille nous resta, mais ce combat eut pour conséquence de retarder de deux jours la marche de l'armée vers la Meuse. » (Niox.)

Les Allemands ne voulaient pas autre chose ; le lendemain, leur mouvement continua, s'étendant sur la gauche, pour nous couper la route de Verdun. Nouvelle bataille le 16 août, à *Rezonville :* elle dura toute la journée. Au soir, la brigade française de Cissey et la brigade allemande de Wedell s'abordèrent : la mêlée fut terrible. Aussitôt les dragons de la garde royale prussienne s'élancent pour dégager l'infanterie, la cavalerie française charge : 5,000 cavaliers se chargent avec furie (*Tronville, Mars-la-Tour*). Cette journée fut la plus sanglante de la guerre. A la nuit tombante, les deux lignes adverses étaient parallèles l'une à l'autre. « Aucun des deux adversaires ne pouvait s'attribuer la victoire, mais en réalité les Allemands avaient atteint leur but, qui était d'empêcher l'armée française de continuer sa marche sur Verdun. » (Niox.) Le lendemain on s'apprêtait à reprendre la lutte. « Bazaine donna l'ordre de se replier sur Metz, sous prétexte de se ravitailler. » Ce fut une déception générale.

Le 18 août, l'armée française adossée à Metz faisait face vers l'ouest ; *Canrobert* à droite, vers *Saint-Privat-la-M.* La garde prussienne l'attaqua de front ; en une demi-heure, 6,000 ennemis couvraient le champ de bataille, fauchés par la mousqueterie. Vers sept heures du soir, le XIIe corps *saxon* fit irruption sur notre droite. En vain Canrobert appelait de l'artillerie, des hommes. *Bazaine*, posté au fort Saint-Quentin ne voyait pas ce qui se passait à son aile droite ; l'artillerie de la garde impériale, toute une division de grenadiers, restèrent immobiles à quelques kilomètres, attendant des ordres sans marcher au canon. Si l'on était accouru à l'appel de Canrobert, vers cinq heures du soir, « la garde prussienne, déjà décimée, eût été anéantie, le corps *saxon* se trouvait coupé du reste de l'armée allemande ; la défaite de l'aile gauche ennemie entraînait celle de l'aile droite. L'armée française exaltée par sa victoire, poussait les Allemands et les jetait à la Moselle. De toute la guerre, aucune heure ne fut plus solennelle. » (Niox.) Il y eut à Saint-Privat 180,000 Allemands contre 120,000 Français. Le lendemain, toute l'aile gauche française qui avait *conservé ses positions*, reçut l'ordre de se replier sous Metz. « Le maréchal Bazaine s'y laissa investir. »

Il attendit, croyant que *Mac-Mahon* avec l'armée de Châlons tâcherait de le joindre par le nord ; quelques sorties furent faites dans cette direction, pour occuper les soldats (combat de *Noisseville*, 31 août), de *Ladonchamps* (7 octobre). On apprit le désastre de *Sedan*. Le maréchal Bazaine « indolent, alourdi de corps, sans activité physique ni énergie morale, se laissait aller à une sorte de fatalisme insouciant », perdait le temps en pourparlers qui n'avaient d'autre but que de l'endormir dans l'inaction, afin d'acculer son armée à la famine. Quand parut cette extrémité, *Bazaine* capitula (28 octobre 1870), sans avoir livré un dernier combat comme l'honneur l'exigeait et comme l'armée le réclamait à grands cris. Il fallut tromper les hommes pour les amener à livrer leurs

LES THERMES, A METZ.

Phot. Prillot.

METZ : LES ARCADES DE LA PLACE SAINT-LOUIS.   Phot. Prillot.

armes ; « quelques régiments refusèrent d'obéir, brûlèrent leurs drapeaux ou les déchirèrent, s'en partagèrent les morceaux comme des reliques ». L'Empire allemand a fait tout ce qui est humainement possible pour garder Metz ; la nouvelle enceinte est hérissée de forts, de batteries, de casemates, la campagne trouée de taupinières blindées.

Au-dessous de *Metz*, la Moselle reçoit à gauche l'*Orne de Woëvre*, fossé commun d'un éventail de ruisseaux qui égouttent un grand nombre d'étangs. Puis elle arrose *Thionville* (Diedenhofen) ; *Sierk*, où Villars avait élevé des retranchements jugés inexpugnables par Marlborough. La *Sure* (Sauer) lui apporte les eaux d'un cirque de hauteurs formé par les Hautes Fagnes ; l'*Alzette*, petit affluent de la Sure, anime *Luxembourg* de son cours pittoresque.

LA SARRE.

A 9 kilomètres, en amont de Trèves, la Moselle reçoit, sur sa droite, la **Sarre** (Saar) : 235 kilomètres de long, 125 kilomètres navigables, à partir de Sarreguemines. *Conz* marque le confluent des deux rivières.

LE RAVIN DE GRAVELOTTE.

dépasse 31,000 habitants. A 5 kilomètres environ, les hauteurs de Spicheren rappellent la retraite de Frossard (6 août 1870) devant des forces doubles des siennes. *Sarrebrück* est célèbre par son bassin houiller. Il s'étend au nord-est vers *Neunkirchen* et *Ottweiler* sur plus de 35 kilomètres de longueur et une douzaine en largeur. « Les couches de houille se répartissent en deux subdivisions : les couches inférieures et moyennes, formées de conglomérats, de grès et de schistes argileux le plus souvent gris quoique fréquemment colorés en rouge et renfermant plus de quatre-vingt couches de houille, dont l'une atteint près de 4 mètres. Le système permocarbonifère de Sarrebrück se poursuit souterrainement dans la Moselle, où les sondages l'atteignent sous une épaisseur variable de grès. » (A. DE LAPPARENT.)

La plupart des puits de mine appartiennent à l'État prussien, qui en tire de très gros revenus, et le Gaulois se demande par quelle ironique interprétation du droit cet étranger, est venu de l'extrémité de l'Europe, s'implanter ici.

Les Romains y avaient une station et un pont dont parle le poète Ausone. La Sarre descend du mont Donon par deux torrents principaux, la *Sarre blanche* et la *Sarre rouge*, dont les eaux se confondent près de Lorquin. Son territoire est fort important et forme comme une seconde ligne d'eau en arrière de la Moselle, avec la *Nied*, son affluent de gauche, coupant l'intervalle. Sur ses rives : *Sarrebourg*, ancien domaine des évêques de Metz, cédé en 1661 à Louis XIV qui le fit rebâtir ; *Sarralbe*, avec d'importantes salines, des fabriques de peluche et de chapeaux dits panamas (à 1 kilomètre sur la droite de la Sarre, *Salzbronn* exploite des salines considérables et des eaux sulfatées, calciques, bromurées) ; **Sarreguemines** (14,870 habitants) dont l'importante industrie de faïence et de porcelaine remonte à plus d'un siècle (fonderies de cuivre et de fer, peluches, velours, boîtes en papier mâché, bois de construction). A Sarreguemines

C'est une joie lorsque échappé à l'enfer des mines, les yeux aveuglés par la chaleur rayonnante qui grésille de ces énormes taupinières de scories, la poitrine oppressée par la poussière noire d'une atmosphère empuantie, le voyageur pénètre sous la fraîche verdure, dans l'air limpide, au milieu des îlots qu'enferme la Sarre, en de sinueux replis. Quels jolis coins de paysage entre *Sarrebrück* et *Sarrelouis*, dont les remparts élevés par Vauban (1680-85) dominent la rivière sur un isthme presque complètement entouré par les eaux. Sarrelouis est à la Prusse depuis 1815 ; c'est la patrie du maréchal Ney. A *Mettlach*, un long tunnel débouche tout à coup sur une hauteur escarpée que couronnait un ancien fort, la Clef, comme on l'appelait, parce qu'en effet, il commandait le pays d'alentour. Conz annonce *Trèves*, l'antique métropole de la Moselle moyenne. C'est, d'après la tradition, au confluent de Moselle et de la Sarre, que vécurent, dans le

LA PORTE DES ALLEMANDS, A METZ.

confluent la *Blies* à droite, et sur la gauche, le *canal de la Sarre* (64 kilomètres), qui suit cette rivière jusqu'à *Sarralbe*, et rejoint le canal de la Marne au Rhin dans l'étang de Gondrexange ; c'est la grande voie d'écoulement des houilles de Sarrebrück sur la France et l'Alsace. **Sarrebrück** est formé de deux villes, l'une, plus ancienne, sur la rive gauche de la Sarre (23,240 habitants) ; l'autre, moderne, Saint-Jean (21,230 habitants), qui a été créée sur la droite par le chemin de fer : deux grands ponts les réunissent. Sarrebrück fut française de 1793 à 1815 ; elle fut alors donnée à la Prusse. L'agglomération voisine de *Malstatt*

château de Pfalz, le comte palatin Siegfried, vassal du roi d'Austrasie et sa femme Geneviève, princesse de Brabant : on sait la légende ; cela se passait au temps de l'invasion arabe, et de ce côté des Pyrénées (début du VIIIe siècle).

LA MOSELLE, DE TRÈVES A COBLENTZ.

Trèves (*Trier*) est une ville *gallo-romaine*, dans un cadre germanique : les fabriques de draps, de machines et d'acier dont l'a dotée l'industrie moderne, les boulevards extérieurs qui l'entourent, n'ont point altéré son originale physionomie. Impossible de remuer un coin de cette terre sans évoquer le passé; il est partout et ses témoins sont de taille encore à user la dent de quelques siècles. L'antique cité gauloise des *Trévires*, conquise par César (56 av. J.-C.) devint la *Colonia Augusta Trevirorum*, capitale de la *Belgique Première*, une seconde *Rome*, aux extrémités de la Gaule. La beauté du site, l'importance des communications rayonnantes, la fertilité du sol, riche en vins et en fruits, y attirèrent les empereurs; des palais, des bains, des basiliques s'élevèrent. *Constantin* y résida. Plusieurs milliers de Francs et de Bructères prisonniers y furent de son temps livrés aux bêtes, dans un vaste *amphithéâtre*, moitié pratiqué dans le roc, moitié bâti de main d'homme, et situé à dix minutes de l'ancienne résidence impériale. Trente mille spectateurs y pouvaient tenir, le tiers environ de ceux que contenait le Colisée romain. L'ancien *palais impérial* a laissé de vastes ruines, des salles gigantesques à ciel ouvert, des galeries souterraines qui cheminent au loin. Des *bains*, cette construction essentielle de toute cité romaine, ont été récemment mis à jour : leurs substructions ne dépassent guère le sol; bain

TRÉVES : LA PLACE DU MARCHÉ.

chaud, bain tiède, bain froid, calorifères..... tout s'y reconnaît sans peine.

La *basilique*, construite selon toute apparence au temps de Constantin, eut un sort plus durable que les bains. C'était, comme ses pareilles, une salle de *tribunal*, une *bourse* ouverte aux transactions commerciales, aux flâneries et aux affaires. Les électeurs de Trèves en firent une haute cour de juridiction; la Prusse en ce siècle, une caserne, puis un temple protestant. La salle est imposante (30 mètres de haut) : un hémicycle couronne ses épais murs de briques, mais il n'y a pas de voûte; une double rangée de hautes fenêtres distribue la lumière. L'origine de la *cathédrale* (Dom) est moins ancienne : on attribue sa fondation à Valentinien 1er (364-375). Ce fut aussi une basilique :

ALLEMAGNE.

les apports successifs des siècles y sont visibles. Après le désastreux passage des Normands, l'archevêque Poppe rebâtit l'édifice et l'agrandit

LA PORTE NOIRE, A TRÈVES.

(1016-1047). Des absides s'ajoutèrent; une crypte; l'autel où se conserve la « robe sans couture de Jésus-Christ »; une chaire d'un travail délicat qui fait songer à la Renaissance; des tombeaux d'évêques dont l'un rappelle l'électeur *Richard III de Greiffenclau*, l'irréductible défenseur de la foi contre *François de Sickingen*, champion de la Réforme : on trouve même dans la cathédrale une colonnade ionique, support du grand orgue. C'est un véritable musée d'histoire que cet édifice; mais le souvenir de Rome en est altéré.

Rien ne conserve, au contraire, cette puissante empreinte comme la *Porte Noire* : on dirait ce fruste assemblage de blocs coupé à vif dans un rocher. Aucun ciment : les assises, que relient entre elles des crampons de fer et de cuivre, sont entassées en un massif cyclopéen, noirci par le temps. Deux tours puissantes mais inégales flanquent les angles : l'une de deux, l'autre de trois étages. Dans celle-ci un ermite grec du nom de Siméon eut l'idée de se créer une solitude au XIIe siècle; deux églises superposées trouvèrent place dans l'épaisseur du monument. Cette tour a 29 mètres de haut et l'ensemble 23 mètres sur 36 de long et 16 mètres de largeur moyenne. Les côtés font voir encore des assises de raccordement au rempart de la ville; une cour antérieure (*propugnaculum*), commandée par la défense, en interdisait l'approche.

L'épaisseur du massif est percée de deux entrées en arcades contiguës. Je songeais, en voyant s'y engager un parti de cavalerie allemande, aux cohortes romaines qui défilèrent sous ces vieilles voûtes; le cliquetis du fer, le piétinement des chevaux semblaient éveiller des échos lointains. Par là aussi s'engouffrèrent les cohues échevelées des *barbares* : Germains de tout poil, *Francs*, *Normands*, *Huns* sauvages, accourus des bouts de l'horizon. Quand cette marée déferla furieuse contre les blocs de la Porte Noire, l'édifice était inachevé; les ouvriers l'abandonnèrent devant l'ennemi trop tôt venu. Et depuis, la houle tombée, les flots aplanis, la Porte Noire demeure, témoin immuable et hautaine dérision des hommes et des choses qu'elle a vue passer.

VUE DE SA...

Trèves était chrétienne quand les barbares y survinrent; son premier *évêque* fut *Agricius d'Antioche*, en 328. Après la chute de Rome, elle vécut, ville *franque* puis *impériale*, sous l'autorité directe de ses *évêques*, depuis *princes-électeurs* de l'Empire, jusqu'en 1794. Alors elle redevint franque, *gallo-romaine* si l'on veut, durant vingt ans, comme ses voisines du Rhin, Coblentz, Mayence, Cologne; ce fut le chef-lieu du département de la *Sarre :* les diplomates de 1815 en ont investi la Prusse.

Il reste du moyen âge une église circulaire, *Notre-Dame*, attenante au Dom, et modelée comme l'église abbatiale de Braisne près Soissons; les colonnes légères, la voûte élancée, la riche décoration du portail en font un beau spécimen de l'art gothique au XIIIe siècle. A remarquer encore, sur la grande *place du Marché*, une belle *fontaine Renaissance* (1595); une *colonne* antique du Xe siècle surmontée de la croix; et tout près, l'ancien *Hôtel de ville*, aujourd'hui *Hôtel de la maison rouge*, avec ses guerriers apostés aux coins et l'inscription légendaire : « *Ante Romam, Treviris stetit annis MCCC* ». Trèves remonterait à un fils de Ninus, roi d'Assyrie, Trebeta. Pourquoi pas au déluge? Les curieux du passé trouveront encore au *musée provincial* et à la *bibliothèque*, une ample moisson de souvenirs : le *codex aureus*, évangile avec miniatures, magnifiquement relié, qui date du temps de Charlemagne; surtout le *codex Egberti* (970-980), chef-d'œuvre de peinture à cette époque et joyau de la collection.

La nouvelle ville de *Trèves*, considérablement accrue (43,320 habitants) descend jusqu'à la Moselle; *un pont* de 190 mètres rétabli sur d'anciens soubassements romains, traverse le fleuve dans l'angle oriental de la ville; on y jouit d'une agréable perspective sur les coteaux voisins. A 11 kilomètres de Trèves, le bourg d'*Igel* conserve l'un des plus intéressants monuments de l'époque romaine en Gaule : c'est une colonne carrée en grès, de 23 mètres, érigée en mémoire de la famille Secundinus. Igel est sur la ligne de Luxembourg, distant seulement de 51 kilomètres. Il ne faut pas oublier que le grand-duché de *Luxembourg* (218,000 habitants) fait partie du *Zollverein* ou union douanière de l'Allemagne et relève, pour ses *chemins de fer*, d'une direction allemande.

De **Trèves à Coblentz**, le cours de la *Moselle* présente un vif intérêt. Déjà le poète *Ausone* en vantait le climat, la légèreté et le bouquet des vins, le charme du paysage.

C'est le Rhin en petit : mêmes promontoires boisés que couronnent des ruines ou de vieux châteaux restaurés; au pied, resserrées entre les parois et le fleuve, ou groupées à l'orifice de quelque gorge, des

CHAIRE DE LA CATHÉDRALE.

PORTE DE NOTRE-DAME.

maisons blanches qui se mirent dans l'eau; sur les versants, des vignes en jardins suspendus; et à l'entrecroisement des croupes montagneuses ou sur les presqu'îles que le fleuve découpe à plaisir, de luxuriantes prairies où paissent les troupeaux. Dans un cadre plus restreint que celui du Rhin, les contrastes sont rapprochés, le décor, les horizons variés par de *multiples* détours imprévus, la nature plus vraie, plus pénétrante, et le regard monte du fleuve aux sommets sans être troublé par cette buée de poussière que soulèvent incessamment les routes et les voies ferrées, sur la double rive du grand fleuve.

La *Moselle* range de près les promontoires de l'*Eifel* et du *Hunsrück* qui la resserrent; souvent l'espace fait défaut pour une route, même pour un sentier. Cependant le chemin de fer, qui ne connaît guère d'obstacles, s'est frayé passage en perçant de longs tunnels dans les rochers : ainsi on ne le voit pas trop. Ces tunnels sont fréquents, celui de *Kinderbeuren* traverse une montagne; *Alf-Pünderich*, évite la longue boucle du fleuve autour de la croupe du Marienbourg : il faut aux bateaux une heure et demie à la montée, trois quarts d'heure à la descente pour faire ce long détour de plusieurs kilomètres. Le même trajet demande à pied moins d'une heure par la traverse, y compris la visite des ruines qui couronnent la montagne. De *Eller* à *Cochem*, nouveau tunnel de 4,200 mètres, pour éviter trois courbes successives; le train en quelques minutes se trouve au même point que les bateaux en deux heures et demie.

A ce compte, bateaux et trains ne peuvent concourir : il faut pour les premiers un jour et demi de marche (au moins), de *Coblentz* à *Trèves*; l'express fait la même route en deux heures et demie. Mais les nombreux tunnels ne laissent voir le paysage que par échappées, et d'un côté seulement. Pour le bien voir, il est nécessaire de le parcourir en bateau. Gardez-vous, par exemple, de *remonter* le fleuve. Les bateaux à vapeur en service, étant de modèle réduit, se montrent assez sensibles à la résistance du courant, bien qu'il soit relativement assez doux. De plus, faute de passagers, ils alourdissent leur marche en prenant à la remorque un, deux, trois chalands pesamment chargés qu'ils détachent de-ci de-là pour en reprendre d'autres. Le temps perdu à ces manœuvres est incroyable.

La vallée de la Moselle veut être vue à la descente, de *Trèves* à *Coblentz*, et un jour suffit pour cela, pendant la belle saison. D'abord le fleuve se déroule entre des coteaux couverts de vignes ; c'est la région des meilleurs crus (1). A *Berncastel*, la vallée devient tout à fait pittoresque, et c'est un plaisir de descendre au fil de l'eau, dans le calme et la fraîcheur, en voyant défiler villes, villages et rochers : *Trabach* et les restes de son vieux château ; le *Trabenerberg* sur lequel Louis XIV fit édifier le fort du *Mont royal* (bientôt détruit par le traité de Ryswick) ; l'escarpement de *Starkenbourg*, que couronnait autrefois la forteresse de ce nom. Un archevêque de Trèves, Beaudonin, y fut jeté en prison au xive siècle, par la comtesse Laurette de Starkenbourg, sous prétexte de violation de territoire. A la racine de la presqu'île que soulève le Marienbourg, *Alf* ouvre la route de Bertrich et de l'Eifel volcanique. Voici *Bullay*, sur la rive droite, avec son pont de fer à deux étages (voitures au-dessous, train par-dessus ; le *Pétersberg*, qui repousse la rivière en une boucle de 3 kilomètres ; *Eller*, et, après des détours sans fin, *Cochem*, que couronne l'un des plus beaux châteaux de la contrée. A *Moselkern*, une étroite et tortueuse vallée conduit à *Eltz* ; dans un cercle de hauteurs boisées et solitaires, ce vieux manoir (xiie-xvie siècles) étage sur un rocher des tours, des pignons, des tourelles en un désordre pittoresque. *Cobern* et ses terrasses de vignes, de belles ruines (Niederbourg) et la curieuse chapelle Saint-Mathias, ferment les défilés, en amont de Coblentz.

Cette route du fleuve, admirable pour les touristes et vrai chemin des écoliers, paraît de tout temps incommode pour les relations de politique et d'affaires. Aussi ne

(1) Voy. page 130.

COCHEM : *LA MOSELLE* ET LE CHATEAU.

trouve-t-on sur les rives mêmes de la Moselle, entre *Trèves* et *Coblentz*, aucune localité de grande importance, aucun centre de commerce ou d'industrie. Les vignes, les prés, les bois, font la richesse de la vallée ; aussi n'est-il point de paysan qui n'en possède un peu. D'une rive à l'autre, il n'y a pas proprement de séparation : chacun veut sa part de la colline et de la plaine, et comme le fleuve par des détours incessants paraît formé de tronçons de rivière ajoutés bout à bout, il ne s'est point formé sur ces bords une communauté liée par des relations essentielles, mais des groupes successifs, moralement isolés. La *Moselle*, à cause de cela, ne fut jamais ni une limite ethnographique ni une frontière politique. Les grandes routes du pays vont au plus court, par les hauteurs du plateau. Celle de l'Eifel conduit de Trèves à Coblentz par *Wittlich* et détache un rameau sur *Münster-Maifeld*, l'ancien *Pagus Ambitivus* des Romains, patrie dit-on, de Caligula.

AU DELA DE COBLENTZ

L'Eifel est un plateau encadré par l'angle occidental de la Moselle et du Rhin, les terrassements de l'*Ardenne* au nord-ouest, et les hautes terres de la *Hohe Venn* qui descendent au nord entre la Roer et la Meuse, au-dessus d'Aix-la-Chapelle. A la hauteur de Bonn, les talus de la *Hohe Venn* et de l'*Eifel* forment un rentrant écarté du Rhin, ce qui permet à la plaine de se développer librement sur la gauche du fleuve, jusqu'au delà de Cologne.

Des sillons d'écoulement frangent le pourtour de l'Eifel : l'*Erft* et

COLONNE DE IGEL.   TRÈVES : RUINES DU PALAIS IMPÉRIAL.

l'*Ahr* portent ses eaux vers le Rhin; sur le front de la Moselle, descendent l'*Elz*, l'*Alf*, la *Lieser*, la *Kyll* et l'éventail de la *Sure* (Sauer) qui conflue en amont de Trèves. Le *Schneifel* ou Eifel *neigeux*, promontoire occidental du plateau dans cette région, est un centre de rayonnement d'où dérivent plusieurs ruisseaux : *Prüm* et *Our* vont à la *Sure* du côté de la Moselle; tandis que, plus bas vers l'ouest, l'*Ourthe* et l'*Amblève* sœurs rayent les *Ardennes*, dans la direction de Liége et de la Meuse.

L'ensemble de l'*Eifel* se présente comme une suite de *hautes plaines mamelonnées*, dont les sommets de basalte et de scories, les lacs de cratères, les sources thermales nombreuses et dans le voisinage de Laach, les tremblements de terre, décèlent à l'évidence une région volcanique. De fertiles vallées entaillent l'épaisseur; mais tout le haut pays n'offre qu'une terre ingrate couverte de tourbes et de bruyères; une population clairsemée et pauvre sous un dur climat. Un peu d'avoine, quelques pommes de terre, viennent à grand effort sur un sol artificiel fait d'herbes brûlées: pour trois ans de culture, il faut à cette terre revêche quinze ou vingt ans de repos. Quelques progrès pourtant ont pu être obtenus.

La région la plus déshéritée est à l'ouest, du côté de l'*Eifel neigeux* (point culminant à l'Homme noir, 697 mètres) : on y sent le voisinage de l'Ardenne. La voie ferrée Trèves-Cologne coupe le plateau de biais par le cours de la Kyll et la source de l'Erft; c'est à droite et à l'intérieur du triangle ainsi dessiné par les cours arc-boutés de la Moselle et du Rhin que se groupent, vers le nord-est près d'Adenau,

les principaux sommets de l'Eifel : le *Nürberg* (678 mètres); le *Hohe Acht* (746 mètres), dont les pentes en pain de sucre montent à travers une belle forêt de hêtres jusqu'aux colonnes de basalte qui en forment le faîte. On désigne cette région sous le nom de *Haut-Eifel*.

LA *MOSELLE*, A COCHEM.

Plus au sud, *Gerolstein* sur la Kyll, *Daun* sur la Lieser, *Bertrich* sur l'Uessbach, jalonnent l'*Eifel* proprement volcanique, étrange contrée où le sol apparaît comme figé dans ses derniers soubresauts. Des volcans y flambaient à travers les schistes et les grès du plateau « au bord de l'ancienne mer remplacée de nos jours par les alluvions de la basse Allemagne ». (E. RECLUS.) Les environs de **Gerolstein** sont un exemple remarquable des mélanges produits par l'activité souterraine; le calcaire neptunien s'y montre avec d'innombrables pétrifications de coraux et de crustacés à côté des formations volcaniques.

Deux anciens cratères, le *Scharteberg* (680 mètres), et l'*Erensberg* (691 mètres), se dressent tout près. On reconnaît l'ouverture du Scharteberg, à la redoute circulaire de boursouflures qui en couronne le sommet : deux coulées de laves superposées s'en détachent à 30 mètres; l'une, poreuse, fendillée, sous une couche de débris (*lapilli*) et de sable, épaisse de 6 mètres; l'autre superficielle, sous un manteau de scories. La coulée de l'*Erensberg* s'étendait jusqu'à *Dreis*, où un ancien étang (*Dreiser Weiher*) transformé en prairie marécageuse, exhale encore de l'acide carbonique et rejette sur ses bords des boules d'olivine pesant jusqu'à 15 livres.

Daun est bâti sur les rochers de lave solidifiée que vomit autrefois

CHATEAU DE COCHEM.

CHATEAU D'ELTZ. *Phot. Mertens.*

GODESBERG. *Phot. Schœnscheidt.*

le *Fœrmerich*, cratère voisin, aujourd'hui comblé par les cendres et les débris. Trois lacs se sont creusés à 4 kilomètres de la ville dans le tuf, le sable et les scories. Le chauve *Mäuseberg* (662 mètres), les domine au centre : à gauche, le lac de *Gemünden* (414 mètres d'altitude, 60 mètres de profondeur), profondément encaissé, est le plus petit des trois ; le lac de *Weinfelden* (478 mètres d'altitude, 98 mètres de profondeur), dans un lieu désert, autrefois animé par un village, dont il reste la seule église ; enfin le lac de *Schalkenmehren* (422 mètres d'altitude, 31 mètres de profondeur), qui nourrit dans son eau, filtrée par les terres environnantes, beaucoup de poissons et d'écrevisses ; le ruisseau de l'*Alf* est son émissaire. D'où proviennent ces lacs, entonnoirs profonds que l'on désigne dans le pays sous le nom de *maare*? Ce ne sont point nécessairement d'anciennes bouches de volcans, bien que plusieurs occupent des cratères d'éruption : ceux de *Daun*, sont séparés par des bourrelets schisteux recouverts de sables volcaniques. Mais combien dont les bords n'ont même pas été touchés par le feu, et se rencontrent, soit près d'une rivière, soit dans l'intervalle des monts. Il faut y voir, sans doute, des effondrements de voûtes entraînées dans les cavernes du sous-sol, par les trépidations volcaniques. Parmi les plus beaux des lacs de cratères, celui de *Gillenfeld* ou *Pulver-Maar*, que couronne sur trois côtés une forêt de hêtres, mesure 2 kilomètres de tour et 95 mètres de profondeur ; en plusieurs points, le fond est incertain.

Son rival en grandeur, le *Meerfelder Maar* (sur la droite de la petite Kyll, affluent de la Lieser), a 5 kilomètres de circonférence ; les prés ont bu déjà une partie de sa masse liquide ; il n'y a plus d'eau que d'un côté. Mais, à l'horizon, le *Mosenberg* (524 mètres) darde sa crête hérissée de remparts autour d'un quadruple cratère : des masses de basalte y ont surgi à travers la grauwacke et formé des redoutes bizarres montant jusqu'à 16 mètres de hauteur. L'un des cratères, celui du nord, a été vidé en 1846 et transformé en tourbière : une cassure faite dans le rempart du sud a livré passage au torrent de lave qui s'est répandu à 2 kilomètres et demi jusqu'à la vallée de la Lieser, où, vers l'est, il atteint une

L'ARC DE ROLAND. *Phot. Schœnscheidt.*

très grande épaisseur. Sur la petite Kyll, les stratifications se suspendent en murs perpendiculaires de 80 mètres. Vers le nord, *Manderscheid* apparaît au milieu d'un pays bossué, tordu, crevassé, que ronge la Lieser, au pied de deux châteaux en ruine, haut perchés sur des squelettes de rochers.

Rien ne manque à ce paysage primitif. Pour que la leçon fût à côté de l'exemple, le rocher du Faucon ou *Falkenlei* (416 mètres), dans la vallée de l'Uessbach, montre à découvert le travail de la nature : les assises successives de lave, de cendres, de scories, qui l'ont formé affleurent nettement sur la tranchée qui sectionne au sud-est sa masse volcanique ; des lichens et des mousses jaunâtres accrochés aux parois, ressemblent de loin à un revêtement de soufre. Dans le voisinage, le *Kaeskeller*, ou cave aux fromages (grotte à colonnes de basalte aplaties) ; *Bertrich* et ses sources chaudes alcalines, témoignent encore de l'action volcanique.

Dans la même région de soulèvement, mais plus près du Rhin, le lac de **Laach** est le plus grand de tout l'Eifel. On y accède d'*Andernach* par *Niedermendig* (grandes carrières de meulière), ou mieux par la vallée de *Brohl*, ouverte dans une épaisse couche de tuf (15 à 30 mètres) qui repose elle-même sur le schiste dévonien ; on fait avec ce tuf pulvérisé et mélangé à la chaux un ciment hydraulique de bonne qualité. Le lac de *Laach* occupe le fond d'une voûte effondrée en entonnoir : il mesure 8,600 mètres de tour, 330 hectares de superficie, et une profondeur de 50 à 60 mètres. Six cratères l'entourent, et l'on rencontre aux environs plus de quarante coulées de lave, sans co.... d'épaisses couches de tuf superposées par l'éruption des vol.... L'eau du lac est « limpide, bleuâtre, très froide et d'un goût repoussant » (1). Elle n'a pas d'issue naturelle; mais par un canal artificiel amorcé dans sa basse rive, le trop-plein des eaux se perd à 1 kilomètre plus loin, à travers des amas de pierres ponces. Plusieurs sources carbonatées fusent au fond du lac et dans les creux voisins; à quelques pas seulement du bord, jaillit une source minérale dont le goût aigrelet est pourtant assez agréable. Mais, du côté de l'est, un fossé de 2 mètres de large sur 1 mètre de profondeur, à 3 mètres environ au-dessus du lac, exhale des vapeurs mortelles d'acide carbonique : pour les animaux qui s'y engagent, c'est l'asphyxie; l'homme y peut descendre, mais sans trop s'incliner, et sent une odeur âcre monter comme de la vendange en fermentation. Autrefois, dit la légende, un rocher noir surmonté d'un château surgissait au milieu du lac; dans une nuit de tempête, un craquement formidable l'emporta. L'antique abbaye de bénédictins fondée en 1093, sur la rive sud-ouest du *Laacher-See*, subsiste encore, du moins dans ses parties essentielles; on l'a sécularisée en 1802 : son église à cinq tours du style roman le plus pur, est maintenant propriété de l'État et ne sert plus au culte.

L'activité souterraine de l'Eifel a encore semé dans la *vallée de l'Ahr*, d'originales beautés. L'**Ahr** naît près de Blankenheim sur un plateau appuyé au front de l'Eifel neigeux et du Haut-Eifel. De cette haute région sourdent également l'*Urft*, affluent de la Roer au nord, l'*Our* à l'ouest et le *Kyll*, affluent de la Moselle au sud. La vallée de l'*Ahr* est fort tourmentée; elle s'insinue par des détours sans fin et des découpures pittoresques à travers les talus du Haut-Eifel qu'elle contourne avec effort jusqu'à *Sinzig* en vue du Rhin.

Le cours de la rivière, ou plutôt du torrent (car même en temps ordinaire ses eaux sont abondantes et rapides), ne dépasse pas 80 kilomètres. On y vient déguster le vin léger de ses coteaux (*Walporzheim*), prendre les eaux de *Landskron*, de *Heppingen*, d'*Apollinaris* (exploitées par une compagnie anglaise) et de *Neuenahr*. Le vieux château d'*Altenahr*, dont les ruines se pro-

(1) DANIEL.

CHATEAU DE DRACHENBOURG.   *Phot. Schensschuldt.*

filent sur une crête à 113 mètres au-dessus du village, ouvre la plus belle partie de la vallée : en bas le torrent qui bouillonne par de tortueuses fissures; les rocs sourcilleux, coupés de vallonnements fertiles; la gorge profonde de la *Lochmühle*; la *Bunte Kuh*, bloc isolé d'un mur de rochers et penché au-dessus de la route; *Walporzheim* et ses coteaux fleuris de vignobles; les souvenirs de la *Saffenbourg*, indéracinable forteresse prise par les Français, reprise et détruite par les Impériaux; *Ahrweiler* encore drapée dans une vieille enceinte de murs que n'ont pu renverser des batailles acharnées; tout cela donne un vif attrait au sillon de l'Ahr et retient, même après que l'on a pu admirer les grandioses défilés du Rhin. L'*Ahr* partage à peu près par moitié la distance de *Cologne* à *Coblentz*. Sur le Rhin, *Andernach* à l'est et *Bonn* à l'ouest sont les deux étapes intermédiaires de ces deux sections.

LE RHIN :
DE COBLENTZ A COLOGNE.

Le **cours du Rhin**, au sortir de *Coblentz*, prend jour sur une plaine largement épanouie entre les talus de l'*Eifel* et du *Westerwald*, opposés sur les deux rives. Même élargissement autour de *Bonn*, dont la plaine s'étend sans obstacle jusqu'à la mer. Si l'on excepte, entre l'entonnoir de *Bonn* et celui de *Coblentz*, l'embouchure de l'*Ahr* qui donne un peu d'air au fleuve sur la gauche, le flot se déroule en cet espace, d'un promontoire à l'autre et rappelle par ses sinuosités et le pittoresque de ses bords le chemin parcouru de Bingen à Coblentz. *Andernach* en amont et *Kœnigswinter* en aval marquent l'entrée et la sortie de ces nouveaux défilés.

Encore munie de quelque rempart, *Andernach* (7,900 habitants) à l'abri de son vieux donjon, avec la porte du Rhin, l'église et ses quatre tours, fait la joie des amateurs. Ce fut d'ailleurs une respectable cité, l'une des cinquante forteresses de Drusus; les rois francs y séjournèrent au VIe siècle.

Tout autre se présente *Neuwied* sur l'autre rive (11,000 habitants). Ville moderne, fondée au XVIIe siècle, après la guerre de

LE DRACHENFELS.   *Phot. de M. Kern.*

LE RHIN : DE COBLENTZ A COLOGNE

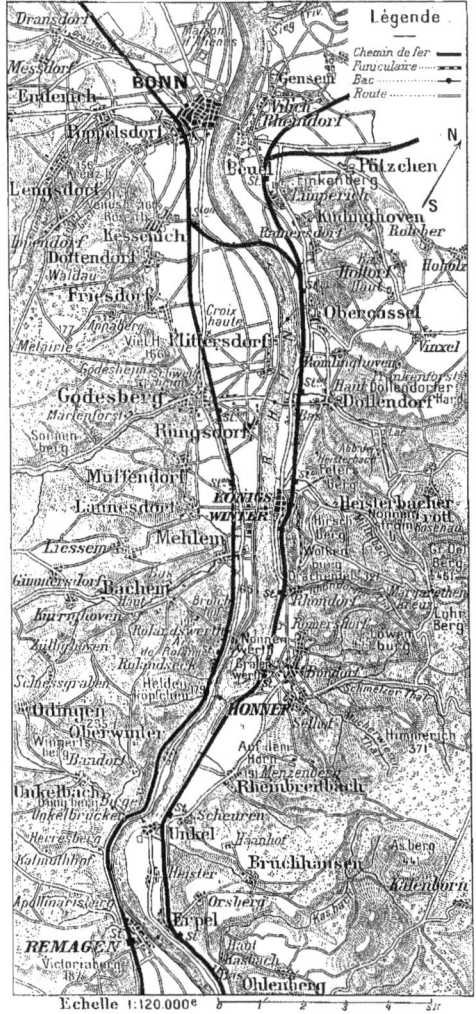

LE RHIN, DE REMAGEN A BONN.

Trente ans, elle reçut des fugitifs de toute religion : catholiques, juifs, quakers, frères moraves s'y condoyèrent en paix, adonnés aux travaux de l'industrie. C'est en face de Neuwied, à Weissenthurm, que Hoche traversa le Rhin en 1797 : un obélisque élevé par l'armée de Sambre-et-Meuse rappelle ce souvenir.

Mais voici reparaître les vieux burgs : débris du *Hammerstein* où l'empereur Henri IV chercha quelque temps un abri pour lui et sa couronne (1105) contre les poursuites de son fils (Suédois, Espagnols, soldats de Lorraine et de l'électeur de Cologne qui fit sauter le fort, l'oc- cupèrent tour à tour); *Rheineck*, dont une seule tour carrée subsiste de l'ancienne forteresse; *Arenfels*, restauré, un peu en amont de l'embouchure de l'Ahr; *Linz* et sa vieille enceinte adossée au Westerwald.

On visite, aux environs de Linz, les carrières du Dattenberg et du *Minderberg*. Celle-ci est « une vaste galerie du plus beau basalte noir, composée de grandes rangées de colonnes en partie verticales, en parties penchées ou couchées. Ces colonnes ont quatre, cinq et six faces et ressemblent à des prismes ayant de 6 à 20 centimètres de diamètre et jusqu'à 7 mètres de longueur. Elles rendent un son clair et métallique et forment ensemble comme des meules de charbon de bois ». (BAEDEKER.)

Le **Westerwald**, dans lequel sont ouvertes ces carrières, présente plus d'une analogie de formation avec l'Eifel; c'est un plateau schisteux, souvent troué de basaltes et de trachytes. L'un de ses points culminants est le *Salzburgerkopf* (654 mètres); mais sa hauteur moyenne ne dépasse guère 450 mètres. Deux affluents du Rhin, la *Lahn* et la *Sieg*, l'enferment avec le fleuve entre leur double cours presque parallèle. D'ailleurs, le nom générique de *Westerwald* ne s'applique guère qu'à la partie centrale, qui est aussi la plus élevée; on désigne les autres points par des noms particuliers. La *Kalte-Eiche*, entre les sources recourbées des deux rivières, est la partie la plus inhospitalière du plateau; par la rudesse du climat et la stérilité du sol, elle rappelle le *Rhön*. Aucun arbre : les tempêtes balaient toute l'année ces hautes plaines dénudées et à peine se lit les brouillards épais, persistants, permettent la culture du lin, de quelques céréales, avoine, orge, pommes de terre. Pour les fruits, inutile d'y songer : « Il faut deux ans, dit-on, pour qu'une cerise y mûrisse : elle rougit la première année sur une joue, la seconde sur l'autre. Et encore! » Par contre, les revers du plateau sont vêtus d'épaisses forêts et d'excellentes prairies artificielles.

Le *Westerwald* détache au nord la croupe des *Rothaargebirge* d'où viennent au Rhin, sur sa rive droite, en deçà de Cologne la *Sieg*, et plus haut la *Lenne* et la *Ruhr*. Un rameau amorcé aux sources de la *Lippe*, le *Teutoburgerwald*, s'allonge entre l'*Ems* et le *Weser*.

Sur le Rhin, l'extrême promontoire du *Westerwald* se multiplie dans l'angle de la *Sieg* en plusieurs cônes et plateaux d'origine volcanique, entre lesquels on distingue sept têtes principales : les **Sept Montagnes** ou **Siebengebirge**. Ce groupe laisse percer du sud au nord une triple série de sommets étagés : au centre, les trachytes du *Drachenfels*, du *Wolkenbourg*, du *Lohrberg*; à gauche, les basaltes du *Petersberg*, du *Nonnenstromberg*, et du grand *Œlberg*; à droite, la cime en dolérite du *Lœwenbourg*; enfin, sur les ailes, le coin isolé du *Himmerich*, et en aval, le *Stenzelberg*. Ce tassement des montagnes en un petit espace de 4 kilomètres sur 12 à peu près, donne à l'ensemble un aspect imposant. Mais nul sommet n'égale le *Drachenfels*, dont les parois tranchent brusquement à 321 mètres au-dessus du Rhin. La cathédrale de Cologne est sortie de ses flancs, et l'on tire aujourd'hui encore de ses carrières de fort belles pierres, dont la taille et l'exportation enrichissent *Kœnigswinter*. Un fort hérissait la tête du *Drachenfels*, comme celles du *Lœwenbourg* et du *Wolkenbourg* : au XIIe siècle, les archevêques de Cologne s'en

Phot. Schœnscheidt.

BONN : STATUE DE BEETHOVEN.

COLOGNE, VU DU RHIN.

firent un rempart. Il reste peu de chose de ces constructions; dans le sommet du *Wolkenbourg*, on a ouvert une carrière de trachyte; une pyramide en pierres, de 5 mètres, émerge au-dessus des bois du *Lowenbourg*; seul, le faîte du **Drachenfels** porte encore quelques pans de murs. Mais le lieu est célèbre (1).

On découvre, du grand Œlberg (461 mètres), un horizon étendu : le regard suit l'éclair du fleuve jusqu'à Cologne. Un val silencieux ouvert au pied du mont conserve le chœur et les élégantes colonnes basaltiques de l'ancienne abbaye de *Heisterbach*. *Kœnigswinter* est à la base du Drachenfels : la petite ville actuelle est moderne, très animée pendant l'été, quand les touristes y affluent vers le *Drachenfels*. L'ascension de cette hauteur est facile : on s'y rend à pied, en voiture, à cheval, à dos d'âne ou mieux en funiculaire. De là haut pleuvent alors, s'éparpillent sur toute l'Allemagne, des cartes postales par centaines de mille; c'est un déchaînement, une fureur, une véritable tempête de petits papiers. La tentation d'une carte postale est irrésistible pour un Allemand : partout, à peine arrivé, déjà parti, à tout propos, en chemin de fer, à table, en bateau, sur une borne, dans les sentiers, le long des routes, il en écrit; cet acte, presque inconscient, est devenu comme une nécessité de sa vie, une sorte de fonction organique. Être monté au *Drachenfels* et ne pas écrire de carte postale ! Autant se jeter à l'eau comme le dragon.

Deux îles coupent le courant du fleuve en amont du Drachenfels : *Grafenwerth* et *Nonnenwerth*, celle-ci avec les bâtiments rajeunis d'un ancien couvent. Les ruines du *Rolandsbogen*, ou arc de Roland, culminent en face à 105 mètres sur une crête de basalte : ce rival du *Drachenfels* produit d'en bas un effet saisissant; c'est le reste d'un donjon construit au début du XIII° siècle par un archevêque de Cologne contre les entreprises de l'empereur Henri IV, et détruit plus tard par le comte palatin Rupert, titulaire dépossédé du même siège, en guerre aussi contre un empereur, Frédéric III. La forteresse du Drachenfels avait eu même sort : ce fut le duc Ferdinand de Bavière, électeur de Cologne, qui le fit

(1) Dans les cavernes voisines vivait, dit la légende, un *dragon* (d'où Drachenfelds, *mont du dragon*), monstre cuirassé d'écailles, pattes armées de griffes aiguës, longue queue de reptile aux fatals enlacements, un labyrinthe de crocs dans une gueule effroyable : le voir, c'était la mort, et l'horrible bête se gavait de chair humaine. Alors survint, au milieu de la consternation générale, un jeune héros, *Siegfried*, qui cherchait aventure. Il était de la famille des *Nibelungs* et venait de quitter Xanten (près de Clèves), le château de ses pères. On lui indiqua le repaire du dragon; pour l'apercevoir, alluma un grand feu et, comme le monstre s'élançait gueule béante, *Siegfried* saisissant un chêne enflammé, le lui plongea dans la gorge ainsi que dans un four. La bête recule tordue par la douleur; le héros tire son épée, lui tranche la tête, pousse le corps dans

TOMBEAU DE SCHUMANN, A BONN.

le brasier. De la graisse qui coulait en abondance, il se frotta de la tête aux pieds, car il savait se rendre ainsi invulnérable; mais une place, au défaut de l'épaule, ne fut pas touchée par l'onguent merveilleux, et c'est là que, plus tard, sous les épais fourrés de l'Odenwald, le traître Hagen plantera son fer homicide.

Une autre tradition raconte que deux guerriers pillards de la rive droite du Rhin, ayant razzié sur la rive gauche quelques prisonniers, parmi lesquels une jeune fille chrétienne d'une grande beauté, les prêtres de Wotan résolurent de l'offrir en l'honneur de leur dieu à la voracité du dragon; les païens croyaient ainsi apaiser par des victimes humaines. Au moment d'être saisie, la jeune chrétienne brandit la croix devant elle et le monstre, poussant un hurlement effroyable, se précipita dans le Rhin.

démolir. Est-il bien sûr, comme on le répète à satiété de tant d'autres, qu'il n'a pas aussi été démoli par les Français?

Une touchante tradition rappelle, à *Rolandseck*, le neveu de Charlemagne : ce fut lui, dit-on, qui édifia le château primitif (1).

Moins sensibles et d'allure peu légendaire, les pratiques bourgeois de Cologne, d'Elberfeld et autres lieux enfumés d'usines, ont accaparé ces bords et jeté de-ci de-là, parmi les vignes et les bouquets d'arbres, de jolies et souvent prétentieuses villas. *Godesberg*, près de Bonn, en groupe un certain nombre; mais, ce n'est déjà plus à leurs pieds le Rhin des montagnes, bien que certains renflements de terrain s'étagent encore, jusqu'à l'affaissement définitif de la plaine.

Bonn (50,737 habitants) est un ancien poste romain sur la rive gauche du Rhin : son vaste camp, dont les vestiges ont été mis à jour, pouvait recevoir plusieurs légions. Rien ne lui manqua des vicissitudes qui troublèrent ces parages : après que *Julien* en eut relevé les murs, les barbares, *Huns*, *Francs*, *Saxons* et *Normands*, défilèrent. Au moyen âge, *Bonn* resta oubliée, jusqu'au jour où les archevêques de Cologne en firent provisoirement leur résidence (1267). Plusieurs fois assiégée durant la lutte des Pays-Bas contre l'Espagne, la guerre de Trente ans, défendue

---

(1) Un soir que, fatigué d'une longue route, le paladin frappait à la porte de *Drachenbourg*, on lui ouvrait au nom de l'hospitalité, et le neveu de Charlemagne fut traité avec honneur. Son hôte avait une fille d'une grande beauté, nommée *Hildegarde* : Roland s'en éprit et ils furent fiancés. Mais un ordre inopiné de l'empereur l'appela tout à coup de l'autre côté des Pyrénées contre les Sarrasins d'Espagne. Il revenait, à la tête de l'arrière-garde des Francs, quand un retour de l'ennemi l'enveloppa dans les défilés de Roncevaux; après avoir mis en fuite des nuées d'assaillants, il tomba au milieu de ses compagnons et mourut de ses blessures. Charlemagne avait entendu trop tard le cor de Roland. Cette triste nouvelle parvint jusqu'au Rhin et jeta le désespoir dans le cœur d'Hildegarde; elle ensevelit dans le cloître de Nonnenwerth son amour et son deuil.

Mais Roland, si grièvement blessé qu'il fût, n'était point mort : ainsi du moins le vent la légende. Il guérit, accourut et heurta plein de joie à la porte du *Drachenbourg* : la maison avait perdu son trésor. Ce coup fut à Roland d'une extrême douleur; mais pour ne point quitter ces bords où vivait celle qu'il aimait, il fit construire à la pointe d'un rocher le château dont quelques ruines portent aujourd'hui son nom. De là, chaque jour, il rêvait, le regard perdu sur Nonnenwerth et cherchant Hildegarde : il s'éteignit à la fin, presque en même temps que sa fiancée, d'une angoisse inconsolable.

PORTAIL SUD DE LA CATHÉDRALE.

CATHÉDRALE DE COLOGNE.   Phot. Schœnscheldt.

par les Français, prise plus tard (1689) par l'électeur de *Brandebourg* (depuis Frédéric Ier, roi de Prusse), la ville perdit ses fortifications en 1717, et de leurs débris on construisit le *château électoral*, aujourd'hui *Université*. L'ancienne Université (1784) fut convertie en *lycée*, après l'arrivée des *Français* (7 octobre 1794).

L'Université actuelle de Bonn (1818) est l'une des plus prospères de l'Allemagne. Bien que l'*industrie* ait fait récemment ici de grands progrès (pépinières, machines, filatures, ciment, porcelaine et faïence de Wessel), Bonn vit, pour ainsi dire, dans la dépendance de son Université. Le *palais* lui-même où se font les cours est un édifice important, mais sans grand caractère; la *bibliothèque*, le *cabinet de physique*, le *musée d'antiquités nationales* y sont renfermés. Au jardin du *Hofgarten*, le *musée académique* contient des moulages d'après l'antique. Près de *Poppelsdorf*, où conduit une superbe allée de marronniers, l'*Observatoire*; à côté du château, le *jardin botanique*; à l'intérieur, les *minéraux*; au nord, le *laboratoire de chimie*, l'anatomie, l'*Institut physiologique*, l'*Académie d'agriculture*; enfin les *cliniques* à la porte de Cologne. Partout les institutions universitaires sont présentes.

Bonn possède une belle *cathédrale* romane avec quatre petites tours et une plus grande octogonale, sur le transept;

Constantin aurait fondé une église à cette même place. *Beethoven* est né à Bonn. Dans le cimetière de la ville s'élèvent le monument de *Schumann* et les tombeaux de plusieurs illustres professeurs : l'historien *Niebuhr* (mort en 1831), l'indianiste *Schlegel* (imprimerie pour la langue sanscrite), *Dahlmann*, qui étudia les antiquités du nord, l'historien *Bunsen* (1870).

La ville n'est qu'à 58 mètres d'altitude et à 33 kilomètres de Cologne; au delà, c'est la plaine.

Sur le Rhin, l'*Alte zoll*, ancien bastion dont on a fait un petit square, ouvre l'horizon des Sept montagnes. La statue d'*Arndt* y porte cette inscription : « Le Rhin, fleuve de l'Allemagne et non *frontière* de l'Allemagne. » Les Germains de la rive droite ne disaient pas moins, du temps que les Romains étaient encore ici, pour en arrêter l'invasion.

Aujourd'hui, le fleuve est passé, la frontière débordée avec lui : là où s'embourbaient les lourds chariots de barbares, les trains courent en tempête, poussant leur cri

INTÉRIEUR DE LA CATHÉDRALE DE COLOGNE.

de victoire; et le Rhin n'est plus un obstacle, mais le simple fossé d'une série d'ouvrages formidables qui en défendent les approches. Il n'y a plus guère de **frontières** *infranchissables*; le mur des *Pyrénées* a été tourné, les *Alpes* percées à jour et l'*Océan* lui-même, jadis si redouté, est devenu le véhicule des peuples.

Contenus au sud par le bastion de *Bohême* et les *glaciers alpestres*, bornés au nord par une double mer, les *Germains* se sont étendus librement dans une plaine sans obstacles, repoussant à l'ouest les *Gallo-Romains* sur la ligne du Rhin; à l'est les *Slaves* sur l'Elbe, l'Oder, la Vistule : et la mêlée des peuples dure encore. Le voyageur qui vient du centre de l'Allemagne, de Dresde, de Leipzig, de Nüremberg, par exemple, éprouve, en touchant la *rive gauche du Rhin*, le sentiment d'une chose nouvelle. Si la langue est la même, on reconnaît à l'allure, à la mine, à la façon de dire et de penser, une éducation spéciale et un fonds de traditions propres à la *civilisation gallo-romaine*. Othon de Freising dit que la dépouille mortelle de l'empereur Henri IV fut transférée dans la ville « *gauloise de Spire* ». Et ce témoignage remonte seulement au XIIe siècle.

Cherchez d'ailleurs à *Trèves*, cette métropole de la Moselle, les signes extérieurs de la *race germanique* tels que les décrit Tacite : haute taille, teint clair, les yeux bleus et la rousse chevelure. Rarement, l'auteur de ces lignes a pu reconnaître ce portrait parmi les passants qui sillonnent la place du Vieux-Marché. Tout ici parle de Rome et de la Gaule : rien ou presque rien de la Germanie.

C'est en Flandre ou dans la *Frise hollandaise* qu'il faut rechercher la vivante image de l'antique race *germanique*. Mais, par une confusion dont il n'est pas difficile de deviner la tendance, on ne manque pas, chez nos voisins, de substituer le mot *allemand* à celui de *germanique*, partout où le bénéfice peut en être certain. C'est la conquête du mot avant la chose. On y pense pour la *Hollande*, et il se trouverait, conséquence bizarre, que les *Frisons*, authentiques descendants des Germains primitifs, perdraient au profit d'une catégorie spéciale, tard venue et essentiellement *composite*, le domaine et la personnalité distinctes qu'ils ont su conserver par deux mille ans de sacrifices. Dans une même famille d'origine, vingt siècles de mélanges et d'invasions créent des catégories, des individualités vivantes ayant leurs biens et leurs intérêts propres. Si l'on peut, malgré tout, passer du particulier au général, de l'*Allemand* au *Germain*, pourquoi ne pas revendiquer pour le *Français* tout l'héritage *gallo-romain*? A coup sûr, le *Gaulois* est plus vivant à Cologne, à Mayence, à Coblentz et à Metz que le *Germain* dans le monde slave de la Prusse et de la Pologne.

On ne manque pas en Allemagne d'apprendre aux enfants des écoles, avec le plus grand soin, l'ancienne frontière de l'*Empire germanique* au temps d'*Othon le Grand* : à défaut des frontières de *races*, toujours un

LA GARE DE COLOGNE.

LE RHIN : DE COBLENTZ A COLOGNE

LES QUAIS DE LA GARE DE COLOGNE.
Phot. Mertens.

tout cela est bien fini. Laissons dormir les morts sans les appeler en témoignage de nos querelles, dans un monde qui n'est plus le leur et qu'ils ne reconnaîtraient pas.

Traditions **politiques,** *frontières de* **races,** *limites* **naturelles,** autant de titres vagues pour expliquer les frontières actuelles de l'Allemagne. Que dire de la limite des **langues ?** Si partout où retentit la langue allemande, là aussi doit être l'Allemagne, alors la France peut revendiquer la Belgique wallonne, une partie de la Suisse, le Canada; et l'Allemagne va évacuer la Pologne ! En réalité, la *langue* suit la conquête après l'avoir préparée par une sourde infiltration ; c'est un *signe* mais *non* un *droit.* Toutes les subtilités de l'érudition et les peu confuses, on invoque les *traditions politiques.* Dans la salle des portraits impériaux, à Francfort, Guillaume Ier paraît à la suite des héritiers de Charlemagne; comme si la couronne du grand empereur pouvait tenir en équilibre sur le casque à pointe ! Quelle relation entre l'ancien Empire, où se groupait tout l'*Occident chrétien* et l'Empire particulariste d'aujourd'hui, créé par l'intérêt au *profit exclusif* d'une *région* et d'une *coalition occasionnelle* ? *Othon,* d'ailleurs, était à Rome : y voudrait-on revenir? Alors il faut rendre l'Elbe, l'Oder, la Vistule, qui ne faisaient point, au moyen âge, partie de l'Empire.

En 1789, tel que l'avaient modifié les siècles, l'*Empire d'Allemagne* comptait 9 cercles divisés en 180 principautés, États, villes libres... De vieilles cités comme Mayence, Cologne, Trèves, Würzbourg, Bamberg, conservaient leurs princes, vassaux ou alliés de l'empereur, mais à peu près indépendants, avec le droit de battre monnaie, de s'allier entre eux ou au dehors. Comment les reconnaître aujourd'hui dans un simple numéro d'ordre administratif, sous l'hégémonie d'un pouvoir monarchique?

L'édifice impérial d'autrefois est tombé sans retour : ce que l'*Empire nouveau* revendique au nom de la communauté germanique, lui était attaché par un lien spécial qui n'existe plus. *Othon, Barberousse,* les vieux empereurs, appartiennent au passé. Sur les bords du Rhin, la pierre de l'élection, *Kaiserstuhl,* n'est plus qu'une relique historique, à peine reconnue par quelques passants ; dans la basilique d'*Aix-la-Chapelle,* le siège de marbre de Charlemagne attend toujours un empereur à couronner; l'antique salle de *Francfort* demeure vide et muette comme la place où les acclamations populaires saluaient le nouvel élu :

ÉGLISE DES APÔTRES.

HÔTEL DE VILLE DE COLOGNE.
Phot. Schensoheldt.

déclamations intéressées n'y peuvent rien. A défaut du droit des peuples, que l'on ne consulte guère, c'est le glaive, appuyé par la politique et l'intérêt, qui a tracé les frontières de l'Allemagne actuelle. La ligne en est simplement indiquée du côté de la France et de la Russie par une suite de poteaux noirs et blancs, aux armes de l'Empire.

Le **Rhin,** en aval de Bonn, développe entre des rives monotones une nappe profonde très favorable à la *navigation.* De fortes crues parfois soulèvent ses eaux : celle du 27 février 1874 monta de 12m,80 à *Cologne,* bien que le fleuve y dépasse 400 mètres ; les plus gros navires auraient pu remonter jusqu'à Mayence; mais ce n'est là qu'une exception très rare. Les basses eaux de la canicule entravent la navigation pendant une vingtaine de jours et une quinzaine à peu près, les glaçons flottants. Malgré la concurrence des deux voies ferrées qui suivent le Rhin par l'un et l'autre bord, le mouvement du fleuve n'a cessé de se développer. Autrefois, la navigation du Rhin se trouvait partagée par les *seuils de Bingen* en deux bassins distincts; il y avait, au *Bingerloch*, une véritable cascade, et voilà trois siècles à peine, la chute était encore de 2 mètres, à côté d'un couloir étroit et torrentiel. Drusus, Charlemagne, les archevêques de Mayence travaillèrent à élargir le passage du *trou de Bingen*; des marchands de Francfort s'y employèrent encore au XVIIIe siècle. Aujourd'hui que le barrage est à peu près sauté, les deux tronçons du *Rhin supérieur et inférieur* communiquent librement. Voyageurs et marchandises y dévalent sans crainte, bien que le courant emporte les petites barques comme un fétu, d'une rive à l'autre.

La longueur totale du *Rhin navigable* (fleuve, affluents et canaux d'adduction) ne serait pas éloignée de 3,000 kilomètres; mais le grand trafic ne se fait que sur 400 kilomètres environ, et c'est, à partir de *Bonn*, le fleuve inférieur qui en retient les deux tiers. *Cologne* y est le grand port d'attache pour les bateaux de vitesse; *Düsseldorf, Duisbourg, Ruhrort*, sont des ports marchands. Sur le haut fleuve, *Mayence, Mannheim* et *Ludwigshafen* sont les escales principales. Le commerce de transit donne aux ports du sud une importance notable : houille, céréales, pétrole, minerai de fer, remontent le fleuve; bois, sel, ciment, chaux, pierres, fer ouvré, le descendent.

Ruhrort vient en tête de la navigation rhénane avec près de 6 millions de tonnes de marchandises en 1898. *Mannheim* en comptait plus de 4 millions et demi, la même année. *Francfort sur le Main* dépasse le million. *Breslau* sur l'*Oder* en a deux; *Magdebourg* sur l'*Elbe*, presque autant; *Dresde*, moitié moins; enfin *Berlin* atteint 6 millions, presque autant que Ruhrort.

Cologne (*Cœln*, 372,230 habitants) est la tête du Rhin sur la plaine. Ce poste est d'importance; les Romains y étaient au Ier siècle. A l'appel d'Agrippa, la tribu germanique des *Ubiens* quitta la rive droite du fleuve où elle végétait, et s'établit sur la gauche. La colonie naissante prit un nouvel accroissement par la faveur d'*Agrippine*, fille de Germanicus et femme de Claude; elle reçut le nom de *Colonia Claudia Agrippina*, devint cité municipale et capitale de la Germanie inférieure. Au Ve siècle, la chute de l'empire y amena les *Francs* ripuaires, et leurs rois y résidèrent longtemps. *Charlemagne* lui préféra Aix-la-Chapelle, mais il y vint à maintes reprises. Enfin *Othon le Grand* fit de Cologne une cité impériale, au milieu du Xe siècle (949). Mais l'autorité que voulut prendre son frère Bruno, archevêque (1) de la ville, fit craindre pour les anciennes franchises municipales. De là, entre la cité et ses prélats, des querelles incessantes qui, après trois siècles de contestations et souvent de guerre ouverte (bataille de Worringen en 1288), contraignirent les archevêques à transporter leur résidence, d'abord à **Brühl** puis à **Bonn**; ils conservaient le droit de haute justice et la ville leur prêtait serment de fidélité aussi longtemps que ses immunités seraient respectées. Alors l'intérêt mit aux prises, dans Cologne, les patriciens et les corporations : guerre civile, révolutions communales, se terminèrent par la victoire définitive des corporations.

Au XIVe siècle, les archevêques furent élevés à la dignité d'*électeurs de l'Empire* : ils tenaient le troisième rang, et l'on conserve dans le trésor de la cathédrale le haut glaive de justice, insigne que l'on portait devant eux, lors du couronnement des empereurs à Francfort. Le dernier électeur de Cologne est mort en 1801; son

COLOGNE : BOULEVARD HANSA.

autorité s'étendait à plusieurs territoires, d'abord le long du Rhin (cercle du Bas-Rhin), sur le duché de Westphalie, capitale Arnsberg, et le comté de Recklinghausen. L'entrée des *Français* à Cologne (1795) mit fin à l'électorat; l'ancien gouvernement fut aboli et la ville rattachée comme chef-lieu d'arrondissement au département de la *Roer*, préfecture Aix-la-Chapelle. En 1815, les puissances donnèrent Cologne à la *Prusse*.

Depuis le XVIe siècle, *Cologne* était singulièrement déchue : jadis l'une des premières cités de la Hanse, elle eut un entrepôt à Londres, et s'enrichit par un commerce étendu; ses poids et mesures faisaient loi dans presque toutes les villes du Rhin, et la grande foire qui s'y tenait à Pâques attirait les marchands de fort loin, même d'outre-mer. Cette prospérité, malgré des dissensions trop souvent renouvelées, développa dans Cologne une grande activité dont profitèrent les arts inspirés surtout par un vif sentiment religieux. Son école de peinture fut célèbre à la fin du XIVe et au début du XVe siècle. Mais il semble que Cologne ait hérité des Romains un goût particulier pour les constructions. Il reste peu de chose de l'époque romaine. Le pont de pierre construit sur le Rhin par *Constantin*, fort endommagé par les Normands, fut supprimé au Xe siècle; des matériaux on fit une église (*Saint-Pantaléon*); l'île même sur laquelle il s'appuyait fait maintenant partie de la terre

LA PORTE HAHNEN, A COLOGNE.

(1) L'évêché de Cologne remonte au début du IVe siècle.

ferme, mais conserve du XIIIe siècle la grande église Saint-Martin. Une ancienne tour marque l'angle de la primitive muraille. Beaucoup de monuments plus récents ont été édifiés sur des soubassements romains : l'*Hôtel de ville*, bel édifice du XIVe siècle avec un gracieux vestibule Renaissance, est appuyé sur les fondations du prétoire; à la place du Capitole (?) et de l'ancien palais des rois francs, une église construite par Plectrude, femme de Pépin d'Héristal et mère de Charles Martel, a été transformée en grandiose basilique romane *Sainte-Marie-au-Capitole* (XIe siècle). Ici, d'ailleurs, tout évoque un passé lointain : *Sainte-Cécile*, déjà restaurée au Xe siècle; *Saint-Séverin*, bâti au IVe siècle, détruit, réédifié et terminé au XIIIe ; *Sainte-Ursule* qui conserve les restes d'une princesse de Grande-Bretagne mise à mort, avec ses compagnes, comme elle revenait d'un pèlerinage à Rome. *Saint-Géréon* consacre le souvenir de la légion thébaine et de son chef, martyrisés pendant la grande persécution de Dioclétien (286) : chœur roman, nef décagone, porche carré, chaque âge y a laissé sa trace. La basilique des *Apôtres* est du XIIIe siècle : trois nefs imposantes que surmonte une coupole flanquée de deux tours, deux transepts dont l'un avec double rangée d'arcatures couronnées d'une galerie, lui donnent grand air.

Cologne au moyen âge, c'est le *Dom* : son âme plane sous ces voûtes; elle vit dans cette forêt de pierres, dont les piliers, les arcs-boutants et les galeries superposées se soutiennent, s'entrecroisent sans confusion, éclatent en fusées de colonnettes, de tourelles et de pointes toujours plus légères à mesure qu'elles montent, comme si elles voulaient escalader le ciel. Plusieurs siècles ont travaillé à ce grand œuvre. La première pierre en fut posée le 14 août 1248; le chœur consacré en septembre 1322; la nef livrée au culte en 1388, près d'un siècle et demi après. La grandeur même de l'entreprise semblait devoir décourager ses plus zélés promoteurs; elle souffrit encore du déclin de la fortune de Cologne et de l'affaiblissement de la foi. La cathédrale, recouverte d'un toit provisoire, demeura inachevée pendant les XVIe, XVIIe et XVIIIe siècles. Devenu magasin à fourrage, après l'entrée des troupes françaises à Cologne en 1796, le Dom portait péniblement le poids des ans et menaçait ruine. Le roi de Prusse Frédéric-Guillaume III prit les mesures nécessaires pour le conserver : on résolut même d'achever l'édifice. Commencés en 1842, les travaux se sont terminés en 1880 et ont coûté 23,034,440 francs. Les deux tours à quatre étages, dont trois carrés dans le bas et un quatrième octogonal, ont reçu des flèches élancées, les plus hautes de l'Europe (156 mètres), après celle de la cathédrale d'Ulm qui mesure 161 mètres. D'après le plan primitif, les flèches de Cologne devaient monter plus haut encore; on s'est trop hâté de les inaugurer. Faut-il le dire, elles paraissent écourtées. Combien la flèche d'Ulm s'élance plus légère et plus aérienne! Les cinq nefs de Cologne produisent l'impression d'un vide immense. Voici quelques chiffres : longueur totale de l'édifice, 135m,60; largeur, 61 mètres et 86m,25 au transept; hauteur, 61m,50 jusqu'au faîte; grande nef, 45 mètres de haut sur 15 mètres de large. La porte principale monte à 29m,30; celle du Nord, sobrement décorée, fait contraste avec la porte du Sud et son extraordinaire dentelure (d'après Schwanthaler).

MONUMENT DE FRÉDÉRIC-GUILLAUME III, A COLOGNE.
Phot. Schœnscheidt.

En face de cette porte le *musée Wallraf-Richartz* contient une intéressante collection d'antiquités romaines, allemandes et quelques tableaux de l'ancienne école de Cologne. Un autre monument des anciens temps, le *Gürzenich*, s'élève à côté de l'Hôtel de ville : c'était un beau logis, construit au XVe siècle pour recevoir les hôtes de distinction qui honoraient la cité; il a été restauré.

Si l'on arrive à Cologne par le Rhin, le vaste développement des maisons, des clochers et des tours groupés en arrière du *Dom* qui domine le fleuve, présente un aspect imposant. L'impression cesse en pénétrant dans la ville, par les rues tortueuses, aux maisons basses et sans ornement. Quelques belles demeures subsistent encore, mais il faut les chercher. La *Hochstrasse*, qui est la rue principale, n'ouvre point de lointaines perspectives; mais depuis l'élargissement considérable de l'enceinte, une ville neuve s'est développée autour de l'ancienne, à la place des remparts. Boulevards bien plantés, bordés de constructions variées sur plusieurs kilomètres (*Hohenzollernring*), puissants établissements de crédit, filatures, fonderies, manufacture de tabacs, soieries, lainages, instruments de musique, orfèvrerie, distilleries, rien ne manque ici de l'outillage nécessaire à une grande ville moderne.

Plus de trente distilleries s'emploient à la fabrication de l'*eau de Cologne*, due à l'Italien Jean-Marie Farina.

Par l'industrie, le commerce et la puissance de sa réserve monétaire, *Cologne* est l'une des villes les plus puissantes de l'Allemagne : le Rhin porte ses bateaux de *Mayence* à *Rotterdam*; elle rayonne par voies ferrées sur la *Hollande*, la *Belgique*, la *France* et l'*Alsace-Lorraine*, *Francfort* et *Berlin*; *Hambourg* et *Wilhelmshaven*, deux des grandes cités commerciales et maritimes de l'Allemagne. Aussi a-t-on fait de Cologne un front redoutable et une place de guerre de premier ordre, à la fois prête pour la défense et pour l'invasion des territoires voisins.

Deutz, l'ancienne tête de pont fortifiée que les Romains avaient construite sur la rive droite, est aujourd'hui une grande ville.

ALLEMAGNE.

complément de la place et de la cité.

A CONSULTER : Bædeker : *Bords du Rhin.—Guides Wœrl à Würzbourg.—Le Rhin de sa source à la mer* (Stieler, Stutgart).— Daniel : *Géographie physique.* — Kiefer : *Légendes et traditions du Rhin.* — Victor Hugo : *Le Rhin, lettres à un ami.*—Klein : *Le grand-duché de Hesse.*—Francfort-sur-le-Main *et ses constructions*, par une Société d'architectes et d'ingénieurs.— E. Monkel : *Francfort-sur-le-Main.* — S. Göbl : *Würzbourg.*—« Tour du Monde» : *Bamberg.* — Schüssler : *Guide illustré à travers Nuremberg* (all.).— Röe: *Promenades à travers l'ancien Nuremberg* (all.).— A. Lavignac : *Le voyage artistique à Bayreuth.* — Börckel: *Tableaux de l'histoire de Mayence* (all.).— Box : *Notice sur le pays de la Sarre.*

HÔTEL DE VILLE ET PLACE DU MARCHÉ, A DÜSSELDORF.
Phot. Mertens.

— G. Regnier : *Sarreguemines.* — J. Chastelain : *La Chronique de la noble ville et cité de Metz.* — F. Chabert : *Vocabulaire topographique, etc. de Metz.*—Général Niox : *Guerre de 1870.* — Hettner : *Trèves romaine.* — Sichbach : *Trèves et ses environs.* — Ennen : *Histoire de la ville de Cologne.* — Algermisson : *Guide dans Cologne.* — Korth : *Cologne au moyen âge.* — Carte des opérations de guerre autour de Metz en 1870 (Ed. Lang).— Justus Perthes : *Atlas militaire*, cartes des places, des camps d'exercices, des champs de tir et des troupes de l'armée allemande. — Général X. : *Étude stratégique de la frontière nord-est* (Lavauzelle). — Carte française du Dépôt des fortifications. — Cartes de l'état-major allemand; de Stieler, de Andrée, etc.

COURS INFÉRIEUR DU RHIN

DE COLOGNE EN HOLLANDE. — INDUSTRIE GÉNÉRALE ALLEMANDE
RÉGIONS DE L'EMS ET DU WESER

Cours inférieur du Rhin. *De Cologne en Hollande*: Düsseldorf; Aix-la-Chapelle. — *Industrie générale allemande*: tissus, métallurgie, électricité, industries chimiques, instruments de musique, meubles, etc. Population *industrielle*; Barmen-Elberfeld. Le *Rhin hollandais*.

Pays de l'Ems. Le *Teutoburgerwald*. La campagne et le *paysan* (habitation, famille, culture); *Münster* et la Westphalie. Marais de Bourtange. *Frise orientale*; pays de *marsch*, de *geest*, de *tourbières*; *colonisation*. Grand-duché d'*Oldenbourg*.

Bassin du Weser : Massif du *Harz* : ses industries et ses mines; *Goslar*. — Le *Weser des montagnes*; la Fulda. *Cassel*. Hesse électorale. — Monts de *Thuringe*; la Werra. Pays de Gotha. — La *Wartbourg* : Confessions religieuses. *Petites principautés* du Weser. Saxe-Meiningen. Waldeck. Lippe.

Seuil de la montagne et de la plaine : *Hildesheim*, ville en bois sculpté. *Hanovre* : la ville et l'ancien État des Guelfes; culture, industrie; marais et landes. *Brunswick* et son duché. L'Aller et le Weser inférieurs.

ACADÉMIE DES BEAUX-ARTS, A DÜSSELDORF.
Phot. Mertens.

Échappé à l'étreinte des montagnes, le Rhin, au sortir de Bonn, n'entre point dans une plaine aux horizons sans limites. Quelques hauteurs accompagnent ses rives : à gauche, des ondulations de terrain; à droite, les talus des montagnes westphaliennes qui, au delà de Cologne, s'éloignent pour s'écarter définitivement à la hauteur d'Elberfeld. Elles forment alors l'encoignure de Westphalie d'où s'échappent la *Ruhr* et la *Lippe*, vers le Rhin; l'*Ems*, au nord, en doublant l'éperon du Teutoburgerwald.

Autrefois le **Rhin** épandait ses eaux par d'anciens lits effacés aujourd'hui. Mais il ne se déroule entre des bords complètement unis qu'en aval de Cologne : la vraie plaine est à *Düsseldorf*. Encore n'est-elle point sans obstacle. Le Rhin doit franchir encore deux seuils, comme deux larges portes, avant d'atteindre son estuaire : d'abord entre

Clèves (1) et *Elten*, en aval d'Emmerich; puis entre *Arnhem* et *Nymweg*.

Mais c'est déjà la Hollande. La plaine que le Rhin vient de parcourir l'annonce: grasses prairies, terres fertiles, maisons de briques, grandes villes industrielles. C'est la région la plus peuplée du Rhin. Sous le fouet de l'industrie, les villes y ont poussé avec une sorte de furie américaine: dans l'espace compris entre Cologne et Duisbourg sur le Rhin, Dortmund et München-Gladbach, la population a monté de 80 pour 100 en vingt ans. Sept villes ont plus de 100,000 habitants, *Cologne*, *Düsseldorf*, *Elberfeld*, *Barmen*, *Dortmund*, *Crefeld*, *Essen*. Trente-trois villes dépassent le chiffre de 100,000 habitants dans tout l'Empire: on en comptait seulement deux: *Berlin* et *Hambourg*, voilà un peu plus d'un demi-siècle.

Düsseldorf (213,767 habitants) vivait récemment encore de la réputation que lui a faite son Académie de peinture. Des artistes de renom (*Cornelius*, *Schadow*, *P. Janssen*), de riches galeries (en partie dispersées), une élite d'élèves venus de tous les points de l'Allemagne composaient à cette ville une atmosphère spéciale favorable à la culture des arts. Aujourd'hui l'air est déchiré par les sifflets des machines: fonderies, laminoirs, aciéries, filatures se hérissent de toutes parts; la moutarde, les liqueurs, les eaux minérales artificielles, les meubles supplantent les toiles et les couleurs. Le port de Düsseldorf est très actif et sert d'intermédiaire au commerce de la Hollande avec l'Allemagne; les navires y remontent de la mer. Düsseldorf, ancienne capitale du grand-duché de Berg (1806), fut donné à la Prusse en 1815. Henri Heine y est né.

Si *Düsseldorf* est méconnaissable, une autre cité que nous jugeons d'ordinaire à travers le prisme de l'histoire, **Aix-la-Chapelle**, n'est

Phot. Mertens.

pas un moindre sujet d'étonnement. La ville est située sur l'aile gauche du Rhin, aux deux tiers de la route entre Cologne et Liège, mais dans la dépendance de la Meuse. Elle commande les communications d'un fleuve à l'autre, à portée de la Belgique, de la Hollande (Maëstricht) et de l'Allemagne, sur la grande route Paris-Cologne-Berlin.

Cette situation et le voisinage de mines abondantes la marquaient pour un avenir économique. Elle possède 135,235 habitants, des filatures de laine, de nombreuses fabriques de draps, des usines de toute sorte; les mines voisines occupent tout un

(1) Clèves est agréablement situé sur le versant de trois collines boisées que baignait autrefois le Rhin. Sa tour du Cygne évoque une légende que Wagner a traduite dans « Lohengrin ».

peuple. Aix-la-Chapelle fabrique 50 millions d'aiguilles par semaine: *Iserlohn*, *Stolberg* et, en Bavière, *Schwabach* sont ses émules.

Charlemagne aimait Aix-la-Chapelle pour l'action bienfaisante de ses eaux, l'aménité des vallées et des collines environnantes. Le grand empereur y est mort; il en fit une capitale, non loin du Rhin, mais à l'abri d'un coup de main audacieux: c'était une excellente base d'opérations contre les Saxons de l'autre rive, dont on avait entrepris d'endiguer l'invasion. Aix-la-Chapelle fut à cette époque l'un des boulevards de la chrétienté. Jusqu'au XVIe siècle les empereurs germaniques y furent couronnés sur le rustique siège de marbre qui se conserve dans la tribune de la basilique; et l'on jugeait cette consécration nécessaire (1165), comme si l'ombre de Charlemagne dût investir les nouveaux élus et planer au-dessus d'eux, ainsi qu'une égide protectrice. *Aix-la-Chapelle* fut, au moyen âge, ville libre et impériale, avec d'exceptionnels privilèges. Dumouriez s'en empara en 1792, et la ville resta *française* de 1794 à 1814, capitale du département de la Roer à partir de 1800. Les traités de 1815 la firent passer à la *Prusse*.

Dans la ville actuelle toute moderne, la grande figure de Charlemagne vit au centre du mouvement comme une épave de souvenir. Sa statue de bronze s'élève sur la *place du Marché*, en face de l'ancien palais, pauvre et mesquine statue pour un si grand homme, dressée comme celle d'un équilibriste au-dessus d'une fontaine. L'ancienne demeure impériale a fait place à l'*Hôtel de ville*, bâtisse du XIVe siècle, incendiée (1883), puis restaurée, dont l'escalier extérieur contraste par le souci des détails avec de grands murs noircis : la grande salle d'honneur et les loggias primitives qui s'ouvraient au midi, du côté de la basilique ont été rétablies. L'ancienne *chapelle* de Charlemagne (la cathédrale) est une construction byzantine à coupole, édifiée de 796 à 804; un chœur gothique y a été ajouté à la fin du XIVe siècle. A l'intérieur, autour d'un cercle central, deux étages de colonnes apportées de Trèves, de Ravenne et de Rome, soutiennent une double galerie, dans un retrait de laquelle se conserve le sarcophage antique qui servit probablement à inhumer Charlemagne, aussitôt après sa mort. Il n'est pas probable que la pierre scellée au cœur de l'édifice, avec cette inscription « *Carolo Magno* », ait recouvert en cet endroit son tombeau. Le *trésor* de la cathédrale, enrichi par la munificence des princes, contient beaucoup d'objets précieux et des reliques : la partie supérieure du bras droit de Charlemagne, son olifant (cor de chasse), présent, dit-on, du calife Haroun-al-Raschid, etc.

Les *eaux* d'Aix-la-Chapelle ont une antique réputation. C'est même

CATHÉDRALE D'AIX-LA-CHAPELLE.

d'elles que la ville tire son nom : *Aquæ*, eaux, *Aix* — la *Chapelle*, église qu'y fit bâtir Charlemagne. Ces eaux étaient connues des Romains : la source de l'empereur (*Kaiserquelle*) est captée sur la place du Marché; pour un ou deux pfennings (centimes) le peuple y puise une eau délicieusement rafraîchissante. Les sources principales sont au faubourg de *Borcette* (Burtscheid); mais elles sont chaudes (48 à 58 degrés R.) et tellement abondantes qu'elles forment un ruisseau. Aix-la-Chapelle doit son essor industriel aux mines de zinc, de houille et de plomb que recèle, dans le voisinage, le sol de l'*Aachenerwald*, dernier gradin du **Hohe-Venn**.

C'est une triste région que celle du *Hohe Venn*, plateau embrumé d'épais brouillards, couvert de bruyères et de profonds marécages tourbeux, qui s'appuie d'une part aux Ardennes, et s'adosse à l'Eifel. Le point culminant ne monte pas à 700 mètres. La *Roer*, un moment parallèle de l'*Erft* (affluent du Rhin), descend du *Hohe-Venn* par un cours rapide dont la profondeur ne suffit pas à la rendre navigable. Son cours finit à *Ruremonde* (Roermond), en territoire hollandais. On rencontre le long de sa vallée d'assez jolis coins de pays.

Aix-la-Chapelle est à peu près au centre du triangle tracé par les deux lignes d'eau : Roer et Meuse. Plus bas, la région de la *Niers*, rivière sœur de la Roer, a vu se développer les ruches industrielles extrêmement actives de *München-Gladbach* et de *Crefeld*. Tout cela ne forme proprement qu'une grande cité du travail et vit surtout de l'industrie textile.

L'importance de **l'industrie textile** en Allemagne a très largement

SALLE DE L'EMPEREUR, A L'HÔTEL DE VILLE D'AIX-LA-CHAPELLE.

profité de la réputation des produits alsaciens. Elle ne compte pas moins de 205,000 exploitations et emploie près d'un million d'ouvriers, le dixième environ de toute la population industrielle, et presque autant de femmes que d'hommes. Aux premiers rangs de la production se placent : le royaume de *Saxe*, la *Silésie*, la *Prusse rhénane*, la *Bavière*, le *Wurttemberg*; les provinces de Saxe, de Brandebourg et de *Westphalie*; Bade, etc. La laine et la soie, le lin, le jute, le coton y sont filés, tissés, blanchis, teints et apprêtés. Mais la plupart de ces matières premières doivent être importées. L'Allemagne ne cultive qu'un peu de *lin* et de *chanvre*; la Russie, avec l'Autriche-Hongrie, la Belgique et l'Italie suppléent à sa pauvreté en ce genre. Les États-Unis, les Indes britanniques, l'Égypte lui fournissent le *coton*, les Indes seules le *jute*. La *laine* elle-même fait défaut : on en tire de grandes quantités de la République Argentine, de l'Australie, de l'Afrique, de Belgique; la *soie* écrue et les cocons viennent d'Italie, de France, de Chine.

Presque partout la machine s'est substituée en partie au travail humain. Aussi l'industrie des *broderies* et des *guipures* à la main se maintient-elle avec peine. La broderie au métier occupe 4,400 machines dans le *Vogtland saxon*; Plauen seul y compte 160 fabriques. *Munich* tient la tête pour les broderies de luxe à la main; *Ravensbourg*, en Wurtemberg, pour les guipures; *Eibenstock* et Schönheide, dans les monts des Métaux, pour les rideaux et le tulle; *Schneeberg*, dans la même région, pour les dentelles au fuseau. Enfin, *Leipzig*, *Dresde*, *Barmen* pratiquent en grand le tissage mécanique des dentelles : *Barmen*, avec ses environs, possède 5,000 métiers à rubans, 50,000 machines à tisser et 3 millions de fuseaux.

L'*exportation* des dentelles et des broderies atteindrait pour tout l'Empire une valeur de 41 millions de francs. Cependant elle ne suffit plus à la production; il y a saturation et crise, en Allemagne comme ailleurs. La Saxe et la Silésie se plaignent des tarifs protectionnistes établis par les États-Unis; d'autre part, l'Angleterre constate avec amertume l'invasion des cotonnades allemandes chez elle et s'efforce de l'endiguer. De nouveaux débouchés sont devenus nécessaires à l'Allemagne; elle les cherche en Asie, en Chine, au Japon et ailleurs.

La mévente cependant n'est pas générale, et atteint spécialement certains produits: les soieries de *Crefeld* ont subi un recul; l'exportation des bas et des gants de laine de *Chemnitz*, aux États-Unis, a perdu 75 pour 100. Mais, en Silésie, *Schweidnitz* et *Reichenbach* multiplient les métiers pour la fabrication des nappes et du linge de table; le *jute* donne de gros bénéfices aux fabriques de *Stralau*, près Berlin, d'*Ostritz*, en Saxe, de *Cassel*; l'exportation des *velours* de *Crefeld* ne cesse de s'étendre.

Breslau, *Berlin*, *Erfurt* germanisent les modèles de Paris et répandent leurs confections sur le monde entier. Les choses extraordinaires que l'on voit ainsi, même chez nous, « à la mode de Paris »! Mais le goût ne se copie pas : on l'a d'instinct ou par éducation, souvent

HÔTEL DE VILLE D'AIX-LA-CHAPELLE.

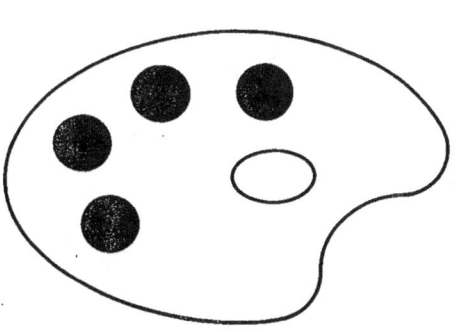

Original en couleur
NF Z 43-120-8

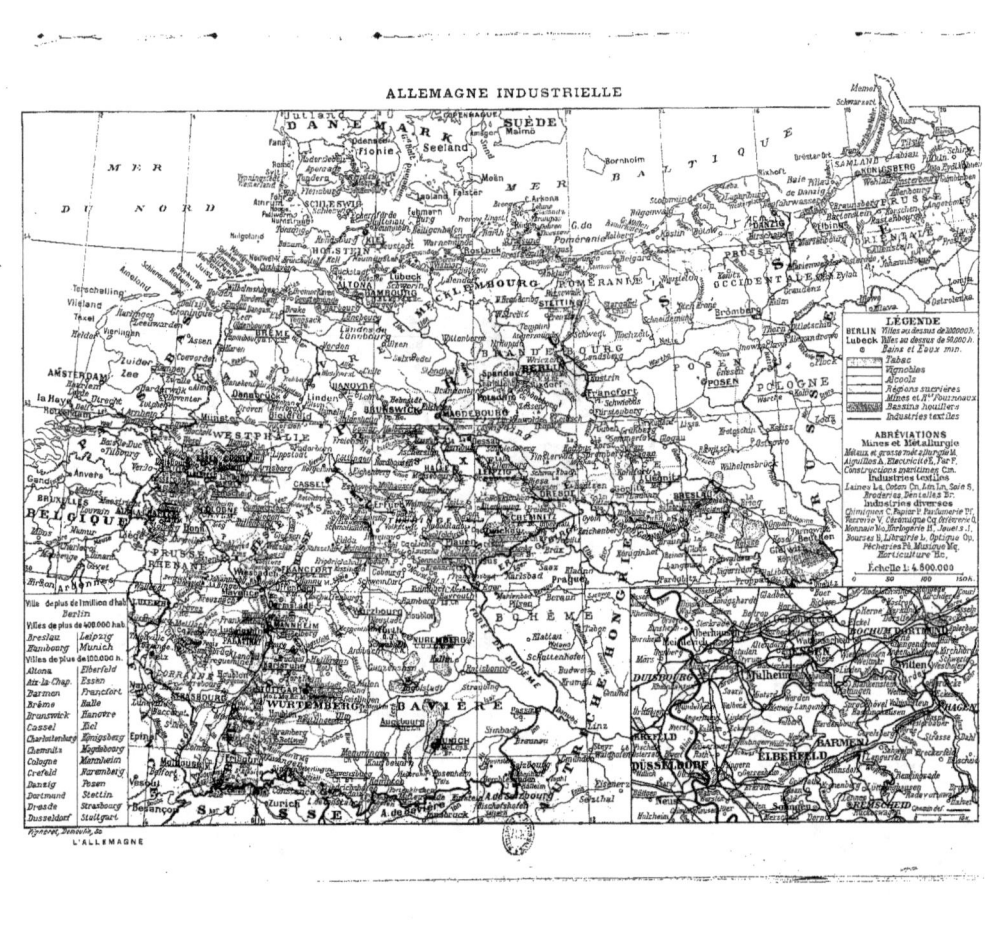

INDUSTRIE GÉNÉRALE ALLEMANDE

même il faut un long apprentissage pour le mettre au point. D'ailleurs la qualité et le fini d'un ouvrage s'accommodent mal d'une production hâtive et pour ainsi dire sans frein. Il faut reconnaître que, malgré sa précipitation, l'*industrie textile* allemande a pu améliorer certains produits, mais il lui reste fort à faire.

L'**industrie métallurgique** a trouvé sur la rive droite du Rhin, dans le bassin de la *Ruhr*, un terrain admirablement préparé par la richesse de ses **mines** : les hauts fourneaux, les usines, les fabriques ont surgi à côté de la houille, qui leur donne la vie.

Le bassin de la *Ruhr*, qui mesure seulement quelques kilomètres carrés, fournit à peu près la moitié de toute la **houille** allemande. Après lui viennent le bassin de la *haute Silésie* qui déborde à la fois en Autriche et en Russie (ses réserves sont considérables); le bassin de la *Sarre*, dont certaines couches exploitables présentent une épaisseur de plusieurs mètres, avec une richesse de 40 pour 100 de minerai ; la région minière d'*Aix-la-Chapelle;* le bassin *Saxon* (Chemnitz, Zwickau), sur le versant des monts des Métaux, le plus ancien de tous. Un vif essor s'est produit pour l'exploitation des mines de **lignite** en Saxe et en Bavière, dans le duché de Saxe-Altenbourg, les provinces prussiennes de Saxe, de Brandebourg et du Rhin. Des *industries dérivées*, comme celles de la préparation du *coke*, du *goudron*, de l'*ammoniaque*, de la *benzine* ont joint leurs profits à ceux de la *houille*.

CASINO D'AIX-LA-CHAPELLE.

L'ensemble des bassins houillers allemands dépasse de moitié la superficie des bassins français. Cependant nous achetons peu de houille à l'Allemagne : nous sommes, en revanche, pour un tiers dans son exportation de *coke*. La Belgique et la Suisse, l'Autriche-Hongrie et les Pays-Bas lui prennent une importante quantité de *houille*. Mais c'est l'Autriche-Hongrie qui, par l'Elbe, fournit presque tout le surplus de *lignite* dont on a besoin. L'Allemagne importe aussi des *charbons anglais* (quatre cinquièmes de l'importation), car ses mines ne peuvent suffire aux demandes des fabriques et surtout de celles qui travaillent le *fer*.

L'extraction du *minerai de fer* est de lointaine tradition en *Silésie* et dans la région de la *Sieg*, non que le métal en soit toujours de première qualité ; mais par des procédés scientifiques, on l'utilise de toutes manières. La Lorraine, le Hanovre, le grand-duché de Luxembourg (union douanière du Zollverein) contribuent pour leur part.

En quinze ans, les mines de *fer* ont doublé leur production ; dans ce même temps la production de la *fonte* s'est accrue de 50 pour 100. Et cela ne suffit pas encore à la consommation indigène ; le progrès de la population et de la richesse formant un foyer d'appel incessant. L'Allemagne importe de la fonte comme du charbon. Elle produit par contre quatre fois plus d'*acier* que la France. Le *zinc*, le *cuivre*, le *plomb*, même l'*argent* donnent lieu à des travaux importants quoique

P. Jousset.

STATUE DE CHARLEMAGNE, SUR LA PLACE DU MARCHÉ.

en proportion moindre ; la production de l'*étain* est stationnaire. Pour les *sels de potasse*, l'Allemagne exerce une sorte de monopole.

L'*exploitation minière* allemande n'a cessé de s'accroître grâce à la vapeur, aux moyens de transport économiques par canaux et à la mise en valeur scientifique des gisements. Il y a un siècle, 158 mines donnaient 1 million de revenu et occupaient 1,500 ouvriers. On comptait, il y a un demi-siècle, 198 mines, 40 millions et demi de revenu et 12,700 ouvriers ; en 1898, d'après le Conseil supérieur des mines de Dortmund : 168 mines, 873 millions de revenu, 191,846 ouvriers. La valeur des produits livrés par l'exploitation minière atteint aujourd'hui le milliard et les quatre cinquièmes environ proviennent des mines de charbon.

Mais la voracité des usines est insatiable. On estime à 800,000 le nombre des ouvriers employés par l'industrie métallurgique ; et 260,000 au moins travaillent dans plus de 1,200 *fonderies* (1). Les principales de ces fournaises sont celles de Krupp, à *Essen; Königshütte*, en Silésie; de Wendel, à *Hayange* (Lorraine);

---

(1) G. BLONDEL : *L'Essor industriel et commercial du peuple allemand.* Éd. Larose.

Phot. Mertens.

ANCIENNE PORTE FORTIFIÉE, A AIX-LA-CHAPELLE.

Union-Dortmund; *Oberhausen-Sterkrade*; aciéries de *Bochum*; *Stumm*, près de Trèves.

L'essor simultané de la houille et du fer a entraîné celui de la fabrication des **machines** : locomotives, chaudières, turbines, machines électriques, outillage de scieries, de moulins, de filatures, canons, blindages, armes blanches. L'usine Krupp n'est pas tout *Essen* : de nombreuses houillères y emploient 20,000 ouvriers; des fonderies, des laminoirs, des fabriques de produits chimiques, de vinaigre, des minoteries, des briqueteries, noient dans une forêt de cheminées quelques monuments, des clochers, une cathédrale, la tour d'un Hôtel de ville gothique récemment construit, le nouveau théâtre, la statue d'Alfred Krupp, dans ce cadre digne de lui. Les armes blanches sont la spécialité de *Solingen* et de son groupe; on voudrait faire croire que le secret de la trempe des armes y a été importé de Damas. Quarante établissements y fabriquent des charrues, des faux, des outils, de la quincaillerie, de la ferronnerie, ce que l'on désigne sous le nom de

VUE PANORAMIQUE DE LA VILLE DE STOLBERG.

Phot. Muriens.

Kleineisenindustrie. Huit mille ouvriers sont employés par la coutellerie; mais les tarifs exorbitants établis par les États-Unis (225 à 235 pour 100) ont soulevé des plaintes universelles.

Les grandes fabriques saxonnes de *Chemnitz*, de *Plauen*, de *Zwickau* exportent, de tous côtés, mais surtout en Russie, en Espagne, en Italie, en Angleterre, en Chine, au Japon, dans l'Argentine : locomotives, wagons, machines électriques et autres ; et l'importance de cette exportation ne cesse de s'accroître. *Aue* et *Crimmitschau* fournissent des instruments aratoires et de chirurgie. Il faudrait citer pour la grosse métallurgie et les machines, la plupart des grandes villes d'Allemagne.

Que dire de l'industrie des *bicyclettes*? Cent cinquante maisons avec 40,000 ouvriers ont pu livrer 500,000 bicyclettes en 1898 : l'exportation de cette année même produisait d'énormes bénéfices. Aussi les Anglais jettent-ils les hauts cris : leurs bicyclettes ne rouleront bientôt plus que chez eux, et encore !

Rien ne surpasse la prospérité des **industries électriques** en Allemagne. Les tramways électriques sont partout et, par leur rapidité, leurs prix modérés, contribuent grandement à l'extension des villes en faubourgs bien ombragés, favorables à l'établissement des manufactures : les distances ne comptent plus et toute l'industrie en profite. La transformation des tramways à traction animale en tramways mus par l'électricité a donné des bénéfices importants tirés non seulement de l'Allemagne, mais d'Italie, de Russie, de France même. Parmi les plus grandes maisons, il convient de citer :

La *Société Siemens et Halske* (8,000 ouvriers, capital 125 millions de marcs); la *Société générale d'électricité* à Berlin (13,000 ouvriers); la Société d'électricité par actions, ci-devant W. *Lahmeyer*, de Francfort-sur-le-Main ; l'ancienne Société *Schuckert* à Nuremberg; *Helios*, de Cologne (Ehrenfeld); *Felten et Guilleaume*, de Mülheim sur la Ruhr (5,000 ouvriers); les frères *Körting*, près de Hanovre. Il n'y a pas moins en Allemagne de 80 sociétés d'électricité, au capital de 520 millions de marcs (chiffres donnés par le Catalogue officiel de l'exposition allemande en 1900). Les neuf plus importantes emploient près de 2,000 ingénieurs, formés dans les écoles techniques supérieures, les uns directeurs, les autres préposés à l'examen des machines, aux expériences de laboratoire, aux fondations nouvelles, etc.

L'argent ne fait défaut à aucune entreprise d'électricité. « Après l'éclairage des villes et des particuliers, après la traction appliquée aux tramways suburbains, on prévoit dans un avenir prochain l'utilisation des forces hydrauliques, la création de puissantes stations centrales pour répartir la force électrique dans les districts miniers et les groupes industrieux, ainsi que la transformation des moteurs à vapeur de toute sorte. » (G. BLONDEL.) Rien ne fait prévoir où s'arrêtera le mouvement : c'est un engouement universel. Certes les électriciens ne manquent pas chez nous : ils valent, s'ils ne les surpassent, leurs collègues allemands; mais pour faire passer leurs connaissances dans la pratique, l'argent, ce nerf de la guerre, se montre souvent timide. En attendant, l'industrie électrique allemande est en train de conquérir les marchés du monde.

Une tactique familière à l'industrie allemande consiste à éviter les frais de transports et de douanes, en fondant avec les capitaux, l'outillage et le personnel de l'usine maîtresse, des succursales dans les pays voisins. C'est ainsi que la Pologne russe et la Russie elle-même sont envahies à l'intérieur par l'usine allemande.

L'industrie chimique a jeté sur l'Allemagne un réseau serré d'usines. Toute la corporation se groupe en 8 sections comprenant 6,590 centres de fabrication avec 135,000 ouvriers. La valeur totale de la production dépasse le milliard et celle de l'*exportation* pour l'année 1898 atteint 340 millions de marcs. Les chimistes allemands ont largement profité des découvertes essentielles faites par leurs voisins de l'Ouest, pour la production de la soude, la synthèse chimique, l'extraction des couleurs du goudron de houille. Leur action s'est portée de tous côtés à la fois, production des **acides** et des **alcalis** : *acide sulfurique* (par le soufre natif de Sicile ou le grillage des pyrites sulfureuses d'Espagne et de Portugal); *acide azotique* (action de l'acide sulfurique sur le salpêtre du Chili); acides *carbonique* et *sulfureux* liquide (provenant de la combustion du coke ou des pyrites); traitement des *sels naturels* de *soude* et de *potasse*, dont l'Allemagne possède une abondante provision dans ses salines, ses dépôts de sel gemme, et surtout l'immense couche de sels mixtes de potasse, dits « sels encombrants », qui s'étend sous la plus grande partie de son territoire. *Stassfurt* en fut le premier centre d'exploitation (80 pour 100 de sel pur); mais cette industrie a gagné la Thuringe, le Brunswick, le Mecklembourg. Environ 75 pour 100 de la production saline vont à l'agriculture comme engrais, surtout au dehors ; le reste est employé par l'industrie. De là, par divers procédés de décomposition sur les chlorures alcalins de soude et de potasse (réaction Leblanc, ou réaction à l'ammoniaque), cette énorme quantité de soude (300,000 tonnes) qui se déverse sur l'Allemagne et les pays voisins. De là les dérivés de toute sorte : sulfate de soude (pour l'industrie du verre), potasse caustique, sulfate, chlorate, bichromate de potasse; chlore, chlorure de chaux et acide chlorhydrique; sulfites, alumine, hyposulfites, superphosphates (engrais chimique formé par l'action de l'acide sulfurique sur les phosphates de chaux naturels, os, guanos, phosphate d'Algérie, de Floride...).

En même temps que les produits généraux destinés à la grosse industrie, l'on fabrique des **réactifs** chimiquement *purs* destinés aux laboratoires; des substances actives scientifiquement définies pour l'usage **pharmaceutique** : alcaloïdes, remèdes synthétiques (par acide salicylique, antipyrine, phénols, gayacol), la **saccharine** (sucre cinq cents fois plus que le sucre de canne), des albuminoïdes; et bientôt peut-être des aliments. La **photographie** doit à l'évolution chimique un grand nombre de produits choisis : *azotate d'argent*, chlorure d'or et sels de platine, hydroquinone et toutes les diversités des *phénols*. A la **teinture**, on fournit des mordants au chrome et à l'antimoine; à la **galvanoplastie**, les piles, les sulfates de cuivre et de zinc, les sels ammoniacaux et le bioxyde de manganèse; les préparations de thorium pour l'*éclairage* par **incandescence** ; à l'industrie, en général, les préparations d'*alcool*, d'éther, d'acide acétique (fermentation et distillation du bois), l'acétone et le chloral.

Il convient de citer encore l'élaboration des *substances* minérales **colorantes**, des *pigments* (noir. par la suie de sapin) et de leurs *agglutinants* pour la peinture et l'imprimerie, gommes, colles fortes, gélatines ! La production des **couleurs artificielles** par distillation du *goudron de houille* (invention d'origine française) a pris un essor incroyable (fuchsine), colorants azoïques, alizarine, synthèse de l'indigo...

Ajoutez l'industrie des **huiles essentielles** et des *parfums* (menthol, vanilline, essences de rose, de jasmin; l'ionone, principe odorant de la violette...); la fabrication des appareils et ustensiles pour *laboratoires* (en platine, argent, fer, laiton, grès, porcelaine; verre, surtout en Thuringe, à Iéna, Bonn, Berlin, cornues et ballons); tels sont les éléments innombrables d'une très florissante industrie.

Dresde-Meissen est la capitale de la **porcelaine** allemande; Leipzig celle du **papier**. Les instruments de **musique** forment pour ainsi dire une industrie nationale : 435 fabriques de pianos (Berlin, Stuttgart, Dresde, Leipzig, Hambourg, Liegnitz, Zeitz); mécaniques musicales à Leipzig; orgues mécaniques (Willingen, Furtwangen); orgues de Barbarie (Waldkirch, Bade; Zittau, Saxe; Gera, Reuss); instruments à cordes (Mittenwalde, en Bavière; Klingenthal et Markneukirchen, en Saxe). Exportation, 48 millions de francs. L'Angleterre paye par an plus de 15 millions à l'Allemagne pour la musique, l'Australie 5 millions.

Les *meubles* allemands se reconnaissent à première vue : Berlin en

LA TOUR DU CYGNE, A CLÈVES.

LA PORTE DE BERLIN, A WESEL.

GRANDE RUE, A BARMEN.

a le monopole, et se préoccupe surtout du bon marché moyen, sans trop s'attarder à l'élégance ni au fini des détails. Il n'y a plus assez de bois en Allemagne pour cette fabrication. L'industrie des *cuirs* et de ses principaux marchés serait encore l'objet d'une étude intéressante; de même celle du *ciment*, qui a pris une si grande extension; du *linoléum*, des *brosses*, des *jouets* à Nüremberg et Sonneberg en Thuringe, les premiers surtout métalliques, les autres de bois, de porcelaine et de papier mâché.

Mais nous ne pouvons ici faire aux Allemands la réclame d'un catalogue complet de leurs industries : c'est affaire à eux et ils s'en acquittent avec zèle. Nos industries d'art et de luxe les laissent encore à distance, bien qu'ils viennent chez nous prendre le ton de Paris; mais les capitaux, le bon marché de la main-d'œuvre, l'outillage nouveau, les agents actifs et multiples, leurs nationaux épars en grand nombre sur tous les points du globe, surtout aux États-Unis, qui sont des clients désignés, le développement de leur marine d'exportation combattent contre nous. S'ils sont loin de triompher sur toute la ligne, les Allemands l'emportent à coup sûr pour les industries métallurgiques, et il faut sans doute attribuer pour une bonne part cette prospérité à la présence simultanée de la houille et des métaux, au flot montant d'une population avide de profits rapides, au tempérament méthodique, patient, obstiné, à l'éducation pratique, à l'esprit d'association, à l'élan des capitaux, et aussi à l'appui des pouvoirs publics. C'est un entraînement. Combien durera-t-il ?

Il y a, malheureusement, un revers à ce tableau : la *crise agraire* sévit en Allemagne à l'état aigu; une partie des bras est allée à l'industrie et le sol ne suffit plus à nourrir la population.

On distinguait, voilà un demi-siècle, en Allemagne : sept dixièmes d'agriculteurs et trois dixièmes de non-agriculteurs. Trente ans plus tard, les agriculteurs ne représentent plus que 42,5 pour 100 de la population totale; 35,5 pour 100 sont allés à l'industrie; 10 pour 100 au commerce. En 1895, la proportion tombe encore : 35,75 pour 100 sont agriculteurs; 39,12 pour 100, ouvriers d'industrie; 11,52 pour 100, commerçants. La population agricole ne cesse de décroître, malgré la marche ascendante de la population totale.

Pour la Posnanie, la Prusse, la Poméranie, l'*agriculture* demeure encore la ressource principale; c'est la profession la plus répandue en Mecklembourg, Oldenbourg, Hanovre, Bade et Bavière. Ailleurs, l'*industrie* l'emporte, surtout en Westphalie, dans les pays rhénans, la Saxe royale, les grands centres et Berlin entre tous. Brême, Hambourg, Lübeck, Stettin, Danzig sont les citadelles maritimes du *commerce*.

LA *WUPPER*, A BARMEN.

Aujourd'hui, plus de *10 millions d'ouvriers* sont répartis en *3 millions et demi d'exploitations industrielles*, dont 19,000 plus importantes avec 3 millions d'ouvriers et 255 entreprises géantes, avec 450,000 employés (plus de 1,000 chacune). L'*industrie en chambre*, dont les quatre cinquièmes s'emploient au tissage, à la papeterie, à l'habillement, occupe 450,000 personnes, pour moitié des femmes. Si au développement de la main-d'œuvre, s'ajoute la puissance des machines tous les jours croissante, l'on arrive pour toute l'industrie à une capacité de travail vraiment colossale.

On *industrialise* même la terre : fromageries et laiteries compensent le bas prix des céréales; de grands espaces sont donnés à la culture de la betterave; raffineries et distilleries se multiplient. Cependant, il faut demander à l'*importation* les denrées alimentaires qui font défaut, des céréales, des produits agricoles de tout genre, légumes, semences, jusqu'à des pommes de terre, du bétail, moutons et porcs, etc. On mange ferme là-bas : le *pain* manque à côté des montagnes de *sucre* et des ruisseaux d'*alcool*. Les deux cinquièmes de la population industrielle de l'Allemagne sont à la merci des États producteurs mieux pourvus. Cependant on continue à se ruer vers les villes; les usines deviennent des villages qui se soudent entre eux et forment des agglomérations colossales, comme **Elberfeld-Barmen**, ce grand emporium de 157,000 et 142,000 habitants, qui s'entasse dans la vallée de la Wupper, sur une longueur de 8 kilomètres, là où jadis végétaient quelques pauvres bourgades. On se presse, on se hâte, et dans cette région de la Wupper et de la Ruhr, les manufactures coudoient les fonderies, les ronflements des métiers se mêlent aux éclats des forges : c'est partout un fourmillement, une fureur de vivre. **Ruhrort** est la grande porte de sortie de cet enfer industriel sur le Rhin. C'est une tête rayonnante et, dans toute sa beauté, l'enchevêtrement des hommes et du fer.

VUE GÉNÉRALE DE BOCHUM.

Phot. Mertens.

LE RHIN HOLLANDAIS.

Vouloir suivre les eaux du *Rhin* dans leurs moindres détours à travers le labyrinthe hollandais témoignerait d'une douce présomption. D'une façon générale, le Rhin se divise en deux bras principaux, le *Lek* et le *Waal*, celui-ci confondant ses eaux avec celles de la Meuse (*Maas*) pour se jeter à la mer. Dans le même estuaire, mais au sud, affue l'Escaut et le flot des deux fleuves découpe à l'emporte-pièce une série d'îles qui forment la Zélande.

Autrefois, le *Rhin* se dédoublait à la hauteur de *Schenkenschanz*, sur le seuil même de la frontière allemande. Mais, le bras droit, dès la fin du XVIIe siècle, se desséchait assez en été pour qu'on pût le passer à pied sec : toute l'eau refluait vers la gauche dans le Waal. On résolut, en 1701, de prévenir le dessèchement complet du Lek ; un canal (24 mètres de large) fut creusé près de *Pannerden*, et conduisit au bras menacé une partie des eaux du Waal. Peu à peu, le fleuve suivit cette route, et l'ancien bras devint un marais. De même, à gauche, on raccourcit le Waal par un canal. C'est donc à *Pannerden* seulement que se produit aujourd'hui la vraie disjonction du fleuve. Le *Waal* emporte plus de la moitié des eaux du Rhin et c'est par là que remontent les navires : ils y trouvent l'avantage, malgré un assez long détour à l'entrée, de trouver partout une eau abondante et sans écluse. Au-dessus de *Bommel*, le Waal rallie la *Meuse* voisine par un canal et forme une île ; mais les eaux des deux fleuves ne se mélangent complètement qu'à *Woudrichem*. Un peu plus bas, elles se dédoublent en deux passes : l'une qui, après avoir enveloppé les douzaines d'îles du *Biesbosch* et pris le nom de *Hollandsch Diep* se fraye une double issue ; l'autre qui détachée vers *Dordrecht* gagne la mer par la *Vieille-Meuse* (*Oude-Maas*), ou ralliant le Lek, forme le puissant bassin de la *Meuse* (*Maas*) qui baigne *Rotterdam*.

Moins abondant que le Waal, le *Lek* est aussi plus divisé : il ne forme un bras isolé que pendant quelques kilomètres au-dessous de Pannerden. Un canal de dérivation (ancien canal de *Drusus*) amorcé près d'*Arnhem* porte ses eaux, par l'*Ijssel*, au Zuiderzée. Plus loin, le *Kromme Rhyn* s'en détache et atteint péniblement *Utrecht*. Là, nouvelle division du Rhin : il semble qu'il ne puisse atteindre la mer. Le *Vecht* s'en écarte vers Muiden et le Zuiderzée ; tandis que le *Vieux Rhin* (*Oude Rhyn*) fatigué d'une longue course, chemine péniblement à l'ouest, vers *Leyde* et *Katwijk*, qui marque son embouchure. Une double digue prolongée en mer, et trois degrés d'écluses espacées de 1,000 à 1,500 mètres, défendent le vieux fleuve contre l'envahissement du flot et par un système fort ingénieux rejettent à la mer les sables qui pourraient en obstruer l'entrée.

RÉGION DE L'EMS

Deux rivières : la *Lippe* et l'*Ems* s'échappent en un cours divergent de l'entonnoir ouvert sur la Westphalie par le *Teutoburgerwald*, le nœud central des *Eggegebirge* et les talus du *Haar*, doublure des *Rothhaargebirge*.

LE TEUTOBURGERWALD.

Le **Teutoburgerwald**, rebord occidental du *Weser* des montagnes, est moins une chaîne proprement dite qu'une suite de bourrelets inclinés à gauche, dans le sens du fleuve lui-même, entre l'étranglement du Solling et la porte de Westphalie.

MONUMENT D'ARMINIUS, AU GROTENBOURG.

VUE GÉNÉRALE DE HOHENLIMBOURG.

ALLEMAGNE.

La crête principale ne s'élève guère au-dessus de 420 mètres et présente plusieurs brèches par où passent les voies ferrées : *Paderborn-Cassel* ou *Hanovre*; Cologne-Hanovre par *Bielefeld*, ou *Münster-Osnabrück*. Il se forme ainsi plusieurs tronçons, presque partout couverts de magnifiques futaies de hêtres. Le premier, qui comprend les hauteurs de l'*Egge*, contrefort du plateau de Paderborn, prend racine sur la gauche de la Diemel et culmine au *Volmerstodt* (468 mètres). Alors le massif, le *Wald*, comme on l'appelle, se dédouble en deux talus, l'un à gauche, qui se perd dans la plaine marécageuse de la *Senne* où l'Ems prend sa source; l'autre, plus large, coupé de gorges et de vallées avec de sombres bois. Là, se dressent à 1 kilomètre environ de Horn, et au sud de Detmold, les rochers bizarres appelés *Externsteine*, blocs de grès plantés droit et dégagés probablement par les eaux du milieu des terres environnantes. Le plus élevé mesure 40 mètres et contient une chapelle : dans un autre, on a creusé un ermitage; le troisième est coiffé d'une énorme pierre qui penche depuis des siècles.

Le **Grotenbourg** (388 mètres) est un promontoire de cette chaîne, du côté de Detmold; son large sommet porte, sur un socle longtemps désert, une colossale statue d'*Hermann* (Arminius), le vainqueur de Varus (an 9 après J.-C.). L'ensemble du monument a près de 60 mètres, de la base à la pointe de l'épée que brandit le héros. Où se donna la bataille des Germains contre les légions romaines ? C'est encore pour les érudits un grand sujet de controverse. Des débris de remparts en pierre sèche munis d'un fossé, dits *Hünenring*, témoignent sur les flancs du Grotenbourg, qu'une résistance se produisit en cet endroit; mais on ne sait contre quel ennemi. Peut-être faut-il voir dans cet amoncellement primitif une fortification des Chérusques. Mais tout cela est bien obscur. Les *Tönsberge* rappellent la victoire de Charlemagne sur les Saxons dans ces parages.

La passe de *Dören* et la cassure de *Bielefeld* découpent un troisième tronçon; le *Dörenberg* y monte à 331 mètres. Plus loin, la chaîne s'affaisse en une suite de collines dont l'altitude tombe à 100 mètres; une simple ondulation les rattache à l'excroissance carbonifère de *Ibbenbüren*, sorte de proue jetée au-dessus des basses terres de l'Ems.

La courbe allongée du *Teutoburgerwald* enferme sous l'hémicycle du *Weser* une sorte de pays à part, où s'est développée la petite principauté de *Lippe-Detmold*.

La Lippe et l'Ems sont deux cours d'eau frères par leurs sources;

DETMOLD : LA RÉSIDENCE.

il n'y a pas entre eux 15 kilomètres. Mais la *Lippe* gagne le Rhin directement à l'ouest par quelques larges ondulations, tandis que l'*Ems* décrit un vaste demi-cercle vers la mer du Nord, en doublant la pointe du Teutoburgerwald au-dessus de la plaine.

La **Lippe**, au cours si simple, a une origine très compliquée. On regarde comme la tête de la rivière les sources qui jaillissent près de *Lippspringe*, petite ville de bains assez fréquentée pour ses eaux (sulfate de soude). A Neuhaus, la Lippe, à peine formée, reçoit le tribut abondant de la *Pader*, singulier ruisseau dont les cent quatre-vingt-dix-huit sources (1), froides en été, vaporeuses en hiver, jusent à *Paderborn* jusque sous l'antique cathédrale. Des milliers de Saxons furent baptisés dans ce nouveau Jourdain, au temps de Charlemagne. Là se tint un premier champ de mai en 777; l'évêché même de **Paderborn** (23,500 habitants) date de 795. La Lippe se perd dans le Rhin à *Wesel* avec une largeur moyenne de 65 mètres.

Issu d'une insignifiante fissure du sol, l'**Ems** filtre à travers une lande, passe en vue de *Münster*, d'où il reçoit l'Aa, et de plus en plus empâté de ses eaux peu poissonneuses, de prairie en marais, jusqu'à Meppen, où il reçoit l'*Hasse*.

LA CAMPAGNE ET LE PAYSAN.

La **contrée** qui s'étend de la Lippe vers l'*Ems* et autour de *Münster*, a conservé un caractère original : des champs cultivés et des prés entourés de haies vives qui, de loin, semblent un taillis sans fin; des jardinets clos, autour d'immenses toits de chaume qu'abritent de vieux chênes, souvent centenaires; une étendue plate comme le niveau d'un ancien golfe marin; de part et d'autre, des blocs erratiques roulés par les glaces flottantes venues du nord; partout

LES EXTERNSTEINE.

(1) Daniel ne donne pas ce chiffre.

le spectacle d'un lent et rude labeur.

C'est là, disent les Allemands, qu'il convient de rechercher le fond même de l'antique *race saxonne*. Beaucoup de *noms slaves* indiquent pourtant à l'évidence que des colons primitifs occupèrent cette partie du sol avant l'arrivée des Germains, et qu'il fallut les en chasser ou se mêler à eux. Ceux qui ne purent fuir devant l'invasion et se réfugier dans les landes marécageuses de Lünebourg, comme dans un réduit inaccessible, furent complètement assimilés au vainqueur, et il n'apparaît vraiment qu'une race en ce pays. La forme et la distribution des **maisons** est la même partout dans la campagne, et elle n'a pas changé depuis des siècles (1). Peu de villages, mais des fermes (*Höfe*) disséminées au milieu des cultures.

LA GRANDE RUE, A MÜNSTER.

Sous le même toit, prolongé presque jusqu'à terre, afin de préserver les murs peu élevés et de mieux conserver la chaleur sous une enveloppe facile à réparer, l'habitation du maître et celle des animaux sont rangées côte à côte. Bêtes et gens vivent ensemble dans la même atmosphère, mais largement séparés. Sous le pignon aigu les bêtes pénètrent par un large corridor, la *Diele* (15 ou 20 mètres de long, 5 à 6 de large), à droite et à gauche duquel chacun trouve son gîte : d'une part, les chevaux ; de l'autre, les vaches et les veaux, tête tournée à l'intérieur. Un réduit spécial est réservé à la jument poulinière ; un autre près de l'entrée reçoit les porcs et les oies. Ici se rangent les instruments aratoires ; au-dessus, de chaque côté, les greniers à fourrages où couchent les valets de la ferme ; enfin, sur l'allée principale, de larges planchers pour recevoir les grains.

L'habitation du maître s'étend, très simple, mais propre, à l'extrémité, le long d'un corridor de traverse muni d'une double porte terminale. En arrière, une grande salle de réunion, la chambre des enfants, celle des servantes, des parents. Au milieu, sur le corridor même, le *foyer*, centre de la vie du *hof*, autour duquel maîtres, enfants, domestiques se pressent durant les longues soirées d'hiver et d'où la maîtresse de maison peut, en tournant son rouet, surveiller tout ce qui se passe d'un bout à l'autre de son toit. Non loin du foyer, la même table réunit toute la famille ; car c'en est une, dans le sens antique

(1) Voy. BLONDEL : *Populations rurales de l'Allemagne*. Larose, éd. Paris.

du mot. Le père, le **Bauer** ou propriétaire, comme l'on dit là-bas, exerce sur tout ce monde une autorité réelle, tempérée par des traditions de grande bonhomie : il en est fier. Vendre le *hof* est un déshonneur ; aussi la coutume est-elle d'en assurer la transmission intégrale par une convention précise et du vivant du père de famille, à l'aîné des enfants « *l'anerbe* ». C'est sur lui que désormais repose le bien et l'honneur de la famille. Ses frères et sœurs reçoivent un dédommagement en nature, une dot au mariage, enfin le droit de trouver asile dans le *hof* contre les traverses et les insuccès de la vie. Aïeuls, frères et sœurs se retrouvent toujours à la chaleur du foyer patrimonial. Bien mieux, beaucoup d'entre ceux-ci restent établis sur le domaine, à certaines conditions.

Des familles, même étrangères par leur origine, vivant encore de père en fils, attachés par des contrats librement consentis et renouvelés, sur la propriété du maître. Ces ouvriers agricoles se nomment *Heuerleute* : moyennant une maison entourée de son jardin avec quelque terre, un peu de prairie pour leurs bêtes, ils s'engagent à une redevance modique, de 30 ou 40 marcs parfois, mais surtout payent en journées de travail dûment réglées pour la moisson, le battage des grains, la lessive, les travaux de la ferme. Souvent, leur situation, pour modeste qu'elle soit, est préférable à celle du propriétaire. Ils n'ont point à compter avec les impôts et les assurances, la baisse du prix des céréales... Le profit qu'ils retirent de leurs terres et de leur bétail est modeste, mais clair : ils assurent du reste par leur travail, la vie de la ferme, et c'est en quoi leur concours est

HÔTEL DE VILLE ET ÉGLISE SAINT-LAMBERT, A MÜNSTER.

précieux, car il diminue d'autant les ennuis très onéreux qui s'attachent à l'emploi des *ouvriers agricoles*. Ceux-ci deviennent de plus en plus exigeants, rompent facilement leurs contrats, séduits par l'appât des gains faciles que propose l'industrie.

Le *baeur* vend peu, mais il achète peu aussi; vit de son grain et de ses bêtes : porte des vêtements grossiers filés à la maison, offre au marché le produit de ses étables, et ne demande en retour qu'un peu d'épicerie, des chaussures solides, des engrais, des instruments aratoires. La vie de ces gens rustiques est dure; leurs aliments sont primitifs, grossiers même, quoique sains et abondants. La malignité de leurs compatriotes les traite de Béotiens, raille leur allure pesante, leur fruste langage. Voltaire, qui ne pouvait pardonner à ces rustres de l'avoir pris un jour pour le singe du grand Frédéric, dépeint leurs demeures : « De grandes huttes appelées maisons, dans lesquelles on voit des animaux qu'on appelle des hommes, qui vivent pêle-mêle, cordialement avec d'autres animaux domestiques. » N'empêche que cette race trempée au rude labeur de la terre, d'un caractère sérieux, fière de son passé, jalouse de ses franchises traditionnelles et féconde en hommes, semble impénétrable à la morsure du temps. *Arminius*, le vainqueur des légions de Varus, *Wittikind*, l'adversaire de Charlemagne, étaient Saxons : leurs statues se dressent à Münster, dans le nouveau palais des États.

Münster est capitale de la province de *Westphalie*, chef-lieu de présidence et de cercle (63,769 habitants). Son origine est fort ancienne. Charlemagne y établit un monastère (münster) en plein pays saxon. Cité prospère de la ligue hanséatique aux XIIIᵉ et XIVᵉ siècles, *Münster* a conservé de cette époque un certain nombre de maisons avec pignons à degrés, ornées d'inscriptions et de statuettes qui pointent sur la crête des toits. L'ensemble se développe au-dessus d'une double rangée d'arcades qui bordent la rue principale et ne manque pas d'originalité. L'*Hôtel de ville*, contient une remarquable

HÔTEL DE VILLE DE MÜNSTER : SALLE DE LA PAIX.

galerie des fêtes et la petite salle (Friedenssaal) où, après de longs débats, fut conclu l'un des traités dits de *Westphalie* (octobre 1648), qui mit fin pour l'Allemagne à la guerre de Trente ans. L'Empire traitait avec les puissances catholiques (France...), à Münster; avec les puissances protestantes (Suède...) dans la ville voisine d'*Osnabrück*. De belles boiseries ornent la salle, surtout au fond et de chaque côté du siège principal; aux murs sont peints les portraits des principaux plénipotentiaires de la paix : Longueville (pour la France), Oxenstiern, Servius..., un Louis XIV enfant.

Münster a des églises intéressantes : la *cathédrale* (des XIIᵉ et XIVᵉ siècles), avec deux transepts et une abside à cinq pans. Les anabaptistes l'avaient fort mutilée; on l'a peinte avec excès. *Notre-Dame* est un bel édifice du XIVᵉ siècle; enfin, *Saint-Lambert* (de la même époque) porte à son clocher les cages de fer (1) où furent exposés les corps des trois chefs anabaptistes : *Jean de Leyde*, Knipperdolling et Krechting; les horreurs dont ils avaient empli la ville firent juger naturel ce spectacle. L'ancien *château-résidence* est une construction sans caractère du XVIIIᵉ siècle, au milieu d'un beau jardin qu'enveloppent les eaux de l'*Aa*. Au XIIᵉ siècle, la ville eut des franchises municipales, et le pouvoir des évêques devint par la suite nominal, bien que, dans la seconde moitié du XVIIᵉ siècle, l'évêché de *Münster*, suzerain de 350,000 sujets, fût encore capable de lever une petite armée. La plus grande partie du territoire fut annexée, de 1807 à 1815, au *grand-duché de Berg*, et au département français de la *Lippe*. C'était encore, en 1806, au moment de la suppression de l'Empire allemand, un *cercle* important que celui de **Westphalie**; on y comptait près de 3 millions d'habitants. Mais, déjà éloigné du Rhin, au profit de la France et de l'État de Berg, il dut fournir encore

OLDENBOURG, SUR LA *HUNTE*.   Phot. Mertens.

(1) On les a remises en place aujourd'hui.

quelques districts de l'est, *Paderborn*, Bielefeld et Horn au nouveau *royaume de Westphalie*, créé par Napoléon, le 18 août 1807, et donné à son frère *Jérôme*. Une partie du Hanovre, le Brunswick, la Hesse-Cassel, les territoires de Magdebourg et de Verden firent encore partie du nouvel État. La bataille de Leipzig lui donna le coup de grâce, et ses territoires revinrent à leurs anciens maîtres, sauf toutefois la *province de Westphalie* qui fut donnée à la Prusse.

Au nord de Münster et de son golfe, le sol s'appauvrit le long de la vallée de l'Ems : landes et marais alternent avec des surfaces cultivées. Déjà les environs de *Meppen* souffrent du voisinage des marécages hollandais, immenses espaces désolés qui, sous le nom de **marais de Bourtange** s'allongent sur la gauche de l'Ems jusqu'aux rivages de la mer. Rien ne peut exprimer la morne désespérance de ce désert : pas un buisson, pas un arbre, durant des kilomètres sans fin ; quelques taupinières de sable qui paraissent collines sur l'horizon ; la lande gazonnée au-dessus d'une boue profonde ; des masses spongieuses qui flottent, terre en formation sur une eau noirâtre et détestable au goût, parmi les touffes de joncs ou de roseaux.

Partout un silence de mort, que déchire seul le cri de l'orfraie ou l'appel plaintif de la poule d'eau.

Lorsque *Germanicus* et ses légions eurent à traverser les *marais de Bourtange*, pour passer du territoire des Bataves dans celui des Germains, ils se construisirent des « ponts allongés » composés de planches posées à plat sur la tourbe. Des tranchées de chemins de fer et des canaux ont permis de donner le dessin de cette route construite en bois de chêne, large en moyenne de 3 mètres, bordée de fossés aujourd'hui comblés par la tourbe. Un mètre : telle aurait été depuis le passage des conquérants la hauteur à laquelle ont cru les tourbes dans les marais de l'Ems. (E. RECLUS, *Géographie Universelle*, Europe centrale, p. 723.)

La tourbière sèche s'appelle *Hochmoor* : elle est propre à l'exploitation. Tout ce qui est encore noyé prend le nom générique de *Niederingsmoor* ou tourbière humide, inutilisable. Le long de l'Ems, des alluvions argileuses sont employées en prairies et en cultures. Sur la droite, la région désignée sous le nom de **Hümmling** groupe ses villages autour de *Sögel*, simple bourgade auprès de laquelle se trouve le domaine du duc d'Arenberg. Pas de blé, le sol sablonneux produit seulement du seigle. Mais l'élevage des *moutons* se fait en grand dans la lande ou *Heide*.

A 6 kilomètres au-dessus de *Leer*, s'ouvre l'estuaire de l'Ems ; la courbe en est dirigée vers le nord-ouest et forme un véritable bras de mer dont les eaux salées sont accessibles aux navires. Des digues en

CATHÉDRALE SAINT-LUDGER, A MÜNSTER.
Phot. Mertens.

marquent le rebord et sont les seules ondulations de cette grande plaine où paissent à loisir les chevaux et les bœufs dans des prairies sans fin. Ni collines ni taillis pour varier l'étendue et reposer le regard : seulement dans le lointain quelque hameau coiffé de ses tuiles rouges. A *Leer*, confluc sur la droite, la *Leda*.

L'*Ems*, pénétrant dans le golfe de *Dollart*, a une largeur de 1,800 mètres entre Pogum et Borssum ; puis la nappe s'étale, enfin réduite en une sorte d'embouchure. Le fleuve se perd alors dans la haute mer après avoir tourné l'île de *Borkum* ; à droite c'est l'Ems oriental, avec 8 mètres de profondeur ; à gauche, l'Ems occidental, que la petite île de *Rottum* partage en deux courants, l'un de nord-ouest avec 12 mètres d'eau, l'autre d'ouest avec 7 mètres seulement.

Emden commande le golfe de Dollart ; *Oldersum* et *Leer* jalonnent l'estuaire intérieur de l'Ems. Sur la droite, en front de mer jusqu'au golfe de *Jade*, s'étend la *Frise orientale*, étonnant pays conquis presque en entier sur les flots, comme la Hollande voisine, par le labeur humain.

Emden, autrefois ville riveraine de l'Ems intérieur vient d'être doté d'un port moderne, à 9 mètres de tirant d'eau. Toute cette côte du Nord a pris depuis peu une grande importance : un port de commerce est ouvert à *Cuxhaven* ; un bassin de pêcheries à *Geestemünde*, sur l'embouchure du Weser. L'industrie de la **pêche** est récente en ces parages, du moins comme grande exploitation. De puissantes sociétés se sont fondées pour cet objet à *Hambourg*, *Altona*, *Glückstadt*, *Vegesack*, *Nordenham*, *Geestemünde* ; les capitaux dont elle dispose s'élèvent au moins 25 millions. Quant aux pêcheries de la Baltique, elles ont mieux gardé le caractère de petites entreprises ; toutefois *Stettin* est un gros marché de pêche ; il recueille les produits du voisinage et les expédie au loin.

FRISE ORIENTALE.

La **Frise orientale** est la partie la plus basse de la grande plaine qui s'étend à travers l'Allemagne du Nord depuis la Flandre jusqu'à la Russie (1). Sa superficie est de 340,797 hectares. Son altitude ne dépasse nulle part 40 mètres et le sol est même souvent au-dessous du niveau de la mer.

On y trouve trois sortes de terrains : la *Marsch*, terrain d'alluvion ; le *Geest*, terrain sablonneux primitif, mêlé de marne et d'argile ; le *Hochmoor* ou tourbière sèche. Ces terrains forment trois zones concentriques : au centre, le *Hochmoor* ; autour du *Hochmoor*, le *Geest* ; enfin

(1) M. L. DE SAINTE-CROIX, dans : *Populations rurales de l'Allemagne*.

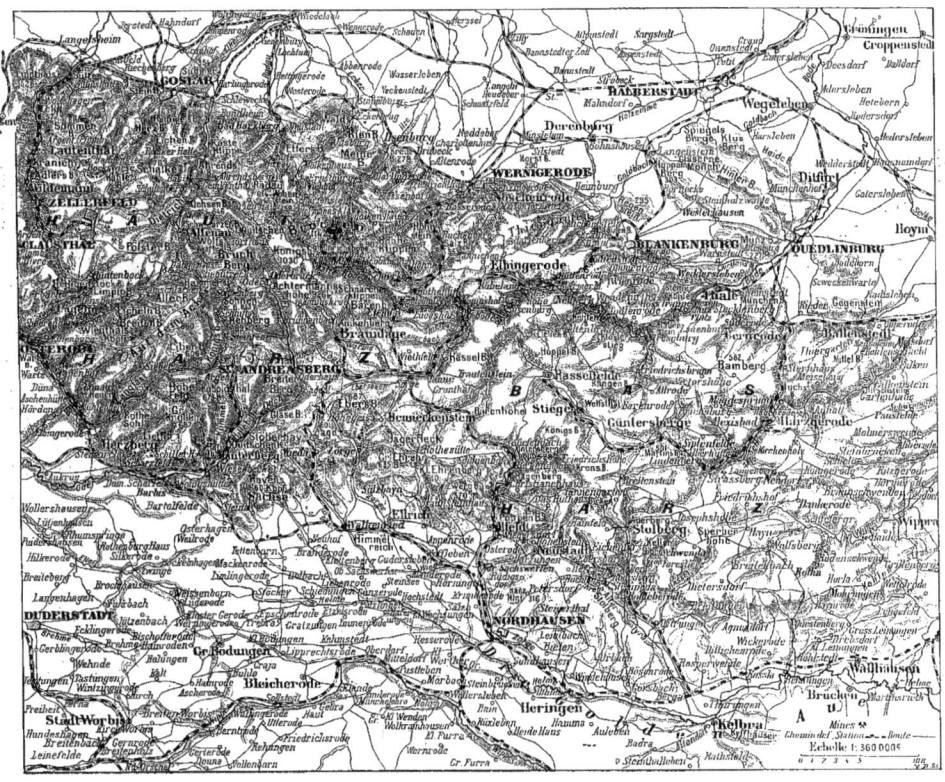

CARTE DU HARZ.

enveloppant le *Geest*, une zone de *Marsch*, qui s'étend jusqu'au rivage. Les habitants de la Frise comparent le sol de leur pays à une pomme attaquée par les vers, dont le centre est gâté, mais dont la pulpe près de la peau demeure savoureuse.

Le *Hochmoor* est en effet impropre à l'agriculture; le *Geest* ne donne encore que de maigres récoltes; mais la *Marsch* est un terrain d'alluvion extrêmement fertile qui assure sans engrais des rendements abondants. Le *Hochmoor* occupe 24,6 pour 100 de la superficie; le *Geest* 31,5 pour 100; les eaux en recouvrent 3,3 pour 100 et le reste est constitué par la *Marsch*. C'est le Geest qui forme le sous-sol du pays entier.

Le climat est rude et oblige les habitants à rester une partie de l'année enfermés dans leurs demeures. De là le charme qu'a pour eux l'intimité de la vie domestique. Les **Frisons** se distinguent par leur haute stature, la vigueur de leurs membres et la forme arrondie de leur visage. Ils ont les cheveux et la barbe d'un blond tirant sur le roux, les yeux gris ou bleu clair et le teint rosé. Ils sont, comme les Hollandais, de tempérament flegmatique, s'enthousiasment difficilement, réfléchissent beaucoup et parlent peu. On a remarqué qu'ils n'avaient pas le goût du chant. Portés à envisager les choses par le côté sérieux et pratique, ils se défient des théories abstraites, ont en aversion les nouveautés, et restent en agriculture, en politique et en religion fidèles aux vieux usages et aux traditions du passé. Orgueilleux et âpres, processifs et méfiants vis-à-vis de l'autorité, ils sont très jaloux de leurs libertés et de leurs droits. Les premiers habitants de la Frise ont été des pasteurs. Ils s'étaient établis à la limite du Geest et de la *Marsch*. A mesure que leur nombre s'accrut, ils tentèrent de pousser jusqu'au rivage, en s'abritant par des digues.

Certaines digues montent à 10 mètres de hauteur, sur une base de 30 mètres. Plusieurs siècles ont travaillé à édifier ce rempart; des associations se formèrent contre l'ennemi commun : la mer. Et maintenant la charrue ouvre des sillons fertiles sur cette plage où la vague déferlait librement avec le flux et déchaînait ses fureurs : hommes et bêtes y vivent à l'aise. La conquête n'est pas finie; la digue chemine encore ou plutôt elle se dédouble.

Les terres d'annexion récente ou *polders* sont exclusivement employées à la culture et assez riches pour n'avoir besoin d'aucun engrais. Plus haut, les *terres labourables* veulent être enrichies : elles produisent en grand des céréales et des plantes fourragères. Enfin, les *pâturages* servent principalement à l'élevage du bétail (chevaux). Telle est dans ses grands traits la région de la **Marsch**. Le paysan y vit, surtout au nord, dans des fermes isolées, et il y a une grande analogie entre l'*habitation frisonne* et celle du *bauer* saxon. Un seul toit recouvre les bâtiments de la ferme, granges et écuries, et le logis du maître. Mais cette partie du *hôf* est plus largement établie en Frise, mieux soignée dans ses détails : de solides armoires luisantes de propreté, des fleurs aux fenêtres ouvertes à la lumière, le luxe du salon de réception témoignent d'une recherche du confortable et d'un véritable amour du foyer.

Dans le **Geest**, région moins favorisée, les habitations sont réunies ordinairement en villages, un peu au hasard, chacune abritée d'un bouquet d'arbres avec jardin, mais dans la dépendance d'une place centrale.

HÔTEL DE VILLE D'OLDENBOURG.

PALAIS DU GRAND-DUC ET MUSÉE DE L'AUGUSTEUM, A OLDENBOURG.

Circulaire également la disposition des champs : d'abord les prairies, ensuite les terres labourables qui produisent du seigle, de l'avoine noire, de l'orge, du sarrasin et dont les différentes parcelles sont séparées par des bourrelets de terre en guise de clôture; plus loin enfin, l'*Ettland*, vaine pâture autrefois indivise entre les troupeaux du village, aujourd'hui souvent partagée, ou bien lande infertile en passe de devenir, grâce aux engrais et aux défrichements, une bonne terre arable.

Le sort du paysan dans le **Hochmoor** est peu enviable. Là où le sol est en partie noyé sous les eaux, le labeur humain ne peut rien obtenir. Mais, ailleurs, à travers la lande déserte qui étend ses joncs et ses bruyères sur une épaisse couche de tourbe durant d'interminables kilomètres, le colon a planté résolument sa tente. On y rencontre deux sortes de colonies. D'abord les **Moorkolonien**, établies pour la plupart au siècle dernier par ordre de Frédéric le Grand : un cadre reposant à même la terre et muni de quelques traverses autour desquelles une cloison de tourbe à l'extérieur, un revêtement de paille à l'intérieur forment un abri; quelques chaises et une table grossières, avec une planche ajustée à leurs pieds de peur qu'ils n'enfoncent dans la tourbe amollie par l'hiver; un appentis pour une ou deux brebis, quelques poules, rarement une ou deux vaches, enfin une provision de joncs, d'osier et de bruyères pour la fabrication des balais et des paniers; voilà généralement le palais et le train du colon. Sa vie est précaire, extrêmement misérable. S'il le peut, il brûle l'herbe et sème du sarrasin qui souvent périt avant d'être mûr. A certaines époques de l'année, toute la lande flambe et fume sur une immense étendue. « Quand nos *marais fument*, disent les Frisons, *toute l'Allemagne le sent.* »

D'autres groupements se sont formés à côté des *Moorkolonien* primitives, et ils sont relativement florissants : on les nomme **Fœhnkolonien**. Une Société se fonde, obtient de l'État ou de la commune une étendue au travers de laquelle on creuse un large canal, grand chemin de communication de la future colonie. Sur ses bords, des lots de terrain sont concédés moyennant une somme fixe calculée par annuités à payer douze ans de suite, ce qui constitue proprement un titre d'achat. Cette redevance payée, le colon n'est plus tenu envers la Compagnie qu'à une légère somme annuelle. Il s'agit pour lui d'enlever la couche de tourbe superficielle qui est infertile et d'atteindre la terre inférieure à laquelle on mêle de l'engrais, sur une épaisseur de 1 mètre, pour la rendre propre à la culture. C'est un long et dur travail; mais le sol ainsi façonné produit des céréales en abondance et nourrit des prairies presque aussi belles que dans la région favorisée de la Marsch. Peu à peu le champ d'exploitation de la tourbe s'agrandit autour de chaque maisonnette; les murs de terre font place aux briques; un jardin se fleurit; quelque bétail, des poules, des moutons, bientôt des vaches, des chevaux trouvent un abri à côté de la maison du maître; et l'on a la surprise de trouver, en plein désert, des oasis de culture, des canaux animés par le va-et-vient d'une nombreuse batellerie, l'aisance, la vie enfin où régnaient auparavant la stérilité et la désolation.

Des seize *Fœhnkolonien* que compte aujourd'hui la Frise orientale, trois seulement sont dues à l'initiative de l'État; les autres sont des entreprises particulières, et beaucoup sont prospères.

Un canal et un chemin de fer unissent *Emden* et *Wilhelmshaven*, le golfe de Dollart et celui de la Jade à travers la Frise. Au sud, le **grand-**

CHATEAU DE WERNIGERODE.

duché d'Oldenbourg, forme transition entre les deux golfes et les fleuves leurs tributaires. D'un côté les derniers affluents de l'*Ems* (Leda-Aue); de l'autre la *Hunte* qui conflue dans l'estuaire du *Weser*, parcourent son territoire. Même nature de terres que pour les pays environnants : fonds marécageux, vaines pâtures, champs cultivés. Le *Saterland* dans les bassins de l'Aue et de l'Ohe, flotte encore : c'est à peine si la vingtième partie du sol y est cultivée; les habitants, d'origine frisonne, sont rudes et hospitaliers, vivent de chasse, de pêche et de l'élevage des moutons.

Il y a bien 40,000 hectares de marais et de tourbières dans l'*Oldenbourg*. Le sud appartenait autrefois à l'évêché de Münster; on l'annexa au duché pour dédommager celui-ci des droits de péage qu'il percevait autrefois sur la navigation du Weser. Le sol y est sablonneux et tient du *geest* par le caractère ; plus de la moitié est encore inculte. Aussi la population clairsemée fournit-elle un assez fort contingent à l'émigration. Ceux qui restent vendent de la tourbe, engraissent des porcs, des veaux et exportent en grand le jambon, le lard et les saucisses.

L'ancienne coutume qui, chez les Saxons, préserva les propriétés de la division entre héritiers prévaut encore dans une partie de l'*Oldenbourg*, bien qu'on ait voulu rendre le partage des successions obliga-

DANS LA VALLÉE DE LA *BODE*.

toires. Le paysan tient à ses traditions, convaincu d'ailleurs que le morcellement des propriétés dans une terre aussi peu prodigue rendrait l'élevage moins lucratif, le déboisement inévitable et ferait d'une multitude de petits propriétaires incapables de vivre sur leur domaine trop restreint, des manœuvres, des prolétaires, une proie assurée pour les spéculateurs et les usuriers.

La ville d'Oldenbourg (26,634 habitants), capitale du duché, est arrosée par la *Hunte* qui descend au Weser. Déjà le flux s'y fait sentir et la rivière porte de gros bâtiments.

On compte près de 374,000 habitants dans l'**État d'Oldenbourg**, et 6,427 kilomètres carrés de superficie, en comprenant le territoire voisin de *Lübeck* et celui de *Birkenfeld*. La flotte d'Oldenbourg est relativement importante : 236 bateaux, dont 18 à vapeur. D'après la convention conclue avec la Prusse, le 15 juillet 1867, les *troupes* du duché sont incorporées dans le Xe corps d'armée.

La *dette* est de 56 millions de marcs; le budget de 9 millions et demi.

Le *grand-duché d'Oldenbourg* forme un État monarchique constitutionnel, entré dans la Confédération de l'Allemagne du Nord le 18 août 1866. Le *Landtag* ou Diète du pays se compose d'une Chambre de 37 députés élus pour trois ans au suffrage à deux degrés et réunis tous les trois ans seulement. A vingt-cinq ans, l'on est électeur et éligible. Des *Conseils provinciaux* sont nommés dans les principautés de Birkenfeld et de Lübeck.

UNE GORGE DE LA *BODE* : BODEKESSEL.

BASSIN DU WESER

Enfoncé en coin dans l'intervalle qui sépare deux grands fleuves, le *Rhin* d'une part, l'*Elbe* de l'autre, le *Weser* semble un défi porté aux géographes qui cherchent dans l'ordonnance et la symétrie des choses la clarté et l'intérêt de leurs descriptions. Tout est confusion dans ce coin de terre : les montagnes qui en dessinent le contour ne forment point un système continu, encore moins homogène. A l'ouest le *Teutoburgerwald* et les *Rothhaargebirge* regardent l'Ems, la Lippe, la Ruhr, la Sieg et tournent le dos au Weser. Le *Vogelsberg* au sud forme un massif séparé et comme un monde à part. Son voisin le *Rhön* est tourné en bout vers le nord. Du *Thüringerwald*, la plus grande partie des eaux coule à l'Elbe par la Saale. Enfin, plus loin, au delà d'une mêlée de collines et de forêts, l'importante chaîne du *Harz* se dirige du sud-est au nord-ouest, comme si elle voulait couper le cours même du Weser. De fait, un bourrelet montagneux se détache dans cette direction, sème d'obstacles le débouché du fleuve et de ses affluents, et, après lui avoir livré passage entre les talus des *Wiehen* et *Wesergebirge*, rejoint la pointe occidentale du Teutoburgerwald.

MASSIF DU HARZ.

Il faut voir le Harz par un tranquille soir d'été, dans quelque clairière écartée, au-dessus du tumulte et de la poussière des foules. Quand l'ombre de la montagne s'étend sur la plaine, une buée légère s'épand des prairies et ouate la lisière de la forêt; tandis que, sur les hauteurs, planant avec un superbe isolement, les sommets s'estompent d'une pourpre légère, dernière lueur du soleil qui plonge à l'occident. Alors, doucement, la montagne rentre dans le calme et la fraîcheur ; le bûcheron laisse sa hache, regagne sa cabane de gros troncs mal équarris, tamponnés de mousse; au détour d'un vallon, le berger, sa houlette et son chien rassemblent le troupeau, et dans l'air limpide sonne un gai carillon de clochettes. Chacun rentre et l'on perçoit encore le murmure de quelque lointaine mélodie : ce sont des groupes de femmes et de jeunes filles qui descendent au village, chargées d'herbes ou portant dans des paniers les fruits de la montagne, de petites fraises parfumées, des myrtilles, des framboises, des mûres et des airelles rouges. Hâtez-vous de goûter ce spectacle champêtre. Demain, aux premiers feux du jour, la houle assoupie des voyageurs soulèvera la poussière des chemins, troublera le recueillement de la forêt et le sifflet de la locomotive retentira strident.

Le Brocken. — On escalade maintenant en chemin de fer la plus haute croupe du Harz, le *Brocken* (1,142 mètres). Cette excursion qui, voilà un demi-siècle, passait pour fort pénible, impraticable même, à en croire certains récits pleins d'effrayants détails, se fait aujourd'hui en famille; un cul-de-jatte même peut tenter l'aventure, et se faire dorloter, de *Wernigerode* au sommet, dans un petit train bien tranquille, qui va, vient en flânant, d'une pente à l'autre, comme pour mieux faire admirer le radieux panorama toujours changeant de la plaine et de la vallée. Un hôtel attend les voyageurs sur la plate-forme du *Brocken*, et du haut d'une tour voisine, le regard découvre de tous côtés l'horizon. Si le ciel est vif et l'atmosphère limpide, on aperçoit, pointant autour de l'îlot de montagnes, les tours de Magdebourg, Brunswick, Hanovre, Cassel, Gotha, Erfurt et Leipzig; à l'est, le ruban de l'Elbe et de la Saale; à l'ouest, celui de la Leine. Mais les rivières se devinent plutôt

PRÈS DE HARZBOURG.

DANS LE HARZ : TRESEBOURG.

qu'elles ne se voient. De là-haut, l'œil ne saurait percevoir de détails : les montagnes s'aplatissent et ce qui d'en bas paraît énorme prend à peine le relief d'une taupinière, parmi des centaines d'autres points semblables. A cet égard, la vue que l'on a du *Brocken* sur le massif du Harz, est une déception : le lointain seul fait plaisir à voir, et bien que sa carapace de granit domine souverainement la plaine allemande et ait échauffé, au delà du vraisemblable, la verve des poètes et l'hyperbole des savants, on aura peine à en faire, comme le voudrait certain d'entre eux, non seulement l'égal du Feldberg et du ballon d'Alsace qui regardent l'étincelant décor des Alpes, mais émule de l'Ortler lui-même ou du mont Blanc, ce géant de l'Europe.

Vu d'*Ilsenbourg*, qui n'en est éloigné que de quelques kilomètres, le *Brocken* tranche brusquement de 1,142 mètres sur une médiocre altitude de 238 mètres,

et cette tombée dans le vide lui donne l'air, en effet, redoutable; mais sa grandeur est relative, et il voudrait nous en faire accroire en se penchant au plus près sur le rebord des monts. Son front chauve s'étale en une plate-forme de 5 kilomètres parsemée de prairies, de marais et de blocs éparpillés; autels des sorcières, dit la légende, ou chaire du diable.

Une sorte d'enchantement pèse sur ce plateau jadis redouté; derrière son épais manteau de brouillards et de glace, éclataient les rires et les hurlements d'êtres mystérieux et malfaisants. On y sacrifiait à *Wotan* des victimes humaines, et pendant la nuit de Walpurgis (30 avril-1er mai) la cohorte infernale des Truten, des Elbin, des vampires, des sorcières échevelées et des sorciers biscornus à cheval sur d'invraisemblables montures, galopait en rafale dans une chasse fantastique. Malheur à l'imprudent rencontré sur leur passage. Dame *Holle*, l'esprit même de la tempête, règne sur ces lieux : elle défend de filer entre Noël et l'Épiphanie, ou d'aller dans la forêt, pour n'en point troubler les mystères; ses lois sont sans appel.

Un souffle de paganisme a passé dans ces superstitions; elles sont aussi la personnification des ouragans qui balayent les hauteurs. En hiver, la neige y tourbillonne avec rage et s'amasse en montagnes contre le moindre abri. Mais, par le givre, sous un clair soleil, tandis que les vallées environnantes dorment au fond d'un océan de brume, le spectacle de la montagne toute blanche et silencieuse dans une ceinture de forêts étincelantes paraît un paysage de rêve au-dessus du monde habité. Gœthe, qui fit l'ascension du Brocken

LA ROSSTRAPPE.

VUE GÉNÉRALE DE GOSLAR

le 10 décembre 1779 et vit ce spectacle, le décrit avec une admiration passionnée.

Le **massif du Harz** s'élève comme une île entre la Saale affluent de l'Elbe et la Leine sous-affluent du Weser : il couvre une superficie considérable. C'est la chaîne la plus élevée de l'Allemagne du Nord et la plus indépendante : elle mesure 90 kilomètres dans sa plus grande longueur, 30 à 40 kilomètres en largeur moyenne. *Trois plateaux* y servent de base à des sommets de granit, de porphyre et de serpentine qui émergent de la masse des terrains silurien et dévonien.

Entre l'Innerste et l'Oker au nord-ouest, le *plateau de tête*, atteint une hauteur d'environ 600 mètres.

Le *plateau central* porte le *Brocken* et ses satellites : *Heinrichshöhe, Kœnigsberg, Rennekenberg, Hohneklippe* (902 mètres), l'*Achtermannshöhe* (926 mètres), de l'autre côté d'une région marécageuse inclinée sur la gauche; un tapis élastique de mousse y recouvre une ancienne tourbière de 3 mètres d'épaisseur. La *Bode* coupe en deux le plateau de soutien du Brocken vers le sud et le sud-est.

Un autre torrent, la *Selke*, tranche en deux tronçons le *troisième plateau* : d'un côté culmine le *Ramberg* (582 mètres), de l'autre, au sud, le *Auerberg* (575 mètres). Ce versant du massif s'appuie sur un long bourrelet de calcaire et de gypse dont la convexité se développe d'Osterode, par Nordhausen, à Sangerhausen, dans la vallée de la Helme, et en regard du Kyffhäuser. Des cavernes trouent cette épaisseur (Scharzfeld, Ellrich); elle rappelle, en petit, les Alpes Juliennes.

Industries du Harz. — L'usage a prévalu parmi les populations du massif de le diviser en deux régions : l'une plus haute ou *Oberharz*, au nord; l'autre, au sud et au sud-est, moins élevée, le *Unterharz*.

Ces deux régions présentent un grand contraste. L'*Oberharz*, plus rude, moins riche en forêts, tacheté de bas-fonds et de clairières dénudées, renferme de grandes ressources minières. Le *Rammelsberg* (or, argent, cuivre, plomb, zinc), dans le voisinage de Goslar; *Lautenthal* (argent et plomb), *Klausthal* (argent, plomb, cuivre), sont assez riches.

Il est vrai que le centre et le sud du Harz ne sont point totalement dépourvus de mines. Celle de *Saint-Andreasberg* (argent) plonge à 788 mètres de profondeur. *Elbingerode* (près de la Bode), à peu près à la même latitude, possède d'importantes mines de fer. Enfin, au sud-est du massif, le rameau schisteux de *Mansfeld* qui descend sur la Wipper, affluent de la Saale, est riche en cuivre.

L'exploitation des *mines* du Harz remonte fort loin, peut-être au Xe siècle; au XVIe siècle c'est déjà une industrie prospère. Les mineurs, associés en corporations privilégiées, ont conservé de père en fils la fierté de leur état, un caractère sérieux uni à une volonté ferme et courageuse que donnent l'habitude du danger et la lutte incessante dans les obscures profondeurs de la terre. Ajoutez un vif sentiment religieux que l'on retrouve encore parmi les population de la montagne, les *charbonniers* surtout, hôtes des grandes futaies silencieuses. Le travail des mines vivait autrefois de l'industrie charbonnière : un mince filet de fumée bleuâtre filtrant des meules arrondies s'élevait au-dessus des arbres de la forêt. Mais la houille a détrôné le charbon; il ne pouvait suffire. L'*abatage des arbres* est encore l'une des grandes industries de la forêt. Il se pratique surtout dans l'*Unterharz*. Ici, le hêtre règne en maître et il atteint des proportions colossales; partout ailleurs, le pin. Des forêts entières ont passé en charpentes dans les galeries de mines. Plus favorisé que la région du nord, l'*Unterharz* jouit d'un climat assez doux : ses pentes, aux formes adoucies, se chauffent au soleil du midi et produisent, autour des villages, des arbres dont les fruits mûrissent, bien que tardivement. Des champs de céréales et de froment escaladent les plateaux et découpent le manteau vert des bois.

Partout d'ailleurs où l'abatage des arbres ouvre quelque carrefour, il est envahi par les plantes : *la sauge, l'aconit, l'ellébore, la chicorée sauvage, la pivoine*, entre les jeunes pousses de pins soigneusement *plantées en pépinière*. De nombreuses scieries, des *fabriques d'allumettes*, de *parquets*, de *papier de bois*, transforment les arbres abattus. Aujourd'hui presque toutes ces industries ont émigré, de la montagne dans la plaine. Cependant quelques localités, à l'intérieur du massif, conservent encore la fabrication d'objets spéciaux tels que pelles, pétrins, cuillers en bois, abreuvoirs... Mais le Harz

DANS LA VALLÉE DE L'*ILSE*.

ANCIEN PALAIS IMPÉRIAL DE GOSLAR.

L'arrivée à *Goslar* ne laisse pas d'être originale : entre une tour épaisse et le gros lierre touffu d'un ancien chemin de ronde, une ruelle file en zigzag le long de maisons basses et débouche sur la grande place que bordent d'un côté l'Hôtel de ville assis sur de lourds piliers gothiques, de l'autre, le vieil hôtel *Kaiserworth* (ancienne maison corporative) avec ses statues d'empereurs : Henri IV, originaire de Goslar; Conrad II, aux tibias émaciés surmontés en arrière d'une excroissance improbable. Au milieu de la place ordinairement déserte, une fontaine sans caractère porte une manière de corbeau couronné, qui voudrait bien être pris pour un aigle. On accède à l'*Hôtel de ville* par un escalier de côté, sous auvent de bois : la rampe conserve, parmi d'autres sculptures, une curieuse statuette de Tyl, personnage fameux pour ses bons tours dans les fabliaux du moyen âge. L'usage a prévalu de le nommer *Tyl l'espiègle*, bien que l'original porte *Tyl am spiegel*, c'est-à-dire *Tyl au miroir*. Une surprise attend le visiteur dans la grande salle de l'Hôtel de ville : les murs et le plafond sont couverts de peintures d'une réelle valeur. Quatre tableaux retracent des scènes de la vie de Jésus-Christ entre des sibylles et des empereurs dus au pinceau de *Wohlgemuth* : les personnages sont d'une éclatante fraîcheur, comme s'ils étaient d'hier. Ils sont mis, par exemple, au goût d'autrefois : aux quatre coins, les évangélistes, les prophètes et parmi eux, Isaïe en justaucorps collant, haut-de-chausses rouge et toque Henri II. On montre, avec divers souvenirs, des drapeaux, des armes antiques, une très belle coupe en argent ciselé et doré, dans laquelle on offrait à l'empereur le vin d'honneur.

Les vieilles maisons ne sont pas rares à *Goslar* : plusieurs ont un mérite au-dessus de l'ordinaire, comme l'original *Brusttuch* avec ses guirlandes de personnages, l'*Alt deutsches naus*, et plusieurs autres édifices à balcons en encorbellement et peintures rutilantes. On peut encore

HÔTEL DE VILLE DE GOSLAR.

perd de plus en plus son caractère. On y a fort limité la chasse au gros gibier : celle des oiseaux, grives, gélinottes et bécasses, surtout celle des oiseaux chanteurs, pinsons et rossignols, que l'on prenait autrefois à la glu par milliers pour les expédier au loin, jusqu'en Amérique. Le concert de la forêt, quoique fort dépourvu, s'anime encore aux clochettes des troupeaux. Ce carillon rustique ne forme point un ensemble discordant; les jeux de clochettes au contraire sont disposés en accords parfaits. Des forgerons spéciaux étaient chargés autrefois d'en régler le son; aujourd'hui *Blankenbourg* les fournit et les accorde pour le Harz et les expédie fort loin.

Goslar s'élève sur les premiers talus du *Harz* entre l'*Innerste*, qui descend à gauche vers Hildesheim et l'*Oker*, qui dévale d'autre part vers Brunswick. La situation est importante. Aussi les empereurs germaniques y eurent-ils une résidence. C'est un grand hall sur terrasse à double escalier, flanqué d'un haut pignon et d'une chapelle d'autre part : des fenêtres à colonnettes de style roman rompent l'uniformité des épaisses murailles. Cet édifice a plus de huit cents ans d'existence; dans son isolement au-dessus d'une large pelouse, il paraît le revenant d'un autre âge. Henri IV, Henri V, Frédéric Barberousse, Othon IV, d'autres empereurs y ont passé.

La grande salle, qui tient toute la longueur du palais, forme deux nefs séparées par un rang de colonnes: sur le plafond en bois ressortent des poutrelles peintes, et dans la coupée ouverte au milieu, la restauration de l'empire allemand s'étale en une large fresque. D'autres épisodes ayant trait à l'histoire des empereurs figurés le long des murs, entremêlés de sujets plus gracieux empruntés aux contes du moyen âge. La chapelle est intéressante avec ses tribunes à colonnes superposées et fait penser à Aix-la-Chapelle. Il est question de terminer le palais en élevant deux statues équestres sur les contreforts de façade, à côté des lions qui s'y trouvent. Dès à présent, la caserne voisine est complète, il n'y a pas de demeure impériale, même à l'état de musée, sans caserne.

HÔTEL DE VILLE DE GOSLAR.

VIEIL « HÔTEL-RESTAURANT », A GOSLAR.

au hasard de la flânerie, dans les ruelles détournées, découvrir plus d'une cour intéressante, encombrée d'instruments aratoires. Car, au centre même de la ville, on trouve le village.

Goslar est un but fréquent d'excursions; on y vient pour ses souvenirs, son paysage, ses mines et aussi pour sa belle vallée voisine où l'*Oker* bondit au milieu des rochers sous le couvert des pins.

Le *Steinberg* (480 mètres) domine la ville au confluent de deux petites vallées : la *Gosethal* et la *Winterthal*. Mais la montagne la plus visitée des environs est le *Rammelsberg* (636 mètres), dont les mines produisent à la fois de l'or, de l'argent, du cuivre, du plomb, du soufre, du zinc et de l'atun. C'est la propriété indivise du territoire prussien-hanovrien et de celui de Brunswick. Depuis huit cents ans qu'on les exploite, les mines du *Rammelsberg* sont devenues moins productives. Mais ce sont les seules intéressantes que les touristes puissent visiter dans le Harz. On y descend à 300 mètres de profondeur par une succession de quinze étages aboutissant à des galeries latérales : les deux tours de Cologne tiendraient l'une sur l'autre dans ce trou et dépasseraient à peine le sol. Cependant le puits Kaiser-Wilhelm, dans les mines de *Klausthal* (31 kilomètres de Goslar : argent, plomb, cuivre), a une profondeur encore plus considérable.

Le chemin qui conduit de *Goslar* à la *vallée de l'Oker*, brûlé par le soleil, noirci par le charbon et enfumé d'usines, se déroule par une maigre campagne entre des cônes de scories grésillantes, comme des boursouflures volcaniques. Ce n'est pas beau. Mais, à l'arrivée dans la vallée de l'Oker, quel changement de décor! La cascade de *Rom-kerhalle* n'est pas éloignée. C'est une production un peu artificielle. On l'a obtenue en dirigeant jusqu'au bord d'un rocher à pic qui mesure 65 mètres de haut le petit torrent de la *Romke*. Une transparente dentelle s'étale en trois bonds successifs, au milieu d'une poussière d'arcs-en-ciel, jusqu'à l'*Oker* qui bouillonne à ses pieds. Le tableau est d'une grâce parfaite, gâté seulement par la cohue bavarde des touristes qui affluent en cet endroit, de Berlin et d'ailleurs, même en hiver. Alors, l'eau s'accroche en mille pendentifs à toutes les aspérités du roc, et glisse sans bruit, comme de l'argent liquide sur un manteau de cristal. Tout autour, les pins montent jusqu'au ciel, portant les unes au-dessus des autres leurs pyramides d'aiguilles poudrées à frimas. Sous le poids du givre, les branches inférieures s'inclinent doucement vers la terre et si, par bonheur, le soleil perçant les nuages pénètre enfin l'épais matelas de brume qui enveloppe la montagne dans la solitude et le silence, aussitôt la glace resplendit, les cristaux scintillent, la poudre neigeuse des aiguilles et des tiges fond en gouttes qui, tombant, se superposent mystérieusement à l'ombre et montent en colonnettes transparentes jusqu'aux branches inférieures des arbres qu'elles semblent soutenir. Cependant le brouillard flotte en flocons par les clairières, traîne le long des rochers, découvre enfin les bouillons du torrent, qui étincelle de mille feux et mêle son chant de fête à cette féerie de la nature.

A une heure plus loin que la cascade, les fonderies d'*Altenau* et leurs vapeurs d'acide sulfurique ont dénudé la vallée et tué la végétation tout autour : c'est le désert après l'idylle; heureusement qu'il n'est pas tout à fait stérile et que son domaine est limité. La fraîcheur de la vallée, après cette brûlure passagère, n'en a que plus de séduction.

WESER DES MONTAGNES.

Le **Weser des montagnes** a l'air d'être contraint dans une vaste amphore : ouverture obstruée, col étroit à l'endroit même où les eaux se concentrent en un sillon; ventre rebondi, là où les deux rivières mères du fleuve, la *Fulda* et la *Werra*, développent leur cours avant de se réunir pour former le *Weser*. Encore si l'aire intérieure de ce domaine fluvial si bizarre, se présentait sans trop d'obstacles! Mais le *plateau hessois*, que les eaux découpent en failles profondes, est encore piqué de boursouflures, comme au hasard, dans les interstices des ravines fluviales.

Entre la *Werra* et la *Fulda*, les contreforts du *Rhön*; le *Seulingswald* dans le prolongement; les *Knüllgebirge*, promontoire du Vogelsberg, longue croupe (30 kilomètres) de massifs boisés (point culminant 632 mètres), de hauts pâturages, de prairies profondes qui s'étend entre

ANCIENNES MAISONS, A GOSLAR.

la Fulda et la Schwalm affluent de l'Eder; le *Kellerwald*, de la Schwalm à l'Eder, cours d'eau presque aussi important que la Fulda, dont il est tributaire. Au-dessus de Cassel, enfin, le *Habichtswald*, au large couronnement, qui tombe à pic de tous côtés (point culminant 598 mètres) et étend sa base jusqu'à Wilhelmshöhe; le *Reinhardswald* (22,000 hectares de forêts) entre la Diemel et le Weser, déjà formé au-dessous de Münden.

La **Diemel** vient du Rothhaar, dans le voisinage de la Ruhr au cours opposé. L'*Eder*, issu de la région de la Sieg et de la Lahn, décrit des courbes capricieuses jusqu'à Battenberg, et prend le large dans un lit hors de proportion avec les eaux qu'il roule; ces eaux sont verdâtres, rarement profondes, mais poissonneuses. Tout autre est son affluent la *Schwalm* qui coule doucement dans un sillon aigu, parmi des terres fertiles qui sont le grenier de la Hesse.

La **Fulda** est l'artère centrale du pays. Elle descend du *Rhön* au-dessus de Gerfeld, par une source fraîche issue de basaltes détachés (950 mètres d'altitude). L'antique abbaye qui se cachait dans la solitude de sa vallée supérieure fut autrefois la première de l'Allemagne : l'abbé Sturm l'avait fondée (744) sur l'avis de saint Boniface; elle devint célèbre par son école. Ses abbés portèrent le titre de princes primats de toutes les abbayes allemandes, avec juridiction épiscopale sur toutes les églises de la Hesse électorale. Une statue de saint Boniface, en bronze, rappelle sur la place du château l'apôtre des Hessois païens. L'ancienne résidence des princes-évêques est aujourd'hui sans grand intérêt, comme la ville elle-même; mais le site reste agréable. Fulda s'emplit aujourd'hui de fabriques et sert d'intermédiaire commercial entre Francfort et le Weser.

La rivière hessoise tarit, paraît-il, à plusieurs reprises aux XVIe et XVIIe siècles, pour annoncer quelque événement grave. Chaque fois que l'eau se retira, il devint facile de passer à pied sec; les

CASCADE DE ROMKERHALLE, PRÈS GOSLAR.

poissons se prenaient à la main : au bout de quelques heures l'eau était revenue. Ce phénomène eut sans doute quelque cause naturelle qu'il serait intéressant de connaître. C'est d'ailleurs une rivière capricieuse que la *Fulda*. Quelques pas à peine au delà de sa source, elle disparaît dans un gazon spongieux, pour revenir au soleil, claire et limpide un peu plus loin. Elle change alors le nom primitif qu'elle portait, pour prendre celui qu'elle ne doit plus quitter. Sa vallée forme une suite de contrastes : riche et grandiose près de Bebra, elle se resserre plus loin entre d'abruptes et arides murailles; l'eau passe à peine. Tout à coup s'ouvre le large horizon de la plaine de *Cassel* : un rétrécissement sinueux conduit enfin la rivière à *Münden* au-devant de la Werra.

Cassel ancienne capitale de la Hesse électorale est devenue présidence de la province de *Hesse-Nassau*, depuis la confiscation du pays par la Prusse en 1866. Sa population a plus que doublé en trente ans (106,000 habitants); les faubourgs ne cessent de s'étendre. De belles places : la place Frédéric-Guillaume, avec la fontaine du Lion, la place des États, la *place Royale* où débouche la grande rue de ce nom, qui est la plus belle de Cassel (plus de 1 kilomètre et demi); la grande *place Frédéric* avec ses beaux édifices, l'ancienne résidence des Électeurs et le musée dit *Fridericianum*; la place du Château, le théâtre, *Bellevue* où habita le roi Jérôme, du temps que Cassel était la capitale du royaume français de Westphalie (1807-1813); une porte monumentale donnant sur le parc de l'*Aue* dessiné par Le Nôtre; les écoles, les sociétés scientifiques, les grandes administrations publiques; tout ce qui constitue les organes nécessaires à la vie d'une grande cité, Cassel le possède et vient en bon rang parmi les belles villes de l'Allemagne. Sous la terrasse de Bellevue, un monument commémoratif représentant un lion couché a été élevé, en 1874, « à la mémoire des patriotes hessois tombés victimes

VALLÉE DE L'OKER, PRÈS DE GOSLAR.

STATUE DE SAINT-BONIFACE, A FULDA.

Phot. Mertens.
PORTE AUETHOR, A CASSEL.

Phot. Sophus Williams.
CHATEAU DE WILHELMSHÖHE.

de la *domination française* ». La Hesse et la domination française en 1870! Voilà qui fait rêver.

Au coin de la place Frédéric, le *musée d'histoire naturelle* rappelle que *Papin* fit à Cassel sa première grande expérience sur l'emploi de la vapeur. On oublie de dire que *Denis Papin* était *Français*, né à *Blois*, que sa découverte et ses premiers travaux sur la force expansive de la vapeur furent faits en France et surtout que le premier bateau mû par des palettes à vapeur que Papin essaya sur les eaux du Weser y fut mis en pièces par des bateliers hessois. Les inscriptions de Cassel ne sont pas heureuses.

A 200 kilomètres de Francfort et sur la route de Leipzig ou de Magdebourg vers Berlin, Cassel est devenu un centre commercial et manufacturier de premier ordre. Dans le voisinage, *Wilhelmshöhe* étage son château, ses cascades et son parc sur les premiers versants du *Habichtswald*; un *Hercule colossal*, imitation en cuivre de l'« Hercule Farnèse », domine le jeu des grandes eaux. Wilhelmshöhe fut autrefois la résidence estivale des Électeurs et c'est là que Napoléon III prisonnier vécut, de septembre 1870 en mars 1871, jusqu'à son exil en Angleterre.

La *Hesse électorale*, dont *Cassel* fut capitale, ne constituait qu'une partie de la région désignée sous le nom générique de *Hesse*. Il est question d'un comté de Hesse, après le démembrement de l'empire de Charlemagne ; mais tantôt sous l'autorité des ducs de Franconie, tantôt annexés à la Thuringe, les *Hessois* ne formèrent un État séparé qu'en 1263. Leur *landgrave* était, paraît-il, d'origine carolingienne, fils d'un duc de Brabant : il fit de Cassel sa résidence et fut déclaré prince d'Empire, sous la suzeraineté immédiate de l'empereur. L'État hessois débordait du Weser sur le Main et le Rhin. A la mort de *Philippe le Magnanime* (1567), il fut partagé en quatre parts : *Hesse-Cassel*, *Hesse-Darmstadt*, *Hesse-Marbourg* et *Rheinfels*. Ces deux dernières lignées s'étant éteintes en 1583 et 1604, il ne restait plus au XVIIe siècle que deux États principaux : *Hesse-Cassel* et *Hesse-Darmstadt* (d'où était sorti *Hesse-Hombourg* en 1626). Depuis 1866, *Hesse-Hombourg* et *Hesse-Cassel* ont été annexés par la Prusse ; *Hesse-Darmstadt* subsiste encore, mais fortement amoindri.

Le landgrave de *Hesse-Cassel*, aîné de la famille, devenait *électeur* en 1803. D'abord allié de Napoléon, il trahit sa cause pour la Prusse en 1806, perdit ses États, dont on fit le *royaume de Westphalie*, et ne les retrouva qu'en 1813. Ce fut la Prusse, retour bizarre, qui un demi-siècle plus tard, confisqua définitivement les États de l'électeur (1866). Cette annexion se fit, comme celle du *duché de Nassau* et du *Hanovre*, sous le même prétexte et pour la même raison. N'était-elle pas inévitable un jour ou l'autre, puisque ainsi l'État prussien de Brandebourg faisait disparaître d'un coup l'obstacle qui le séparait de ses provinces du Rhin. Les diplomates de Vienne qui procédèrent au démembrement de l'empire de Napoléon, aveuglés par leur haine contre la France, avaient préparé la fortune de la Prusse en l'établissant sur le Rhin ; et ce furent, en 1866, les amis déclarés de l'Autriche qui payèrent la faute de ses diplomates et fournirent la rançon de sa défaite, pendant qu'elle-même était chassée d'Allemagne. Aujourd'hui, la *province prussienne* du *Hesse-Nassau* se divise en deux présidences : *Cassel* et *Wiesbaden*, y compris les territoires de Francfort et de Hombourg.

Tous ces changements imposés par l'intérêt et la politique n'ont pas sensiblement affecté l'ancienne *population hessoise* : sous diverses étiquettes, le même fond se reconnaît et persiste en ses traits essentiels, principalement dans la région du *Weser*, berceau de la race. Là, en effet, habitaient les anciens *Catti*, peuplade d'origine germanique. Le *Hessois* est rude, brave, énergique et tenace : « Quand il entre dans une maison, disent les Allemands, les clous tremblent dans la muraille », ce qui veut dire sans doute, qu'il a la tête plus dure qu'eux. Les vieilles superstitions païennes ont longtemps résisté dans la Hesse primitive aux efforts du christianisme. On y croit fortement, dans certaines vallées, aux sorciers et aux revenants. Mais cela n'est point particulier à la Hesse en Allemagne, et le Hessois, quoique l'on plaisante sa grossièreté, reste fidèle à des traditions et à des usages qui souvent lui font honneur.

Phot. Mertens.
WILHELMSHÖHE : CHATEAU ET LAC D'HERCULE.

RÉGION DU WESER

Si la *Fulda* est l'artère centrale de la Hesse, la *Werra*, bien qu'elle borde pour ainsi dire le pays à droite, en rangeant la base des montagnes, est par la longueur et l'abondance de son cours, la rivière maîtresse du Weser. Elle longe, dès son origine, le revers occidental du *Thüringerwald*.

Entre la Werra et la Saale, affluent de l'Elbe, le **Thüringerwald** étend son épaisseur montagneuse. Une entaille peu profonde le partage en deux massifs inégaux, mais très distincts par la constitution géologique. Au *sud-est*, un large plateau fait de puissantes stratifications schisteuses rattache la chaîne au *Frankenwald* : sa hauteur moyenne est de 708 mètres; le *Kieferlé*, point culminant atteint 868 mètres. La longueur du massif est de 38 kilomètres, sur environ 28 de large.

LA LÖWENBOURG, PRÈS DE CASSEL. Phot. Sophus Williams.

La partie *nord-ouest* des monts de Thuringe est de beaucoup la plus importante et la plus belle. Bien que sa hauteur moyenne ne dépasse guère 750 mètres, les sommets y sont échelonnés de telle sorte que, vue d'en bas, la crête découpe sur le ciel un tranchant de montagnes.

Entre *Oberhof* et la *Schmücke*, un nœud central s'élargit sur un espace de 3 kilomètres. De part et d'autre les sommets surgissent : le grand *Beerberg* (983 mètres), croupe aplatie sans caractère, point culminant de la forêt; le *Schneekopf*, entre la *Hasel* qui descend à la Werra, et la *Gera* qui dévale sur l'autre versant vers Erfurt, l'*Unstrut* et la *Saale*. La fraîcheur des bois, la diversité des vallées et des aspects attirent en été dans cette région, de véritables colonies. Enfin l'*Inselsberg* (915 mètres), la plus belle montagne de Thuringe, surgit au nord et la *Wartbourg* (394 mètres) commande l'un des derniers promontoires de la chaîne au-dessus d'*Eisenach* et de sa vallée arrosée par la *Hörsel*. D'Eisenach à mi-chemin de Gotha et en général sur le versant nord-est, de jolis vallons, de vives échappées mêlent toutes les surprises. Parfois des contreforts s'avancent au-dessus de la plaine comme le *Kickelhahn* (861 mètres), non loin d'Ilmenau; le *Dolmar* (740 mètres), qui domine Meiningen et la Werra; le *Blesberg* (864 mètres), entre la Werra et l'Ilz.

L'inclinaison générale de la forêt la porte au sud vers la haute Franconie; ce versant est moins abrupt que du côté qui regarde la Saxe. Même contraste dans le caractère, le langage, la race des habitants. La forêt de *Thuringe* a été, de temps immémorial, un point de contact important dans la mêlée des peuples. Une route frontière, le *Rennsteig* ou Rennweg, en suivait la crête d'un

DÉFILÉ DU DRAGON, PRÈS EISENACH. Phot. Schweitzer.

bout à l'autre. On peut pratiquer encore ce chemin, bien qu'il présente plus d'un point difficile, surtout à la descente rapide de l'Inselsberg. Il mesure, en comptant les détours, 160 kilomètres environ, un peu plus que la longueur totale communément attribuée à la chaîne entière. Mais cette route est peu fréquentée, sinon par fragments : car, à côté de forêts touffues et de gais villages, elle présente de grandes étendues stériles, marécageuses et pauvres. D'un versant à l'autre du Thüringerwald les communications sont faciles, les routes larges, le trafic très vivant entre l'Allemagne de l'est et celle de l'ouest. Des voies ferrées pénètrent fort avant dans la chaîne et déversent les flots de touristes dans les villes d'eaux et les villégiatures de grand air : *Eisenach, Ruhla, Tabarz, Friedrichroda, Tambach, Oberhof, Ilmenau, Schwarzbourg*, du côté du nord-est, à *Liebenstein* (eaux ferrugineuses carbonatées), *Salzungen* (salines et bains), *Schleusingen* (bains d'extrait d'aiguilles de pins), du côté de la Werra.

La **Werra** prend son origine de trois sources issues à la racine méridionale des monts de Thuringe. Elle arrose *Hildburghausen* (ce qui n'est point un grand titre de gloire); *Meiningen*, petite capitale princière, dans un site agréable avec château ducal, jardin anglais, palais de la duchesse douairière, petit palais, un grand parc (Herrenberg), un théâtre, un arsenal, l'Hôtel de ville, une fontaine sur la place du Marché, un palais du *Landtag*. On se demande ce qui peut

LA WARTBOURG, VUE DE L'EST. Phot. Schweitzer.

bien manquer à *Meiningen*, grosse ville de 14,518 habitants. La **Werra** s'est faite belle pour la circonstance. Resserrée bientôt entre les terrasses du *Rhön* et du *Thüringerwald*, elle se développe en un cours pittoresque, tour à tour nourrie par les torrents dévalés des montagnes, surtout à droite, et dont plusieurs sont aussi gros qu'elle : la *Schleuse* et la *Hasel*, en amont de Meiningen, la *Schmalkalde* plus loin, au pied des hauteurs du *Hundsrück*. Au delà de Salzungen, le massif du *Seulingswald* rejette la rivière à droite, comme s'il voulait lui interdire le cœur même de la Hesse, domaine jusqu'ici réservé à la Fulda. La *Werra* revient ainsi sur la coupure des monts qui arrête audessus d'Eisenach la pointe extrême du *Thüringerwald* et lui apporte le tribut important de la *Hörsel*. Cette charmante rivière connue d'abord sous le nom de petite *Leina*, dégage par cent ruisselets babillards les veines de fraîcheur et d'ombre ouvertes au flanc nord-est des monts de Thuringe. Un canal de dérivation détourne sur *Gotha* une partie des eaux de la *Leina* et en déverse le surplus dans la *Nesse*, affluent de droite de la Hörsel. Mais cette prise d'eau étant devenue insuffisante, on lui a donné un nouvel aliment par le ruisseau de *Apfelstädt*, affluent de la *Gera* qui coule à l'est vers l'Elbe. Ainsi les deux bassins voisins du Weser et de l'Elbe, se trouvent réunis par leurs affluents supérieurs et *Gotha*, entre Erfurt qu'arrose la Gera, Eisenach où passe la Hörsel, commande les communications entre la Saxe et la Hesse, Leipzig et Cassel, la grande route de Berlin à Francfort-sur-le-Main.

Le pays de **Gotha** est charmant ; ce n'est plus la montagne et pas encore la monotonie de la plaine. La ville elle-même participe de ce double caractère ; les rues montent au château, descendant par des avenues ombreuses dans un vallon latéral. Partout un air d'aisance et de vie tranquille ; de confortables demeures à côté des anciennes cons-

LOGEMENT DES CHEVALIERS, A LA WARTBOURG.

tructions de la vieille place du Marché, souvenir d'un autre âge dans un écrin neuf ; de beaux édifices, la poste, le musée, un monument sans prétention à la mémoire d'Arnoldi, un simple obélisque pour 1870-71, ce qui témoigne au moins d'un esprit de mesure et de sens ; plusieurs banques, enfin un théâtre, un ministère même, et depuis longtemps un four crématoire ; que dire encore ? On n'attend pas d'un géographe qu'il aille médire de *Gotha*. Le fameux *Almanach* de ce nom est connu du monde entier, de même que l'*Institut géographique* de *Justus Perthes*, (1786), les *Mittheilungen*, revue fondée par le docteur Petermann. *Gotha* possède un Observatoire illustré par les travaux de Lindenau, de Hansen...

Une bibliothèque de 200,000 volumes est ouverte au château. Quel massif entassement que cette résidence de *Friedenstein* ! L'ensemble s'impose au-dessus des grands arbres du parc et de la ville : dans la cour intérieure qu'enferme d'une triple galerie d'une épaisse colonnade, on ferait manœuvrer un régiment. Mais, il se dégage de cette cour et des appartements sans fin qui l'enveloppent un sentiment de vide. Tout cela paraît bien grand, même pour un duc de *Saxe-Cobourg-et-Gotha*. Sans doute l'administration du Domaine garde un souvenir reconnaissant à Napoléon qui a meublé si largement un grand nombre de salles de l'immense château. Aujourd'hui la ville de *Gotha* (34,668 habitants), s'enrichit : usines et manufactures y ont fait invasion ; ne devait-on pas cela aux progrès de la géographie économique ?

A une demi-lieue plus loin, *Eisenach* (31,440 habitants) n'a rien qui puisse étonner le voyageur ; mais les environs sont fort beaux, et la **Wartbourg** y culmine au-dessus d'une sombre forêt. L'opposition violente et brusque du silence des grands bois à l'épanouissement de vie qui monte de la gracieuse vallée arrosée par la *Hörsel*, donne à l'antique résidence des landgraves de Thuringe un grand attrait mélancolique. La *Wartbourg* est le plus beau monument civil ancien, de style roman, qui existe en Allemagne. Son origine remonte au XIe siècle ; on l'a réparé il y a soixante ans et quelquefois le grand-duc de *Saxe-Weimar-Eisenach* y réside. La *Hofburg* qui en est la partie principale renferme les appartements de la famille grand-ducale. On visite, dans l'ancienne habitation des landgraves, la galerie Elisabeth (scènes de la vie de sainte Elisabeth de Hongrie, femme du landgrave Louis IV le Saint), la salle des Chanteurs où les *Minnesänger* se disputèrent en 1207 la palme de la musique et de la poésie ; la chapelle, avec la stature d'où parla Luther. Tout à fait en haut de l'édifice, une salle des fêtes magnifique, que bordent sur la droite les découpures d'une galerie, prend jour par de multiples fenêtres à colonnettes sur le large horizon de la vallée.

Près du passage voûté qui séparait le donjon seigneurial de l'avant-cour, une sorte de musée réunit d'antiques armures, des trophées de chasse, des chevaux caparaçonnés. Quels gaillards que ces chevaliers d'antan ! Dans l'avant-cour du château, défendue sur l'escarpement par une longue galerie en bois au-dessus de murs crénelés et pourvus de mâchicoulis, s'étend le *Ritterhaus*, où logeaient les gens du prince : une folle végétation qui enveloppe son pignon pointu, mêlée à de bizarres ferronneries,

SALLE DES ARMURES, A LA WARTBOURG.

donne à cette habitation un aspect romantique. *Luther* y habita sous le nom de chevalier Georges (4 mai 1521-6 mars 1522), dans une pièce où l'on conserve son portrait, le bois de son lit, la table sur laquelle il traduisait la Bible, sa chaise...

La cour intérieure de la *Wartbourg* descend en un étroit couloir que garde une porte massive avec un pont-levis. On croirait la vieille forteresse en état de guerre; car un soldat au casque pointu veille le fusil sur l'épaule, sous la voûte d'entrée, et sur la terrasse voisine, d'où l'on domine à la ronde un vaste remous de vallons et de forêts, des canons allongent leur gueule : il est vrai qu'elle est rouillée et n'a pas d'affût. Tout cet attirail, l'ancienne tourelle de guerre, le pont-levis, le factionnaire, sont pour le décor; et, dans ce coin écarté, c'est une intéressante évocation du passé.

CONFESSIONS RELIGIEUSES ALLEMANDES.

L'esprit de la *Réforme* descendu de la Wartbourg sur l'Allemagne suscita au xvie siècle, un grand trouble : des communautés nouvelles réalisèrent l'axiome

SALLE DES FÊTES A LA WARTBOURG.

de droit public alors universellement admis : « *tel prince, telle religion* », et il est facile de reconnaître ainsi l'origine des divers fragments confessionnels qui se partagent encore le territoire allemand. Des îlots de catholiques sont demeurés en pleine mer protestante; des colonies protestantes ont surgi de même en plein pays catholique. Depuis lors, les frontières politiques et religieuses se sont mêlées. Le roi de *Prusse* compte parmi ses sujets : 19 millions et demi de **protestants** (1), et 10 millions et demi de **catholiques**; l'annexion du Rhin a produit ce résultat.

De même en *Bavière*, 4 millions de catholiques obéissent aux mêmes lois que 1 million et demi de protestants appartenant à la Franconie et aussi à la Bavière rhénane. La *Saxe*, au contraire, appartient en majorité à la confession évangélique : 3 millions et demi, contre 130,000 catholiques. L'électeur de Saxe fut l'un des premiers partisans de Luther : on le voit sans peine. Il est vrai que le prince régnant aujourd'hui est catholique; mais cela n'emporte point les mêmes effets qu'autrefois. On trouve en *Württemberg* : 1 million 400 mille réformés, contre un peu plus de 600,000 catholiques. La proportion se renverse dans le grand-duché de *Bade* : plus de 1 million de catholiques contre 600,000 évangélistes. La *Hesse*, l'*Oldenbourg* sont plutôt protestants; le *Mecklembourg* et les duchés de *Saxe* presque entièrement. En *Alsace-Lorraine*, les catholiques sont la grande majorité (4 fois plus nombreux que les autres). Enfin dans tout l'empire la confession évangélique réunit 31 millions d'adhérents; la religion catholique plus de 17 millions et demi. Les israélites sont au nombre de 570,000 environ.

Ces chiffres n'ont, évidemment rien d'absolu; beaucoup de gens optent pour telle ou telle religion, qui n'en exercent aucune, ou se font un titre d'être libres penseurs,

tandis qu'ils ne pensent pas librement et souvent ne pensent pas du tout.

Dans l'**Église évangélique**, l'autorité est exercée au nom du prince (qui est l'évêque suprême) par un pouvoir central : Conseil supérieur ecclésiastique ou Consistoire supérieur... aidé par le conseil synodal de chaque province. Le *Conseil supérieur de Berlin* exerce une autorité directe sur le Hohenzollern et les quatre plus anciennes provinces prussiennes, par neuf consistoires provinciaux divisés en cercles et établis à *Kœnigsberg, Danzig, Berlin, Stettin, Posen, Breslau, Magdebourg, Münster, Coblentz*. Du Conseil supérieur dépendent encore : la cathédrale de Berlin, les communautés civiles des églises de la cour et de la garnison de Potsdam; 2 *communautés évangéliques allemandes* dans les *Pays-Bas*, 5 en *Angleterre*, 1 en Portugal et en Espagne, 1 en Suisse, 6 en *Italie*, 1 en Bulgarie, Serbie et Turquie d'Europe, 8 en *Roumanie*, 5 en *Turquie d'Asie*, 2 en *Égypte*, 10 au *Brésil*, 1 dans l'Uruguay, 3 dans la *République Argentine* et au *Chili*, etc.

Sont directement subordonnés à la *section ministérielle des Affaires ecclésiastiques*, les *Consistoires évangéliques* de Kiel, Hanovre, Stade Aurich, Cassel, Wiesbaden et plusieurs communautés.

Il y en a en Bavière un *Consistoire supérieur à Munich*, avec deux sous-

LA WARTBOURG VUE DE LA CHARTREUSE.

(1) Cette documentation est empruntée en chiffres ronds au *Staatsbürger-Atlas* de P. Langhans — Gotha : Justus Perthes.

ordres, pour le Palatinat et Spire. L'autorité ecclésiastique supérieure appartient, en *Saxe*, au *ministère d'État* qui en est chargé : *Consistoire provincial à Dresde* ; consistoires réformés à Dresde et à Leipzig ; communauté subordonnée du Chili. Le *Consistoire évangélique de Stuttgart* dirige l'Église du Württemberg. Deux communautés au Luxembourg et au Japon ressortissent à l'Église de la Saxe grand-ducale. Bade possède un *Conseil ecclésiastique supérieur*. Quant aux affaires ecclésiastiques de l'armée, elles dépendent du ministre de la Guerre, du ministre des Affaires ecclésiastiques et du Conseil ecclésiastique supérieur. Un *prévôt militaire* ou grand aumônier tient la tête du *clergé militaire évangélique*.

Église catholique romaine. — Un nonce apostolique représentant du pape, sans juridiction, réside à *Munich*. Plusieurs archevêchés groupent autour d'eux des évêchés suffragants et forment une province. Ainsi la *province ecclésiastique de Gnesen-Posen* : év. de Guesen, archev. de Posen, év. de Kulm ; — la *province ecclésiastique du Rhin inférieur* (organisée par la bulle de Pie VII, 17 juillet 1821) qui comprend : *archevêché de Cologne*, évêché de Münster, évêché de Paderborn (commissaire à Heiligenstadt, tribunal ecclésiastique à Erfurt ; vicariat apostolique d'Anhalt, prévôté de Magdebourg), évêché de Trèves (délégation à Ehrenbreitstein) ; — la *province ecclésiastique du Rhin supérieur* organisée par les bulles de Pie VII (6 août 1821) et de Léon XII (11 avril 1827) : *archevêché de Fribourg-en-Brisgau*, évêché de Fulda, évêché de Limbourg, évêchés de Mayence et de Rottenburg ; — la *province ecclésiastique de Bamberg* (bulle de Pie VII, 1er avril 1818) : *archevêché de Bamberg*, évêché de Eichstätt, évêché de Spire, évêché de Würzbourg ; — la *province ecclésiastique de Munich-Freising* : *archevêché de Munich-Freising*, évêché d'Augsbourg, évêché de Passau, évêché de Ratisbonne (Regensbourg). — Plusieurs évêchés dépendent directement du Saint-Siège. Ainsi : l'*évêché indépendant de Strasbourg* (organisé par bulles de Pie IX, juillet 1874) ; l'*évêché indépendant de Metz* ; l'*évêché indépendant d'Osnabrück* (avec le vicariat des missions du nord de l'Allemagne et la préfecture apostolique de Schleswig-Holstein) ; l'*évêché indépendant de Hildesheim* ; l'*évêché princier indépendant de Breslau* (avec délégation de Brandebourg - Poméranie et juridiction hors de l'Empire sur la Silésie autrichienne) ; l'*évêché indépendant d'Ermland*. L'archiprésbytérat de *Katscher* dépend de l'archevêque prince d'Olmütz ; le doyenné de *Neurode*, du prince archevêque de Prague. Enfin, en dehors de la *préfecture* apostolique de la Haute-Lusace (Bautzen), un *vicariat apostolique de Saxe*. — Un prélat, grand aumônier militaire catholique, est subordonné au ministre de la Guerre.

Les **communautés israélites** paraissent pour la plupart indépendantes les unes des autres ; elles ont une organisation publique reconnue, dans quelques États seulement.

CHAMBRE DE LUTHER, A LA WARTBOURG.

Hanovre, Hesse-Nassau nomment des rabbins ; en Bade et en Württemberg, il y a un Conseil supérieur des israélites.

A la coupée d'Eisenach, l'afflux de la Hörsel incline la **Werra** définitivement à gauche, en plein pays de Hesse. Elle range le massif du *Meissner* dont les assises de grès et de calcaire, traversées de basalte, montent en pentes abruptes jusqu'à un vaste plateau de 5 kilomètres qui surplombe la rivière à 600 mètres de hauteur (750 mètres d'altitude absolue). Sous la masse descendent en profondes galeries des houillères exploitées depuis plusieurs siècles : de nombreux ruisseaux creusent les versants, courant au milieu de pâturages et d'épais taillis qu'animent la clochette des troupeaux ou la trompe des chasseurs.

Enfin la Werra trouve à *Münden* son émule la Fulda, et leurs flots réunis forment le *Weser*. Le premier de ces cours d'eau mesure 282 kilomètres ; le second 195 seulement. La Werra est d'une navigation assez facile ; les bateaux la remontent fort loin. Aussi les anciens la regardaient-ils comme formant avec le Weser un seul fleuve, dont la Fulda serait un simple affluent.

Il est difficile de suivre les rives tourmentées du **Weser** entre *Münden* où il se forme, et *Minden* où il débouche en plaine.

EISENACH : PLACE CHARLES ET PORTE NICOLAS.

Dans ce court espace, le fleuve change quatre fois de direction. D'abord il franchit une étroite coupure dans les grès bigarrés du *Reinhardswald*; fléchit à l'ouest vers le haut *plateau de Paderborn* dont les escarpements regardent de ce côté et, par une série d'entonnoirs, anciens lacs au fond de limon et de galets, atteint, au delà de *Holzminden*, des hauteurs calcaires qu'il découpe en escarpes bizarres.

De Bodenfelde à Bodenwerder, les hauteurs du *Solling* suivent sa rive droite, comme celles du Meissner, un peu plus haut, la rive gauche de la Werra. Le *Solling* marque le point le plus étranglé du bassin : il couvre 500 kilomètres carrés; son point culminant est le *Moosberg* (515 mètres). Il est peu de forêts en Allemagne d'une aussi grande étendue. Le gibier y abonde : sangliers, cerfs, lièvres, coqs de bruyère; la truite aime ses torrents; des milliers de bêtes à corne paissent ses pâturages. Enfin, ses flancs recèlent en abondance le grès, l'ardoise, la pierre, que l'on exporte en Hollande et en Danemark.

A *Bodenwerder*, le Weser fléchit sous la bride oblique du *Süntel* que le contrefort du *Deister* appuie au-dessus de la plaine de Hanovre. Mais par un long circuit le fleuve tourne l'obstacle et, d'un brusque retour au nord, s'échappe doucement par la *porte de Westphalie*, de la région montagneuse. Ce barrage frontal du Weser détache, à gauche des *Wichengebirge*, pilastre occidental de la *Porte*, un long bourrelet parallèle au *Teutoburgerwald*. La ville d'*Osnabrück* occupe l'intervalle qui sépare cette double ligne de hauteurs, non loin du point où elles vont se fondre dans la basse plaine de l'Ems.

La porte du fleuve sur la plaine *Porta westphalica* ou simplement *Scharte* comme on l'appelle dans le pays, n'est point une étroite brèche taillée entre des murs de rochers, mais bien une large vallée dans laquelle glisse le fleuve à travers des prairies et des champs cultivés. A l'endroit le plus étroit, il n'y a pas moins de 65 mètres entre la rive gauche et les premiers talus voisins : là s'élève sur le *Wittekindsberg* (282 mètres) une tour d'où la vue domine le contraste du Weser des montagnes et du Weser de la plaine.

Rien de plus dissemblable : on dirait deux fleuves ajustés bout à bout, des sources à *Minden* au débouché de la porte de Westphalie; de Minden à Brême et à la mer. Grâce à la bride transversale qui fait saillie

MARIENBOURG, PRÈS NORDSTEMMEN.

sur le front montagneux du bassin au-dessus de la plaine, la chute entre le haut et le bas pays qui partage l'Allemagne dans toute son étendue, de l'ouest à l'est, n'est nulle part plus sensible.

PETITES PRINCIPAUTÉS DU WESER.

Rien ne fut plus favorable que le bassin supérieur du Weser au morcellement politique; le sol divisé par l'enchevêtrement des massifs et des eaux, y fournit des compartiments favorables à l'établissement de dominations séparées.

A toutes les aspérités des rocs, les donjons s'accrochèrent, la *féodalité* s'adapta naturellement dans un cadre qui l'appelait. Mais le landgrave de *Hesse* ayant mis la main sur le cœur même du pays, pour céder plus tard à son tour devant un plus fort, le pourtour seul du *Weser supérieur* a conservé quelques épaves du passé, petites principautés échappées à l'annexion parce qu'elles ne portaient point ombrage : duché de **Saxe-Meiningen**, sur le revers occidental des monts de Thuringe; principauté de **Waldeck**, au sud de Paderborn, avec l'annexe de Pyrmont; principauté de **Lippe**; enfin **Schaumbourg-Lippe**, entre Minden et Hanovre et déjà au grand air de la plaine. *Schaumbourg-Lippe* a un Landtag de quinze députés; une capitale, *Bückebourg*, qui n'a pas 6,000 habitants et une population totale qui dépasse un peu le chiffre de 40,000. C'est insignifiant, mais on tient aux couleurs nationales, blanc, rouge et bleu, comme aux vieux costumes; et les femmes de *Bückebourg* accortes sous leur chapeau rond, jupes courtes et écarlates sur bas blancs, souliers découverts, sont fières de leurs atours. Mieux protégé par ses montagnes, *Lippe-Detmold* résiste encore à l'absorption. Des incidents récents prouvent qu'on y est jaloux des égards dus à une antique tradition. Ce n'est point, d'ailleurs, qu'on en puisse craindre une sérieuse velléité de résistance. La capitale a 11,970 habitants, l'État 135,000, pour 1,215 kilomètres carrés; un peu moins que *Saxe-Meiningen* : 234,000 habitants et 2,468 kilomètres carrés; plus du double de *Waldeck* : 58,000 habitants et 1,121 kilomètres carrés

MONUMENT DE GUILLAUME Ier, SUR LE *WITTEKINDSBERG*.

SALLE DES CHANTEURS, A LA WARTBOURG.

LA PORTE DE WESTPHALIE.   *Phot. Sophus Williams.*

Car le Harz est trop au sud : contrepoids du massif occidental du Teutoburgerwald, et sur le flanc droit du Weser, il est isolé, facile à tourner par conséquent, traversé de cours d'eau qui rayonnent dans tous les sens et forment du côté du Brandebourg autant de routes d'accès. Le *Harz* est un grand réservoir d'eau entre deux fleuves : *Elbe* et *Weser* l'un à droite, l'autre à gauche. De son versant septentrional, l'*Innerste* descend par Hildesheim à la *Leine* qui traverse Hanovre, et conflue dans l'*Aller*, principal affluent du Weser de plaine. Dans ce même fossé de drainage de l'Aller aboutit l'*Oker*, torrent du Harz septentrional, voisin de Goslar et rivière de Brunswick.

HILDESHEIM, HANOVRE, BRUNSWICK.

Étrange cité que **Hildesheim**, ville en bois sculpté, pleine encore de rues tortueuses, fantaisistes que coupent des carrefours imprévus au détour de quelque voûte, des ruelles étroites et montueuses qui se tordent sous d'antiques ferronneries, des tourelles et des étages en encorbellement. Ici, un étroit belvédère sur pilotis, là, un mirador audacieux, un angle de maison posé de travers, des toits aigus resserrant le passage ou encore d'immenses pignons aux ailes étendues qui semblent faits pour abriter une invraisemblable famille. L'âme du passé revit le long de ces rues, sur ces vieux murs, dans les antiques ciselures de la pierre et du bois; elle vibre en propos sérieux et gais, naïfs et touchants, grotesques ou incisifs qui s'enguirlandent sur un fond de vives couleurs à mille personnages divers, empruntés aux traditions du paganisme, de la foi chrétienne, de l'astrologie du moyen âge et des joyeuses beuveries d'antan.

« Veux-tu plaisanter, boire et rire? dit l'enseigne du restaurant *Zum Volkshalle*, sois de notre compagnie.

— Mais, si tu veux faire une tête, va-t-en chez toi! »

D'anciennes auberges, de vieux hôtels : *Goldener Engel*, *Wiener Hof*, *Braunschweiger Hof* étonnent par leur merveilleuse et amusante décoration : préceptes philosophiques, enseignements de la Bible, histoire, satire, tout s'y mêle en un tumultueux concert. « La mort égalise tout, dit le *Braunschweiger Hof* (1563), seule la vertu distingue les hommes ».

(*Arolsen*, cap., 2,700 habitants). L'Empire allemand a conservé ces minuscules États comme des pierres armoriées dans les murs cimentés d'un bâtiment neuf. Mais il faut se garder d'en rire : leurs protestations pour le maintien de traditions surannées peut-être, leur existence même, malgré leur impuissance, est une protestation vivante du droit contre la force, en un temps où le droit ne compte plus s'il n'est appuyé d'un nombre respectable de canons.

Hanovre l'a éprouvé. Placé sur la lisière des monts, cet État dominait la plaine du Weser, entre la Hollande et le Mecklembourg, l'Ems, et l'Elbe jusqu'à la mer, à l'exception de deux enclaves : Brême et Oldenbourg. C'était un groupe puissant par son étendue, ses ressources et les traditions de la race. Il eut le malheur de ne pas choisir entre la Prusse et l'Autriche le plus fort pour son allié; ce n'est plus qu'un souvenir historique, une simple province prussienne, moins que *Schaumbourg-Lippe* du voisinage, qui a encore ses députés et son drapeau, très effacés sans doute, grimace de souveraineté, mais enfin quelque chose. Il semble que le sort de Hanovre attende *Brunswick*, duché voisin de l'est : on y est trop près du Brandebourg et des États prussiens. Le fossé de l'Elbe, sur la droite, ne saurait le défendre; le massif du *Harz* non plus, bien qu'il en reçoive quelques rivières.

HÔTEL DE VILLE DE HILDESHEIM.

« Tout ce qui est beau est difficile ». Un cortège de muses entoure la taverne dite *Neustädter Schenke* : Uranie, Calliope (les noms y sont de peur qu'on ne se trompe). A côté, la Lune, Vénus, Mercure, Mars, le Soleil, Jupiter. Puis des animaux, un lion, un cerf, une tête de cheval... Enfin les grands hommes: Alexandre, le roi David, Charles le Grand, Godefroi de Bouillon, Jules César, Judas Macchabée, Hector le Troyen et bien d'autres encore. C'est un vrai musée.

HILDESHEIM : UN PASSAGE.   *Phot. Mertens.*

HILDESHEIM : PLACE SAINT-ANDRÉ.

naçaient ruine ont été restaurées. Combien pourtant sont déjà disparues et vont sombrer encore! Déjà l'odieuse bâtisse étale ses murs ineptes chargés d'une lourde et prétentieuse architecture, pièce grossière banale et ennuyeuse, au milieu d'une fine et joyeuse draperie. Mais l'invasion est encore loin de compte et Hildesheim conserve assez de précieux restes pour réjouir l'archéologue et l'artiste.

L'*Hôtel de ville* est original : une fontaine surmontée d'un *Roland* le précède. C'est l'indice d'une ancienne juridiction. *Hildesheim*, en effet, se réclame d'une lointaine origine : la ville remonte au moins à Charlemagne. Au xm° siècle, elle eut les immunités et les droits d'une cité libre et fit partie de la ligue hanséatique. Longtemps capitale d'un évêché princier, l'un des plus puissants de l'Allemagne, elle vit son territoire en partie dilapidé par les États voisins de Brunswick et de Hanovre, reprit possession d'elle-même en 1648; mais, sécularisée au début du xix° siècle, on en fit don à la Prusse (1803). Le *royaume de Westphalie* l'engloba en 1807; puis le *royaume de Hanovre* en 1813; enfin, 1866 l'a faite prussienne encore une fois. L'*Hôtel de ville* renferme une belle salle où, sous un riche plafond, portant l'aigle impérial avec les armes de la ville, huit grandes fresques retracent le long des murs les principaux traits de l'histoire de *Hildesheim*; la construction remonte aux xiv° et xv° siècles. C'est aussi à cette époque et encore au xvi° siècle qu'appartiennent la plupart des belles maisons anciennes.

Et cette inscription sur un débit de vins : *Wein-handlung von Meyer* « Nil nisi divinum stabile, humana laborant ». « Rien n'est stable que le divin, les choses humaines sont périssables. » Combien de vieilles demeures mériteraient une description : la *Grosses Eckhaus* avec ses distiques : « Si tu veux connaître le monde, commence par te connaître toi-même; » la *Pfeilerhaus*, montée sur échasses au-dessus d'un passage; l'*hôpital de la Trinité*, dont les fresques extérieures déroulent une longue théorie d'apôtres et de saints; la maison des *Lansquenets*, avec ses soldats du xvi° siècle; la *vieille maison allemande* (das Alt deutsche Haus) et sa figu-

PLACE DU MARCHÉ.

Les *édifices religieux* : Saint-Michel, le Dom, Saint-Godehard, sont des xi° et xii° siècles et nulle part en Allemagne le style roman n'a tant fait merveille. Construite au xi° siècle (1001-1033), par saint *Bernward*, évêque de Hildesheim (993-1022), l'église *Saint-Michel* est une superbe basilique à trois nefs avec deux transepts et un plafond peint représentant l'arbre de Jessé. Le chœur surélevé, dans le cadre d'une triple galerie dont

ration des quatre éléments : la terre, le feu, l'air et l'eau; la pharmacie de l'Hôtel de ville (*Rathsapotheke*) et ses folles arabesques avec les sens du goût, de l'odorat et du toucher. Partout les signes du zodiaque. Les vertus cardinales, foi, justice, prudence, charité, sur la *Kniep'sches Haus*. Enfin, sur la place du Marché, l'orgueilleuse *Tempelhaus*, et au-dessus des ménagères qui vont, viennent et bavardent parmi les légumes, les volailles, les baraques des marchands, la plus étonnante des constructions de Hildesheim, peut-être de toute l'Allemagne, l'ancienne *maison des Bouchers* (Knochenhauer-Amtshaus) : Adam et Ève dans le Paradis coudoient Louis le Pieux (le Débonnaire), Christophe Colomb, saint Bernward... C'est d'une inénarrable fantaisie. La maison dite des Empereurs (*Kaiserhaus*) offre encore une jolie page d'histoire sur un mur de la rue : trois rangées de quinze médaillons chacune figurent quelques empereurs romains. On peut contester la ressemblance : Théodose a l'air d'un grimaud à côté de la joviale figure de Gallien; Maximin est hirsute, Caracalla déplumé. Valentinien coiffé d'une toque Henri II, parade non loin de Sévère, à la barbe de Turc ombragée d'un turban; le nez de Claude et celui d'Aurélien ne sont guère esthétiques et les aigles qui séparent des autres la ligne inférieure des médaillons, sont en tout semblables à des perroquets. Cette figuration naïve n'en est que plus amusante. La maison qui la porte est sans grand caractère; mais on la conserve avec soin. Beaucoup de vieilles demeures qui me-

HILDESHEIM : MAISON DES BOUCHERS.

les colonnes inégales se superposent en retrait, donne une impression de grandeur. Saint Bernward repose sous la crypte ; mais on pénètre dans le tombeau par une porte extérieure, l'église elle-même ayant été affectée, depuis le milieu du xix° siècle, au culte protestant. Le cloître voisin, qui est magnifique, et l'abbaye dont il dépendait sont devenus un hôpital. *Saint-André* est encore un bel édifice dont la flèche hardie domine la petite place autour de laquelle les vieilles maisons se pressent en un tohu-bohu plein d'entrain. Reconstruite au xi° siècle, comme Saint-Michel, et peu de temps après, la *cathédrale* remplace une église primitive et présente dans ses traits principaux le caractère du style roman. Des agrandissements en style gothique du xv° siècle, une restauration hasardeuse des tours en ont modifié et rapetissé l'aspect ; le xviii° siècle a complètement défiguré la nef. Mais dans cet assemblage il y a des trésors d'art : les portes de bronze, œuvre de saint *Bernward*, le lustre du xi° siècle, d'admirables fonts baptismaux du xiii°, un jubé en pierre de la Renaissance, une colonne de bronze avec l'histoire du Christ en relief. Rien de calme et de reposant comme la petite cour du cloître qui s'adosse au chevet de l'église ; là fleurit le fameux rosier planté, dit-on, par Louis le Débonnaire et dont les fines ramures grimpent sur une surface de 40 mètres jusqu'aux poutrelles du toit : au milieu du jardin, qui renferme quelques tombes, et entre les arceaux des colonnettes vêtues de lierre, une chapelle, presque transparente, à force d'être découpée, veille sur cette retraite. Le trésor de la cathédrale renferme des œuvres capitales pour l'histoire de l'art aux xi° xii° et xiii° siècles.

Si la basilique de *Saint-Godehard* avait le transept et le plafond de Saint-Michel, ce serait, dans le cadre de ses colonnes rondes et légères alternant deux à deux avec des piliers carrés sans lourdeur, un édifice d'une rare beauté. Les murs, malheureusement ternis, faiblissent et

BAPTISTÈRE EN BRONZE
DANS LA CATHÉDRALE DE HILDESHEIM.

des barres d'appui en diminuent l'effet. Le plafond est de bois, partagé en caissons et richement ouvragé au transept. Un lustre, que suspendent huit chaînes triplées, forme une couronne de statuettes assises sur des trônes dorés et symétriquement rangées au milieu des lumières ; au fond du chœur, la grande figure du Christ et le cortège des saints complètent la décoration. Une mosaïque recouvre le tombeau de saint *Godehard* et porte en chef l'arche de Noé, au centre des quatre fleuves paradisiaques : Tigris, Euphrates, Geon et Phison. Il est loisible de tout examiner par le détail et de fureter à la recherche des objets d'art, car le recueillement du lieu est profond. Isolée en dehors de la ville et abritée sur un tertre par des arbres séculaires, il semble que la vieille basilique ait voulu se composer, loin du mouvement et du bruit, une retraite d'art et de rêve au milieu de la confusion universelle.

La vie de l'*Hildesheim moderne* (43,000 habitants) est ailleurs. Comme les autres villes ses sœurs, elle n'échappe point au mouvement qui entraîne l'Allemagne : manufactures de draps, filatures de chanvre, fonderies et machines, toute la ferraille indispensable s'y fait déjà large place. L'usine monte à l'assaut du musée ; elle l'endommage de jour en jour et sa ruine est certaine, si on ne le défend.

Hanovre est le contraste frappant de Hildesheim : grandes rues bordées de hautes maisons que l'on qualifie belles, hôtels somptueux, larges boulevards, squares et tramways électriques aussi commodes, mais aussi enlaidis que leurs congénères par des potences et d'insupportables fils qui les enserrent ; tout le décor d'une grande ville moderne s'y détale. *Hanovre* (235,670 habitants) possède un très beau théâtre, une gare monumentale, un vaste hôtel des postes, un palais des États, une résidence princière ; enfin, des places, des statues, des musées, des institutions et des industries les plus diverses. A peine si du côté de la *Leine* les quartiers populeux présentent quelques coins pittoresques

HILDESHEIM : LE ROSIER MILLÉNAIRE.

COUR DU CLOÎTRE DE LA CATHÉDRALE.

HILDESHEIM : MAISON DE ROLAND.

UN BALCON.

ECKEMECKER STRASSE, A HILDESHEIM.

On cite encore, dans plusieurs rues voisines du vieux Marché, certains pignons à redents des xv⁰ et xvi⁰ siècles; la maison habitée par Leibniz, qui séjourna ici fort longtemps; l'ancien Hôtel de ville (belle salle des fêtes) ratatiné sur ses moignons de briques noircies. Mais il ne faut point chercher dans *Hanovre* le moyen âge qui n'y est pas; son rang de capitale (et elle en a l'air) l'a dégagée depuis longtemps des vieilleries encombrantes; il semble bien, par ce qui reste, que l'art n'a pas beaucoup perdu au change.

Hanovre intéresse surtout par ses vicissitudes et celles de la famille princière qui en a pris le nom. Une avenue de 2 kilomètres conduit aux environs jusqu'à *Herrenhausen*, autrefois faubourg éloigné, maintenant partie de la ville. L'ancienne résidence d'été des princes hanovriens est déserte; son palais bas, muet, sans ornement, semble attendre des hôtes qui ne viennent pas : c'est une sorte de prison, au milieu d'un immense jardin dont les massifs fleuris, les allées à perte de vue, les couverts en charmilles et les grandes avenues, tracées d'après les dessins de Le Nôtre, opposent à la tristesse des portes et des fenêtres closes l'ironie d'une nature toujours vivante. Çà et là, des statues, hôtes ordinaires de cette solitude, des bassins, le jeu des eaux savamment aménagées (un jet monte à 67 mètres), rappellent, en très petit, les jardins de Versailles. C'est la même impression de vide, on sent que quelque chose est mort ici.

Tout près, dans un bosquet, se cache le mausolée d'*Ernest-Auguste*, premier et avant-dernier roi de Hanovre; car cette singulière lignée, qui eut tant et de si hautes fortunes, ne laissa ici que deux princes couronnés : à peine née, la royauté hanovrienne était morte (avril 1814 — septembre 1866).

Une sorte de musée dynastique, dit *musée des Guelfes*, réunit dans un pavillon séparé des portraits, des meubles, des uniformes et nombre d'objets familiers, souvenirs des princes qui en ont fait usage : on dirait d'un inventaire après décès; il

HILDESHEIM : DANS LA RUE DE BRUNSWICK.

s'en dégage une grande déception. Mais aussi, quel exode extraordinaire que celui de cette famille! Les *Guelfes* (1) datent de l'an 1000 pour le moins. Margraves d'Este, en Italie; seigneurs d'Altdorf (aujourd'hui Weingarten, près Ravensbourg en Württemberg entre le lac de Constance et le Danube), princes allemands, ducs de Bavière, puis de Saxe (mariage avec la fille du duc Magnus), et maîtres ainsi de l'Allemagne, leur puissance trouva un adversaire dans Conrad de Hohenstaufen, né au château de Waiblingen (d'où le nom de *Gibelins* donné à sa famille), près de Stuttgart. *Guelfes* et *Gibelins* se disputèrent l'Allemagne et la couronne impériale. Vaincus à Weinsberg, les Guelfes furent dépouillés de leurs États. Henri le Superbe et son fils, Henri le Lion, perdirent la Bavière, la Saxe, et furent réduits aux territoires de *Brunswick* et de *Lünebourg* (1180). Mais la lutte se poursuivit longtemps encore et déchira l'Italie, entre les *Gibelins* partisans de l'autocratie impériale allemande sur la péninsule, et les *Guelfes* partisans des villes et de l'indépendance italiennes.

Les *Guelfes* sortirent de l'émiettement féodal du moyen âge avec le simple titre de ducs de Brunswick et de Lünebourg : Hanovre devint leur capitale (1636) et ils prirent le titre d'*Électeurs* (1692). Si les Habsbourg ont dû en partie leur fortune à d'utiles alliances matrimoniales, encore mieux le peut-on dire des Guelfes de Hanovre. L'un d'eux, Ernest-Auguste, ayant épousé la fille du comte palatin Frédéric V, petite-fille de Jacques I⁰ʳ, la couronne d'Angleterre échut à leur héritier, George, qui fut à la fois : *George I⁰ʳ, roi de Grande-Bretagne et d'Irlande; électeur de Hanovre; duc de Brunswick et de Lünebourg* (1714).

L'union des deux pays demeura toute *personnelle*, chacun conservant son administration séparée; mais les souverains du Hanovre résidèrent

(1) Ces détails ont paru indispensables pour l'intelligence de la géographie politique de l'Allemagne. La question des Guelfes et du Hanovre est une *actualité*.

CLOITRE DE SAINT-MICHEL.

ÉGLISE SAINT-MICHEL, A HILDESHEIM.

en Angleterre et ce ne fut pas sans dommage. Après George Ier et George II son fils, *George III* (roi en 1760 mort en 1820) recueillit au profit de l'Angleterre les bénéfices de la guerre de Sept ans, dont le Hanovre surtout avait souffert : c'étaient l'Inde et le Canada français livrés à la cupidité anglaise.

Bientôt se déchaîna contre la France et ses idées émancipatrices la haine de *William Pitt*; affolée par l'intrigue, corrompue par l'or, troublée par la calomnie et la terreur, l'Europe se rua en coalitions sans cesse renouvelées contre nous. Deux fois *Hanovre* fut occupé par les Français : une première fois, en 1803, avec le général *Mortier*, bientôt remplacé par *Bernadotte;* une seconde fois en 1806. Malgré la parole engagée (capitulation de l'Elbe signée en 1803 par le comte de Walmoden), les soldats hanovriens passèrent secrètement en Angleterre et prirent rang, 12,000 hommes environ, parmi nos pires adversaires en Espagne. Napoléon pouvait user de représailles. Cependant l'occupation de Hanovre ne fut pas très lourde; Mortier réclama une indemnité de guerre de 2 millions et demi (ce n'est pas encore le temps des milliards) : « Les Français, dit un auteur allemand, observèrent en général une bonne discipline; quelques maraudeurs furent, dès les premières semaines, fusillés au marché Saint-Nicolas. »

Le général *Schramm* qui commandait la ville lors de la seconde occupation se montra « sévère pour les soldats »; le préfet « doux et bienveillant ». Mais le perpétuel va-et-vient des troupes était un sujet de continuelles alertes : Portugais, Italiens, Bavarois, Westphaliens, Hollandais, se succédaient à la file. Les Hollandais, que l'on traite aujourd'hui de frères, « commirent des atrocités ». Mais l'histoire officielle envenimée par la passion a mis tous ces méfaits, et combien d'autres encore, à la charge des Français; ils y sont habitués.

En 1810, le reste du *Hanovre* fut attaché au *royaume de Westphalie;* la ville était chef-lieu du département de la Leine ; tout y fut organisé à la française. Le roi *Jérôme* vint avec sa femme et résida trois semaines à Herrenhausen. Bientôt, la bataille de Leipzig et la retraite qui suivit y amenait les alliés. Le *Hanovre* prit une part active à la bataille de Waterloo sous les ordres du général de Alten : les diplomates de Vienne récompensèrent son concours par des annexions territoriales et le titre de royaume (12 avril 1814). Voilà le *roi d'Angleterre* devenu *roi de Hanovre :* il y avait juste un siècle qu'il prenait possession de la couronne anglaise.

Le *royaume de Hanovre* n'a eu que *deux* rois. Il fut d'abord administré par le duc Adolphe de Cambridge, l'un des nombreux fils de George III. Mais, à la mort de son frère Guillaume IV, la nièce de ce dernier, *Victoria*, ayant été proclamée reine de Grande-Bretagne et d'Irlande, l'ordre de choses établi en Hanovre dut être modifié, les femmes n'y pouvant régner : on y mit un roi qui fut *Ernest-Auguste*, duc de Cumberland, fils de George III. Ainsi les deux couronnes se trouvèrent séparées, tout en restant dans la même famille. *Ernest-Auguste* (né en juin 1771, roi en 1837, mort en 1851) eut quelque raison de surveiller la Prusse qui enserrait ses États comme dans une pince entre le Rhin et l'Elbe. Mais il trouvait quelque assurance dans la pensée de l'étroite alliance qui unissait cette monarchie à la sienne depuis plus d'un siècle. Le premier roi de Prusse, *Frédéric Ier*, n'avait-il pas épousé la sœur du premier roi d'Angleterre de la maison de Hanovre, *George Ier*. Le second roi de Prusse était encore uni à la fille du même prince, Sophie-Dorothée; de sorte que leur fils, le *Grand Frédéric*, par sa mère et sa grand'mère était doublement de sang hanovrien. Les deux familles avaient grandi ensemble, et pour en resserrer encore les liens, *Ernest-Auguste* épousait la princesse Frédérique de Mecklembourg-Strélitz, sœur de la reine Louise de Prusse; il avait habité Berlin, son fils y était né. Les enfants des deux sœurs, héritiers de Prusse et de Hanovre étaient liés.

HILDESHEIM : VIEILLE MAISON EN BOIS SCULPTÉ.

Sous de tels auspices, le règne de *George V* successeur d'Ernest-Auguste semblait promis à un long avenir. Mais la politique se fait un jeu des vraisemblances : le roi de Hanovre fut dépouillé de ses États par son cousin de Prusse, et la reine d'Angleterre, sa cousine, n'eut garde d'intervenir. Il est vrai que George V avait pris parti pour l'Autriche; le coup de Sadowa lui fut fatal (1866). Son royaume fut effacé de la carte et le prince fugitif, aveugle vint mourir en exil à Paris (1878).

En vain son fils, *Ernest-Auguste*, prince royal de Grande-Bretagne et d'Irlande, *duc de Cumberland*, duc de Brunswick et de Lünebourg, protesta-t-il contre la spoliation de son père. L'héritier de ses revendications et de ses titres, *George-Guillaume*, né à *Gmunden* (Autriche) en octobre 1880, attend sans doute le secret de l'avenir.

Il est probable que rien ne sera changé de ce qui est. Dès maintenant, un prince de Prusse administre les États de Brunswick et réside souvent au palais royal de Hanovre. Les Hanovriens en doivent prendre leur parti, non sans regret; car l'esprit de résistance naturel à la race et son attachement à l'ancienne personnalité saxonne se fortifiaient de l'opposition traditionnelle de ses princes à l'hégémonie impériale. Le *royaume de Hanovre* faisait en quelque sorte revivre l'*ancien duché de Saxe*; un État distinct encadrait la race. Toute barrière est maintenant tombée, le Hanovre est devenu simple *province*

MONUMENT D'ERNEST-AUGUSTE.

HANOVRE : LE THÉATRE.

prussienne. Mais le roi de Prusse est si proche parent de l'ancien souverain ! Et puis, de quelque nom qu'on la désigne, la famille saxonne n'en demeure pas moins toujours active et opiniâtre. Une partie d'entre elle a reflué sur l'Elbe, et c'est là, dans une sorte d'avant-garde formant aujourd'hui le *duché de Saxe* et le *royaume de Saxe*, que se conserve l'antique appellation d'origine, tandis que les couches profondes de la race demeurent dans le golfe ethnographique dessiné par le front montagneux de l'Allemagne sur les basses plaines de l'Ems, du Weser et l'Elbe inférieurs.

Depuis un siècle, **la ville de Ha-**

ALLEMAGNE.

novre n'a cessé de grandir; ses fortifications démolies dès 1780 en ont fait une ville ouverte. On y comptait 21,300 habitants en 1815; 45,000 en 1852; 89,500 en 1871; il y en a 235,660 aujourd'hui. Les relations établies par la communauté du souverain avec l'Angleterre, ont sans doute contribué à ce développement. Il y a quatorze heures de Hanovre à Paris, dix-sept jusqu'à Londres, six heures et demie à Francfort, cinq à Cologne, quatre à Berlin, trois et demie à Hambourg. Entre la métropole commerciale de l'ouest, le premier port de l'empire et la capitale de l'Allemagne, *Hanovre* ne pouvait manquer de prospérer. L'*industrie* s'y est fait une large place, mais elle emprunte au pays voisin son aliment principal.

La *Leine* est l'artère du *Hanovre*; elle descend de l'*Eichsfeld* et sillonne le pays entre la Werra, le Weser et le massif du Harz, en passant par *Göttingen*, où fleurit l'une des Universités célèbres de l'Allemagne. Fondée en 1737 par George II, elle eut pour maîtres Ottfried Müller, Grimm, etc. *Bismarck* en suivit les cours; *Ernest-Auguste* également : et n'est-ce pas une ironie de voir formés aux mêmes leçons les deux adversaires de l'avenir dont l'un doit dévorer l'autre? J'ai vu défiler dans les rues de *Hanovre* une procession d'étudiants en l'honneur de l'anniversaire de Bismarck. Au risque de passer pour incongru, je dois le dire, cette exhibition funambulesque m'a laissé froid et plutôt étourdi qu'enchanté. Ces torches de résine fumeuses sous le clair soleil, ces défroques d'un autre âge, petites toques brodées or et argent sur fond jaune vert ou rouge, posées sur l'œil en galette; ces étendards baroques portés en de lourdes berlines découvertes par de raides figurants; ces cavaliers au panache blanc, vert ou autre; les hautes bottes d'égoutiers, les brassards à larges entonnoirs, les flamberges traînardes et les cornes à boire que l'on se passe le long des rangs : tout ce décor d'opéra-comique dans le cadre de rues neuves, ultra-modernes, j'avoue n'y avoir vu qu'une sarabande d'écoliers échappés aux murs trop étroits du collège. On dit que tout cela est traditionnel; mais il faudrait à ce déploiement un autre cadre, Hildesheim par exemple, ou Nuremberg; on éviterait un contraste choquant et un non-sens. D'ailleurs, un défilé en l'honneur de Bismarck, est-ce tellement traditionnel dans les rues de Hanovre?

Il faut avouer aussi mon peu d'enthousiasme pour ces bravaches scolaires à la figure couturée, labourée de pointes et couverte encore de taffetas antiseptique, comme au sortir d'une bataille. Le duel passe pour une école de sang-froid dans les Universités allemandes, et il est fréquent. J'ai compté quatorze cicatrices sur la figure d'un moutard à Tübingen ; il avait l'air d'un boule-dogue. Mais un effet voulu (puisque seule la figure est exposée aux coups, les yeux protégés d'ailleurs), cette parade de bravoure, ces traits forcés que le duel imprime sont hors de proportion avec le danger réellement couru. Les naïfs seuls peuvent s'y laisser prendre, et cela choque notre sens de la vérité et de la mesure. Le vrai duel est plus sérieux et ne fait point tant d'embarras. Il y a sans doute aussi, même pour les écoliers, d'autres exercices de sang-froid et de courage.

On doit louer, par exemple, sans réserve, l'esprit d'association qui groupe ces jeunes gens dans la famille universitaire et les habitue à se prêter un mutuel appui, même plus tard dans le combat de la vie. Au lieu de gaspiller leur énergie et leur activité en efforts individuels qui, pour être remarquables, restent bien souvent stériles et fléchissent devant des obstacles, autrement faciles à surmonter, ils savent s'entendre, s'unir ; et cela fait merveille dans les entreprises du commerce et de l'industrie. On s'associe pour tout en Allemagne ; il y a des *instituts* de ramoneurs, de por-

principaux établissements industriels qui emploient ces produits sont concentrés à *Linden* (50,623 habitants), près de Hanovre.

Sur la droite de la Leine, les terrains sablonneux de *Döhren* produisent des asperges fameuses ; *Misbourg* exploite et transforme en ciment les calcaires argileux du Kronsberg ; et tout près, la *Breite Wiese*, ou grande prairie, marécage marneux aujourd'hui fertile, étend ses herbages et ses cultures. Une grande forêt, la *Eilenriede*, groupe à l'est, autour du jardin zoologique, de beaux halliers de chênes et de hêtres semés de

P. Jousset.
PLACE DU VIEUX MARCHÉ, A BRUNSWICK.

bouquets de pins, de mélèzes, de cyprès. Certains chênes atteignent des proportions remarquables, comme le chêne royal, par exemple, qui mesure 26 mètres jusqu'aux premières branches de sa couronne. Un fossé entourait autrefois le bois et l'on trouve même sur sa lisière des restes de remparts chargés de le protéger contre les déprédations ; le ruisseau « Wolfsgraben » défend l'un des côtés. Outre un but de charmantes promenades, la *Eilenriede* est aussi pour les habitants de Hanovre une défense contre les vents du nord-est, brûlants en été, glacés en hiver.

Hannovre est sur le seuil de la grande plaine du nord de l'Allemagne. Déjà, près de la ville on en remarque les caractères. Ce sont, à partir d'Herrenhausen et dans la direction du nord-ouest et du nord, des terrains légers et sablonneux qui se succèdent : le froment et la betterave n'y prospèrent point, mais seulement le seigle, l'avoine, les pommes de terre. D'immenses étendues de landes (*Heide*) se couvrent de bruyères, de lichens, que piquent çà et là de couleurs vives les panaches jaunes de l'arnica et le calice bleu profond de la gentiane. Puis, des bas-fonds aux joncs serrés succèdent à des bouquets d'arbres légers, pins ou bouleaux à la robe blanche ; parfois, les conifères forment d'épais massifs à l'ombre desquels, parmi les aiguilles résineuses, des légions de champignons étalent leurs chaperons aux couleurs variées. Le paysage se déroule ainsi jusqu'aux *landes* de *Lünebourg* qui en sont le naturel prolongement : beaucoup de marécages dorment dans les affaissements du sol en formation ; le plus voisin de Hanovre est celui de *Warmbüchen*. « Une eau brune et sournoise, qui se cache sous des coussins de mousse vert pâle ou jaune éteint ; des bataillons de joncs inclinés sous la moindre brise ; de-ci de-là, quelques saules et des aunes rabougris, des levées pour l'exploitation de la tourbe dont les tas espacés, en attendant qu'on les emporte, sont en été le refuge de venimeuses vipères ; quelques jolies corolles d'humbles plantes égarées dans un désert ; tels sont les traits de ce marécage silencieux. » Malgré sa tristesse, le *Warmbüchener Moor* est un précieux auxiliaire ; absorbée par les mousses et la tourbe, l'humidité que dégage l'air s'amasse en couches profondes, favorise la décomposition des plantes et des racines, matériaux du sol en formation, enfin pénètre la terre et reparaît au jour en sillons liquides, ruisseaux et sources bienfaisantes pour la culture.

HANOVRE : LA MAISON DE LEIBNIZ.

teurs de bagage... très pratiquement organisés. Et cet esprit d'association paraît comme un des caractères essentiels à la race germanique et peut-être le secret de bien des succès.

Par la *Leine*, la campagne de Hanovre reçoit de la région montagneuse, des alluvions converties avec succès en pâturages et en champs cultivés. La région fertile est au sud et au sud-ouest et s'élève avec les ondulations du pays de *Kalenberg* jusqu'au Deister, contrefort de la chaîne du Weser. Céréales et betteraves y poussent en abondance ; il faut en importer pourtant et alimenter les raffineries qui ont pris un grand développement. On exploite aussi des salines abondantes (par évaporation de sources salées), des puits d'asphalte ; une épaisse couche d'argile grise amassée par la Leine fait prospérer de nombreuses tuileries. Le *Bentherberg* (190 mètres) fournit du calcaire carbonique aux fours à chaux ; enfin l'on tire du *Deister* une excellente pierre à bâtir, de la houille, qui anime les fabriques du voisinage et du bois. Les

La **Steinhuder Meer** est encore un lac marécageux dépendant en partie de l'ancien royaume de Hanovre ; le sud appartient à la principauté de Schaumbourg-Lippe. C'est le plus grand des lacs qui parsèment le nord-ouest de l'Allemagne : il a 6 lieues de tour, des bords très plats, excepté au nord où ils se relèvent par quelques dunes ; 4 mètres de profondeur moyenne, 7 à 8 mètres aux endroits les plus creux. Sa faune est intéressante, il nourrit de nombreux poissons ; ses anguilles surtout sont excellentes ; des bandes de canards, d'oies et de cygnes sauvages voguent sur ses eaux ; dans l'air passent des vols incessants de mouettes. Il faut se garder de la rive, car elle est instable : de véritables prairies de mousses et d'herbes reposent à la surface de l'eau et si, d'aventure, un vent violent souffle du nord-ouest, on en voit qui se détachent et flottent de la rive hanovrienne à la rive opposée : il faut parfois retenir les fugitives avec des cordes. Un comte de Bückebourg voulant avoir une île sur cette mer en miniature (1761-1763), fit jeter ensemble d'énormes blocs de pierre et de sable, et construisit là une forteresse, Wilhelmstein, qui devint en même temps une école d'artillerie ; le fameux Scharnhorst y fut élevé. Ce n'est plus aujourd'hui qu'un musée assez original.

Duché de Brunswick. — Le sort des États patrimoniaux de la famille de Hanovre a été réglé d'avance par ce qui est advenu du royaume. Depuis

MAISON
DES CORPORATIONS,
A BRUNSWICK.

MAISON WOLTER, A BRUNSWICK.

que la branche aînée de *Brunswick-Lünebourg* s'est éteinte en la personne du duc Guillaume (octobre 1884), l'héritier naturel du duché, *duc de Cumberland*, reste comme son père en butte à l'hostilité déclarée de la Prusse. L'Assemblée du pays a élu, pour le remplacer comme Régent (21 octobre 1885), le prince *Albert de Prusse*, dont la résidence habituelle est le palais royal de Hanovre.

Le *duché de Brunswick-Lünebourg* est le plus compliqué des anciens États féodaux de l'Allemagne ; il s'est formé avec le temps de pièces et de morceaux. Impossible d'y reconnaître une frontière naturelle : c'est une sorte de jeu de patience, d'habit d'arlequin, une chevauchée fantaisiste par monts et par vaux ; il tient à la fois du Harz et de la plaine, jette des enclaves sur tous ses voisins et reçoit lui-même. On peut le ramener à trois groupes de territoires : 1° cercles de *Brunswick*, de *Wolfenbüttel* et de *Helmstedt* ; 2° groupe de *Gandersheim* (avec Bodenbourg) et de *Holzminden* ; 3° fraction de *Blankenbourg*. En tout : 3,672 kilomètres carrés et plus de 435,000 habitants. La ville de *Brunswick* en compte 126,000 ; *Wolfenbüttel*, 17,870 ; *Helmstedt*, 14,260 environ.

L'*État-duché de Brunswick* (*Braunschweig*) forme une monarchie constitutionnelle héréditaire dans la postérité mâle et transmissible aux femmes des ducs de Brunswick-Lünebourg. Le chef du pouvoir exécutif est actuellement le régent Albert de Prusse. L'Assemblée régionale comprend 48 députés : 15 représentants des villes et 15 des campagnes, élus pour quatre ans au suffrage à deux degrés ; 18 élus de diverses professions par vote direct. On est électeur à vingt-cinq ans, éligible à trente. L'Assemblée se réunit tous les deux ans en session ordinaire

et peut être convoquée dans l'intervalle. La majorité de la population appartient au culte évangélique. Le budget est de 20 millions, la dette de 23 millions ; l'État est grand capitaliste et grand propriétaire. Par la convention du 18 mars 1886, le contingent brunswickois forme 1 régiment d'infanterie, 1 régiment de hussards, 1 batterie d'artillerie dans l'armée allemande.

La *ville* même de **Brunswick** est intéressante à plus d'un titre : l'*Oker* l'entoure d'un double repli que suivent les promenades ombragées. De très beaux monuments, comme la *Résidence* princière (1865), l'une des plus belles de l'Allemagne et un *Hôtel de ville* grandiose, s'élèvent à côté de l'antique demeure et du lion de bronze érigés à la fin du XIIᵉ siècle par Henri le Lion. La *cathédrale* voisine (Saint-Blaise) est une magnifique basilique romane, très décorée d'antiques peintures qui pour la plupart remontent au XIIIᵉ siècle et ont été remises à neuf. Remarqué sur un pilier cette inscription :

Norint hoc omnes, quod Gallicus ista Johannes pinxit.
Quæ scio formare, si scirem vivificare
Corpora, deberem merito cum diis residere.

(Faisons à tous connaître que le *Gaulois* Jean a exécuté ces peintures... Si je savais vivifier les corps que je sais dessiner, ma place serait au rang des dieux). Un chœur surélevé au-dessus d'une vaste crypte, tombeau de la famille ducale, les hautes statues de Henri le Lion et de l'évêque de Hildesheim, un candélabre en cuivre à sept branches (4ᵐ,50), des sculptures sur bois, de grandes figures murales, donnent à l'ensemble une originalité saisissante. On a réuni dans un *musée* les belles collections de

UNE MAISON DE LA RUE KNOCHENHAUER.

LE LION DE BRUNSWICK

STATUE DE HENRI LE LION
DANS LA CATHÉDRALE.

tableaux et d'objets précieux provenant de la famille de Brunswick : il y a là un manteau impérial d'Othon IV, des émaux, des ivoires, des pièces d'orfèvrerie tout à fait remarquables. Certains quartiers de la ville sont eux-mêmes un musée par leurs vieilles maisons.

Brunswick est peut-être, après Hildesheim, la ville d'Allemagne la plus remarquable en ce genre; des rues entières, du côté du *Hagen markt*, ont conservé leurs pignons historiés. Mais les beaux morceaux sont rares, et à quelques exceptions près, laissent peu de place à la fantaisie si réjouissante qui arrête à chaque pas le long des rues de Hildesheim. L'*Alte Waage*, ancien poids public près du vieux marché, est une belle construction en bois du XVIᵉ siècle. Brunswick fit partie de la Hanse aux XIVᵉ et XVᵉ siècles; sa grande prospérité date de cette époque. Un fils du duc Ludolf de Saxe, Bruno, l'avait fondée : de là son nom *Brunonis vicus* (bourg de Bruno), d'où l'on a fait Brunswick. Henri le Lion (1139-1195) lui donna une grande importance; puis, la cité fut à peu près libre. Aujourd'hui, sous la domination de la Prusse, elle a suivi l'entraînement général : chaudières, machines, filatures y font rage. Brunswick est l'un des plus importants marchés de sucre de l'Allemagne; ses épices, ses asperges, ses conserves de fruits sont renommées. Le territoire voisin alimente en asperges, pois, haricots, épinards, choux-raves, de grandes fabriques de conserves jusqu'en Suède et en Danemark.

L'**industrie agricole** a pris en Allemagne un développement que beaucoup de bons esprits pensent et que l'événement a parfois trouvé sans mesure. L'alcool, surtout, et le sucre sont l'objet d'une spéculation effrénée.

Le **sucre** allemand provient exclusivement de la *betterave*, et c'est la province prussienne de *Saxe* qui en fabrique le plus; le nord et l'est suivent le mouvement. Plus d'un million de tonnes de *sucre* ont été exportées en 1898, pour une valeur de 265 millions de francs, principalement aux États-Unis et en Angleterre. L'industrie sucrière fait vivre en Allemagne, cent mille ouvriers et ouvrières. De grandes villes comme *Brunswick*, *Magdebourg* et *Halle* fournissent aux fabriques et aux raffineries les machines perfectionnées dont elles ont besoin. Les résidus de la fabrication sont desséchés et réduits en tourteaux, précieuse substance alimentaire pour le bétail, à cause de ses qualités nutritives.

L'industrie de l'**alcool** emprunte sa matière première aux céréales (orge), mais la *pomme de terre* la majeure partie de ses produits. Presque tous les fabricants d'*alcool* sont associés pour la production et l'exportation : leurs intérêts sont centralisés à Berlin. On évaluait à plus de 3 millions d'hectolitres la production de 1898; elle n'a fait que croître depuis. Les déchets des distilleries de pommes de terre, par leur grande valeur alimentaire, contribuent à la prospérité de l'élevage et à l'enrichissement des terrains. De là vient leur importance agricole.

La fabrication des *levures sèches* (seigle et maïs), celle du *vinaigre* (tiré de l'alcool, du malt, du vin ou de la bière); l'extraction de l'*amidon* (pomme de terre, maïs, blé, riz); enfin le *maltage* et le *brassage* de la bière font vivre de nombreux établissements.

Il y a en Allemagne 800 *malteries* au moins, et près de 12,000 *brasseries* où travaillent 98,000 employés. C'est en *Bavière* que l'on boit le plus de bière; puis en Würtemberg et dans le grand-duché de Bade. Cependant les chiffres de production totale fournis par les statistiques officielles pour la Bavière — un peu moins de 17 millions d'hectolitres (année 1897) — ne donneraient cette année-là qu'une consommation moyenne de 286 litres par habitant, ce qui

DANS LA CATHÉDRALE DE BRUNSWICK.

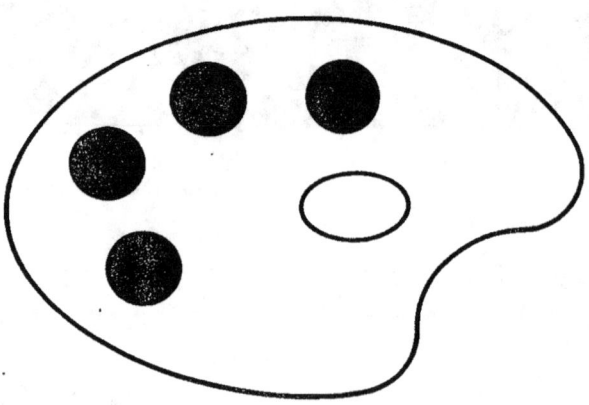

Original en couleur
NF Z 43-120-8

HAVEL ET SPRÉE. — ENVIRONS DE BERLIN

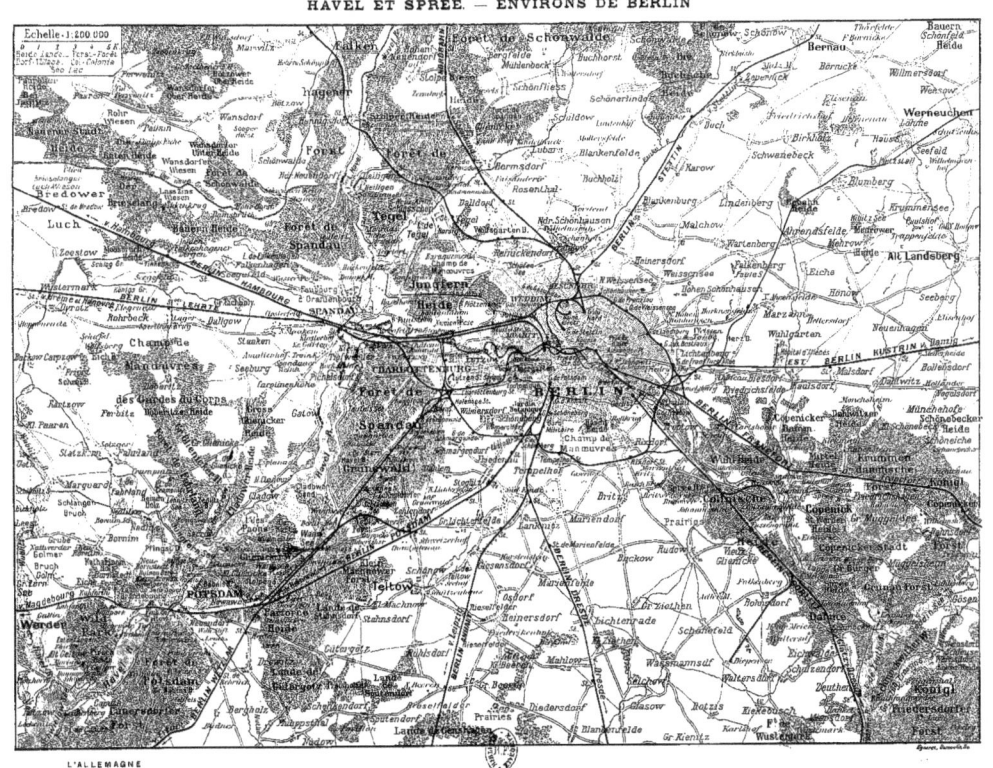

peut paraître au-dessous de la moyenne, à voir seulement la mine des gens en cette région. L'Allemagne *importe* encore un nombre respectable d'hectolitres de bière (plus de 68,000) que lui envoient les brasseries de *Pilsen*, dans la Bohême autrichienne. Berlin et Munich possèdent des écoles de brassage.

L'industrie de la bière fait une grande consommation d'*orge*, aussi

Phot. Behrens.

MAISON DANS LA GÜLDENSTRASSE. — LOGGIA EN BOIS. — ÉGLISE SAINT-ANDRÉ, A BRUNSWICK.

cette culture est-elle des plus répandues. Parmi les autres céréales, le *seigle* occupe 40 pour 100 de la surface du sol utilisé par l'agriculture. On le cultive surtout à l'est. Le *froment* vient au centre et dans le sud. La pomme de terre est partout et accapare avec la betterave des terres excellentes d'ailleurs pour les céréales et qui sembleraient indispensables à l'alimentation indigène.

Le pays de *Brunswick* est surtout agricole; mais, grâce aux montagnes voisines du Harz, l'exploitation des mines et des carrières, les forges, les verreries, les manufactures, multiplient ses ressources.

Tout le versant du Harz, que sillonne l'Oker, regarde du côté de Magdebourg et de Berlin. L'*Aller*, qui en fait le tour, en se repliant dans la direction de l'ouest-nord-ouest, vers le Weser, pourrait être uni facilement à l'Elbe par le *Drömling*, bas-fonds marécageux aujourd'hui desséché, dont les fossés portent les eaux vers l'un et l'autre fleuve. Une communication d'ailleurs existait autrefois entre l'Aller et l'Ohre, affluent de gauche de l'Elbe. Le cours paisible de l'*Aller*, entre des rives plates et monotones, forme un contraste parfait avec le cours torrentueux de l'Oker, et surtout de la turbulente Innerste, tributaire de la Leine. L'*Aller* rallie cette rivière en aval de Celle : il est alors navigable; la ligne qu'il trace est parallèle à celle de l'Elbe inférieur, sur le flanc opposé de l'*Altmark* et des *landes de Lünebourg*. Son confluent dans le *Weser* est à 12 mètres d'altitude, tandis que la source est à 165 mètres seulement; c'est environ 140 mètres de pente pour un parcours de 252 kilomètres. On juge par là de sa lenteur.

Le *Weser*, grossi de ces eaux, passe à Brême (1), puis, sous la poussée de la *Hunte* qui conflue à gauche, se dirige droit au nord en un long estuaire dont *Bremerhaven* commande la porte de

UN RAMONEUR.

sortie. L'embouchure atteint 15 kilomètres de large et s'épanouit entre le golfe de la *Jade*, à gauche, l'estuaire de l'*Elbe* à droite, ayant au large, dans le lointain de la haute mer, l'île et les feux d'*Helgoland*.

Deux cours d'eau conjugués, *Hamme* et *Wümme*, affluents du Weser, au-dessous de Brême, puis la *Oste* qui, comme la Wümme, assèche les landes de Lünebourg et finit aux bouches de l'Elbe, sillonnent le grand triangle de bas-fonds qui sépare l'estuaire des deux fleuves. Longtemps encore les tributaires de la Baltique sont entièrement gelés, que le Weser est déjà praticable. Il est moins encombré de glaçons que l'Elbe; son estuaire charrie, mais ne se prend guère complètement : on a même vu, pendant certains hivers, le *Weser* toujours navigable.

OUVRAGES A CONSULTER. H. Ferber : *Promenade historique à travers la vieille ville de Düsseldorf*. — Lerch : *Aix-la-Chapelle et son terroir*. — Haagen : *Histoire d'Aix-la-Chapelle, depuis ses origines jusqu'à nos jours*. — Beissel : *Aix-la-Chapelle et ses sources thermales*. — Fromm : *Bibliographie de ces sources*. — W. Schjerning : *La Ville et ses environs*. — Catalogue officiel de la section allemande à l'Exposition de 1900 : *Agriculture et industries de l'Allemagne*. — P. Bahlmann : *Münster en Westphalie* (population, climat, monuments, industrie). — G. Blondel : *Populations rurales de l'Allemagne*. — Guide Meyer : *Le Harz* (routes et sommets, villes et vallées, mines, avec cartes). — Dr Herm. Proschholdt : *La Forêt de Thuringe et ses environs*. — Graëf et Kettler : *Carte en 4 feuilles de la forêt de Thuringe*. — Wörl : *Cassel; Wilhelmshöhe*. — A. vonBehr: *Guide à travers Hildesheim*. — Hanovre : *Livre de lecture*, édité par la Société d'enseignement hanovrienne. — A.-H. Plinke : *Nouveau Guide à travers Hanovre* (plan). — Lib. J. Meyer : *Guide à travers Brunswick*. — Fr. Bosse : *Le Pays de Brunswick* (avec carte). — Herm. Guthe : *Les Pays de Brunswick et de Hanovre*. — Frensdorff : *Hannover in alter und neuer Zeit*. (Leipzig).

(1) Voy. la description de la ville et du littoral, p. 3.

CHATEAU DE BRUNSWICK. — Phot. Sophus Williams.

ANCIEN POIDS PUBLIC, A BRUNSWICK. — Phot. Sophus Williams.

ARTÈRE CENTRALE DE L'ELBE

COURS SUPÉRIEUR, MOYEN (Rive gauche) ET INFÉRIEUR

Cours supérieur du fleuve, en Bohême.
Cours moyen de l'Elbe : Suisse saxonne. — *Dresde* et Meissen; *Céramique et verrerie*. — Monts des *Métaux*. — Leipzig et la *librairie* allemande. Organisation *judiciaire* de l'Allemagne. Royaume de *Saxe*.
Bassin de la Saale : *Weimar*. Région intermédiaire de l'Eichsfeld. *Erfurt* et l'*horticulture*. — Barberousse et le Kyffhæuser. — Torrents du Harz oriental. Buts d'excursion. Costumes et traditions.
Cours inférieur de l'Elbe : Magdebourg. — Landes de *Lünebourg*.

Le **cours supérieur de l'Elbe** n'appartient pas à l'Allemagne mais à la Bohême, haute région de collines et de plateaux qu'un losange d'épais contreforts appuie en pointe, comme un bastion, au-dessus du Danube. Les deux remparts du losange qui regardent vers le nord, monts des *Métaux* à gauche, *Sudètes* à droite, avec les monts des *Géants* et ceux de Lusace, forment un double arc-boutant surbaissé, dont la clef de voûte, tranchée en son milieu par une brèche profonde, livre passage à l'Elbe dans les plaines de la Saxe et de l'Allemagne du nord.

Ce n'est point l'Elbe, mais la *Moldau* que l'on devrait nommer ce grand fleuve; car la *Moldau*, est son principal aliment. Elle recueille les eaux des trois quarts de la Bohême, traverse le pays du sud au nord, jetant de part et d'autre l'éventail de ses tributaires, comme les veines d'un corps bien constitué. L'*Elbe*, au contraire, né dans un coin oriental du plateau, en voit à peine le quart, dans un circuit rapide, comme s'il avait hâte de sortir. Un peu au-

CHUTE DE L'ELBE (Elb Fall). — Phot. Mertens.

dessus de *Melnik*, qui marque son confluent avec la Moldau, il devient navigable, tandis que le grand fleuve bohémien, large ici de 160 mètres, après avoir atteint 100 mètres de plus en aval de *Prague* et fourni un cours de 452 kilomètres, porte des radeaux depuis Rosenberg à la pointe sud intérieure de la Bohême, et devient navigable, un peu plus loin, à *Budweis*, c'est-à-dire sur presque toute sa route.

La **Moldau** (*Mltawa*) fleuve slave de Prague, sort des massifs boisés qui dominent le Danube à la hauteur de Passau. D'abord elle se dirige, suivant l'échine des monts, jusqu'au rentrant de *Rosenberg*, puis tourne tout à coup au nord pour unir en un seul tous les cours d'eau du pays. La symétrie de son bassin est admirable. Il ne faudrait point toutefois l'imaginer comme une cuvette sans relief, entourée de hauts rebords fermés. Rien n'est plus faux que cette conception. Les *Sudètes*, les monts des *Géants* et les *monts de Lusace*, les *Erzgebirge* qui la bordent au nord et au nord-ouest, les *monts de Bohême* eux-mêmes qui, vus au sud-ouest et de la plaine danubienne, ont l'air d'un rempart infranchissable, sont traversés par plusieurs lignes de chemins de fer. Mais du côté de la *Moravie*, flanc sud-oriental du quadrilatère et contrepoids du *Bohmerwald*, le seuil de séparation avec les pays voisins n'est pour ainsi dire pas marqué. Les gradins de *Bohême* et ceux de *Moravie* se confondent, au point qu'un léger renflement incline seul les eaux vers la Moldau à l'ouest, ou vers le Danube au sud-est. La *Bohême* est vraiment ouverte de ce côté vers l'Autriche morave et l'on cherche en vain sur la voie ferrée de

Vienne à *Prague*, par Gmünd ou Iglau, les fameuses chaînes figurées encore sur beaucoup de cartes.

Une erreur analogue s'est accréditée pour l'intérieur du plateau. La Bohême n'est point une surface uniforme régulièrement creusée vers le centre, mais une succession de *trois plateaux* d'altitude et de formation différentes, bossués de massifs et de collines, entaillés de larges vallées et de gorges profondes. *Quatre paires de rivières* découpant le sol, sur chaque flanc de la *Moldau*, déterminent cette triple section territoriale. Au sud, la *première terrasse*, faite de gneiss et de granit,

s'appuie au Böhmerwald et descend de 1,080 mètres, dans les plaines de *Budweis*, au milieu de nombreux étangs.

Au nord, les puissants massifs basaltiques des **Mittelgebirge** s'étagent en contreforts de la chaîne des *Erzgebirge* ou monts des Métaux, front nord-ouest du bastion bohémien. Ils se prolongent à travers le cours de l'Elbe, dans la direction des monts de Lusace. Pénétrées par l'humidité, les masses de basaltes se désagrègent; adoucissent leurs angles, prennent mille formes diverses. De leurs débris s'est formé un sol brun rougeâtre ou bleu ardoisé, très favo-

L'ELBGRUND, OU ENTONNOIR DE L'*ELBE*; RÉGION DE LA SOURCE.

rable à la culture des céréales et à la végétation forestière. Du fond lui-même, on tire l'anthracite, la houille, le granit et les sources minérales qui en jaillissent nombreuses attirent les malades et les touristes à *Teplitz* (bains, eaux chaudes bicarbonatées sodiques), à *Carlsbad* (eaux chaudes, sulfatées, carbonatées sodiques), à *Marienbad* (sulfatées sodiques, froides), à *Franzensbad* (eaux froides, sulfatées, sodiques, ferrugineuses).

La **source** même de l'*Elbe* est incertaine : elle dérive des prairies marécageuses qui s'étalent sur la croupe faîtière des *Riesengebirge* (monts des Géants). L'ensemble de ce haut terrain lacustre prend le nom de *Elbwiese* (prairies de l'Elbe). Partout l'eau suinte, ruisselle et court en minces filets sous les herbes et la mousse, prenant parfois un court repos dans des vasques fraîches sur un lit de cailloux. On compte pour le moins dix de ces sources mères ou *fontaines* de l'Elbe. L'une d'elles, située à 1,384 mètres d'altitude s'attribue, sans raison d'ailleurs, le nom du fleuve. De ces minces ruisselets unis, un petit torrent, l'*Elbbach* s'élance par une faille rocheuse et bondit en sept ou huit cascatelles jusqu'à la rencontre du *Weisswasser*, autre filet de montagne issu de la *Teufels Wiese* (prairie du diable), non loin du Schneekoppe. Par une tranchée ouverte entre des arêtes chargées de pins, l'*Elbe* atteint la base des monts de Hohenelbe, recueille au passage, sur sa gauche, l'*Evlitz* qui conflue à Kœniggrætz (bataille du 3 juillet 1866

entre les Prussiens et les Autrichiens, dite bataille de *Sadowa*, 10 kilomètres nord-ouest de Kœniggrætz). Sur la droite, l'*Iser* descend de la Lusace et conflue en aval de Lissa. Enfin l'*Elbe* atteint la *Moldau* qu'il entraîne, au-dessous de *Melnik*, jusqu'à la porte de la Bohême sur le nord, en aval de Tetschen.

COURS MOYEN DE L'ELBE

Le fleuve entre en Allemagne par un défilé grandiose : *Schandau*, *Kœnigstein*, *Wehlen* et *Pirna* défilent sur ses rives dans un paysage que l'on croirait taillé, pour notre stupéfaction, par la main des géants. Des montagnes de grès déchiquetées par les eaux accompagnent les sinuosités du fleuve, comme une garde d'honneur. C'est la **Suisse saxonne**. Elle ne fait penser à l'autre que par une commune impression de grandeur. « Les falaises se dressent en murs verticaux d'apparence architecturale, avec des tours avancées, des terrasses à degrés, des saillies en forme de créneaux. Ici, des promontoires reliés au plateau par un isthme étroit s'avancent entre deux gouffres comme une muraille cyclopéenne. Ailleurs, il ne reste de la roche que des blocs complètement séparés les uns des autres et distribués au hasard dans la campagne, comme des épaves au bord de la mer. Quelques-uns sont découpés en des formes bizarres; seulement à leur base s'appuient de longs talus de débris, presque tous couverts de forêts. Un de ces blocs, qui se dresse sur la rive gauche de l'Elbe, le *Königstein* (249 mètres au-dessus de l'Elbe), porte au sommet une forteresse qui passait pour imprenable avec des canons d'une moindre portée que ceux d'aujourd'hui. Un grand nombre de blocs, le *Pfaffenstein*, etc., sont épars sur le plateau à l'ouest de l'Elbe ; mais en face du Königstein, le *Lilienstein* (411 mètres) apparaît sur la rive droite du fleuve : c'est peut-être le plus beau de tous. Placé au milieu d'une péninsule, il domine toutes les sinuosités de la vallée et, des énormes degrés de pierre que forment les dalles supérieures, on voit de toutes parts se profiler en bizarres perspectives les murailles et les tours de ces prodigieux édifices. » (E. Reclus).

La vue que l'on a du haut de la *Bastei* n'est pas moins belle. Ce *bastion* naturel (alt. 415 m.) plonge à pic dans les flots de l'Elbe, à 196 mètres plus bas. De là-haut, les ouvriers qui travaillent au pied de la falaise à l'extraction de la pierre ont l'air de fourmis laborieuses se hâtant aux portes de leurs souterrains ; les chalands et les bateaux à vapeur, les trains qui rayent la vallée, ont l'air de jouets minuscules sur le fil argenté du fleuve. En arrière, la *Bastei* domine un autre abîme dont les saillies ont été réunies par des arches audacieuses : un cirque immense dresse des colonnes, des tourelles, des fusées de rocs et des pointes où frémissent quelques pins audacieux. Ici l'œuvre de la nature n'a point encore été gâtée par la

SUISSE BOHÉMIENNE : EDMUNDSKLAMM.

main des hommes. Le ravin de la Polenz (*Polenzgrund*) qui conduit par un détour, de la *Bastei* à *Schandau*, a l'air d'un paysage fantastique imaginé par Gustave Doré pour illustrer quelque conte de chevalerie. Tel encore le spectacle de certains vallons détournés, ceux de la *Biela* (ne pas confondre avec celle de Bohême), de la *Kamnitz*, de la *Kirnitzsch* qui se déploient autour du *Winterberg*. Dans ces parages, la grande arcade du *Prebischthor* (en Bohême), la galerie naturelle du *Kuhstall*, les cascades de *Lichtenhain*, ont encore leur beauté. Pirna termine les défilés de la Suisse saxonne : bientôt la capitale de la Saxe royale paraît à l'horizon.

Dresde élève la plupart de ses monuments sur la gauche de l'Elbe ; un coude du fleuve, en développant l'amphithéâtre des rives, ajoute encore à la beauté du site. Le « tout Dresde » artistique est là sous la main : d'abord l'*église catholique de la cour* dont le chevet grisonnant, bien qu'il ne date que du XVIII° siècle, et la frise couronnée de statues, frappent dès l'arrivée ; le *château royal*, édifice irrégulier, dont la première construction, qui remonte à 1534, a été fort agrandie et complétée depuis. A défaut d'ensemble, les détails sont intéressants : grande composition en grisaille sur le mur extérieur ; belle salle de banquet ; *galerie verte* qui renferme une collection d'objets d'art, émaux, orfèvrerie, joyaux de la couronne, d'une valeur inestimable. Le *théâtre*, du style Renaissance (1878), et le *musée* tiennent de près au château. Auguste II avait projeté là une magnifique résidence dont l'avant-cour seule, le *Zwinger*, a été construite : six pavillons l'entourent ; le *musée* en forme l'entrée du côté de l'est.

Dresde est fière de ses collections artistiques, et l'affluence des étrangers qui viennent à chaque saison ou même demeurent pour les admirer, semble lui donner raison. Sa galerie de peinture, création princière d'Auguste III, est la troisième du monde après celles de Paris (Louvre) et de Florence : le Corrège, Titien, Véronèse, le Tintoret ; Van Dyck, Jordaens et Rembrandt ; Holbein et Dürer ; Claude Lorrain, les écoles vénitienne, flamande et hollandaise, allemande, espagnole, française même (fort peu) y sont représentées. Mais le joyau du musée est la madone de Saint-Sixte par *Raphaël*. Il est fâcheux que le peu d'heures libres laissées pour la visite du musée y accumule à certains jours un défilé si serré qu'il devient impossible de goûter en paix la joie d'admirer des chefs-d'œuvre. Le *cabinet des Estampes*, le *Johanneum* ou musée historique, avec sa collection d'armes et de porcelaines, l'*Albertinum* (sculptures antiques) sur la terrasse de Brühl, renferment également de précieuses collections. C'est une charmante promenade que la *terrasse de Brühl*, ancien jardin du comte de ce nom : elle s'étend le long de l'Elbe, et l'on y peut flâner en observant le mouvement très varié des quais et du fleuve. Un large escalier orné de quatre groupes dorés descend de la terrasse à la tête du *vieux pont* (pont Auguste) jeté au XIII° siècle entre les deux rives.

L'ancien faubourg de la rive droite est devenu une ville nouvelle, *Neustadt*, percée de grandes

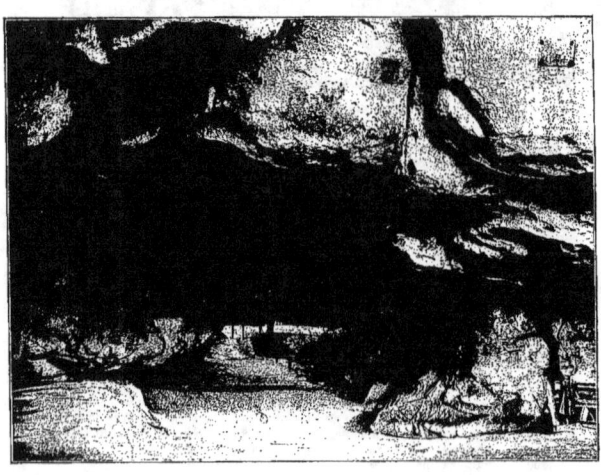

SUISSE SAXONNE : LE KUHSTALL.

avenues, ornée de squares, de statues (Auguste le Fort) et de fontaines. Son *palais japonais* renferme la *Bibliothèque* qui comprend 400,000 volumes, 4,000 manuscrits, 2,000 incunables, 30,000 cartes géographiques : on y trouve, à côté d'un fragment du Zend-Avesta de Zoroastre, le Coran de Bajazet II, un livre d'heures de Marie de Bourgogne, le traité de Dürer sur les proportions du corps humain, etc.

La *ville nouvelle* à son tour étend au loin le réseau de ses rues, franchit le fleuve par quatre ponts et gagne l'immense étendue aujourd'hui peuplée, qui entoure la vieille cité au sud-est et au sud, avec de grandes promenades et de beaux jardins. Le grand *jardin royal* fut le théâtre d'une lutte acharnée entre Français et Prussiens, en 1813 (bataille gagnée les 26 et 27 août par Napoléon sur les Autrichiens, les Russes et les Prussiens réunis).

L'extension rapide des villes allemandes en ces vingt dernières années est quelque chose d'incroyable : grâce aux tramways électriques rapides et à bon marché, la campagne est à quelques minutes du centre des villes ; aussi ne cesse-t-on de l'envahir. Le long des boulevards, à perte de vue, chacun édifie sa maison, plante son jardin ; les usines prennent le large sans s'étouffer ni trop empester le voisinage : chacun y trouve son compte et *l'industrie* se développe librement. Elle a pris récemment à Dresde une grande activité : fonderies de fer, fabriques de machines, bicyclettes, pianos, objets d'or et d'argent, cuirs, poteries, verres, papiers photographiques, tapis, meubles, filatures. Ce large développement d'affaires, favorisé par la commodité des transports, n'enlève point à *Dresde* l'atmosphère particulière que lui donnent ses riches collections et le commerce habituel des gens de goût. La ville possède encore de grands établissements d'instruction, bien qu'elle ne soit point proprement ville d'université : Académie des arts, École des arts et métiers, Conservatoire de musique, Société de géographie (*Verein für Erdkunde*); écoles d'architecture, de commerce, d'artillerie...

Meissen, en aval de Dresde, a vu naître et se développer, au début du xviiie siècle, l'industrie de la *porcelaine de Saxe* : la Manufacture, autrefois au château (1710-1860), est maintenant à un quart d'heure de la ville, dans la vallée de la Triebisch. *Meissen* (31,430 habitants) do-

DANS LA HAUTE VALLÉE DE LA KIRNITZSCH.

mine d'un plateau de granit le confluent de cette rivière et de la Meisse dans l'Elbe. La cathédrale, où reposent des princes saxons des xve et xvie siècles ; l'ancienne résidence, *Albrechtsbourg* (1471-1483), restaurée aujourd'hui, forment un bel ensemble au-dessus du fleuve.

La **céramique** allemande trouve sa plus parfaite expression dans la manufacture de *Meissen*. On vante la finesse de ses produits, l'émail de sa *porcelaine*, la richesse des couleurs et le bon goût de la décoration. *Charlottenbourg*, près de Berlin, est surtout connu pour ses porcelaines tendres et ses émaux fondus. L'exploitation des kaolins, des terres argileuses moins pures et du grès a fait naître, un peu de tous côtés, diverses industries : *faïences* ordinaires éclaircies par la cuisson sans atteindre à la blancheur de la porcelaine, vaisselle de *Bunzlau* en Silésie, isolateurs télégraphiques (Schomberg, de Berlin), *grès* vernissés de *Sarreguemines* en Lorraine, de *Dresde* et de *Schramberg* en Württemberg, *poterie* de grès peinte en bleu à l'oxyde de cobalt, ou utilisée dans l'industrie (Berlin, Krauschwitz en Silésie, Zwickau en Saxe, Hesse et bords du Rhin), tuyaux en grès, carreaux de dallage et jusqu'aux fourneaux de *pipes* dont la Thuringe fournit des quintaux sans répit. Les argiles les plus riches se trouvent en Saxe aux environs de Halle, en Bavière près de *Passau*, en Silésie. On comptait, en 1898, près d'un millier d'*exploitations céramiques* avec 72,000 ouvriers, non compris les *briqueteries* qui sont plus de 12,000, employant 280,700 ouvriers.

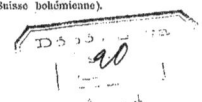

LE PREBISCHTHOR (Suisse bohémienne).

GOHRISCH (Suisse saxonne).

L'industrie du **verre** s'est développée comme celle de la céramique dans le voisinage du terrain le plus propre à sa fabrication : le sable siliceux le plus pur se trouve aux environs d'*Aix-la-Chapelle*, dans la Lusace, en *Silésie*. La Bavière fabrique du verre en tables très unies. Mais les deux plus grandes fabriques de glaces (*Stolberg* près d'Aix-la-Chapelle, *Waldhof* près de Mannheim) appartiennent à des sociétés françaises. L'industrie du cristal et du verre demi-cristal est peu développée ; une verrerie près de Cologne et la *verrerie Joséphine* en Silésie ne sauraient entrer en ligne avec les grands établissements français de la Moselle et de la Sarre. Par contre, l'Allemagne s'est fortement adonnée à la verrerie dite scientifique : verres optiques du Dr Schott, à Iéna, verres de montre, verres à lunettes (Lorraine et Palatinat bavarois). Il y aurait en Allemagne (Prusse, Bavière, Saxe) 65,000 ouvriers du verre. Quoi qu'ils fassent, les Allemands auront peine à faire oublier les verres de Bohême, les glaces de Venise ou de Saint-Gobain, les porcelaines de Sèvres et de Limoges : il y faut un art dans lequel ils ne sont pas maîtres.

Aucun *affluent* de l'**Elbe moyen** n'appartient tout entier à la Saxe royale. Sur la droite, l'*Elster noire*, issue des monts de Lusace, rallie le fleuve au-dessous de la ville de Torgau ; Wittenberg coupe la distance entre le confluent de cette rivière et celui de la *Mulde*, qui débouche à gauche dans le fleuve. **Wittenberg** (18,300 habitants) est une ancienne place forte, résidence des Électeurs de Saxe. Luther y enseigna comme professeur de philosophie à l'Université, et c'est ici qu'il se déclara, en brûlant publiquement la bulle du pape qui condamnait ses doctrines (1520). Le moine habitait alors au couvent des augustins, dont une partie conservée porte le nom de maison de Luther. Son tombeau est à l'église du Château, avec celui de Mélanchthon ; leurs statues ont été élevées sur la place du Marché.

Après la *Mulde*, le grand affluent de gauche de l'Elbe est la *Saale*. Le rôle hydrographique de cette rivière est important, car elle entraine par elle-même ou par ses tributaires : *Elster* à droite (rivière de Leipzig), *Unstrut*, *Wipper* et *Bode*, toutes les eaux de la bordure montagneuse qui limite à l'occident le bassin de l'Elbe. L'ensemble de la **région** parcourue par la *Saale* et la *Mulde* forme, sur la rive gauche de l'Elbe moyen, un grand quadrilatère adossé au front nord-ouest de celui de Bohême. Le côté transversal commun, entre la Saxe et la Bohême, ou *monts des Métaux*, descend au sud sur le domaine de l'Eger, au nord sur celui de la Mulde et de la Saale. Un nœud de montagnes dans lequel il se fond à l'ouest, le *Fichtelberg* détache, dans le prolongement du Böhmerwald, les monts de *Franconie* et de *Thuringe* au-dessus de la Saale ; c'est le deuxième côté du quadrilatère. Le massif du *Harz* forme une borne, du troisième côté. Enfin, de Magdebourg à Tetschen, le *cours de l'Elbe* dessine le quatrième côté par une ligne continue. Ainsi l'Elbe est en regard des monts de Thuringe ; le Harz, opposé aux monts des Métaux, et la plaine ainsi dessinée, parcourue en diagonale par la Saale, forment comme un champ clos pourvu de nombreuses routes d'accès, où les grands courants humains venus des quatre coins de l'horizon devaient se rencontrer. Aucune terre n'a bu plus de sang humain : là se heurtèrent les peuples wendes et germaniques : *Iéna*, *Lutzen*, *Leipzig* (la bataille des nations), marquent les grandes mêlées modernes.

MONTS DES MÉTAUX.

Les *monts des Métaux* ou *Erzgebirge*, sont une piètre chaîne. Si on l'approche du côté de la Saxe, son altitude ne se révèle que par l'abaissement de la chaleur et la décroissance des cultures ; mais, de plaine en terrasse et des croupes au plateau de faîte, ces cultures sont ininterrompues, et pour accroître l'illusion, les villages se multiplient, les villes grandissent contrairement à ce qui se voit ailleurs, à mesure que l'on monte. Nulle part la population n'est plus dense, le travail humain plus actif ; sur un sol revêche d'aspect, les cheminées d'usines se pressent en forêts, puisant et transformant les trésors cachés que la terre enferme : cette montagne est animée, comme les plus fertiles vallées. Le faîte est un grand plateau mamelonné dont les sommets arrondis ne dépassent pas de 300 mètres le terrain environnant. La hauteur moyenne est de 800 mètres à l'est, un peu plus basse à l'ouest ; mais les points dominants sont au centre et rapprochés de la pente rapide qui tombe du côté de la Bohême. Ce sont le *Keilberg* (1,244 mètres), le *Fichtelberg* (1,213 mètres), le

Phot. Mertens.
GORGES DE LA POLENZ (Suisse saxonne).

Spitzberg (1,111 mètres) au faîte aplati, le *Auersberg* (1,018 mètres). Les *Erzgebirge* se relient vers l'ouest au Fichtelberg par des hauteurs couvertes d'épaisses forêts que creuse profondément l'*Elster*, dans le *Vogtland supérieur*.

Du côté de la Saxe, la pente descend doucement vers la plaine. Elle est arrosée presque entièrement par les deux *Mulde*, celle de *Zwickau* et celle de *Freiberg* (à quelque distance de la ville), toutes les deux réunies en une seule rivière qui confine dans l'Elbe en aval de *Dessau*. On accède sans peine par leurs vallées au sommet de la chaîne; les routes d'un versant à l'autre sont nombreuses et coupées seulement d'une brèche médiane peu profonde.

VIEUX PONT DE L'*ELBE* (PONT AUGUSTE), A DRESDE.

Les monts des *Métaux* sont riches en **mines**. Leur masse se compose en partie de schistes, de gneiss et de grauwackes; çà et là des îlots de syénites et de granits. La chaîne recèle d'importants gisements de *houille* (Zwickau) et de lignite; abonde en *minerais* : fer, plomb, étain, cobalt, nickel, arsenic, cuivre et mercure (peu). Les *marbres* de Maxen, les *grès* de Zittau, enfin la *terre à porcelaine* de Aue, sont connus. Quelques sources minérales attirent les baigneurs à *Elster*...; mais elles ne sauraient entrer en lutte avec leurs voisines de Bohême, Carlsbad, Marienbad.

L'administration générale des *mines* est à *Freiberg* (30,176 habitants; mines d'argent) : là se forme une élite d'ingénieurs qu'illustra le grand minéralogiste Werner (mort en 1817). On y apprend les procédés d'exploitation les plus perfectionnés, et c'est à l'école des mineurs saxons les plus avancés dans cet art, que se sont formés les mineurs de Silésie et ceux du bassin rhénan.

Toutes les industries qui emploient la houille pour le travail des métaux et la transformation des matières premières ont pris, dans cette région de la Saxe, un développement extraordinaire : la montagne est devenue un immense laboratoire. **Chemnitz** fabrique à la fois des machines pour l'industrie textile, des étoffes pour meubles, de la toile, de la bonneterie; *Eibenstock*, *Plauen* des broderies; *Annaberg* des rubans, de la passementerie. *Zwickau* et *Chemnitz* sont aux deux pôles du bassin houiller; au centre, *Glauchau* (25,670 habitants).

C'est dans la plaine aux grasses alluvions que s'étaient établies les tribus slaves des **Wendes** anciens maîtres du pays. Aux **Germains** survenus, on laissa les forêts et les âpres plateaux : chasseurs et pasteurs de troupeaux, ils en tirèrent une maigre subsistance, mais avant que la terre ne leur eût révélé ses richesses, ils descendirent à leur tour, et les Wendes reculant peu à peu devant eux, cherchèrent un abri sur la droite de l'Elbe au pied des monts de Lusace. On n'a pu les déloger de là.

C'est de l'Erzgebirge que la Saxe tire en partie sa richesse et sa force, et là aussi qu'est groupée la plus grande masse de sa population. *Chemnitz* a 206,580 habitants; *Plauen* dépasse 73,890; *Zwickau* 55,820; *Freiberg* et *Zittau* avoisinent 31,000; et le reste du pays n'est qu'une cité de faubourgs épars. *Dresde*, la capitale du royaume, compte 395,380 habitants; mais *Leipzig* dépasse 455,090.

Ces puissantes agglomérations donnent à la Saxe une population plus dense que ne le ferait penser l'étendue de son *territoire*; pour 14,993 kilomètres carrés, plus de 3,800,000 habitants. C'est relativement le plus peuplé des royaumes enclavés dans l'Empire.

LA GORGE D'UTTEWALD ET LE HOCKSTEIN (Suisse saxonne).

LEIPZIG ET LA LIBRAIRIE. — ORGANISATION JUDICIAIRE.

Leipzig est la première ville de Saxe. Son origine remonte fort loin, au xi⁰ siècle, dit-on ; mais ses progrès récents tiennent du prodige. L'ancien village slave établi près de l'*Elster*, au double confluent de la *Pleisse* et de la *Parthe*, n'était encore à la fin du xviii⁰ siècle, malgré une prospérité relative, qu'une ville de 30,000 âmes ; elle en avait 10,000 de plus il y a soixante ans, ce chiffre est aujourd'hui plus que décuplé.

Bien situé en plaine à l'intersection des routes qui conduisent du Rhin à l'Elbe, et de la mer du Nord au Danube, Leipzig fut dès le moyen âge une place commerciale importante. Ses deux *foires*, de Pâques et de la Saint-Michel, attiraient de toutes parts les marchands d'Europe et même d'Orient. Une troisième foire fut ajoutée au premier jour de chaque année ; mais les deux autres seules ont conservé leur importance : les transactions y atteignent 250 millions de francs. Leipzig est le premier marché de pelleteries du monde, un grand carrefour de commerce, mais aussi un centre d'active *production*. Industries métallurgique, textile, chimique, alimentaire, tout s'y mêle : on y

ÉGLISE CATHOLIQUE DE LA COUR.

DRESDE : LE MUSÉE, VU DU ZWINGER.

fabrique des meubles, de la toile, des machines et des instruments de musique, du cuir, du papier et surtout des *livres*.

C'est une puissance que la **librairie** *allemande* : elle compte plus de 7,000 représentants en Allemagne, 820 pour le moins en Autriche-Hongrie, un millier dans les autres pays d'Europe, 160 en Amérique, deux douzaines en Asie, une autre en Afrique et jusqu'en Australie. Parmi les principaux centres de production, Brême, Breslau, Cologne, Dresde, Francfort-sur-le-Main, Hambourg, Hanovre, Munich et Nuremberg, *Berlin*, *Stuttgart* et *Leipzig* tiennent la tête ; mais Berlin, sauf pour la fonte des caractères et la gravure sur bois, prime tout le reste.

A *Leipzig* s'est fondée en 1884 la *Société de l'industrie allemande du livre* (Deutscher Buchgewerbeverein) pour le développement des connaissances techniques du livre et des arts qui s'y rattachent. Elle possède, à côté de la *Maison des Libraires*, un *Musée* de l'industrie allemande du livre, une *Exposition* permanente et un *Journal officiel* (Archiv für Buchgewerbe). On distingue parmi les libraires quatre catégories : les *libraires proprement dits*, les *éditeurs de musique*, ceux de *cartes géographiques* et de *publications artistiques*. Tous sont associés entre eux pour l'intérêt de leur industrie spéciale. Les **libraires-éditeurs** ont pour auxiliaires ou agents des *libraires-commissionnaires*, intermédiaires entre l'éditeur et l'acheteur, des *colporteurs* pour la vente directe au client, des *antiquaires* chargés de la vente aux enchères d'ouvrages anciens ou même modernes d'occasion. Point de libraire allemand qui n'ait son *commissionnaire* à Leipzig, s'il veut des livres de première main : celui-ci est l'intermédiaire nécessaire, le répartiteur des livres et des payements. Pour l'année 1898, les produits de la librairie générale allemande ont atteint le chiffre de 24,000 unités en comptant les journaux, affiches, circulaires, lettres à entête, etc. Tous les ans, le quatrième dimanche après Pâques, se tient à Leipzig la *foire des livres*. Alors entre en scène le *Börsenverein*, association de 3,000 membres spécialement préposée aux intérêts matériels que développent la production, la vente et les échanges du livre dans le monde. Le journal officiel de la librairie allemande est le *Börsenblatt* (für den Deutschen Buchhandel).

L'école royale des *arts et métiers* à Leipzig, des *écoles professionnelles* dans cette même ville, à Berlin, Dresde et Hambourg, des instituts *d'apprentissage* pour les libraires et les relieurs, préparent d'excellents éléments à la mise en œuvre du livre et des diverses industries qui l'animent : gravure sur bois, lithographie, gravure à l'eau-forte, galvanoplastie, héliogravure, phototypie, zincographie. La *photographie* (cette invention française) s'est révélée un auxiliaire de premier ordre pour l'illustration du livre, entraînant à sa suite des industries jusqu'alors secondaires : fabrication des plaques sèches, des papiers albumine-colloïdine, gélatino-bromure et chlorure d'argent ; construction des appareils photographiques (Berlin, Leipzig, Dresde, Görlitz,

Francfort-sur-le-Main); et surtout développement de l'optique photographique (*Steinheil* à Munich, *Voigtländer* à Brunswick, *Görz* à Berlin, E. Abbe et *Zeiss* à Iéna). Leipzig fournit surtout des appareils pour les sciences et la reproduction.

La plupart des *imprimeurs* sont associés (6,000 imprimeries en Allemagne); partout également les typographes. L'Union des *ouvriers imprimeurs* allemands à Leipzig ne compte pas moins de 25,000 membres, tous assurés. Dans cette immense usine du livre, du journal et de l'affiche, que deviennent les *auteurs*?

On imagine l'activité des industries connexes à la librairie : fonderies de *caractères*, galvanoplastie, fabriques de *machines* à imprimer; *reliures en gros*. Une seule maison a livré en 1898 plus d'un million et demi de reliures et employé pour 500,000 marcs de carton, papiers de couleur, cuir, calicot, etc.

Que nous voilà loin du papyrus des pharaons et du papier de riz des Chinois! C'est en France que furent construits au XIIIe siècle les premiers moulins à papier et c'est un Français, Robert, d'Essonnes près Paris, qui inventa la première machine à fabriquer des bandes de papier sans fin ; un autre, Mellier, qui réussit à extraire la cellulose de la paille; un Saxon, G. Keller, qui réduisit le bois de sapin en pâte, pour

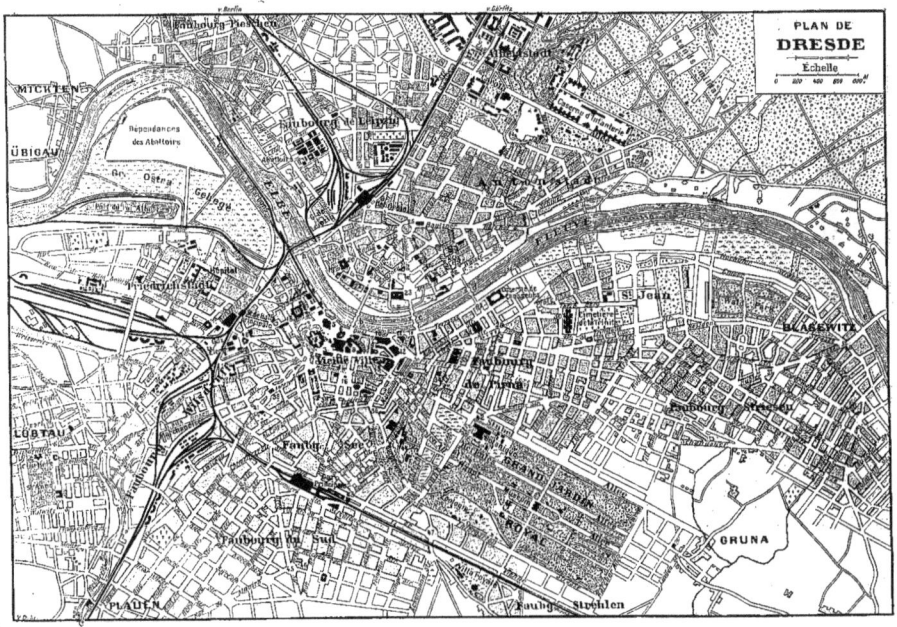

1. Zwinger. — 2. Église Sainte-Sophie. — 3. Palais princier. — 4. Château royal. — 5. Théâtre de la Cour. — 6. Église catholique de la Cour. — 7. Terrasse de Brühl. — 8. Johanneum (Musée). — 9. Église Notre-Dame. — 10. Académie des Beaux-Arts. — 11. Belvédère. — 12. Albertinum. — 13. Police. — 14. Marché-Neuf. — 15. Église de la Croix. — 16. Vieux-Marché. — 17. Place Antoine et Grande Poste. — 18. Écuries royales. — 19. Palais japonais. — 20. Place de l'empereur Guillaume. — 21. Hôtel de ville. — 22. Ministère de la Justice. — 23. Ministère des Finances et place de la Reine-Carola. — 24. Château des Trois-Rois. — 25. Théâtre et place Albert. — 26. Kurfürsten Platz. — 27. Place de Saxe. — 28. Place Élias. — 29. Tribunal. — 30. Palais Carola. — 31. Église de la Trinité. — 32. Église Saint-Jean. — 33. Palais de Justice. — 34. École vétérinaire. — 35. Place de Pirna. — 36. Place Georges. — 37. Bourse. — 38. Ministère de l'Intérieur. — 39. Église Sainte-Anne. — 40. Église Saint-Jacques. — 41. Place de l'Étoile. — 42. Palais de l'Exposition. — 43. Église anglaise. — 44. Palais du prince Georges. — 45. Église russe. — 46. Place de l'Empire. — 47. Place de Vienne. — 48. Place Schiller. — Ponts : a. Marie. — b. Auguste. — c. de la Reine-Carola. — d. Albert. — e. du Roi-Albert.

en faire du papier. Depuis, l'industrie a marché : *chiffons* de toile blanche, *cellulose de la paille*, *cellulose au sulfite*, *pâte de bois* de sapin se transforment en papier. L'année 1897 a vu dévorer en Allemagne 1,950,000 mètres cubes de bois pour cette industrie : des forêts y passent en journaux, carton, papier d'emballage. Dans cette même année, 10,000 chiffonniers ont fourni 180,000 tonnes de *chiffons* pour l'industrie du papier : on a employé 98,000 tonnes de *paille*, produit 301,700 tonnes de pâte de bois, consommé en Allemagne 215,300 tonnes de *cellulose*, 132,640 tonnes de *carton* (436 fabriques, 6,900 ouvriers), 598,400 tonnes de *papier* (508 papeteries, 920 machines, 120 cuves à papier fin, 39,500 ouvriers). La consommation en papier et en carton pour tout l'Empire équivalait à peu près à 180 millions de marcs ou 225 millions de francs. Il n'y a que les États-Unis, avec leurs grandes forêts et la force incalculable de leurs cours d'eau, pour dépasser l'Allemagne dans l'industrie du papier.

L'*Université* de Leipzig est célèbre. Fondée en 1408, elle réunit aujourd'hui plus de 3,000 étudiants. *Wagner* en suivit les cours, ainsi que *Leibniz* et l'explorateur *Vogel*, compagnon de Barth en Afrique centrale. Le *Palais universitaire (Augusteum)* occupe le fond de la place Auguste, la plus belle de Leipzig, avec deux beaux édifices de chaque côté : le *Nouveau Théâtre* et le *Musée*. Des boulevards remplacent les anciens remparts en faisant le tour de la ville. L'ancienne cité est au centre. Son vieux *Rathaus* (hôtel de ville) n'est pas beau : on ne peut dire pourtant qu'il manque de caractère; mais le monument commémoratif élevé à côté avec ses cavaliers de bronze enlaidit, ce semble, davantage cette vieille masure. L'ancienne citadelle de *Pleissenbourg*, devenue caserne, fait assez triste mine en face de beaux édifices récents, le *Tribunal de l'Empire*, la *Bibliothèque de l'Université*, la belle salle de concert ou *Gewandhaus*.

Leipzig est le siège du *Tribunal suprême de l'Empire*. On cherche à mettre de l'unité dans l'**organisation judiciaire** de l'*Allemagne*; mais cette œuvre est de longue haleine.

D'abord le **Code**. Il est extrêmement varié. Le *droit national prussien* (loi du 1er juin 1794) est en vigueur dans les provinces de la Prusse orientale et occidentale, de Posnanie, de Silésie, de Poméranie (sauf Rügen), de Saxe, de Frise orientale, de Westphalie, dans les bailliages de Lindau, Gieboldehausen, Duderstadt, les cercles d'Essen (ville et campagne), Duisbourg, Ruhrort... hors de Prusse, dans les principautés d'Ansbach et de Bayreuth, quelques villages de Saxe-Weimar... Le *Code saxon* (1er mars 1865) ne vaut que dans le royaume de Saxe; le *Code civil français* (en partie) sur la rive gauche du Rhin et à droite, dans l'ancien duché de Berg. Le

DRESDE : LE GRAND THÉATRE.

ENTRÉE DU ZWINGER.

grand-duché *de Bade* a son *droit* particulier (1er janvier 1810). Mais le *Code civil autrichien* (de 1811) fait encore loi dans quelques communes du Palatinat supérieur et de la Haute-Franconie ; le *droit württembergeois* (1610-1806) dans le Württemberg et une partie de la Bavière ; le *droit national bavarois* (1756) dans le reste de ce royaume. Au nord le *droit urbain de Lübeck* (1586) règne sur le littoral ; le droit du Jutland, de 1240, sur certaines parties du Schleswig ; le *droit frison* (1572) sur la côte occidentale de la presqu'île ; ailleurs le *droit danois* de Christian V (1685) ; le *droit urbain de Brême* (1433). Les plus fins jurisconsultes doivent être souvent fort embarrassés ! On travaille à la rédaction d'un *Code civil commun*, dont le projet a été publié en 1888 : des dispositions définitives règlent déjà le droit commercial, maritime et industriel, les banques, les monnaies, les lettres de change, les faillites, les brevets, les patentes, les droits des auteurs, les consulats, les affaires postales, les sociétés industrielles et agricoles.

Le **personnel** *judiciaire*, aussi varié que la loi elle-même, dépend dans *chaque* grand *État* confédéré *d'un ministère spécial*. Le haut *Tribunal de l'Empire* et les tribunaux consulaires appartiennent à l'administration centrale de la justice qui siège à Berlin. La loi du 27 janvier 1877 a mis un peu d'ordre dans le chaos des anciennes juridictions et organisé d'une façon uniforme des *tribunaux ordinaires* dans tout l'Empire : *bailliages* (Amtsgerichte), *présidiaux* (Landgerichte), tribunaux de province supérieurs (Oberlandesgerichte), enfin *Tribunal de l'Empire* (Reichsgericht) à Leipzig. La Bavière a aussi son *Tribunal suprême*. On compte en tout : 1,923 bailliages et 172 présidiaux.

Le territoire judiciaire ne correspond point nécessairement au territoire politique des États ; il y a enchevêtrement de juridictions comme de droit. Breslau forme la plus grande province judiciaire, Hambourg la plus petite, non la moins importante. Au ressort de Berlin se rattache le plus grand présidial et le plus grand bailliage ; le plus petit présidial est celui de Bückebourg. Beaucoup de bailliages (806) n'ont qu'un juge ; d'autres, deux, trois ou même plus : certains n'en ont pas et sont administrés par leurs voisins. Pour les *affaires pénales*, il y a ordinairement un jury attaché au présidial ; mais souvent plusieurs présidiaux n'ont qu'un seul *jury*. Aux présidiaux sont adjoints, dans les grandes villes commerciales, des chambres de commerce. Il y a encore des tribunaux d'exception comme les *tribunaux de navigation sur le Rhin* et sur l'Elbe, pour contraventions, dommages, salaires, etc.; des *tribunaux industriels* auxquels sont soumises les controverses entre patrons et ouvriers; des *intendances maritimes* (accidents de navires, etc.). Il y a plus de 7,500 juges en Allemagne ; on sait qu'ils ne manquent pas à Berlin. Et combien, trop modestes, demeurent ignorés dans les petites principautés perdues.

La bataille de Leipzig est célèbre dans les fastes de la guerre ; on l'appelle la bataille des nations. *Napoléon* tint là trois jours contre toute l'Europe ameutée. Il s'appuyait (1) à Leipzig, l'*Elster* à droite, *Marmont* au nord avec 20,000 hommes contre les 60,000 Suédois et Prussiens de *Blücher* et de *Bernadotte;* l'empereur au centre et en avant, le front appuyé sur le plateau de *Wachau*, entre les deux ruisseaux convergents sur la ville, la *Pleisse* et la *Parthe*. Le 16 octobre 1813, à neuf heures du matin, les

DRESDE : COUR DU CHATEAU ROYAL.

(1) Ces détails sont empruntés à l'*Histoire abrégée des campagnes modernes*, par le colonel d'état-major J. Vial.

SUR LA TERRASSE DU BRÜHL.

DRESDE : PONT CAROLA.

alliés attaquèrent; *Wachau* fut pris et repris cinq fois et finalement nous resta. Il était midi, notre offensive commença; mais la *garde* ne put donner tout entière et la bataille cessa, incertaine, dans un infernal tapage.

Le lendemain 17 se passa sans combat; mais un afflux d'hommes toujours montant ayant porté le nombre des alliés à 300,000 combattants, Napoléon qui n'en avait que 130,000 commença à rétrograder lentement; son front était à *Probstheida*. Autour de ce bastion (18 octobre) les Prussiens et les Russes déferlèrent dans le tumulte et la fumée d'une épouvantable canonnade : 12,000 hommes y périrent; les Français n'avaient pas bougé. Un petit monument, le *Napoleonstein*, rappelle, aux environs de Leipzig, l'endroit où l'empereur se tenait pendant la bataille. Son front était sauf; *Ney* tenait bon vers le nord, 40,000 hommes contre 100,000, malgré la défection des *Saxons*; mais la lutte en cette seconde journée ne fut point encore décisive.

L'empereur résolut la retraite : elle se fit durant la nuit par *Lindenau*; mais un caporal du génie, en faisant sauter trop tôt le pont de l'*Elster*, coupa la route à une partie de l'armée et fut cause d'un désastre. *Poniatowski* périt avec beaucoup d'autres en essayant de traverser la rivière; une inscription et un monument consacrent ce funèbre souvenir. L'endroit est à présent méconnaissable.

La défection des Saxons ne leur fut guère profitable; car au congrès de Vienne, la *Saxe* dut, malgré ses protestations, abandonner à la Prusse une portion notable de son territoire. Ces dépouilles ont formé la province *prussienne* de Saxe, dont *Magdebourg* sur l'Elbe est le chef-lieu.

LE ROYAUME DE SAXE.

Dans ce qui reste du **royaume de Saxe**, on aurait peine à reconnaître l'ancien et puissant duché qui subsista, depuis Charlemagne, avec des fortunes diverses, jusqu'au temps de sa renaissance et de sa chute récente en Hanovre. Les *Guelfes* de Brunswick ayant été dépossédés, leurs États furent donnés : la *Bavière* aux *Wittelsbach*; la *Saxe* démembrée à *Bernard d'Ascanie*, héritier des anciens ducs saxons par un mariage éloigné. Les titres pompeux de duc, grand Électeur et maréchal de l'Empire dissimulaient mal le vide de la *Saxe nouvelle*; car elle ne comprenait qu'une parcelle de l'État primitif, détachée le long de l'Elbe : encore était-ce une acquisition récente. *Wittenberg* en fut la capitale. A l'extinction de la famille cadette d'Ascanie (l'aînée formant la maison d'*Anhalt*), l'empereur Sigismond donna l'**électorat de Saxe** (1422) à la maison de *Wettin*, déjà titulaire du margraviat de Misnie (Meissen) et du landgraviat de Thuringe : c'est la famille qui règne actuellement.

Bientôt, deux princes frères : **Ernest** et **Albert** se partagèrent la Saxe (1485) et formaient une double lignée : la première, dite *branche Ernestine*, qui garda *Wittenberg*, la Thuringe et le titre d'électeur; l'autre, dite *Albertine*, avec *Dresde*

et *Leipzig*. Pour avoir pris parti avec la ligue protestante de Schmalkalden et s'être fait battre à Mühlberg par Charles-Quint, l'*électeur de Saxe*, Jean-Frédéric, fut en partie dépouillé de ses États et de ses titres au profit de *Maurice*, chef de la *branche Albertine* et protestant aussi, mais fidèle à l'empereur. Le prince *Maurice de Saxe* a laissé un nom fameux. Des dépouilles de la branche Ernestine se sont formées les petites principautés de *Saxe-Weimar*, *Saxe-Cobourg-et-Gotha*, *Saxe-Meiningen*, et *Saxe-Altenbourg*. Mais la vraie Saxe demeura possession de la branche cadette.

Au XVIIe siècle, le **second Électorat de Saxe** jeta quelque éclat : Frédéric-Auguste (1694-1733) se fit couronner *roi de Pologne* à la mort de Sobieski et fit profession de catholicisme. Son fils aussi fut électeur et roi (Auguste III en Pologne); mais cette royauté était éphémère. Frédéric-Auguste III y renonça pour sa part. Comme après Iéna, il assura Napoléon de sa neutralité, moyennant la conservation de son territoire, il fut déclaré **roi de Saxe** (11 décembre 1806) et entra dans la Confédération du Rhin. Napoléon distribuait ainsi des couronnes aux princes pour se faire des alliés : le roi de Bavière, celui de Württemberg lui doivent la leur. Mais, autour de Leipzig, ce fut à qui l'oublierait.

Saxe administrative. — Le royaume de Saxe est une monarchie constitutionnelle héréditaire dans la postérité mâle (primogéniture) de la lignée saxonne Albertine. La *Constitution* du 4 septembre 1831, plusieurs fois modifiée, en dernier lieu le 20 avril 1892, établit deux

MEISSEN : LE CHATEAU D'ALBRECHTSBOURG.

Chambres : la *première* de 49 membres, dont 35 à vie (3 princes de la maison royale; 3 seigneurs médiatisés, 2 féodaux; 10 propriétaires choisis par le roi; 12 élus des propriétaires, 5 autres membres nommés par le roi; de plus, 14 représentants (pour l'Université de Leipzig, les corporations religieuses, l'Église évangélique, et les députés de huit villes); la *seconde Chambre* avec 37 députés citadins et 45 ruraux élus au suffrage à deux degrés et renouvelables par tiers tous les deux ans. A vingt-cinq ans on est électeur; à trente ans, éligible. Le Parlement se réunit tous les deux ans. *Budget*, 333,639,410 francs; *dette publique*, 1,037,278,062 francs. La *Saxe* est entrée dans la *Confédération de l'Allemagne du Nord*, le 21 octobre 1866; son *contingent* forme les XII° et XIX° corps de l'armée allemande.

BASSIN DE LA SAALE

Parmi les *petits États* issus du démembrement de la *Saxe* (branche aînée) ou qui tapissent les flancs des monts des Métaux et de ceux de Thuringe : *Saxe-Weimar-Eisenach* ; *Saxe-Altenbourg* ; *Saxe-Meiningen* ; *Saxe-Cobourg-et-Gotha* ; *Reuss*, branche aînée ; *Reuss*, branche cadette ; *Swarzbourg-Rudolstadt* et *Schwarzbourg-Sondershausen* ; le **grand duché de Saxe-Weimar-Eisenach** tient une place à part. C'est le plus important de tous par la *superficie* : 3,615 kilomètres carrés et la *population* : 340,000 habitants au moins. Sa situation est remarquable. Des trois plus importants tronçons qui le composent, les deux plus écartés touchent l'un au talus de l'Erzgebirge sur la droite, l'autre déborde par la coulée d'Eisenach sur le flanc occidental des monts de Thuringe.

Weimar (28,500 habitants) n'est point une capitale pour rire. Son heureuse situation sur l'*Ilm*, affluent de la Saale, le charme de sa retraite et l'esprit éclairé de ses princes en firent durant un demi-siècle le rendez-vous des savants et des poètes de l'Allemagne. Gœthe y a vécu (1776) et y est mort (1832), ainsi que Schiller (1801-1805); *Herder*, *Wieland* furent encore les hôtes du grand-duc *Charles-Auguste* (1757-1828); Gœthe fut même ministre de ce prince. On visite sa maison et celle de *Schiller*, telles encore qu'elles étaient quand les deux poètes les habitèrent : les meubles, le lit d'une simplicité antique, les portraits, les livres, tout y est en l'état. Comme cette pieuse conservation des souvenirs dans leur cadre naturel est préférable à l'arrangement précieux et conventionnel des musées !

GŒTHE ET SCHILLER.

La maison de chacun des poètes émeut; celle de *Schiller* surtout, plus intime dans son frais encadrement de verdure. Gœthe était, on le sait, un personnage : les cadeaux princiers, la croix donnée par Napoléon, des bronzes, des médaillons l'attestent. Mais à voir la primitive simplicité de son cabinet de travail, on a peine à croire qu'il ait pu être celui d'un tel esprit. Les cendres des deux poètes reposent au cimetière de la ville, dans le caveau des princes; leurs statues associées après la mort précèdent le théâtre.

Weimar possède un *musée* de peinture assez riche; des maîtres ont enseigné à son école des Beaux-Arts. Ce coin de terre n'est pas encore enlaidi par les manufactures ni assourdi par le tapage des forges; c'est une originalité en Allemagne.

La persistance des *petits États* dans le bassin de la Saale, s'explique par une lointaine tradition, des droits respectables, et surtout le morcellement du sol.

La **Saale**, en effet, conserve, même en plaine, un caractère de montagne que ses affluents forment chacun un petit monde à part. Elle descend des Fichtelgebirge (728 mètres d'altitude), court par *Hof* entre l'épaisseur des monts des Métaux et de ceux de Thuringe, atteint *Saalfeld*, dans une vallée déjà ouverte et prend au passage les eaux jumelles de la sémillante *Schwarza* (château patrimonial des Schwarzbourg) et de sa sœur, en vue de la pittoresque petite ville de Blankenbourg. L'étape qu'elle fournit de ce point jusqu'à l'entaille ou porte de *Kösen*, sans présenter de vues grandioses, ni un aimable décor, intéresse par la forme variée de ses roches dénudées que couronnent çà et là des ruines et des châteaux. Les étudiants fréquentent volontiers ces paysages. *Volkstedt* tient une place dans la vie de Schiller, *Dornbourg* dans celle de Gœthe. *Iéna* marque au milieu de la région, comme une sorte de champ clos, fermé au nord par les gorges abruptes de Kösen. Chemin faisant, la *Saale* a recueilli sur sa gauche l'*Ilm*, rivière de Weimar, et reçoit au sortir des défilés, l'*Unstrut*, en face de Naumbourg. Elle devient seulement alors navigable, encore est-ce pour rentrer, après avoir reçu l'*Elster* sur sa droite et dépassé *Halle* (156,610 habitants), dans une région mouvementée que percent de nombreuses pointes porphyriques. Les ruines de *Giebichenstein*, ancien donjon qui garda dans ses épaisses murailles plus d'un illustre prisonnier, *Wettin* et son castel, *Bernbourg* suivent la rivière jusqu'à son embouchure dans l'Elbe.

Le cours de la *Saale* manque d'unité: il s'avance par bonds successifs, non

LA PLACE AUGUSTE, A LEIPZIG. Phot. Mertens.

LEIPZIG : ANCIENNE CITADELLE DE PLEISSENBOURG.

point comme celui d'un grand fleuve au val développé, capable de concentrer la vie des pays voisins et d'en faire l'unité. Sa vallée forme néanmoins une grande route de traverse et son importance est de premier ordre. *Hof* commande au débouché du Fichtelberg les communications de Berlin par Halle ou Leipzig : vers le Rhin (Bamberg, Francfort-sur-le-Main), ou vers le Danube et les Alpes (Nuremberg, Ratisbonne, Munich).

Sur cette route, à *Iéna*, faillit sombrer l'existence de la Prusse (14 octobre 1806). Napoléon ne voulait pas cette guerre : l'ultimatum de la Prusse la rendit inévitable ; elle fut terminée d'un coup. L'armée prussienne occupait en arrière des monts de Thuringe la ligne *Eisenach-Gotha-Erfurt-Iéna-Plauen*. Les Français débouchèrent en trois corps de Bayreuth sur Hof-Plauen, de Kronach sur Schleiz, de Cobourg sur Saalfeld, par les défilés du Frankenwald. Dans les deux batailles, *Iéna-Auerstædt*, les Prussiens perdirent 70,000 hommes dont 40,000 prisonniers, les Français 12,000. Le lendemain, *Erfurt* capitulait avec 15,000 hommes ; Hohenlohe s'enfuyait jusqu'à Sondershausen, et le roi de Prusse jusqu'à Stettin. Murat, Ney, Soult, furent chargés de poursuivre Hohenlohe. Avec 22,000 hommes, il sortit de Magdebourg pour gagner Stettin ; mais entouré à Templin, il dut capituler avec 15,000 hommes.

Blücher, son lieutenant, s'était séparé de lui, ralliant 26,000 hommes qu'il dirigea sur Rostock ; il y fut arrêté par Murat. Revenu sur l'Elbe il rencontra Soult ; vers la Havel, ce fut Bernadotte. Chassé de Lübeck où il avait pénétré de force, Blücher échappait encore avec 10,000 hommes vers la frontière danoise : un corps qui l'attendait le réduisit à capituler. Pendant ce temps, *Magdebourg* tombait aux mains de Ney,

LEIPZIG : MONUMENT DES GUERRIERS.

Murat prenait *Stettin*, Davout occupait *Berlin* et Napoléon, s'arrêtant à *Potsdam*, visitait le tombeau du grand Frédéric (1).

L'EICHSFELD. — ERFURT ET L'HORTICULTURE.

Région intermédiaire de l'Eichsfeld. — Le plus grand affluent de gauche de la *Saale* est l'*Unstrut*, rivière contournée, dont les deux bras extérieurs plongent : la *Gera* dans le versant oriental de *Thuringe*, la *Helme*, à la base du Harz ; un double trait unit ainsi les deux massifs comme par les branches d'une fourche. Entre cette double prise d'eau, le cours de l'*Unstrut* et celui d'un tributaire (une autre *Wipper*) sillonnent les flancs de l'**Eichsfeld**, haut plateau mamelonné de collines qui emplit l'intervalle. Une double coupure en détermine l'épaisseur : au sud, le cours opposé de la *Gera* (affluent de l'Unstrut et de la *Nesse-Hörsel* (affluent de la Werra) ; au nord, la *Helme*, affluent de l'Unstrut opposé à la *Rhume*, affluent de la Leine-Weser. Par là passent : au sud, la route de *Halle* à *Cassel*, par Weimar-Erfurt-Gotha-Eisenach, au nord celle de *Halle*, par Eisleben vers Nordhausen et de ce point, soit sur *Hanovre*, en suivant la vallée de la Leine, soit sur Cassel en traversant la partie septentrionale de l'*Eichsfeld*.

Ces deux voies naturelles doublées d'un chemin de fer, entre Cassel et Halle, vers Berlin, ont une grande importance.

L'*Eichsfeld* tourne le dos à la Werra et descend à l'est par une suite de gradins coupés de vallées et d'entonnoirs extrêmement fertiles, dont le plus favorisé est celui d'*Erfurt*. L'ensemble du plateau montagneux couvre une superficie de 100 kilo-

(1) Extrait de : *Napoléon Ier et son temps*, par Roger Peyre.

mètres carrés; avec une altitude moyenne qui n'est pas inférieure à 400 mètres et monte dans le *Ohmberg*, au nord-est jusqu'à 490 mètres. Une chaîne appelée *Dün* partage l'*Eichsfeld* en *pays supérieur*, au sud, généralement stérile et froid, déserté par une population misérable; et *pays inférieur*, qui étend en face du Harz des collines boisées, des prairies plantureuses et dans la vallée de la Helme, la région bénie appelée *Goldne Aue*, terre d'or.

De l'*Eichsfeld*, se détachent à l'est, dans l'interstice des rivières, quatre ramifications qui soulèvent le sol, bien loin jusque dans la plaine de la Saale et de l'Elbe. Ce sont: au sud et au-dessus de la coupée d'Eisenach, le *Hörselberg*, dont les arêtes vives, les récifs de roches calcaires et une entaille profonde ont fait naître de mystérieuses légendes. Des plaintes, paraît-il, dans les rires joyeux, de douces mélodies, montent de la profondeur; l'enchanteresse Vénus y tient sa cour, et plus d'un paladin s'y est laissé choir. On ne rencontre, à la vérité, dans la prétendue *grotte de Vénus* (22 mètres de long) que des myriades de mouches bourdonnantes, des papillons de nuit, des scarabées trottant dans l'ombre, sous les gouttes qui pleuvent de la voûte surbaissée.

La seconde ramification, le *Hainich* (494 mètres), pousse entre Langensalza et Gotha les Haartberge, et, jusqu'à Erfurt, l'échine boisée du Cyriaksbourg et le *Petersberg*, ancienne citadelle de la ville.

Erfurt, sur la Géra, défend en arrière la passe d'Eisenach sur l'Ilm et la Saale. Napoléon y tint, en 1808, un congrès des princes allemands et il résida dans l'*hôtel du gouvernement*, ancien palais du lieutenant que l'électeur de Mayence y délégait.

Ville hanséatique et de lointaine fondation, Erfurt, à la fois place très forte et cité prospère, sur un territoire d'une proverbiale fertilité, excita jadis plus d'une convoitise. Nous la prîmes après Iéna et elle resta française quelques années; depuis lors, la Prusse y règne. On a démoli ses fortifications et conservé seulement quelques casemates du Cyriaksbourg, avec la citadelle de Petersberg, à l'intérieur du croissant

HÔTEL DE VILLE D'ERFURT.

que décrivent les replis de la Géra. C'est plaisir de s'égarer parmi les ramifications de canaux qui s'enchevêtrent au milieu des rues étroites de la vieille ville, sous les passerelles et les ponts. Ici, une maison déborde audacieusement sur la rue par un angle appuyé sur pilotis; là, un pont surbaissé porte au-dessus du flot rapide une immense masure. Plus loin, voici un carrefour animé, un moulin, un bassin tranquille où quelque jeunesse éveillée se hasarde en partie de bateau; puis des jardins, une vallée rafraîchie par la tremblante ramure des hauts peupliers. Les rues centrales de la vieille ville conservent encore quelques jolies maisons de la Renaissance, entre autres la maison de Roland, sur la place du Marché. En face, l'*Hôtel de ville*, bel édifice récemment construit, d'après un style ancien. La *cathédrale* (des XIVᵉ et XVᵉ siècles), domine la ville de ses flèches aiguës, portée sur une assise élevée qu'appuient de puissantes arcatures: son portail est remarquable, l'intérieur plein de souvenirs et d'objets d'art; elle est consacrée au culte catholique. Le couvent des augustins, où Luther prit l'habit, est maintenant un orphelinat; on a élevé un monument au réformateur en 1890.

Depuis qu'Erfurt (85,190 habitants) a retrouvé l'air libre par-dessus les remparts abattus, la ville s'étend au large et multiplie, dans une terre faite à souhait, ses établissements industriels et surtout des jardins et des serres célèbres dans le monde entier. Les cressonnières établies au XVIIIᵉ siècle sont un modèle, elles expédient des bottes de cresson par millions: les choux-fleurs, les giroflées s'envoient par tonnes.

L'art des **jardins** s'est fort développé en Allemagne, et ce n'est pas l'enseignement qui lui fait défaut: *École d'horticulture* de Wildpark près de Potsdam (elle doit être transportée avec le Jardin botanique de Berlin sur le nouveau terrain de Dahlem, près de la capitale); Institut de *Pomologie* à Proskau, près d'Oppeln, en Silésie; Institut analogue à Reutlingen, en Württemberg; Écoles d'horticulture à Dresde, en Saxe; de *viticulture* à Geisenheim, sur le Rhin. Les écoles

HÔTEL DU GOUVERNEMENT, A ERFURT.

CHATEAU DE WEIMAR.

ERFURT : COULÉES DE LA *GÉRA*.

élémentaires de *jardinage* sont nombreuses (vingt-trois en Prusse, cinq en Bavière); des jardiniers ambulants parcourent les provinces. Plus de quatre cents *sociétés horticoles* (Amis de la Rose, du Dahlia, Pomologues, Union des horticulteurs marchands, Union générale des ouvriers jardiniers allemands), vingt *périodiques*, des *journaux* d'annonces et des *ouvrages* spéciaux, tous les jours plus nombreux, complètent les moyens d'action mis au service de l'horticulture allemande.

Dans beaucoup de grandes villes, les municipalités se sont mises en frais; presque partout les anciens remparts, souvent les cimetières (Hambourg) se sont transformés en promenades fleuries et en parcs ombragés. Mais on y sent trop le calcul et l'apprêt : cela manque de la grâce et de l'imprévu qui donnent tant d'attrait à la vraie nature. L'Allemand est décidément organisé pour mettre l'industrialisme en toutes choses : *fleurs, légumes, semences, pépinières et fruits* sont matière à gros bénéfices.

Berlin, Stuttgart, Munich, Erfurt, Darmstadt, possèdent des assortiments de plantes et de graines; mais certains centres horticoles se sont créé des spécialités. Azalées, camélias, rhododendrons, bruyères, orchidées se trouvent à Dresde; palmiers et plantes vertes à Francfort, Darmstadt, Leipzig, Hambourg; orchidées, bruyères, jacinthes, glaïeuls, lilas et muguet à Berlin; le cyclamen partout. Une seule maison de Berlin produit 6 millions de muguet sur un terrain de 4 hectares. Mais pour les fleurs délicates, notre côte d'azur est une concurrente hors de pair, qui défie les horticulteurs allemands.

La culture des *légumes* s'accommode par contre assez bien de leur climat: ce que l'on cultive de choux blancs pour la choucroute, de choux rouges (Hambourg), de choux-fleurs (Erfurt), d'asperges (Brunswick) pour en faire des conserves, est inimaginable. Dans le cercle de Brunswick, 3,000 à 3,750 hectares sont consacrés à la culture de l'asperge.

Quedlinbourg et Erfurt se sont fait pour les *semences* une grande réputation; mais Quedlinbourg fournit, outre des légumes et des fleurs, des graines pour l'agriculture (froment, betterave, etc.) : les machines à nettoyer y sont mues par l'énergie électrique. *Erfurt* est le grand emporium horticole de l'Allemagne : les giroflées y sont un million : balsamines, pensées, phlox, œillets, réséda, cresson y couvrent d'immenses espaces : dans les serres, les bégonias, les fuchsias... Seize grandes maisons, cinquante petites y font vivre une légion de travailleurs.

La culture de la *rose*, bien que pénible (Trèves, Dresde, Berlin, Augsbourg); celle des *graines forestières*, du foin et du trèfle, les *pépinières* (Berlin, Schleswig-Holstein) donnent encore de beaux profits.

La pomme est le principal *fruit* de l'Allemagne : il y aurait trois millions et demi de pommiers en Württemberg. Bade, la Hesse, la Bavière rhénane, la Saxe, le Hanovre produisent des prunes. Les pêches et les raisins viennent en serre; les fraises près de Hambourg au pays des « Vierlanden »; à Lœsnitz près de Dresde. Mais où sont les fruits savoureux mûris par le soleil de France et d'Italie? On fait des boissons de fruits : du cidre surtout, du vin de myrtilles, de raisins secs. Francfort est le grand marché des fruits et du *cidre*. Mais l'Allemagne, malgré plus de 30,000 exploitations horticoles et 120,000 ouvriers, importe encore pour des millions de fruits et de fleurs.

Les *dernières ramifications* de collines échappées de l'*Eichsfeld* forment une crête nommée *Hainleite* (466 mètres) qui prolonge la *Finne*, et, en avant, la muraille du **Kyffhäuser** (466 mètres). Un palais impérial s'élevait à *Tilleda* au pied de la montagne et un solide château fort, dont les ruines couronnent la hauteur, le protégeait. Les empereurs saxons résidèrent souvent en cet endroit.

Sous la coupole de la montagne sommeille le grand empereur *Barberousse*, assis au milieu des siens devant une table de marbre, et attendant le moment favorable pour reparaître dans toute sa gloire. Il est accoudé, pensif, son large front reposant sur sa main; les paupières battent d'un léger tremblement, comme si elles craignaient de se clore pour un sommeil éternel. Tous les

HALLE : PLACE DU MARCHÉ.

stalactites (Baumannshœhle et Hermanshœhle); puis, elle s'élance avec furie dans une profonde coupure de granit entre les murailles opposées de la *Rosstrappe* (375 mètres) et de l'*Hexentanzplatz* (place de la danse des Sorcières, 454 mètres). Un géant poursuivait une princesse; mais le cheval de celle-ci fit un bond prodigieux au-dessus de l'abîme : on voit encore à la trace (en y regardant d'assez près) le sabot du cheval sur le rocher. La princesse sauvée dansa de joie sous les yeux de son persécuteur; mais sa couronne tomba dans l'entonnoir de la Bode et on ne l'a pas retrouvée.

Le versant du *Harz oriental* est un but d'excursions faciles; c'est le dimanche des gens de Magdebourg et même de Berlin. Qui ne connait aujourd'hui le *Brocken*; la charmante vallée de l'*Ilse* aux cascatelles sautillantes et fraîches? *Wernigerode*, la *Steinerne Renne*, la vallée de la *Selke* avec les bains d'*Alexisbad*, *Mægdesprung*, *Gernrode*; *Blankenbourg* et le *mur du Diable*, haut rempart de 250 mètres que la nature a entassé comme un mur cyclopéen; le *Regenstein*, forteresse d'avant-garde au milieu de la plaine; le *Hoppelsberg* et son toit de rochers; le groupe du *Moine*, enfin la vieille cité d'*Halberstadt*, d'où le panorama des montagnes se déroule en un grandiose hémicycle. Il n'est plus permis d'ignorer le *Harz*.

Mais les touristes ont un peu gâté la nature et jeté sur les gens un masque uniforme. Seul ou à peu près le *berger* du Harz, préservé par l'isolement du contact des modes et des idées nouvelles, conserve quelque originalité avec le costume traditionnel : habit de drap bleu doublé de

Phot. Mertens.
PORTAIL DE LA CATHÉDRALE D'ERFURT.

cent ans, l'empereur s'éveille, demande les nouvelles aux corbeaux sacrés, s'informe du dehors. Ses preux sont là, prêts à obéir au moindre signe : il y a des armes entassées; les chevaux piaffent dans les écuries. Hélas! ils courent le risque de piaffer longtemps encore. Déjà la barbe vénérable de l'empereur a fait deux fois le tour de la table. A la troisième, cela est certain, le grand réveil sonnera; il y aura bataille et la nouvelle ère allemande brillera sur l'Allemagne.

Pourvu que Charlemagne ne s'éveille pas en même temps! Car il dort aussi avec ses fidèles, quelque part sous l'épais manteau de la forêt de Teutobourg.

La légende du *Kyffhäuser* est née évidemment du sentiment populaire attaché aux souvenirs de l'Empire. Les critiques, qui ne respectent rien, en jasent à plaisir.

C'est là, disent-ils, une réminiscence du paganisme. *Barberousse* est *Odin* tout simplement, le vieux dieu germanique réfugié dans cette grotte avec ses corbeaux fatidiques, en attendant des jours meilleurs. Il est certain d'ailleurs que le pauvre Barberousse n'en peut mais et depuis fort longtemps déjà. Pendant une croisade en Palestine, il se noya dans le lit du Cydnus ou finit, peut-être plus prosaïquement encore, d'un refroidissement pris dans un bain trop frais. Il ne peut être question ici de Frédéric II que Manfred étrangla au château de Florence. Quant à Frédéric III, il s'en alla d'une indigestion prise à Linz, en Autriche, pour avoir mangé incongrûment du melon. Que l'histoire est parfois peu poétique!

LE HARZ DES TOURISTES.

La **Bode** porte à la Saale et à l'Elbe les eaux du *Harz oriental*. Née dans le voisinage du Brocken, elle court en ronflant sous un double nez de rochers, bondit à *Rübeland* au pied de grottes à

Phot. Sophus Williams.
MONUMENT GUERRIER DU KYFFHÄUSER.

Phot. Sophus Williams.
L'EMPEREUR BARBEROUSSE.

rouge vif, avec deux rangs de boutons en cuivres bien brillants : sur son dos le bissac de cuir et la laisse de son chien; dans la main droite une houlette garnie d'un crochet, son sceptre à lui, car il est le chef d'une nombreuse et turbulente population. De costumes, en dehors du sien, il n'en faut guère parler; toutes les traditions s'en vont. Chaperons brodés d'or et d'argent, précieux bijoux de famille, transmis d'une génération à l'autre et que l'on arborait fièrement aux mariages ou aux jours de fêtes, robes écarlates, fichus multicolores..., tout cela dort dans le silence des armoires, si tant est qu'il en existe encore.

Plus heureuses que les costumes, les anciennes maisons de bois sculpté, grand attrait du Harz, ont assez bien résisté aux injures du temps et aux déprédations des hommes. *Goslar*, bien qu'entamé, présente un grand intérêt. *Halberstadt* n'est pas moins riche : son Rathskeller est de 1461; mais Halberstadt, c'est déjà la plaine, quoique près de la montagne. *Blankenbourg*, sa voisine, a été dévastée. *Wernigerode* au contraire possède quelques beaux spécimens et un ancien château, construit partiellement en bois. *Quedlinbourg*, *Gernrode* sont intéressants à plus d'un titre ; *Nordhausen* au sud du massif a beaucoup souffert du feu ; *Stolberg*, toute petite ville voisine, est une mine à surprises : la plupart de ses maisons datent des xv⁰ et xvi⁰ siècles. *Ballenstedt, Harzgerode, Mansfeld*, méritent de n'être point oubliés.

Quant aux maisons caractéristiques d'une *race*, comme la maison saxonne, la maison franconienne (avec façade sur rue), de même que les villages construits en cercle et dénotant par là une origine slave (district de Mansfeld), il n'en faut plus espérer que de rares fragments. De plus en plus les distinctions s'effacent, comme les races elles-mêmes qui peuplèrent le Harz : *Frisons* et *Souabes*, *Hollandais* et *Flamands* (qui desséchèrent les marais de la Helme), *Thuringiens* et *Francs*.

Longtemps cette région fut l'avant-garde de la Saxe en marche vers le sud : les empereurs *saxons* y résidèrent fréquemment, retenus par le charme du pays, la chasse et la facilité de la défense. Tous ces souvenirs, malgré les traditions populaires, et quelques noms de villages originaux, s'estompent de plus en plus dans la confusion du passé.

Déjà le chemin de fer, après avoir enveloppé le massif (*Seesen, Osterode, Nordhausen, Sangerhausen, Halberstadt, Goslar*), y multiplie ses replis : sur Clausthal, Saint-Andreasberg, par la vallée de la Selke, de la Bode, Wernigerode (carte du Harz, p. 174). Le *Harz* est atteint au cœur, le *Brocken* profané, lui qui trônait jadis et plongeait ses pieds dans les flots comme un éperon avancé, tandis que l'Océan couvrait encore les terres environnantes, et que l'Elbe y cherchait sa voie.

COURS INFÉRIEUR DE L'ELBE

Magdebourg marque l'ancienne porte de sortie de l'Elbe au pied du *Harz*. C'est aujourd'hui le grand port fluvial de l'Allemagne centrale, la vedette de Berlin sur l'Elbe du côté de l'ouest, comme Francfort-sur-l'Oder du côté de l'est. Une distance de 142 kilomètres sépare cette place de la capitale. On en a fait un grand camp retranché avec des forts ; la citadelle est dans une île de l'Elbe. La plus grande partie de la ville se développe à gauche, sur une courbe du fleuve et bien que le recul des fortifications vers le nord ait compris dans l'enceinte d'anciens faubourgs très peuplés, les nouvelles lignes sont débordées fort loin, au delà de la zone militaire. *Buckau*, ville industrielle qui s'étend au sud le long du fleuve, tient à la grande cité par des promenades et ne forme, pour ainsi dire, qu'un avec elle. Cet accroissement de Magdebourg (229,660 habitants) est le signe d'une grande vitalité : le mouvement de son port s'accroît de plus en plus (voy. page 169), ses chemins de fer transportent dans toutes les directions, Hambourg, Berlin, Halle, Leipzig, Hanovre, les produits des manufactures et des champs voisins.

La contrée qui entoure la ville ou *Magdeburger Börde* (45 kilomètres de long sur 30 kilomètres de

RESTES DU CLOITRE DE WALKENRIED.

large) est l'une des plus fertiles de l'Allemagne. Ce fut jadis un domaine slave. Les prairies de la Bode, de la Saale et de l'Elbe nourrissent un nombreux bétail (peu de chevaux, beaucoup de porcs). Partout les *céréales* viennent à merveille ; mais elles ont dû céder le pas à la betterave, dont la culture a tout envahi. *Magdebourg* est le grand marché des *sucres* pour l'Allemagne entière ; une bonne part des raffineries allemandes se trouve ici, et l'outillage est perfectionné (voy. notre carte : *Allemagne industrielle*). Mais l'excès de production, malgré les prodiges de labeur et d'économie, a provoqué une crise et ruiné plus d'une entreprise.

L'*agriculture* se meurt du débordement industriel. Elle se plaint aussi de l'importation des blés étrangers. On voudrait que l'entrée en fût réglée par une échelle proportionnelle à la récolte annuelle de la région ; que les grains fussent amassés dans d'immenses greniers pour l'approvisionnement obligatoire de l'armée ; l'importation entravée par des tarifs de chemins de fer plus élevés pour elle. En vain les *Sociétés de crédit*, et les *Caisses agricoles* fort développées cherchent à atténuer le malaise général. Sans méconnaître l'utilité des *assurances obligatoires* contre la vieillesse, les maladies, les accidents, les agriculteurs se plaignent des charges exagérées qu'elles imposent et de leur mode d'application (voy. p. 231). On trouve excessives les retenues faites par les *caisses* de la vieillesse, pour en donner jouissance à soixante-dix ans seulement. Cet état de malaise général se traduit par une dépréciation sensible dans la valeur des *terrains* : le prix s'en est abaissé de 25 pour 100 dans la région de *Magdebourg*. Les *journaliers* deviennent rares, exigeants et chers ; ils préfèrent l'atelier et la fabrique. La terre elle-même fait défaut ; la campagne disparaît devant l'*usine* :

LES ROCHERS DE SCHIERKE, DANS LE HARZ.

forges, filatures, tanneries, imprimeries surgissent à l'envi. La foire de septembre à Magdebourg est très fréquentée : c'est un grand marché de céréales, de bestiaux, d'objets manufacturés. Les *salines* de Stassfurt; celles de Halle trouvent encore là un débouché important.

Dès le IXe siècle, *Magdebourg* était un centre commercial. *Othon le Grand* y créa un archevêché princier dont le titulaire devint primat de la Germanie. Ville hanséatique, Magdebourg fleurit surtout aux XIIIe, XIVe et XVe siècles. Tilly la prit d'assaut lors de la guerre de Trente ans et la brûla en partie (1631). De là vient que les anciens monuments y sont rares. La *cathédrale*, bâtie de 1208 à 1363, est un très bel édifice romano-gothique, avec un splendide portail. Othon le Grand (m. 973) y repose; une statue équestre entourée de quatre chevaliers rappelle l'empereur sur la place du Marché. *Magdebourg*, française depuis Iéna jusqu'en 1814, est aujourd'hui capitale de la *province prussienne de Saxe*. Otto de Guéricke, inventeur de la machine pneumatique, y est né. Le grand *Carnot* y est mort.

L'Elbe dépasse 240 mètres de large à *Magdebourg*. Autrefois, le courant du fleuve se dirigeant par le fossé de l'*Ohre*, son affluent, gagnait à travers les bas-fonds du *Drömling* le sillon opposé de l'*Aller* et descendait à la mer en vue de Brême, avec le Weser. Des collines de 100 à 150 mètres l'ont redressé vers le nord. A la hauteur de *Tangermünde*, curieuse petite-ville peu éloignée de *Stendal*, au large sur la gauche, les îles prennent droit de cité dans le cours du fleuve; son lit s'élargit, et après avoir reçu le contingent de la *Havel*, tourne définitivement au nord-ouest, pour ne plus quitter cette direction jusqu'à son embouchure. La haute falaise boisée de la *Göhrde* domine encore sa rive gauche. Enfin, longeant la *lande de Lûnebourg*,

DANS LA VALLÉE DE LA *BODE*.

le fleuve se ramifie en plusieurs bras qui baignent le pays appelé *Vierlande*, sur une largeur de plusieurs kilomètres. Le bras du sud passe en vue de *Harbourg*, opposé à Hambourg, et il y a entre les deux villes un labyrinthe de bras et de canaux que parcourent incessamment des flottes de bateaux.

Les *Vierlande* (4 pays) comptent plusieurs villages, dont le terrain enrichi par le limon des crues produit avec usure le froment, les légumes et les fruits qui servent à l'alimentation de la grande cité voisine, et même passent en Angleterre. *Bergedorf*, sur la Bille, est le chef-lieu de ce district.

Tant que Hambourg se tint en dehors de l'union générale du commerce allemand (*Zollverein*), les navires montaient de la mer vers *Harbourg* : cette ville fut alors le grand port du Hanovre sur l'Elbe et tint la place de *Stade*, situé plus en aval, mais d'accès difficile, depuis que le courant du fleuve s'en était éloigné. *Harbourg* (49,150 habitants) pâtit aujourd'hui devant sa rivale; les navires n'en ont point tout à fait désappris la route, mais son chenal est encombré et la ville devient de plus en plus une grande cité industrielle (caoutchouc, gutta-percha, machines, produits chimiques, conserves).

Au-dessous de Hambourg, près de *Blankenese*, les rives de l'Elbe, surélevées à droite, se regardent à une distance de 2 kilomètres et demi. Puis elles s'écartent encore, car la mer est à 116 kilomètres plus loin. La nappe fluviale atteint à la hauteur de *Brunsbüttel* 7 kilomètres de large; 15 à 20 kilomètres en vue de *Cuxhaven*. Mais les bancs de sable et les bas-fonds y sont tellement nombreux qu'à peine reste-t-il un chenal libre de 7 mètres à 7m,50 de profondeur soigneusement indiqué. Battue par une mer violente, l'embouchure de l'Elbe a plusieurs fois modifié son issue : elle était jadis plus au nord; la désagrégation des rivages et des îles lui a donné sa forme actuelle. Le flot y pénètre largement fort loin dans l'intérieur; en mer, la nappe douce du fleuve, plus légère que l'eau salée qui la porte, se reconnaît encore à plus de 8 kilomètres.

Les *affluents de l'Elbe*, sur sa rive gauche, au-dessous de Magdebourg, sont, à l'exception de l'*Ohre*, sans grande importance.

Un immense pays de landes et de bruyères, la **lande de Lûnebourg**, s'étend entre l'Elbe et l'Aller jusqu'à Brême: l'*Oste* en porte les eaux du nord-ouest dans l'estuaire de l'Elbe, la *Wümme* les écoule à l'ouest vers Brême; deux autres ruisseaux en descendent à l'Aller. Enfin, l'*Ilmenau* draine au nord la partie la plus accidentée, range la base de la Göhrde et baigne *Lûnebourg*, au pied d'une falaise calcaire.

Tandis qu'au sud l'immense étendue de la lande se prolonge sans relief avec des bas-fonds, des filets d'eau qui traînent, et en se rapprochant de l'Aller, des sables stériles que le vent soulève, elle présente au nord un relief accusé par une longue ligne bleuâtre coupée d'entailles et de vallées. Du point culminant qui paraît être entre 100 et 130 mètres, l'inclinaison est sensible et c'est aussi de ce côté que la roche a percé l'épaisse couche alluvionnaire de sable, de marne et d'argile qui recouvre toute la plaine sur un fond solide. La plate-forme gypseuse de Lûnebourg, le *Kalkberg*, monte à près de 80 mètres. Des

HARZ : LA ROSSTRAPPE.

ROCHERS DE OTHON, près de Wernigerode.

HÔTEL DE VILLE DE WERNIGERODE.

sondages ont aussi révélé sous le territoire de *Stade*, une couche de gypse tendre et dur descendant à une profondeur de 50 mètres et plus. La montagne de *Lünebourg* fait sa richesse : elle alimente des fabriques de ciment, fournit des cristaux de boracite ; et comme, au pied même jaillit une source salée, les usines l'utilisent et produisent en grand le chlorure de chaux, la soude, l'acide sulfurique.

La prospérité de *Lünebourg* remonte aux XIV° et XV° siècles ; elle en a conservé de beaux édifices. Ce fut la métropole de la contrée, héritière de l'antique *Bardowick*, jadis centre d'échanges entre Allemands et Slaves. Henri le Lion avait détruit en 1189 cette primitive cité. La puissance attractive de Hambourg a détourné depuis le grand courant commercial d'échanges. Lünebourg est néanmoins un centre manufacturier et un marché pour le chanvre et les produits divers apportés de la lande voisine.

Ce pays si décrié n'est point en effet infertile. Les villages y sont rares, mais, dans leurs bosquets de hêtres et de bouleaux, forment de très vivantes oasis. La culture du sarrasin, l'élevage des moutons, les abeilles, dont les ruches déposées au milieu des bruyères en fleur s'emplissent d'un miel délicieux : telles sont les ressources des habitants. Dans les bas-fonds se groupent des taillis d'arbres légers, et çà et là des monticules, anciens *tombeaux de Huns*, des blocs erratiques apportés par les glaces de la Scandinavie, varient l'étendue de la plaine.

Les tombes des Huns sont nombreuses encore : on y découvre généralement sous une voûte grossière des ustensiles, des cendres, rarement des armes de valeur. Quant aux blocs erratiques, ils

LA CHRISTIANENTHAL (Environs de Wernigerode).

disparaissent de plus en plus, ainsi que les cercles de pierres levées et de dolmens, pour aller en Hollande étayer les digues ou édifier les maisons. Il s'en est fait un grand débit. Leurs traînées se reconnaissent au loin par les vastes espaces du Weser et de l'Ems, de l'autre côté du Teutoburgerwald, dans les plaines de la Lippe et de la Ruhr, enfin sur le flanc du Harz, et jusqu'à l'entonnoir de Thuringe.

OUVRAGES A CONSULTER :
Böttiger : *Histoire de l'Etat et du royaume de Saxe* (nouv. édit.). — C. Gretschel : *L'Etat et le peuple saxons* (all.). — Borel d'Hauterive : *Précis historique sur la maison royale de Saxe et sur ses branches ducales* (Paris). — Bureau de la *statistique royale* de Saxe. — A. Legrelle : *A travers la Saxe* (Paris). — Engelhardt : *Vaterlandskunde für Schule und Haus im Königreich Sachsen*. — Langsdorff : *L'Agriculture saxonne* (all.). — *Statistique* de C. H. Prötzsch. — Th. Schäfer : *Nouveau Guide à travers la Saxe*. — H. Gebauer : *Tableaux de la Saxe des montagnes*. — F. Ohnesorge : *La Suisse saxonne*. — C. Hey : *Les Noms de localités slaves*. — P. E. Richter : *Bibliographie du pays et du peuple de Saxe*. — Lindau : *Histoire de la capitale-résidence Dresde*. — Meinhold : *Guide à travers Dresde*. — *Cartes* de Œder (ancienne), de Sussmilch-Hörnig (*hist. et géogr.*), de Otto Andree (*orographie*), de Credner (*géologie*), de M. Seifert (*Dresde et environs*, *Suisse saxonne*), de A. Lange et d'Urbans (*tout le pays*). — L. Moser : *Guide et plan de Leipzig*. — Wuslmann : *Leipzig durant trois siècles*. — Pour les batailles de Leipzig et Iéna, Roger Peyre : *Napoléon et son temps*. — Franke : *Weimar et ses environs*. — Beck : *Histoire du pays de Gotha*. — Fleischmann : *Pour l'histoire du duché de Saxe-Cobourg-et-Gotha*. — P. Langhans : *Staatsbürger Atlas*, pour l'organisation de la justice et les religions. — Wolter : *Histoire de la ville de Magdebourg*.

PLAINE ORIENTALE

RIVE DROITE DE L'ELBE. — MONTS DES GÉANTS ET ODER. — CRISE AGRAIRE. VISTULE ET PRUSSE

Rive droite de l'Elbe : Crêtes carpathique et baltique. — Poméranie. — Mecklembourg : *Domaine*; gouvernement. — *Havel* et *Sprée* : le *Spreewald*.
Rempart des Géants et Oder : Monts de *Lusace*. — Au pays de *Rübezahl*. — Entonnoir de Glatz. — L'Oder à *Breslau*. — Posen sur la *Warthe*. — Travaux de *navigation* intérieure et maritime.
Crise agraire : Répartition du sol allemand. — Grande propriété. — Les *agrariens*. — L'État et les Commissions de *colonisation*. — Assurances.
Vistule inférieure et Prusse : Les provinces prussiennes et leurs ressources. — *Prusse orientale*. Gouvernement et administration du *royaume*.

Le sol déprimé qui, de la droite de l'Elbe, se perd à l'orient dans l'infini de la plaine sarmate, affleure du nord à la mer Baltique et s'appuie au sud contre le rempart des *Géants-Sudètes*, escarpe du plateau bohémien. Dans cette immense dépression, plaine *wende* submergée par le flot germanique, un double bourrelet intérieur suit parallèlement le rebord de la mer et celui des montagnes : on l'appelle *crête baltique* au nord ; *crête carpathique* au sud, parce que ce soulèvement paraît un émissaire atténué de la chaîne des Carpathes, allongé parallèlement à la base des Sudètes. L'importance de ce double bourrelet montagneux est considérable ; il donne aux fleuves de la plaine qui coulent du sud au nord, *Elbe*, *Oder*, *Vistule*, et à leurs affluents une grande symétrie

UNE RUE DE STOLBERG (Harz). Phot. Ruse.

déviation nouvelle, ils se frayent enfin un chemin à la mer. Leurs rives, au double passage des crêtes, se relèvent et contrastent par quelque pittoresque avec la platitude et la monotonie du cours central.

La **crête carpathique** ne se montre que par intermittence. Entre le cours supérieur de l'Oder et celui de la Vistule au point où les deux fleuves divergent à l'angle des Sudètes et des Carpathes, le dos du sol intermédiaire monte près de Tarnowitz à 352 mètres avec le *Trockenberg*. C'est un pays riche en minerais : on tire des environs la moitié du zinc produit par l'Europe. Des gisements d'excellent charbon sont exploités sur plus de 1,000 kilomètres carrés : *Tarnowitz*, *Beuthen* (51,410 habitants), *Königshütte* (57,875 habitants), *Myslowitz*, *Gleiwitz* (52,370 habitants), sont des centres miniers et métallurgiques florissants ; ce coin de Silésie rappelle la Prusse rhénane industrielle.

L'*Oder* tranche la *crête carpathique* sous les *Katzen G.* (monts du Chat, 256 mètres) et se redresse avec les hauteurs de sa rive gauche : *Dalkauer Höhe*, coin de *Grünberg* (220 mètres), relief de Sorau (233 mètres). Plus à l'ouest, le *Fläming*, qui presse le cours de l'*Elbe* en amont de Magdebourg, est un plateau nu, froid et privé d'eau qui s'étend de Wittenberg à *Jüterbogk*, dans la direction de Berlin. Albert l'Ours y avait appelé une colonie de Flamands dont les costumes, les manières et la langue se sont maintenus jusqu'au XVIIe siècle. Sur la rive gauche de l'Elbe, les *Hellbergen* prolongent la crête qui se termine et s'affaisse dans les *landes de Lüneburg*.

Crête baltique. — Au contraire de ses deux voisins, l'Oder et la Vistule, l'Elbe ne tranche pas la *crête baltique* pour gagner la mer : il se déverse à l'ouest. Son cours inférieur marque le point de contact des deux crêtes qui s'approchent là, sur ses deux rives, comme une proue de relief jetée à l'occident de la grande plaine. Mais la crête

GRANDE RUE, A MAGDEBOURG. Phot. Mertens.

dans leur direction. Infléchis à leur entrée dans la plaine, sous la poussée du premier pli de terrain, ils dévient à l'ouest, pour reprendre ensuite leur direction première dans la dépression centrale où ils se traînent péniblement ; puis, perçant la seconde ligne par une

baltique, loin de finir ici comme sa sœur des montagnes, prend un nouvel essor vers le *Holstein* et le *Schleswig* dont elle dentèle la côte orientale et va s'éteindre dans la région de steppes marécageux qui pointe au nord du Jutland par le promontoire de Skagen.

La région de la *crête baltique* est généralement méconnue. A voir les cartes qui en esquissent le trait, il semble que l'on y doit patauger dans d'inextricables marécages, au milieu de bas-fonds dépourvus de forêts et de cultures, le désert à côté de la mer.

Qui parle de la **Poméranie**, ce large plateau soulevé par la crête entre la Vistule inférieure et la côte de Rügen, pense en effet à l'une des contrées les plus déshéritées du monde.

Cela peut paraître vrai, si l'on regarde au sud les grandes étendues de sables et les traînées lacustres qui en dérivent; le climat est âpre ici, comme les gens. Mais qui croirait trouver sur cette plate-forme, dont la largeur moyenne dépasse 100 kilomètres, à côté de marais peu profonds, de vrais lacs égayés par une parure touffue de hêtres et de pins (lac de *Dratzig*, 10 kilomètres de long, 6 kilomètres de large, plusieurs îles); d'autres couronnés de montagnes réduites, mais affectant l'allure des grandes, le *Spitzer* (203 mètres), le *Steinberg* (234 mètres), magnifique entassement de pierres massives jetées au hasard les unes sur les autres. Partout des blocs erratiques, des moraines et de frais villages qui se cachent dans les vallées, au bord de ruisseaux torrentueux comme la *Leba*, qui finit dans une lagune maritime, et la *Stolpe*, qui se croit en pays de montagnes. De ces rivières, nourries par la crête, les unes vont à la mer comme la *Leba*, la *Stolpe*, la *Persante*, née dans une région lacustre (lac de *Vilm*), près de Neu-Stettin, la *Réga* qui passe à *Treptow*; les autres, la *Küddow*, opposée à la Persante, la *Brahe*, descendent vers le fossé de drainage de la *Netze*, qui porte leurs eaux à l'Oder, ou rallient à l'est le cours de la Vistule, comme la *Ferse*, la *Mottlau* et la *Radaune*, rivières de Danzig.

Les cours du nord moins étendus, rapides à leur origine, ensablés à leur embouchure, sont peu navigables : la Persante est barrée par des ensablements jusqu'à 33 kilomètres de la mer. Mais le haut pays qui la domine, avec ses lacs, ses arêtes vives, ses entassements lapidaires et la découpure des vallons n'est pas sans attrait. On y trouve, paraît-il, en se donnant quelque peine, la Suisse aux environs de *Polzin*, des prairies, des forêts, des cascades et même une source ferrugineuse. A quand les hôtels avec ascenseurs, les casinos et l'alpenstock?

LA STARGARDTERTHOR,
A NEU-BRANDENBOURG.

PORTE DE TREPTOW, A NEU-BRANDENBOURG.

Le **Mecklembourg** forme sur la rive gauche de l'Oder le contrepoids de la *Poméranie* : la même crête traverse les deux pays; mais à mesure que l'on s'avance à l'ouest, le climat devient moins âpre, les hauteurs s'abaissent, les lacs se multiplient dans un labyrinthe de monticules boisés. Ceux que la navigation lacustre séduit par son charme discret trouveront dans les lacs du Mecklembourg un champ d'exploration aussi varié qu'inattendu. La vue de ces nappes d'eau qui se succèdent en séries interminables et miroitent sous le soleil serait monotone, si d'un coup d'œil on en pouvait grouper l'ensemble; mais abordée séparément chacune d'elles prend en quelque sorte un caractère personnel, et pour nombreuses que soient encore les flaques mo-

roses entre des rives incertaines, combien de lacs dessinent de jolies retraites dans les sinuosités animées de leurs rivages, ou dorment solitaires au pied de quelque promontoire boisé, nonchalamment étalés dans une coupe de vertes prairies. Tel ce beau lac de *Schwerin* (22 kilomètres sur 6), qui reflète les tours et les clochetons du palais grand-ducal de Mecklembourg-Schwerin : l'*Elde* reçoit ses eaux par un canal d'écoulement et les déverse dans l'*Elbe* à Dömitz.

L'autre capitale du grand-duché (car il en a deux) est aussi bâtie sur un lac, celui de *Zierkel*, mais beaucoup moins important que son rival. *Neu-Strelitz* se rapproche de la partie la plus élevée du plateau, dont le point culminant est à l'est le *Helpter B.* (179 mètres). L'*Uckermark*, qui en porte l'inclinaison vers l'Oder, n'a qu'une hauteur moyenne de 60 à 70 mètres. Trois grands lacs au moins, formant ensemble un chapelet de 20 kilomètres, s'écoulent par l'Ucker dans le haff de *Stettin* D'autres cours d'eau dérivent de la plate-forme au nord vers la mer ; la *Tollense* (en slave Delenitza) au cours torrentiel, affluent de la *Peene*; celle-ci qui traverse les lacs de *Kummerow* et de *Malchin*, aux environs champêtres, la *Suisse mecklembourgeoise*, comme on l'appelle. On n'attendait pas moins d'une Suisse en Mecklembourg, puisque la Poméranie possède aussi la sienne. Plus loin encore, la *Warnow* après un long détour, s'amuse de lac en lac, reçoit le Nebel, vrai ruisseau lacustre, également en lac et gagne enfin *Rostock*, avec 30 mètres de large, au fond de la baie que garde Warnemünde.

La côte voisine du Holstein reçoit aussi de la crête baltique incurvée au nord, quelques rivières lacustres ; à Lübeck, la *Trave* qu'un de ses tributaires, la Steckenitz, unit à l'Elbe par un canal à écluses creusé

LE LAC DE TOLLENSE.

ALLEMAGNE.

dans l'épaisseur du talus de séparation. A Kiel, la jolie coulée de la *Schwentine*. Le Bungsberg (164 mètres), point culminant du Holstein, s'élève au nord-est d'Eutin et du lac de *Plön*; à cette crête sont opposées vers l'ouest les hauteurs de *Blankenese*, sur la rive droite de l'Elbe.

Constellée de lacs comme celle du Mecklembourg, la plate-forme du *Holstein* se relève de l'autre côté de la coupure de l'Eider et projette sur la côte orientale du Schleswig, puis du Jutland, des falaises découpées que pénètrent des fjords et qu'éveillent au milieu de champs fertiles, de joyeux filets bondissant des forêts de hêtres. Autant ce versant de la *crête baltique*, immédiatement penché sur les flots, offre de richesse et de vie, autant la déclinaison opposée respire la tristesse et l'aridité; elle s'affaisse lentement et se perd, ainsi que la crête carpathique, parmi les steppes, les bruyères et les grandes mares, au-dessus desquelles pointent à de grandes distances quelques blancs clochers égarés dans cette désolation.

Le **grand-duché de Mecklembourg** forme une monarchie à double tête. Sa dynastie d'origine *wende* est l'une des plus anciennes de l'Allemagne. Au XVIIe siècle, elle se partagea en deux branches collatérales, *Mecklembourg-Schwerin* avec 13,127 kilomètres carrés de superficie et 600,000 habitants; *Mecklembourg-Strelitz*, 2,930 kilomètres carrés et un peu plus de 100,000 habitants. Le dualisme du pouvoir n'empêche point l'union des *États* qui, proclamée au XVIIIe siècle, a empêché depuis la scission du territoire. Ces *États*, d'ailleurs, ne représentent que les délégués des grands pro-

Schwerin, 12 pour 100 du sol appartiennent aux *forêts*, 67 pour 100 à l'*agriculture*; tandis qu'en Mecklembourg-Strelitz, les terres cultivées représentent 40 pour 100 de la superficie, les forêts, 20 pour 100. La répartition du sol est très nette et pour ainsi dire figée dans des cadres immuables qui ne peuvent ni se multiplier par la division en parcelles, ni s'agglomérer par l'adjonction provenant d'achats ou d'héritages. On distingue deux sortes de biens : ceux du *Domaine* qui prévalent dans la partie la moins fertile du pays, au sud ; les *biens équestres* à l'est, région de grandes propriétés sur une terre meilleure ; enfin, à l'ouest,

MECKLEMBOURG : VUES DU CHATEAU DE SCHWERIN.
Phot. Mertens.

de grandes étendues partagées entre le *Domaine* et les *biens équestres*, mais avec des subdivisions en *moyennes* et *petites* propriétés.

Le **Domaine** *grand-ducal* comprend près de la moitié du sol utilisable, soit 418,673 hectares de terres et 97,500 de forêts : il s'est fort accru à la faveur de la Réforme par l'annexion des biens ecclésiastiques sécularisés. Les *biens équestres* occupent 600,000 hectares. Les biens des villes et les biens ecclésiastiques prennent en partie le reste.

Le *Domaine* administre lui-même ses forêts. Les terres sont divisées par grands lots *affermés* (*Pachthöfe*) de 400 hectares environ, et en *moyennes* propriétés (*Erbpachtstellen*) dont chaque titulaire, sorte de *locataire perpétuel*, peut disposer comme d'une vraie propriété, l'aliéner entre vifs, l'hypothéquer, la léguer par testament, à condition de ne la point morceler et de payer au Trésor une redevance dont il peut se libérer d'un coup.

La contenance ordinaire de la moyenne propriété est de 25 hectares. Au-dessous d'elle, la *Büdnerei* (4 à 5 hectares) est soumise à un régime analogue. Enfin, les *Häusereien* comprennent seulement une maisonnette et un petit enclos incapable de faire vivre ceux qui l'occupent.

C'est un vrai souverain au petit pied que le *fermier* d'un grand domaine, souverain il est vrai sur un fonds qui ne lui appartient pas, mais dont il jouit suivant les conditions d'un bail strictement réglé et moyennant un fermage annuel qui dépasse 16 et 17,000 francs pour un domaine de 500 hectares. Ce *fermier* est en même temps maire du groupement établi autour de sa demeure, pour l'exploitation agricole. Il dispose de valets et de servantes loués à l'année et d'ouvriers domaniaux (*Insleute*) auxquels il fournit une maison assez primitive, un jardin, quelques animaux, une étable et un champ, plusieurs subventions en nature prélevées sur la récolte et de l'argent. L'ouvrier agricole doit en retour son travail, sous la direction de l'intendant, et en certains cas comme à la moisson l'aide de sa

priétaires, ou *Ritterschaft*, et ceux de quarante-deux villes privilégiées, *Landschaft*. La population d'origine slave s'est fondue dans l'élément germanique apporté par les colons de Westphalie, de Frise et de Hollande. « Le paysan *mecklembourgeois* est flegmatique, d'esprit lent, mais de jugement sûr, d'un naturel bienveillant et pacifique; il est attaché à son foyer, fidèle à la maison régnante, mais il est paresseux, manque de soin, et ne se distingue pas par la sobriété. » (Lucien DE SAINTE-CROIX). Presque tous les habitants appartiennent au culte protestant, mais, s'il faut croire leurs pasteurs (Wittenberg et Bücksädt), ne montrent que de vagues pratiques et des notions aussi confuses que celles de leur moralité. Plus de la moitié d'entre eux s'adonnent à l'agriculture, et seulement 23 pour 100 à l'industrie; mais ils doivent à l'*état actuel* de la **propriété** d'être complètement étrangers aux affaires publiques.

Le *Mecklembourg*, à cet égard, est le revenant d'un autre âge, dont la physionomie commence à peine à se modifier. Dans le Mecklembourg-

ENTRÉE DU CHATEAU DE SCHWERIN (côté de la ville).

femme et le renfort prévu d'un travailleur de surcroît, *Hofgäuer*. Cette obligation d'un renfort devenue fort onéreuse par la rareté de plus en plus grande des journaliers agricoles, la mauvaise condition du logement, la substitution du numéraire au payement en nature depuis l'emploi des machines, obèrent la situation du locataire domanial et lui font prêter une oreille favorable à la propagande socialiste. L'ancienne bonhomie entre maîtres et serviteurs n'existe plus; mais le *gouvernement grand-ducal* fait de louables efforts pour améliorer la condition des travailleurs en facilitant dans une très large mesure l'établissement de la *moyenne* et de la *petite propriété*.

A l'encontre de cet exemple, les détenteurs de grands domaines ou *biens équestres*, fixés au sol, n'ont cessé d'éliminer l'ancienne classe des paysans qui cultivaient le sol pour eux-mêmes, moyennant une redevance. Le peu qui reste est considéré comme à l'état de serfs ou de *parasites*. Si le gouvernement n'en avait arrêté l'expulsion, les domaines équestres seraient devenus désert ou forêt. On voudrait là aussi développer la *moyenne* et la *petite propriété*, source d'énergie et d'hommes pour l'État; mais les mesures législatives se sont heurtées à un entêtement et à un mode d'exploitation irréductibles. Incapables de devenir propriétaires ou d'améliorer leur sort, les paysans émigrent nombreux en Amérique ou vont porter à l'industrie voisine leur travail et leur bonne volonté. Les *hobereaux* d'ailleurs, comme leur voisins de Prusse, n'en font pas pour cela fortune : la baisse du prix des céréales et l'endettement obligent beaucoup d'entre eux à vendre leurs terres, sans toutefois les morceler en droit, à moins que l'État ne le permette; car, en Mecklembourg, le sol est immuable.

Les *revenus domaniaux* sont perçus en Mecklembourg-Schwerin par une triple administration : celle du *souverain* (25 millions de francs); l'*administration financière* commune au souverain et aux États, 5 millions et demi; l'*administration des États seuls*.

Le *grand-duché* de Mecklembourg est entré dans la *Confédération* de l'Allemagne du Nord, le 21 août 1866. Par convention avec la Prusse (déc. 1872), les *troupes grand-ducales* incorporées dans l'armée allemande. La marine marchande possède 81 navires dont 31 à vapeur; les ports de *Rostock* (54,700 habitants) et de *Wismar* (19,758 habitants) connurent jadis une autre prospérité. Ville de Schwerin : 38,280 habitants; Neu-Strelitz : 14,340 habitants.

HAVEL ET SPRÉE.

Il y a un contraste absolu entre la rive gauche de l'Elbe si mouvementée dans le Harz et la Thuringe, si vivante et si riche, et la rive droite plate et morne, par où la *Havel* dérive péniblement au fleuve. Cet égouttoir de la crête baltique descend du nord, et à la rencontre de la Sprée, son tributaire, tourne de l'est à l'ouest. La *Sprée* au contraire vient du sud au nord, des monts de Lusace au pli de la crête carpathique et conflue, au creux même de la plaine centrale, en aval de Berlin. Presque tout l'intervalle compris entre l'Elbe et l'Oder se trouve drainé par ces deux cours d'eau réunis.

DANS LE SPREEWALD : LA FORÊT.

Dès son passage à *Bautzen* (130 mètres), la **Sprée** s'étale en plaine, hésite incertaine entre les lacets d'étangs de prairies basses et de fossés qui d'une part la sollicitent vers l'*Elster noire*, affluent de l'Elbe moyen, de l'autre vers la *Neisse*, affluent de l'Oder.

Échappée à cette première dépression, la *Sprée* prend figure de rivière, mais arrivée à *Kottbus* (39,330 habitants), au delà du plissement carpathique, elle s'égare bientôt en une multitude de détours et disparaît par mille replis qui se tordent sous la voûte d'une inextricable forêt. *Lübben* marque, au centre de cette région noyée, une clairière de la Sprée unie pour un instant. D'épais bouquets de hêtres, de saules et d'érables ombragent les lacs et les canaux : chaque taupinière qui émerge devient plate-forme d'une habitation; un fossé l'entoure comme une petite forteresse, et souvent l'humble toit s'abrite d'un chêne séculaire. Chacun possède son port : la moisson, la chasse, les transports, les voyages à l'église, au moulin, à la ville prochaine, tout se fait à bateau. Sous l'épaisseur du bois, les barques filent comme des flèches; à l'air libre des clairières, les voiles se gonflent. Vienne l'hiver, chacun s'élance, hommes, femmes, enfants, sur le miroir glacé des canaux. « On se croirait en Hollande ou dans la Frise. Le contraste des bois, des prairies, des eaux sinueuses, donne à l'ensemble beaucoup de grâce champêtre, et les étrangers viennent en assez grand nombre visiter ce

De la source à l'embouchure, les détours de la *Havel* ne mesureraient pas moins de 320 kilomètres. Ils figurent par leur double direction du nord au sud et de l'est à l'ouest un grand quadrilatère sur l'angle oriental duquel vient s'amorcer la Sprée. A l'intérieur, le pays de marécages, qui s'étend en arrière de Brandebourg est désigné sous le nom de *Havelland :* plusieurs canaux navigables le traversent; l'un, au-dessus de Spandau, celui de Rathenow, unit deux côtés opposés de la rivière; un autre, le canal de *Ruppin* complète en largeur le

LE SPREEWALD : ENTRÉE A WOTSCHOFSKA.

COURS DE LA *SPRÉE*

parc immense où les retient la propreté toute hollandaise des habitations. » (E. RECLUS.) Le *Spreewald*, ou forêt de la *Sprée*, a servi de refuge aux populations wendes fuyant devant l'invasion germanique.
Issue de ce labyrinthe, la Sprée se reforme au-dessus de Köpenik dans le beau lac *Müggel-See* (6 kilomètres de long, 4 de large) et finit au delà de Berlin, en vue de *Spandau*, dans la *Havel*, après un cours de 365 kilomètres.
A peine peut-on qualifier le prétendu cours d'eau qui a nom Havel : cet intermédiaire de lacs a-t-il même une source? Il dérive non loin de Neu-Strelitz, à travers un semis lacustre. Son altitude est alors de 68 mètres et ce n'est pas merveille qu'il disparaisse, au lieu de couler, dans un enchevêtrement de flaques marécageuses, prétentieusement appelées des lacs. De Fürstenberg à Oranienbourg, le ruban de la *Havel* se dégage, écarte ses rives à 30 mètres l'une de l'autre, enfin gagne à *Spandau* l'utile contingent de la *Sprée*. Sa nature change alors, en même temps que sa direction. Tantôt large de 600 mètres ou de 300, réduite à 100 mètres et même à 65, extrêmement profonde ou traînante sur des bas-fonds avec 1 ou 2 mètres d'eau; la *Havel*, fleuve protée, s'épand avec lenteur. Elle s'amuse d'un bord à l'autre, s'attarde à chaque détour de forêt : ici grand lac (le *Tegeler-See* au nord-ouest de Berlin); là égarée au milieu des îles (*Pfauen-Insel*); tour à tour baie magnifique qui paraît sans issue (*Jungfern-See*) entonnoir d'étangs et de canaux oubliés le long des rives; plus loin, détroit resserré sous le pont de *Potsdam ;* élargie encore, tirée de droite, de gauche, de marécage en fjord sablonneux, elle paraît enfin devant *Brandebourg* s'étaler, dans le grand lac de *Plaue*. Un canal emporte une partie des eaux réunies, droit à l'Elbe : la *Havel* remonte au nord-ouest par Pritzerbe, Havelberg, toujours en vue du fleuve, et leur jonction a l'air d'un grand estuaire.

fossé du N. *Rhin*, et se prolonge de l'autre côté de la Havel, sur l'Oder, par le canal de *Finow*. C'est au cœur même du *Havelland* que les soldats de *Brandebourg* reçurent le baptême du feu sur le champ de bataille de *Fehrbellin :* cette âpre contrée de sables, de bruyères, de joncs noyés et de maigres forêts, devait former pour la lutte une race à la fois dure et sobre, avide et obstinée, fille d'une marâtre nature.
Il paraît que la *Marche de Brandebourg* n'est pas sans charme; j'avoue l'avoir seulement traversée. Elle ne m'a point en effet paru si laide qu'on le dit; mais il faudrait, pour bien voir, quitter les grands chemins et affronter l'intérieur. On cite des montagnes : celle du *Marien B.*, qui appuie Brandebourg a plus de 60 mètres. Les *Müggelberge* hors du Havelland près de Köpenik, montent à 95 mètres. Il y aurait mieux encore.
De clairs ruisseaux, des formes de vallées, des laquets moins boueux que les autres, formeraient dans la région de *Buschow* une Suisse brandebourgeoise. Il fallait s'y attendre. Les tas de sables sur un bas-fond ne donnent-ils pas l'impression d'une montagne? Le long des marécages, des mousses flottantes remplacent les abrupts remparts de rochers que couronnent des glaces éternelles. Point de cascades sur les filets d'eau ni de bouillonnements tapageurs; au lieu de la trompe des Alpes, le croassement de grenouilles innombrables. C'est ici une *Suisse au repos*, une Suisse familière. En vérité, cette manie de prodiguer les grands mots à de si petites choses fait sourire. La *Suisse n'est plus en Suisse;* mais partout en *Allemagne*, ou plutôt dans l'imagination des Allemands. Ils oublient certains villages du *Brandebourg*, vrais déserts, où la moindre bise soulève des nuages aveuglants de sable fin et entasse le long des enclos de véritables dunes, les steppes sans eau, les champs brûlés où quelques épis clairsemés et chétifs, d'âcres cerises égarées en de rares vergers, semblent aux malheureux de ce sol déshérité, un miracle du ciel.

REMPART DES GÉANTS

On nomme vaguement *Sudètes* le relief qui arrête au sud la plaine orientale d'Allemagne sur le front du bastion de Bohême, entre la coupure de l'Elbe et la source de l'Oder. Mais le peuple ne l'entend point ainsi et désigne séparément chaque section du rempart, suivant son caractère propre : *monts de Lusace, monts des Géants*, enfin les monts Sudètes proprement dits.

Les **monts de Lusace**, embryon de chaîne, s'étagent en plateaux découpés de vallées transversales, que dominent, sur la haute surface, des pics isolés. L'*Oybin*, énorme

FILEUSES DE LA *SPRÉE*.

cloche de grès crevassé, leur sert d'avant-garde. Des brigands s'y étant établis, rançonnaient les passants : Charles IV (1369) vint à bout de détruire leur repaire et à la place édifia l'église et le couvent dont on visite aujourd'hui les ruines. Il faut reconnaître dans le grand Winterberg de la Suisse saxonne, un émissaire du haut pays gréseux de Zittau (point culminant, le *Hochwald*, 748 mètres). Plus élevées encore, les *Jeschengebirge* (1,010 mètres) doublent les *Isergebirge*, traverse de crêtes jetée entre la Lusace montagneuse et l'épaisse carapace des *Riesengebirge* ou monts des Géants. Au-dessus de leurs flancs chargés de forêts jusqu'aux trous des marécages supérieurs, les **Isergebirge** dressent à 1,122 mètres la cime plate du *Tafelfichte*, sorte de borne frontière entre la Bohême, la Lusace et la Silésie.

Une triple coupure de rivières limite ce domaine montagneux; à droite et sur le flanc opposé des Riesengebirge, l'*Iser* descend au sud vers l'Elbe de Bohême; sa source touche presque celle de la *Queiss*, rivière du nord qui, après s'être ralliée à la *Bober*, passe avec elle par Sagan et va se perdre dans l'Oder. Sa voisine de l'ouest, la *Neisse*, également tributaire du grand fleuve silésien, insinue sa vallée par *Görlitz* (80,900 habitants) et *Zittau* (30,920 habitants), à travers les terrasses de la Lusace; et, tranchant le fertile vallon de *Reichenberg*, ouvre une voie de communication sur le coude prochain de l'Iser. L'Oder et l'Elbe supérieur se rencontrent ainsi.

Les **Riesengebirge** ou *monts des Géants* ont un aspect sombre et grandiose : enfin, voilà de vraies montagnes. Leur masse emplit le long intervalle qui sépare la source de la *Queiss* de celle de la *Bober*; elle se dresse, véritable mur de séparation entre la Silésie et la Bohême. Deux crêtes soudées en leurs extrémités par des prairies marécageuses surplombent l'un et l'autre pays; elles sont séparées par de profondes crevasses, anciens rebords peut-être d'un grand lac intérieur qui a trouvé son écoulement au sud par l'Elbe et ses nombreux ruisseaux.

La crête bohémienne prend les noms particuliers de *Krkonosch*, croupe de 1,413 mètres sur la rive droite de l'Elbe supérieur; *Ziegenrücken* (1,424 mètres), longue échine de gneiss et de granit, dont les coupoles arrondies, les aiguilles, les récifs et les promontoires se mêlent en un désordre sauvage. Plus loin, dans le voisinage de la grande Aupa, le *Brunnenberg* (1,560 mètres), surface large et nue de 5 kilomètres. Cette puissante chaîne est doublée d'arrière-monts du côté de la Bohême, en sorte que, de la base au sommet de la montagne, il n'y a pas moins de 15 à 20 kilomètres.

La *vraie masse* des *Riesengebirge*, celle qui regarde la Silésie comme un mur escarpé d'une hauteur de 1,300 à 1,500 mètres en moyenne, sur les plaines de Hirschberg et de Schmiedeberg dont l'altitude ne dépasse pas 400 mètres. De ce côté, l'écart de la base au sommet égale à peine 7 kilomètres; l'effondrement du rempart est subit, effrayant. Presque toujours la crête affecte la forme d'un plateau très étendu qu'interrompent de désolants marécages, des tourbières, des croupes nues et désertes avec de vilaines broussailles ou d'abrupts morceaux de granit « reste du combat terrible qui mit jadis aux prises la race des *géants* avec les dieux. »

Les pauvres hères égarés dans cette lande, au-dessus des nuages, s'abritent comme ils peuvent en contre-bas des pics ou dans quelque pli de montagne, sous d'épaisses murailles que secouent les rafales et transperce la foudre, aux jours de violentes tempêtes. Les champs ne

UN MOULIN (KANNONMÜHLE) DANS LE SPREEWALD.

ROCHER D'OYBIN, PRÈS DE ZITTAU.

HÔTEL DE VILLE DE REICHENBERG.

montent pas jusqu'à eux. A 1,000 mètres s'arrête la terre cultivable ; à 1,200 mètres les bois résineux, puis les bouquets rabougris et la roche désolée. L'été apporte quelques maigres herbages aux troupeaux ; mais l'été se fait tard, à la fin de juin, encore est-il souvent trempé d'épais brouillards et sillonné d'orages. A peine disparu comme à regret, l'hiver surgit des gouffres glacés du voisinage, avec les bourrasques de neige, le froid sans répit, les avalanches qui brisent les rocs et les jettent en projectiles jusqu'au fond des vallées. Sous un épais linceul de frimas, des casemates humaines décèlent leur existence par un mince filet de fumée : de longs mois s'écoulent sans communication possible avec le prochain village ; les morts eux-mêmes hivernent dans la neige. On emploie à filer et à tisser la toile les loisirs de l'interminable hiver ; tous les montagnards sont tisserands, de Lusace en Moravie. Mais cette industrie traditionnelle qui apportait quelque soulagement à la rigueur de leur existence est en train de disparaître. La machine à vapeur des manufactures tue le métier du tisserand. Bientôt les hôtes de la montagne devront l'abandonner pour n'y point mourir de faim. S'ils avaient, comme les Suisses, la grandiose diversité des Alpes et leur couronne de glaciers, d'attirantes vallées ou de grands lacs pittoresques, la venue des touristes compenserait pour eux les ressources perdues. Mais on ne se promène guère sur les *monts des Géants;* la sombre impression de grandeur qu'ils produisent en écarte tous ceux que ne pousse pas la recherche de l'inédit ou la soif de connaître. Ces amateurs sont rares, moins pourtant qu'on ne le croit.

La promenade commence (ou se termine) par le *Reifträger*, haute croupe de 1,362 mètres, le *Hohes Rad* (1,509 mètres) d'où la vue plonge avec effroi sur les *Sieben Gründe*, ou se perd dans les deux gouffres de neige dits *Schnee Gruben* que sépare un mur de rochers. Ces deux crevasses s'enfoncent entre des murailles déchiquetées, aux aspérités desquelles s'accroche en bas une riche végétation, dans le haut des broussailles : la neige s'y accumule en formidable épaisseur et ne fond point, là où les rayons du soleil ne peuvent pénétrer.

Au delà de la grande et de la petite *Sturmhaube* (1,421-1,440 mètres) et après une longue traite d'herbes noyées, *deux étangs*, grimace des lacs alpestres, sont blottis dans des cassures de rochers : l'un est silencieux et paraît sans fond ; l'autre, moins morose, reçoit de bruyantes cascades et des truites frétillent dans ses eaux.

Le roi des *Géants* est le *Schneekoppe* (1,603 mètres) ou cime de neige. Sur une plate-forme aérienne (*Koppen Plan*), un bloc de granit aggloméré élève sa tête tronquée au milieu des nuages. Il est rare qu'elle se voie distinctement, et tel qui parti par un clair soleil arrive enfin plein d'espoir à la plate-forme des hauts sommets peut à peine gagner la cime. Le brouillard a des envahissements imprévus : sans crier gare, la foudre éclate ; on l'a vue frapper cinq fois en une heure cette cible dressée dans l'espace comme un défi. Le faite, large de 85 pas sur 65 à peu près, porte une chapelle et une petite hôtellerie «l'aire de l'aigle », comme on l'a nommée. Par un ciel pur, la vue perce du *Schneekoppe*, vers *Prague* en Bohême, *Breslau* en Silésie : d'une part, le hérissement des crêtes, de l'autre, au pied d'un mur gigantesque et sombre, la gaie mosaïque des prés des champs et des forêts, les joyeux replis des rivières, les villages, les villes, les clochers et les tours qui se profilent au loin. Mais ce beau spectacle est exceptionnel.

Le génie qui préside à la vie de ces montagnes, **Rübezahl**, est un nain capricieux et puissant : les *Riesengebirge* forment son empire. Traître parfois, mais aussi bon et souriant, les contes, les légendes sont pleins de lui. Un jour, il rencontre des voleurs et change leurs montures en bâtons ; emplit de sacs d'or le panier

L'HIVER DANS LE SPREEWALD : CHEZ UN FORESTIER.

de feuilles sèches que porte au bras une pauvre femme; se pend pour un innocent et laisse au bout de la corde un bouchon de paille. Mais aussi que d'imprudents il a saisis au passage des marécages et à l'escalade des rocs! Il est partout sans qu'on puisse l'atteindre : voici sa chaire, son jardin, son palais d'été. Toute chasse est interdite sur ses domaines. C'est le *Croquemitaine* de l'Allemagne : on le craint, mais on sourit à ses bons tours, et la barbe épanouie de ce petit bonhomme, sa grosse figure coiffée d'un effilé capuchon rouge égayent partout les magasins, les bazars, les fresques, les images Il n'est point de personnage plus populaire.

Les *Riesengebirge* forment le groupe central de trois remblais ajustés bout à bout du nord-ouest au sud-est, entre la trouée de l'Elbe et celle de l'Oder. A gauche, le groupe de *Lusace* tombe sur la brèche de *Reichenberg*; les *Riesen* s'arrêtent à celle de *Landeshut*; enfin, les monts *Sudètes* proprement dits à droite, gagnent par les monts *Gesenke*, la passe de l'Oder, en avant d'*Olmütz*. Des soulèvements de raccord lient entre eux ces *trois*

SCHNEIDEMÜHLE, PRÈS DE LÜBBENAU, DANS LE SPREEWALD.

massifs importants : le groupe de l'*Iser* à gauche des *Riesengebirge*, joint les monts de Lusace; à droite, la haute région carbonifère de *Waldenbourg* (point culminant : 928 mètres) entre les Riesen et le promontoire avancé des Sudètes, Eulengebirge ou *monts des Hiboux*. Il semble bien que les *Eulengebirge* (1,014 mètres) doivent être considérés comme un massif original : car ils sont coupés des monts *Sudètes* proprement dits par la brèche ou entonnoir de *Glatz*. Ces trois routes : entonnoir de *Glatz*, *Landeshut* et *Reichenberg* (par la Neisse de Görlitz) sont les grandes lignes de communication ouvertes de la plaine allemande sur la Bohême : leur importance commerciale et stratégique se voit d'elle-même; elles permettent de tourner la ligne des Sudètes et Olmütz, gardienne des communications entre la Silésie et l'Autriche.

L'*entonnoir de* **Glatz** est remarquable : derrière le barrage des *Hiboux* et des *Reichenstein G.*, il communique outre monts par d'âpres défilés.

Toute la région silésienne de Waldenbourg et de Glatz est animée par une population industrielle : mines et forges, cultures et moulins envahissent de tous côtés les vallées et les gorges (bains de Landeck, de Reinerz). On pénètre de l'un à l'autre versant par de nombreux chemins; deux voies ferrées, parties de Breslau, s'y insinuent, l'une par *Waldenbourg*, Nachod, Josephstadt, Königgraetz; l'autre par *Glatz*, Pardubitz, contournant ainsi le rempart bohémien de l'*Adlerberg* (mont de l'Aigle), sur le versant intérieur duquel Prussiens et Autrichiens se livrèrent la bataille de Sadowa. La voie ferrée de Pardubitz n'est proprement qu'un rameau détaché de la grande ligne *Breslau-Glatz-Olmütz-Vienne* qui remonte la vallée de la Neisse orientale.

Sur le front silésien, le groupe de l'*Altvater* (vieux père, 1,490 mètres)

noue le massif des *Sudètes* à la région de plateaux ondulés, couverts de cultures que l'on désigne sous le nom de monts *Gesenke*. C'est ici que l'Oder prend sa source, parmi quelques sommets de hauteur médiocre (maximum, 631 mètres). Il y a contraste absolu entre les plateaux surbaissés des *Gesenke* et les pitons opposés des *Beskides*, promontoire des Carpathes : ce sont deux systèmes qui finissent en regard l'un de l'autre et livrent passage dans l'intervalle qui les sépare, à la voie ferrée Cracovie ou Breslau-Vienne, par les deux vallées opposées de l'*Oder* dirigé au nord et de la *March*, qui descend au sud vers le Danube.

BASSIN DE L'ODER

L'**Oder** apporte à Breslau les eaux des Sudètes qu'il a recueillies sur leur versant nord-est par l'*Oppa* (en amont de Ratibor), la *Neisse* de Glatz et l'*Ohlau*. Ancienne capitale du duché indépendant de Silésie, après avoir fait partie de la Pologne; Bohémienne en 1335; Autrichienne en 1527, *Breslau* (Vraclaw) d'origine slave, fut prise et reprise par Frédéric II, roi de Prusse (1741-1757, après Leuthen), et conservée par la valeur de Tauentzien (1760). Emportée par Vandamme et les Français (1806-1807), qui rasèrent ses fortifications, elle fit retour à la Prusse : c'est de là (1813) que Frédéric-Guillaume III lança son appel de guerre pour la vengeance d'Iéna.

Breslau est aujourd'hui la seconde ville de la monarchie prussienne avec 422,738 habitants. Outre d'importantes fabriques de wagons et de machines, des manufactures de draps et de coton, des ateliers de confection..., elle possède des marchés importants de céréales et de bestiaux, de bois et de charbons; de grandes distilleries et des raffineries (betteraves), etc. Sa foire aux laines vient au premier rang après le marché de Berlin. Tous les produits de la Silésie s'y concentrent. Aussi la ville ne cesse-t-elle de s'étendre. Les nouveaux quartiers de Schweidnitz au sud, et de l'Oder au nord, ont débordé la vieille cité concentrée sur la rive gauche du fleuve et dans un groupe d'îles voisines. Des anciens remparts on a fait des promenades avec de beaux arbres ombrageant des fossés pleins d'eau. La cathédrale *Saint-Jean* (XIIe et XVe siècles), sur la rive droite, la *Bibliothèque* universitaire dans la *Sand Insel* (400,000 volumes), l'*Université*, l'église Sainte-Elisabeth, l'*Hôtel de ville* (XIVe et XVe siècles), retiennent l'attention à des titres divers. La nouvelle Bourse, le théâtre, le musée des Beaux-Arts, sont de belles constructions modernes. On a élevé un monument à Guillaume Ier sur la droite, à l'entrée de la rue de Schweidnitz, non loin de la synagogue et de l'hôtel du gouvernement. Quant au palais réservé pour le séjour éventuel de l'empereur, il a l'air d'une loge de courses au flanc d'une immense place d'exercices. C'est une parfaite illusion de croire que *Breslau* a gardé, par ses vieilles rues, l'aspect du moyen âge. Il ne reste rien ou à peu près rien de ces temps reculés, sauf des édifices publics, quelques maisons sans grand caractère noyées dans les bâtisses récentes, et un vieux quartier voisin de l'Oder (*Alte Ohle*) que l'on a bien tort d'indiquer aux touristes : de vieilles loques pendues aux fenêtres sur des ruelles misérables et malpropres ne constituent pas un morceau original, ni séduisant. Les quartiers neufs ressemblent à tous ceux que l'on voit ailleurs: mêmes avenues, jardins botaniques, rues tapageuses, maisons prétentieuses...; à peine est-il besoin d'en parler. Breslau est le siège d'un évêché principier : il y a plus de 100,000 catholiques et près de 20,000 israélites.

L'**Oder**, en aval de Breslau, ouvre par quatre gradins successifs la crête carpathique et s'avance jusqu'à *Glogau* entre des rives de sable et d'argile souvent ravinées. La dépression de la plaine centrale l'entraîne alors au nord-ouest, en ralliant à lui sur sa gauche la rivière de Sagan (*Bober*) et la *Neisse* de *Görlitz*. La vallée du fleuve s'étend au large vers l'est sur les fonds marécageux de l'*Obra*, dessinée à l'ouest par des collines boisées éclaircies de quelques vignobles. Le vin de *Grünberg* est célèbre par les mauvaises plaisanteries que l'on se croit obligé d'en faire : il paraît que le diable lui-même n'en voudrait pas. Il faut au vin pétillant qui réjouit l'âme un soleil plus chaud, un air moins dur, une terre plus généreuse que ce fond à peine étanche, où, parmi la monotone étendue des champs d'avoine, de seigle et de maigre froment, le héron se dandine gravement, traînant ses longues pattes le long des marécages, à peine attentif au train qui passe, comme un intrus, dans ce domaine qui lui est resté.

MONTS DES GÉANTS : SCHNEE GRUBEN (Gouffres de neige). Phot. Mertens.

De l'embouchure de la Neisse, sur sa rive gauche, à celle de la Warthe, sur la droite, en passant par *Francfort*, l'Oder serré de près par les replis de la Sprée, ne reçoit rien de l'ouest. En revanche, la **Warthe**, son plus grand tributaire, est un vrai fleuve dont le ressort s'étend à l'orient jusqu'à l'horizon lointain de la Vistule. Issue d'une plate-forme éloignée des Carpathes (à 50 kilomètres de Cracovie), la *Warthe* (Warta) se déroule en longues sinuosités, comme l'Oder, et du sud au nord jusqu'à *Kolo*, puis de ce point vers l'ouest. Un bourrelet calcaire entrave ici le cours des eaux : elles refluent en temps de crue sur toutes les plages environnantes jusqu'au creux même d'où s'épanche la Netze, et il paraît probable que le lit de cette rivière fut autrefois suivi par la *Warthe* elle-même pour gagner ainsi l'Oder en asséchant, à l'ouest par un long fossé direct, entre le coude de la Vistule à la hauteur de Bromberg et celui de l'Oder à Küstrin, toute la bordure intérieure de la crête baltique. Ce rôle est aujourd'hui dévolu à la *Netze*, affluent inférieur de la *Warthe* : un canal amorcé par Bromberg de la *Netze* à la *Vistule*, réunit ce fleuve par une ligne d'eau ininterrompue avec l'*Oder*.

Pareille communication serait facile avec le cours même de la *Warthe*, en empruntant, au coude de Kolo, le lit de son affluent de droite, le *Ner* voisin d'un tributaire de la Vistule, au-dessous de Varsovie. La Warthe, grossie de l'*Obra* qui vagabonde à l'ouest entre Posen et Francfort, se perd dans l'Oder à *Küstrin*. On lui attribue près de 100 mètres à Posen et

MONTS DES GÉANTS : ZIEGENRÜCKEN (DOS DE LA CHÈVRE). Phot. Mertens.

MONTS DES GÉANTS : LE GRAND RAVIN (Langer Grund).

Phot. Mertens.

elle passe alors pour navigable, excepté toutefois quand les ardeurs de la canicule boivent en partie les marécages dont elle s'abreuve.

Posen est dans une situation remarquable sur la même ligne que *Berlin*, *Francfort-sur-l'Oder* et, au loin, *Varsovie*, sur la Vistule. C'est le gardien naturel de cette route et de la frontière allemande du côté de la Russie centrale. Aussi en a-t-on fait une place de première classe avec ceinture fortifiée et garnison qui n'est pas inférieure à 7,000 hommes (V[e] corps d'armée). Évêché dès l'an 1000, capitale pour un temps de la *Grande Pologne*, Posen (Poznan en polonais) atteignit aux xve et xvie siècles une haute prospérité; la propreté toutefois ne fut point et n'est pas tout à fait encore l'une de ses gloires. Elle eut jusqu'à 75,000 habitants (aujourd'hui 117,014); on venait à ses foires de tous les points de la Russie et de l'Allemagne. Après des fortunes diverses, réduite à 5,000 habitants, annexée par la Prusse, réunie par Napoléon au *grand-duché de Varsovie*, on l'a liée à la monarchie prussienne en 1815. Les champs mamelonnés qui l'entourent produisent en abondance les céréales, la betterave, le houblon, et nourrissent un nombreux bétail : ses marchés en sont largement pourvus; c'est un centre agricole florissant. Peu d'industrie pourtant (l'essor est donné), bien que les Allemands entrent à présent pour plus de moitié dans la population de Posen, comme de toutes les grandes villes en général dans cette région.

La *langue* allemande est partout la langue officielle; on l'impose dans les écoles à l'exclusion du polonais. Malgré tout, la population tient à son langage traditionnel et s'y attache comme à une épave d'indépendance. La germanisation n'avance que lentement, et les désinences teutonnes dont on affuble les anciens noms slaves ne peuvent guère donner qu'une illusion, à la campagne surtout, où la majorité de la population reste polonaise et attachée au sol autant qu'elle peut. Les Allemands ne possèdent encore que la moitié de la terre, et ce ne sont pas les groupes germaniques implantés par les commissions de colonisation qui déracineront les populations polonaises. Malheureusement pour celles-ci, les grands domaines qui accaparent la moitié du pays passent graduellement des nobles polonais en détresse, aux mains des hobereaux allemands ou des compagnies d'exploitation.

Il paraît vraisemblable qu'aux temps primitifs où la plaine orientale commençait à émerger des eaux, la *Vistule*, rangeant le pied de la crête baltique par le pli de la Netze et de la Warthe, entraînait l'*Oder* au carrefour aujourd'hui marqué par Küstrin, et passant avec lui dans la dépression du canal de Finow et du N.-Rhin, gagnait l'*Elbe*, puis la mer du Nord. Mais quand les alluvions superposées à l'ouest, les oscillations du sol, l'affaissement et l'usure des obstacles redressèrent les fleuves en frayant à l'Oder et à la Vistule une route directe vers la mer Baltique, les eaux accumulées au pied de l'ancien barrage formèrent d'immenses marais au milieu desquels l'Oder eut peine à se reconnaître. Cette vaste boue est aujourd'hui en partie desséchée; des fermes et des villages prospères y sont répandus parmi les champs cultivés et les prairies que raye la trame animée des canaux. L'ancien canal de dérivation creusé par Frédéric le Grand, pour assécher les rives de l'Oder et raccourcir sa route, a reçu la plus grande masse des eaux. C'est aujourd'hui le lit principal du fleuve, le *vieil Oder* n'étant plus qu'un ruisseau bas, navigable seulement aux temps des crues. Le desséchement des marécages de l'Oder et le redressement de son cours a donné plus de 32,000 hectares à l'agriculture (*Oder-Bruch*).

Des digues puissantes protègent les champs, mais souvent l'Oder qui n'a que 1[m],30 ou 1[m],60 de fond, au confluent de la Warthe, se gonfle par des crues terribles, monte à 6 mètres, brise les obstacles et reprend le large. La *navigation* du fleuve est à cause de cela fort inconstante,

LA CHAIRE DE RÜBEZAHL.

et malgré les retenues d'eau récemment construites, bien inférieure à celle de l'Elbe ou du Rhin; mais depuis longtemps elle ne connaissait plus les entraves des péages et des barrières féodales, que ces deux grands fleuves en étaient encore ligottés. La liberté du cours de l'Elbe est même récente. Pour l'Oder, en franchissant la *crête baltique*, il dessine sur ses rives mouvementées de jolis paysages : le site de Schwedt est agréable. A Gartz, le fleuve se divise, dérive dans le grand réservoir du *Dammscher-See*, jette de-ci de-là de faux bras, des passes qui les relient, enfin baigne *Stettin* et entre dans la région de son embouchure. Cette ville et l'*embouchure* de l'*Oder* ont été décrits en détail (p. 27, 28).

TRAVAUX DE NAVIGATION FLUVIALE ET MARITIME.

Les *fleuves* allemands ont dû être aménagés par de coûteux **travaux hydrauliques**, leur flot contenu par des barrages en épis, des fascines et des empierrements parallèles, dégagé des faux bras et ramené à un chenal navigable. La *Sarre*, l'*Ems*, la *Fulda*, le *Main*, la *Sprée*, sont aujourd'hui régulièrement praticables.

Grâce au dégagement des passes de *Bingen*, à l'abolition des droits de péage, et à la construction de ports commodes, la navigation est à peu près incessante sur le *Rhin*. (Voy. le *Rhin navigable*, p. 160.) Cependant l'entrave de plusieurs ponts de bateaux (Co-

MONTS DES GÉANTS : LA PIERRE DE MIDI.

blentz, Cologne) n'est pas totalement disparu.

Dresde, sur l'*Elbe*, possède un nouveau port qui peut recevoir plus de deux cents bateaux. Pour remédier au tirant d'eau assez faible du fleuve, on a établi une chaîne de touage continu jusqu'à la frontière de Bohême.

Le *Weser* et l'*Elbe*, l'*Oder* et la *Vistule*, ont exigé un effort particulier; il a fallu dégager leur embouchure, la protéger par des môles contre le retour des sables avec le flux et maintenir par des dragages incessants la communication avec la mer à travers les *haffs* littoraux. Le *Weser* offre maintenant 6m,3 de profondeur jusqu'à Brême, l'*Oder* 7 mètres jusqu'à Stettin; le *Pregel* 6m,5 vers Kœnigsberg; la *Nogat* 7 mètres vers Danzig; bientôt la *Trave*, 8 mètres dans la direction de Lübeck. Les avant-ports de Bremerhaven, Cuxhaven, Travemünde, Swinemünde, Neufahrwasser, Pillau, sont des créations à peu près artificielles.

Alimenté par la *navigation intérieure* si favorable aux gros transports de l'industrie, sollicité par la construction et l'outillage nouveau des ports, le **commerce maritime** allemand a pris un essor inattendu. Les 98,000 bateaux de 1873 sont devenus 174,000 en 1898, et 131,000 sont allemands au lieu de 61,000 : encore n'est-il point tenu compte du trafic allemand par Anvers, Rotterdam, Amsterdam.

L'industrie des **constructions maritimes** a suivi le mouvement. L'Allemagne, en 1890, demandait encore les trois cinquièmes de ses navires à l'Angleterre : elle n'en est plus au tiers.

Après la société Vulkan de *Stettin*, la compagnie Hambourg-Amerika et plusieurs autres sociétés (*Danzig*, *Kiel*, *Brême*) ont entrepris la construction des grands paquebots à vapeur et des transatlantiques : 42 chantiers en tout, 14 dans la mer du Nord, 13 dans la Baltique, font travailler 50,000 ouvriers. *Elbing* construit des torpilleurs pour tous les pays du monde; trois chantiers impériaux sont exclusivement destinés aux vaisseaux de guerre.

CRISE AGRAIRE

LA GRANDE PROPRIÉTÉ. — INTERVENTION DE L'ÉTAT.

L'Allemagne de l'est souffre d'une *crise agraire* plus aiguë que celle d'aucun autre pays; son existence même en dépend, car l'agriculture est pour l'État le grand réservoir d'hommes, la base même de sa fortune. Mais, il arrive que la terre nourrit mal celui qui la cultive et c'est pourquoi il l'abandonne. Cet état précaire tient à plusieurs causes, dont la *répartition du sol* n'est pas des moindres. L'Allemagne, hier encore, était en plein *état féodal*; à peine en sort-elle. Mais la terre ne s'est pas modifiée aussi vite que les institutions; le passé y tient par de fortes racines que les uns voudraient arracher, les autres améliorer en conservant leur énergie propre, de façon à en tirer meilleur profit pour le cultivateur. Il y a d'ailleurs une grande diversité dans la **répartition de la propriété** sur le sol allemand, et tel régime qui convient à une région serait désastreux pour l'autre. Toute l'agriculture souffre, mais inégalement.

À l'ouest, le sol de la région rhénane est *très morcelé*; mais ce morcellement a moins d'inconvénients dans un pays plutôt industriel qu'agricole. Au contraire, dans la grande plaine qui s'étend à l'est de l'Elbe, la petite propriété, sauf aux environs des villes et dans quelques localités vouées à l'industrie, se trouve complètement noyée dans les *grands domaines*. C'est un pays de conquête. Les Germains en dépossédant les vaincus, ou en appelant parmi eux de nouveaux colons, ne leur laissèrent point les garanties qu'ils trouvaient eux-mêmes

CRISE AGRAIRE — LES GRANDS DOMAINES

dans les institutions de leur pays d'origine contre toute confiscation de leur liberté : l'homme demeura lié à la terre qu'il cultivait sans en retirer les fruits pour lui-même; ce fut une véritable servitude. Au début du XIXᵉ siècle, elle durait encore.

Le nord-ouest et le sud-est de l'Allemagne (Westphalie et Hanovre-Bavière) sont restés généralement fidèles aux vieilles coutumes germaniques. La *moyenne propriété* (10 à 40 hectares) y domine; mais c'est plutôt une propriété de famille qu'un bien personnel. La coutume, plus forte que la loi, en a conservé l'inté-

LE GRAND-ÉTANG, NON LOIN DU SCHNEEKOPPE.
Phot. Mertens.

grité par la transmission à un héritier unique, maître assurément du bien, mais aussi dépositaire de l'honneur familial et gardien du foyer. De là une profonde dissemblance entre les populations rurales des diverses parties

RÜBEZAHL,
LE NAIN POPULAIRE ALLEMAND.

de l'Allemagne : en Bavière et dans la région saxonne de Westphalie et du Hanovre, l'antique organisation familiale de la *moyenne propriété*; dans la région du Rhin, le régime de la *petite propriété* et de l'activité industrielle; à l'est de l'Elbe, de *grands domaines* insuffisants pour leurs maîtres, inhospitaliers au travailleur libre.

Toute la **surface cultivable** de l'empire peut se ramener à 49 millions et demi d'hectares au maximum, dont les *forêts* occupent un peu plus du quart, ou 13,725,130 hectares. Il ne revient à l'agriculture proprement dite, terres labourables, prairies, houblonnières, que 32 millions d'hectares; les jardins en prennent 250,000, la vigne, 126,000 environ. L'ensemble est très inégalement partagé. Pour un million de petits propriétaires possédant de 2 à 5 hectares (ensemble 3 millions d'hectares) et une moyenne propriété de 5 à 20 hectares (ensemble 10 millions d'hectares), on compte 280,000 gros propriétaires de 20 à 100 hectares, et par-dessus tout 25,000 grands domaines qui accaparent le quart de la superficie totale agricole. A elles seules, 4,180 terres nobles ayant plus de 500 hectares chacune dépassent en totalité 3 millions d'hectares.

La **grande propriété** tient :

59,9 pour 100 dans le Mecklembourg-Schwerin ;
57,4 — en Poméranie ;
55,3 — dans la région de Posen ;
47,1 — en Prusse occidentale ;
38,6 — en Prusse orientale ;
36,3 — en Brandebourg ;
34 — en Silésie ;
27 — dans la province de Saxe ;
17,9 — en Brunswick ;
16,4 — en Schleswig-Holstein ;
14,1 — dans le royaume de Saxe ;
12 — en Saxe-Weimar ;
6,9 — en Hanovre ;
4,8 pour 100 dans la Westphalie ;
2,7 — dans la province du Rhin ;
1,8 — dans le grand-duché de Bade. (G. BLONDEL.)

Le **régime actuel des grands domaines** en Mecklembourg, a été décrit plus haut (1). Ceux de la Prusse, de la Poméranie, de Posen ne se portent guère mieux. Les *terriens* se plaignent de la mévente de leurs produits, de la concurrence étrangère, de l'insuffisance et de la cherté de la main-d'œuvre : les charges hypothécaires, l'impôt toujours croissant, l'usure, la dépréciation de l'argent accentuent encore la baisse du revenu. On réclame à grands cris des mesures préservatrices, le relèvement des droits de douane et l'abaissement des tarifs de transports, la création d'entrepôts de céréales, sorte de greniers publics sous contrôle officiel, ce qui permettrait à l'État de régulariser les prix de vente; la répression des spéculations éhontées qui, en Bourse, remuent cent fois plus de céréales que ne comporte la récolte du monde et causent ainsi fatalement une dépréciation toute au préjudice du producteur. L'État peut, en effet, beaucoup pour l'agriculture, par les travaux d'utilité générale (drainages et voies de communication), la répression de la fraude, les lois hypothécaires et successorales, l'adoucissement de l'impôt, les traités de commerce, la contrainte de l'usure, les assurances et les

HEINRICHSBOURG.
Phot. Mertens.

(1) Voy. page 218.

VUE GÉNÉRALE DE HIRSCHBERG.

institutions de progrès (écoles d'agriculture, stations d'essai). Aucun gouvernement ne s'est montré jusqu'ici plus investigateur des affaires privées, plus *socialiste* que l'État prussien. Il pense endiguer, par des améliorations successives, le mouvement révolutionnaire prêt à tout renverser en spéculant sur la misère publique, et confisquer ainsi le *socialisme agraire* et politique par le *socialisme d'État*. Mais le concours des pouvoirs publics, si actif et si intéressé qu'il soit, ne peut rien contre l'inertie des choses et des individus.

Les « **agrariens** », gros propriétaires qui s'agitent dans une multitude de livres, de journaux, de brochures et se répandent en récriminations amères, devraient songer à eux-mêmes, à la mauvaise administration de leurs biens, à leur répartition défectueuse. Combien s'adonnent à la culture sans préparation, par routine, sans esprit pratique. Or les conditions économiques du monde sont changées. Le chemin de fer, en abaissant toutes les frontières, a reporté d'un pays sur l'autre l'excès de production et abaissé nécessairement les prix. De là pour les pays jeunes, où la terre vierge de culture et toute pleine encore de sève rend au centuple et sans grand effort la semence qu'on lui donne, un avantage marqué sur les terres pauvres, comme celles de l'Allemagne orientale ou celles qu'une production séculaire a épuisées. Il faut à la pauvreté du sol des engrais proportionnés, un habile aménagement des cultures, du travail, des capitaux. Or, l'Allemagne actuelle ne produit pas assez de blé pour nourrir sa population; l'accroissement des récoltes est resté insuffisant. Il faut *importer* (pour 2 milliards et demi de produits agricoles et de bétail, en 1898). On ne peut songer à élever une muraille de Chine le long des frontières, car si les droits d'entrée s'élèvent, les pays importateurs, favorisés par la surproduction, abaisseront leurs tarifs de manière à annuler presque l'excès de la douane protectrice. Les traités de commerce, tant maudits par les *agrariens*, sans être une panacée universelle, ont pourtant cet effet de compenser pour l'ensemble des produits les avantages et les inconvénients de l'importation, en établissant une sorte d'harmonie générale. On ne peut trop en attendre ni trop en redouter. L'*initiative privée*, appuyée du *concours de l'État*, doit en tirer l'effet utile. Mais les *hobereaux*, grands propriétaires, ankylosés dans la routine, vivant de souvenirs et de regrets, ancrés au privilège et obstinément réfractaires à l'évidence et au mouvement, accusent tout, excepté eux-mêmes. Au lieu de 10 à 12 pour 100, la terre leur donne à peine aujourd'hui 2 ou 3 pour 100, et au prix de quels soucis!

Toutefois la *grande* propriété fait vaille que vaille assez bonne contenance contre le déficit : un troupeau de cent têtes de bétail coûte moins à entretenir que dix troupeaux de dix bêtes. Mais le *petit* et le *moyen* propriétaire sont tout à fait à plaindre : dévorés par l'usurier qui les guette et exige sa créance dans le moment où il les sait le plus embarrassés, impuissants à se procurer les engrais et les machines perfectionnées qui rendent intensive la production du sol, réduits à vendre presque toujours dans des conditions défavorables le peu qu'ils récoltent, rongés d'hypothèques et d'impôts (1), la plupart sont réduits à quitter le sol qui ne peut plus les nourrir et à émigrer dans les villes, nouvelles recrues du prolétariat et de la misère ou proie des agences interlopes de colonisation. (V. BLONDEL : *Populations rurales de l'Allemagne*.)

Intervention de l'État. — L'accaparement du sol par la destruction partielle de la moyenne et de la petite propriété s'est produite dans l'est et le *nord* de l'Allemagne comme une conséquence naturelle de l'état politique. Paysans et colons attachés à la terre qu'ils cultivaient, chargés de redevances, de corvées et de servitudes, en perdirent peu à peu le domaine utile, devinrent simples tenanciers, *serfs de la glèbe* échangés et vendus avec elle, des choses plutôt que des hommes; et le cultivateur libre disparut. De grands espaces demeurèrent incultes ou mal cultivés, sous la mainmise des chevaliers et des seigneurs. L'exploitation du pays et des hommes atteignit so.

GRANDE RUE DE SCHWEIDNITZ, A BRESLAU.

(1) Dans les cercles de Neu-Stettin, Colberg, Lauenbourg, l'endettement du sol équivaut à 72 pour 100 de sa valeur.

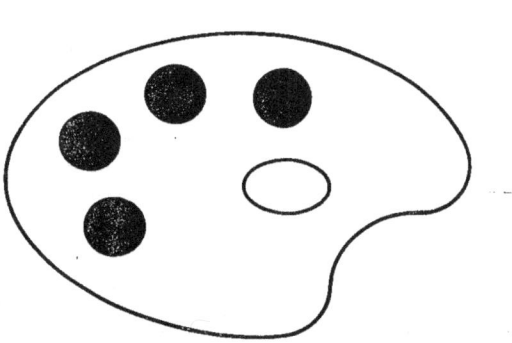

Original en couleur
NF Z 43-120-8

ALLEMAGNE DU SUD : BAVIÈRE

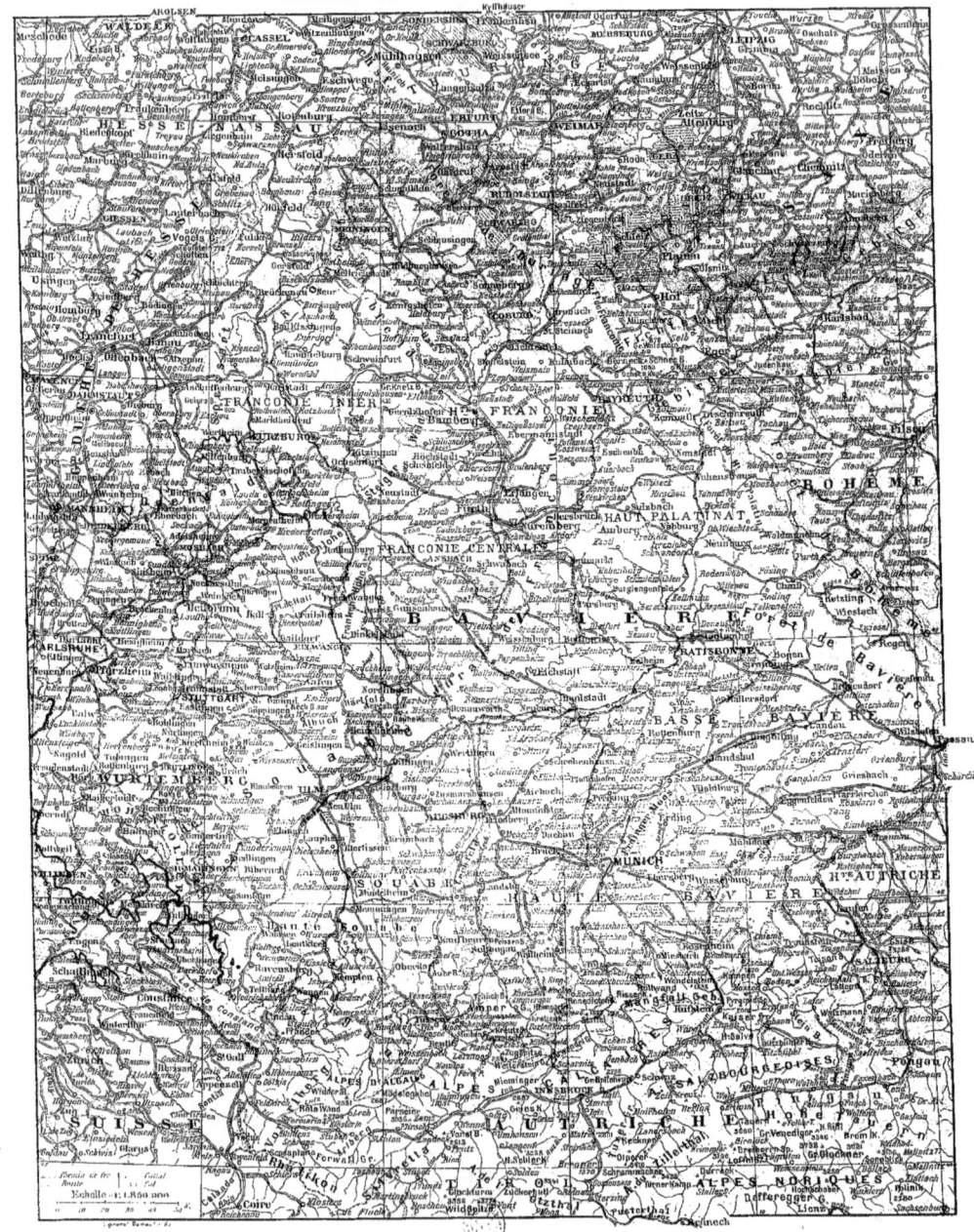

L'ALLEMAGNE

HÔTEL DE VILLE DE BRESLAU.

apogée au XVIIIᵉ siècle : la terre se dépeuplait, au grand souci des rois de Prusse qui attendaient du sol l'argent et les soldats nécessaires à leur ambition. Jusque-là les biens nobles étaient exempts d'impôts : on les y contraignit. *Frédéric Iᵉʳ* défendit d'évincer le paysan sans raison de la terre qu'il occupait, ou de laisser un fief inoccupé pour l'annexer ensuite, si le titulaire en venait à disparaître par la mort, l'absence ou le service militaire.

Frédéric le Grand appela les colons par deux agences de recrutement établies à Hambourg et à Francfort : ils vinrent de Westphalie, de Frise, de Flandre, peupler de vastes territoires encore inoccupés dans la nouvelle province conquise de Silésie, dans le Brandebourg, la Poméranie, la Prusse orientale. Des terrains jusqu'alors improductifs ou réputés incapables de produire furent mis en valeur. Plus de 300,000 colons se fixèrent en territoire prussien, 900 villages surgirent, de sorte qu'à la fin du règne de Frédéric le Grand le tiers environ de ses sujets étaient des colons ou des fils de colons récemment introduits. Mais la grande propriété seigneuriale subsistait avec tous ses abus : on en avait seulement rempli les *intervalles*.

Après le désastre d'Iéna, la Prusse réduite à l'ombre d'elle-même voulut multiplier son énergie et chercha des soldats en faisant des *hommes libres*. Ce fut un trait d'audace ; l'édit d'octobre 1807, dû à l'inspiration de *Stein* et de *Hardenberg*, ministres de *Frédéric-Guillaume III*, déclara le paysan libre de toute obligation qui n'était point strictement le résultat d'un contrat ou liée à la terre elle-même. De là pour lui la liberté personnelle et le droit de circuler librement. Cela nous fait sourire : au début du XIXᵉ siècle, le droit de *libre circulation* ! Le margrave Charles-Frédéric de Bade en avait pris depuis peu l'initiative en Allemagne. Le paysan gagna encore la suppression des corvées, de servitudes diverses et de l'assujettissement aux juridictions terriennes... Mais cet *affranchissement* de droit ne profita point, comme on l'espérait, à ceux qui en étaient l'objet. Sans expérience ni ressources pour en user et traiter la terre utilement, la plupart s'endettèrent et redevinrent les *tenanciers* de leurs anciens seigneurs ou les esclaves des usuriers, servitude souvent pire que la première. La grande propriété demeura intacte et toujours envahissante. Elle continua d'exploiter le sol à l'aide de *salariés*, tirant de son étendue même les ressources utiles. Mais aujourd'hui que la concurrence l'a dépossédée du privilège exclusif de vendre à son gré, la culture banale et sans intérêt entre les mains d'ouvriers de passage ne suffit plus à la faire subsister. Avec le petit propriétaire libre qu'elle a éliminé à outrance, la vie s'est retirée d'elle. L'État et les hommes clairvoyants voudraient la ranimer en y reconstituant, par la *moyenne* et la *petite propriété*, des îlots d'activité humaine.

Dans ce but, la loi de 1886 a créé des *commissions de* **colonisation** à l'intérieur, avec 100 millions pour acheter de *grands domaines* et y organiser des villages, distribuer les terrains avec réserve de biens communaux, construire des routes, opérer des drainages et livrer aux colons des semences et des instruments de culture au prix d'achat, le tout moyennant une *redevance* fixe et *annuelle*. Cet essai n'a eu qu'un succès relatif. Beaucoup de colons n'ont pu payer la redevance ; d'autres qui auraient fourni un excellent travail ne pouvaient aliéner à des conditions convenables le peu de bien qui les retenait ailleurs : les terres, en mauvais état, ne rendirent pas ce qu'on en espérait. Bref, ces

LA RÉSIDENCE, A BRESLAU.

colonies établies principalement en Pologne n'ont eu d'autre effet, on le cherchait du reste, que d'introduire en sol polonais des groupements germaniques.

La tentative reprise en 1890-1891 avec les **Rentengüter**, plus sincère et plus pratique, paraît devoir être plus heureuse. Des *commissions générales* au nombre de huit, appuyées par huit banques ou *Rentenbanken*

recteur et un caractère spécial : ici l'élevage des moutons, plus loin celui des porcs, ailleurs l'acclimatation des céréales. (Pour toute cette étude, voy. G. BLONDEL.) Dans le pays de *Posen*, certains domaines ont renoncé à l'élevage pour s'adonner à la culture des céréales (blé, seigle, orge, avoine) et des plantes industrielles (betterave, pomme de terre), le tout servi par un outillage très perfectionné pour la transformation

BRESLAU : LE PONT DU DOM.

BRESLAU : VUE DE L'*ODER*.

avec la garantie de l'État, recherchent les domaines à démembrer ou à vendre, en forment des lots de 15 à 30 hectares, de 8 à 10 ou de 2 à 3; assurent au vendeur le payement intégral et immédiat de son bien par la *Rentenbank*; mettent leurs connaissances techniques au service de l'acheteur; s'informent des conditions dans lesquelles il se trouve, en lui donnant la faculté d'emprunter la somme nécessaire à son achat; moyennant le payement d'une rente-amortissement de 4 pour 100 pendant soixante ans. Le domaine ainsi constitué prend le nom de *Rentengut* (bien par rentes). Mais la longue échéance de l'annuité à payer décourage plus d'un homme de bonne volonté. En verra-t-il jamais la fin ? Les *Rentenbanken* servent autrement le petit propriétaire et lui permettent d'arrondir son domaine et d'améliorer ses moyens de production. Les grands propriétaires eux-mêmes y trouvent leur compte pour l'allègement de leurs dettes hypothécaires et une plus grande facilité à se procurer la main-d'œuvre.

L'action des *commissions de Rentengüter* a eu du moins pour effet de restreindre le champ d'action des marchands de biens, fléau du paysan. Un regain d'activité paraît dans des régions condamnées, ce semble, à une stérilité sans merci. Mais les parcelles des grands domaines démembrés sont en général dans un état déplorable et qui nécessite des avances : les meilleures terres ne sont plus à prendre ; et partout ailleurs, ces immenses étendues de sable, de gravier, d'argile et de marne qui forment le sol des bassins de l'Oder et de la Vistule, vaste réservoir d'eau à peine desséché, ne se laissent arracher que de médiocres récoltes au prix d'un épuisant labeur.

L'œuvre des *Rentengüter*, sans être parfaite, a cependant produit d'assez heureux résultats pour mériter l'aversion de ceux qui ne voient d'autre remède à la crise actuelle que la subversion totale de ce qui est. Il semble aussi que certains grands propriétaires, prenant leur parti de la nouvelle situation faite à l'agriculture, veulent modifier leurs pratiques. Le grand domaine d'*Oberglogau*, en Silésie supérieure, comprend douze exploitations de 150 à 500 hectares, ayant chacune un di-

des produits sur place (distilleries, sucreries, etc.). L'agriculture se fait industrielle et passe comme tout le reste aux mains des capitalistes.

Il est vrai que la loi *interdit* aux boursiers les *marchés à terme sur les céréales* et a constitué une représentation spéciale des intérêts agricoles, par la création de *Chambres d'agriculture*, élues et renouvelables par moitié tous les trois ans. Ces chambres doivent multiplier les moyens d'information utiles au progrès de la culture (écoles, stations d'essai), favoriser les associations coopératives, conseiller les agriculteurs. De leur vote émane un *Conseil* suprême d'**agriculture**. Le haut enseignement agronomique est dispensé par 14 *Universités* ou *Académies*.

Il y a en Prusse 259 *écoles* pour l'*agriculture*, une centaine pour l'*industrie agricole*, un millier de cours populaires dans les écoles rurales.

Au lendemain de l'annexion du Hanovre, la Prusse crut voir un obstacle à sa domination dans la vieille coutume germanique de l'*Anerbendrecht* (droit de l'aîné), grâce à laquelle le bien familial se perpétuait d'âge en âge dans les mains d'un seul. Au nom du droit prussien, favorable au partage égal entre héritiers, elle obligea les possesseurs d'un *hof* à se faire inscrire sur des *registres spéciaux*, s'ils voulaient conserver pour eux-mêmes l'antique droit successoral du domaine indivis. Cette inutile vexation n'aboutit pas : la coutume fut plus forte que la loi, et partout où l'*Anerbendrecht* était en vigueur, il subsista à côté du droit nouveau de partage devenu lui-même une exception.

Aujourd'hui le gouvernement voudrait établir dans l'*est* l'institution tutélaire qu'il a combattue dans l'*ouest*. Ce serait pour la moyenne et la petite propriété, qu'il essaie d'y organiser, un gage de stabilité et une force de plus contre le socialisme. Mais les mœurs ne se changent point par une loi. Cette institution, étrangère aux populations de la région, aura peine sans doute à prendre racine, et les propriétés nouvelles à peine constituées s'en iront par miettes, à côté du bloc inerte de la grande propriété.

Peut-être l'avenir appartient-il seulement à l'*initiative individuelle groupée par l'association*, avec l'*aide* et non la *tyrannie de l'État*.

SOUS-SOL DU RESTAURANT DE SCHWEIDNITZ.

ASSURANCES DE L'EMPIRE.

S'élevant au-dessus des intérêts spéciaux, l'État allemand a pris une initiative de préservation sociale qui intéresse tout le monde du travail. A la suite des messages impériaux du 17 novembre 1881 et du 4 février 1890, l'**assurance** contre les *maladies*, les *accidents*, les *infir-*

BRESLAU : LA LIEBICHSHÖHE.

mités et la *vieillesse* est devenue obligatoire pour tous les journaliers et travailleurs dont le salaire annuel ne dépasse pas 2,500 francs.

L'**assurance des malades** (lois du 15 juin 1883 et du 10 avril 1892) recrute ses fonds par des cotisations hebdomadaires que payent les patrons pour un tiers; deux autres tiers fournis par les intéressés. Elle garantit à ces derniers, en cas de maladie, non à titre de secours, mais comme un droit : le médecin et les remèdes gratuits pendant treize semaines, et leur demi-salaire ordinaire; ou moitié de ce dernier secours pour la famille, si le traitement du malade doit se faire dans un établissement spécial et gratuit. Les fonds de l'assurance sont perçus et distribués par des *Caisses de secours aux malades*, et ce sont les ouvriers et les patrons qui en gèrent l'administration par représentation proportionnelle à la quote-part contributive de chacun.

L'**assurance contre les accidents** (loi du 6 juillet 1884) vise spécialement les ouvriers des fabriques et prend la forme d'*Associations coopératives professionnelles*, aussi variées que les différents genres de travaux qu'elles sont chargées de surveiller et de défendre.

Pour une *blessure* dans l'exercice de son travail, l'assuré à partir du moment où cesse l'assurance contre la maladie, c'est-à-dire de la quatorzième semaine, jouit encore du traitement gratuit jusqu'à guérison complète, avec une subvention pouvant atteindre près de 67 pour 100 de son salaire annuel. S'il doit être soigné gratuitement dans un établissement, la subvention revient à sa famille, mais on la calcule comme dans un cas de décès.

Si l'*accident* est *mortel*, outre la valeur de vingt journées de travail au maximum réservée pour les obsèques, l'*Association* doit à la femme et aux enfants du défunt une rente pouvant atteindre 60 pour 100 du salaire annuel; 20 pour 100 seulement au père et à la mère indigents. Ce sont les *bureaux de poste*, qui, sur avis de l'Association intéressée, payent ces indemnités à titre d'avances, sauf recours à la fin de chaque exercice contre les groupes responsables.

Il est entendu d'ailleurs que ceux-ci peuvent d'un commun accord, patrons et ouvriers, édicter les règlements convenables pour diminuer leurs risques, en augmentant du même coup la sécurité du travailleur. Pour la fixation de l'indemnité qui lui est due, l'assuré et les ayants droit peuvent en appeler de la décision prise par le conseil de l'*Association* à un « tribunal arbitral, » légalement constitué, ou au département central de l'*Assurance de l'Empire*.

Des lois successives, après expérience faite, ont étendu l'assurance industrielle à l'*agriculture* et aux *forêts;* aux entreprises de *transports*, de *bâtiments*, de *navigation*.

L'**assurance des invalides et des vieillards** (juin 1889) vient en aide aux septuagénaires, qu'ils puissent ou non travailler, et à toute personne incapable de fournir un travail rémunéré, sans distinction d'âge. Les intérêts en sont gérés sans la garantie de l'État, par des *Établissements d'assurance territoriaux* recrutés à égalité parmi les patrons et les assurés : ce sont encore eux qui payent par moitié les *cotisations hebdomadaires* destinées à la caisse commune. Ces cotisations s'échelonnent suivant cinq chiffres de salaires annuels : 350, 550, 850, 1,150 marcs, et atteignent à 14, 20, 24, 36 pfennigs par semaine (le marc vaut 1 fr. 25); il y a 100 *pfennigs* dans un marc). On rend les cotisations à la veuve et aux orphelins de l'assuré qui meurt prématurément, et à la femme qui se marie avant d'avoir obtenu le droit à une rente. Pour chaque titre de rente, l'*État* verse 50 marcs par an.

L'assurance des *invalides* compte

PORTAIL DE LA CATHÉDRALE, A BRESLAU.

12 millions d'adhérents; celle des *accidents*, 18 millions pour 5 millions d'exploitations; celle des *malades*, 9 millions d'associés et 20,000 caisses de secours. Il résulte d'une statistique récente que 4 millions d'individus, malades, blessés, veuves et orphelins, invalides et vieillards ont reçu 260 millions de marcs en la seule année 1897. Dans la période 1885-1897 : 31,486,243 assurés ont reçu 1,702,484,100 marcs, ce qui donne aux bénéficiaires de l'assurance, un demi-milliard de plus qu'ils n'ont versé en cotisations.

L'accumulation des capitaux de garantie a en outre permis d'édifier des établissements humanitaires destinés soit à combattre la phtisie, ce fléau des classes pauvres, soit à recevoir les convalescents ou les blessés qui se réclament de méthodes opératoires nouvelles; enfin des *sanatoria* pour ceux qui ont simplement besoin de grand air et de lumière.

Asiles, écoles enfantines, refuges d'aveugles, hôpitaux, cités ouvrières, routes et chemins de fer d'intérêt local, conduites d'eaux et drainages..., tout ce qui entre dans la vie du peuple et compose la joie et les souffrances de chaque jour, a largement profité de la double coopération du patron et de l'ouvrier à une œuvre commune.

De là encore un progrès dans le sentiment du devoir social et de la dignité personnelle, une influence conciliatrice qui atténue les heurts et l'effort du travail, enfin une augmentation des forces vives du pays.

HÔTEL DE VILLE DE THORN.

ÉGLISE SAINTE-MARIE, A FRANCFORT-SUR-L'ODER.

LA VISTULE INFÉRIEURE ET LA PRUSSE

Le **royaume de Prusse** est fait de parcelles, d'abord découpées sur le sol wende, germanique et gaulois, puis associées par la conquête. Tous les fleuves de l'Allemagne touchent au territoire prussien; mais le *Danube* y paraît à peine au pied du château de Hohenzollern-Sigmaringen. Aux provinces du Rhin et de Westphalie occidentale, le *Rhin*, de Bingen en Hollande; le *Weser* dans les provinces de Hesse-Nassau et du Hanovre; l'*Elbe* dans la province de Saxe et par ses affluents, Havel et Sprée, en Brandebourg. A la Silésie, la province de Posen, la Poméranie, la plus grande partie du cours de l'*Oder*; la *Vistule* et le *Pregel*, en Prusse; le *Niémen-Memel*, à la frontière prusso-russe. Mais aucun de ces cours d'eau n'appartient complètement à la Prusse; le Memel n'y a pas 120 kilomètres; la Vistule (Weichsel) le double à peu près, de Thorn à Dantzig.

Par contre, tout l'Oder navigable (Ratibor-Stettin) se déroule en territoire prussien, après avoir laissé 95 kilomètres seulement du cours supérieur à l'Autriche.

L'Elbe fournit environ 600 kilomètres en Prusse, au sortir de la Saxe royale; le Weser, encore plus si l'on compte la Fulda.

Enfin, le Rhin est prussien sur moins de 300 kilomètres, depuis Bingen.

Cette dispersion des territoires de la monarchie sous des ciels différents leur donne une grande variété de terrains et de productions, bien que la majeure partie de l'État prussien s'étende sur l'uniformité de la grande plaine orientale. Les *richesses* du sous-sol sont particulièrement grandes à l'ouest et au sud-est : houilles du Rhin et de Westphalie, de la Sarre, de la Haute-Silésie; sels de Stassfurt; dépôts de fer des régions de Hildesheim, de Hanovre et de Westphalie (Arnsberg), de Wiesbaden, de Coblentz, d'Oppeln (Silésie); gisements du Harz (argent, or, zinc, plomb, alun), cuivre de Clausthal et de Mansfeld; marbres et calcaires de Silésie; ardoises et ciments du Rhin; ambre de la Baltique. Ces ressources variées, le *fer* et la *houille* principalement, ont fourni à l'industrie l'aliment d'un progrès continu : Essen, Elberfeld, Solingen, Liegnitz, Breslau, Berlin tiennent la tête de l'*industrie* allemande; la Prusse, en vérité, n'a pas jeté son dévolu sur des régions improductives. (Voy. notre carte *Allemagne industrielle*.)

Elle est moins favorisée pour l'agriculture. Quelque énergie que l'on ait déployée pour les mettre en valeur, les étendues noyées du Brandebourg, de l'Oder moyen, de la Vistule inférieure ne sont pas un Eden. Il ne faut pas toutefois les croire trop dépourvues. La Prusse récolte du vin dans la vallée de la Moselle, et une partie de celle du Rhin (Johannisberg); mais elle n'en possède point tous les crus célèbres. Le lin et le chanvre, le tabac (Silésie-Hanovre) et les céréales sont abondants, mais insuffisants, le blé surtout.

Le sol de la **Prusse orientale**, à l'est de la *Vistule inférieure*, n'est pas encore complètement émergé, quoique productif déjà, de bien des manières. *Allenstein* qui commande un rayonnement de voies ferrées, à peu près au centre du pays, domine un horizon de lacs multipliés à l'infini (plus encore qu'en Mecklembourg), de prairies, de champs et de forêts. Des cours d'eau en formation cherchent leur route à travers les herbes et les débris, vident les nappes lacustres, égouttent les vallées et filtrant par des issues ouvertes à travers les seuils d'arrêt, portent à la mer le trop plein des eaux. Plusieurs sont déjà des fleuves : tels l'*Alle*, affluent du *Pregel*, qui finit au-dessous de Kœnigsberg; la *Passarge*, tributaire du Frisches Haff; au sud, la *Drewenz* qui descend à la Vistule, et toutes les coulées du pays des *Masures*, sur la *Narew*. On utilise pour le flottage des radeaux, la navigation des chalands et même celle des bateaux à vapeur, les lacs et les canaux. S'il y a égalité d'altitude, comme dans les dépressions des *Masures*, toutes les nappes sont reliées entre elles : ainsi, l'on va par une voie d'eau continue, de la *Narew* au *Pregel*. Des biefs successifs unis par des plans de glissage transportent, d'autre part, les embarcations et les convois de bois flotté vers Elbing et le nord. D'immenses forêts s'exploitent ainsi, la terre s'assèche par des fossés et des digues : bientôt les chevaux paissent là où le pied s'enlizait dans des fondrières de boue ; partout règne une grande animation. Depuis le jour où l'*Ordre Teutonique* donna l'essor à ces travaux libérateurs, la majeure partie du pays a été ainsi conquise sur les eaux.

Ce fut ici le cœur de la *Prusse*. Ce coin de terre naissante, si peu enviable d'apparence, a été âprement disputé : les champs d'*Eylau*, dans le quadrilatère formé par le Frisches Haff, la Passarge, l'Alle et le Pregel ont vu des hécatombes ; à *Tilsit*, sur le Memel, fut signé un traité fameux entre Napoléon Ier et le tsar Alexandre Ier (1807). Déjà des luttes séculaires avaient mis aux prises sur le même terrain les envahisseurs Germains, les Polonais et les premiers occupants. Il est sorti de cette mêlée des hommes et du combat acharné contre l'inertie des choses une race ou plutôt un groupe solidement trempé, original et tout à fait distinct des autres groupements épars sur le sol de l'Allemagne. Le *Prussien* est énergique, peu sentimental, tenace et inquisiteur, volontiers arrogant sous un vernis de politesse, démarche est raide ; s'il salue, c'est d'un coup sec, sans mesure ; il tranche du chapeau comme du sabre. Cette race, car c'en est une, rameau éclos sous une poussée de sève germanique, a pris le pas sur tout le reste de l'Allemagne : *Franconiens* et *Thuringiens*, *Saxons* et *Souabes*, habitants du *Rhin* ou du *Danube*; *Wendes* de Lusace, *Moraves* de Ratibor, *Tchèques* de Glatz, *Polonais* de Posen, de Prusse et de Haute-Silésie, *Lithuaniens* et *Mazoviens* de la Prusse orientale, *Danois* du Schleswig, *Gaulois* de la Moselle et des Vosges, *Wallons* d'Aix-la-Chapelle, *Bavarois* des Alpes; *Germains* du nord ou du sud, à peine reconnaissables, *Slaves* de race pure ou à moitié germanisés. Il fallait cet assemblage, pour lui donner une cohésion et le retenir, le lien d'une hiérarchie et la force du commandement : tous les alliés de la Prusse dans l'Empire, sous couleur de fédération, subissant son hégémonie un peu rude peut-être, mais sans doute seraient peu de chose sans elle.

Gouvernement et administration. — L'État prussien forme une monarchie constitutionnelle et héréditaire dans la postérité mâle (primogéniture) de la maison de *Hohenzollern*. Saxe-Weimar, Oldenbourg, Brunswick, Saxe-Altenbourg, Saxe-Cobourg-et-Gotha, Anhalt, les deux Schwarzbourg, Reuss branche cadette, Waldeck, Lippe, Schaumbourg-Lippe et les villes hanséatiques formèrent d'abord, avec la *Prusse*, la *Confédération de l'Allemagne du Nord* (18 août 1866). Adhérèrent successivement à la Fédération, les deux Mecklembourg, le grand-duché

Phot. Mertens.

THORN : ARTUSHOF.

de Hesse avec la Hesse supérieure, Reuss branche aînée, Saxe-Meiningen, le royaume de Saxe. Enfin, par l'accord des autres États, en novembre 1870 : grand-duché de Bade, Hesse, Bavière, et Württemberg, la *Confédération* fut proclamée à Versailles sous le nom d'*Empire d'Allemagne*, avec le roi de Prusse comme empereur (18 janv. 1871).

La *Constitution* du royaume prussien (31 janv. 1850) plusieurs fois modifiée, institue deux *Chambres* : celle des *seigneurs*, ou *Herrenhaus*, comprenant les princes majeurs de la maison royale désignés par le roi, 98 chefs de famille appartenant à la haute noblesse, membres héréditaires, et 207 hauts fonctionnaires, représentants des villes, des universités, des corporations, nommés à vie par le roi ; la Chambre des députés, *Haus der Abgeordneten*, composée de 433 membres élus par le suffrage universel à deux degrés. A vingt-quatre ans, on est électeur, à trente ans, éligible ; la période législative est de cinq ans.

En droit, il n'y a plus de servitude et tous les *Prussiens* sont égaux devant la loi. Ils sont libres de parler et d'écrire, pourvu qu'ils ne disent rien que d'agréable au pouvoir : car la loi du octobre 1878 a singulièrement restreint la liberté de la parole et de la presse.

A juger par le nombre de gens qu'elle emploie, la charge de l'*empereur-roi* n'est pas une sinécure. Sans parler, en effet, de la suite impériale et des ministres de l'Empire, le souverain possède une maison royale et un ministère particulier pour ses États patrimoniaux de Prusse.

Les *ministres* (9), nommés et révoqués par le roi, sont individuellement responsables devant le Parlement du royaume (Landtag) ; mais le souverain conserve un droit de *veto* sur les mesures législatives. Le ministère d'État prussien est présidé par le *Chancelier* de l'empire. Un *Conseil d'État* assiste le pouvoir exécutif.

Le *royaume de Prusse* est divisé en *provinces*, chacune avec une *diète provinciale* élue (par celle des cercles), un *comité* permanent chargé d'expé-

THORN : LA GRANDE POSTE.

Phot. Mertens.

FLOTTAGE, A BROMBERG.

dier les affaires et de les préparer, un *président supérieur* représentant le pouvoir central. Les provinces comprennent des *Présidences* ou *Régences* (circonscription intermédiaire administrative); celles-ci des *Cercles* ou *Kreise*, ayant comme la province une diète, un comité permanent et un administrateur nommé par le roi, sur la présentation de l'Assemblée.

Il y a douze **provinces**, sept à l'est : *Prusse orientale* (Régences : Kœnigsberg, Gumbinnen); *Prusse occidentale* (Danzig, Marienwerder); *Brandebourg* (Potsdam, Francfort-sur-l'Oder); *Poméranie* (Stettin, Köslin, Stralsund); *Posnanie* (Posen, Bromberg); *Silésie* (Breslau, Liegnitz, Oppeln); *Saxe* (Magdebourg, Mersebourg, Erfurt); deux anciennes provinces occidentales, *Westphalie* (Münster, Minden, Arnsberg); *Prusse rhénane* (Coblentz, Düsseldorf, Cologne, Trèves, Aix-la-Chapelle); deux provinces annexées en 1866 : *Hanovre* (Hanovre, Hildesheim, Lunebourg, Stade, Osnabrück, Aurich); *Hesse-Nassau* (Cassel et Wiesbaden); *Schleswig-Holstein*. Le *Hohenzollern* et *Berlin* sont à part. En tout : plus de 32 millions **d'habitants** pour une **superficie** de 348,607 kilomètres carrés, soit 92 habitants par kilomètre carré.

La **dette** dépasse 8 milliards 240 millions de francs. L'*instruction* est fort répandue en Prusse, mais les provinces orientales bénéficient à l'évidence d'une appréciation de faveur que leur vaut sur ce point, comme sur beaucoup d'autres, la prospérité des pays occidentaux. Les recrues de Posen comptent encore 5 pour 100 d'illettrés. De toutes les *Universités* prussiennes, celle de *Berlin* est la plus prospère; elle date d'un siècle. Puis viennent celles de *Breslau, Bonn, Greifswald* la plus ancienne, *Halle, Kœnigsberg, Göttingen, Marbourg* et *Kiel*, l'une des moins vivantes. Le rôle des Universités fut considérable dans le mouvement qui entraîna la Prusse au début du siècle dernier.

CHATEAU DE MARIENWERDER.

OUVRAGES A CONSULTER. R. Virchow : *Le Spreewald et la Lusace.* — E. Köhn : *Le Spreewald et ses habitants.* — *Tour du Monde 1901.* — Schillmann : *Histoire de la ville de Brandebourg sur la Havel.* — Fontane : *Promenades à travers la Marche de Brandebourg.* — Stein : *Histoire de la ville de Breslau au* XIXe *siècle.* — Markgraf et Frenzel : *Le Livre de la ville de Breslau.* — Meyer : *Histoire du pays de Posen.* — Nathusius : *La Population agricole dans la province de Posen.* — F. Voigt : *Manuel de l'histoire de Prusse.* — Reimann : *Histoire nouvelle de l'État prussien.* — R. Bormann : *Population de la Prusse.* — De Quatrefages : *La Race prussienne.* — L. Rönne : *Droit de la monarchie prussienne.* — E. Lavisse : *Histoire de l'Ordre Teutonique.* — F. Narjoux : *La Prusse et ses annexes, le pays, les habitants.* — Œuvres historiques de Frédéric le Grand, suivies du précis de ses guerres, par Napoléon. — Bureau *de statistique* de la Prusse. — Cartes de Engelhardt, Graf (*géogr.*), de E. Leeder (*histoire*), de Dechen (*géologie*), du ministère du Commerce (*communications*), du ministère de l'Agriculture (*forêts*), du Bureau des Topographes de Prusse, de l'État-major (1/100 000 et 1/80 000).

RÉGION DU SUD

Bavière : du Danube aux Alpes

COURS DU DANUBE. — LE SOL BAVAROIS ET LES ASSOCIATIONS *AGRICOLES*
PLATEAU DE BAVIÈRE : *COURS D'EAU ET VILLES.* — FORMATION POLITIQUE : *GOUVERNEMENT*
LES *ALPES* BAVAROISES : SOMMETS ET PASSAGES

Cours du Danube : Source et cours supérieur : Donaueschingen; Tüttlingen, Ulm. — Le Danube *bavarois* et ses affluents de gauche. — *Ratisbonne.* — La *Walhalla*, temple des héros; la *Befreiungshalle*, ou temple de la Délivrance.

Le Sol bavarois et les Associations agricoles. — Plaine de Straubing; le *glacis* des Alpes et l'*Algau*; Bavière moyenne agricole. — Action de l'*initiative privée* par les Associations *agricoles.* — Institutions de *crédit agricole.* — *Caisses rurales et ouvrières.* — Associations générales de paysans. — Ligues *agraires.* — Ligues bavaroises.

Plateau de Bavière : cours d'eau et villes : l'*Iller* ; le *Lech :* Füssen. Les châteaux du roi de Bavière Louis II, *Hohenschwangau, Neu-Schwanstein.* — Augsbourg. — L'*Isar.* Garmisch, Partenkirchen; Oberammergau et les mystères de la Passion; château de *Linderhof.* — Les grands lacs. — *Munich :* monuments et collections artistiques. — L'*Inn* et ses défilés ; le lac *Chiem-See* et son château, le Versailles bavarois. — La *Salzach.* — Passau.

Formation politique : Les *Wittelsbach.* — Développement économique : le sous-sol et ses mines; commerce. — Gouvernement et administration.

Les Alpes bavaroises. — Généralités sur les *Alpes :* contreforts alpestres de Bavière. — Alpes d'*Algau.* — Alpes calcaires (*Zug-Spitze*). — Alpes entre l'*Inn* et la *Salzach* : le *Watzmann. Berchtesgaden* et ses salines ; le *Kœnig-See.* — Principaux *passages* des Alpes bavaroises.

Entre les Alpes et les monts de Thuringe (du sud au nord), la chaîne des monts de Bohême et l'éperon du Jura souabe (de l'est à l'ouest), la **Bavière** forme un grand quadrilatère oblong, à cheval sur le **Danube**; Ulm en amont, Passau en aval, limitant son domaine le long du fleuve.

Alimentés de part et d'autre par le relief du Böhmerwald et les talus du Jura souabe, les affluents de gauche du *Danube*, Altmühl et Nab, se groupent au sud vers le point central de Ratisbonne, mais laissent place dans l'écartement de leur cours pour la Rednitz, rivière dirigée en sens opposé vers le *Main*, à travers la grande plaine de Franconie.

La *Bavière* n'accompagne pas le *Main* jusqu'à son confluent avec le Rhin ; elle le quitte en aval d'Aschaffenbourg. Mais, de l'autre côté des traverses territoriales de Darmstadt et de Bade, qui lui barrent la route, elle possède sur la rive gauche du *Rhin* la province détachée du *Palatinat*. Nous avons décrit le Palatinat (1) après la région rhénane des Vosges et du Hardt ; de même, la *plaine de Franconie* avec le bassin du Main (2). Si l'on excepte trois courts affluents du fleuve, toute l'aile gauche du *Danube* est connue. Il reste à décrire le *fleuve* lui-même, avec la haute *plaine bavaroise* qui, sur l'aile droite, monte jusqu'au rempart des Alpes.

COURS DU DANUBE

Boire à la *source* du **Danube** passerait difficilement pour une prouesse ; s'il s'agit du *Rhin*, c'est autre chose. L'impétueux tranche-montagnes, ruisselant d'un parterre de glaciers, montre à peine formé son tempérament emporté. Il court, file comme une flèche à travers les éboulis de roches et, impatient des détours, se rue, des montagnes à la plaine, avec un grondement de tempête, par la faille titanesque de la *Via Mala*.

Rien au contraire n'est plus calme que le cours supérieur du *Danube*. L'une des sources qui lui est attribuée s'éveille à *Donaueschingen*, sous l'égide d'une princière demeure (château des Fürstenberg), à l'ombre d'un grand parc. Des gouttelettes perlent doucement et montent dans le cristal pur d'une fontaine, sans en ternir le miroir ; un rebord de marbre permet de se pencher et d'en goûter la fraîcheur. Mais cette

LE *DANUBE* A RATISBONNE.   P. Jousset.

jolie source n'est que l'un des filets nourriciers du Danube, et même le moindre ; le nom du fleuve ne lui appartient pas : elle est simplement la *Schlossbrunnen* ou fontaine du château. Une modeste rivière, déjà grandelette, la *Brigach*, la reçoit à la lisière du parc et les deux cours d'eau réunis prennent, dès cet instant, le nom de *Danube*.

Mais la vraie source mère du fleuve est la *Brege*, sœur de la Brigach, qui confond ses eaux et son nom avec elle. La *Brege* jaillit du dos de terrain (1,130 mètres) qui sépare, dans la Forêt Noire, le bassin du Danube de celui du Rhin, non loin de Furtwangen. Sur la *Brigach*,

---
(1) Voyez page 127. — (2) Voyez page 87.

Villingen commande le haut plateau et les communications d'un fleuve à l'autre. Le confluent des deux rivières, *Brege* et *Brigach*, au-dessous de *Donaueschingen*, est à 677 mètres d'altitude, et le Danube doit parcourir 2,800 kilomètres pour atteindre la mer !

Sa triple source appartient au *grand-duché de Bade*. Mais le *Danube* est un fleuve civilisé; aucun ne visite plus de peuples et d'États : d'abord, un coin du *Würtemberg* (Tüttlingen); la petite principauté de *Hohenzollern-Sigmaringen*, par le travers; le *Würtemberg* encore, jusqu'à Ulm; la *Bavière*, jusqu'à Passau; la haute *Autriche* et Linz; Vienne avec la basse Autriche; la plaine *hongroise* et Budapest; *Belgrade*, la capitale *serbe*; au delà des portes de *Fer*, la *Bulgarie* à droite, la *Roumanie* en face; une pointe de la *Russie* (Bessarabie); la mer *Noire* enfin, dont les eaux, emportées par le courant du *Bosphore*, battent les murs de *Constantinople*, sentinelle avancée de l'Europe vers l'Asie et la clef de l'Orient.

La *vallée* du **Danube supérieur**, de *Tüttlingen* à *Ulm* est peu connue et c'est dommage ; car le fleuve, tranchant la masse du *Jura souabe*, glisse entre de hautes murailles dont les roches gris fauve et rougeâtres surgissent parmi d'épais massifs de hêtres ou portent à la brise le tremblant feuillage des bouleaux. Parfois, sur un bloc détaché dans le courant se dresse une tour, un château ; Bronnen, *Wildenstein*, qu'un double pont-levis relie à la montagne voisine. Le couloir est droit, solitaire. Parfois le Danube écarte sa carapace, étend ses rives et ouvre sur le ciel une échappée d'horizon. Voici l'antique abbaye de *Beuron*, sur une presqu'île que le flot défend comme un petit État; plus loin, une maisonnette blottie sous le roc, quelques toits dans un élargissement de prairies et de cultures. Mais l'espace est si mesuré, la rive

Phot. Schmidt.

PORTAIL DE LA CATHÉDRALE DE RATISBONNE.

basse affleurée de si près et tellement exposée aux crues, que les villages se font rares. La route escalade les saillies, s'enrubanne autour des blocs, disparaît dans des tunnels, et atteint enfin le rocher de *Sigmaringen* que couronne le manoir des Hohenzollern (1). Alors, le Danube, toujours serré à gauche par les terrasses jurassiques, prend jour sur la droite par des bas-fonds marécageux après des bois de pins. *Riedlingen* marque un relèvement des rives, puis monte un nouvel escarpement à la rencontre du promontoire du *Bussen* (757 mètres), excroissance ter-

(1) Voyez la description, page 87.

minale du plateau bavarois. Mais en aval, jusqu'à Ulm, le sol s'affaisse dans des lagunes et des tourbières, où le fleuve s'attarde incertain et flottant.

Les *affluents* de cette partie du cours supérieur sont peu nombreux; à droite, la *Kanzach*, déversoir du *Feder-See*, lac en partie desséché.

Phot. Merioux.

DONAUSTAUF : RUINES DE LA FORTERESSE.

Buchau, qui en est maintenant éloigné, se trouvait, il y a cent ans, dans une île lacustre.

Sur la gauche du Danube, le *Jura souabe* déverse la *Lauchert* et la *Lauter*, deux joyeuses coulées de verdure profondément enchâssées dans l'épaisseur de l'aride et monotone plateau. Ces jolies vallées ne se voient pas de loin et c'est un plaisir, après une marche monotone, de les découvrir tout à coup comme un sillon de vie : les vives arêtes, les crocs de rochers, les bois étagés, les châteaux, les gais villages ouatés au printemps dans la neige rosée des pommiers en fleur, composent un tableau à souhait pour l'œil surpris.

La *Blau* se perd à Ulm dans le Danube; elle vient du voisinage. Mais la traversée du vieil *Ulm* la rend méconnaissable : tanneries, mares aux canards, écluses à moulins, lavoirs, elle anime tout, s'épaissit, devient noire : c'est un égout. Rien au contraire de plus limpide que sa source quand le soleil brille dans une atmosphère sans nuages ; car elle reflète l'état du ciel. Perdue au fond d'un entonnoir, dans une veine de roche, son onde *bleue* (de là son nom) reluit comme un saphir ; mais à la moindre pluie, elle se trouble, monte en bouillons dont les anneaux se mêlent : « la marmite bout », dit le peuple dans son langage imagé.

DANUBE BAVAROIS.

Le **Danube bavarois** atteint à Ratisbonne (*Regensbourg*) le sommet d'un triangle, dont *Ulm* (1) et *Passau* marquent, à chaque extrémité, les deux angles de base. Dans la première partie de ce cours (Ulm-Ratisbonne), le fleuve est navigable pour les radeaux, les bateaux ordinaires, les petits vapeurs à fond plat; la grande navigation commence à Ratisbonne. La largeur du fleuve s'est accrue et l'on mesure au pont de cette ville trois cents pas pour le moins, une fois plus qu'à Donauwörth, deux fois plus que devant Ulm. De 2^m,30 qu'elle était, la

(1) Voyez description page 86.

profondeur des eaux atteint 3 mètres à Neubourg, plus de 4 mètres à Ingolstadt; mais à Ratisbonne, l'allure du fleuve est encore inégale et rapide.

Une plaine sillonnée de cours d'eau et bordée de marécages accompagne la rive droite du Danube, de Ulm à Ingolstadt: telle l'étendue semée de roseaux du *Donau Ried* (en face de Dillingen-Donauwörth), et la grande dépression du *Donau Moos*, aujourd'hui presque entièrement conquise à la culture.

La rive gauche, au contraire, en contre-bas des talus souabes, est généralement *élevée*, bien que les bourrelets montagneux s'en écartent assez souvent entre Ulm et Donauwörth, ou même s'aplatissent complètement comme à *Ingolstadt*, laissant entièrement libre le passage de la plaine bavaroise à la plaine franconienne, par-dessus le fleuve. Cet écart du relief a été une attraction pour les eaux. Tandis qu'un seul affluent, tournant le flanc du Jura souabe, la Wörnitz, descend au sud-est, entre Rothenbourg et le Danube, un triple faisceau de rivières, l'Altmühl venue du voisinage de la Wörnitz, la Nab des Fitchtelgebirge et le *Regen* du rempart de Bohême, confluent au-dessous d'Ingolstadt, vers la crête triangulaire de *Ratisbonne*.

La Wörnitz n'est pas très étendue; mais elle arrose dans son cours inférieur une plaine fertile, nourrit un nombreux fretin, carpes, tanches, écrevisses, et surtout ouvre par *Nördlingen* une route détournée, autour du plateau souabe, vers la vallée de la Jagst et du Neckar inférieur. *Donauwörth*, au confluent de la Wörnitz, est le point de rencontre important, dans la région des champs de bataille d'*Hochstedt* (Höchstädt) et de *Nördlingen*. L'**Altmühl**, dont le cours supérieur est parallèle à celui de la Wörnitz, dérive à travers de la plaine franconienne parallèlement au Danube, et ne conflue qu'à *Kelheim*, dans une vallée subitement resserrée par de hauts contreforts. Bien que suffisamment large, son cours est peu navigable et ne sert qu'à l'amorce du canal Louis (ancienne *Fossa Carolina* du temps de Charlemagne), qui unit par la Regnitz le Main au Danube (longueur, 170 kilomètres; largeur, 11 à 18 mètres dans le haut; 1ᵐ,60 de profondeur).

HÔTEL DE VILLE DE RATISBONNE.

La contraction de la vallée danubienne, hérissée de rochers et de pins, depuis l'antique abbaye de *Weltenbourg*, en amont de Kelheim, s'accentue encore à partir d'*Abbach*, au point de ne laisser au fleuve qu'un espace libre très limité. Alors, confluent au Danube, presque en même temps, la Nab et le Regen. On donne quatre sources, pour le moins, à la *Nab; la* Vils (par Amberg) l'enrichit plus bas. Mais, c'est une rivière tantôt étroite, tantôt large, qui range les terrasses occidentales de la Bohême et n'atteint guère franchement la plaine: son confluent est à 4 kilomètres au-dessus de Ratisbonne. Le Regen conflue en face de cette ville: de grandes grèves sablonneuses, des îles boisées séparent son cours tranquille du courant fluvial. Le Regen est bizarre et ses prises d'eau ne se comptent plus; dans l'une d'elles, le Regen noir, on trouverait des perles. S'il suivait l'inclinaison du rempart de Bohême, qui plonge ses contreforts dans le Danube, le *Regen* irait à travers bois droit au fleuve, par un cours rapide et peu développé. Mais il ne s'abandonne point ainsi et, né bien à l'est de Ratisbonne, s'allonge comme un fossé d'écoulement dirigé vers l'ouest à l'encontre du grand fleuve.

Le cours du *Danube* partage la Bavière en deux grandes formations géologiques. Au sud s'étendent, depuis le lac de Constance jusqu'au confluent de l'Inn et du Danube, de vastes dépôts appartenant à la formation *tertiaire*, placés sur des roches plus anciennes qui vont s'appuyer aux granits de la chaîne des Alpes. Au nord du fleuve, les terrains d'alluvion et de transport, plus anciens que ceux de la Bavière méridionale, ont été féconds pour la *zoologie géologique*. « Les os fossiles de tapirs et de rhinocéros découverts dans la vallée du *Regen*, les crocodiles des schistes calcaires de la vallée de l'*Altmühl*, les débris d'éléphants d'une taille de 13 à 14 pieds, qui furent trouvés aux environs de *Schweinfurt*, dans la vallée du Main; enfin, les cavernes, remplies d'ossements de lions et d'hyènes, découvertes dans le *Steigerwald*, annoncent combien ce pays est intéressant pour tout ce qui tient aux recherches de la plus attrayante des sciences naturelles. » (Huot.)

Ratisbonne (*Regensburg*), forteresse du Regen) est la position la plus avancée du Danube sur l'Allemagne intérieure; ce serait pour la Bavière, si le bastion de Bohême n'était aussi proche,

ENTRÉE, A L'HÔTEL DE VILLE.

LA WALHALLA, PRÈS DE RATISBONNE.

une capitale intermédiaire entre les deux moitiés intégrantes de son territoire. L'antique cité gauloise de *Radaspona* joua un rôle important au temps des Romains. On l'appelait *Castra Regina* et ce fut le boulevard terminal du long rempart de défense établi du Rhin au Danube par Cologne-Mayence. *Saint Emmeran*, évêque franc de Poitiers, y apporta l'évangile et *saint Boniface*, l'apôtre de la Germanie, fonda son évêché. Pendant trois siècles, du XIe au XVe, *Ratisbonne* fut l'intermédiaire du commerce entre l'Europe et l'Orient par la voie du Danube; son port était des plus animés, ses marchands riches et puissants, car la ville était cité libre de l'Empire. Il reste de cette époque quelques hautes tours intérieures érigées, comme à Rome, par la noblesse patricienne pour sa défense et aussi comme signe d'honneur : la *tour d'Or*, celle de *Goliath* en face du pont, la *tour des Romains*.

Les empereurs germaniques résidaient volontiers à *Ratisbonne*; mais l'arrivée des Turcs et des Hongrois, la puissance nouvelle de Vienne qui barrait plus bas le Danube, le nouveau courant commercial créé de Gênes et de Venise, par le Tyrol et le Saint-Gothard sur l'Orient, portèrent un coup sensible à la vieille métropole; elle s'endetta et passa vers la fin du XVe siècle sous la main des ducs de Bavière. Cependant le prestige du nom survivait à la ruine de sa fortune. Il se tint à Ratisbonne d'importantes assemblées : *Charles-Quint* y vint à plusieurs reprises et c'est là que naquit don *Juan d'Autriche*, le vainqueur de Lépante. *Grimm* est aussi un fils de Ratisbonne. Depuis 1663 la ville fut le siège officiel de la Diète impériale, jusqu'à l'année qui précéda sa disparition (1806). Donnée en 1801 à l'archevêque de Mayence, assez malmenée par les combats que les Français et les Autrichiens se livrèrent dans les environs (1809), elle fut enfin rétrocédée à la Bavière et lui resta (1810). *Ratisbonne* est encore une tête de navigation importante, la clef des routes de Bohême et de Franconie dans la direction des Alpes. Si elle n'a pas retrouvé son ancienne hégémonie commerciale, elle s'enrichit à présent par l'industrie (45,310 habitants). De grandes et belles promenades qui l'enveloppent de verdure en rendent le séjour agréable. Son caractère pourtant n'a pas été trop entamé.

Sur le Danube, c'est la vieille cité avec les tours altières de sa cathédrale qui regardent dans le fleuve, par-dessus les maisons; l'entrée de la ville et sa porte ogivale ouverte en vue du flot; le *vieux pont* du XIIe siècle, qui s'y ajuste tant bien que mal, plutôt mal que bien, et si étroit, si amusant par le sans-gêne avec lequel il vague de droite et de gauche, ici plus haut là plus bas, en dépit et sans doute par mépris de toutes les règles de niveau. Il s'appuie, au passage, sur deux langues sablonneuses détachées des îles : Oberer Wörth, Unterer Wörth, et rejoint par une prolongée le quartier de la rive gauche (Stadt am Hof), élevé sur l'angle d'afflux du Regen.

Avec le vieil *Hôtel de ville*, dont la grande salle et le balcon d'appel pour la garde, éveillent le souvenir des diètes et de l'Empire, le plus beau monument de Ratisbonne est sa *cathédrale*. C'est un édifice commencé au XIIIe siècle et continué depuis jusqu'aux tours (achevées seulement de 1859 à 1860), mais sur un plan qui ne manque pas d'unité. Le porche triangulaire, œuvre du XVe siècle, qui orne la façade est d'une grande richesse. A l'intérieur, la nef est d'une belle envolée; une délicate galerie à jour, qui se suspend en guirlande aux murs du pourtour, leur donne par ses dessins transparents et toujours variés une élégance originale. Point de nef circulaire faisant le tour de la nef principale : le transept arrête les bas-côtés; mais dans le chœur, une chaire d'un précieux travail, ivoire et bronze; un tabernacle dentelé de 17 mètres (XVe siècle) et un maître-autel rutilant quand, aux jours de fête, il se pare du revêtement et des flambeaux en argent massif dont l'a doté le prince-évêque *Fugger*, héritier de cette opulente famille qui fut longtemps, à Augsbourg, le banquier de Charles-Quint. Dans le trésor, une mitre, des vases et des ornements donnés par Napoléon Ier. Nos joyaux et notre or ont contribué pour une large part à l'ameublement et à la fortune des palais et des églises d'Allemagne. Ce fut une réparation peut-être pour quelques méfaits, mais combien large ! Plus d'un conquérant n'a pas eu ce souci.

LA *WALHALLA* : GÉNIE, par RAUCH.

Il fait bon, au sortir de la cathédrale, s'égarer dans les rues trébuchantes qui se pressent à tort et à travers jusqu'au pont du Danube. Si les maisons manquent un peu de caractère, les arcades surbaissées, les enseignes originales, les tours, les puits (sans oublier celui de la cathédrale), donnent une assez vive impression de l'*autrefois*. Mais la vie n'est plus de ce côté, Ratisbonne regarde au sud, et c'est par là que la ville s'étend.

A une heure de Ratisbonne, le temple de la **Walhalla** détache le marbre de son portique et de sa colonnade sur le fond sombre d'une forêt solitaire. Un escalier gigantesque de deux cent cinquante marches en descend et baigne ses pieds dans le fleuve. L'altitude du monument (98 mètres) et l'importance de ses approches nuisent un peu à l'impression de grandeur que l'on voulait produire. Le temple a 75 mètres de long sur 35 de large et 24 de haut. Louis Ier, roi de Bavière, le fit construire de 1830 à 1842 en l'honneur des gloires germaniques : la *Walhalla* étant dans l'ancienne mythologie le séjour des héros, ce temple en prit le nom. Quatorze *Walkyries* en cariatides (par Schwanthaler) soutiennent l'entablement intérieur et soixante-quatre tables de marbre conservent, ainsi qu'un certain nombre de bustes, la mémoire des Germains célèbres. Mais leur assemblée est fort mêlée et plus d'un parmi ces lointains débris doit être fort surpris de se trouver ici. Des caissons de bronze ornent le plafond, d'où tombe une lumière adoucie ; entre les piliers, six victoires par Rauch. Le pavé de mosaïque, les parois de marbre, la frise et les simples traits bleus et rouges qui soulignent l'architecture donnent une agréable impression de surprise. L'extérieur, de style dorique, et le fronton voudraient faire penser au Parthénon, ceux du moins qui ne l'ont pas vu dans la splendeur du ciel de l'Acropole.

Près de *Kelheim*, en amont de Ratisbonne, un temple en rotonde, la *Befreiungshalle* (temple de la Délivrance), également construit par ordre de Louis Ier (1842-1863), rappelle aux Allemands « ce qui leur a donné la victoire ». Il s'agit, comme à la Walhalla, de perpétuer le souvenir de *Leipzig*. Le roi de Bavière, roi par Napoléon comme les souverains de Saxe et de Württemberg, n'était pas à Leipzig ; il a sans doute voulu le faire oublier.

LE SOL BAVAROIS ET L'AGRICULTURE

La plaine qui accompagne la *rive droite du Danube* en aval de Ratisbonne, principalement autour de *Straubing*, est le *grenier de la Bavière*. Tandis que le soulèvement du Böhmerwald, pesant sur la gauche du fleuve, projette ses terrasses en promontoires et en îles, sans permettre aux vallées latérales, ni aux champs de se développer, des

TEMPLE DE LA DÉLIVRANCE, PRÈS DE KELHEIM.

cultures variées s'épanouissent en face, dans une grasse *terre de loess*. Toutes les céréales y prospèrent, le blé et l'orge surtout, dont la culture devrait être plus rémunératrice. Depuis que l'invasion des blés de Hongrie, facilement transportés par la voie du Danube, a porté une atteinte sensible au prix des produits agricoles, l'activité des cultivateurs a cherché dans des industries accessoires le supplément de ressources qui leur manquait : distilleries, brasseries, tuileries, élevage de chevaux et de bêtes à cornes (pas de moutons), dans de superbes prairies artificielles, ont permis de faire face à la crise. Toutefois, malgré sa fécondité proverbiale et réelle, cette terre n'enrichit plus guère celui qui la cultive.

La moitié du territoire bavarois monte par une haute plaine du Danube aux Alpes. Dans son ensemble, le **plateau bavarois** s'étend à 450 ou 500 mètres d'altitude moyenne, pour atteindre 600 et 650 mètres à l'approche des montagnes. Des hauteurs isolées apparaissent alors ; puis les contreforts des Alpes, et dans le fond le nuage floconneux des hautes cimes neigeuses. Le *plateau* s'incline vers l'est, le nord et l'ouest, du côté du Danube et du lac de Constance : c'est le *glacis des Alpes*. Sur un fonds composite, une mince couche d'argile mêlée d'alluvions, de transport et de graviers forme le *sol* : toutes les roches des Alpes y sont venues, roulées en galets par les torrents ; des centaines de petits lacs, restes de l'ancienne mer qui couvrait la plaine, comblés peu à peu

INTÉRIEUR DE LA WALHALLA.

par les éboulis, s'empâtent à moitié ou disparaissent. Le dédale des *vallées* se nivelle et monte, à mesure que la montagne se désagrège. Beaucoup d'entre elles sont plus hautes que les vallées des montagnes suisses : celle de la *Loisach*, par exemple, l'une des moins élevées, est au niveau de la coulée de l'Arve, près de Chamonix. Toute la région de soulèvement adossée aux Alpes donne l'impression d'une terre en train de se former. Rares sont les cours d'eau sur les rives desquels on ne trouve point de marécages, de tourbières à demi desséchées, des étendues stériles de sables et de pierres. Aussi les habitations s'éloignent-elles, à l'abri des crues, laissant la montagne aux forêts et cherchant la vie plus loin, sur un sol déjà mieux affermi.

Si la **haute Bavière** compte encore beaucoup d'espaces incultes à conquérir sur les eaux, l'agriculture est relativement florissante sur le *plateau bavarois*, bien qu'il soit exposé sans défense à l'âpreté des vents du nord et doive encore à son altitude et au voisinage des Alpes un climat frais et des hivers rigoureux. Bien des causes locales modifient sur cet espace la valeur productive du sol et la condition des habitants.

Dans la *région montagneuse* de l'**Algau**, qui noue le plateau bavarois aux grandes Alpes, sur la droite du lac de Constance, l'élevage est la principale ressource (laiteries et fromageries coopératives de *Sonthofen*), car la rudesse du climat et l'inégalité du terrain se prêtent mal à la culture des céréales.

Le sort des paysans dans la **moyenne Bavière** est plus favorisé. Ainsi, le district de *Wasserbourg* sur l'Inn, à l'*est* de Munich, souffre peu de la crise générale agricole. Au déficit des céréales toujours abondantes, mais peu rémunératrices, on oppose comme à Straubing le profit assuré des brasseries et des fromageries, l'élevage, l'exploitation de la tourbe... Dans cette région, le sol est divisé en petite et moyenne propriété : les tenanciers ne paraissent pas trop mécontents. L'*ouest* de *Munich* est plus pauvre : là encore, le cultivateur, endetté comme dans l'*Algau*, est la proie des usuriers et des marchands de biens. Cependant son attachement aux anciens usages, l'application mesurée des nouvelles méthodes intensives à l'agriculture, la transmission intégrale du bien par le père vivant au fils aîné ou à l'une de ses filles (1), assurent un ensemble de ressources, grâce auxquelles le sort du paysan n'est pas trop précaire. Le *foyer* subsiste comme généralement en Bavière, asile toujours ouvert aux blessés de la vie, mais il ne se maintient que par des prodiges d'économie et de sobriété. Avec les impôts croissants, le courant initial de la population vers les villes, la cherté de la main-d'œuvre, la diminution des familles, si les anciennes

(1) Dans la vallée du Danube (Straubing), l'héritage passe au plus jeune fils, par traité avec ses frères et sœurs dédommagés.

STRAUBING : TOUR DE LA VILLE. *Phot. Mertens.*

mœurs et la foi venaient à disparaître, ce serait la ruine, la misère noire et la crise sociale ouverte comme sur une grande partie de l'Allemagne. Cette éventualité cause d'assez vives alarmes. De grands pays comme la *Bavière*, la région *saxonne* de Westphalie et de Hanovre bien qu'éprouvés, mais rivés au sol dont ils vivent, sont assez capables de résistance. Tel n'est pas *l'orient* de l'Allemagne qui sèche sur un sol avare; l'*ouest* morcelé à l'infini et réduit en poussière d'enclos incapables de faire vivre leurs propriétaires. Avec l'appui de l'État, l'*initiative privée* a cherché des remèdes à la crise qui sévit et c'est dans la région divisée du Rhin qu'ils ont pris les formes les plus mouvementées.

ASSOCIATIONS AGRICOLES

C'est un merveilleux combat que la lutte de l'homme contre la nature impuissante à produire d'elle-même au gré de ses besoins ou d'appétits nouveaux. Nous en avons éprouvé en France les émouvantes péripéties, lorsque la moitié du territoire a livré bataille au phylloxera. Le Rhin baigne un pays de vignobles, ses crus ont du renom, et il doit à ce supplément de revenu, mais particulièrement à son industrie très active, un regain de vitalité. L'*agriculture* y est pour ainsi dire l'accessoire; mais, du peu qu'il possède chacun veut tirer profit. A l'encontre de ce qui se passe pour les vastes espaces de la Silésie, de la Prusse et du Mecklembourg, le sol de la *région rhénane* est disséqué sans mesure. Il faut en attribuer la cause aux *lois successorales* ou plutôt à l'ancienne *coutume franque* du partage égal des biens entre

VUE DE FÜSSEN. *Phot. Johannes.*

VUE GÉNÉRALE DE TÖLZ.

tous les héritiers, coutume qui a trouvé droit de cité dans le code Napoléon implanté sur le Rhin. Mais l'envahissement industriel est venu aggraver l'émiettement territorial. Réduit à la portion congrue, le paysan ne résiste guère à la séduction de l'usine prochaine; il délaisse son champ, l'abandonne, et les lambeaux se dispersent aux quatre vents de la spéculation. Réunir en faisceau les efforts dispersés; donner par l'*association* à la petite propriété les ressources des *grands domaines* (outillage perfectionné, achat en gros et par conséquent économique des engrais); défendre le travail contre l'accaparement et l'usure; produire enfin davantage et meilleur à moindre frais : tel est le but poursuivi par tous les moyens.

L'*Allemand* n'est pas, comme le Français, épris d'individualisme et jaloux de son action personnelle. Lent à se mouvoir hors de la routine, il manque d'initiative et d'acuité dans l'esprit; mais sa ténacité et sa persévérante application au travail produisent, par la cohésion des efforts dispersés, des résultats auxquels ne saurait prétendre l'initiative individuelle, même la mieux douée. Aussi les *associations agricoles*, groupements formés par le sol et ses moyens d'exploitation; les *institutions de crédit foncier et personnel*, groupements formés par le besoin du crédit et du capital, nerfs moteurs de l'agriculture; les *ligues de paysans* réunissant dans un commun effort tout ce qui tient à la terre, pour en défendre les intérêts devant l'opinion et le Parlement, toutes les formes de la solidarité coopérative se sont-elles prodigieusement développées en Allemagne, témoignage certain d'un état critique universel.

1° Les **associations agricoles**, dans la seule province du Rhin où le sol très morcelé comprend, pour les deux tiers, des parcelles n'atteignant pas 5 hectares, forment une fédération compacte de 188 à 200 *sociétés*, créées par la *solidarité* de la terre. Ce serait entrer dans un détail infini que de vouloir énumérer les *sociétés de consommation* (le paysan achète peu, mais par l'achat à prix réduit de ce qui est nécessaire à la vie se donne plus de liberté pour une meilleure adaptation de la culture au sol, sans trop compter avec ses nécessités personnelles); les *sociétés pour la transformation et la vente des produits*, telles que les laiteries coopératives (vente assurée du lait, production du beurre et du fromage, engraissement des porcs par les déchets); les *associations pour l'achat des semences et des engrais*; d'autres pour l'emploi en commun des machines agricoles; pour l'établissement de *magasins de vente et d'approvisionnement* (quelquefois construits par l'État et

DANS LA RÉGION DE STRAUBING.

livrés aux sociétés); les *associations d'élevage* (chevaux, volailles); celles des *jardiniers*, des vignerons (vinification uniforme, création d'une marque, vente des produits, régularisation des prix), etc. La *solidarité* s'affirme ici de mille manières. Pour donner au travail une base plus ferme et plus large, on a voulu d'abord diminuer l'émiettement des parcelles peu productives et trop éloignées, *remembrer la propriété* dans les pays trop divisés. La loi du 24 mai 1885 permet aux communes qui le demandent, à la majorité des voix, de reconstituer ainsi leurs domaines : beaucoup en profitent. L'agriculteur y trouve la suppression de beaucoup de servitudes et de chemins inutiles, des drainages plus faciles, une culture mieux accommodée à l'exploitation intensive; enfin, il économise beaucoup de temps, autrefois perdu à se transporter d'un lambeau de terre dans un autre, et souvent à de grandes distances. Mais c'est principalement dans l'organisation du Crédit rural que l'agriculture a trouvé l'énergie dont elle avait besoin.

2° **Associations de crédit agricole.** — Ce n'est pas d'aujourd'hui que l'argent est le nerf de l'agriculture; mais la dépréciation des produits de la terre, principalement des céréales, la progression de l'impôt et les charges d'une dette hypothécaire formidable exigent du sol une production intense pour qu'elle soit rémunératrice. Or, sans capital, les engrais et les instruments aratoires, ces organes essentiels de la culture, restent hors de la portée de ceux-là même qui en ont le plus besoin. La bonne terre nourricière de jadis ne suffit plus à son rôle; elle devient, comme l'usine, une *machine à produire*.

C'est d'ailleurs presque toujours une duperie que le prêt du capitaliste au paysan besogneux; l'emprunt se paye d'un intérêt excessif 5, 6, et même 8 pour 100, quand l'usure borne là son appétit. Prohibée par la loi religieuse, l'usure a pris par l'oblitération des consciences et du sens de l'honneur une liberté sans frein qui multiplie chaque jour ses méfaits. L'association agricole de Trèves (*Bauernverein*) n'a pas intenté moins de deux cents procès en une seule année pour défendre ses adhérents contre les usuriers, la plaie des campagnes. Le cultivateur confiant ou ignorant s'adresse au prêteur, dès lors dépositaire de son secret, au marchand de biens, aux intermédiaires de tout poil qui pullulent dans les marchés à l'occasion de toute affaire, subit des conditions draconiennes ou perfides sous une apparente modération et reste finalement à la merci du prêteur. Des villages très prospères ont été réduits ainsi à la mendicité. On cite l'Alsace-

Lorraine, Bade, la Hesse, certaines régions de la Silésie et de Posen, et généralement les pays de moyenne et de petite propriété comme les victimes ordinaires d'une exploitation sans scrupule. L'agriculteur a voulu secouer ce joug. Déjà les défenseurs de ses intérêts ont obtenu du Parlement la loi de 1880 contre les usuriers, en exigeant l'équivalence honnête entre le taux du prêt et la valeur du service rendu; beaucoup de mécréants ont été saisis, d'autres sont disparus.

Mais l'organisation du *Crédit* foncier et personnel promet d'être pour les campagnes le principe libérateur. Par le *crédit* fondé sur *l'association*, l'emprunteur se voit soustrait aux exigences tyranniques de l'argent, du jour où la *société* dont il fait partie, substituant sa garantie massive à celle de l'individu, traite d'égal à égal avec le prêteur, sans être obligée d'en subir la loi. Si les gages donnés par l'adhérent à *l'association* qui prend en main sa cause sont empruntés au sol lui-même, la *société* est dite *hypothécaire* ou de *Crédit foncier*. Mais quand l'assurance donnée par l'associé tient principalement à sa loyauté, à son aptitude au travail et à son avenir probable, le *crédit* obtenu par son enrôlement coopératif prend une autre nature et un autre nom; c'est le *Crédit personnel par association*. Le premier mode d'action convient aux grands et moyens propriétaires; le second s'adapte mieux à la petite propriété. L'un trouve son organe dans les *Landschaften* ou *Chambres de crédit hypothécaire*; l'autre dans les *Caisses rurales*.

Les **Landschaften** ne sont pas de création récente; ces sociétés ont groupé les gros propriétaires de la Prusse, de la Silésie, de la Poméranie et leur action, à la fois utilitaire et patriotique, n'a pas peu contribué, dans le siècle dernier, au relèvement de la Prusse. Lié par ces souvenirs, le gouvernement actuel n'est point entièrement libre vis-à-vis de ces *sociétés*, bien que de nombreuses modifications imposées par les circonstances en aient diversement affecté l'action. Leur principe est le même : accroître le crédit en lui donnant une surface assez large pour inspirer confiance au prêteur; mettre ce crédit à la portée du plus grand nombre par les conditions du prêt consenti aux adhérents. Les *Landschaften* ont pour caractère d'être essentiellement *désintéressées*; leurs opérations se font sans bénéfice, et sous le contrôle de l'État. En échange de titres hypothécaires, elles délivrent des lettres de gages négociables, et sans épithète d'origine. Le capital social dont elles disposent est considérable, leur crédit fortement assis; mais on souhaiterait que les frais d'administration en fussent mis à la charge de l'État, et même que celui-ci les subventionnât, pour atténuer encore les charges de l'emprunteur. Les *Landschaften* sont, il est vrai, des sociétés fermées, utiles surtout aux grands propriétaires, et au-dessus du menu fretin des travailleurs de la glèbe; mais elles ont rendu ce service de refréner la rapacité des manieurs d'argent et de ramener le taux général des prêts à une mesure plus raisonnable.

NEU-SCHWANSTEIN, VUE PRISE SOUS LE MARIENBRÜCKE.

Les **Caisses rurales** se rattachent à deux types différents créés, l'un par *Raiffeisen*, l'autre, par *Schulze-Delitzsch*. Ces deux grands initiateurs du *crédit populaire* fondé sur la *solidarité personnelle*, ont donné chacun à un organisme spécial au même moteur : la force du nombre dirigée vers le même but. Tous les deux ont noué le faisceau des forces individuelles par la solidarité illimitée des associés; mais les *garanties* effectives de cette cohésion, indispensable à l'effet commun, ont été recherchées par eux dans des principes différents. Leurs sociétés ne comportent ni les mêmes *éléments*, ni un égal *champ d'action*.

Tandis que *Raiffeisen* borne ses groupements à des cercles locaux très restreints, dont tous les membres se connaissent et peuvent témoigner mutuellement d'une honnêteté éprouvée, *Schulze-Delitzsch* attend la garantie de son association moins de la valeur personnelle des associés que de leur nombre. Non seulement il les retient par l'attache d'un intérêt mutuel, et leur donne ainsi le *crédit* qui permet *l'emprunt*; mais il ouvre libre carrière aux fonds mis à la disposition de la Société, et les fait *fructifier* par toutes opérations ordinaires de banque. On pense amortir ainsi plus facilement le poids de la dette commune et présenter aux aléas une résistance plus efficace. L'idéal serait en effet pour la *Caisse* d'éteindre ses charges et de vivre de son propre capital, au lieu d'en emprunter; mais le bon marché des prêts qu'elle consent à ses associés, et qui est la raison même de son existence, ne permet pas d'espérer, sans de longs efforts, cet heureux résultat. Pour vouloir aller trop vite, certaines *associations Schultze* ont compromis leur existence ou entamé leur crédit.

Raiffeisen a, d'un coup, prévenu toutes les déceptions en interdisant à ses *caisses rurales* ce genre d'activité. Restreinte par le nombre et la sélection attentive de ses membres, son *association* offre une base solide qui lui a gagné la confiance des prêteurs. Jamais elle ne manque d'argent et elle le trouve à bon compte : la banque de l'Empire lui en a fourni au taux exceptionnel de 2 pour 100. Et c'est là un phénomène peu banal en notre siècle de fer et d'or où, pour la plupart des hommes qui se larguent de penser, le génie lui-même ne vaut pas un sac d'écus, de voir une réunion de braves gens obtenir, par la seule force du crédit mutuel, ce que l'honnêteté et le travail de chacun d'eux ne gagneraient pas d'un rouge liard.

Les obligations de la solidarité qui leur vaut cette fortune sont d'ailleurs singulièrement atténuées par la garantie du *fonds de réserve obligatoire* que chaque emprunt commun augmente dans des proportions strictement fixées par les statuts. C'est la force et la réserve de l'avenir. Aussi la charge réelle de chaque associé se

VUE GÉNÉRALE DU CHATEAU DE NEU-SCHWANSTEIN.

Phot. Johannes.

réduit-elle à une très légère cotisation et à un intérêt d'amortissement aussi bas que possible pour les prêts qui lui ont été accordés.

Mais l'ordre même qui préside au *fonctionnement* de la Société est encore pour l'associé une préservation contre les risques inhérents à toute communauté. La *Caisse* ne prête qu'à bon escient, et pour un temps déterminé. L'assemblée des *sociétaires* nomme un *Comité exécutif*, dont les fonctions, gratuites, sont minutieusement réglées et affermies par une assez longue expérience : un Comité de *surveillance* tient l'œil aux opérations. Les *Caisses locales* reçoivent en outre une direction commune, dont le triple organe siège à *Neuwied* (près de Coblentz) sur le Rhin : 1° *Union générale*, chargée de veiller au maintien des règles, de conseiller les *Caisses*, de les représenter en justice et au Parlement, de les mettre en relation avec la banque de la Société, et d'organiser toute entreprises utiles au bien commun, comme les réunions publiques, les revues, les journaux...; 2° la *Société Raiffeisen et Cie*, sorte de syndicat intermédiaire entre les fournisseurs et les acheteurs, pour

LE WALCHEN-SEE.   Phot. Johannes.

l'obtention de conditions favorables; 3° la *Central Darlehen-Kasse*, caisse centrale, instrument des prêts et régulatrice du crédit général de l'association.

Ainsi par leur composition même et l'étendue de leur action, l'emploi du fonds de réserve, et le fonctionnement de l'association, les deux groupes *Raiffeisen* et *Schulze-Delitzsch* affirment une personnalité distincte. L'*esprit qui les anime* n'est pas moins original. « Tous les hommes sont frères, » dit Raiffeisen; l'assistance mutuelle est un devoir de *charité chrétienne*. Pour son émule, la *nécessité de vivre* et de croître prime tout le reste, sans condition; sa formule est dégagée de toute idée religieuse.

Œuvres d'une inspiration *charitable*, les Caisses de Raiffeisen ont un caractère à la fois utilitaire et moralisateur. Aussi le promoteur, bien que pasteur protestant, a-t-il trouvé dans le clergé catholique rhénan un concours très actif. Chacun travaille sans distinction confessionnelle et, dans le *Conseil supérieur* de Neuwied, dix-huit protestants et dix-sept catholiques se rencontrent sur le terrain du progrès social. C'est, pour le moins, un effet inattendu de la crise agraire.

On reproche aux *Caisses Raiffeisen* une réglementation méticuleuse qui équivaut pour les associés à une sorte de mise en tutelle. D'abord, les membres sont libres d'entrer dans l'association et d'en sortir; puis tout s'y passe à l'élection. Il faut avouer que le paysan allemand, plus lourd, moins doué d'initiative que le paysan français, proie facile pour la chicane, peu économe et très enclin à l'emprunt sans profit, trouve dans cette tutelle toute débonnaire qu'il se donne une préservation salutaire. A ce trait, l'on peut reconnaître l'*utilité pratique* de l'association organisée par les Caisses Raiffeisen : celles-ci sont plutôt adaptées aux besoins des petits propriétaires *campagnards*; les associations Schultze-Delitzsch à ceux *des* villes. Les premières comptent 4,600 groupements officiellement affiliés, 3,200 au moins si l'on regarde toutes les associations de ce type; en somme, 270,000 associés. Les Caisses *Raiffeisen* ont en une seule année prêté à leurs adhérents plus de 75 millions.

L'œuvre *Schulze-Delitzsch* réunit 2,700 associations avec près d'un million de membres, dont 300,000 agriculteurs. La sélection des associés pour les deux institutions s'est faite d'elle-même. Peu importent les méthodes : l'essentiel est que le mouvement existe à la place du marasme et de la ruine apparue, un instant, sans remède.

Avec des formules diverses, l'émulation du bien a poussé les deux promoteurs de cette grande entreprise et les *associations* qu'ils ont fondées sur la *solidarité*, les unes plutôt locales, les autres à tendance plus universelle, ont déterminé une immense *activité libératrice*. Il y a loin sans doute du million et demi d'associés ainsi réunis aux millions d'agriculteurs qui peinent sur le sol allemand, dévorés par l'impôt, l'hypothèque, l'usure et la concurrence; mais le grand nombre profite déjà de la détente obtenue par l'initiative privée : et voici que le grand nombre également s'organise.

MAISONS A PARTENKIRCHEN.

Associations générales de paysans. — Il convient de distinguer entre les associations générales de paysans ou *Bauernvereine* et les *Ligues agraires*. Les premières ont à la fois une portée économique et politique, les autres sont politiques seulement. Tandis que les Bauernvereine bornent leur activité à une région, les ligues ont une portée plus large. Un même esprit les anime : le groupement de toutes les forces agricoles, petites ou grandes, par l'intérêt professionnel et pour l'action sur les pouvoirs publics.

L'institution des **Bauernvereine** est due au baron de *Schorlemer Ast*, et c'est en Westphalie que se firent ses premiers essais. La Hesse, la Poméranie, la Silésie, possèdent des associations de ce genre. Mais elles ont pris dans la *province du Rhin* un magnifique développement. Le *Rheinischer Bauernverein* (1) possède un *Comité directeur* nommé par l'assemblée générale des *associés*, pour trois ans. Quatorze *commissions* s'y partagent l'étude des questions de crédit, d'assurances, d'achats, de coopération. L'association exerce l'arbitrage entre ses membres, plutôt d'après l'équité que d'après la loi, donne des consultations juridiques,

(1) Voy. G. BLONDEL, *Populations rurales de l'Allemagne*.

défend les siens, leur fournit des avocats, traite pour eux avec les Compagnies d'assurances et de vente, les banques, les écoles d'agriculture, organise des cours, rédige une revue gratuite, relève les méthodes nouvelles, les progrès et l'état de l'agriculture dans le monde. En même temps, elle désigne au choix des *électeurs associés* les candidats qui lui paraissent qualifiés pour défendre les intérêts agricoles au Parlement et ont donné des preuves de savoir et de dévouement.

Les revendications des *Bauernvereine* sont à peu près les mêmes que celles des **Ligues agraires**; mais celles-ci sont franchement agressives et constituées spécialement en vue d'une action politique. La plus puissante de ces *ligues* est le **Bund der Landwirthe**. Elle a surgi en Silésie, dans les pays qui souffrent le plus amèrement de la crise agraire. Plus de partis politiques, c'est le mot de ralliement; il n'y a plus de libéraux, de conservateurs, d'ultramontains, mais des *agrariens* seulement qui meurent de faim et qui veulent vivre. Ils sont le nombre et crieront si fort qu'il faudra bien les entendre. Les phrases ont fait leur temps; plus d'humbles requêtes, il faut exiger et pour cela constituer au *Reichstag* un parti de la terre qui sache contraindre le gouvernement à la défendre. Livrée à elle-même, la culture des céréales est condamnée à périr, il faut la sauver, relever les droits d'entrée, réglementer la vente par l'emmagasinage dans de vastes entrepôts, faire une sorte de *gabelle du blé*, barrer la route aux épizooties par des mesures sévères contre l'importation du bétail étranger, museler la spéculation, dégrever l'impôt, réformer la législation hypothécaire, etc. Le *Bund* est bi-métalliste, contre la dépréciation de l'argent; il rejette les *traités de commerce* comme ayant toujours sacrifié les intérêts agricoles à ceux de l'industrie, et se montre, en tout, nettement *protectionniste*.

Ses cadres formés à l'élection, par degrés, sont adaptés aux *circonscriptions législatives*, ce qui marque bien un but franchement politique. Le *Bund* donne aussi des consultations juridiques, passe des traités à l'avantage de

PARTENKIRCHEN ET LE ZUG-SPITZE. Phot. Johannes.

ses membres; mais son objet n'est pas tant l'amélioration économique individuelle que la constitution d'un *parti agrarien* défenseur de l'intérêt général. On pouvait croire que l'esprit particulariste des divers pays allemands bornerait l'effort du *Bund* (Bound) à sa région d'origine; il n'en a rien été. Son action dépasse celle des *Bauernvereine*, et il est à craindre pour ces associations qu'il ne les dénature. Le succès du *Bund* est contagieux et universel. Pour ne pas paraître inféodées à sa volonté, d'autres ligues semblables ont copié son organisation remarquable. Mais l'âpreté qu'il montre à la lutte est encore dépassée par les deux *Bund* bavarois qui ont groupé l'un les petits, l'autre les gros propriétaires contre la politique économique du gouvernement impérial. La *Bavière agricole* ne veut pas se laisser affamer par la *Prusse industrielle*. Il est peut-être grand temps de le dire.

Mais le branle est donné : une *réaction multiple*, a surgi de la *diversité des maux*. A côté des pays *saxons* du *Nord-Ouest* et des plateaux *bavarois du Sud-Est*, où l'agriculture se maintient encore sur la base vacillante des traditions, les deux autres pôles de l'Allemagne, pays *rhénans* à l'*ouest*, plaine de l'*Oder* à l'*est*, souffrant d'une crise aigüe. Chacun, courant au plus pressé, a cherché un remède immédiat: ici, la reconstitution de la propriété par la solidarité mutuelle dans le sol; là le démembrement du grand domaine, la colonisation. Après s'être *groupés* spécialement en vue de la *production* et du *crédit*, les agriculteurs se sont *associés entre eux*, d'un degré à l'autre, petits, moyens et grands, sans distinction d'opinion ni de confession religieuse, pour la défense en bloc de leurs *intérêts communs*. Où peut aboutir ce grondement universel. « D'une part les *Bauernvereine* tendront à prendre la forme de ligues de revendications législatives. D'autre part, toutes les ligues analogues au *Bund der Landwirthe* nous paraissent appelées à venir accroître la puissance de cette grande ligue, en se laissant absorber par elle. Le *parti agrarien allemand* s'avance donc vers une organisation unitaire et puissante, à laquelle il faut souhaiter, pour l'équilibre des forces sociales, de voir naître des contrepoids dans les autres parties de la nation. » (Ch. Brouilhet).

se troublent alors et, saturées de parcelles arrachées aux Alpes calcaires, prennent une teinte laiteuse qui, même en plaine, leur donne encore le caractère de torrents. L'élargissement des cours d'eau est tout à fait hors de proportion avec l'importance du flot qu'ils roulent. Certains d'entre eux, au fort de l'été, réduits à un maigre filet bavard, se faufilent plus qu'ils ne coulent sur un lit de cailloux. Mais à la fonte des neiges et sous les précipitations d'orage, une fureur se déchaîne qui écarte au loin les habitations, et laisse au retrait de la crue, sur les rives, des traînées marécageuses, des terres imprégnées en lagunes, et dans la région montagneuse, des constellations de mares et de lacs.

Les rivières bavaroises se groupent harmonieusement par leur courbe d'inclinaison sur le glacis des Alpes, en deux systèmes symétriques : *Iller* et *Lech*, à gauche, *Isar* et *Inn*, à droite, avec une tendance de plus en plus accentuée vers le Danube. Mais les deux rivières du centre, *Lech* et *Isar*, sont proprement bavaroises ; les autres étant plutôt extérieures à la grande masse du plateau.

L'*Iller* plonge par une triple source, *Breitach*, *Stillach* et *Trettach*, dans le cirque des Alpes d'*Algau*; sa vallée est sauvage, principalement dans l'*Oythal* (cascades de *Stäubi*), qui débouche sur *Oberstdorf*. La voie ferrée pointe avec le torrent au cœur même des montagnes; elle en descend par Sonthofen à *Immenstadt*, et, contournant la base du Grünten (1,741 mètres), déploie un double rameau: vers *Kempten*, suivant le cours de l'Iller (et de là

UNE RUE A GARMISCH.

COURS D'EAU ET VILLES

Les allées fluviales qui conduisent de la rive droite du Danube au parc des montagnes bavaroises ont un grand air de ressemblance. Il est rare que les *cours d'eau* dessinent un trait régulier: leurs coulées au contraire se multiplient, entourent des bancs de sable, refluent contre les barrages de galets dans des vallées latérales où elles s'attardent, formant des lagunes que la première crue entraînera. Les eaux, d'un vert grisâtre,

CHATEAU DE LINDERHOF.

jusqu'à Munich); vers l'ouest et l'échappée du lac de Constance, par les bords de l'*Alp-See*, Ober-Staufen, Lindau. Édifiée sur une île du grand lac, **Lindau** (5,850 habitants) sert de sentinelle à la Bavière près du poste autrichien de Bregenz et en face même de l'embouchure du Rhin. Son port, au fond du lac est l'émule de celui de Constance, à l'autre extrémité : tous les bateaux y font escale ; il est très animé, mais artificiel. Ce refuge était nécessaire contre les tempêtes qui viennent se heurter en tourbillons contre la muraille des Alpes. Un lion de granit et un phare ouvrent le port de *Lindau* (voy. page 64), à l'extrémité d'une double jetée : sur le quai, une belle statue de Maximilien II. L'Hôtel de ville, de la Renaissance, a des fresques intéressantes ; une belle fontaine, des arcades, quelques vieux édifices ont vite fait d'épuiser l'intérêt. A *Kempten* (18,840 habitants) l'*Iller* est navigable et, au coude prochain, un peu à gauche de Memmingen (10,890 habitants), il marque la frontière entre la *Bavière* et le *Württemberg* jusqu'au-dessus de *Ulm*.

Le **Lech** sort du lac *Formarin*, au flanc du *Rothe-Wand* (2,706 mètres). La courbe qu'il décrit par une longue faille orientale des Alpes enveloppe les sources de l'Iller : aucune habitation sur ses bords ; le filet vert

STARNBERG ET LE LAC.

du torrent court dans une solitude profonde sur des bancs de sable et de gravier qu'il ronge. A *Reutte*, où régnait autrefois un lac, la vallée s'élargit ; mais aussitôt, quittant sa direction première, elle tranche vers le nord à travers plusieurs brides transversales des Alpes calcaires. Cette partie du Lech, entre *Reutte* et *Füssen*, avec ses cascades, ses rugissements et le brouillard d'écume qui en suit la trace comme une fumée de train rapide, offre des paysages pittoresques et grandioses. Saint Magnus, l'apôtre de la Souabe, franchit, dit-on, le torrent au point le plus étroit, le *Magnusfels*. **Füssen** groupe aux bords du Lech ses maisons que couronnent un ancien château, des débris fortifiés et l'antique collégiale de Saint-Magnus, à côté de l'abbaye de bénédictins qu'il fonda. De nombreux lacs parsèment la région : au sud, le *Plan-See* (en Autriche, près de Reutte) ; le *Weissen-See* et le *Hopfen-See*, à gauche, en terre bavaroise ; le *Baumwald-See*, l'*Alp-See*, à droite et, entre tous, le poétique *Schwan-See* (lac du Cygne). La séduction des forêts et des eaux, le voisinage des grandes cimes, le charme solitaire du vallon de la *Vils* (affluent gauche du Lech) et des cascades de *Stuiben* près de Reutte, la sauvage *Pöllat*, décidèrent le prince Maximilien, depuis roi de Bavière, à restaurer non loin de Füssen le vieux manoir de *Hohenschwangau*. C'est maintenant un but d'excursion à travers une admirable contrée. En un quart d'heure de cheval, on s'y rend de Füssen ; cinq ou six maisons composent le village. Le château, reconstruit à la hâte (en 1832), est un grand bâtiment carré que de hautes tours crénelées décèlent par-dessus l'épaisse futaie. Déjà les plâtres sont crevassés : peu de mobilier ; mais tout y affecte la forme du cygne légendaire en ce coin des Alpes. Aux murs, des fresques raides et d'un froid coloris illustrent les traditions du pays de *Schwangau* et du *chevalier au Cygne*.

On y rappelle les prouesses des Guelfes et des Hohenstauffen. « Ce château devint le séjour favori du roi Maximilien II, et l'endroit où les jeunes princes Louis et Othon passèrent les années sans soucis de leur jeunesse. Ce fut là sans doute que Louis II contracta lui-même plus tard sa funeste passion pour l'isolement et où il rêva d'abord aux vastes projets de ses créations nouvelles. » De sa chambre à coucher, la vue porte directement sur le *roc au Cygne* (*Schwanstein*), où s'élevait jadis une antique forteresse avec des vestiges d'assises romaines.

En 1869, le roi Louis II posa la première pierre de **Neu-Schwanstein**. « Édifié en style roman, le château s'élève à 200 mètres au-dessus de la plaine et à 1,000 mètres au-dessus du niveau de la mer, sur un rocher oblong. Vers l'ouest, le rocher est réuni à la hauteur qui porte *Hohenschwangau*; au nord, il descend presque droit à la plaine, tandis qu'à l'est et au sud, il tombe à pic sur de profonds précipices. D'énormes fondations de granit, semblant continuer le roc lui-même, soutiennent le haut corps du bâtiment principal, les ailes, le bâtiment d'entrée, ainsi que la grande tour de 60 mètres, qui s'élance hardiment dans les airs. De quelque côté qu'on le regarde, ce fier castel produit l'effet le plus imposant (p. 242). Une large route, qui monte graduellement de Hohenschwangau sous les pins séculaires (2 kilomètres), aboutit au portail, après avoir contourné la façade nord du château. Ce portail est composé d'un bâtiment central, flanqué de deux tours ». Une avant-cour, située en contre-bas de la grande cour supérieure, renferme le *Ritterbau*, appartement des chevaliers, et la chapelle. Sur la cour supérieure, « la façade du palais s'élève majestueusement par quatre étages superposés et surmontés d'un long pignon aigu, à haute toiture de cuivre ». Le rez-de-chaussée, puissamment voûté, est destiné au service et à ses dépendances, calorifère, monte-charges. Au troisième étage sont les appartements du roi, cabinet de toilette, chambre à coucher, salle à manger. » Tout y est de structure puissante et massive, de dessin solide et correct, et à quelques exceptions près, de coloris fondu ou même sévère. Les caissons des plafonds, les panneaux des boiseries, sont profondément creusés en lourds reliefs de chêne; les serrures sont des chefs-d'œuvre de travail forgé et ouvragé; les peintures remarquables qui décorent vestibules et appartements en fresques, on en imitation de tapisserie, sont dues au pinceau des artistes modernes de Munich les plus en renom. Les légendes de la vieille Allemagne, ainsi que celles qui fournirent à Wagner les motifs de ses opéras les plus célèbres, s'y trouvent toutes représentées, depuis les épisodes sanglants des *Niebelungs*, les amours tragiques de *Tristan et Yseult*, jusqu'aux aventures mystiques de *Lohengrin* et aux tournois pacifiques des troubadours et des maîtres chanteurs. De la chambre à coucher et de l'oratoire, on jouit d'une vue admirable sur un torrent écumant (la *Pöllat*), le pont aérien de Marienbrücke qui le domine, et la croupe imposante du Säuling, qui règne plus haut dans les nuages. » La salle du trône, conçue dans le style byzantin, est une pure merveille (20 mètres de long, 12 mètres de large) et sa loggia de pierre commande un panorama incomparable. Au dernier étage, la *salle des Chanteurs* rappelle celle de la Wartbourg. « A cette hauteur, une vive et gaie lumière inonde les ors, les boiseries, les peintures et se joue dans les milliers de cristaux des hauts candélabres. Six cents feux peuvent éclairer la salle, et l'on raconte que le roi, après les avoir fait allumer tous, allait volontiers se poster en haut du Marienbrücke, pour contempler sa salle favorite dans le calme des nuits obscures (1). *Neu-Schwanstein* est une œuvre vraiment royale qui, plus que toute autre, fera honneur à la mémoire de son créateur. » C'est dans la salle à manger du château que Louis II, à l'annonce de sa

MUNICH : STATUE DE LA BAVIÈRE.

déchéance, eut le dernier entretien qui décida de sa destinée; le lendemain, l'infortuné se noyait à Berg, dans le lac de Starnberg.

Au-dessous de *Füssen*, le *Lech* prend le large et sort définitivement des montagnes à *Landsberg*. Les Alpes d'Algau lui envoient, sur sa gauche, la *Wertach*, qui passe non loin de *Wörishofen* (sur le Mühlbach) et confue en aval d'Augsbourg; entre les deux rivières s'étend un territoire allongé, le *Lechfeld*, dont la fertilité est proverbiale. Le Lech finit dans le Danube, au delà de Donauwörth, après un cours plus utile à l'industrie qu'à la navigation.

Augsbourg, cité romaine fondée par Auguste après la victoire de Drusus sur les Vindéliciens, premiers ancêtres des Bavarois actuels, a conservé son titre d'origine : *Augusta Vindelicorum* (d'où Augsbourg). Ravagée par les Huns, franque, puis vassale des ducs de Souabe, enfin ville libre impériale, elle devint comme Nüremberg, au XIVe et au XVe siècle, le principal entrepôt du commerce entre les pays du nord et l'Italie, par la voie du Tyrol. De nombreuses *maisons* de la Renaissance ornées de fresques extérieures, un magnifique *Hôtel de ville*, une grande *cathédrale* à cinq nefs (porte en bronze et vitraux précieux), la double église de *Saint-Ulrich* (l'une pour les protestants, l'autre pour les catholiques), la fameuse *tour de Perlach*, des *fontaines*, des *statues*, accusent une richesse peu commune. Les *Fugger*, de simples tisserands qu'ils étaient, devinrent en un siècle les premiers négociants du monde; les princes les traitaient familièrement. Plusieurs d'entre ces patriciens du commerce contractèrent d'illustres alliances : l'un d'eux, Barthélemy *Welser*, put équiper une escadre pour aller conquérir le Vénézuéla que Charles-Quint lui avait donné en gage. De nombreuses diètes furent tenues à *Augsbourg*; là fut rédigée la *Confession* protestante qui porte ce nom, et signée la paix religieuse de 1555. Il y a un tiers de protestants à Augsbourg. Après trois siècles d'un marasme dû au changement des routes commerciales du monde,

(1) H. KRAFFT : *Tour du Monde.*

LA PORTE CHARLES, A MUNICH.

depuis la découverte de l'Amérique et la prospérité de Venise et de Gênes, la ville retrouve de nos jours une partie de son ancienne activité. A côté des anciennes rues, qui conservent leur aspect irrégulier et vieillot, de nouveaux quartiers ont été construits par-dessus les remparts nivelés. *Augsbourg* (88,900 habitants) possède de très riches établissements publics, une fonderie de canons, des ateliers de machines, des teintureries d'étoffes, des filatures de laine et des tissages de coton très importants; le marché des céréales, des moutons et de la laine y attire un nombreux concours; enfin, le commerce de transit ne cesse de grandir. Avec ses grands parcs et ses larges voies nouvelles, le vieil Augsbourg de l'histoire prend une autre figure.

L'ISAR.

L'**Isar** est le fleuve national de la Bavière; bien qu'il emprunte comme le Lech sa source au territoire autrichien, aucun autre cours d'eau ne fournit, en terre bavaroise, un aussi long parcours. L'antique population aborigène habite ses bords, tandis que le Lech rappelle à gauche la Souabe et que l'Inn appartient d'abord à la Suisse, puis au Tyrol des grandes Alpes. La fertilité des plaines comprises dans le bassin de l'*Isar* peut se comparer avec celle des meilleures terres à céréales; c'est, dans le triangle formé par l'embouchure du fleuve sur le Danube, entre *Landshut* (sur l'Isar), *Deggendorf*, *Straubing* et *Ratisbonne* (sur le Danube) que se trouve le grenier à blé de l'Allemagne du Sud. Mais, avant d'atteindre Landshut, les rives de l'*Isar*, souvent inondées par les eaux qui s'épanchent sous l'inclinaison du plateau, présentent des traînées encore humides : ainsi, l'*Erdinger Moos* au nord-est de Munich, et le *Dachauer Moos*, qui s'étend à l'ouest, mais sur la rive droite de l'Amper, entre Munich et Freising.

L'*Isar* possède la capitale du royaume et, sur son cours supérieur, *Mittenwald*, porte de montagne ouverte, par un trident de routes, de

COLONNE DE LA VIERGE, SUR LA MARIENPLATZ.

Munich sur Innsbruck, de la Bavière sur l'Autriche tyrolienne et l'Italie. Le premier poste autrichien de ce côté est *Scharnitz*, et l'*Isar* prend sa source un peu plus haut, sur le revers du *Karwendel* (val Hinterau).

Par lui-même ou par ses affluents, le fleuve bavarois entraîne les eaux de plusieurs lacs : le *Walchen-See* (6 kilomètres de long, 5 kilomètres de large, 196 mètres de profondeur), par le *Jachen* sur sa gauche; l'*Achen-See*, hors frontière, sur la droite (9 kilomètres de long, 1 kilomètre de large, 133 mètres de profondeur, 920 mètres d'altitude). Le réservoir triangulaire du *Walchen-See* s'étend à 803 mètres d'altitude : il est d'un bleu sombre et les riverains le prétendent insondable; on y a mesuré près de 200 mètres. Cette cuvette profonde marque, avec le *Kochel-See*, la dépression mouvementée ouverte dans la première direction de l'*Isar*, vers le nord. Mais le fleuve s'en détourne, file à droite par le flanc oriental du Staffel et du Benedictenwand, et atteint à *Tölz* l'ouverture de la plaine. *Tölz* est un centre de routes et une station balnéaire fréquentée (à Krankenheil, rive gauche : dérivation d'eaux carbonatées, sodiques, sulfureuses et iodées).

La tête ferrée de la Bavière sur les Alpes est **Garmisch**, entre le *Lech* et l'*Isar*, sur la *Loisach*, affluent de ce dernier fleuve. C'est de gauche que se soude à l'Isar le filet de tributaires le plus serré; les deux plus importants, la *Loisach* et l'*Ammer*, règnent sur tout l'intervalle jusqu'au Lech.

La puissante *Loisach* naît au-dessus de *Lermoos* et franchit la frontière au nord-ouest de l'*Eib-See*, petite coupe de montagne sans issue visible ouverte à 973 mètres d'altitude au flanc du Zug-Spitze. *Garmisch*, première étape de la *Loisach*, commande à la fois la route de *Partenkirchen* et de *Mittenwald*, vers Innsbruck, et celle qui, partie du Lech à *Füssen*, bifurque de Reutte sur Lermoos vers le *Fernpass* et la vallée de l'Inn. La coupure de la *Loisach* d'une part, et, par le trait d'union de la *Partnach*, celle de l'*Isar* d'autre part, ouvrent cette double échappée. De là l'importance de Garmisch, sur le front des deux routes. Il est vrai que l'Autriche possède sa contre-partie. *Lermoos* conduit à la fois sur *Füssen* et sur *Garmisch*; la coulée de Lermoos à Nassereith, est l'une des plus belles qui se puissent voir. *Garmisch* est un séjour d'été : le voisinage

ANCIEN HOTEL DE VILLE DE MUNICH.

COURS D'EAU ET VILLES DE BAVIÈRE

de *Partenkirchen* et des gorges de la *Partnach*; la *Loisach* et ses rives pittoresques; *Murnau*, situé plus bas (eaux ferrugineuses), près du *Staffel-See*; l'austère vision du *Zug-Spitze* planant sur le dédale compliqué des torrents et des lacs; et cet admirable pays de l'*Ammer* projeté entre la Loisach et le Lech : *Ettal* et sa vieille abbaye, *Ober-Ammergau* et ses mystères; *Linderhof*, *Neu-Schwanstein*, créations d'un prince emporté prématurément par un vent de folie; la mélancolie des souvenirs et la poésie de la solitude, les contrastes d'une nature à la fois gracieuse et imposante, tout donne à ce vestibule des Alpes une grande puissance d'émotion.

La *Loisach* franchit quatre bassins lacustres pour atteindre l'Isar. Les deux premiers, ceux de Lermoos et de Garmisch, sont à peu près libres; le troisième, au-dessous d'Oberau, se déprime en terres mal venues; enfin le bas-fond de Benedictbeuren est couvert encore par le lac de *Kochel* (6 kilomètres de long, 4 kilomètres de large).

Les rives du *Kochel-See* sont flottantes à l'ouest; par le prolongé du Rohr-See, la *Loisach* s'en dégage et cherche sa route dans une confusion de mares et de flaques d'eau, entre la base du Benedictenwand, le Würm-See et l'Isar. Elle est si près du *Würm-See*, les fossés d'égoutage et les chapelets lacustres ont tellement mêlé autour d'elle les mailles de leur réseau, que la rivière, au lieu de se fondre directement dans l'Isar, pourrait tout aussi bien gagner le grand lac voisin et, par le déversoir du *Würm*, le cours de l'Amper ou Ammer d'origine.

Le bassin supérieur de l'*Ammer* est moins une vallée qu'un enchevêtrement de montagnes et d'eau. Tantôt proche du Lech, tantôt plus près de la Loisach, le fil du torrent s'y développe en forme de Z retourné. *Ammergau* marque le cœur du haut pays. Une ligne détachée de la grande voie Munich-Garmisch y conduit, à partir de *Murnau*: l'ancienne route part d'Oberau. Une pente raide gravit la croupe montagneuse qui porte le hameau d'*Ettal* et son antique abbaye. Les privilèges dont son fondateur, l'empereur Louis de Bavière, avait doté (1327) cette ruche bénédictine ont disparu avec la sécularisation, qui en a dispersé les moines (1803). Mais le pèlerinage, aussi vieux qu'elle, qui attirait dans

DEVANT LE NOUVEL HÔTEL DE VILLE, A MUNICH.

son église (reconstruite après l'incendie de 1744) un grand concours de fidèles, est resté populaire. L'industrie du bois sculpté, qui dès le xiie siècle était la principale ressource de cette région, dut aux encouragements éclairés et aux relations étendues d'Ettal un heureux développement.

A 3 kilomètres plus loin, le village d'**Ober-Ammergau** aligne dans la vallée de l'Ammer ses maisons surmontées d'une croix de bois et rehaussées à l'extérieur de peintures pieuses qu'anime parfois un vif coloris. Tous les dix ans, ce coin paisible devient bruyant : il y vient, outre les montagnards des environs guidés par la foi, des caravanes de curieux assemblés de tous les points d'Europe et même d'Amérique; l'excursion d'Ober-Ammergau devient un complément indispensable de tout voyage sur le continent. Il s'y donne, en effet, un spectacle assez rare. Presque tout le village, sept cents personnes au moins, hommes, femmes et enfants, y représente le Mystère de la Passion; et chacun met dans son rôle tant de conviction, un tel souci des détails, un si vif sentiment de la musique et de la poésie, qu'il ne joue pas, mais vit réellement le drame de l'Évangile. Une profonde émotion se dégage de la scène. Ces gens sont sincères, profondément religieux, et donnent simplement une expression à ce qui est dans leur pensée et dans leur cœur. Aucune partie du jeu scénique n'est livrée à l'imprévu : costumes, mouvements des acteurs, intonations, tout est réglé minutieusement par de longues répétitions : de père en fils, la tradition s'en conserve; c'est un patrimoine de famille. Ajoutez l'objet même du spectacle, l'un des plus émouvants qui soient; les faits de l'Ancien et du Nouveau Testament précurseurs du drame, traduits par autant de tableaux vivants; le chœur qui les explique en interprétant les sentiments de la foule à la manière antique; l'amphithéâtre magnifique des montagnes et des forêts déroulées autour de la scène; le soleil qui

MUNICH : ASPECT GÉNÉRAL DE LA MARIENPLATZ.

l'éclaire : c'est du grand art, encore qu'un peu fruste sous son manteau hiératique et trop simple pour notre siècle compliqué. Le *drame liturgique*, dont ce seul reste a subsisté jusqu'à nous, est vieux comme le monde : c'est le drame d'Eschyle et des primitifs, l'origine toute même de notre tragédie. Les siècles croyants le conservèrent comme un commentaire vivant et saisissable de l'enseignement chrétien ; aucune représentation ne fut plus populaire que les « mystères » dans la France et l'Allemagne du moyen âge. Mais il se glissa peu à peu sur la scène des naïvetés grossières et une crudité de langage qui la firent rejeter. Les gens d'*Oberammergau* ont su rendre au texte plusieurs fois remanié de leur théâtre toute la saveur et la dignité du drame chrétien.

Le château de **Linderhof** est bâti plus haut qu'*Oberammergau*, dans une profonde solitude. C'est la seule de ses résidences que le roi Louis II put terminer avant de mourir. *Linderhof* pouvait être un joyau dans un écrin de forêts : ce n'est qu'un jouet d'enfant malade (p. 245). Au milieu des terrasses, des pièces d'eau ornées de statues, des cascades et des charmilles à la française, le pavillon élève son unique étage, surchargé d'ornements. Louis II, hanté par la pensée de Louis XIV et de Versailles, voulait du moins s'en donner l'illusion. Tout, à l'intérieur du pavillon, rappelle le grand roi, le soleil est son emblème, et sa devise : *Nec pluribus impar*. A voir les tapisseries, les tentures mauve, bleues, roses, les peintures au-dessus des portes, les panneaux fleuris, on se croirait dans un temple voué à l'art délicat et précieux de Louis XV : la Pompadour, Choiseul, Maupeou sont là représentés. Mais la profusion des ornements leur donne un caractère lourd et tourmenté qui fatigue. Et puis tout cela n'est qu'un décor déjà fané, du placage qui s'émiette petit à petit sous le rude climat des montagnes ; les balustrades sont en simili-pierre, les statues en zinc fondu, les murs de briques et de charpente avec un revêtement extérieur. Et le vieux tilleul royal dans les branches duquel Louis II s'était ménagé une retraite, la grotte bleue, réminiscence puérile de Capri, les faux palmiers, les surprises, les rochers de ciment ! Rien de criard comme toute cette fantasmagorie au milieu d'une si magnifique nature.

Issu de son grand réservoir lacustre ou *Ammer-See* (16 kilomètres

MUNICH : LA PORTE DE L'ISAR.

de long, 6 kilomètres de large), l'Ammer prend le nom d'*Amper*, longe les bas-fonds de Dachau et confluc dans l'Isar en aval de Freising ; il semble prolonger le cours inférieur du fleuve et l'incline dans le sens d'où il vient, comme la Loisach au-dessus de Munich. Entre la Loisach et l'Ammer-See, le lac de *Starnberg* ou *Würm-See*, parallèle de l'Ammer, offre une des plus agréables retraites des environs de Munich (à 28 kilomètres). Allongé, comme son voisin, du sud au nord (20 kilomètres de long, 4 à 5 de large), le *Starnberg* est entouré de collines peu élevées, peuplées de parcs et de maisons de campagne, et vaut surtout par la magnifique toile de fond que lui donnent les Alpes. Sur la rive droite, la résidence royale de *Berg* rappelle le souvenir du roi Louis II, qui s'y noya en 1886.

MUNICH.

Munich (München) est situé à peu près au centre du plateau bavarois, sur l'Isar. Une grande plaine l'entoure au nord, humide et stérile, glacée l'hiver, torride l'été et sujette à des sauts brusques de température qui en rendent l'habitat pénible. La proximité des montagnes, à 40 kilomètres au sud, aggrave encore l'incertitude du climat. L'*Isar* est à peine dégagé quand il pénètre dans Munich ou plutôt l'effleure en courant : ses plages de sable, les grèves de galets, les îlots de verdure et les chutes bouillonnantes apportent à la capitale bavaroise la fraîcheur et le charme des montagnes. Mais l'inégalité du torrent et l'impétuosité de ses eaux arrêtent la navigation. L'*Isar* épuise sa force à faire tourner des moulins ; et il a fallu, pour prévenir ses emportements, le contenir par des écluses latérales et en régler l'écoulement rapide par des plans inclinés sous le courant. Presque tout *Munich* est à gauche, du moins l'ancienne ville, hors de ses atteintes ; des faubourgs seulement s'élèvent sur la droite (Au et Haidhausen). Ici la rive monte à travers d'épais fourrés, sous la haute ramure des arbres, dessinant un parc aux frais

NOUVEL HOTEL DE VILLE DE MUNICH.

1. Résidence royale. — 2. Église royale de Tous-les-Saints. — 3. Théâtre de la Résidence. — 4. Théâtre de la Cour. — 5. Écuries royales. — 6. École d'équitation. — 7. Monnaie. — 8. Grande poste. — 9. Commandant de place. — 10. Galerie des généraux. — 11. Église des Théatins. — 12. Ministère de l'intérieur. — 13. Archevêché. — 14. Ministère de la Maison royale et des Affaires étrangères. — 15. Banque. — 16. Bourse. — 17. Église Notre-Dame. — 18. Nouvel Hôtel de ville. — 19. Ancien Hôtel de ville. — 20. Église Saint-Pierre. — 21. Brasserie de la Cour. — 22. Musée national. — 23. Palais du Gouvernement. — 24. Musée d'ethnographie. — 25. Ministère des Finances. — 26. Banque de l'Empire. — 27. Généralat. — 28. Palais du prince régent. — 29. Odéon. — 30. Hôtel des États. — 31. Union d'art industriel. — 32. Synagogue. — 33. Ancienne Académie. — 34. Église Saint-Michel. — 35. Tribunal. — 36. Porte Charles. — 37. Église protestante. — 38. Porte Sendling. — 39. Halles. — 40. Théâtre de la Pl. Gärtner. — 41. Porte de l'Isar. — 42. Maximilianeum. — 43. Ministère de la Guerre. — 44. Bibliothèque nationale. — 45. Église Saint-Louis. — 46. Administration des Mines et Salines. — 47. Université. — 48. École vétérinaire. — 49. Académie des Beaux-Arts. — 50. Institut des aveugles. — 51. Nouvelle Pinacothèque. — 52. Ancienne Pinacothèque. — 53. Polytechnicum. — 54. Glyptothèque. — 55. École des arts et métiers. — 56. Église protestante. — 57. Palais Wittelsbach. — 58. Propylées. — 59. Exposition artistique. — 60. Basilique. — 61. Laboratoire de chimie. — 62. Palais de verre. — 63. Palais de Justice. — 64. Télégraphe. — 65. Théâtre allemand. — 66. Pensionnat. — 67. Église Saint-Paul. — 68. Institut d'hygiène. — 69. Institut d'anatomie. — 70. École de pharmacie. — 71. Institut de pathologie. — 72. Hôpital Sainte-Élisabeth. — 73. Maternité. — 74. Clinique chirurgicale. — 75. Hôpital. — 76. Clinique médicale. — 77. Hôpital des enfants malades. — 78. Galerie de la Gloire et Bavaria. — 79. Colosseum. — 80. Église Notre-Dame Auxiliatrice. — 81. Asile d'aliénés. — 82. Église Saint-Jean. — **Ponts** : a. Maximilien-Joseph. — b. Luitpold. — c. Maximilien. — d. De l'Isar. — e. Louis. — f. Erhardt. — g. Reichenbach. — h. Wittelsbach.

massifs avec de jolies échappées sur le cours mouvementé de la rivière et les tours de la ville. Au point culminant de cette promenade *Am Gasteig*, le roi Maximilien II fit élever un magnifique édifice (École polytechnique), qui domine une île touffue, le pont, les rapides de l'Isar et tout l'horizon de la longue rue Maximilianstrasse. D'en bas, on dirait une toile décorative ajourée sur le ciel. Avec l'Isar le parc se développe, couvre les deux rives, sous le nom de *Jardin anglais* (237 hectares) : c'est le bois de Boulogne de Munich.

La capitale bavaroise fait remonter son origine au XIIe siècle. Ce n'était à cette époque lointaine qu'un pont sur l'Isar, un lieu de passage près duquel s'élevait un couvent; de là son nom : *forum ad Monachos* (d'où l'usage a fait *Munich*) et les armes de la ville, un moine sur un écusson. Le palais ducal reconstruit au XVIIe siècle par l'électeur Maximilien est l'une des résidences princières les plus vastes et les plus somptueuses.

La ville moderne doit en partie ce qu'elle est au zèle éclairé de *Louis Ier* (1825-1848) et de *Maximilien II* (1848-1864) qui l'ont enrichie de magnifiques monuments. Louis Ier surtout, même après son abdication, ne cessa de l'embellir.

L'ancienne ville formait un arc de cercle à corde tendue parallèlement à l'Isar, un peu à l'écart du fleuve. Ses murailles ont fait place à des boulevards continus. Il reste deux vieilles portes, la *Karlsthor* et l'*Isarthor* ornée de fresques, aux deux extrémités d'une longue rue que coupe la place *Sainte-Marie*. Là s'élève une colonne de marbre rouge (6 mètres) surmontée d'une statue de la Vierge, élevée en 1638 par l'électeur Maximilien après sa victoire de la Montagne-Blanche (1620), près de Prague, remportée sur l'électeur palatin Frédéric V, roi de Bohême. Tout près, le nouvel *Hôtel de ville*, bel édifice moderne de pierre et de brique, avec des loggias gothiques en saillie. On pénètre sur la place par l'épaisse voûte ogivale qui soutient l'*ancien Hôtel de ville* et son hardi beffroi. L'église métropolitaine de Munich, dite *Frauenkirche*, ou église Notre-Dame, domine de ses tours inachevées les maisons en bordure de la Marienplatz : l'intérieur, de style flamboyant, s'ouvre en trois nefs élancées ; près de la porte le tombeau en marbre de l'empereur Louis V de Bavière, gardé aux coins par des chevaliers de bronze.

La **Résidence** royale forme à l'angle oriental de la vieille ville comme un quartier à part. Elle comprend, en effet, d'immenses constructions, l'*ancienne Résidence*, au centre ; le *Festsaalbau* (1832-1842) avec une belle colonnade ionique sur le Hofgarten ou jardin de la cour ; enfin, le *Kœnigsbau*, copie du palais Pitti à Florence. Ce dernier édifice a vue sur la *place Maximilien-Joseph*, dont il forme un des côtés, avec le grand théâtre pour fond et en face les arcades de la poste décorées en style pompéien. On visite dans le Kœnigsbau les grandes fresques des *Niebelungs* exécutées par Schnorr ; au Festsaalbau des salles de fêtes d'une grande richesse ; à la Résidence, le *trésor* (couronne de Bohême, de Frédéric V — statue équestre de saint Georges en or, avec le dragon en jaspe, le tout enrichi de diamants, de perles, de rubis et d'émeraudes).

Le palais forme un bloc d'où se détachent : au sud, la Maximiliansstrasse et ses riches magasins, le Musée national, la statue de *Maximilien II*, dans la direction de l'est jusqu'à l'Isar ; au nord, la *Ludwigstrasse*, création de Louis I*er*, la plus longue de Munich. La porte de la Victoire ou *Siegesthor* la termine au nord, tandis qu'à sa racine, près du château, la *Briennestrasse* conduit vers l'ouest au quartier des grands musées. Tout le Munich artistique et moderne gravite autour de ces trois grandes voies tracées droit, ainsi qu'il convient. La *Ludwigstrasse* échelonne au-dessus de la Galerie des généraux et de l'église des Théatins, les résidences princières, l'*Odéon*, avec la statue équestre de *Louis I*er, le ministère de la Guerre, la Banque d'État, la *Bibliothèque* et ses richesses : *Codex aureus*, en lettres d'or, composé par ordre de Charles le Chauve (870) ; *Codex purpureus*, Évangile sur parchemin pourpre en

MAXIMILIANEUM. — GALERIE DES GÉNÉRAUX ET ÉGLISE DES THÉATINS.

lettres or et argent ; le *Breviarium* ou extraits du code de Théodose faits par ordre d'Alaric (v*e* siècle) ; un Coran précieux, des livres d'heures aux splendides miniatures enchâssées dans l'or, les émaux et les perles. Puis viennent l'église Saint-Louis, copie de basilique italienne du moyen âge ; l'*Université* (3,500 élèves) fondée à Ingolstadt en 1472, transférée à Landshut, puis à Munich ; enfin le grandiose édifice de l'*Académie des beaux-arts*. Munich possède un fonds artistique de la plus haute valeur. On a réuni les tableaux dans l'*ancienne* et la *nouvelle Pinacothèque*, la sculpture dans la *Glyptothèque*. A l'ancienne **Pinacothèque**, les œuvres de la vieille école du Rhin et des Pays-Bas, de Nüremberg et de Souabe (Memling, Dürer, Wohlgemuth, Holbein, Cranach, Altdorfer) ; les écoles hollandaise et flamande (Van de Velde, Ruisdael, Rembrandt, Rubens, Jordaens, Snyders, Brueghel, Van Dyck) ; les Italiens (di Credi, le Corrège, Francia, le Tintoret, le Dominiquin, Véronèse, Salvator Rosa, quelques Raphaëls) ; de superbes Espagnols (Murillo, Velazquez, Ribera) ; peu de Français (Poussin, Lorrain, Greuze, Chardin) ; enfin parmi 22,000 dessins ; 4 de Raphaël, 10 de Fra Bartolommeo, des esquisses de Dürer, de Rembrandt. Cette magnifique collection est formée des tableaux réunis par les princes de Bavière aux XVI*e* et XVII*e* siècles, de l'ancienne galerie de *Dusseldorf* apportée ici en 1805, et des acquisitions de *Louis I*er. C'est à Munich que l'on peut le mieux étudier l'œuvre variée de Rubens, après Vienne et Anvers.

L'*ISAR*, A MUNICH.

Phot. Johannes.
NOUVELLE RÉSIDENCE, OU FESTSAALBAU.

P. Jousset.
LE THÉÂTRE DE LA COUR, A MUNICH.

Son école de peinture est encore aujourd'hui la première d'Allemagne. La *nouvelle Pinacothèque* renferme des tableaux modernes de Kaulbach, Fischer, Achenbach, Makart, de Hess, Bœcklin, Adam, Riedel, Schnorr, Kirner, Schmidt, Feuerbach. Les statues et les bas-reliefs de Schwanthaler et de ses émules Wagner, Thorwaldsen (Danois), Rauch, peuplent les monuments et les frontons.

La *Glyptothèque*, œuvre de Klenze, est consacrée à la sculpture antique. Son portique et celui de l'Exposition permanente des beaux-arts, par Ziebland, forment les deux ailes des *Propylées*, pâle souvenir de l'Attique dérobé au glorieux rocher de l'Acropole et ratatiné dans la plaine.

La vie artistique et scientifique de Munich est toujours pleine de sève : il faut citer l'*Académie des sciences* et ses magnifiques collections d'histoire naturelle (le musée de paléontologie est un des plus complets de l'Europe); ses publications, auxquelles collaborent les savants les plus qualifiés de l'Allemagne; l'*Institut mathématique et mécanique* de *Reichenbach*; l'*Institut de géographie*, fondé par Cotta, longtemps à la tête du mouvement géographique avant Berlin et même Gotha.

La *lithographie* est née à Munich. Les industries d'art, peinture sur verre, horlogerie, ivoires, optique, broderies, fleurs artificielles, ébénisterie, instruments de précision, y sont au premier rang. La décoration des monuments fait école : les reconstitutions romano-byzantines, telles que la *Basilique* et l'Église de la cour, sont remarquables.

Munich n'est pas proprement une ville d'industrie, au sens étroit de ce mot, bien que les grands établissements nécessaires à la vie d'une cité moderne n'y fassent point défaut. Pour la *bière*, elle est incomparable. Au cœur de l'été surtout, il s'en fait un tel débit qu'elle n'a pas le temps de tiédir. La bière coule à flots comme l'Isar, au Rathskeller, dans les brasseries célèbres : Spatenbraü, Augustiner, Pschorr, Franziskaner. Il faut voir la brasserie royale, *Hofbrœuhaus*, dans la fumée épaisse des pipes, la cohue des mains qui se tendent saisissant les chopes de grès au large couvercle d'étain, et après un lavage primitif dans une eau commune, puisant au tonneau. Chacun fait sa part et elle n'est jamais mince : la mine fleurie, le ventre rebondi de ces gens perpétuellement assoiffés témoignent assez que la *bière* de *Munich* n'a pas de pareille au monde. On l'exporte, mais ce n'est plus elle. D'ailleurs la production ne suffit pas à la consommation : la Bavière importe annuellement un nombre respectable d'hectolitres de bière, ce qui paraît à peine croyable.

Aux environs, la colossale statue de la *Bavaria* (30m,50), avec le piédestal, escalier de soixante marches à l'intérieur) et le portique de la Gloire ou *Ruhmeshalle* (bustes de Bavarois célèbres) attirent les étrangers et les gens de la ville en joyeuses parties.

L'INN.

L'**Inn** est un vrai fleuve, plus abondant que le Danube, auquel il apporte à Passau les torrents des Alpes centrales. C'est le fossé d'écoulement de la *Haute-Engadine*, région aérienne soulevée à près de 2,000 mètres d'altitude au-dessus de la *Suisse*, de l'*Italie* et de l'*Allemagne*, entre des sommets qui dépassent 3,000 mètres. L'air y est pur, sec, transparent, le climat celui de la Suède septentrionale sous le soleil du Midi; mais la neige n'est pas rare au cœur même de l'été. Les glaciers de l'énorme *Bernina*, et du revers de l'Albula (*Julier*, 3,386 mètres) s'y déversent en une suite de chapelets lacustres amorcés au sénit de la *Maloja* (1,811 mètres) : lacs de *Sils* (1,796 mètres), de *Silvaplana* (1,794 mètres), de *Campfer*, de *Saint-Maurice* (village à 1,856 mètres). L'*Inn*, connu d'abord sous le nom de Sela, s'en échappe et, prenant au nord-est, entre en Tyrol par l'étroit défilé (fortifié) de *Finstermünz*, rejoint à *Landeck* la faille longitudinale par où se déroule, entre les Alpes calcaires et les Alpes granitiques, la voie ferrée de Vienne en Suisse par Innsbruck, Landeck et le col de l'Arlberg. Aucune route n'est plus belle par l'opposition presque constante des glaciers, des

Phot. Johannes.
TOMBEAU DE L'EMPEREUR LOUIS V DE BAVIÈRE, DANS L'ÉGLISE NOTRE-DAME.

croupes verdoyantes et de l'émail de prairies enfoncées à perte de vue.

Outre les deux routes ouvertes de la coupée de l'Inn sur la Bavière au nord, par le *Fern-Pass* vers Füsen, et la route de *Seefeld* vers Mittenwald, deux voies très importantes amorcées à la même vallée longitudinale conduisent sur l'Adige et l'Italie : l'une de Landeck à *Nauders* par l'Inn, le col de Reschen et le val de l'Etsch, sur Meran ; l'autre de *Innsbruck* par le col du *Brenner*, Franzensfeste (fortifié), la vallée de l'*Eisach*; le point de convergence est à *Botzen*, d'où la voie dévale sur Trente et *Vérone* (Venise-Milan). Innsbruck n'est qu'à 587 mètres d'altitude, mais c'est la clef des grandes Alpes sur l'Italie, la Suisse et la Bavière, aux mains de l'Autriche.

En aval de **Kufstein**, petite ville que commande une ancienne forteresse, l'*Inn* entre en Bavière et gagne la lisière des montagnes et de la plaine dans la direction du nord-est. Dans une vallée déjà plus large, avec des rebords moins abrupts, les eaux se frayent un libre cours à travers des lits de gravier et des îlots de verdure. A *Rosenheim*, l'Inn reçoit de gauche le contingent du *Mangfall*, rivière originale, brusquement coudée, par laquelle s'écoulent les eaux du *Tegern-See* (6 kilomètres de long, 2 kilomètres de large) et de son voisin, le *Schlier-See* (3 kilomètres de long).

Les environs séduisants du lac de *Tegern* y attirent grande affluence; de nombreuses villas s'étagent sur les hauteurs de droite : là se trouve la principale localité dite Tegersee. En face, les sommets s'élèvent au-dessus de 1,000 mètres, comme si la montagne ne pouvait se décider à quitter, au seuil de la plaine, les eaux transparentes du lac. Par la vallée de la *Weissach*, qui charrie ses alluvions à la pointe méridionale du Tegern-See, on gagne dans un réduit latéral les bains de *Wildbad-Kreut* (eaux sulfureuses, ferrugineuses). Le Schlier-See, par un déversoir spécial, confond ses eaux, dans le courant du Mangfall, avec celles du Tegern.

Rosenheim (14,280 habitants) bien connu pour ses saueries, est un centre hydrographique remarquable; l'immense dépression qui s'étend à ses portes sur la droite de l'Inn était certainement autrefois couverte par les eaux. Plusieurs nappes lacustres en témoignent, le Simm-See et la petite mer intérieure du *Chiem-See* (14 kilomètres de long sur 11 de large). Trois îles émergent à l'angle occidental de ce lac : *Herreninsel* ou Herrenwörth (ancien couvent de bénédictins) la plus grande, dont on vantait les forêts et les chasses royales ; *Fraueninsel* (couvent de femmes) ; *Krautinsel* (île aux choux), qui servait de jardin aux deux autres. C'est la moins belle des îles. Sur la première, l'imagination du roi Louis II voulut réaliser le rêve de Versailles: il est resté inachevé. Mais que de choses se retrouvent dans le château de *Herrenchiemsee* : magistrale façade, bassins et jets de grandes eaux; à l'intérieur, splendide galerie des glaces, statue de Louis XIV, salle du conseil décorée blanc et or, aux rideaux fleurdelisés, fauteuil du grand roi ; *chambre de parade*, création de féerie, sorte de sanctuaire où, sous la lumière pourpre tamisée par d'épaisses tentures, l'or se détache sur l'or en reliefs incroyables! Les broderies du lit auraient coûté, dit-on, sept années de travail, et plus de 2 millions et demi seraient engloutis dans cette folie.

Les rives du *Chiem-See* sont basses et incertaines; au sud, le torrent de l'*Achen* amasse une plage grandissante d'alluvions entraînées des montagnes ; et au nord, l'*Alz* emporte de l'Inn les eaux du lac avec celles de la Traun, rivière de Traunstein.

Rosenheim, le Chiem-See, Traunstein, Freilassing, à peu près sur la même latitude, conduisent de l'*Inn* à la *Salzach*, principal affluent du fleuve et en aval de *Salzbourg*.

La **Salzach** forme pour ainsi dire deux rivières ajustées à angle droit : l'une qui prolonge de l'ouest à l'est, dans la grande faille médiane des Alpes, la direction que l'Inn vient d'abandonner et reçoit sur sa droite, par le val du *Haut-Pinzgau*, les torrents du Gross-Venediger et du Gross-Glockner précipités en cascades pittoresques; l'autre qui, au delà du lac de Zell (à gauche) et de la montée sauvage qui conduit vers le sud à *Wildbad-Gastein* sous le chaperon des glaciers, se recourbe comme l'Inn brusquement vers le nord, et de chutes en cascades, de gorges en défilés, s'ouvre au delà de *Golling* l'horizon de la plaine. *Hallein* (salines), *Salzbourg* défilent sur ses bords. A la rencontre de la *Saalach* dont la double courbe intérieure semble calquée sur la sienne (1) pour envelopper le coin privilégié du Königsee et de Berchtesgaden, la *Salzach* qui n'a fait que tourner autour du territoire bavarois, y toucher presque (Hallein), mais sans y entrer, déroule enfin ses eaux fraîches et bruyantes entre deux pays riverains, la Bavière et l'Autriche. Elle rejoint les flots troubles de l'Inn un peu au-dessus de *Braunau* (2), mais la voie ferrée de cette ville à Salzbourg ne suit point la rivière, au grand dommage des amateurs d'inédit qui trouveraient à Tittmoning et Burghausen, modestes localités oubliées dans la vallée inférieure de la Salzach, le charme très appréciable aujourd'hui d'une nature variée, aux aspects imprévus, belle, riche et sans apprêt.

L'*Inn* et le *Danube* se réunissent à *Passau* (18,000 habitants), au pied de l'amphithéâtre que couronne la forteresse d'Oberhaus.

MUNICH : LES PROPYLÉES.

MUNICH : LA GLYPTOTHÈQUE.

---

(1) A gauche de Lofer, le *Piller-See*. De Saalfelden à Lofer, la Saalach forme les défilés du Pinzgau moyen. Le bas Pinzgau s'étend du lac de Zell au coude de la Salzach.

(2) A gauche, le *Waginger-See* (10 kilomètres de longueur).

FORMATION — GOUVERNEMENT

La première page de l'histoire de Bavière était écrite par Horace lorsqu'il composa son ode à la louange de *Drusus*. C'est en effet la conquête romaine (15 av. J.-C.) qui a fait sortir de la barbarie l'ancien peuple des *Vindéliciens*, campé autrefois entre la rive droite du Danube et les Alpes. Par les replis des montagnes, il poussait ses incursions jusqu'en Italie; on résolut de le contenir. La capitale de la nouvelle province romaine fut *Augusta Vindelicorum* (depuis Augsbourg), probablement l'ancien centre de ralliement des vaincus. Qu'étaient ces *Vindéliciens*? On discute encore leur origine. Mais parmi eux vint se fondre un fort contingent de tribus celtiques, les *Boïi*, qui habitaient le double versant des terrasses de Bohême sur le Danube. Ces *Boïi* ont laissé leur nom aux deux pays voisins : *Bohême* et *Boiaria*

LE LAC DE TEGERN.
Phot. Johannes.

(Bavière); sous une forme germanique et latine, les deux mots expriment une même chose : *pays des Boïens*. Il y aurait ainsi un lien de parenté très éloigné, très affaibli par les siècles entre nos premiers ancêtres et les peuplades primitives de la Bavière. On peut affirmer du moins que le *Bavarois* des montagnes, de Berchtesgaden par exemple, à l'œil noir et vif, aux mouvements agiles et souples, la tête plutôt ronde, le caractère emporté et vindicatif, ne ressemble aucunement au *Souabe* empêtré du haut Württemberg, encore moins au massif et impénétrable *Saxon*, le vrai Germain celui-là, des plaines de Hanovre et de Westphalie.

Fixés au sol par la civilisation romaine, les Bavarois ne se laissèrent point emporter par la grande invasion barbare qui bouleversa l'Europe à la fin du IVe et au Ve siècle. Aussitôt la tourmente passée, ils parurent, ayant une existence propre, sous des ducs héréditaires qui commandaient tout le pays, du Danube aux Alpes, et jusqu'à l'Enns avec l'arrière-pays de Salzbourg et le Tyrol. Le roi franc *Dagobert* leur imposa son autorité. *Charlemagne* supprima leurs ducs et fit gouverner le pays par des délégués, en y ajoutant toute la rive gauche du Danube jusqu'au Main, sous le commandement général des comtes de Souabe, alliés de la famille impériale. Ce fut pour la grande Bavière le commencement de l'absorption dans l'Empire.

A l'extinction des *Carolingiens*, elle se ressaisit et prit un duc particulier; mais, passant aux *Guelfes* de la puissante maison d'*Este*, elle partagea leur disgrâce et fut démembrée par leurs adversaires. L'empereur *Conrad* en détacha le margraviat d'*Autriche*, érigé en duché particulier, sous la suzeraineté immédiate de l'Empire. Puis ce fut une désorganisation générale; les évêchés de Würzbourg et de Ratisbonne rompirent leurs liens, ainsi que le Tyrol, la Styrie..., tout ce qui constitua depuis la monarchie des Habsbourg, sauf la Bohême et la Hongrie. Dans ces limites restreintes, la *Bavière* fut donnée en 1180 au comte de *Wittelsbach*, tige de la famille actuellement régnante. La reconstitution partielle de l'*ancienne Bavière* a été l'œuvre de cette maison. Partagée en deux branches, qui se garantirent mutuellement leur héritage par l'accord de *Pavie*, l'une, la branche *directe*, l'autre qui parvenue à renouer le faisceau de ses domaines. Entre temps, le duc Maximilien qui prit parti dans la guerre de Trente ans pour l'empereur, avait reçu en retour le titre d'*électeur*.

La Bavière actuelle s'est faite en moins d'un demi-siècle et l'événement est récent. A la mort de Maximilien-Joseph II, dernier rejeton *direct* des Wittelsbach (1777), son héritier fut *Charles-Théodore*, titulaire du Palatinat. Ce prince étant mort sans enfants, Maximilien-Joseph, duc de *Deux-Ponts*, de la branche palatine, réunit tout le domaine familial sous le titre de duc de Bavière. La paix de *Lunéville*, en donnant à la France toute la rive gauche du Rhin, lui enlevait le *Palatinat*, mais il reçut en retour une large compensation : l'évêché d'*Augsbourg* (moins la ville), ceux de *Freising*, de *Würzbourg* et de *Bamberg*, *Passau*, l'abbaye de *Kempten*. La fusion du territoire se faisait ainsi du Main aux Alpes : elle fut complète après Austerlitz. La *Bavière*, utile auxiliaire de la France, reçut le *Vorarlberg* et le *Tyrol* comme don

CHATEAU DE HERRENCHIEMSEE.

de joyeux avènement du prince Eugène de Beauharnais, vice-roi d'Italie, marié à la fille du duc. Mais *Berg* fut abandonné pour l'enclave d'*Anspach*. Enfin le *duché* fut érigé en *royaume* et entra dans la *Confédération du Rhin*. Maximilien-Joseph, allié de *Napoléon*, lui fournit un contingent de soldats. Après la campagne de Russie et la journée de Leipzig, il abandonna sa cause pour celle de l'Europe coalisée. *La paix de Paris* lui enleva toute la ligne de l'Inn avec le Tyrol, qui fut restitué à l'Autriche, mais rendit à la *Bavière* une partie de l'ancien *Palatinat* du Rhin et lui annexa les territoires de Würzbourg et d'Aschaffenbourg. L'unité de la Bavière était complète, des Alpes jusqu'au Main, sans enclave, *telle qu'elle est aujourd'hui*, et la possession du Palatinat en faisait, comme celle de la Westphalie et du Rhin pour la *Prusse*, une avant-garde contre nous.

Il a paru, en 1870, que les diplomates de Vienne conjurés avec l'Angleterre par la haine de la France ne s'étaient pas trompés. Les Bavarois ont fourni une large contribution à l'armée sanglante, et c'est leur roi *Louis II* qui, après avoir pressenti les princes faisant partie de la *Confédération de l'Allemagne du Nord* (1), fit exprimer par son oncle le prince Luitpold le vœu de voir l'*Empire d'Allemagne* rétabli (3 décembre 1870). On sait ce qu'il advint. Louis II emporta de Versailles, avec l'obsession de Louis XIV, le rêve qui devait l'en-

(1) La Bavière y est entrée le 23 novembre 1870.

traîner à la folie. Une commission, nommée en juin 1886 par le gouvernement, le déclara irresponsable et incapable de régner. On proclama le *prince Luitpold*, *régent* du royaume, à défaut du prince *Othon*, frappé de démence comme son frère, mais qui lui a survécu. Trois jours après sa déchéance, *Louis II* disparut dans le lac de Starnberg.

Ce prince était libéral, unioniste et partisan de l'Empire. Tel ne fut point et n'est pas encore le sentiment général de son peuple. La Constitution de l'Empire n'a été adoptée par le Parlement bavarois qu'après une discussion passionnée, et il semble bien que la subordination du pays aux vues et aux intérêts de la Prusse, sous prétexte d'Allemagne, n'est pas encore accomplie. Mais ce sont là des discussions entre associés d'une même entreprise et il n'y a guère lieu pour nous de nous faire fonds sur notre ancienne alliance avec la Bavière et des services rendus, que nous avions la naïveté de ne pas croire oubliés.

L'extension du *territoire bavarois* sur les deux ailes du *Danube* explique son *double caractère* **économique** : *agricole* principalement, au sud du fleuve, il entre franchement par le nord (bassin de la Regnitz et du Main) dans le *mouvement industriel* qui emporte l'Allemagne. Cette division n'a rien d'absolu. *Augsbourg*, par exemple, sur le Lech, est une émule des grandes cités industrielles et commerciales du nord ; mais *Nuremberg* tient la tête des villes bavaroises par l'importance de ses entreprises et le rayon étendu de son action (1). Cependant les richesses du *sous-sol* bavarois sont limitées, et c'est là un premier obstacle au grand essor de l'industrie ; ainsi la *houille* ne se trouve que dans les Fichtelgebirge et le Palatinat du Rhin (*Sanct-Ingberg*). Mais la Bavière, avec sa grande part de montagnes, n'est point dépourvue de minerais. Le *fer* abonde dans les Alpes, aux deux extrémités, dans le Spessart (Aschaffenbourg), le Jura franconien (Amberg et Sulzbach), dans le Palatinat. Le Böhmerwald donne le *plomb* et le *zinc* ; la basse Franconie, le *manganèse* et le *cuivre* ; Solnhofen, la *pierre lithographique* ; enfin, les Alpes orientales, le *sel gemme* par évaporation (*Reichenhall, Berchtesgaden, Traunstein, Rosenheim*).

Mais plus de la moitié de la population est adonnée aux travaux de l'*agriculture* (2) ; les terres arables, les prairies, les pâturages et les vignobles occupent 60 pour 100 de la superficie. Les crus du Palatinat sont fort goûtés (3) et c'est une fortune pour la Bavière que ce coin de la rive gauche du Rhin : ses forêts et ses minerais en font un grenier d'abondance industriel et l'entraînent dans le mouvement

PORTE DE LA VICTOIRE, A MUNICH.

(1) Voyez page 89.
(2) Voyez plus haut l'étude détaillée du *sol bavarois*, page 240.
(3) Voyez page 127.

GOUVERNEMENT

du grand fleuve. Le long de la vallée du Main, les *vignes* s'étalent sur les coteaux, de Bamberg jusque vers Aschaffenbourg; il y en a également le long de la Saale franconienne et de la Tauber, près du Danube au-dessous de Ratisbonne, autour de Lindau. Les *céréales*, le houblon, le *tabac* sont des cultures répandues. Il y a 33 et demi pour 100 du sol en *forêts*, surtout dans les Alpes. L'*élevage* (porcs, chevaux, bêtes à cornes, peu de moutons) tient une place importante dans la vie agricole bavaroise.

Les principaux objets *d'importation* sont les métaux ouvrés, le ciment, la farine, le pétrole; ceux d'*exportation*, le bois, la bière, le minerai de fer, le sel, l'avoine, l'orge, les pierres ouvrées, le marbre. Outre *Kempten*, *Augsbourg*, *Munich*, *Fürth*, *Nuremberg*, *Hof*, *Bamberg* et autres villes déjà citées, les centres commerciaux les plus actifs sont les ports fluviaux de la Bavière: *Würzbourg*, sur le Main; *Spire* et *Ludwigshafen*, sur le Rhin; *Ratisbonne* et *Passau*, sur le Danube; *Lindau*, sur le lac de Constance.

Pays de transit entre les deux grands fleuves commerciaux de l'Europe centrale, Rhin et Danube, la *Bavière* s'est vue fermer la porte de l'Orient par l'Autriche, celle de la mer du Nord (Elbe et Weser) par la Prusse. Du côté de l'ouest, elle est loin de l'Océan; mais les Alpes qui la bornent au sud, ne sont point un obstacle du côté de l'Italie. La Bavière de jadis put étendre la main à travers le Tyrol jusqu'au Frioul: Trieste aurait pu être son port. Les Romains continuent son effort, et l'Autriche, depuis, s'est encore mise en travers. Par l'inclinaison de son territoire, la *Bavière* regarde vers l'Orient; mais son horizon étant borné

ASCENSION DU ZUG-SPITZE. *Phot. Johannes.*

de ce côté, elle demeure comme un témoignage vivant de l'ancienne poussée des peuples, fixée en arrière de l'avant-garde des Souabes et des Alamans, qui vinrent se heurter à l'angle de Bâle et au promontoire méridional des Vosges.

Gouvernement. — La Bavière forme une monarchie constitutionnelle héréditaire dans la famille de *Wittelsbach* (primogéniture) et, à l'extinction de la postérité mâle, transmissible aux femmes. Constitution du 26 mai 1818. Deux Chambres: celle des *Reichsräte* ou *Chambre des pairs* (79 membres), comprenant les princes majeurs de la maison royale, les hauts dignitaires de la couronne, deux archevêques, les chefs de familles seigneuriales, l'un des évêques nommé à vie par le roi, le président du consistoire de l'Église réformée et d'autres membres héréditaires ou nommés à vie; *Chambre des députés* (159) élue pour six ans au suffrage à deux degrés. On est électeur à vingt et un ans, éligible

à vingt-cinq comme électeur secondaire, à trente pour la députation.

Superficie: 75,870 kilomètres carrés; *population*: au moins 6 millions, dont plus de 4 millions de *catholiques*, un million et demi de *protestants*, 54,000 israélites. On retrouve dans les divisions *administratives* les noms des anciens pays dont s'est constituée la Bavière. Ainsi, pour le *Danube*, les cercles de *Haute-Bavière* (Munich); de *Basse-Bavière* (Passau); du *Haut-Palatinat* (1) ou *Ober-Pfalz* (Ratisbonne); de *Souabe* (2) (Augsbourg). Dans le bassin du *Main*: la *Franconie*, haute (Bayreuth), moyenne (Anspach) et basse (Würzbourg). Sur le cours du *Rhin*: le *Palatinat* ou *Nieder-Pfalz* (Spire).

Le ministre de l'Intérieur et ceux de la Justice, des Cultes et de l'Instruction publique, des Finances, de la Guerre, des Affaires étrangères, forment le conseil des ministres. Le pouvoir exécutif appartient au prince-Régent, oncle du roi (3). La dette publique est de 1,825,216,518 francs; le *budget* de 290 millions de francs. L'armée bavaroise compte pour 66,000 hommes (officiers, sous-officiers et soldats) dans celle de l'Empire (Prusse, 462,500 hommes; Saxe, 43,060; Württemberg, 24,000); mais elle forme un élément très distinct, sous les ordres immédiats de son chef. Le ministre de la Guerre, à Munich, concentre toutes les affaires de commandement et d'administration militaire. L'armée comprend 3 corps (*Munich*, *Würzbourg*, *Nuremberg*) et 6 divisions (Munich, Augsbourg, Nuremberg, Würzbourg, Landau, Ratisbonne (4); au détail: 24 régiments d'infanterie, 2 de chasseurs, 10 de cavalerie, 8 d'artillerie de campagne, 2 d'artillerie à pied, 3 bataillons de pionniers.

La Bavière a encore conservé la direction générale de ses *chemins de fer*, celle des *postes et télégraphes*, avec la fixation des tarifs et du service intérieurs; mais en revanche elle paye (comme le Württemberg) au budget de l'Empire des contributions proportionnellement élevées. Tout cela n'est qu'un trompe-l'œil, le signe extérieur d'une indépendance qui n'est plus réelle.

---

(1) Le Palatinat comprenait: celui du Rhin, *Nieder-Pfalz*, et celui de Franconie, *Ober-Pfalz*, dans le bassin de la Nab.
(2) L'ancienne Souabe, c'est-à-dire tout le bassin supérieur du Danube au-dessus du Lech, a été partagée entre la Bavière, le Württemberg et Bade.
(3) *Othon-Guillaume*..., roi de Bavière, comte palatin du Rhin, duc de Bavière, de Franconie, de Souabe, est né le 27 avril 1848. Le Régent, prince Luitpold, frère de Maximilien II, est né le 12 mars 1821.
(4) Voy. notre carte de l'Allemagne militaire.

ALPES BAVAROISES

La déclivité du *haut plateau bavarois* s'adosse aux contreforts des **Alpes**, mais sans en pénétrer profondément le système. Toute l'échine *granitique* du soulèvement lui est extérieure, bien qu'il soit difficile d'en déterminer exactement l'arrêt par une ligne mathématique. Des avants-monts *calcaires* qui doublent de part et d'autre la masse alpestre en France, en Suisse, en Italie, en Autriche, la Bavière ne possède qu'une section du rebord septentrional. On évalue à 1,200 kilomètres la *longueur* du soulèvement alpin développé en arc de cercle, de *Nice* à *Vienne*. C'est beaucoup, comparé aux *Pyrénées*, qui mesurent seulement 450 kilomètres par le plus court travers, peu de chose si l'on regarde les grands systèmes asiatiques, les *Thian-Chan*, par exemple, qui s'étendent sur près de 2,500 kilomètres et montent à 7,000 mètres.

La masse des *Alpes* présente une *épaisseur* variable : 300 kilomètres à la hauteur de Munich, 150 dans les parages du *mont Blanc*. Cela tient à l'inégale distribution de la double carapace calcaire appuyée de chaque côté contre la masse granitique. Largement épanouie sur la vallée du Rhône et se développant diversement jusqu'à Vienne, elle se produit au sud, seulement à la hauteur du lac de *Côme*, laissant affleurer la roche constitutionnelle dans le cirque intérieur du Pô et du Tessin, que couronnent le mont Blanc, le Cervin et le Saint-Gothard.

De là vient l'inégalité des *versants* : abrupts au sud sur Turin et Milan ; beaucoup plus étendus au nord sur les plaines suisse, souabe et bavaroise. Il faut au *Rhin* pour descendre à 400 mètres dans le lac de Constance une course de 170 kilomètres environ ; le *Tessin* franchit le palier opposé par 90 kilomètres de bonds successifs. Cette différence de développement hydrographique d'un versant à l'autre est de grande importance : car la pente, montant doucement du nord, favorise la pénétration des Alpes, tandis qu'une invasion partie du sud-est doit compter avec une véritable escalade. Il suffit pour en avoir l'impression de remonter d'Italie en Suisse par le Saint-Gothard, ou de fondre à bride abattue avec les lourdes voitures de poste du Splügen au lac de Côme par les casse-cou du Livo et de la Maira.

OBSERVATOIRE DU ZUG-SPITZE.

Malgré l'épaisseur et l'altitude de leurs sommets, les Alpes, n'élèvent point une barrière infranchissable entre le nord et le sud de l'Europe : de nombreuses *vallées* en contournent les massifs, ouvrant ainsi des chemins naturels par le raccordement de leurs sillons d'un versant à l'autre. Souvent les routes s'enchevêtrent de coupures latérales, dirigées dans le sens même du soulèvement. La plus remarquable de ces entailles longitudinales est celle que creusent les sillons en prolonge dans lesquels coulent le Rhône, le Rhin, l'Inn, la Salzach et l'Enns. La Bavière est au nord de cette ligne sinueuse, et la haute vallée de l'*Inn*, qui atteint son territoire à l'est, lui forme comme un chemin de ronde extérieur, d'où rayonnent au nord les routes du Danube par ses affluents de droite. *Innsbruck* est au carrefour de ces chemins alpestres, en arrière de Munich, et commande à la fois les communications bavaroises sur la Suisse par le col de l'Arlberg ; Vérone et l'Italie par le Brenner et Franzensfeste ; enfin sur Vienne par la voie ferrée qui range les remparts des Tauern.

Les **contreforts alpestres** qui prennent pied sur le sol bavarois pour être peu considérables ne sont pourtant pas sans beauté. On y distingue trois groupes : à l'ouest les *Alpes d'Algau*, entre le lac de *Constance* réservoir du Rhin et le *Lech*, affluent du Danube ; au centre les *Alpes calcaires bavaroises*, entre le Lech et la coupure oblique de l'Inn ; enfin les *Alpes salzbourgeoises de Bavière*, entre l'Inn et la Salzach, son affluent de droite.

1° Les **Alpes d'Algau** développent un cercle magnifique au-dessus de la triple source de l'Iller : à gauche, le *Widderstein*, à droite le **Mädele Gabel** (2,687 mètres) entre l'Iller et le cours enveloppant du Lech supérieur. Des groupes détachés : le *Grünten*, riche en fer (1,741 mètres), le *Rüdolp Horn* inclinent les montagnes sur le plateau autour d'Immenstadt ; à l'ouest, le *Bregenzerwald* porte le Pfänderberg à 1,060 mètres, en vue du lac de Constance.

2° Les **Alpes calcaires bavaroises** élagent, sur un dédale de torrents et de lacs, une suite de massifs sans ordonnance régulière : parmi eux, le *Wetterstein* et le *Karwendel* s'arc-boutent à l'origine de l'*Isar*, fleuve de Munich, artère centrale du vieux sol bavarois. Sur l'aile gauche de ce soulèvement, les *monts d'Ammer*, avec le *Kreuz-Spitze* (2,185 mètres), le *Trauchberg* (1,641 mètres) ; à l'aile droite avancée, les *Mangfallgebirge* : Risserkogel, Rothwand et le *Wendelstein* (1,838 mètres).

Sur le front, le *Krottenkopf* et le *Staffel*, de part et d'autre du lac de Walchen ; le *Heimgarten* et le rempart du *Benedictenwand* (1,802 mètres) autour du lac de Kochel, frère du Walchen, tous les deux tributaires de l'Isar par la Loisach.

De tous ces massifs, boisés pour

ARRIVÉE A BERCHTESGADEN : PRÈS DE LA GARE.

VUE GÉNÉRALE DE BERCHTESGADEN. — Phot. Fernande.

la plupart, le double système du *Wetterstein* et du *Karwendel* ressortent par leurs dentelures incisives et sauvages : Partenkirchen est dominé par le hérissement du **Zug-Spitze** (2,964 mètres), avant-poste détaché des grandes Alpes.

Mais la masse du *Karwendel* n'appartient à la Bavière que par son promontoire frontal; elle prolonge ses soulèvements, (le Speckkar-Spitze et l'Erl Kopf en contre-pied du *Solstein* (2,641 mètres) au-dessus d'Innsbruck, en Tyrol autrichien.

3° Entre l'**Inn et la Salzach**, les *Kitzbühler Alpen*, gradin intermédiaire jeté entre les hautes tours des glaciers (*Gross-Venediger* 3,990 mètres, *Gross-Glockner* 3,798 mètres) et les contreforts de Bavière, descendent par les *Kaisergebirge* et les *Steinberge* sur le *Kampenwand* (1,670 mètres) et les collines voisines du *Chiem-See*. Là est le point central de la dépression creusée au pied des montagnes, de *Rosenheim* sur l'Inn à *Salzbourg* sur la Salzach.

Mais un petit torrent, la Saalach, découpe dans le bastion oriental de la Bavière un domaine montagneux du plus haut intérêt : *Berchtesgaden* est au centre, *Reichenhall* en marque l'entrée. Tout autour une houle de rochers : le *Hochkönig* (2,938 mètres) appui des *Hagengebirge*, et de la *Steinernes-Meer* ou mer de pierre (2,490 mètres au Breit Horn); le *Hochkalter* (2,607 mètres), les *Reiter Alpe* (2,047 mètres), les *Staufen* (1,781 mè-

tres), au-dessus de Reichenhall; le *Untersberg*, dont la crête dominante, le *Hochthron* (1,975 mètres), barre l'espace entre Berchtesgaden et Salzbourg. La pierre et le marbre de l'Untersberg ont édifié de beaux monuments à Salzbourg et à Munich : la Walhalla en sort. C'est le Kyffhäuser de l'Allemagne du Sud, avec une caverne, celle de *Kolovrats* : Charlemagne (le contraire serait surprenant) dort encore sous cette montagne.

A l'horizon opposé, le **Watzmann** (2,714 mètres) proémine dans l'amphithéâtre des massifs qui lui font cortège : ses pieds plongent, à droite dans le lac *König-See*, au nord-ouest dans la gorge du *Wimbach-Klamm*. Il est superbe, quand s'éveillant aux premiers feux du jour et dardant sur l'azur une double aigrette diamantée, il incline son front de neige au-dessus des flocons suspendus à ses larges épaules, et regarde en bas l'émeraude des forêts, le miroir des lacs et l'écume des torrents. *Berchtesgaden* semble un belvédère dressé en face de lui, tout exprès pour l'admirer.

Charmante retraite que **Berchtesgarden** (charmante surtout quand il ne pleut pas) : elle déroule à mi-côte un ruban de maisons et de tourelles, de villas et de terrasses, avec le zigzag des allées qui montent, sous la toiture des pins. Une longue rue en forme l'arête animée : là s'étalent aux yeux les meubles et les ivoires sculptés que produit depuis un temps reculé l'industrie des habitants.

Berchtesgaden a conservé le

LE WATZMANN. — P. Joussel.

Phot. Fernande.
COSTUME DE BERCHTESGADEN.

Phot. Fernande.
COSTUME DE BERCHTESGADEN.

costume traditionnel de ses montagnards : pantalon coupé sur l'articulation du genou laissé libre pour la marche; bas épais; veste de bure brodée de vert; au petit chapeau rond, d'un gris verdâtre uniforme, tout un musée d'histoire naturelle, bouquets d'edelweiss et de roses des Alpes, plumes d'oiseaux et de coqs sauvages, duvets soyeux et fières aigrettes. Le costume des femmes est gracieux : une ceinture de couleur flottant sur la jupe courte et vive; aux épaules un fichu croisé, vraie corbeille de fleurs, et sur la tête, l'inévitable petit chaperon à plume. Il faut voir dans une fête locale tous les minois éveillés danser avec entrain au son d'une musique villageoise : c'est un spectacle plein de fraîcheur.

Les **salines** de *Berchtesgaden* méritent une visite; non qu'il faille en attendre une forte impression : l'excursion est absolument sans danger. Mais on affuble, à l'entrée, les malheureux touristes d'un accoutrement si grotesque (plaque de cuir au dos, couvre-chef plutôt rustique, lanterne fumeuse à la main), que toutes ces figures ahuries de gens empêtrés ne peuvent se regarder sans rire. De longs corridors fuient en boyau dans l'épaisseur de la roche saline; çà et là quelques cristaux brillent aux parois rougeâtres et invitent à lécher les murs. Une glissade sur plan incliné, le long d'un câble d'appui; dans une salle immense, un lac d'eau salée sur lequel on s'embarque à la lueur et au reflet des lampes; quelques montées, une course à cheval sur une sorte de petit tramway rapide; voici la caravane au jour.

Point de ces échappées lointaines, de ces envolées de roches où la voûte, comme dans les grottes d'*Adelsberg*, semble se soulever sous l'effort d'une montagne intérieure, et se perdre autour de quelque château fantôme, dans un abîme sans fond. Point de ces retraites cachées, où la nature, dans un mystérieux silence, coule des fusées de colonnettes en un labyrinthe de cristal, suspend l'albâtre transparent d'un pilier à l'autre et crée mille formes bizarres, que l'on dirait vivantes. Encore moins faut-il espérer la puissante et grandiose émotion du chaos souterrain de nos *Causses* : fleuves qui roulent, cascades qui bondissent avec un fracas de tonnerre, lacs évanouis dans un lointain d'enfer, voûtes étincelantes, silhouettes drapées, dans un merveilleux tissu de pierres. *Berchtesgaden* n'évoque rien de tout cela : le spectacle de ses galeries souterraines n'est ni grand, ni varié; amusant tout au plus pour une première fois.

Les *salines* produisent d'assez beaux revenus : c'est leur principal attrait. De puissantes machines hydrauliques en captent le trop-plein et refoulent l'eau salée jusqu'à Reichenhall, où elle sert aux bains et à l'évaporation. **Reichenhall** (sur la Saalach, 4,950 habitants) possède également des sources riches en *sel* : l'une d'elles en contient jusqu'à 25 pour 100. On l'évapore par ébullition et le surplus, puisé par des pompes et chassé dans des aqueducs, approvisionne fort loin les sauneries de *Traunstein* et de *Rosenheim*, à plus de mi-chemin sur la route de Munich.

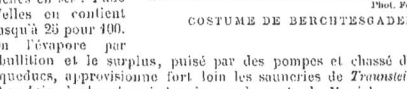

RÉGION DU *KÖNIG-SEE*.

Trois vallées convergent dans la direction de Berchtesgaden : celles du *König-See*, du *Wimbach-Klamm* et de Ramsau vers le *Hinter-See*.

Le petit lac de *Hinter-See* plaît par la poésie discrète du paysage qui l'entoure : sur la route, *Ramsau* domine les flots tourmentés de l'Ache, dans un cadre de verdure et de rocs sourcilleux. Rien ne manque à cette vallée de ce qui fait le charme des vraies montagnes : cassures abruptes et blanchâtres du *Hochkalter* découpées sur le ciel; dans les anfractuosités, quelques amas de neige attardés au-dessus du vert sombre des pins; en bas, le torrent qui écume et qui gronde; le chemin troué dans la roche par de longs et frais tunnels : tel se déroule le spectacle, moins émouvant sans doute que dans les grandes Alpes, mais plus suave et plus familier, jusqu'au pied du *Hirschbühel* (1,176 mètres). C'est ici la clef des gorges du *Seissenberg-Klamm* et comme une sentinelle avancée de la Saalach.

La douane autrichienne est à l'entrée des défilés : on les avait fortifiés, car ils conduisent par le carrefour de *Lofer* et par la voie ferrée de *Saalfelden* dans la vallée de l'*Inn*, vers *Innsbruck*.

La gorge du *Wimbach-Klamm*, qui débouche sur le torrent de l'Ache et la route de *Ramsau*, est comparable aux plus belles des Alpes. Un ruisseau, le *Wimbach*, que cette chute sauve de l'oubli, s'effondre au bord d'une fracture : ici, plongeant d'un jet audacieux, attardé plus loin parmi les aspérités en un grésillement d'écume. Des arbres ébranlés s'inclinent au-dessus de l'abîme, ou, arrachés mais retenus encore par quelques racines, demeurent suspendus à moitié dans le vide ; d'autres encore, jetés de travers avec toutes leurs branches, semblent un bâillon dans la gueule du gouffre : à la première trombe, ils fileront comme une paille dans le tourbillon. Une passerelle rustique, étayée par des

185 mètres; mais quand le vent du nord s'engouffre dans ce couloir, l'onde se soulève en vagues tumultueuses et il y a risque pour les imprudents qui n'ont pu gagner un abri. Les points d'accès sont éloignés; quelques croix gravées sur le roc droit témoignent encore de récents malheurs. Bien qu'ils soient rares, grâce à l'habileté et à la prudence reconnue des bateliers, un léger aléa aiguise encore la séduction de cette belle nappe, où se reflètent tous les contrastes : feuillage léger des hêtres blottis dans quelque baie, roches grises et sourcilleuses, pins hardis juchés dans les parages du vertige et comme épinglés sur la paroi inaccessible. Là-haut, la jolie cascade du Kesselbach a l'air d'un fil d'argent déroulé dans l'espace. Du bas des remparts, lorsqu'ils se rapprochent et menacent plus ardus, le son rebondit comme dans tuyau gigantesque, la voix retentit, un pistolet tonne comme un coup de canon, et l'écho, roulant de montagne en vallée, multiplie les décharges : on dirait d'un combat, jusqu'à ce que les ondes, poussées les unes contre les autres, se mêlent et, graduellement affaiblies, meurent en une rumeur lointaine.

Le *König-See* reçoit en son extrémité sud-ouest le *Schrainbach* ; un isthme étroit, semé de blocs moussus et d'éboulis, le *Salet-Alp*, conduit en quelques minutes à l'*Ober-See*, nappe silencieuse blottie dans un cirque sauvage. Une frange étroite de terre bavaroise sépare ce lac de la frontière : à deux pas c'est l'Autriche ; elle enserre le *König-See* et la région de *Berchtesgaden* comme un réduit écarté de la mère patrie. Salzbourg

LES BATEAUX DU *KÖNIG-SEE*.

poutres en arc-boutants, s'insinue dans la pénombre du rocher en surplomb, au milieu du fracas et du bouillonnement. Elle tremble, et l'on dirait qu'elle va sombrer sous l'avalanche des eaux. Mais que le soleil coule ses rayons d'or dans l'obscur couloir, c'est un éblouissement : les mousses, les arbustes érigés sur les pointes avec une audace incroyable s'égayent d'une poussière de diamants, et la buée qui estompe toute choses descend fleurie d'arc-en-ciel dans la profondeur.

Le **König-See** (lac du roi) vaut sa réputation : c'est la perle des lacs bavarois. Aussitôt doublées la plage basse du village et la pointe de l'île minuscule qui en défend l'approche, la roche jaillit d'un bond à 2,000 et 2,500 mètres de hauteur. De tous côtés, c'est une revue de géants : le *Hohes Brett* (2,337 mètres), le *Schneib* (2,278 mètres), le *Kahlersberg* (2,350 mètres), les *Funtensee Tauern* (2,578 mètres), au fond du lac ; le *Hundstod*

EMBARCADÈRE DU *KÖNIG-SEE*.

(2,594 mètres), et le *Watzmann*, dont la masse énorme plonge à pic et ouvre la morne étendue de ses déserts intérieurs dans l'*Eisthal* (vallée de glace) et des voûtes d'avalanches restées prises entre les rocs. Un ruisseau dévalant avec les débris de la montagne a formé de ce côté du lac une presqu'île aplatie et verdoyante, sur laquelle s'élève un rendez-vous de chasse royal et une chapelle de pèlerinage en l'honneur de *saint Barthélemy*. Tout aride qu'elle paraisse, la roche recèle à travers d'épaisses forêts des vallons solitaires, des clairières herbeuses où les chamois et le daim paissent tranquilles au-dessus des hommes et des atteintes. On les voit d'en bas : la montagne est une magnifique réserve de chasse.

Le *König-See* a plusieurs kilomètres de long sur une largeur variable, mais peu étendue. Entre les hautes murailles qui l'enferment, la nappe lacustre se développe comme un *fjord* : sa plus grande profondeur atteint

est trop près, le Tyrol trop pressant. Aussi le Bavarois possède-t-il sur les *Alpes* des accès plus commodes et moins éloignés.

PASSAGES DES ALPES BAVAROISES.

Du *Peissenberg* (973 mètres), ce Righi de la Bavière, à deux heures de Munich, on découvre le merveilleux panorama des massifs alpestres : à ses pieds, de droite et de gauche, la double trouée longitudinale du *Lech* et de l'*Isar*, au long cortège de lacs, l'*Isar* surtout, qui par ses deux affluents, le *Würm* et l'*Amper*, écoule les deux lacs jumeaux de *Starnberg* et d'*Ammer*. Plus loin, au seuil des grands monts et de la plaine, un chapelet de petits lacs se devinent dans des vasques de rochers. Puis voici les chauves silhouettes, les brisures aiguës, les masses altières du *Zug-Spitze*, le *Wetterstein*, le *Karwendel* ; à l'horizon les glaciers, le *Gross Venediger* ce château d'eau des grandes

ALLEMAGNE. 25.

Alpes tyroliennes, dans un floconnement de nuages. Qu'importe que tout ce domaine soit bavarois ou autrichien : les montagnes ne portent pas d'étiquette, et la politique, en faisant à chacun sa part, n'en a point borné la vue. Plusieurs brèches pénètrent la masse et en rendent l'accès relativement facile de Munich, par le chemin des torrents.

1° Par le *Lech*, la voie ferrée pousse jusqu'à **Füssen** et débouche par une route, de l'autre côté de la frontière sur *Reutte*. Le chemin longe l'extrémité du *Plan-See* et conduit par le *Fern Pass*, d'un côté sur *Innsbruck*, de l'autre sur Landeck, le col de l'*Arlberg* et la Suisse (Feldkirch-Sargans, ou Feldkirch-lac de Constance). Un rameau détaché du chemin de fer de Füssen pénètre par *Kempten* et la vallée de l'*Iller* jusqu'à Oberstdorf, dans le cirque des *Alpes d'Algau*.

2° De Munich encore et par la voie ferrée Starnberg-Murnau-**Garmisch**, on gagne la trouée des montagnes à Mittenwald ; Scharnitz, dans la haute vallée de l'Isar, et la coupée de l'Inn à Zirl, au-dessus d'Innsbruck. *Mittenwald* groupe un triple éventail de routes : d'abord celle de *Partenkirchen-Garmisch*, à gauche ; celle de *Tölz*, à droite, en empruntant le val de l'*Isar* ; entre les deux routes, celle de Kochel-Bichl (chemin de fer à Kochel) par *Benedictbeuren*, avec bifurcation sur la voie ferrée de Garmisch, par *Penberg* ; ou en suivant directement le cours de la *Loisach*, puis celui de l'Isar jusqu'à Munich. La voie principale **Munich-Garmisch** constitue le débouché central de la Bavière sur les grandes Alpes. Une ligne se détache à Murnau sur *Ober-Ammergau*.

3° Une troisième brèche complémentaire peut être pénétrée, au départ de la ligne de *Tölz*, en bifurquant sur *Gmund* et le *Tegern-See* (prolongement projeté par Kreuth et la vallée de la Weissach, l'*Achen Pass*, l'*Achen-See* (Pertisau), Jenbach et l'Inn en aval d'Innsbruck).

Enfin, de *Munich* à *Kufstein*, porte d'entrée de l'Inn en Bavière, on

BERCHTESGADEN.

accède soit par la voie ferrée du *Schlier-See*, en tournant le Wendelstein par les montagnes, soit plus simplement par le chemin de fer de *Rosenheim*, qui remonte la vallée de l'Inn jusqu'à *Innsbruck*, direction de la *Suisse*, ou de l'*Italie* à travers le *Tyrol*.

LE *KÖNIG-SEE*, VU DU COIN DES PEINTRES.

du royaume de Bavière. — Carte *hypsométrique* de la Bavière, 1/250 000. — Atlas *topographique* de la Bavière revu par l'état-major général, 1/50 000. — Carte *administrative* de la Bavière, 1/400 000.

OUVRAGES A CONSULTER : Riezler : *Histoire de la Bavière* (Gotha). — Schwann : *Histoire illustrée de la Bavière*. — Meyer : *les Alpes allemandes*, guide du voyageur — Daniel : *les Alpes (géographie physique de l'Allemagne)*. — *L'Agriculture en Bavière* : Munich, 1890, avec cartes. — G. Blondel : *Populations rurales de l'Allemagne*. — Ambhor : *Géographie industrielle du royaume bavarois*. — Seydel : *Le Droit bavarois*. — Berner : *Histoire de la ville d'Augsbourg*. — Fink : *Ratisbonne*, description de la ville et des environs. — Th. Trautwein : *Guide à travers Munich et ses environs*. — Bœdeker. — H. Krafft : « Tour du monde », *Voyage aux châteaux favoris du roi Louis II de Bavière*. — Gümbel : *Carte géologique*

ORGANISATION UNITAIRE DE L'ALLEMAGNE

POUVOIR CENTRAL. — UNION DOUANIÈRE ET VOIES COMMERCIALES.
EXPANSION DE L'ALLEMAGNE. — ÉMIGRATION. — *COLONIES.*

Pouvoir central : *L'Empire et l'Empereur.* — Le *Conseil fédéral* — Le *Reichstag* et les partis politiques. — Le *Chancelier.* — Le *Budget.*
Union douanière et voies commerciales : Le *Zollverein.* — *Postes, Télégraphes et Téléphones.* — Chemins de fer : *Union des voies ferrées de l'Europe centrale.* — *Voies fluviales* et *Canaux.*
Expansion de l'Allemagne : *Commerce extérieur.* — Ses moyens d'action : le *tempérament*, les *agents*, procédés *commerciaux*. — *Écoles techniques*. — *Concours de l'État*.
Expansion en Europe et dans le monde : Asie. — Afrique. — Amérique. — Océanie.
Émigration. — Colonies.

POUVOIR CENTRAL

L'Empire d'Allemagne est une *Confédération* constitutionnelle de vingt-deux États monarchiques; trois républiques : Hambourg, Brème, Lübeck ; et un territoire d'empire l'Alsace-Lorraine sous l'autorité de l'*Empereur* ou *Kaiser*, chef du pouvoir exécutif. Parmi les vingt-deux *États confédérés*, quatre sont des *royaumes* : *Prusse*, *Bavière*, *Wurtemberg* et *Saxe*; les autres des grands-duchés, duchés et principautés : *Bade*, *Hesse*, *Mecklembourg-Schwerin* et *Mecklembourg-Strelitz; Oldenbourg; Brunswick; Saxe-Weimar-Eisenach; Saxe-Meiningen; Saxe-Cobourg-et-Gotha; Saxe-Altenbourg; Anhalt; Schwarzbourg-Sondershausen; Schwarzbourg-Rudolstadt; Waldeck-et-Pyrmont; Reuss* (branche aînée); *Reuss* (branche cadette); *Lippe* ; *Schaumbourg-Lippe*.

En tout, 540,667 kilomètres carrés de *superficie*; et plus de 56 millions d'*habitants*.

La dignité impériale est héréditaire dans la maison régnante de *Prusse*. Proclamé à Versailles le 18 janvier 1871, l'Empire a été organisé par la *Constitution* du 16 avril 1871 (en vigueur à partir du 4 mai) modifiée le 19 mars 1888. Outre le commandement des *forces de terre et de mer*, l'empereur possède le droit de déclarer la guerre, de conclure des traités, d'accréditer des envoyés. Il gouverne à l'aide du *Conseil fédéral* et du *Reichstag*, auxquels appartient le pouvoir *législatif* pour les affaires générales de l'Empire : armée et marine, finances, justice, questions de commerce et de domicile, communications, chemins de fer, postes et télégraphes, l'Alsace-Lorraine, la Constitution. La résidence des deux Conseils supérieurs est à Berlin.

Le **Conseil fédéral** ou *Bundesrat* est composé de 58 plénipotentiaires nommés par les chefs ou les sénats (anciennes villes libres) des États confédérés. Il compte 17 représentants de la *Prusse*, et 6 de la *Bavière*. La *Saxe* en a 4; le *Wurtemberg* 4 également; le *grand-duché de Bade* 3, la *Hesse* 3, le *Mecklembourg-Schwerin* 2, le duché de *Brunswick* 2 et chacun des autres *États*, un seul. Le lieutenant de l'empereur (*Statthalter*) en *Alsace-Lorraine* peut déléguer des commissaires au *Conseil fédéral*, pour y défendre les intérêts dont il a charge et les projets qui les concernent.

Le **Reichstag**, sorte de *diète* allemande, comprend 397 *députés*, élus par le *suffrage universel* et *direct* des populations de l'Empire. Est électeur et éligible tout citoyen âgé de vingt-cinq ans. Il y a un *cercle électoral* par 100,000 habitants ; mais ceci est le droit. De fait, les *circonscriptions électorales* sont devenues très inégales par le mouvement de la population : le plus grand *cercle électoral* (le sixième de Berlin) compte 121,600 électeurs pour 487,200 habitants; le plus petit, celui de Schaumbourg-Lippe n'a que 39,000 habitants et 8,700 électeurs (1). Le régime impérial ayant été introduit en Alsace-Lorraine par la loi du 25 juin 1873, c'est seulement depuis 1874 que ce pays est représenté au Parlement. La plus forte participation aux élections a été relevée dans les cercles de Magdebourg et de Brême, avec 88 pour 100 des

CHUTE DU SULZER.   Phot. Fernande

―――――――
(1) Staatsbürger *Atlas*, de P. Langhans. Gotha : Justus Perthes.

électeurs inscrits. Il n'est besoin d'aucune autorisation pour les fonctionnaires s'ils veulent faire partie du *Reichstag*; mais un député qui entre dans un service de l'État, ou reçoit une dignité avec des appointements, doit subir l'épreuve d'une nouvelle élection.

Depuis 1888, la durée du *mandat législatif* est de cinq ans. Une décision du Conseil fédéral peut, avec l'assentiment de l'empereur, amener la dissolution du *Reichstag*; mais de nouvelles élections doivent être faites dans les soixante jours, et le nouveau *Parlement* réuni dans les trois mois. On ne peut d'ailleurs, au cours d'une cession, *ajourner* le Reichstag qu'une fois seulement, et *avec son assentiment*. Aucune décision n'est valable si elle n'est prise à la *majorité* des membres *présents*, soit 199 au moins. Les députés sont irresponsables du fait de leurs

KÖNIG-SEE : L'ILE SAINT-BARTHÉLEMY.   Phot. Fernande.

votes ou de leurs fonctions; mais, en principe, ils sont considérés comme les représentants non pas seulement de leurs électeurs, mais *de tout le peuple*. On ne peut, durant le cours d'une cession, ni les arrêter ni les soumettre à une enquête sans l'approbation du Reichstag, et toute procédure contre l'un d'entre eux est suspendue à la demande de la Chambre. Les députés ne reçoivent *pas d'indemnité*.

Plusieurs *partis*, 16 au moins, divisent le *Reichstag*, si l'on comprend dans ce nombre les députés qui ne sont apparemment d'aucun groupe. Les plus importants sont: les *conservateurs* (59, surtout en Prusse); le *centre* (catholiques de la région rhénane, de la Bavière et de la Silésie : 101 députés); les *nationaux-libéraux* (49, un peu de tous côtés; Würtemberg, Palatinat bavarois, Oldenbourg, Westphalie); les *libéraux-démocrates* (29); les *démocrates-socialistes* (56, Berlin et environs, pays saxons, grandes villes, Hambourg, environs de Munich, Dresde, Breslau); 14 *Polonais* (Posen); 9 *Guelfes* (1) de Hanovre; 10 *Alsaciens-Lorrains* irréductibles; 6 pour la Ligue bavaroise; puis les hésitants, à la merci des circonstances.

Le groupement le plus fort par le nombre et la cohésion est le *centre* il n'avait que 19 députés en 1871. Au contraire, le groupe dit *national-libéral* est tombé de 125 à 49 représentants. Les conservateurs (*agrariens*, gros propriétaires) ont aussi perdu quelque terrain, pour revenir à ce qu'ils étaient voilà trente ans (57 en 1871, aujourd'hui 59, après avoir été

(1) Voyez page 191.

près de 80). Par contre les *démocrates-socialistes* qui étaient 2 en *1871* ont actuellement dépassé la cinquantaine. Mais il ne convient d'attribuer à cette diversité d'opinions qu'une importance limitée aux affaires intérieures. Pour tous les députés, sauf quelques exceptions inévitables (Alsaciens-Lorrains), l'Allemagne prime tout le reste, et en cas de conflit avec un voisin, il y aurait unanimité de la pensée et de l'effort.

L'agent responsable et le porte-parole du chef de l'État devant les Conseils est le **Chancelier** nommé par l'empereur : il préside le *Bundesrat*. Plusieurs chefs de *services*, véritables *ministres*, *administrent* sous ses ordres les affaires générales de l'Empire. On distingue : l'office des *Affaires étrangères* avec trois directions, l'une politique, l'autre politique et commerciale, une troisième judiciaire; l'office de l'*Intérieur* (émigration, écoles, affaires de domicile, la bourse, mesurages, nautiques, chambres disciplinaires, étalonnage de poids et mesures, brevets d'invention, statistique ouvrière, assurances, canal de Kiel...); office de la *Marine* de l'Empire (inspection du littoral, des torpilles, des chantiers, des dépôts, commissions d'examens, observatoires maritimes, habillement, santé...); office de *Justice* (haute cour de Leipzig); *Trésorerie* générale (comptes de douanes, trésor de guerre, métaux pour monnayage, dettes de l'Empire); *Cour des comptes*; office pour les *Chemins de fer*; les *Postes*; Banque d'Empire. L'empereur administre les affaires de la *guerre* et de la *marine* avec l'aide de deux ministres : il exerce directement le commandement. Tout ce qui concerne *l'organisation* *militaire* et *maritime* a été étudié par le détail (voy. pages 48 et 18); également l'organisation de la *justice* et des *cultes* (voy. pages 206 et 185).

Le **budget** de l'Empire se chiffre par 2,066,644,012 marcs ou 2,583,305,015 francs. La **dette** *fédérale* est de 2,467,968,400 marcs. Les *fonds de réserve* devraient monter : celui des Invalides à 390,967,654 marcs; la réserve de guerre (Spandau) à 120 millions de marcs.

UNION DOUANIÈRE ET VOIES COMMERCIALES

Le **Zollverein**, *Union douanière et commerciale*, englobe toute l'Allemagne à l'exception des ports francs de *Hambourg*, *Brême*, *Bremerhaven*, *Geestemünde*, l'île d'*Helgoland*, une partie de la commune de *Cuxhaven*, l'île *Neuwerk*, *Brake*, le port libre de Stettin, et *quelques communes* du

HOCHKALTER : LE BLAUEIS.

grand-duché de Bade près du canton de Schaffouse. Les territoires exclus ont 68 kilomètres carrés et 43,000 habitants. Mais le cercle du Zollverein enveloppe, en dehors de l'Allemagne, le *grand-duché de Luxembourg* et les *communes autrichiennes* de Jungholz et Mittelberg : soit en tout, 543,198 kilomètres carrés et 52,486,000 habitants unis par le même régime de douanes.

L'action fédérative de l'Empire s'exerce non seulement sur les revenus perçus à la frontière du territoire commun, mais encore par des *impositions* sur le *sel* et le *tabac*, le *sucre de betterave*, l'*eau-de-vie* (excepté pour le Luxembourg) la *bière* (excepté pour la Bavière le Württemberg, Bade, l'Alsace-Lorraine); de sorte que le territoire d'imposition de l'eau-de-vie dépasse de un cinquième celui de la bière.

Douanes de frontières (sur une largeur de 10 à 15 kilomètres) ou agences intérieures d'*impositions communes*, ressortissent dans chaque Etat confédéré à une autorité directrice des douanes (les petits Etats de Thuringe ont, en commun avec la Prusse, une direction spéciale à Erfurt); et l'ensemble dépend de l'*Intendance du Trésor impérial* à Berlin. Le *contrôle* de la direction générale appartient à quatorze délégués choisis par les Etats confédérés; quarante et un contrôleurs de station subordonnés surveillent la perception des impôts et leur emploi.

Cette puissante association du *Zollverein*, en réunissant toute l'Allemagne actuelle derrière les mêmes postes de douanes, avait composé par avance le territoire du nouvel Empire. La Prusse qui en favorisa le développement, n'eut depuis qu'à marquer la frontière, en y plantant des bornes à l'aigle impérial.

POSTES ET TÉLÉGRAPHES.

Le développement rapide des moyens de communication a complété l'œuvre de l'intérêt commercial et de la politique. Il y a trois territoires postaux en Allemagne : celui de l'Empire avec près de 45 millions d'habitants; ceux de la Bavière et du Württemberg, qui ont conservé leur direction des Postes et Télégraphes, avec la fixation des tarifs et la distribution du service pour l'*intérieur* de leur territoire et les Etats limitrophes, étrangers à la fédération impériale. Mais la législation sur les rapports juridiques de ces institutions avec le public, la franchise postale, les affaires de taxe, les prérogatives de l'administration des Postes et Télégraphes, demeurent dans les attributions de l'Empire.

En trente ans, le nombre des *bureaux* de poste a passé de 4,037 (en 1872) à 36,464; le nombre des *dépêches*, de 42 millions et demi à 44 millions 588,742. Le chiffre des *lettres* proprement dites atteint 4 milliard 603 millions. Les *cartes postales* sont près de 793 millions, bientôt la moitié des lettres, un véritable déchaînement. Un milliard 350,974,756 journaux ont été expédiés par la poste en 1899.

Quant aux *télégraphes*, ils comptent 23,729 bureaux, dont 19,047 à

LE FOND DU *KÖNIG-SEE*. P. Joussel.

l'État; 460,185 kilomètres de fils; pour cette année, 44 millions et demi de dépêches.

Les *téléphones* ont 444,977 kilomètres de fils; 13,175 villes ont la communication téléphonique.

Les *recettes* générales de l'administration des postes, télégraphes, téléphones, dépassent aujourd'hui 423 millions et demi de marcs, pour l'Empire; les *dépenses* s'élèvent à 374,888,392 marcs; excédent: 48,552,246 marcs ou près de 61 millions de francs.

CHEMINS DE FER ET VOIES FLUVIALES.

L'Allemagne se mit d'abord péniblement à construire des chemins de fer. On se heurtait à la routine, au morcellement du sol qui ne permettait point l'établissement de longs réseaux rémunérateurs : chacun consulta ses ressources et ses besoins limités.

A la fin pourtant, il fallut s'entendre entre voisins conduits par le même intérêt. La première voie ferrée, celle de Fürth-Nüremberg, date de 1835; la seconde (amorces de Berlin-Dresde) fut construite en 1837; l'année suivante celle de Berlin-Potsdam. En 1846, « l'Union des chemins de fer allemands » mit de l'ordre et de l'uniformité dans la construction et l'exploitation des lignes, les horaires, les mesures kilométriques, les poids et les monnaies. Alors divers États se firent entrepreneurs comme les Compagnies, et peu à peu celles-ci se retirèrent, le capital privé trouvant une rémunération moindre, lorsque les grandes lignes furent terminées. Bade, le Württemberg, la Bavière, la Saxe et la Prusse adoptèrent de plus en plus le système des voies d'État. L'union des divers réseaux est complète maintenant et l'on circule en trains rapides d'un bout à l'autre du territoire allemand, de Cologne à Danzig et de Munich à Hambourg.

L'*Union allemande des chemins de fer*, dont le siège est à Berlin, compte 45 administrations de chemins de fer *allemands* proprement dits, 21 administrations de chemins de fer *autrichiens*, 4 administrations néerlandaises, 3 belges, 1 luxembourgeoise, 1 roumaine, 1 de la *Pologne* russe.

L'importance des services que rend cette administration pour les relations internationales se voit d'elle-même. Tout s'y fait avec méthode, et la construction des voies nouvelles est dirigée par l'intérêt économique plus que par des considérations de clocher ou de politique, étrangères au but utile qu'il s'agit d'atteindre. Les *tarifs* allemands sont moins élevés que les nôtres; les wagons plus spacieux et plus commodes pour les voyageurs. Ces détails pratiques, dont on fait chez nous assez bon marché, sont pour les Allemands affaire d'État; ils aiment leurs aises, réclament, font du bruit et finalement obtiennent raison quand, prévoyant des récriminations inévitables, on n'a pas fait d'avance tout ce qu'il fallait pour les prévenir. Les chemins de fer de l'*Alsace-Lorraine* dépendent directement de l'administration impériale.

L'Empire, d'ailleurs, a pris partout la tête : c'est de lui que dépendent les voies *stratégiques* et *internationales*, la police du mouvement, de la construction et du matériel des lignes principales. On a créé pour cela une administration supérieure de contrôle : *le département impérial des chemins de fer.*

L'ensemble du **réseau ferré** se distingue en *lignes principales, lignes secondaires*, et parmi celles-ci, les unes à *voie normale*, les autres à *voie étroite* (de 1 mètre à 0m,75). A part ces dernières, toutes les autres sont uniformes. L'Allemagne possède aujourd'hui 50,961 kilomètres de *chemins de fer* : 45,192 kilomètres pour les lignes d'État; 4,039 kilomètres de lignes particulières; 1,730 kilomètres de lignes à voie étroite. On compte, seulement en Prusse, 33,289 kilomètres de voies ferrées. La progression générale, d'abord lente, a été surtout rapide en ces vingt dernières années : 6 kilomètres en 1836; 549 kilomètres en 1840; 6,044 kilomètres en 1850; 11,660 kilomètres en 1860; 19,694 kilomètres en 1870; 33,835 kilomètres en 1880; 47,119 kilomètres en 1898; maintenant plus de 50,000 kilomètres; avec 17,000 *locomotives* au lieu de 10 en 1860; 1,414 en 1870; 11,304 en 1890. Quatorze mille *ponts* d'une longueur totale de 228 kilomètres ont

UN COIN DE L'*OBER-SEE*. P. Joussel.

été construits pour le réseau ferré (ponts: de Dirschau sur la Vistule, 726 mètres; de Cologne, 412 mètres; de Mayence, 420 mètres). La *longueur totale* de toutes les *voies* dépassait 80,000 kilomètres en 1898 et employait un *personnel* de 467,760 hommes, fonctionnaires et ouvriers. Il faudrait ajouter encore les petites *lignes adjointes* pour le service des mines, des forêts, de l'agriculture, des usines. Pour un total qui dépasse 6,000 lignes adjointes, l'industrie en emploie les deux tiers.

« Ce qui mérite peut-être surtout de fixer l'attention, c'est le développement parallèle des *voies fluviales* et des *voies ferrées*. On comprend en Allemagne que ces modes de transport doivent se prêter un mutuel appui. La coexistence de la *batellerie* et des *chemins de fer* opère à l'intérieur du pays un classement fort utile des marchandises. Elle permet d'éviter l'encombrement périodique, à certaines époques de l'année, des voies ferrées. On réserve celles-ci pour les marchandises chères et pour celles qui requièrent célérité. La voie navigable remplace le chemin de fer pour les matières premières lourdes et qui peuvent supporter de longs délais. C'est une auxiliaire précieuse et non pas une ennemie. » (G. BLONDEL.)

« Grâce au développement de la batellerie, le combustible et les matières premières sont amenés à bon marché par tout l'Empire, et les produits des fabriques, même les plus lourds, peuvent être conduits, dans les pays voisins ou à la mer dans des conditions de bon marché telles que le prix du transport ne les grève pas trop et leur permet la concurrence avec les articles étrangers. » (Mis d'HÉRICOURT.)

Aussi, après avoir aménagé séparément les grandes **artères fluviales** qui conduisent à la mer (voy. pages 160 et 226), les Allemands travaillent-ils à les relier complètement entre elles. Par le canal de *Dortmund* à l'*Ems* (248 kilomètres), les charbons de la province du Rhin et de Westphalie trouvent leur écoulement vers la mer du Nord, sérieuse concurrence pour les charbons anglais. Le nouveau canal de l'*Elbe* à la *Trave* mesure 67 kilomètres de long, 22 mètres à sa base, et 2^m,50 de profondeur. Celui de *Kiel* a 98 kilomètres et demi, avec une profondeur moyenne de 9 mètres : il a coûté près de 200 millions de francs (voy. page 15).

On voudrait maintenant relier ensemble l'*Elbe*, le *Weser* et le *Rhin*. Sur l'amorce du *canal de Dortmund*, un canal de 39 kilomètres va rejoindre le *Rhin*. D'autre part une longue voie navigable, dite **canal central** (325 kilomètres), se dirigerait de *Bevergen* (canal Dortmund-Ems), jusqu'à Heinrichenberg sur l'**Elbe**, par Osnabrück et Hanovre en ralliant au passage le **Weser**, canalisé de *Brême* à *Hameln*. Comme d'ailleurs, les canaux de *N. Rhin-Fehrbellin* et de *Ruppin* coupent l'intervalle entre l'**Elbe** et la **Havel**, le canal de *Finow* entre la *Havel* et l'*Oder* ; le cours de la *Netze* et le canal de *Bromberg* entre l'**Oder** et la **Vistule** ; le cours de la *Narew* et le canal des *Masures*, de la *Vistule* au *Pregel*, ce serait, de **Ruhrort** à **Kœnigsberg**, une immense *ligne d'eau transversale* doublant celle de la Baltique et de la mer du Nord par la dépression de l'Allemagne centrale, à la base intérieure de la crête littorale.

Il est question encore de couper au plus court entre *Berlin* l'*Oder* et *Stettin*, mais surtout d'ouvrir les grands fleuves allemands du côté du *Danube* : le *Rhin*, par une rénovation du canal du Main (le *canal Louis* étant devenu insuffisant) ; l'*Oder* par la canalisation de son cours supérieur, et cours opposé de la March, afin de

LE *KÖNIG-SEE* A LA HAUTEUR DE L'ILE SAINT-BARTHÉLEMY.

desservir l'importante région minière et industrielle de la Haute-Silésie ; l'*Elbe* enfin (et c'est l'entreprise la plus audacieuse, réalisable pourtant au dire des ingénieurs), par une voie navigable de 30 mètres de large, allant de *Aussig* à Prague, puis à *Budweis* par la *Moldau*, traverse de la Bohême, et gagnant le *Danube* à *Korneubourg* au-dessus de *Vienne*. Grâce à l'activité des sociétés nautiques, des compagnies pour l'exploitation des voies fluviales et pour l'Elbe, à l'appui formidable de Hambourg, ces travaux sont en voie d'exécution.

Par cette nouvelle route fluviale, Hambourg verrait peut-être se développer à l'infini le vaste « hinterland » dont il est la porte sur l'Océan et l'Amérique. C'est la grande voie du *Danube* ouverte à l'Empire *germanique* ; le reflux de l'Europe centrale sur Constantinople et l'Orient, l'Asie Mineure et sans doute un jour sur l'Inde lointaine.

LE FOND DU *KÖNIG-SEE*.

EXPANSION DE L'ALLEMAGNE. — COMMERCE

L'expansion germanique sous sa double forme, en masse et par infiltration, est vieille comme l'histoire de l'Europe. Après avoir débordé les frontières de l'empire romain et déversé sur l'ouest du Rhin et le midi du Danube un large flot de marée barbare, les Germains se retournèrent vers l'est contre les Slaves, les poussèrent de l'Elbe sur l'Oder, puis sur la Vistule, où ils sont encore aux prises avec eux. L'annexion de la Pologne n'est qu'un épisode de cette marche envahissante, et les comptoirs fondés au moyen âge par la Hanse germanique sur les côtes de la mer du Nord et de la Baltique ne furent que le prélude, les jalons d'appui de la mainmise exécutée

VUE DE L'*OBER-SEE*.

Phot. Fernande.

depuis par l'épée de la Prusse. Malgré toutes ces conquêtes, l'Allemagne ne suffit plus aux Allemands. Ils sont partout aujourd'hui, en Europe et dans les diverses parties du monde. La mer qui bornait leur horizon l'élargit; les voilà devenus, à leur tour, « les rouliers de l'Océan ».

Ceux qui ne peuvent affronter les risques d'une aventure lointaine se contentent de passer la frontière et de chercher fortune dans les pays du voisinage : cette invasion pacifique, lente d'abord, timide, puis pénétrante et impérieuse, ne cesse de grandir.

Combien d'Allemands réduits à leurs maigres ressources personnelles s'engagent à l'envi comme agents, commis, garçons d'hôtels et de restaurants, dans nos usines, nos grandes villes et nos séjours à la mode! Ils sont légion à Paris et sur les bords de la Méditerranée, tellement nombreux pendant la saison que l'un d'eux m'avouait être venu chez nous pour apprendre le français et ne le savoir que bien imparfaitement parce qu'il avait trouvé trop d'occasions de parler allemand avec des compatriotes.

Ce n'est point le cas de la plupart. Ils recherchent un modeste emploi en France, en Angleterre, en Russie, en Hollande ou ailleurs, et se contentent de médiocres honoraires, vivant de stricte économie, font agréer leurs services, montrent une extrême facilité à s'assimiler les mœurs, les usages, les goûts du pays, ce dont on leur sait gré, et en peu de temps acquièrent une situation meilleure. Ils s'établissent alors, profitant du mouvement acquis, et appellent à eux des parents, des amis d'Allemagne qu'ils aident à leur tour à trouver un coin pour vivre.

Ceux qui reviennent en Allemagne, parlant une ou plusieurs langues étrangères, souvent en possession d'importants procédés de fabrication, avec la connaissance des besoins et de l'avenir du pays qui les a reçus, mettent à profit leur expérience et leur labeur pour ouvrir à l'industrie nationale de nouveaux débouchés. Leurs anciens patrons deviennent des clients. Souvent même ils n'attendent point leur retour pour appeler à eux les produits allemands, et par les bénéfices de la commission pourvoient aux dépenses de leur séjour à l'étranger.

Beaucoup de ces jeunes gens sont envoyés en éclaireurs de l'industrie et du commerce par les chambres commerciales et les associations de fabricants, les écoles techniques, qui payent leurs frais de séjour, en retour de rapports prévus et obligatoires sur l'état économique des régions où ils se trouvent. On rencontre parmi ces étudiants d'un nouveau genre des fils de familles riches, et même déjà millionnaires; le complément d'éducation technique par l'étude sur place est devenu la loi pour de puissantes maisons industrielles et commerciales de Hambourg, Berlin, Francfort, etc.

L'Allemand par nature est très investigateur. Lent à concevoir, embarrassé par la surabondance des renseignements qu'il puise à toutes les sources d'information, il parvient, à force de travail et de persévérance, à des résultats que notre nature plus vive et primesautière peut atteindre d'un coup, mais dont souvent elle ne sait pas tirer parti. Les

ÉCOLES COMMERCIALES

grandes inventions qui font honneur à ce siècle et sont en train de bouleverser le monde : la machine à vapeur, l'électricité, le magnétisme, la locomotion automobile, la photographie, les couleurs artificielles, rien de tout cela n'est venu d'Allemagne.

Mais attendez quelque jour. Attentif aux détails, prompt à saisir le côté pratique des choses, l'Allemand fera des automobiles, industrie essentiellement française, ce qu'il fait de notre champagne et de notre article de Paris. Sous une autre forme, peut-être par une simple copie mieux appropriée au goût de sa clientèle, il se servira couramment de l'automobile resté encore pour nous un objet de luxe. Cette activité toujours en éveil sur le résultat utile, sans rien laisser au hasard, l'aptitude à s'assimiler, la passion de connaître abondamment servie par les revues, les journaux, les sociétés de renseignements économiques, les conférences, les musées, les écoles, donnent au travail et à la persévérance de l'Allemand une force et un succès auxquels, de sa propre nature, il ne saurait prétendre. Il convient d'ajouter que son éducation est intelligemment pratique.

Écoles. — Pour vaincre au milieu de la concurrence déchaînée entre les peuples qui luttent pour la vie, la simple expérience ou les aptitudes personnelles ne peuvent plus suffire; il y faut une préparation technique : le commerce est une science comme l'industrie et l'agriculture. Les Allemands l'ont ainsi compris. Chez eux, les écoles industrielles et commerciales pullulent : *Hautes écoles techniques*, *Écoles préparatoires*, *Cours d'adultes industriels et commerciaux*.

Les **Hautes** *écoles* ou *Polytechnica* comprennent plusieurs sections : pour les architectes, les ingénieurs-constructeurs, les ingénieurs en machines, les travaux chimiques, les mathématiques et les sciences naturelles, les arts plastiques, les chemins de fer, les postes et télégraphes. L'enseignement est solide et fournit aux usines et aux manufactures des auxiliaires précieux pour le perfectionnement de l'outillage et l'adaptation de tous les progrès. On compte neuf *écoles techniques* supérieures et dix-huit écoles supérieures *professionnelles*.

Des *écoles* **moyennes** techniques préparent les élèves aux études supérieures : ils y font des moulages, des dessins de machines, des travaux propres à la fabrication des couleurs, de la porcelaine, etc.

En outre, chaque corps de *métier* a, pour ainsi dire, son *école spéciale* : plusieurs écoles de Westphalie préparent au métier de mineur; Chemnitz a une célèbre école de tissage; Annaberg, en Saxe, prépare

GORGE DE L'ALMBACH-KLAMM. *Phot. Fernande.*

au travail de la passementerie; les bronzes, la ferronnerie s'étudient à Remscheid, les jouets à Sonneberg, la filature à Sorau. L'industrie des produits chimiques doit aux écoles spéciales sa prospérité remarquable. On a pensé qu'avec des ingénieurs savants et des contremaîtres éclairés, de bons *ouvriers instruits* étaient encore nécessaires aux progrès de l'usine. Dans ce but, outre l'école primaire obligatoire, les ouvriers industriels sont tenus par la loi de suivre jusqu'à dix-huit ans des *cours d'adultes* pratiques, spécialement organisés pour eux. Les *musées industriels*, où sont réunis les meilleurs modèles des diverses industries et où chaque fabricant trouve une exposition permanente; les *musées d'art industriel* adjoints aux écoles techniques, favorisent encore le développement des connaissances ouvrières. On a même créé des *musées d'échantillons*, sortes d'agences qui fournissent des renseignements sur les tarifs de douane, de transport, la solvabilité de la clientèle. Les *expositions flottantes*, portant sous le regard même de l'acheteur les marchandises dont on sait qu'il a besoin, sont encore une invention ingénieuse.

Les **écoles commerciales** sont nombreuses en Allemagne et réunissent au moins 30,000 élèves. Le seul petit royaume de Saxe en possède plus de soixante. Il y a des *écoles supérieures de commerce* à Leipzig, Fribourg, Aix-la-Chapelle, des *cours académiques pour commerçants* à Francfort-sur-le-Main. On a fait à Leipzig une expérience intéressante : la *Handelsakademie* joint à l'enseignemnt commercial technique des opérations usuelles des études capables d'initier les jeunes gens à la pratique réelle du commerce. Dans toutes les écoles on étudie à fond les grands courants commerciaux de l'Europe et du monde, la géographie, les langues, les usages et les besoins des divers pays. Point de spéculation pure; on pense avec raison qu'avant de fabriquer et d'exporter, il est nécessaire de savoir où l'on va et pour qui l'on fabrique. Kiao-Tchéou était bien connu des Allemands lorsqu'ils y débarquèrent. La *géographie*, qui les renseigne sur la valeur des divers territoires et dit ce qu'on en peut attendre, est chez eux fort en honneur; ils n'en sont plus à lui disputer niaisement une place essentielle pour leurs intérêts. On sait l'abondance des *revues* techniques et économiques. A la place de fades romans, leurs journaux, comme le *Leipziger Tageblatt*, l'*Echo*, l'*Export* leur donnent des suppléments sur l'état du commerce et de l'industrie de l'Allemagne dans le monde; et tout cela est avidement lu, même par ceux qui semblent ne devoir pas en tirer un profit immédiat.

Le **concours de l'État** dans l'essor général n'a pas été d'un mince appoint pour le succès. A lui l'aménagement des chemins de fer et des voies fluviales dans l'intérêt général, la construction de voies nouvelles, l'économie sur les transports, les subventions accordées aux écoles techniques, le renouvellement des chambres de commerce.

Presque toutes les écoles spéciales sont dues à l'initiative privée, aux municipalités, aux associations industrielles ou commerciales, aux chambres de commerce, qui possèdent la personnalité civile.

LE HOCHKALTER, VU DU WIMBACH-KLAMM. — *Phot. Fernande.*

Mais la bienveillante tutelle du gouvernement et le recours à ses bons offices a établi entre lui et ces institutions un courant de vie qui les range à peu près dans sa clientèle officielle. D'ailleurs, l'État s'efforce de donner à l'enseignement des *Universités* une tournure plus pratique.

Tout le haut enseignement se répartit en Allemagne, entre 22 **Universités** avec 2,500 professeurs et 32,000 étudiants (28 pour 100 étudient le droit, 27 pour 100 la médecine, 15 pour 100 les mathématiques et les sciences naturelles, 14 pour 100 la philologie). Puis viennent les **Écoles secondaires**: écoles *réales* pour l'enseignement spécial et *Gymnases ordinaires* (1,100 écoles avec 16,800 professeurs et 288,000 élèves), sans compter 300 écoles secondaires de jeunes filles pour 75,000 élèves. Enfin l'*enseignement* **primaire** réunit 8 millions et demi d'enfants dans 59,300 écoles avec 137,500 instituteurs (une école primaire par 915 habitants, 25 instituteurs et institutrices pour 10,000 habitants avec 63 élèves chacun). Les 430 millions que coûte l'enseignement primaire sont fournis 28 pour 100 par l'État, le reste par les communes. En somme, si l'on tient compte des cours populaires, des académies privées, des écoles spéciales, il se dépense en Allemagne plus de 600 millions par an pour l'enseignement.

La poussée de l'esprit utilitaire qui à tous les degrés entraîne les programmes d'études, a porté son action par delà les frontières. De simples juristes qu'ils étaient, souvent étrangers, peu préoccupés de l'intérêt et de l'honneur allemands, les **consuls** sont aujourd'hui à peu près remplacés. On a commencé par adjoindre à chacun d'eux un *attaché technique*, chargé d'étudier la vie économique non seulement de la localité où il réside, mais de la région environnante et d'en faire l'exposé pour le plus grand profit de tous.

A l'intérieur, on multiplie les statistiques et les renseignements de toute nature. Un *Conseil supérieur économique* élabore les projets de lois industrielles et commerciales. Déjà, le *Code du commerce* et celui de l'*industrie* renouvelés ont fixé un grand nombre de droits et de situations jusqu'ici livrés au hasard de l'arbitraire. Enfin, le gouvernement persuadé que, pour une puissance industrielle comme l'Allemagne, l'entrée des matières premières nécessaires à l'usine, et des produits alimentaires indispensables à la subsistance de sa population font du courant contraire, c'est-à-dire de l'exportation, une nécessité inéluctable, veille à maintenir ouverte la porte des échanges.

Ce n'est pas une petite affaire que l'établissement d'un bon **traité de commerce**. Les uns, comme les *agrariens*, n'en veulent pas. Au contraire, les *commerçants* et les *industriels* voient avec inquiétude toute entrave apportée au mouvement des affaires. Il appartient au gouvernement d'étudier les divers intérêts et de les concilier, s'il est possible. Mais un *traité de commerce* suppose une autre partie contractante et c'est ici que la difficulté se complique. Nous avons été joués par la clause du *traité de Francfort* qui nous donne en Allemagne, et aux Allemands chez nous, le traitement de la « nation la plus favorisée ». Le gouvernement allemand a depuis indiqué minutieusement les articles d'importation italienne, autrichienne, suisse, russe ou autre, auxquels il accordait un tarif de faveur, de façon qu'ils ne fussent pas précisément les objets ordinaires importés par nous. La clause n'en subsiste pas moins, comme une entrave à tout autre traité commercial que l'Allemagne peut conclure avec une puissance étrangère. Après s'être d'abord entourée d'une barrière de douanes prohibitives, pour favoriser son développement industriel, l'*Allemagne*, depuis la chute de Bismarck, a de nouveau ouvert ses portes pour écouler les produits de ses usines et de ses manufactures. Les *chambres de commerce* ont applaudi cette politique comme une bénédiction pour le pays : une pluie d'or est descendue sur l'Allemagne. Mais, si l'on n'y prend garde, le pays pourrait, ses frontières barrées, mourir de faim. Aussi l'État songe-t-il à en développer le cercle. L'union des *chemins de fer* allemands, autrichiens, roumains, hollandais, etc., deviendrait une union douanière, une sorte de *Zollverein de l'Europe centrale*. Sans coup férir, la Prusse atteindrait le but de ses visées ambitieuses : car on sait ce que Zollverein veut dire et ce qu'il a produit en Allemagne. Les États-Unis d'ailleurs, la Russie, ces clients essentiels de l'*Allemagne*, voient, comme tous les pays riches en matières premières, leur industrie grandir chaque jour ; la concurrence du Japon (produits textiles) s'accentue sur les marchés de l'Orient. On cherche de nouveaux débouchés et, en attendant, on se prépare à la revision des *traités de commerce*.

EXPANSION COMMERCIALE EN EUROPE.

Il ne faut pas l'oublier, la *Fédération* allemande est, sous la fastueuse étiquette d'*Empire*, une association d'intérêts. « Nous avons fait, me disait un habitant de Stuttgart, un mariage de raison. » L'Empire est une affaire : aussi l'*expansion commerciale* de l'Allemagne a-t-elle été la conséquence immédiate de son union.

De tous les voisins de l'Allemagne, la *Russie* est son meilleur client : le chiffre de leurs affaires communes dépasse le milliard. L'Allemagne importe des machines de toute sorte : c'est le grand fournisseur de l'outillage industriel qui se crée avec les éléments fournis par nous. On dirait la province russe de Pologne devenue comme une annexe industrielle de la Silésie : fabriques de savon, de vinaigre, de cordages, verreries, papeteries, tout y est entre les mains des Allemands. L'importation de l'Allemagne en Russie dépasse de beaucoup celles de la Grande-Bretagne, de l'Autriche-Hongrie et de la France réunies. « Notre

industrie et notre commerce qui se consument de routine et d'inanition n'ont pas su tirer parti de l'alliance. »
Le voyageur de commerce français est un phénomène là-bas. De même en *Suède*, en *Norvège*, en *Danemark*, pays qui cependant paraissent nous être sympathiques.

Les Allemands y sont nombreux; ils ont conquis le marché de la *Suède* sur l'Angleterre et travaillent maintenant à exploiter les chutes d'eau pour l'installation d'usines électriques. Presque tout le sucre de *Norvège* vient d'Allemagne. Une association commerciale allemande est en passe de devenir prépondérante à *Copenhague*.

En *Belgique*, Anvers a l'air d'être allemand : les agents politiques et commerciaux, les maisons de commerce d'Allemagne y font la loi. Ce port est un point de départ de la ligne *Hambourg-America-Linie*, vers la Chine et le Japon. Les Allemands prélèvent ainsi par les transports une part des bénéfices réalisés par l'industrie belge.

A *Londres*, ce n'est qu'un cri contre l'invasion germanique : le chiffre de ses importations y dépasse de 70 millions celui de l'importation anglaise en Allemagne. A peine est-il besoin d'indiquer la *Hollande*: les Allemands la considèrent comme leur porte de sortie indispensable sur l'Océan et, bien que si près de nous, ils y vendent l'article de Paris, fabriqué à Berlin ou à Breslau.

Notre rupture économique avec la *Suisse* a profité aux Allemands qui ont pris en partie notre place; leur commerce a aussi trouvé dans la ligne du Saint-Gothard un utile foyer d'appel pour les marchandises de transit.

En *Italie*, en *Espagne*, le bon marché des produits allemands, une certaine apparence des choses, de grandes facilités de crédit ont amené un afflux considérable; les cotonnades anglaises elles-mêmes ont reculé. De l'*Autriche-Hongrie* l'on peut dire qu'elle est une annexe commerciale de l'Allemagne.

La *Serbie* n'échappe guère aux commis voyageurs allemands et aux offres de payement facile. Quant à la *Roumanie*, elle nous emprunte et commande aussitôt aux ateliers allemands un outillage complet de chemins de fer, de ponts, de fortification. C'est un fief des Hohenzollern; le charbon même y vient de Westphalie.

Malgré la dernière guerre gréco-turque et l'attitude nettement partiale du gouvernement allemand, il ne semble pas que la *Grèce* soit redevenue pour l'Angleterre le client fidèle qu'elle était autrefois.

A *Constantinople*, l'Allemagne tient le haut du pavé : canons, fusils, pistolets et munitions, navires de guerre, machines électriques, produits chimiques, elle fournit tout cela. L'armée turque a été réorganisée par des instructeurs allemands, ses officiers vont se former à Berlin; l'empereur d'Allemagne est l'ami du sultan.

AUX ENVIRONS DE BERCHTESGADEN ET DE TRAUNSTEIN. *Phot. Francoula.*

EXPANSION DANS LE MONDE.

En *Asie*, les marchandises importées notamment par le port de Trébizonde sont de provenance allemande; Alep, l'intérieur de la *Palestine*, malgré une préférence marquée pour les produits français, échappent de plus en plus à notre action. Nous vivons trop de souvenirs et de situations établies. Ce sera pire avec la voie ferrée construite par les Allemands entre la pointe d'Asie, en face de Constantinople, et Biredjik sur l'Euphrate, avec retour de Biredjik à Damas.

L'Allemagne possède dans l'*Inde*, malgré l'universelle présence anglaise, une trentaine de maisons : elle y expédie sous le nom d' « articles de Paris » quatre fois plus de marchandises que nous : c'est le triomphe de la camelote.

Il y a un demi-siècle que les maisons de Hambourg ont des succursales en *Chine*; mais le mouvement de ce côté est récent. Plusieurs centaines de navires allemands entrent annuellement à Hong-Kong, et beaucoup de navires anglais y sont importateurs de produits allemands (quincaillerie, couleurs d'aniline, armes de guerre, lainages). Voici l'Allemagne à *Kiao-Tchéou* : l'exploitation des houilles, les constructions

ROUTE DE RAMSAU. *Phot. Fernande.*

de chemins de fer, l'outillage à créer dans un pays immense et dépourvu, tout cela promet à son esprit d'entreprise et à son avidité un ample butin d'avenir.

Il se publie à Berlin un *journal chinois* que l'on expédie aux vice-rois, aux mandarins et aux principaux négociants du Céleste-Empire, afin de leur faire connaître les ressources de l'industrie allemande. Même chose pour le *Japon*, avec catalogues en japonais, prix-courants, échantillons. Le Japon achète à l'Allemagne quatre fois plus de marchandises qu'il ne lui en envoie. Pour accélérer le mouvement des échanges, une mission d'études vient de parcourir le Japon et la Chine comme l'a fait la grande mission envoyée par le haut commerce et l'industrie de Lyon.

La *Chine* est à l'ordre du jour : aucun marché n'est comparable à celui-là ; tout est à créer. Il y en a pour cent ans et pour tout le monde. Aussi les puissances ont-elles pris position près de la capitale : chacun veut sa part d'influence et d'affaires et surveille étroitement son voisin. La Mandchourie est sous la main des Russes et *Pékin* n'est pas loin. L'Angleterre, sans rêver un partage de la Chine, a par avance voulu éliminer tout rival de ce qu'elle considère comme la meilleure part, c'est-à-dire la région du *Yang-tsé*. Par traité, la Chine a promis

TORRENT DE L'ACHE.

de ne permettre à aucune puissance un établissement dans la vallée du fleuve ; en cas d'impuissance à défendre cet engagement, l'Angleterre devrait en assurer le respect. Dans ce but, les Anglais ont songé à réorganiser l'armée chinoise à leur profit. Mais ces beaux projets oublient de compter avec un facteur important du problème, c'est-à-dire le peuple chinois tout entier : 300 millions et demi d'habitants. Cette masse profonde représente une force d'inertie avec laquelle il faudra longtemps compter.

Un service maritime régulier relie Hambourg à la *Sibérie* par la navigation de l'Obi et de l'Iénisséi ; des agences établies à Tioumen, Tomsk, Iénisséisk, déploient une grande activité. Le « Bon Marché » de Vladivostok appartient à une maison de Hambourg. Plus d'un projet va éclore, lorsque sera terminé le chemin de fer transsibérien.

Le trafic des Allemands en **Afrique**, exception faite de leurs protectorats, se porte principalement sur l'*Égypte*, la *Tripolitaine*, l'*Algérie*,

LE LONG DE LA ROUTE DE RAMSAU.

Tunisie, le *Maroc*, le *Cap* et ses environs, *Port-Natal*, *Delagoa*, *Zanzibar*. La ligne *Ost-Africa*, qui dessert Delagoa, met Hambourg en communication directe avec le *Transvaal*, l'un des meilleurs marchés de l'Allemagne (armes, chemins de fer, machines...). Les Allemands sont nombreux à Johannesburg, dans le Natal, au Cap même, où ils font une sérieuse concurrence aux Anglais.

Mais l'**Amérique** a été pour l'expansion allemande un terrain plus que tout autre favorable. Les Allemands sont près de trois millions aux **États-Unis** ; en outre il faut compter pour 7 millions les descendants d'émigrés allemands naturalisés américains : en tout, plus de 9 millions et demi, soit un septième de la population totale de l'Union. La tension qui s'est manifestée entre les États-Unis et l'Allemagne à la suite du tarif protecteur *Dingley* n'a pas éteint, mais seulement atténué, le mouvement des transactions. Reprenant le système de la concurrence sur place qui leur a si bien réussi chez leurs voisins de l'est, les Allemands fondent à présent des usines sur le sol même des États-Unis ; de grands capitaux s'engagent dans ces entreprises. De leur côté, les Américains viennent par milliers se former aux méthodes allemandes : les machines et les outils de leur pays affluent avec eux en échange des produits chimiques, des soieries, des jouets, des vins mousseux.

Au *Mexique*, au *Guatémala*, au *Nicaragua*, l'action des Allemands progresse, partout où le climat leur permet de vivre. Ils sont en train de supplanter les Anglais au *Vénézuéla* (aiguilles, aciers, machines, coutellerie, cordes, batterie de cuisine). La province *brésilienne* de Saint-Paul en possède une vraie colonie ; il en sera de même bientôt dans celle de Saint-Catherine et aux environs de Rio Grande do Sul. Les trois quarts du commerce du *Parana* sont entre les mains de maisons allemandes ; vins frelatés, produits médiocres sous des étiquettes françaises, fer, quincaillerie, produits pharmaceutiques, tout y afflue de Hambourg par des services hebdomadaires de navigation. Après le *Brésil* et la République *Argentine*, le *Chili* devient à son tour un client attitré de l'Allemagne.

L'**Australie**, la *Nouvelle-Zélande* comptent plus de 200,000 Allemands, et le chiffre de leurs affaires est considérable, ce qui ne laisse pas de préoccuper les Anglais.

Pour l'ensemble des transactions, et si l'on compare les chiffres des dernières statistiques officielles, les principaux **clients** de l'*Allemagne* sont : la Grande-Bretagne, les États-Unis d'Amérique, la Russie, l'Autriche-Hongrie, la France, les Pays-Bas, la Suisse, la Belgique, les Indes, l'Italie, la Suède, la République Argentine, le Danemark, le Brésil, l'Australie, le Chili, la Norvège. A l'*importation*, les États-Unis, la Grande-Bretagne, la Russie, l'Autriche-Hongrie et la France viennent en tête ; à l'*exportation*, la Grande-Bretagne, l'Autriche-Hongrie, la Russie, les États-Unis, les Pays-Bas, la Suisse, la France, la Belgique. Ces quatre pays : *Grande-Bretagne, Autriche-Hongrie, Russie, États-Unis d'Amérique* prennent plus de la moitié du commerce extérieur de l'Allemagne, avec cette différence que pour la Grande-Bretagne, les chiffres de l'importation (777 millions de marcs en 1899) et de l'exportation (851) s'équilibrent

LE *HINTER-SEE*.

Phot. Fernande.

à peu près, tandis que les États-Unis, contre 907 millions d'importations, n'atteignent à l'exportation que 377 millions!

Avide de se faire une place, la plus large possible et sans délai, l'Allemagne s'est jetée à corps perdu dans toutes les entreprises. Des milliers d'agents ont noué entre les émigrants allemands et la mère patrie un réseau serré d'intérêts : capitaux et navires ont afflué. De longs crédits, l'investigation incessante, la modicité des prix, et aussi, il faut bien le dire, l'emploi sans scrupule d'étiquettes illustrées par d'autres ; enfin la préparation, le travail, la persévérance, tels ont été les principaux facteurs du premier succès.

ÉMIGRATION.

L'essor économique de l'Allemagne ne s'est pas produit sans déboires. Au début, sous la poussée de nos milliards, on se jeta dans toutes les entreprises à la fois : chacun crut voir le Pactole à sa porte. Mais à ce mouvement sans préparation tout manquait : les machines, les ouvriers, la direction, l'expérience. Les entreprises croulèrent comme châteaux de cartes ; il y eut faillite sur faillite, et la déconfiture générale entraînant les désabusés, ce fut un véritable exode de l'Allemagne outre-mer. Le principal courant se portait vers l'Amérique.

La plus forte proportion de départs s'est produite dans la période 1881-1885, qui accuse 410,469 Allemands et 126,884 étrangers émigrés par *Brême* ; 296,575 Allemands et 190,248 étrangers, par *Hambourg*. D'autres ports allemands, les ports français, surtout Anvers, Rotterdam et Amsterdam ont encore embarqué de nombreuses caravanes : en tout, 712,947 Allemands émigrés dans cette seule période de quatre ans. La plupart se dirigeaient sur les États-Unis : plus de 500,000 y sont allés en ces dix dernières années, et l'afflux de l'immigration germanique dans les pays de l'Union représente 95 pour 100 de l'émigration totale hors d'Allemagne pour la période 1871-1898. Mais depuis 1894, il y a comme un détournement du flot immigrant sur le Canada, le Brésil et l'Afrique.

Un moment, le gouvernement s'émut, craignant de voir le sol se dépeupler outre mesure ; le recrutement de l'armée allait peut-être se trouver compromis et l'émigration humaine entraînant une émigration de capitaux, c'était pour l'Allemagne une perte notable. Le mouvement général semble enrayé aujourd'hui (23,740 émigrés en 1899, au lieu de 120,089 en 1891), et ce ne sont pas les seuls Allemands, mais aussi des Russes, des Polonais, qui peuplent dans les ports d'Allemagne ces immenses caravansérails flottants construits spécialement pour le service de l'émigration. D'ailleurs le gain que les émigrés ont valu à la mère patrie, pour l'extension de son commerce et l'accroissement de son industrie, est considérable : grâce à eux, une clientèle allemande s'est formée à tous les coins du monde. Aussi les mesures défensives prises dans un moment de crainte par le gouvernement sont-elles tombées d'elles-mêmes : l'administration se borne maintenant à des formalités de surveillance pour garantir les partants contre les agences interlopes qui trop souvent les ruinent même avant leur départ, après les avoir attirés par de séduisantes promesses.

Les vides causés en Allemagne par le départ des *émigrés* sont depuis longtemps comblés; la population n'a cessé de croître : il s'est même produit comme une sorte d'**émigration** *à l'intérieur*, de l'est à l'ouest et des *campagnes à la ville*. Tandis que la population rurale formait encore en 1871 les 64 pour 100 de la population totale, elle est tombée aujourd'hui à moins de moitié. De là vient pour certaines grandes villes (Berlin, Dresde, Hanovre, Brême, Hambourg) un progrès hors de proportion avec l'excédent de la natalité; de là encore l'accroissement minime (3 pour 1,000) constaté dans les provinces de la Prusse orientale et de la Poméranie, bien que l'excédent des naissances y soit de 13 par 1,000 habitants. Douze millions d'hommes ont afflué dans les centres urbains depuis trente ans. (Voy. notre carte de l'*Allemagne industrielle*.)

COLONIES

Après avoir traité de folie notre double établissement en Tunisie et au Tonkin, les Allemands se sont hâtés de nous imiter, dans la pensée que leurs comptoirs établis chez les différents peuples ne suffiraient plus à l'écoulement de leurs produits le jour où ces peuples s'enfermeraient derrière une barrière protectrice : les États-Unis ont bien prouvé depuis que ces prévisions étaient fondées.

La *conférence de Berlin* ayant réglé entre les puissances le partage de l'Afrique, un empire colonial était né pour l'Allemagne, décousu encore, fait de territoires sans maîtres, peu appréciés jusque-là; mais par la construction de voies ferrées, l'organisation de services maritimes postaux, la création d'une troupe impériale de protectorat, ces terres lointaines sont devenues portion intégrante de la patrie allemande et, sous un nom d'emprunt, *Schutzgebiete*, et le couvert de nombreuses Sociétés, de véritables colonies.

Les territoires de *protectorat allemand*, répartis en Afrique, en Océanie et en Asie, représentent ensemble 2,597,498 kilomètres carrés avec 12,200,000 habitants, d'après des calculs vraisemblables. D'aussi vastes territoires seraient précieux s'ils étaient également prospères.

En **Afrique**, *Togo* n'a qu'une vue limitée sur la côte de Guinée, sa plage, basse, marécageuse est d'un accès difficile; mais les Allemands espèrent attirer vers eux (Lomé et Bagida), aux dépens des comptoirs anglais de la Côte d'or et des Français du Dahomey, tout le commerce de l'intérieur. Il est douteux qu'ils y réussissent; mais *Togo* est la plus prospère de leurs colonies. — 87,200 kilomètres carrés; 2 millions d'habitants. Annexion : 15 juillet 1884.

Cameroun (Bells et Akwasdorf) ouvre aux Allemands la route de l'Afrique centrale : le littoral est inhabitable pour eux; mais à l'intérieur on trouve des terrains élevés plus favorables. Les Hambourgeois y cultivent avec succès le riz et le café. — 493,600 kilomètres carrés; 3,500,000 habitants. Annexion : 14 juillet 1884.

Le *Sud-Ouest africain* allemand (Angra-Pequena, Lüderitz-B.) est aride, d'un abord pénible, entravé par l'enclave anglaise de Walfisch-Bay. — 830,960 kilomètres carrés; 200,000 habitants seulement. Annexion : 7 août 1884.

L'*Afrique orientale* allemande est mieux partagée : l'ivoire, le riz, le caoutchouc, le copal, les bois de construction y abondent et assurent un fructueux trafic; le coton, le café, le cacao y réussissent. Les ports sont bons : *Dar-es-Salam*, *Bagamoyo*, *Kiloa*. Dans l'intérieur, *Tabora* compte 20,000 habitants; Karema s'élève sur la rive orientale du grand lac Tanganyika. Un chemin de fer de pénétration part de la côte; d'autres sont en projet; les plantations se multiplient. — 941,100 kilomètres carrés; 6 millions d'habitants. Annexion : novembre 1884 (Usagara).

Océanie. L'Allemagne possède en *Nouvelle-Guinée* la partie orientale de l'île ou *Kaiser-Wilhelm-Land* (terre de l'empereur Guillaume) : port Frédéric-Guillaume (181,650 kilomètres carrés; 100,000 habitants. Annexion : novembre 1884); à l'est, l'archipel *Bismarck* et les îles *Salomon* (coton, café, cacao); au nord-est, les îles coralliques *Marshall* (Jaluit) qui produisent le copra (415 kilomètres carrés, 16,000 habitants. Annexion : 16 octobre 1885); les *Carolines* et les *Mariannes*, d'acquisition récente. Ces îles constituent un point d'approche précieux dans le voisinage des Philippines, non loin de la Chine et du Japon. En *Polynésie*, les îles *Samoa*, depuis longtemps convoitées par l'Allemagne, ont en fait perdu leur indépendance.

Enfin, en **Asie**, le territoire affermé de *Kiao-Tchéou* (515 kilomètres carrés; 84,000 habitants) met les Allemands au seuil de la Chine.

De tous ces territoires, il en est peu qui puissent constituer des *colonies de peuplement*. Ce sont des *comptoirs*, des postes de relâche, des *terrains d'exploitation*, amorces de débouchés nouveaux; à ce titre, les territoires de protectorat allemand empruntent à leur situation une réelle valeur. L'Allemagne a déjà retiré de sa politique *coloniale* une notable extension de son influence : ses produits sont connus là où l'on n'en soupçonnait même pas l'existence; la marine marchande et la marine militaire ont pris un essor imprévu, et partout le prestige a suivi le drapeau.

MON BATELIER DU *KÖNIG-SEE*

TABLE ANALYTIQUE

des SUJETS traités dans l'Allemagne contemporaine illustrée

GÉOGRAPHIE PHYSIQUE : LE SOL

	Pages.
Vue d'ensemble du relief et des eaux	59
Climats	61
Pluies	62
Forêts	63
Désinences géographiques	66

	Pages
Grandes Régions : le Nord et la Côte	1
L'Ouest et le Rhin	63, 67, 99, 129 162
Région intermédiaire de l'Ems et du Weser	169 176
Artère centrale de l'Elbe	198
Plaine orientale	216
Région du Sud : Danube et Alpes de Bavière	235

MONTAGNES. — (*Les passages sont en italique.*)

Achalm, 81.
Achen Pass, 262.
Achtermannshöhe, 178.
Adlerberg, 273.
Albuch, 79.
Alpes bavaroises, 255.
Alpes d'Algau, 258.
Altvater, 223.
Arlberg, 262.
Auerberg, 178.
Baar, 80.
Ballon d'Alsace, 100, 103.
Ballon de Guebwiller, 100, 101.
Ballon de Servance, 100.
Bärenkopf, 100.
Bastei, 200.
Battert, 75.
Beerberg (Grand), 183.
Belfort (trouée de), 101.
Benediction Wand, 258.
Boskides, 223.
Blesberg, 183.
Bonhomme (col de), 106.
Bopser, 81.
Bramont (col de), 106.
Bregenzerwald, 258.
Brenner, 254.
Brézouars (Grand), 100.
Brocken, 177.
Bussang (col de), 106.
Bussen, 236.
Campfer, 253.
Champ du Feu, 100.
Charbonniers (val des), 104.
Chaumes (Hautes), 100, 103.
Climont, 100.
Crête baltique, 216.
Crête carpathique, 216.
Dalkauer höhe, 216.
Défilé d'Enfer, 72.
Deister, 194.
Delmar, 183.
Donon, 100, 104.
Drachenfels, 155, 156.
Drumont, 100.

Dün, 210.
Eggegebirge, 170.
Eichelberg, 136.
Eichsfeld, 209.
Eifel, 151.
Eisenzgau, 88.
Elwangerberge, 81.
Engadine, 253.
Erensberg, 132.
Erzgebirge (monts des Métaux), 202.
Eulengebirge, 223.
Externsteine, 170.
Falkenstein, 130.
Faucilles, 101.
Feldberg, 72.
Feldberg (Grand), 130.
Fern Pass, 262.
Fichtelberg, 90.
Fildor, 81.
Finne, 211.
Forêt Noire (Schwarzwald), 71.
Frankenhöhe, 88.
Frankenthal, 105.
Frankenwald, 91.
Fuutensee-Tauern, 261.
Geisberg, 100.
Gesenke, 223.
Gross-Glöckner, 259.
Gross-Venediger, 259.
Grotenbourg, 170.
Grünberg, 216.
Grünten, 258.
Habichtswald, 181.
Hagengebirge, 259.
Heinich, 210.
Hainleite, 211.
Hardt, 101, 125.
Härtfeld, 79.
Harz, 176.
Hassberge, 90.
Haut des Héraux, 100.
Heimgarten, 258.
Heinrichshöhe, 178.
Hellberge, 210.

Heuberg, 79.
Hexentanzplatz, 212.
Hirschbühel, 260.
Hirschprung, 72.
Hochkalter, 259.
Hochkönig, 259.
Hochthron, 259.
Hochwald, 125, 221.
Hohenneuffen, 80.
Hohenstaufen, 81.
Hohes Brett, 261.
Hohes Rad, 222.
Hohneck, 100, 105.
Hoheneklippe, 178.
Hornisgrinde, 73.
Hörselberg, 210.
Hunsrück, 129.
Idarwald, 129.
Inselsberg, 183.
Isergebirge, 221.
Jeschengebirge, 221.
Julier, 253.
Jura franconien, 88.
Jura souabe, 79.
Kahlersberg, 261.
Kaiserstuhl, 71.
Kaisergebirge, 259.
Kalte Herberge, 130.
Kampenwand, 259.
Karwendel, 248, 259.
Katzenbückel, 96.
Katzengebirge, 216.
Kellberg, 262.
Kickelhahn, 183.
Kieferle, 91, 183.
Kitzbühlloralpen, 259.
Knebis, 73.
Knülgebirge, 180.
Knich, 210.
König (alt), 130.
Königstein, 200.
Kornbühl, 80.
Kössein, 90.
Kraichgau, 88.
Kreuzberg, 93.
Kreuz-Spitze, 258.
Krkonosch, 221.
Krottenkopf, 258.

Kühkopf, 129.
Kuhstall, 200.
Kyffhäuser, 211.
Langres (plateau de), 101.
Lauchenkopf, 101.
Lilienstein, 200.
Löwenbourg, 155.
Löwensteinerberge, 81.
Lusace (monts de), 221.
Mädele Gabel, 258.
Maloja, 253.
Mangfallgebirge, 258.
Mäuseberg, 153.
Meissner, 180.
Mercure (mont), 75.
Minderberg, 155.
Mittelgebirge, 199.
Moelibocus, 96.
Moine (le), 212.
Moosberg, 187.
Moosenberg, 152.
Mur du Diable, 212.
Niederwald, 131.
Oberharz, 178.
Oberhohenberg, 80.
Ochsenkopf, 90.
Odenwald, 87, 96.
Oderen (col d'), 106.
OEhrberg, 155.
Ohnberg, 210.
Ormont, 150.
Oybin, 221.
Passages des Alpes bavaroises, 261.
Passages des Vosges, 103.
Peissenberg, 261.
Pfänderberg, 258.
Pferdskopf, 130.
Pigeonnier (col de), 100.
Pinzgau (haut), 254.
Plateau de Poméranie, 217.
Probstschthor, 200.
Rauhe-Alp, 80.
Rauhe Wanne, 79.
Ramberg, 178.
Rammelsberg, 178, 180.
Rochberg, 80.

Regenstein, 212.
Reifträger, 222.
Reinhardswald, 181.
Reiteralpe, 259.
Rennsteig, 183.
Reschen (col de), 254.
Rhön, 93.
Riesengebirge, 221.
Rindalp-Horn, 258.
Risserkogel, 258.
Rossberg, 80, 100.
Rossert, 130.
Rosskopf, 100.
Rosstrappe, 212.
Rothaargebirge, 155.
Rothenbach, 100.
Rothewand, 246.
Rübezahl (pays de), 222.
Saales (col de), 106.
Saint-Maurice, 253.
Salet-Alp, 261.
Scharteberg, 152.
Schlossberg, 88.
Schlucht (col de la), 105.
Schmücke, 183.
Schneegruben, 222.
Schneeberg, 90.
Schneekopf, 183.
Schneekoppe, 222.
Schneib, 261.
Schnabuch, 81.
Sept-Montagnes (les), 155.
Soulingswald, 180.
Siebengründe, 222.
Solling, 187.
Solstein, 259.
Soonwald, 129.
Spessart, 94.
Spitzberg, 203.
Spitzer, 217.
Staffel, 258.
Staufen, 250.
Steigerwald, 88.
Steinberg, 217.
Steinberge, 259.
Steinerne-Renne, 212.

Steinernes-Meer, 259.
Sturmhaube, 222.
Sudètes, 223.
Suisse franconienne, 93.
Suisse saxonne, 199.
Tafelfichte, 221.
Tanneck, 100.
Taufstein, 94.
Taunus, 129.
Teck, 81.
Teufelswand, 94.
Teutoburgerwald, 169.
Thüringerwald, 91, 183.
Tonnerre (mont), 126.
Trauchberg, 258.
Unterharz, 178.
Untersberg, 259.
Valdieu (bief de), 101.
Venn (Hohe), 154.
Ventron (Grand), 100.
Vogelsberg, 94.
Vogtland, 93.
Vosges, 99.
Vosges : forêts, 102 ; — pâturages, 103 ; — sommets et passages, 103 ; — vallées, 104 ; — moraines, 109 ; — climat, 109.
Waiblingen, 81.
Waldstein, 90.
Wasserkuppe, 93.
Watzmann, 259.
Welsheimerwald, 81.
Wendelstein, 258.
Wesphalie (porte de), 187.
Westerwald, 155.
Westrich, 128.
Wetterstein, 259.
Wichengebirge, 187.
Winterberg (Grand), 100.
Wolkenbourg, 155.
Wormspel, 105.
Ziegenrücken, 221.
Zollern (Hohen), 81.
Zug-Spitze, 259.

FLEUVES ET LACS. — (Les lacs sont en italique.)

Achen-See, 248, 202.
Ahr, 154.
Alb, 72.
Alf, 152.
Allaine, 104.
Alle, 232.
Aller, 197.
Alp-See, 246.
Alster, 7.
Altmühl, 237.
Alz, 254.
Alzette, 147.
Ammer-See, 249-50.
Amper, 249.
Aue, 176.
Baumwald-See, 246.
Béchine, 106.
Bille, 8.
Blanc (lac), 106.
Blau, 86-236.
Blies, 126.
Bober, 221.
Bodo, 178-212.
Bourtange (marais de), 175.
Brahe, 217.
Brege, 235.
Brigach, 235.
Chiem-See, 254.
Constance (lac de), 65.
Cours d'eau bavarois, 245.
Dachauer-Moos, 248.
Dammscher-See, 28, 226.
Danube, 235-36.
Daven, 108.
Deimo, 31.
Delvenau, 15.
Diemel, 181.
Dievenow, 27.
Dollart (golfe de), 173.
Doller, 104.
Donau-Moos, 237.
Donau-Ried, 237.
Dratzig, 217.
Dreisam, 72.
Drewenz, 232.
Dummeritz, 28.
Eder, 181.
Eib-See, 248.
Eider, 15, 218.

Eisach, 254.
Eisthal, 261.
Elbbach, 199.
Elbe, 16, 198, 202, 214, 216.
Elster noire, 202.
Elz, 152.
Ems, 170, 173.
Erdinger-Moos, 248.
Erft, 151.
Erlitz, 199.
Etsch, 254.
Fave, 106.
Feder-See, 236.
Forse, 217.
Fils, 81.
Finow (canal), 220.
Fievo, 2.
Formarin, 246.
Fulda, 151.
Giessen, 106.
Gutach, 73.
Haase, 170.
Hamme, 197.
Hasel, 184.
Havel, 220.
Helme, 209.
Hinterau (val), 248.
Hinter-See, 260.
Hollandsch Diep, 169.
Hopfen-See, 246.
Hörsel, 184.
Hunte, 176, 197.
Idar, 126.
Ijssel, 169.
Ill, 112.
Iller, 245.
Ilm, 208.
Ilmenau, 214.
Inn, 253.
Innerste, 185.
Isar, 248-50.
Isenach, 126.
Iser, 221.
Itz, 91.
Jagst, 81.
Jamund, 29.
Jungfern-See, 220.
Kinzig, 73.
Kirnitzsch, 200.

Kochel-See, 249.
Kocher, 81.
König-See, 261.
Kremmo-Rhyn, 169.
Küddow, 217.
Kummerow, 217.
Kyll, 152.
Laach, 153.
Lahn, 135.
Largue, 112.
Lauch, 106.
Lauchert, 236.
Lauter, 109, 117.
Lauter souabe, 236.
Leba, 217.
Loch, 246.
Loda, 173.
Loina, 184.
Leine, 193.
Lek, 169.
Liepvrette, 106.
Lieser, 152-53.
Lippe, 170.
Lisaine, 104.
Legelbach, 110
Loisach, 248.
Maas, 169.
Main, 90-92.
Malchin, 217.
Masures (pays des), 233.
Meerfelder-Maar, 153.
Memel, 30.
Minge, 30.
Moder, 117.
Moldau, 198.
Moselle, 145.
Moselotte, 108.
Mottlau, 29, 217.
Müggel-See, 220.
Mulde, 203.
Murg, 74.
Nab, 237.
Nagold, 81.
Nahe, 126.
Narew, 233.
Nockar, 81.
Neisse, 223.
Ner, 224.
Netze, 225.
Nied, 121.

Niémen, 44.
Niers, 164.
Nogat, 29.
Noir (lac), 105.
N. Rhin (canal), 220.
Ober-See, 261.
Obra, 224.
Ocker, 185.
Oder, 223.
Oder-Bruch, 225.
Ohe, 176.
Ohlau, 273.
Ohre, 214.
Oos, 75.
Oppa, 223.
Orne de Woëvre, 117.
Osto, 197.
Oude-Maas, 169.
Oude-Rhyn, 169.
Our, 154.
Pader, 170.
Panke, 39.
Parnitz, 28.
Parthe, 204.
Partnach, 248.
Passarge, 232.
Peene, 27, 217.
Pegnitz, 89.
Persante, 217, 29.
Pfrimm, 126.
Piller-See, 254.
Plaine, 104.
Plan-See, 202.
Plane, 220.
Pleisse, 204.
Polenzgrund, 200.
Pöllat, 246.
Pregel, 232.
Presle, 104.
Pulver-Maar, 153.
Queich, 104, 126.
Queiss, 221.
Rabodeau, 104.
Radaune, 30, 217.
Ratzebourg, 24.
Rednitz, 93.
Rega, 217.
Regen, 237.
Regnitz, 93.
Rems, 81.

Rench, 73.
Rezat, 93.
Rhin, 60. — Rhin helvétique, 63. — De Bâle à Mayence, 67, 99. — Boucle du Rhin, 124. — De Mayence à Coblentz, 129. — Cours héroïque, 131. — Rhin stratégique, 137. — De Coblentz à Cologne, 154. — De Cologne en Hollande, 162. — Rhin hollandais, 169. — Ponts du Rhin, 139. — Voies ferrées sur le Rhin, 143. — Rhin navigable, 150, 160. — Or du Rhin, 70. — Routes du Rhin au Danube, 79.
Rhume, 209.
Roer, 164.
Romkerhalle, 186.
Ruppin (canal), 220.
Saalach, 254.
Saale, 202, 208.
Saint-Nicolas, 104.
Salzach, 254.
Sarre, 51, 154, 117.
Schlier-See, 254.
Schmalkade, 184.
Schwalm, 181.
Schwarn-See, 246.
Schwarza, 208.
Schwentine, 10, 218.
Schwerin (lac de), 217.
Seill, 104, 145.
Selle, 178.
Senne, 170.
Sewen, 106.
Sieg, 155, 165.
Speyerbach, 126.
Sprée, 39, 219.
Spreewald (le), 45, 220.
Staffel-See, 249.
Starnberg, 250.
Stecknitz, 15.
Steinhüder-Meer, 194.
Stolpe, 217.
Sure, 147.
Swine, 27.

Tauber, 95.
Tegeler-See, 220.
Tegern-See, 254.
Titi-See, 72.
Tolleuse, 217.
Traun, 254.
Trave, 24, 217.
Uckermark, 217.
Ueberlinger-See, 65.
Unstrut, 208.
Unter-See, 65.
Vecht, 169.
Vezouse, 104.
Vilm, 217.
Vils, 237.
Vistule, 29, 232.
Vlie, 2.
Vologne, 105.
Waal, 169.
Waginger-See, 254.
Wakenitz, 24.
Walchen-See, 248.
Warmbüchen (étang de) 194.
Warnow, 26, 217.
Warthe, 224.
Wehra, 72.
Weinfelden, 153.
Weiss, 106.
Weissach, 254.
Weissen-See, 246.
Weisswasser, 199.
Werra, 183.
Weser (bassin du), 176.
Wesor (fleuve) 186, 197.
Wiese, 72.
Wiescut, 93.
Wimbach-Klamm, 260.
Wolfach, 73.
Wörnitz, 237.
Wümme, 197.
Würm, 219.
Würm-See, 249.
Wutach, 72.
Zell-See, 254.
Zeller-See, 65.
Zierkel, 217.
Zorn, 104, 116.

CÔTES

Alsen, 16.
Amland, 2.
Amrum, 3.
Anholt, 0.
Apenrade, 16.
Arcona, 26.
Belt (Grand-), 10.
Belt (Petit-), 10, 16.
Biesboch, 2.
Borkum, 3.
Bothnie, 24.
Côtes hollandaise et frisonne, 2.

Côte du Mecklembourg, 26.
Côte poméranienne, 27, 29.
Doggerbank, 2.
Dollart, 2, 173.
Danzig (golfe de), 29.
Eiderstedt, 8.
Finlande, 24.
Fionie, 10, 24.
Fischland, 26.
Flèche de Courlande, 31.
Flévo (lac), 2.
Föhr, 8.

Frisches-Haff, 29.
Frise, 8.
Gotland, 23.
Gribitow, 27.
Hallliges, 8, 9.
Hanse (la), 24.
Helgoland, 1, 14.
Hiddensöe, 26.
Horsensfjord, 10.
Jade (golfe de), 2, 17.
Jasmund, 26.
Juist, 3.
Jutland, 9.

Kurisches-Haff, 30.
Laaland, 24.
Laesö, 9.
Langeoog, 3.
Limafjord, 9.
Manö, 8.
Mer Baltique, 23.
Mer du Nord, 1.
Mönchgut, 10.
Norderney, 3.
Nordstrand, 8.
Pellworm, 8.
Putzige-Nehrung, 29.

Romö, 8.
Ruden, 27.
Rügen, 21-26.
Samland, 32.
Samsö, 9.
Schiermonnikoog, 3.
Schleswig-Holstein, 8, 217.
Schokland, 2.
Seeland, 9, 24.
Shetland (Îles), 2.
Skager-Rak, 9.
Spiekeroog, 3.
Sund, 10.

Sylt, 3, 8.
Terschelling, 2.
Texel, 2.
Trichter (entonnoir de), 2.
Urk, 2-3.
Usedom, 27.
Uthland, 8.
Vlieland, 2.
Wangeroog, 3, 17, 18.
Wittow, 26.
Wollin, 27.
Zuiderzée, 2-3.
Zingst, 26.

TABLE ANALYTIQUE

GÉOGRAPHIE POLITIQUE : *LES HABITANTS*

LOCALITÉS ET VILLES. — *(Les noms des localités et villes maritimes sont en italique.)*

Abbach, 237.
Abreschwiller, 124.
Achterwasser, 27.
Ahrweiler, 154.
Aix-la-Chapelle, 163.
Albestrof, 118.
Alexandersbad, 96.
Alexisbad, 212.
Alf, 150.
Allenstein, 232.
Allerheiligen, 74.
Altenahr, 154.
Altkirch, 112.
Altona, 7.
Amanvillers, 124.
Amberg, 53, 237.
Ammerschwir, 110.
Audernach, 154.
Anhalt, 43.
Anklam, 56.
Annaberg, 203.
Antogast, 73.
Apollinaris, 154.
Arnaville, 145.
Arnhem, 109.
Ars, 114.
Aschaffenbourg, 95.
Asterstein, 141.
Audun-le-Tiche, 124.
Ave, 166.
Augsbourg, 247.
Babelsberg, 47.
Bacharach, 133.
Baden-Baden, 73.
Badenwiller, 124.
Bâle-Strasbourg, 123.
Balga, 29.
Ballenstedt, 213.
Bamberg, 93.
Barmen, 164.
Barr, 110, 116.
Bautzen, 219.
Bayreuth, 92.
Befreiungshalle, 239.
Belfort, 119.
Benedictbeuren, 54, 262.
Benestrof, 121.
Bening, 124.
Berchtesgaden, 259.
Berg, 85, 250.
Bergedorf, 214.
Bergen, 27.
Berlin, 35, 40.
Berlin (environs), 44.
Bernbourg, 208.
Berncastel, 151.
Bernock, 92.
Bortrich, 152.
Beuron, 236.
Beuthen, 216.
Beyergeon, 267.
Biebrich, 128.
Bielefeld, 176.
Bingen, 132.
Birkenfeld, 126.
Bischwiller, 124.
Bitche, 142.
Blankenbourg, 179, 195.
Blankenese, 214.
Bochum, 151.
Bodenwerder, 187.
Boll, 80.

Bolwiller, 124.
Bonn, 157.
Boppard, 131.
Borbeck, 53.
Borkum, 173.
Borny, 147.
Botzen, 254.
Boulay, 118.
Bouzonville, 121.
Brake, 208.
Brandebourg, 47.
Brandebourg (Suisse du), 220.
Bredow, 28.
Brême, 3, 4.
Bremnillor, 40.
Breslau, 223.
Brisach (Neuf-), 69, 139.
Brisach (Vieux-), 69, 139.
Brunsbüttel, 15, 16.
Brunswick, 195.
Buchau, 54, 213.
Budweis, 199.
Bullay, 151.
Bunzlau, 201.
Burghausen, 254.
Calw, 83.
Cannstatt, 85.
Carlsbad, 199.
Cassel, 181.
Castel, 128, 140.
Caub, 133.
Cernay, 110.
Chambrey, 114.
Charlottenbourg, 45.
Château-Salins, 104.
Chemnitz, 164, 203.
Ciroy, 124.
Clèves, 70.
Cobern, 151.
Coblentz, 134, 141.
Cobourg, 91.
Cochem, 151
Colmar, 110-11.
Cologne, 140, 150.
Colombus, 54.
Constance, 65.
Conz, 147.
Copenhague, 10.
Courcelles, 121.
Crefeld, 164.
Custrin, 52.
Cuxhaven, 8.
Damerow, 27.
Damm, 28.
Dannemarie, 112, 118.
Danzig, 29.
Darmstadt, 98.
Daun, 152.
Detmold, 187.
Deutz, 141.
Dietkirchen, 136.
Dietz, 136.
Dieuze, 104, 111.
Dillingen, 121.
Dirschau, 53.
Döberitz, 53.
Döhren, 194.
Donaueschingen, 235.
Donauwörth, 86, 237.
Dordrecht, 169.
Düren, 170.
Dornbourg, 208.

Drachenbourg, 157.
Dresde, 200.
Dürkheim, 126.
Durlach, 77.
Dürmenach, 112.
Düsseldorf, 162.
Eberbach, 86.
Ebernbourg, 126.
Ehrenbreitstein, 134, 141.
Ehrenfels, 132.
Eibenstock, 164.
Eisenach, 184.
Elberfeld-Barmen, 168.
Elbing, 29.
Elbingerode, 178.
Ellar, 136.
Elseneur, 10.
Eltz, 151.
Emden, 173.
Ems, 135.
Engers, 86.
Ensisheim, 123.
Erfurt, 210.
Essen, 166, 52.
Esslingen, 83.
Ettal, 249.
Eylau, 223.
Falkenbourg, 152.
Fehrbellin, 219.
Ferrette, 112.
Finstermünz, 253.
Flensbourg, 19.
Fontoy, 124.
Forbach, 145.
Forcheim, 93.
Fraize, 109.
Francfort-s.-le-Main, 96.
Francfort-s.-l'Oder, 52, 224.
Franzensbad, 199.
Fredericia, 10.
Freiberg, 203.
Freudenstadt, 74.
Fribourg-en-Brisgau, 72.
Friedricksroda, 183.
Friedrichshafen, 65.
Froeschwiller, 117.
Fulda, 181.
Fürth, 257.
Furtwangen, 74.
Füssen, 246.
Gundersheim, 103.
Garmisch, 248, 262.
Geestemünde, 172.
Germersheim, 140.
Gomünden, 95.
Gerarode, 212.
Gernsbach, 71.
Gerolstein, 152.
Giessen, 126.
Glatz, 223.
Glauchau, 203.
Gleiwitz, 216.
Glogau, 224.
Glückstadt, 173.
Gnaschwitz, 53.
Godesberg, 157.
Goldap, 50.
Golling, 259.
Görlitz, 221.
Goslar, 224.
Gotha, 184.
Grabow, 28.

Griesbach, 73.
Griesheim, 52.
Guebwiller, 108.
Gumbinnen, 50.
Gutenfels, 133.
Haguenau, 116, 121.
Halberstadt, 212.
Halle, 206.
Hallein, 254.
Hambourg, 5, 6, 7.
Hammelbourg, 52.
Hammerstein, 52, 134.
Hanau, 53.
Hanovre, 190, 193.
Harbourg, 214.
Harggerode, 213.
Hayange, 114, 168.
Heidelberg, 77.
Heidenheim, 83.
Heilbronn, 83.
Heiligendamm, 26.
Heinrichenberg, 267.
Hela, 29.
Helmstedt, 195.
Helsingborg, 10.
Herrenchiemsee, 254.
Hersfeld, 56.
Hildburghausen. 183.
Hildesheim, 188.
Hochstedt, 237.
Hof, 208.
Hohenschwangau, 246.
Hoh-Kœnigsbourg, 110.
Hollenau, 19, 16.
Holzminden, 187.
Hombourg, 129.
Honau, 80.
Horb, 82.
Hornberg, 74.
Huningue, 114, 123, 139.
Iéna, 209.
Igel, 150.
Ilmenau, 183.
Ilsenbourg, 177.
Immenstadt, 243.
Ingolstadt, 237.
Innsbruck, 254.
Insterbourg, 50.
Josephstadt, 223.
Jüterbog, 53.
Kaiserslautern, 127.
Kalhausen, 121.
*Kamm*m, 27.
Karlsruhe, 76.
Katwyk, 169.
Kaysersberg, 110.
Kehl-Strasbourg, 123, 139.
Kelheim, 237.
Kempten, 245.
Kiel, 10, 11.
Kissingen, 93.
Kjöge, 10.
Klausthal, 178.
Königgrætz, 223.
Königsberg, 31.
Königshütte, 165, 216.
Königstuhl, 131.
Koenigswinter, 156.
Kolberg, 29.
Kolo, 224.
Korneuburg, 267.
Korsör, 10.

Kösen, 208.
Köslin, 29.
Kottbus, 219.
Kreuznach, 126.
Kronberg, 10.
Krüth, 108.
Kufstein, 254.
Kummersdorf, 53.
Küstrin, 224.
Lahneck, 135.
Lahr, 50, 75.
Lamsdorf, 52.
Landau, 126.
Landeck, 253.
Landshut, 223.
Landsberg, 247.
Landskron, 154.
Landskrona, 10.
Lautenbach, 109, 124.
Lautenthal, 178.
Lauterbourg, 117.
Lechfeld, 52.
Leer, 173.
Lehrte, 43.
Leipzig, 204, 206.
Lemmingen, 80.
Leopoldshöhe, 123.
Lermoos, 248.
Leyde, 169.
Lichtenstein, 50.
Liebenstein, 183.
Limbourg, 136.
Linden, 194.
Linderhof, 250.
Linz, 854.
Lobourg, 52.
Lochstädt, 29.
Lockstedt, 52.
Lofer, 260.
Lorch, 133.
Lorquin, 124.
Lörrach, 123.
Louisenbourg, 90.
Lübben, 219.
Lübeck, 24, 25.
Lucelle, 113.
Ludwigsbourg, 85.
Ludwigshaven, 71.
Lünebourg, 213.
Larlei, 133.
Magdebourg, 213.
Mägdesprung, 202.
Malmö, 25.
Manderschied, 153.
Manuheim, 78.
Mansfeld, 178.
Marbourg, 136.
Marckolsheim, 123.
Marienbad, 199.
Marienberg, 95.
Marienbourg, 40.
Mars-la-Tour, 147.
Massevaux, 108.
Mäusethurm, 133.
Maxbourg, 126.
Mayence, 127, 140.
Meissen, 201.
Melnik, 199.
Memel, 32.
Meiningen, 182.
Meppen, 12, 54, 173.
Moran, 254.

Mettlach, 148.
Metz, 141, 145.
Motzéral, 124.
Miltenberg, 95.
Minden, 186.
Misbourg, 194.
Mittenwald, 248.
Moabit, 42.
Molsheim, 109, 110, 123.
Mommenheim, 121.
Moselkorn, 151.
Moyeuvre, 114.
Moyeuvic, 114.
Müggendorf, 93.
Mulhouse, 112.
München-Gladbach, 164.
Münden, 186.
Munich, 280.
Münsingen, 82.
Münster, 105, 108, 172.
Münster-am-Stein, 126.
Murbach, 109.
Murnau, 249.
Mur pates, 118.
Mutzig, 123.
Myslowitz, 216.
Nachod, 223.
Nassau, 135.
Nauders, 254.
Neuenahr, 154.
Nuenbourg, 139.
Neufahrwasser, 29.
Neunkirchen, 124, 148.
Neu-Schwanstein, 246.
Neustadt, 126.
Neuwerk, 265.
Neuwied, 154.
Niederbronn, 113.
Nordenham, 173.
Nordhausen, 178, 212.
Nördlingen, 86, 237.
Novéant, 124.
Nüremberg, 88.
Nyborg, 10.
Ober-Ammergau, 249.
Oberau, 249.
Oberhausen-Sterkrader, 166.
Oberhof, 183.
Oberhofen, 124.
Oberlahnstein, 135.
Obermodern, 121.
Obernai, 110.
Oberstein, 126.[
Obertsdorf, 245.
Oberwesel, 134.
Ochsenfurt, 95.
Offenbach, 10.
Offenbourg, 50.
Oldersum, 173.
Oliva, 41.
Olmütz, 223.
Oranienbourg, 42.
Orbey, 108.
Osterode, 213.
Otrott, 110.
Ottange, 114.
Paderhorn, 170.
Paguy, 104, 145.
Pannecrden, 169.
Pardubitz, 223.
Partenkirchen, 248, 262.

TABLE ANALYTIQUE

LOCALITÉS ET VILLES (Suite). — (*Les noms des localités et villes maritimes sont en italique.*)

Passau, 254.
Penzberg, 202.
Petersberg (Coblentz), 136, 141.
Petersthal, 73.
Petite-Pierre, 109.
Pfaffendorf, 141.
Pfalz, 133.
Pforzheim, 75.
Pirmasens, 127.
Pirna, 199.
Plauen, 194, 203.
Plochingen, 82.
Posen, 223.
Potsdam, 46.
Poutroye (la), 118.
Prague, 198.
Prenzlau, 42.
Punderich, 150.
Putbus, 27.
Quedlimbourg, 212.
Rabeneck, 93.
Rabenstein, 93.
Ramsau, 260.
Rastatt, 75, 140.
Rastenbourg, 50.
Ratibor, 223.
Ratisbonne, 237.
Ravensbourg, 164.
Reding, 121.
Reichenbach, 161.
Reichenberg, 223.
Reichenhall, 260.
Reichshoffen, 117.
Reinerz, 223.

Remilly, 121.
Rendsbourg, 16.
Reutlingen, 80, 83.
Reutte, 246.
Rezonville, 147.
Rheinfels, 134.
Rhens, 134.
Rhinau, 123.
Ribeauvillé, 109.
Riedlingen, 237.
Riesa, 52.
Rippoldsau, 73.
Riquewihr, 109.
Rolandsbogen, 156.
Rolandseck, 157.
Rosenberg, 29, 198.
Rosenheim, 254.
Rostock, 26.
Rothenbourg, 95.
Rotterdam, 169.
Rottum, 173.
Rottweil, 82, 83.
Rouffach, 110.
Ruhla, 183.
Ruhrort, 168.
Runkel, 136.
Ruremonde, 164.
Saales, 106, 118.
Saalfeld, 208.
Saalfelden, 260.
Sadowa, 199.
Saint-Amarin, 106, 108.
Saint-Andreasberg, 178.
Saint-Barthélemy, 201.
Saint-Goar, 134.

Saint-Ingbert, 236.
Saint-Louis, 123, 114.
Sainte-Marie-aux-Mines, 114, 118.
Sainte-Odile, 118.
Saint-Privat, 147.
Salzbourg, 254.
Salzungen, 183.
Sangerhausen, 213.
Sans-Souci, 47.
Sarralbe, 114, 148.
Sarrebourg, 118, 140, 148.
Sarrebrück, 148.
Sarreguemines, 114, 121, 148.
Sarrelouis, 148.
Sasbach, 77.
Sassnitz, 26.
Saverne, 118.
Schandau, 199.
Scharnitz, 248.
Schaumbourg, 136.
Schenkenschanz, 169.
Schirmeck, 118.
Schlangenbad, 129.
Schleusingen, 183.
Schlostadt, 110.
Schonbourg, 133.
Schöneberg, 42.
Schönheide, 161.
Schramberg, 201.
Schwalbach (L.), 129.
Schwarzbourg, 153.
Schweidnitz, 161, 166.
Schweinfurt, 93.
Seesen, 213.

Senones, 121.
Siegbourg, 53.
Sierk, 147.
Sigmaringen, 87.
Sodon, 129.
Sæckingen, 66.
Sogel, 173.
Solingen, 53.
Sommerda, 53.
Sonthofen, 245.
Soonock, 133.
Soultzmatt, 113.
Spandau, 46.
Spire, 70.
Stableck, 133.
Starkenbourg, 151.
Stassfurt, 167.
Steige, 109.
Steinheim, 80.
Stettin, 28.
Stolberg, 213.
Stolzenfels, 134.
Stralau, 45, 164.
Stralsund, 27.
Strasbourg, 114, 139.
Straubing, 230.
Stubbenitz, 26.
Stubbenkammer, 26.
Stumm, 166.
Stuttgart, 84.
Suhl, 53.
Swinemünde, 28.
Tabarz, 183.
Tarnowitz, 216.
Tempelhof, 42.

Teplitz, 199.
Téterchen, 121.
Tetschen, 199.
Thaun, 106, 108.
Thionville, 121, 142.
Tilsit, 233.
Tittmoning, 254.
Tölz, 261.
Torgau, 202.
Trarbach, 151.
Travemünde, 24.
Treptow, 29, 45.
Trèves, 148.
Triberg, 74.
Trois-Fontaines, 114.
Tübingen, 82.
Turkheim, 109.
Tüttlingen, 236.
Ulm, 86.
Urach, 80.
Utrecht, 169.
Val-de-Villé, 109, 124.
Valdieu, 118.
Vallorystal, 124.
Vegesack, 173.
Vérone, 254.
Vienne, 236, 267.
Vierlande, 214.
Villingen, 74.
Volkstedt, 208.
Waldenbourg, 223.
Waldshut, 66.
Walhalla, 239.
Walporzheim, 154.

Wartbourg (la), 184.
Wasserbourg, 240.
Wedding, 42.
Weblen, 199.
Weichselmünde, 30.
Weilbourg, 136.
Weimar, 208.
Weinheim, 75.
Woltenbourg, 237.
Wornigerode, 212.
Wertheim, 95.
Wesel, 141.
Wesserling, 106, 108.
Westerland, 3.
Wettin, 208.
Wetzlar, 136.
Wiesbaden, 128.
Wildbad, 81.
Wildbad-Gastein, 254.
Wildbad-Kreut, 261.
Wildenstein, 108, 236.
Wilhelmshaven, 11, 17.
Wissembourg, 117.
Wittenberg, 202.
Wittlich, 151.
Worth, 117.
Wolfenbüttel, 195.
Woudrichem, 169.
Worms, 70.
Würzbourg, 95.
Wyk, 3.
Zeithain, 52.
Zittau, 203.
Zossen, 43.
Zwickau, 156, 203.

LES ÉTATS

Empire d'Allemagne, 263.
Anhalt (duché d'), 207.
Bade (gr.-duché de), 71, 77.
Bavière (royaume de), 225, 255, 257. — Franconie, 87.
Palatinat bavarois, 127, 256.
Brunswick (duché de), 195.
Hesse (grand-duché de), 49, 98, 127, 182.

Lippe-Detmold (principauté de), 187.
Mecklembourg-Schwerin; *Strélitz* (grand-duché de), 49, 218.
Oldenbourg, (grand-duché d'), 170.
Prusse (royaume de) 233 — Origines de la Prusse: l'Ordre teutonique, les

Hohenzollern, électeurs de Brandebourg, ducs, puis rois de Prusse et empereurs d'Allemagne, 40, 45, 49. — *Principauté* de Hohenzollern, 86, 87.
Reuss branche aînée et branche cadette (principautés de), 48, 208.
Saxe (royaume de), 199, 207.

Saxe-Altenbourg (duché de), 208.
Saxe-Cobourg-et-Gotha (duchés réunis de), 91, 92.
Saxe-Meiningen (duché de), 187.
Saxe-Weimar-Eisenach (grand-duché de), 208.
Schaumbourg-Lippe (principauté de), 187.

Schwarzbourg-Rudolstadt (principauté de), 208.
Schwarzbourg-Sondershausen (principauté de), 208.
Waldeck (principauté de), 187.
Württemberg (royaume de), 79, 85.
Villes libres et hanséatiques: Brême, 3. — Hambourg, n. — Lübeck 24

Ancien État de Hanovre: Guelfes et Gibelins, 191.
État d'empire ou *Reichsland d'Alsace-Lorraine*: L'annexion, 119.
La frontière, 118, 137, 156.
Corps d'occupation, 51.
Les chemins de fer, 170.
L'administration, 124.

L'EMPIRE et ses organes

L'Empire et ses organes. —
Ancien empire d'Allemagne, 189.
Confédération du Rhin, 41.
Confédération germanique, 41.
Confédération de l'Allemagne du Nord ou nouvel empire, 41.
Monuments nationaux, 131.
Pouvoir central: L'empereur, le Conseil fédéral, le Reichstag, 263.
Le chancelier et les ministres, 264.
L'armée, 48, 49.
Infanterie, cavalerie, artillerie, 52, 54.
Corps d'armée, 50.
Camps de manœuvres, 52.
Manufactures, 53.
Services auxiliaires, 54.

Cadres, 85.
Écoles militaires, 55, 56.
État-major, 57.
Ministère de la Guerre et cabinet militaire de l'empereur, 57, 58.
Étendards et décorations, 58.
Budget de la guerre, 58.
Places de guerre et mobilisation à l'ouest, 139, 143.

La Marine: sa formation, 10, 12, 13.
Canal des Deux-Mers, 15.
Neutralité du Danemark, 18.
Les arsenaux : Kiel, 10.
Wilhelmshaven, 17.
Helgoland, 1, 14.
Défense des côtes, 18.
État actuel de la flotte allemande, 18.
Vaisseaux de ligne, 19.

Grands et pet. croiseurs, 20.
Blindages, canons, torpilles, 20, 21, 22.
Avisos et escadros, 22.
Personnel et cadres, 22.
Budgets de la marine, 18, 19.
Constructions et travaux de navigation maritime, 220.
Le transatlantique *Kaiser Wilhelm der grosse*, 28.
Finances: Budget et dette fédérale, 265.

Douanes, *Zollverein*, 265
Justice, 205.
Cultes, 185.
Enseignement: Universités, Écoles secondaires et primaires, 270.
Écoles techniques, 269.
Postes, télégraphes, téléphones, 265, 266.
Union allemande des chemins de fer, 266.

GÉOGRAPHIE ÉCONOMIQUE : *ACTIVITÉ DU SOL ET DES HABITANTS*

AGRICULTURE

Produits du sol dans le *grand-duché de Bade*, 74.
Produits du sol en *Württemberg*, 83.
Le *Filder*, 81.
Le sol de la *Bavière*, 239.
L'Algau, 240.
La Bavière moyenne agricole, 240.
Région de Straubing, 239.
Le Lechfeld, 247.
Le sol et le *paysan de Westphalie*, 170.
Le Hümmling, 173.
Hochmoor, 173.

Heide, 173, 194.
Marsch, 174.
Geest, 174.
Moorkolonien, Fœhnkolonien, 175.
Marais de *Bourtange*, 173.
Landes de *Lünebourg*, 214.
Le sol de Magdebourg ou *Magdeburger Börde*, 213.
Fläming, 216.
Le sol en *Mecklembourg*, 218.
Le sol de la *Prusse orientale*, 232.
Les céréales, 197.

Horticulture, 211.
Vignobles du Rhin, 130;
— de Bavière, 131;
— du Palatinat, 127;
— de Bade, 74-131;
— de la Hesse et du Württemberg, 131.
Vignobles alsaciens, 109.
Industrie agric.: *sucre*, *alcool*, *bière*, 196.
Bière de Munich, 253.
Répartition du sol allemand, 226.
Crise agraire, 226.

Les agrariens, 228.
Intervention de l'*État* :
Colonisation, 229.
Rentengüter, 230.
Écoles d'agriculture, 230.
Associations agricoles, 240-241.
Associations de *Crédit agricole et hypothécaire*, 241-242.
Caisses rurales, 242.
Associations de paysans. — *Ligues agraires*, 244.

INDUSTRIE

Industries du pays de *Bade*, 75.
— du *Württemberg*, 83.
— de la *Bavière*, 256.
— de la *Prusse*, 232.
— de la *Saxe*, 203.
— du *Harz*, 178-180.
Industrie générale allemande, 164.

Bassins *houillers* et fonderies, 165.
Mines de Saxe, 203.
Bassin de Sarrebrück, 148.
Machines, 165-166.
Industrie *textile*, 164.
Industries : *électrique*, 166; *chimique*, 167.

Céramique et verrerie, 201-202.
Papeterie, *imprimerie*, *librairie*, 204.
Instruments de *musique*, 167.
Jouets, 90-92.
Optique photographique, 205.
Horlogerie, 74.
Meubles, 167.

Salines de Berchtesgaden, 260.
Pêcheries, 173.
Population industrielle, 168.
Assurances de l'empire contre la maladie, les accidents, l'invalidité et la vieillesse, 231.

COMMERCE ET VOIES COMMERCIALES

Zollverein (Union douanière du), 265.
Bourses et banques, 97.
Traités et Chambres de commerce, 270.
Écoles commerciales, 269.
Navigation *fluviale et maritime*, 226.
Canaux, 267.

Chemins de fer, 266.
Expansion commerciale. 1° *En Europe* : Russie, 270; Suède et Norvège, Danemark, Belgique, Grande-Bretagne, Hollande, Italie, Espagne, Autriche-Hongrie, Serbie, Roumanie, Suisse, Grèce, Constantinople, 271.
2° *Dans le monde* : Asie Mineure et Palestine, 271; Inde, Chine, Japon, Sibérie, Égypte, Tripolitaine, Algérie, Maroc, le Cap, le Transvaal, 272;

États-Unis, Mexique, Guatémala, Nicaragua, Vénézuéla, Brésil, Parana, Argentine, Chili, 272; Australie, Nouvelle-Zélande, 279.
Clients principaux de l'Allemagne : exportation et importation, 273.

ÉMIGRATION. COLONIES.

Émigration par Brême, 4.
Mouvement général de l'émigration de 1871 à la fin du xix° siècle, 273.

Les Allemands aux *États-Unis*, 272.
Émigration à *l'intérieur*, de la campagne dans les villes, 274.

Entreprises coloniales de Bismarck, 13.
Protectorats allemands et *Ports marchands* d'outre-mer, 274.

CARTES

En couleurs :

	Pages.		Pages.
Allemagne physique.	8	Le Rhin.	132
Havel et Sprée. — Environs de Berlin.	32	Allemagne industrielle.	160
Allemagne militaire. — Chemins de fer	37	Partis politiques et religions.	192
Allemagne politique.	46	Allemagne du Sud. — Bavière	228

En noir :

	Pages.		Pages.
Ville et port de Hambourg.	6	Frontière franco-allemande des Vosges	107
Kiel et ses environs	17	Chemins de fer d'Alsace-Lorraine	122
Côtes de la Baltique, de Danzig a la frontière russe. — Prusse orientale.	30	Rhin pittoresque : de Boppard a Andernach.	133
Plan de Berlin.	35	Le Rhin, de Remagen a Bonn	155
Coupes transversales du relief allemand	60	Carte du Harz	174
Plan de Stuttgart.	84	Plan de Dresde.	205
		Plan de Munich.	251
Région du König-See	260		

TABLE DES MATIÈRES

FRONT MARITIME

CÔTES ET PORTS : MER DU NORD. — MARINE DE GUERRE. MER BALTIQUE.

Mer du Nord : *Helgoland*. Effondrement des côtes hollandaise et frisonne. Anciennes villes libres : *Brême* ; *Hambourg*, son développement maritime et commercial. Côtes du Schleswig et du Jutland. Les détroits danois. 1

Kiel et la marine militaire. Formation et développement. La *marine allemande*, de 1872 à la fin de Guillaume Ier. Le canal de Kiel. État actuel de la *flotte allemande* : puissance offensive et défensive. Cuirassés, croiseurs, blindage, artillerie, torpilleurs. Le personnel. 10

Mer Baltique : *Lubeck* ; Ile de Rügen ; *Stettin*, port de Berlin. *Danzig* et son golfe. Les *Haffs* de la côte. *Kœnigsberg*, ancienne capitale de la Prusse. Le *Samland* et la récolte de l'ambre. 23

LA CAPITALE ET L'ARMÉE

BERLIN. — ENVIRONS DE LA CAPITALE. — FORMATION ET ÉTAT ACTUEL DE L'ARMÉE ALLEMANDE.

Berlin : *Aspect général*. Avenue des Tilleuls. *La population*. Palais et Musées. Institutions. *Origines de la ville*. Les Hohenzollern : Brandebourg et Prusse. *Développement de Berlin* : les rues, l'industrie et le commerce. Moyens de communication, tramways, éclairage, édilité. Importance géographique. 33

Environs de Berlin : le *Thiergarten*. CHARLOTTENBOURG : le *Mausolée*.— SPANDAU : le *trésor de guerre*. — POTSDAM : le *Château* ; *Sans-Souci* ; Nouveau Palais 44

L'Armée. Sa formation : Frédéric le Grand. Événements qui l'ont développée sous Guillaume Ier. —*État actuel*. Recrutement. Distribution des troupes : Corps d'armée et camps. Défense des frontières. — Infanterie, cavalerie, artillerie. — *Krupp* et son usine. — Troupes auxiliaires du génie : train, intendance.— Cadres : *Sous-officiers*. *Officiers*. Écoles de *Cadets* et autres. L'avancement : *Écoles militaires* ; *Académie de guerre*. Écoles de tir, d'artillerie. — *Grand état-major* : son organisation. *Ministère de la Guerre*. Inspections générales. — L'*Empereur*, Cabinet militaire. — Étendards. Décorations. Budget. 48

VUE D'ENSEMBLE SUR LE SOL

RELIEF, FLEUVES, CLIMAT. — RÉGION DE L'OUEST

Relief du sol. La *montagne* et la *plaine*. *Cours d'eau* : Rhin, Elbe, Oder, Danube. *Climats* des montagnes, des hauts plateaux, de la plaine ; et, de l'ouest à l'est. Pluies. *Forêts* 59

Région de l'Ouest : *Rhin supérieur ou helvétique*. Sources du fleuve. Lac et ville de *Constance*. Chutes et cours du Rhin, au pied de la Forêt Noire . . 63

LE RHIN

RHIN MOYEN, DE BALE A MAYENCE
(Cours du fleuve et Rive droite). — BADE. — WÜRTTEMBERG. BASSIN DU MAIN.

Cours du fleuve. Les rives, les crues ; bancs et îles du Rhin, gibier et poisson. Vieux et Neuf-*Brisach*, Spire et Worms 67

Forêt Noire et grand-duché de Bade : les hauteurs, les vallées. Fribourg. Les gorges de la Dreisam. La Kinzig et la Murg. *Produits du sol* et de l'industrie. *Baden-Baden*. — *Le grand-duché de Bade* : capitale, gouvernement, communications. *Heidelberg* et *Mannheim*. 71

Région du Neckar et Württemberg. Le *Jura souabe*, ses cavernes, ses vallées. *Sigmaringen*. Cours du Neckar : *Tübingen* et son Université. *Pro-luits du sol* et industrie du Württemberg. *Stuttgart* ; le gouvernement. *Ulm*, sur le Danube. — Principauté de *Hohenzollern* : le château. 79

Bassin du Main. Plaine de Franconie et *Nuremberg*. Cours supérieur du Main. Les *Fichtelgebirge* et leurs passages. *Cobourg*. *Bayreuth*. Suisse *franconienne*. — Cours moyen et inférieur du Main : les déserts du *Rhön* et du *Vogelsberg*. Le Spessart et ses forêts. *Würzbourg*. Une évocation d'autrefois : *Rothenbourg-sur-Tauber*. L'Odenwald. Francfort. — *Grand-duché de Hesse* : Darmstadt ; le gouvernement . . . 87

LE RHIN

RHIN MOYEN, DE BALE A MAYENCE (Rive gauche).
VOSGES ET PAYS ANNEXÉS. — BOUCLE DU RHIN.

Vosges et Alsace-Lorraine. Aspect général des Vosges ; les Ballons ; les *Chaumes*. Hautes, moyennes et basses Vosges. Le *Hardt*. Trouée de Belfort. — *La montagne et ses forêts* (exploitation du bois, gibier) ; pâturages et fromageries. *La crête et ses passages* : ballon d'Alsace, le Donon, le Hohneck et la *Schlucht*. Cols et routes de la Chaîne. — *Vallées vosgiennes* : anciens glaciers et lacs. Vallon industriel de la Thur ; la Fecht, la Bruche. *Climat*. Vignobles ; *Ribeauvillé*, Hohkœnigsbourg. — *La plaine d'Alsace et ses villes* : Schlestadt, Colmar, Altkirch et le Soundgau ; Mulhouse et ses industries ; Strasbourg, Wissembourg et *Haguenau*. — Le mur païen. Val d'Orbey ; Sainte-Marie-aux-Mines. *Frontière des langues* : annexion. Chemins de fer d'Alsace-Lorraine. — Divisions administratives et gouvernement. 99

Boucle du Rhin. Vallons et rochers. La Nahe. Agates d'*Oberstein*. *Kreuznach*. — Palatinat Bavarois. — *Hesse Rhénane* et *Mayence*. . . 125

LE RHIN

DE MAYENCE A COLOGNE

Jusqu'à Coblentz : *Hunsrück* et *Taunus* ; vins du Rhin ; la *Germania*. Cours *héroïque du fleuve* : Rheinstein ; les burgs et les légendes. Coblentz. — Vallée de la Lahn et *Marbourg* : Hoche et Marceau. . . . 129

Le Rhin stratégique. La frontière entre Paris et Berlin. Ponts fortifiés et *Places de guerre* : Strasbourg et ses forts ; Mayence et Castel ; Cologne-Deutz ; Coblentz-Ehrenbreitstein ; Metz, forts et batteries, derniers travaux ; Sarrelouis et Bitche. Mobilisation. 137

TABLE DES MATIÈRES

Pages.

La Moselle : ville de *Metz*; la Sarre, *Sarrebrück* et son bassin houiller. *Trèves*. La Moselle *pittoresque* : de Trèves à Coblentz 145

Au delà de Coblentz : l'*Eifel* et ses lacs volcaniques. — Cours du Rhin, de Coblentz à Cologne. Le *Wersterwald* et les *sept montagnes* : le Dragon; Roland. *Bonn* : le Rhin *frontière*; le Rhin navigable. *Cologne* 151

COURS INFÉRIEUR DU RHIN
DE COLOGNE EN HOLLANDE
INDUSTRIE GÉNÉRALE ALLEMANDE. — RÉGIONS DE L'EMS ET DU WESER.

Cours inférieur du Rhin : de *Cologne* ou Hollande : *Düsseldorf*. *Aix-la-Chapelle*. — Industrie générale allemande : tissus, métallurgie, électricité, industries chimiques, instruments de musique, meubles, etc. Population industrielle : *Barmen-Elberfeld*. — Le *Rhin hollandais*. . 162

Pays de l'Ems. Le *Teutoburgerwald*. La campagne et le *paysan* (habitation, famille, culture); *Münster* et la Westphalie. Marais de Bourtange. Pêcheries. — *Frise orientale* : pays de *marsch*, de *geest*, de *tourbières*; *colonisation*. Grand-duché d'*Oldenbourg* 169

Bassin du Weser. Massif du *Harz* : ses industries et ses mines; *Goslar*. — Le Weser des montagnes; la Fulda : *Cassel*. L'ancienne *Hesse électorale*. — Monts de *Thuringe*; la Werra. Pays de *Gotha*. — La *Wartbourg* : *Confessions religieuses*. Petites *principautés* du Weser. Saxe-Meiningen, Waldeck, Lippe. 176

Seuil de la montagne et de la plaine : *Hildesheim*, ville en bois sculpté. Hanovre : la ville et l'ancien État des *Guelfes*; culture, industrie, marais et landes. *Brunswick* et son duché : *Industrie agricole*. L'Aller et le Weser inférieur 188

ARTÈRE CENTRALE DE L'ELBE
COURS SUPÉRIEUR, MOYEN (Rive gauche) ET INFÉRIEUR

Cours supérieur du fleuve, en Bohême 198

Cours moyen de l'Elbe. Suisse saxonne. — *Dresde* et Meissen : *Céramique* et *verrerie*. — Monts des *Métaux*. — Leipzig et la *librairie* allemande. Organisation *judiciaire* de l'Allemagne. — Royaume de *Saxe*. 199

Bassin de la Saale : *Weimar*. Région intermédiaire de *l'Eichsfeld*. *Erfurt* et *l'horticulture*. — Barberousse et le *Kyffhäuser*. — Torrents du *Harz oriental* : buts d'excursion; costumes et traditions 208

Cours inférieur de l'Elbe : *Magdebourg*. — Landes de *Lünebourg*. . . . 213

PLAINE ORIENTALE
RIVE DROITE DE L'ELBE. — MONTS DES GÉANTS ET ODER.
CRISE AGRAIRE. — VISTULE ET PRUSSE.

Rive droite de l'Elbe. Crêtes *carpathique* et *baltique*. — Poméranie. Mecklembourg : *Domaine*; gouvernement. — Havel et Sprée : le *Spreewald*. 216

Rempart des Géants et Oder. Monts de *Lusace*. — Au pays de *Rübezahl*. — Entonnoir de *Glatz*. — L'Oder à *Breslau*. — Posen sur la Warthe. — Travaux de *navigation* fluviale et maritime 221

Crise agraire. Répartition du sol allemand. Grande propriété. Les *agrariens*. — L'État et les Commissions de *colonisation*. — Assurances. . . 226

Pages.

Vistule inférieure et Prusse. Les provinces prussiennes et leurs ressources. — *Prusse orientale* : le sol. — Gouvernement et administration du *royaume*. 232

RÉGION DU SUD

DU DANUBE AUX ALPES DE BAVIÈRE. — COURS DU DANUBE.
LE SOL BAVAROIS ET LES ASSOCIATIONS *AGRICOLES*.
PLATEAU DE BAVIÈRE : *COURS D'EAU ET VILLES*.
FORMATION POLITIQUE, GOUVERNEMENT.
LES *ALPES BAVAROISES* : SOMMETS ET PASSAGES.

Cours du Danube. Source et cours supérieur : *Donaueschingen*; Tuttlingen. *Ulm*. — Le Danube *bavarois* et ses affluents de gauche. — *Ratisbonne*. La *Walhalla*, temple des héros; la *Befreiungshalle*, ou temple de la Délivrance. 235

Le Sol bavarois et les Associations agricoles. Plaine de *Straubing*; le glacis des Alpes et l'*Algaü*; Bavière moyenne agricole. — Action de l'*initiative privée* par les Associations *agricoles*. Institutions de *crédit agricole*. Caisses rurales et ouvrières. — Associations *générales* de paysans. Ligues agraires. Ligues *bavaroises* 239

Plateau de Bavière : cours d'eau et villes. L'Iller; le Lech : *Füssen*. Les châteaux du roi de Bavière Louis II : *Hohenschwangau*, *Neu-Schwanstein*. — *Augsbourg*. — L'Isar. Garmish, Partenkirchen; *Oberammergau* et les *mystères* de la Passion; château de *Linderhof*. — Les grands lacs. — *Munich* : monuments et collections artistiques. — L'Inn et ses défilés; le lac *Chiem-See* et son château, le Versailles bavarois. — La Salzach. — Passau 245

Formation politique : les *Wittelsbach*. — Développement économique : le sous-sol et ses mines; commerce. — *Gouvernement* et administration 255

Les Alpes bavaroises. — Généralités sur les *Alpes* : contreforts alpestres de Bavière. — Alpes d'*Algaü*. — Alpes calcaires (Zug-Spitze). — Alpes entre l'Inn et la *Salzach* : le Watzmann. Berchtesgaden et ses salines; le *König-See*. — Principaux *passages* des Alpes bavaroises 258

ORGANISATION UNITAIRE DE L'ALLEMAGNE

POUVOIR CENTRAL. — UNION DOUANIÈRE ET VOIES COMMERCIALES.
EXPANSION DE L'ALLEMAGNE. — ÉMIGRATION. — COLONIES.

Pouvoir central. L'Empire et l'Empereur. — Le Conseil fédéral. — Le *Reichstag* et les partis politiques. — Le Chancelier. — Le Budget . . 263

Union douanière et voies commerciales. Le *Zollverein*. — Postes, Télégraphes et Téléphones. — Chemins de fer : Union des voies ferrées de l'*Europe centrale*. — Voies fluviales et Canaux 265

Expansion de l'Allemagne. Commerce extérieur. Ses moyens d'action : le tempérament; les agents; procédés commerciaux. — Écoles techniques. — Concours de l'État. 268

Expansion en Europe et dans le monde : Asie. Afrique. Amérique. Océanie. 270

Émigration. 273

Colonies. 274

INDEX. 275

26 Reproductions photographiques et 1 Plan. Fascicule 2

P. Jousset
L'Allemagne contemporaine illustrée

LIBRAIRIE LAROUSSE
Paris   17 rue Montparnasse   Paris

Fasc. 2   Prix : 60 cent. net.

L'ALLEMAGNE CONTEMPORAINE
ILLUSTRÉE

OBJET DE L'OUVRAGE

L'Allemagne, depuis trente ans, s'est transformée. A côté de la caserne, l'usine a surgi et passé la frontière, même la nôtre; et dans la lutte économique qui caractérise la vie moderne, l'industrie et le commerce allemands ont pris une place de jour en jour plus grande. Les journaux, les revues, quelques livres spéciaux de statistique et d'économie politique ont signalé, en France, cet essor considérable. Mais jusqu'à présent aucun ouvrage d'ensemble n'a fait vivre sous nos yeux l'Allemagne d'aujourd'hui. Nous sommes réduits, sur un sujet d'un intérêt aussi essentiel, à des renseignements épars ou vieillis, les conceptions qu'il provoque sont trop souvent inexactes et excessives dans un sens ou dans l'autre : car si l'on ne doit pas se dissimuler les progrès du peuple allemand, il ne faut pas non plus, comme nous avons parfois tendance à le faire, croire que tout soit parfait au delà du Rhin. *L'Allemagne contemporaine illustrée* a pour but de remettre les choses au point, en présentant au grand public la synthèse vivante et impartiale qui lui manque.

SOURCES D'INFORMATION

Cet ouvrage n'est pas un froid inventaire de mots et de chiffres. L'auteur a voulu *modeler* pour ainsi dire *son enquête sur le sol même*. Avant de parler de l'Allemagne, il l'a parcourue plusieurs fois : des photographies prises sur les points du territoire sont ses *témoins*. Il n'a pas cru que visiter quelques grandes villes devait suffire à juger le reste, comme font tant d'Allemands à notre égard.

Ce qu'une exploration consciencieuse a pu laisser dans l'ombre, il l'a demandé aux hommes et aux documents les mieux qualifiés pour compléter et préciser ses renseignements. Une *bibliographie* suit chaque chapitre et en indique les sources. A côté des œuvres les plus appréciées en Allemagne et des *statistiques officielles* de l'Empire allemand, les meilleurs, parmi nos travaux français, ont été mis à contribution : *rapports de nos consuls* dans le *Journal officiel du commerce;* nombreuses monographies, voyages, enquêtes sur *l'Allemagne économique, Bulletins des sociétés de géographie* de Paris et de province, etc. — *Compte rendu officiel* de l'exposition allemande en 1900; recensement de la population allemande en décembre 1900.

PLAN DE L'OUVRAGE

Le principe même de ce travail étant la *description sur place*, il trouve son développement logique dans les grandes divisions indiquées par la nature. La dissection d'un pays en *géographie physique, politique*, etc., commode pour l'usage, a le tort de trop séparer des choses unies à la réalité et de n'en donner que les aspects successifs. En prenant pour guide, sans nous y asservir, l'idée général du *relief* et des *eaux*, nous avons suivi les *grands courants de la vie* par régions : la côte (**Nord**); la région de l'**Ouest** (Rhin); le **Centre** (sillon de l'Elbe); la grande plaine de l'**Est**; la région **Sud** (Danube et Bavière).

Chemin faisant, chaque sujet se présente de lui-même et fait corps avec le sol qui le retient : *l'industrie* avec la région industrielle la plus caractéristique (Westphalie et Prusse rhénane), la *marine* avec les ports, *l'armée* avec son chef et la capitale. L'*Alsace*, française de cœur, bien qu'actuellement annexée, se lie à la frontière : il fait si bon quand même, retourner au pays!

On croit avoir tout dit en parlant des villes ; nous avons voulu connaître le *paysan* chez lui, dans les diverses régions de l'Allemagne. La *crise agraire* et *sociale* dont souffre le pays est pleine d'enseignements. On a enfin écarté par principe tout ce qui est purement spéculatif pour mettre bien en relief *ce qui nous intéresse le plus*, marine, armée, frontières, industrie, expansion, etc., et constitue pour les Français la *synthèse utile* et *vivante*, de l'Allemagne contemporaine.

Un *sommaire* au début de chaque développement, des *tables* très complètes à la fin de l'ouvrage, permettront de trouver sans peine le sujet dont on aura besoin.

ILLUSTRATION ET CARTOGRAPHIE

L'*image photographique*, directe et sans retouche, complète et anime singulièrement les personnages et les choses. Nos gravures abondantes et riches causeront plus d'une surprise. Il en est qui constituent de précieux *documents*.

La *carte* met les choses au point sur le terrain même de notre étude : elle est précise et d'une admirable netteté, comme dans l'*Atlas Larousse*. Nous n'avons pas cru que la science doive être nécessairement obscure. Les Allemands se sont fait une réputation justifiée en cartographie, ce qui ne les empêche pas de commettre des fautes et de présenter bien des contradictions. Il est parfois difficile de dégager la vérité. D'ailleurs, le moindre défaut des cartes allemandes est d'exiger pour les suivre une certaine expérience : la clarté n'est pas leur premier mérite. Notre carte : **Allemagne militaire** et chemins de fer, avec signaux de commandement, est la *première* établie sur documents officiels, d'après la loi de mars 1899 : elle présente *l'état actuel* des forces allemandes.

Du même format que l'*Atlas Larousse* et le *Paris-Atlas*, imprimée comme eux sur magnifique papier couché, et comme eux illustrée à profusion de merveilleuses reproductions photographiques, *L'Allemagne contemporaine illustrée* continue l'œuvre de vulgarisation si originale et si séduisante qui a été accueillie avec tant de succès dans ces deux ouvrages : c'est tout à la fois un livre de luxe d'un caractère véritablement artistique et un livre de fond de haute valeur, qui a sa place marquée dans la bibliothèque de tous ceux qui s'intéressent aux grandes questions du temps présent.

L'Allemagne contemporaine illustrée contiendra 8 cartes en couleurs, dont 4 sur double page, et 14 cartes en noir, dont 4 au moins sur toute la largeur de la page

---

L'Allemagne contemporaine illustrée formera 26 fascicules à **60 centimes**. Il paraîtra trois fascicules par mois jusqu'en septembre, quatre ou cinq par mois à partir d'octobre. L'ouvrage sera terminé en décembre 1901. — Il y aura une carte en couleurs tous les trois fascicules. Les fascicules accompagnés d'une carte en couleurs n'auront que 8 pages; tous les autres en auront 12.

Souscription à forfait à l'ouvrage complet

En fascicules ou en séries de cinq fascicules, au fur et à mesure de la publication. **13 fr. 50** } Payable en deux traites égales : la première
En un volume *broché*, livrable à l'achèvement. **13 fr. 50** } dans le mois qui suit la souscription; la
En un volume *relié demi-chagrin* (fers spéciaux) livrable à l'achèvement. **18 fr. 50** } deuxième, le 5 décembre 1901.

La souscription à forfait à prix réduit sera irrévocablement <u>close le 31 octobre 1901</u>

*Au 1er novembre, le prix de l'ouvrage sera porté à **15 francs** en fascicules, séries ou volume broché; — **20 francs** en volume relié.*

Le plus grand succès de la Librairie française

NOUVEAU LAROUSSE ILLUSTRÉ

DICTIONNAIRE ENCYCLOPÉDIQUE EN SEPT VOLUMES

114 000 souscripteurs au 1er Juin 1901

Le **Nouveau Larousse illustré** formera 7 volumes in-4°, imprimés sur trois colonnes, dans le même format que le *Grand Dictionnaire Larousse* (32 × 26). Rédigé par des écrivains et des savants éminents, donnant à chaque chose l'essentiel, le **Nouveau Larousse illustré** est fait sur le même plan que son célèbre devancier.

Il tient compte des données les plus récentes de la science et de l'érudition dans toutes les branches des connaissances humaines : histoire, géographie, mythologie, biographie, types littéraires et sociaux, mœurs et coutumes, linguistique, analyse de toutes les œuvres marquantes de la littérature et des beaux-arts (peinture, sculpture, architecture, musique, théâtre), sciences mathématiques, sciences physiques et naturelles, sciences appliquées, chimie, médecine, art vétérinaire, agronomie, technologie, économie rurale, droit usuel, art militaire, marine, pédagogie, vie pratique, sports, etc.

Je sème à tout vent.

Le plus **COMPLET**,
Le plus **MODERNE**,
Le mieux **ILLUSTRÉ**,
des *Dictionnaires encyclopédiques*.

La richesse du vocabulaire est incomparable : les mots les plus nouveaux, l'argot, les mots étrangers qui se sont introduits peu à peu dans notre langue, les termes vulgaires, etc., y trouvent place.

Les questions philosophiques, politiques, religieuses et sociales sont traitées avec l'impartialité la plus absolue.

Une large part est faite à *l'illustration*, d'une importance si capitale aujourd'hui dans un ouvrage de ce genre. Dans le **Nouveau Larousse illustré**, partout l'image est l'auxiliaire de l'idée.

Des **milliers de gravures**, *exécutées spécialement pour le Dictionnaire*, complètent le texte et le rendent plus aisément compréhensible (reproductions de monuments et d'œuvres d'art, de machines, d'appareils, d'outils de toute sorte, animaux et plantes, fossiles, monnaies et médailles, figures de géométrie, etc.).

Des **portraits nombreux**, dessinés d'après les documents les plus dignes de foi, fixent l'image des personnages illustres de tous les temps et de tous les pays.

Des **tableaux synthétiques** et de **magnifiques planches en couleurs** facilitent dans l'esprit du lecteur la formation des vues d'ensemble et des idées générales.

Enfin, des **cartes** en noir et en couleurs, soigneusement mises à jour, forment un ensemble de documents géographiques aussi précieux qu'abondants.

Le **Nouveau Larousse illustré** est imprimé en caractères neufs, d'une parfaite lisibilité. En un mot, la perfection de la forme ne le cède en rien à l'excellence du fond. Les grandes facilités de payement accordées rendent possible à tous l'acquisition de ce magnifique ouvrage, qui a sa place marquée dans toutes les familles.

DEMANDER GRATIS UN FASCICULE SPÉCIMEN

Mode de Publication

Le **Nouveau Larousse illustré** est publié par fascicules de 16 pages à 50 centimes. L'ouvrage comprendra au moins 400 fascicules. Il paraît 5 fascicules par mois. On peut le recevoir *par fascicules* chaque semaine, *par séries* brochées de 10 fascicules (tous les deux mois), ou *par volumes*, brochés ou reliés. Les quatre premiers volumes sont en vente.

Prix actuel de la Souscription à forfait

190 fr. en fascicules, séries ou volumes brochés. — En volumes reliés demi-chagrin, **225 fr.**

Payement 10 francs tous les deux mois

On souscrit à la LIBRAIRIE LAROUSSE, 17, rue Montparnasse, Paris, et chez tous les libraires. On reçoit dans un court délai, en souscrivant, tout ce qui a paru. Le *souscripteur à forfait* recevra l'ouvrage complet (de A à Z) pour le prix indiqué ci-dessus, quel que soit le nombre de fascicules dont il pourra se composer.

LIBRAIRIE LAROUSSE, 17, Rue Montparnasse, PARIS

Envoi franco au reçu d'un mandat-poste.

BIBLIOTHÈQUE RURALE

HONORÉE DE NOMBREUSES SOUSCRIPTIONS
DU MINISTÈRE DE L'INSTRUCTION PUBLIQUE ET DU MINISTÈRE DE L'AGRICULTURE

VIENT DE PARAITRE

L'Agriculture moderne

ENCYCLOPÉDIE DE L'AGRICULTEUR

Par **V. SÉBASTIAN**, chimiste agronome, ancien directeur de station expérimentale

Avant-propos par M. le D' GAUTHIER, sénateur

Un beau volume in-8° de 560 pages, illustré de près de 700 grav. Broché. **5 fr.** »
Broché, avec couverture papier cuir, titre doré . . . . **5 fr. 25**

Documenté par une érudition très sûre et basée sur une longue pratique expérimentale, cet excellent ouvrage constitue un véritable vade-mecum susceptible de s'adapter à toutes les régions agricoles de notre beau pays de France, y compris les départements algériens. Tout ce qui intéresse le cultivateur, tout ce qu'il doit savoir aujourd'hui, s'y trouve nettement exposé : le développement de la plante, le sol, l'atmosphère, l'eau, les engrais, les diverses cultures, les entreprises zootechniques, la production laitière, les maladies des animaux domestiques et les vices rédhibitoires, la culture fruitière, le cidre, la viticulture, le séchage et la conservation des fruits, la culture des primeurs, la basse-cour, l'apiculture, la sériciculture, etc. Des expériences très simples et très bien comprises viennent souvent éclairer les démonstrations et l'ouvrage met à la portée de chacun les enseignements de l'ordre le plus élevé sans rien négliger de ce qui touche au côté pratique. Il tend à développer chez les agriculteurs de notre pays l'esprit de progrès si nécessaire à l'heure actuelle en présence de la concurrence étrangère.

PARUS PRÉCÉDEMMENT

Les Engrais au village, par Henri FAYET. 5° édition. Broché, 2 fr. — Couverture papier cuir.	**2 fr. 25**
Comptabilité agricole et Guide pratique de l'épargne, par H. BARILLOT. 2° édition. Broché, 2 fr. — Couv. papier cuir.	**2 fr. 25**
Apiculture moderne, par A.-L. CLÉMENT. 130 gravures. 4° édition. Broché, 2 fr. — Couverture papier cuir.	**2 fr. 25**
Viticulture moderne, par G. de DUBOR. 100 gravures. 2° édition. Broché, 2 fr. — Couverture papier cuir	**2 fr. 25**
Arboriculture pratique, par TRONCET et DELIÈGE. 190 gravures. 4° édition. Broché, 2 fr. — Couverture papier cuir . . .	**2 fr. 25**
Le Jardin potager, par TRONCET. 190 gravures. 4° édition. Broché, 2 fr. — Couverture papier cuir.	**2 fr. 25**
Le Jardin d'agrément, par TRONCET. 150 gravures. 2° édition. Broché, 2 fr. — Couverture papier cuir	**2 fr. 25**
Le Bétail, par TRONCET et TAINTURIER. 100 gravures. 2° édition. Broché, 2 fr. — Couverture papier cuir.	**2 fr. 25**
Les Animaux de France, par CLÉMENT et TRONCET. 160 gravures. Broché, 2 fr. — Couverture papier cuir	**2 fr. 25**
La Basse-Cour, par TRONCET et TAINTURIER. 80 gravures. Broché, 2 fr. — Couverture papier cuir.	**2 fr. 25**
L'Outillage agricole, par H. de GRAFFIGNY. 240 gravures. Broché, 2 fr. — Couverture papier cuir.	**2 fr. 25**

L'ALLEMAGNE CONTEMPORAINE
ILLUSTRÉE

L'Allemagne contemporaine illustrée formera 26 fascicules à **60 centimes**. Il paraîtra trois fascicules par mois jusqu'en septembre, quatre ou cinq par mois à partir d'octobre. L'ouvrage sera terminé en décembre 1901. — Il y aura une carte en couleurs tous les trois fascicules. Les fascicules accompagnés d'une carte en couleurs n'auront que 8 pages; tous les autres en auront 12.

Souscription à forfait à l'ouvrage complet

En fascicules ou en séries de cinq fascicules, au fur et à mesure de la publication. **13 fr. 50** ⎫ Payable en deux traites égales : la première
En un volume *broché*, livrable à l'achèvement. . . . . **13 fr. 50** ⎬ dans le mois qui suit la souscription; la
En un volume *relié demi-chagrin* (fers spéciaux) livrable à l'achèvement. . . . . . **18 fr. 50** ⎭ deuxième, le 5 décembre 1901.

La souscription à forfait à prix réduit sera irrévocablement close le 31 octobre 1901

Au 1er novembre, le prix de l'ouvrage sera porté à 15 francs en fascicules, séries ou volume broché; — 20 francs en volume relié.

On souscrit à la Librairie Larousse, 17, rue Montparnasse, Paris, et chez tous les libraires.

DICTIONNAIRE COMPLET ILLUSTRÉ
Par Pierre LAROUSSE

56 400 Mots. — 1 464 Pages. — 2 500 Gravures. — 750 Portraits. — 36 Pavillons en couleurs.
35 Tableaux synthétiques. — 24 Cartes géographiques. — 620 Locutions étrangères.
Liste des Académiciens, des Sénateurs, des Députés.

Cartonné . . . . **3 fr. 50** — Relié toile . . . . **3 fr. 90** — Relié demi-chagrin . . . . **5 francs**

LIBRAIRIE LAROUSSE, 17, rue Montparnasse, PARIS. (*Envoi franco contre mandat-poste.*)

LIBRAIRIE LAROUSSE, 17, Rue Montparnasse, PARIS

Envoi franco au reçu d'un mandat-poste.

CYCLISTE ET BICYCLETTE

GUIDE PRATIQUE DU CYCLISTE AMATEUR
Par le Dr GALTIER-BOISSIÈRE

Œuvre d'un médecin et d'un cycliste, le livre de M. GALTIER-BOISSIÈRE est appelé à rendre de réels services à toutes les personnes qui pratiquent la bicyclette. Elles y trouveront des notions précieuses et jusqu'ici trop peu répandues sur les conditions de santé requises, sur l'hygiène à suivre, le costume à adopter, etc., et des indications d'une grande utilité sur le mécanisme de la bicyclette, sur la manière d'apprendre à monter, sur l'achat d'une machine, les soins à lui donner, les réparations à faire. L'ouvrage, abondamment illustré, est divisé en un grand nombre de chapitres et de sous-chapitres, afin de rendre les recherches plus faciles.

Un vocabulaire, placé à la fin du volume, donne l'explication de tous les termes vélocipédiques spéciaux français et anglais.

Un volume in-8°, illustré de 150 gravures, 2° édition. Broché. . . . . **1 fr. 50**

LA PHOTOGRAPHIE

GUIDE DU PHOTOGRAPHE AMATEUR
Par H. DESMAREST

Épargner aux débutants l'ennui des tâtonnements, les mettre à même de faire immédiatement de bonnes photographies et aider les amateurs sérieux de conseils résultant d'une longue expérience, tel est le but de ce livre sans prétention, dépourvu de formules chimiques trop compliquées, qui résume d'une façon simple et pratique toutes les opérations et manipulations photographiques et permettra à tous de devenir d'excellents praticiens.

PRINCIPAUX CHAPITRES

La Chambre noire. — Le Laboratoire. — La Pose. — Le Cliché. — L'Épreuve positive. — La Microphotographie. — La Photographie télescopique. — La Photographie sans objectif. — La Photographie des couleurs. — La Photographie de l'invisible. Causes d'insuccès. — Résumé des principales opérations photographiques. Quelques chiffres. — Vocabulaire.

Un volume in-8°, illustré de 61 gravures. 4° édition. Broché, **1 fr. 25**. — Relié toile, **2 francs**.

LA CHASSE MODERNE

ENCYCLOPÉDIE DU CHASSEUR
Par MM.

Henry ADELON, Vicomte Émile de la BESGE, Gustave CANET, Adolphe CHENEVIÈRE, Comte Justinien CLARY, CUNISSET-CARNOT, Baron de DORLODOT, Édouard FOA, Charles FRICAUD, GASTINNE-RENETTE, Henri JOURNU, Roger LAURENT, LEDDET, Gaston LEGRAND, Charles MARSILLON, Pierre MÉGNIN, MICHEL-CARRÉ, Pierre-Amédée PICHOT, Vicomte Edmond de PONCINS, Comte Henri de la PORTE, ROULIER, Baron de VAUX, Dr Fernand VERCHÈRE, Gustave VOULQUIN.

Magnifique volume in-8° de 710 pages, illustré de 438 gravures (dessins d'après nature et reproductions de photographies instantanées) et 24 tableaux synthétiques. 6° mille. Broché, 7 fr. 50 — Relié. . . . . **10 francs**.
Exemplaires sur vélin. Prix, broché. . . . . **20 francs**.

POUR ÊTRE AU COURANT

d'une façon constante et méthodique de tout ce qui se passe non seulement en France, mais encore dans les différents pays du monde entier, au point de vue littéraire, artistique, scientifique, politique, etc.

LIRE LA

REVUE UNIVERSELLE

Recevoir une revue bien faite est le seul moyen de ne pas rester en dehors de son temps, d'être toujours au courant du mouvement si touffu des faits et des idées, en un mot de se maintenir au niveau de culture intellectuelle indispensable tant pour sa propre satisfaction que pour les relations de société. Les publications abondent. Mais les revues sérieuses ont pour la plupart l'inconvénient de n'être que peu ou point illustrées, de ne donner le plus souvent que des études trop longues à lire sur des points spéciaux, sans faire saisir la liaison et la continuité des mouvements généraux, d'être par suite d'une lecture trop absorbante et trop sévère et cependant insuffisante. D'autre part, les journaux illustrés proprement dits, s'ils paraissent au premier abord d'une forme séduisante et d'une lecture rapide, pèchent en réalité par un texte écourté, imprécis, hâtif et par conséquent superficiel. Unir à la fois l'attrait de la forme au sérieux du fond, c'est-à-dire le charme du *journal illustré* à l'intérêt solide et durable de la *Revue*, tel est l'objet de la *Revue Universelle*. Par là, elle acquiert une valeur exceptionnelle qui la rend indispensable au public d'élite, aux familles et aux travailleurs. Son prix la rend du reste accessible à tous.

Conditions d'abonnement

La REVUE UNIVERSELLE paraît chaque samedi en numéros de vingt-quatre pages in-4° à 50 centimes, illustrées de nombreuses gravures. Les abonnements partent du 1er de chaque mois.

	UN AN	SIX MOIS	TROIS MOIS
France, Algérie, Tunisie.	25 francs	**12 fr. 50**	**6 fr. 50**
Étranger (Union postale)	30 francs	**15 francs**	**8 francs**

A titre d'essai, un choix de *quatre numéros* est envoyé au prix réduit de 1 franc (joindre cette somme en mandat-poste à la demande d'abonnement d'essai).

On s'abonne à la **LIBRAIRIE LAROUSSE, 17, rue Montparnasse, PARIS**, et chez tous les Libraires.

Carte en couleurs : Allemagne militaire. — 15 Reproductions photographiques et 1 Plan. Fascicule 4

P. Jousset
L'Allemagne contemporaine illustrée

LIBRAIRIE LAROUSSE
Paris — 17 rue Montparnasse — Paris

Prix : 60 cent. net.

L'ALLEMAGNE CONTEMPORAINE
ILLUSTRÉE

L'Allemagne contemporaine illustrée formera 26 fascicules à **60 centimes**. L'ouvrage sera terminé en décembre 1901. — Il y aura une carte en couleurs tous les trois fascicules. Les fascicules accompagnés d'une carte en couleurs n'auront que 8 pages; tous les autres en auront 12.

Souscription à forfait à l'ouvrage complet

En fascicules ou en séries de cinq fascicules, au fur et à mesure de la publication. **13 fr. 50**
En un volume *broché*, livrable à l'achèvement. . . . . **13 fr. 50**
En un volume *relié demi-chagrin* (fers spéciaux) livrable à l'achèvement. . . . . . **18 fr. 50**

Payable en deux traites égales : la première dans le mois qui suit la souscription; la deuxième, le 5 décembre 1901.

La souscription à forfait à prix réduit sera irrévocablement close le 31 octobre 1901

Au 1er novembre, le prix de l'ouvrage sera porté à 15 francs en fascicules, séries ou volume broché; — 20 francs en volume relié.

On souscrit à la Librairie Larousse, 17, rue Montparnasse, Paris, et chez tous les libraires.

LA GRAPHOLOGIE EN EXEMPLES
Par J. CRÉPIEUX-JAMIN

M. Crépieux-Jamin, dont les importants travaux font autorité en matière de graphologie, a donné dans ce petit volume un précis complet et clair, qui permettra de se faire une idée d'ensemble de cette question si intéressante. On y trouvera un historique rapide, l'exposé des règles sur lesquelles peut réellement se baser un graphologue sérieux, et à l'appui de la théorie, de nombreux portraits exécutés par l'auteur sous les yeux du lecteur d'après des autographes de personnalités en vue et qui forment comme un cours de graphologie pratique où l'on pourra suivre de près le travail d'examen des écritures. Une enquête sur la graphologie termine le volume. Cet excellent petit ouvrage trouvera certainement bon accueil auprès de toutes les personnes, si nombreuses, qui s'occupent de graphologie, et les profanes feront bien de le lire aussi pour avoir quelques notions exactes sur un sujet qui a donné lieu à tant d'erreurs et de fausses interprétations.

Un volume in-8°, illustré d'un grand nombre de gravures et fac-similés d'autographes. Broché. . . . . **1 fr. 50**

LIBRAIRIE LAROUSSE, 17, rue Montparnasse, PARIS (*Envoi franco au reçu d'un mandat-poste*).

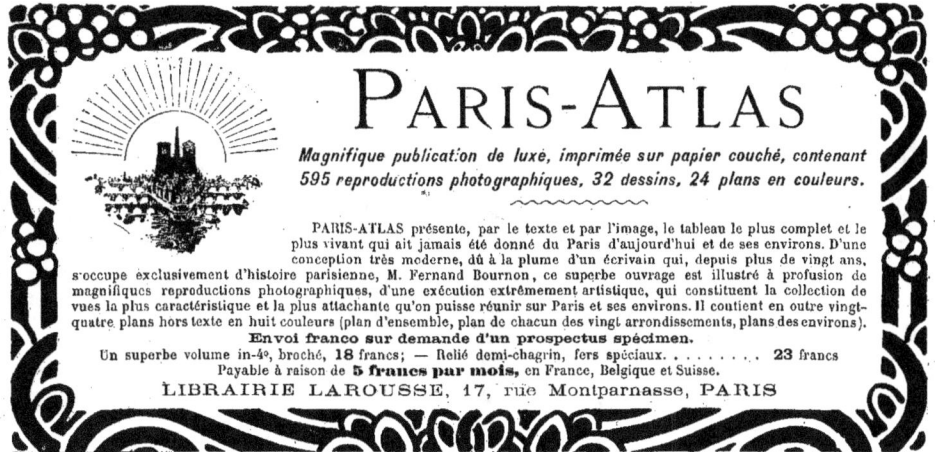

PARIS-ATLAS

Magnifique publication de luxe, imprimée sur papier couché, contenant 595 reproductions photographiques, 32 dessins, 24 plans en couleurs.

PARIS-ATLAS présente, par le texte et par l'image, le tableau le plus complet et le plus vivant qui ait jamais été donné de Paris d'aujourd'hui et de ses environs. D'une conception très moderne, dû à la plume d'un écrivain qui, depuis plus de vingt ans, s'occupe exclusivement d'histoire parisienne, M. Fernand Bournon, ce superbe ouvrage est illustré à profusion de magnifiques reproductions photographiques, d'une exécution extrêmement artistique, qui constituent la collection de vues la plus caractéristique et la plus attachante qu'on puisse réunir sur Paris et ses environs. Il contient en outre vingt-quatre plans hors texte en huit couleurs (plan d'ensemble, plan de chacun des vingt arrondissements, plans des environs).

Envoi franco sur demande d'un prospectus spécimen.

Un superbe volume in-4°, broché, **18 francs**; — Relié demi-chagrin, fers spéciaux. . . . . **23 francs**
Payable à raison de **5 francs par mois**, en France, Belgique et Suisse.

LIBRAIRIE LAROUSSE, 17, rue Montparnasse, PARIS

LIBRAIRIE LAROUSSE, 17, Rue Montparnasse, PARIS
Envoi franco au reçu d'un mandat-poste.

7ᵉ mille

LA CHASSE MODERNE

ENCYCLOPÉDIE DU CHASSEUR

Par MM.

Henry ADELON, Vicomte Émile de la BESGE, Gustave CANET, Adolphe CHENEVIÈRE, Comte Justinien CLARY, CUNISSET-CARNOT, Baron de DORLODOT, Édouard FOA, Charles FRICAUD, GASTINNE-RENETTE, Henri JOURNU, Roger LAURENT, LEDDET, Gaston LEGRAND, Charles MARSILLON, Pierre MÉGNIN, MICHEL-CARRÉ, Pierre-Amédée PICHOT, Vicomte Edmond de PONCINS, Comte Henri de la PORTE, ROULIER, Baron de VAUX, Dʳ Fernand VERCHÈRE, Gustave VOULQUIN.

Magnifique volume in-8° de 710 pages, 438 gravures (dessins d'après nature et reproductions de photographies instantanées), 24 tableaux synthétiques, 85 airs de chasse notés en musique.
Broché . . . . . . 7 fr. 50. — Relié toile . . . . 10 francs.
Exemplaires sur vélin. Prix, broché, 20 francs.

Ce magnifique volume, dont l'apparition a été un véritable événement cynégétique, forme une encyclopédie complète de l'art de la chasse, extrêmement sérieuse et documentée, où on trouvera tout ce qu'il est intéressant de savoir sur les armes et munitions, sur les chiens, leur dressage, leurs maladies, sur le tir, sur le gibier à poil et à plume, sur le gibier d'eau, le gibier de passage, les battues, la chasse à courre, la fauconnerie, etc. ; et ces divers chapitres, ce sont les personnalités les plus autorisées du monde de la chasse, les maîtres de ce sport qui les ont signés, comme on pourra s'en rendre compte en parcourant la liste ci-dessus. De plus, l'ouvrage est illustré de nombreuses gravures, dessins d'après nature et reproductions de photographies instantanées prises dans les chasses de Rambouillet, Sandricourt, La Ferté-Vidame, et il contient en outre un choix très heureux de fanfares notées en musique.

Ci-dessous, quelques appréciations prises au hasard parmi les nombreux articles qui ont été consacrés dans la presse à *La Chasse moderne* :

« La bibliographie cynégétique vient par les soins de la librairie Larousse de s'enrichir d'un nouvel ouvrage, *La Chasse moderne*, véritable encyclopédie du chasseur, dont la direction a été confiée à notre excellent confrère, M. G. Voulquin. Ce livre est le fruit de la collaboration d'une phalange de spécialistes, qui ont apporté chacun à l'œuvre commune l'office de leur expérience et de leur compétence sur les chiens, sur le gibier, sur le tir, sur le cheval, sur la fauconnerie, formant un tout remarquable, admirablement complet, puissamment documenté, d'une lecture facile, intéressante et séduisante. »
(*Le Sport universel illustré*, 9 juin 1900.)

« La librairie Larousse publie, sous le titre de *La Chasse moderne*, une véritable encyclopédie du chasseur. C'est l'ouvrage le plus complet qui ait jamais été écrit sur la matière. Chaque chapitre a été confié à un maître spécialiste. »
A. COUTEAUX (*Temps*, 18 juillet 1900).

« Nous ne saurions trop en conseiller la lecture, non seulement aux chasseurs, mais aussi à tous ceux qui habitent la campagne, car c'est un ouvrage de bibliothèque qui ne dépare en rien la table du salon. Nous aurons d'ailleurs l'occasion d'y revenir plus d'une fois sur les questions d'élevage et de vénerie qui y sont traitées par des maîtres. »
J. DE LA BOULAYE (*Journal des Campagnes*, 25 juin 1900).

« Il n'est pas exagéré de dire que le Touring-Club compte parmi ses membres plus de vingt mille chasseurs ; ceux-ci nous sauront gré de leur avoir signalé un livre d'un intérêt vraiment exceptionnel, appelé à faire autorité dans la matière et dans lequel ils trouveront, quelque experts qu'ils soient, mille indications utiles. »
(*Revue du Touring-Club*, juin 1900.)

« Ce volume sera bientôt entre les mains de tous les chasseurs qui cherchent dans l'enseignement la raison et le contrôle de leurs observations personnelles. *La Chasse moderne* deviendra pour eux le livre utile, nécessaire, indispensable qu'on a toujours sous la main pour le consulter. En un mot, il sera le conseiller secret des disciples de saint Hubert, comme le grand Larousse est la providence des journalistes à court d'imagination et de copie. »
L. DE POUILLY (*Echo de la Chasse*, 2 août 1900).

« S'il en est parmi les lecteurs qui cultivent intellectuellement autant que pratiquement les sciences si passionnantes de la chasse, je leur conseille de lire, les jours de pluie, quelques chapitres d'un superbe livre récemment publié par la maison Larousse, *La Chasse moderne*. »
Marc DE BRUS (*Liberté*, 1ᵉʳ novembre 1900).

LIBRAIRIE LAROUSSE, 17, Rue Montparnasse, PARIS
Envoi franco au reçu d'un mandat-poste.

ÉTATS ET COLONIES

Monographies encyclopédiques publiées par une société de spécialistes, sous la direction de M. Maxime PETIT, et donnant, pour chaque pays, la géographie, l'histoire, les institutions, les mœurs et coutumes, la vie économique, les lettres, les arts, les sciences, etc.

La Russie,

par MM. L. DELAVAUD, Girard DE RIALLE, Charles RABOT, Alfred RAMBAUD, Albert VANDAL, Anatole LEROY-BEAULIEU, Arthur RAFFALOVICH, Louis LEGER, Gustave LEJEAL, E.-M. DE VOGÜÉ, etc. Un volume in-8° de 496 pages, illustré de 200 gravures et d'une carte en couleurs. 2ᵉ édition. Broché. . . . 5 fr. »
Relié toile, tranches dorées. . . 7 fr. 50

La Hollande,

par MM. François BERNARD, C.-H.-B. BOOT, Louis BRESSON, E. DURAND-GRÉVILLE, Maurice ENOCH, A. FLAEG, J. GRAND-CARTERET, A. LEFÈVRE-PONTALIS, Louis LEGRAND, G. LEJEAL, L. VAN KEYMEULEN, etc. Un volume in-8° de 460 pages, illustré de 222 gravures et 9 cartes. Broché. . . . . 5 fr. »
Relié toile, tranches dorées. . . 7 fr. 50

L'Italie,

par MM. René BAZIN, Charles DEJOB, Frantz DESPAGNET, Alcide EBRAY, Louis FARGES, Émile GEBHART, R. KŒCHLIN, Ernest LEHR, Gustave LEJEAL, H. MARMONIER, Charles MAURRAS, Adrien MELLION, G. MICHEL, Eugène MUNTZ, Pietro ONSI, etc. Un volume in-8° de 608 pages, illustré de 243 gravures et 5 cartes. Broché. 6 francs.
Relié toile, tranches dorées . . . . 9 francs.

Le Portugal,

par MM. Brito ARANHA, Christovam AYRES, Teixeira BASTOS, Daniel BELLET, Cardozo DE BÉTHENCOURT, L.-P. DE BRUNN'GAUBAST, Xavier DE CARVALHO, Z. CONSIGLIERI PEDROSO, Alcide EBRAY, Bartholomeu FERREIRA, John GRAND-CARTERET, Domingos GUIMARÃES, Francesco DE LACERDA, Magalhaes LIMA, Silva LISBOA, etc. Un vol. in-8° de 368 pages, illust. de 162 grav. et 12 cartes. Broché. 4 francs.
Relié toile, tranches dorées. . . . . 6 francs.

D'autres ouvrages sont en préparation.

Rédigés par les spécialistes les plus autorisés, richement illustrés et documentés avec le plus grand soin, les volumes qui composent cette collection initieront le lecteur à la connaissance des pays étrangers et lui permettront d'apprendre en peu de temps ce qu'il y a d'essentiel à savoir sur leurs institutions, leurs mœurs, leurs industries, leurs arts, etc. Chacun d'eux forme un véritable précis encyclopédique, qui présente un tableau extrêmement complet et impartial de l'État étudié.

Ces ouvrages ont été honorés d'une souscription du ministère des Affaires étrangères.

L'ALLEMAGNE CONTEMPORAINE
ILLUSTRÉE

L'Allemagne contemporaine illustrée formera 26 fascicules à **60 centimes**. L'ouvrage sera terminé en décembre 1901. — Il y aura une carte en couleurs tous les trois fascicules. Les fascicules accompagnés d'une carte en couleurs n'auront que 8 pages; tous les autres en auront 12.

Souscription à forfait à l'ouvrage complet

En fascicules ou en séries de cinq fascicules, au fur et à mesure de la publication.	13 fr. 50	Payable en deux traites égales : la première dans le mois qui suit la souscription; la deuxième, le 5 décembre 1901.
En un volume *broché*, livrable à l'achèvement.	13 fr. 50	
En un volume *relié demi-chagrin* (fers spéciaux) livrable à l'achèvement.	18 fr. 50	

La souscription à forfait à prix réduit sera irrévocablement close le 31 octobre 1901

Au 1er novembre, le prix de l'ouvrage sera porté à 15 francs en fascicules, séries ou volume broché ; — 20 francs en volume relié.

On souscrit a la Librairie Larousse, 17, rue Montparnasse, Paris, et chez tous les libraires.

LE NATURALISTE AMATEUR
PETIT GUIDE PRATIQUE (Botanique — Zoologie — Géologie — Minéralogie)
Par MAURICE MAINDRON

On trouvera dans ce livre une foule de renseignements pratiques sur la manière d'excursionner, sur l'hygiène et les précautions à prendre, sur l'outillage, sur la récolte et la préparation des plantes, sur la confection des herbiers, sur la chasse des insectes, des papillons, des coléoptères, l'empaillage des oiseaux, l'étude des fossiles, etc. C'est un vade-mecum précieux pour tous ceux qui s'intéressent à l'histoire naturelle, si en honneur aujourd'hui : les amateurs trouveront dans ce petit volume le secret des excursions fructueuses et des collections bien faites.

Un volume in-8°, illustré de 166 gravures. Broché. . . . . **3 francs**

LIBRAIRIE LAROUSSE, 17, rue Montparnasse, PARIS (*Envoi franco au reçu d'un mandat-poste*).

Deux ouvrages utiles
Viennent de paraître à la Librairie LAROUSSE :

MÉMENTO LAROUSSE
PETITE ENCYCLOPÉDIE DE LA VIE PRATIQUE

Contenant en un seul volume, classées méthodiquement, toutes les connaissances d'utilité journalière.

Le *Mémento Larousse* est une véritable petite encyclopédie de la vie pratique. Englobant sous une forme méthodique et substantielle tous les matériaux d'une solide instruction : grammaire, style, histoire, géographie, arithmétique, sciences, etc., il ne s'en tient pas aux programmes scolaires. Il a cette originalité de faire place, à côté de la partie purement intellectuelle, à une foule de notions de la vie usuelle qu'on aurait peine à trouver réunies ailleurs : hygiène, droit usuel, couture, broderie, dentelles, savoir-vivre, usages du monde, correspondance, renseignements sur la poste, le télégraphe, etc. Il forme ainsi un tout d'une exceptionnelle valeur pratique, un vade-mecum que tout le monde devra posséder. Il est le complément naturel du petit *Dictionnaire Larousse*, et il a sa place marquée à côté de lui dans toutes les bibliothèques, sur toutes les tables de travail.

Un volume in-16 de 700 pages, 850 gravures, 20 tableaux synthétiques, 82 cartes, dont 50 en couleurs. Cartonné, 4 fr. 50. — Relié toile. 5 fr.

L'AGRICULTURE MODERNE
ENCYCLOPÉDIE DE L'AGRICULTEUR
Par V. SÉBASTIAN
chimiste agronome, ancien directeur de station expérimentale.
(*Collection de la « Bibliothèque rurale »*)

Voici un livre qui est appelé à rendre les plus grands services à toutes les personnes qui s'occupent d'agriculture. Elles y trouveront exposé, avec autant d'expérience que de sens pratique, tout ce qui les intéresse, tout ce qu'elles doivent savoir aujourd'hui : ce qui a trait au sol, à l'atmosphère, à l'eau, aux engrais, aux diverses cultures, la production laitière, les maladies des animaux domestiques, la culture fruitière, la viticulture, le séchage et la conservation des fruits, la culture des primeurs, l'apiculture, la sériciculture, etc. C'est, en un mot, un manuel très complet du cultivateur qu'on consultera toujours avec profit et qui, rédigé dans un esprit de progrès, permettra aux agriculteurs de procéder selon des méthodes rationnelles et d'appliquer les plus récentes améliorations. (*Demander le prospectus complet de la Bibliothèque rurale, collection honorée de nombreuses souscriptions des ministères de l'Agriculture et de l'Instruction publique.*)

Un vol. in-8°, 560 pages, près de 700 grav. Br., 5 fr. Couv. papier cuir, 5 fr. 25

LIBRAIRIE LAROUSSE, 17, rue Montparnasse, PARIS (*Envoi franco contre mandat-poste*). — CHEZ TOUS LES LIBRAIRES

LIBRAIRIE LAROUSSE, 17, Rue Montparnasse, PARIS

Envoi franco au reçu d'un mandat-poste.

SAYNÈTES ET SCÈNES COMIQUES

Première Série.

POUR JEUNES FILLES :
1 Mlle Martin-Bâton, scène comique.
2 La Dent de Lait, scène comique.
3 La Somnambule, scène de double vue.
4 Les Refrains des grand'mères, scène lyrique et chorégraphique.
5 Les Deux Bergerettes, saynète.
6 L'Œil de verre, scène comique.
7 Froufrou, *la petite Chanteuse*, scène lyrique.
8 Un Baptême de poupée, scène chorale.
9 Le Petit Ramoneur, saynète.
10 Trois Bonnes sous le même bonnet, saynète.

POUR GARÇONS :
1 L'Avocat des écoliers, plaidoyer comique.
2 L'Abondance, chanson bachique.
3 Toto conférencier, voyage dans un pupitre.
4 Le Choix d'un état, boutade.
5 Croquignole, lamentation d'un patronnet.
6 Un paquet de plumes, projet en l'air.
7 A bas la Grammaire ! rodomontade.
8 Les Deux Paillasses, grande parade.
9 Blanchoc et Noiraud. (Querelle entre meunier et charbonnier.)
10 Un Duel au tableau noir, examen burlesque.

Deuxième Série.

POUR JEUNES FILLES :
11 Les Oiseaux, fantaisie à huit personnages.
12 La Musique des Fleurs, monologue.
13 J'ai du bon tabac, saynète à trois person.
14 La Leçon de Piano, saynète à deux person.
15 Une Note de blanchisseuse, monologue.
16 Le Violon parlant, monologue.
17 Le Mouvement perpétuel, saynète à 3 pers.
18 La Servante savante, saynète à deux person.
19 Pain d'épice et Coco, saynète à quatre pers.
20 L'Herbivore, saynète à deux personnages.

POUR GARÇONS :
11 Le Fantôme, saynète militaire à trois pers.
12 Pierrot et le Ramoneur, saynète à deux pers.
13 Un Voyage d'agrément, monologue.
14 La Tombola, séance-monologue.
15 Le Musicien sans le savoir, saynète lyrique pour un personnage principal et un chœur.
16 L'Escamoteur, saynète à deux personnages.
17 Les Deux Braconniers, saynète à cinq pers.
18 Les Médecins imaginaires, farce à huit pers.
19 Bataille de Valets, saynète à trois personnages.
20 La Fête du Directeur, saynète à huit pers.

Troisième Série.

POUR JEUNES FILLES :
21 Les Sœurs de Lait, saynète à deux person.
22 Les deux Laitières, saynète à deux person.
23 Mademoiselle Sans-Gêne, saynète à 3 person.
24 La Sorcière, saynète à trois personnages.
25 Mesdemoiselles Touchatout, saynète à 3 pers.
26 La Voix des Meubles, saynète à trois pers.
27 Un lunch chez Lili, saynète à cinq person.
28 La Mère Rabat-Joie, saynète à cinq person.
29 Les Compliments, saynète à six personnages.
30 Un concours de Bébés, saynète à neuf pers.

POUR GARÇONS :
21 Au Cachot, saynète à deux personnages.
22 Le Portefeuille, saynète à deux personnages.
23 Le Docteur Gratis, saynète à deux pers.
24 Le Mitron mélomane, saynète à deux person.
25 Le Rasoir à papa, saynète à trois personnages.
26 Autre chose, saynète à trois personnages.
27 Saint-Délicat, saynète à cinq personnages.
28 Le Chien savant, saynète à cinq personnages.
29 L'Examen pour rire, saynète à cinq person.
30 L'Aveugle, saynète à neuf personnages.

Chaque numéro : **50 centimes.** — La collection de 10 numéros : **4 francs.**

La *Première* série a des accompagnements piano pour la *collection filles* au prix de **1 franc** le numéro.

NOUVEAU THÉATRE D'ÉDUCATION

Toutes les pièces de ce Nouveau Théâtre d'Éducation se vendent séparément comme suit :
Les pièces en un acte, 50 centimes. — deux actes, 75 centimes. — trois actes, 1 franc. — Prix de chaque volume, 3 francs.
Les pièces marquées d'un (*) ont des couplets dont la musique se vend à part, 1 franc.

1er volume. (8 pièces en 1 acte, pour jeunes filles.)
1. Les Ricochets (*), comédie imitée de Picard. — 2. Une Place à la cour (*), comédie-vaudeville. — 3. Le Chat parti, les Souris dansent, proverbe. — 4. Les Demoiselles d'honneur (*), ou *Lutin du noir.* — 5. Marguerite (*), ou *la Robe perdue*, moralité. — 6. Un Rêve (*), petit drame avec prologue et épilogue. — 7. Le Dindon de Nicole (*), ou *les Sœurs de lait.* — 8. Les Demoiselles de Saint-Cyr (*), drame moral.

2e volume. (8 pièces en 1 acte, pour jeunes gens.)
1. Le Scout (*), ou *l'Auberge pleine*, comédie. — 2. La Tour de Babel (*), ou *Deux Oncles charmants*, folie-vaudeville. — 3. Le Roi boit (*), épisode de vie de Charles XII. — 4. Grandeur et décadence de Frisamuthe (*), ou le Billet de loterie. — 5. Lavanette (*), ou *la Conspiration des poudres*. — 6. Le Revers de la Médaille (*), ou *Dieu fait bien ce qu'il fait.* — 7. Tarquinet (*), ou *le Panier de figues.* — 8. Guillery le Tambour, comédie-vaudeville.

3e volume. (8 pièces et dialogues en 1 acte, à l'usage des deux sexes.)
1. Arlequin, pièce à tiroirs pour jeunes gens. — 2. Arlequin, pièce à tiroirs pour jeunes filles. — 3. Le petit Pifferaro, comédie enfantine. — 4. Dialogue sur les Oiseaux. — 5. Les Étrennes de Colombine, saynète enfantine. — 6. Dialogue sur le Système métrique. — 7. Dialogue sur la France. — 8. Le Palais de Vénus, ou *les Fées laborieuses*, dialogue. — 9. La Leçon de botanique, dialogue.

4e volume. (4 pièces en 2 et 3 actes, pour jeunes gens.)
1. Les Héritiers de M. de Crac, comédie en deux actes. — 2. Sabre de bois (*), épisode des guerres d'Algérie, en deux actes. — 3. Les Deux Pigeons (*), ou *la Manie des Voyages*, comédie en trois actes. — 4. Le Sansonnet de Sylvio (*), arlequinade en trois actes.

5e volume. (5 pièces en 2 et 3 actes, pour jeunes filles.)
1. Les Sabots de Noël (*), pièce en deux actes. — 2. Le Rosier (*), comédie en trois actes. — 3. Le Laquais de Madame (*), comédie en trois actes. — 4. Angéline (*), ou *Voyage aux royaumes de la Parure, de la Gourmandise et du Travail*, moralité-féerie en trois actes. — 5. Bianca, ou *la Vengeance du Bandit*, drame en deux actes.

6e volume. (5 pièces variées, pour jeunes gens.)
1. L'Horloge (*), ou *Égoïsme et Dévouement*, vaudeville en un acte. — 2. Le Capitaine Talmont (*), vaudeville en deux actes. — 3. La Malédiction, drame en deux actes. — 4. Le Grondeur, en deux actes. — 5. Carnaval des Marmitons, farce en trois actes.

7e volume. (10 pièces en 1 acte, pour petites filles.)
1. La Fée Rieuse, à 2 personnages. — 2. La Veillée de Noël, 2 pers. — 3. Les Bonnets de coton, 3 pers. — 4. Les Fantaisies de Cyprienne, 3 pers. — 5. La Fée Bulle d'Air, 3 pers. — 6. La Reine des Dindons, 3 pers. — 7. La Pie gourmande, 4 pers. — 8. La Souricière, 4 pers. — 9. Le Plumage ne fait pas l'oiseau, 5 pers. — 10. La Royauté de Laurentine, 5 pers.

8e volume. (10 pièces en 1 acte, pour jeunes garçons.)
1. Le Déserteur, 2 pers. — 2. Le Pipeur et le Collectionneur, 2 pers. — 3. Science et Patriotisme, 2 pers. — 4. Son de cloche, voix de Dieu, 3 pers. — 5. Bonté et Dévouement, 4 pers. — 6. Les Bouquins et les Frites, 4 pers. — 7. Esprit ouvert, cœur fermé, 4 pers. — 8. Le Hâbleur, 4 pers. — 9. Les Martin, pêcheurs, 4 pers. — 10. Une répétition sous bois, 4 pers.

9e volume. (6 pièces variées, pour jeunes filles.)
1. Dévouement filial, comédie en un acte. — 2. Les Idées de Rosalie, comédie en deux actes. — 3. Les petites Merveilleuses (*), comédie en deux actes. — 4. Le Secret d'Yvonne (*), comédie en deux actes. — 5. Les Espiègleries de Godiche, comédie en deux actes. — 6. Les Trois Dons de la Fée Giselle (*), comédie en trois actes.

10e volume. (5 pièces variées, pour jeunes gens.)
1. L'Avocat Patelin, farce en un acte. — 2. La Vocation forcée, comédie en un acte. — 3. Salsifis, ou *les Inconvénients de la grandeur*, farce en deux actes. — 4. Le Médecin malgré lui, comédie en trois actes. — 5. Les Francs-tireurs de Strasbourg (*), scène militaire en trois actes.

PIÈCES HORS SÉRIE

POUR JEUNES GENS :
Le Dîner de Pantalon, ou *le Plat d'oreilles*, bouffonnerie en un acte, couplets, musique adhérente au texte... 1 fr.
Les Quatre Prunes, grande parade à deux personnages, avec musique. 1 fr.
Une Journée mouvementée, comédie en deux actes (onze personnages). 75 c.
Messire Cendrillonnet, comédie bouffe en trois actes (onze person.).. 1 fr.
L'Héritage de l'oncle Pacôme, comédie en trois actes (treize pers.)... 1 fr.

POUR JEUNES FILLES :
La Mort de César, ou *de chien*, comédie en un acte, avec couplets, musique adhérente au texte... 2 fr.
Un conte de Perrault, comédie en trois actes (sept personnages)...... 1 fr.
La Housse du Piano, comédie en un acte (deux personnages)........... 50 c.

Les Petits Moyens de la Providence, comédie en deux actes (8 person.). 75 c.
Ombres et Rayons, comédie en deux actes (huit personnages)........... 75 c.
La Lectrice de Madame Barton, comédie en deux actes (neuf pers.).... 75 c.
L'Hôtellerie du Lapin sauté, folie en trois actes (onze personnages.). 1 fr.
La Dernière fée, comédie en trois actes (dix personnages)............ 1 fr.
La Princesse Cendrillonnette, comédie bouffe en trois actes (11 pers.). 1 fr.

POUR LES DEUX SEXES *(Comédies de salon)* :
Chez le notaire, saynète à 2 personnages (dame et jeune homme)..... 75 c.
Une partie de chasse, 4 personnages (jeune dame et trois messieurs). 75 c.
Pour oublier la marquise, un acte (4 rôles, dont deux féminins)..... 75 c.
La Maison des Chéries, deux actes (deux dames et deux messieurs).... 1 fr.

N. B. — *Les pièces de théâtre et les saynètes ne sont jamais remises à condition ni échangées.*

LIBRAIRIE LAROUSSE, 17, Rue Montparnasse, PARIS

Envoi franco au reçu d'un mandat-poste.

Arithmographe Troncet

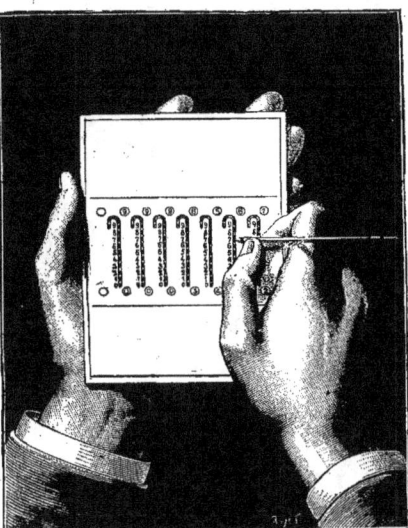

L'*Arithmographe Troncet* est un calculateur mécanique d'un système extrêmement simple; il joue le rôle d'une machine à calculer, mais il diffère des machines à calculer proprement dites sur plusieurs points.

Les machines à calculer ont un poids et un volume dépassant ordinairement de beaucoup ceux de l'*Arithmographe*, qui a le format et l'aspect d'un petit album.

L'*Arithmographe Troncet* remplit les mêmes fonctions que les machines à calculer les plus complètes, c'est-à-dire qu'il exécute toutes les opérations arithmétiques avec une exactitude rigoureuse sur les nombres entiers et les nombres décimaux.

Il se distingue de toutes les machines à calculer qui donnent les mêmes résultats, par extrême simplicité du maniement.

Il s'en distingue surtout par la modicité de son prix.

Les machines à calculer qui exécutent les quatre opérations fondamentales de l'arithmétique se vendent au moins quelques centaines de francs. Les trois modèles d'Arithmographe présentement mis en vente ne coûtent que 6 francs, 20 francs et 40 francs.

Ces trois types sont construits pour répondre à toutes les exigences de la vie courante; ils effectuent toutes les opérations, depuis le moindre calcul des dépenses de la ménagère et des journées de l'ouvrier sur le carnet de poche, jusqu'aux calculs compliqués de l'ingénieur et du mathématicien pouvant s'étendre des trillions dans les nombres entiers aux trillionièmes dans les nombres décimaux sur le grand Arithmographe de bureau.

Si l'on songe aux préjudices causés à ceux qui commettent des erreurs de calcul, tant dans les opérations les plus simples de la vie que dans les affaires les plus importantes, on comprendra l'étendue des services que peut rendre un instrument qui exécute tous les calculs avec une exactitude mathématique.

La rapidité d'exécution dans les opérations apporte encore à celui qui s'en sert une économie de temps, c'est-à-dire une économie d'argent.

C'est de plus un avantage considérable pour les calculateurs de profession que celui qui supprime la fatigue cérébrale inhérente à l'exécution des longs calculs. C'est un avantage aussi pour les personnes les moins familiarisées avec les opérations de l'arithmétique, que cette extrême facilité d'opérer qui leur est offerte : il suffit, en effet, d'inscrire les nombres sur l'Arithmographe, comme il est dit dans l'instruction, pour voir apparaître aussitôt les résultats exacts des calculs.

Arithmographe de poche
PRIX : 6 FRANCS

Modèle 1889 perfectionné; opère sur tous les nombres ayant jusqu'à sept chiffres dans les totaux, les grands nombres, les produits et les dividendes, c'est-à-dire jusqu'aux millions dans les nombres entiers et aux millionièmes dans les fractions décimales. Des tables donnent à simple lecture le produit des nombres de trois chiffres par les dix premiers nombres.

Petit Arithmographe de bureau
PRIX : 20 FRANCS

Modèle 1900; opère sur tous les nombres ayant jusqu'à sept chiffres dans les totaux, les grands nombres, les produits et les dividendes. Un *effaceur* remet l'appareil à zéro d'un seul coup, c'est-à-dire efface par un seul mouvement tous les chiffres des résultats pour passer à une autre opération. Un *multiplicateur* donne les produits des nombres ayant jusqu'à cinq chiffres, par les dix premiers nombres.

Grand Arithmographe de bureau
PRIX : 40 FRANCS

Modèle 1900; opère sur tous les nombres ayant jusqu'à douze chiffres, c'est-à-dire allant jusqu'aux trillions dans les nombres entiers ou aux trillionièmes dans les fractions décimales; muni d'un *effaceur* et d'un *multiplicateur* à huit chiffres.

Paris. — Imp. LAROUSSE, 17, rue Montparnasse.

L'ALLEMAGNE CONTEMPORAINE
ILLUSTRÉE

L'Allemagne contemporaine illustrée formera 26 fascicules à **60 centimes**. L'ouvrage sera terminé en décembre 1901. — Il y aura une carte en couleurs tous les trois fascicules. Les fascicules accompagnés d'une carte en couleurs n'auront que 8 pages; tous les autres en auront 12.

Souscription à forfait à l'ouvrage complet

En fascicules ou en séries de cinq fascicules, au fur et à mesure de la publication. 13 fr. 50 } Payable en deux traites égales : la première
En un volume *broché*, livrable à l'achèvement. . . . . 13 fr. 50 } dans le mois qui suit la souscription; la
En un volume *relié demi-chagrin* (fers spéciaux) livrable à l'achèvement. . . . . . 18 fr. 50 } deuxième, le 5 décembre 1901.

La souscription à forfait à prix réduit sera irrévocablement close le 31 octobre 1901

Au 1ᵉʳ novembre, le prix de l'ouvrage sera porté à 15 francs en fascicules, séries ou volume broché; — 20 francs en volume relié.

On souscrit à la Librairie Larousse, 17, rue Montparnasse, Paris, et chez tous les libraires.

LIBRAIRIE LAROUSSE, 17, Rue Montparnasse, PARIS

Vient de paraître :

LES SPECTACLES POPULAIRES
aux pays de France

NUMÉRO SPÉCIAL DE LA "REVUE UNIVERSELLE" (n° 27, du 6 juillet 1901)

Alsace, par A. Ritleng; — *Auvergne*, par le Dʳ Pommerol; — *Pays basques*, par Molinier et Sallaberry; — *Béarn*, par Adrien Planté; — *Berry*, par Jean Baffier; — *Bourbonnais*, par Joseph Place; — *Bourgogne*, par Clément-Janin; — *Bretagne*, par Paul Sébillot et André Saglio; — *Champagne*, par Léon Morel; — *Corse*, par l'abbé Letteron; — *Dauphiné*, par Léon Barracand; — *Flandre*, par Charles Charpentier; — *Franche-Comté*, par Ch. Beauquier; — *Gascogne et Languedoc*, par Charles-Brun et Jacques Tallon; — *Languedoc*, par Lafferre et Ernest Gaubert; — *Limousin*, par Jean Dutrech; — *Lorraine*, par Maurice Pottecher; — *Lyonnais*, par S. Lafaye; — *Normandie*, par Léon Le Clerc; — *Picardie*, par E. David; — *Poitou*, par Henri Clouzot; — *Provence*, par Philippe Auquier; — *Haute Provence*, par Louis Denis; — *Provence maritime*, par Louis Denis; — *Roussillon*, par Pierre Vidal; — *Pays de Collioure*, par J. de la Hire; — *Saintonge*, par Audiat; — *Savoie*, par B. Michel.

Le numéro, illustré de 76 gravures. . . . . . . 50 centimes

La REVUE UNIVERSELLE paraît chaque samedi en numéros de 24 pages, illustrés de nombreuses gravures. On la trouve chez tous les libraires et dans les gares.

LIBRAIRIE LAROUSSE, 17, Rue Montparnasse, PARIS
Grand Prix, Exposition universelle 1900

FLEURS HISTORIQUES

Clef des ALLUSIONS AUX FAITS ET AUX MOTS CÉLÈBRES *que l'on rencontre dans les ouvrages des écrivains français et étrangers.*

Par P. LAROUSSE

Beau volume grand in-8°, broché, **10** francs; — relié, **13** francs.

Dans ce livre sont rappelées l'origine et l'explication de tous ces mots, de tous ces faits célèbres auxquels les écrivains font sans cesse allusion, et qui restent bien souvent une énigme pour le lecteur, tels que : *L'Abîme de Pascal;* — *A demain les affaires sérieuses;*

— *Ah! le bon billet qu'a La Châtre!* — *Ingrate patrie, tu n'auras pas mes os;* — *J'ai failli attendre;* — *Malheur aux vaincus!* — *Epée de Damoclès;* — *J'ai trouvé!* — *Connais-toi toi-même;* — *Un empereur doit mourir debout;* — *Douleur, tu n'es pas un mal;* — etc.

Extrait des FLEURS HISTORIQUES :
LA FLÈCHE DU PARTHE

Les Parthes, célèbres surtout par la défaite et la mort de Crassus, habitaient de vastes plaines entourées de montagnes, entre l'Euphrate, l'Oxus et la mer Caspienne. Cette nation guerrière dédaignait l'agriculture, le commerce et la navigation. Ils étaient renommés comme cavaliers et vivaient toujours à cheval. Jamais ils n'étaient plus redoutables que lorsque simulant une fuite, ils décochaient par-dessus l'épaule leurs flèches à l'ennemi qui les poursuivait : aussi leur retraite était-elle plus meurtrière qu'une attaque. Cette fuite, qu'ils effectuaient toujours après leur première décharge, était une ruse de guerre qui a donné lieu au proverbe : « *Fuir en Parthe* », c'est-à-dire en portant à son ennemi de cruelles atteintes; décocher une *flèche de Parthe*, c'est-à-dire lancer en se retirant un trait, un mot qui va droit au cœur.

Un écrivain spirituel a dit : « Le temps jette des rides comme le *Parthe lançait des traits, en fuyant.* »

Cela fait, Ferdousi résolut de quitter sans retard la cour du sultan, et il partit secrètement, un bâton à la main, en habit de derviche. Il était âgé d'environ soixante-dix ans. En partant, il laissa aux mains d'un ami un papier scellé, recommandant qu'on le remît au sultan vingt jours après son départ. Quand le sultan ouvrit ce papier à son adresse, il y trouva une satire sanglante. C'était la vengeance du poète, la *flèche du Parthe*, qu'il lui lançait en fuyant.

SAINTE-BEUVE, *Causeries du Lundi.*

FLEURS LATINES

Clef des CITATIONS LATINES *que l'on rencontre dans les ouvrages des écrivains français et étrangers.*

Par P. LAROUSSE
Avec PRÉFACE de JULES JANIN

Beau volume grand in-8°, broché, **10** francs; — relié, **13** francs.

Cet ouvrage est indispensable à ceux qui aiment à se rendre compte de toutes les allusions qu'ils rencontrent dans les livres ou entendent dans la conversation. On y trouve l'explication des principales locutions latines tirées de Virgile, Horace, Cicéron, Térence,

Ovide, Tacite, Lucain, Lucrèce, etc., qui ont passé dans le domaine de toutes les littératures, telles que : *Ab Jove principium;* — *In vino veritas;* — *Ipso facto;* — *Homo sum, et humani nihil a me alienum puto;* — etc.

Extrait des FLEURS LATINES :
SIC VOS NON VOBIS

(Ainsi vous [travaillez], et ce n'est pas pour vous.)

Auguste faisait célébrer à Rome des fêtes publiques qui furent interrompues par un orage; mais, dès le lendemain, les jeux recommencèrent, et Virgile traça le distique suivant sur la porte du palais :

Nocte pluit tota, redeunt spectacula mane ;
Divisum imperium cum Jove Cæsar habet.

« Il a plu toute la nuit, le matin recommencent les spectacles publics ; Auguste partage avec Jupiter l'empire du monde. »

Auguste ayant voulu connaître celui à qui il devait ces vers flatteurs, Virgile ne se présenta pas, et un poète obscur, du nom de Bathylle, finit par s'en déclarer l'auteur. Il fut comblé d'éloges et largement récompensé. Piqué de voir qu'un autre recevoir des honneurs qui lui étaient dus, bien qu'il ne les eût pas désirés, Virgile écrivit de nouveau les deux vers sur les murs du palais, et traça au-dessous celui-ci :

Hos ego versiculos feci, tulit alter honores.
De ces deux petits vers, Romains, je suis l'auteur,
Et cependant un autre en reçoit tout l'honneur.

Il y ajouta le commencement de quatre autres vers, dont les premiers mots étaient *sic vos non vobis*. Auguste exprima le désir de les voir achevés; Bathylle essaya vainement, et Virgile les compléta de la manière suivante :

Sic vos non vobis nidificatis, aves ;
Sic vos non vobis vellera fertis, oves ;
Sic vos non vobis mellificatis, apes ;
Sic vos non vobis fertis aratra, boves.

Ainsi, mais non pour lui, l'agneau porte sa laine;
Ainsi, mais non pour lui, le bœuf creuse la plaine;
L'oiseau bâtit son nid pour d'autres que pour lui;
Et le miel de l'abeille est formé pour autrui.

Envoi franco au reçu d'un mandat-poste.

LIBRAIRIE LAROUSSE, 17, Rue Montparnasse, PARIS
Grand Prix Exposition universelle 1900

TOUTE UNE BIBLIOTHÈQUE EN UN SEUL OUVRAGE

« Tout ce dont j'ai besoin en fait de connaissances, je le trouve dans le *Larousse*. » Francisque Sarcey.

LAROUSSE
GRAND DICTIONNAIRE
UNIVERSEL

TENANT LIEU A LUI SEUL D'UNE BIBLIOTHÈQUE DE PLUS DE 1 200 VOLUMES

17 GROS VOLUMES GRAND IN-4° LIVRÉS IMMÉDIATEMENT

24 500 pages, 2 864 gravures et 642 morceaux lyriques (*airs d'opéras, chansons, etc.*) notés en musique.

Broché, 650 francs	Relié, 750 francs
Payable **20** fr. par mois	Payable **25** fr. par mois

Le **Grand Dictionnaire Larousse** est l'Encyclopédie la plus complète qui existe en France et celle qui jouit de la plus grande faveur. Cet ouvrage célèbre a été établi sur le plan le plus large qui ait jamais été conçu; il comprend tous les mots de la langue et englobe dans ses 100 000 colonnes toutes les connaissances humaines. Il est indispensable aux écrivains, aux journalistes, aux hommes d'étude, à tous ceux en un mot qui veulent avoir sur toutes choses des renseignements abondants.

INDEX ALPHABÉTIQUE
DES ARTICLES ET ADDITIONS
CONTENUS DANS LES DEUX SUPPLÉMENTS (TOMES XVI ET XVII DU *GRAND DICTIONNAIRE LAROUSSE*)

Trois fascicules à **1 fr. 10**

Cet Index alphabétique, imprimé sur papier rose, se divise en **15 sections** *correspondant aux 15 volumes du corps de l'ouvrage*. — Chaque section doit être insérée soit au commencement, soit à la fin du volume auquel elle se rapporte. Un simple collage permet cette insertion. En consultant un tome quelconque du *Grand Dictionnaire*, il suffira de se reporter à l'*index annexé* pour s'assurer que tel article nouveau, omis ou incomplet, a été traité ou complété dans l'un des deux Suppléments.

Paris. — Imp. LAROUSSE, 17, rue Montparnasse.

Carte en couleurs : Allemagne politique. — 18 Reproductions photographiques.   Fascicule **7**

P. Jousset
L'Allemagne contemporaine illustrée

LIBRAIRIE LAROUSSE
Paris   17 rue Montparnasse   Paris

Fasc. 7   Prix : 60 cent. net.

L'ALLEMAGNE CONTEMPORAINE

ILLUSTRÉE

L'Allemagne contemporaine illustrée formera 26 fascicules à **60 centimes**. L'ouvrage sera terminé en décembre 1901. — Il y aura une carte en couleurs tous les trois fascicules. Les fascicules accompagnés d'une carte en couleurs n'auront que 8 pages; tous les autres en auront 12.

Souscription à forfait à l'ouvrage complet

En fascicules ou en séries de cinq fascicules, au fur et à mesure de la publication.	13 fr. 50	Payable en deux traites égales : la première dans le mois qui suit la souscription; la deuxième, le 5 décembre 1901.
En un volume *broché*, livrable à l'achèvement.	13 fr. 50	
En un volume relié *demi-chagrin* (fers spéciaux) livrable à l'achèvement.	18 fr. 50	

La souscription à forfait à prix réduit sera irrévocablement close le 31 octobre 1901

Au 1ᵉʳ novembre, le prix de l'ouvrage sera porté à 15 francs en fascicules, séries ou volume broché ; — 20 francs en volume relié.

On souscrit à la Librairie Larousse, 17, rue Montparnasse, Paris, et chez tous les libraires.

AVANT DE PARTIR EN VACANCES

MUNISSEZ-VOUS DE

deux livres indispensables en voyage et à la campagne :

MÉMENTO LAROUSSE

Véritable petite encyclopédie de poche, contenant en un seul volume, classées méthodiquement, toutes les connaissances d'utilité journalière : grammaire, style, littérature, histoire, géographie, cosmographie, géologie, arithmétique, géométrie pratique, arpentage et nivellement, topographie, dessin, sciences, horticulture, économie domestique, hygiène, médecine pratique, droit usuel, couture, broderie, dentelles, musique, savoir-vivre, correspondance, renseignements usuels sur les monnaies étrangères, la poste, le télégraphe, les colis postaux, etc. — In-16, 700 pages, 850 gravures, 82 cartes, dont 50 en couleurs, formant tout un atlas en miniature. Cartonné . . . . . . **4 fr. 50**
Relié toile. . . . . **5 fr. »**

DICTIONNAIRE LAROUSSE

Le plus complet des dictionnaires manuels français, contenant 56 400 mots, 1 464 pages, 2 500 gravures, 750 portraits, 35 tableaux synthétiques, 36 pavillons en couleurs, 24 cartes géographiques, 620 locutions étrangères, la liste des académiciens, des sénateurs et des députés. Révisé avec soin chaque année, le *Dictionnaire Larousse* est toujours à jour. Sa vente dépasse aujourd'hui quatre millions d'exemplaires. Cartonné, 3 fr. 50; — Relié toile. . . . . **3 fr. 90**
Relié demi-chagrin . . . . **5 fr. »**

Envoi franco contre mandat-poste adressé à la Librairie Larousse, 17, rue Montparnasse, Paris
En vente chez tous les libraires et dans les gares.

LIBRAIRIE LAROUSSE, 17, Rue Montparnasse, PARIS
Grand Prix, Exposition universelle 1900

CYCLISTE ET BICYCLETTE

GUIDE PRATIQUE DU CYCLISTE AMATEUR
Par le Dr GALTIER-BOISSIÈRE

Œuvre d'un médecin et d'un cycliste, le livre de M. GALTIER-BOISSIÈRE est appelé à rendre de réels services à toutes les personnes qui pratiquent la bicyclette. Elles y trouveront des notions précieuses et jusqu'ici trop peu répandues sur les conditions de santé requises, sur l'hygiène à suivre, le costume à adopter, etc., et des indications d'une grande utilité sur le mécanisme de la bicyclette, sur la manière d'apprendre à monter, sur l'achat d'une machine, les soins à lui donner, les réparations à faire. L'ouvrage, abondamment illustré, est divisé en un grand nombre de chapitres et de sous-chapitres, afin de rendre les recherches plus faciles.

Un vocabulaire, placé à la fin du volume, donne l'explication de tous les termes vélocipédiques spéciaux français et anglais.

Un volume in-8°, illustré de 150 gravures, 2° édition. Broché . . . . **1 fr. 50**

LA PHOTOGRAPHIE

GUIDE DU PHOTOGRAPHE AMATEUR
Par H. DESMAREST

Épargner aux débutants l'ennui des tâtonnements, les mettre à même de faire immédiatement de bonnes photographies et aider les amateurs sérieux de conseils résultant d'une longue expérience, tel est le but de ce livre sans prétention, dépourvu de formules chimiques trop compliquées, qui résume d'une façon simple et pratique toutes les opérations et manipulations photographiques et permettra à tous de devenir d'excellents praticiens.

PRINCIPAUX CHAPITRES

La Chambre noire. — Le Laboratoire. — La Pose. — Le Cliché. — L'Épreuve positive.
La Microphotographie. — La Photographie télescopique.
La Photographie sans objectif. — La Photographie des couleurs. — La Photographie de l'invisible.
Causes d'insuccès. — Résumé des principales opérations photographiques.
Quelques chiffres. — Vocabulaire.

Un volume in-8°, illustré de 61 gravures. 4° édition. Broché, **1 fr. 25**. — Relié toile, **2 francs**.

LA CHASSE MODERNE

ENCYCLOPÉDIE DU CHASSEUR
Par MM.

Henry ADELON, Vicomte Émile de la BESGE, Gustave CANET, Adolphe CHENEVIÈRE, Comte Justinien CLARY, CUNISSET-CARNOT, Baron de DORLODOT, Édouard FOA, Charles FRICAUD, GASTINNE-RENETTE, Henri JOURNU, Roger LAURENT, LEDDET, Gaston LEGRAND, Charles MARSILLON, Pierre MÉGNIN, MICHEL-CARRÉ, Pierre-Amédée PICHOT, Vicomte Edmond de PONCINS, Comte Henri de la PORTE, ROULIER, Baron de VAUX, Dr Fernand VERCHÈRE, Gustave VOULQUIN.

Magnifique volume in-8° de 710 pages, illustré de 438 gravures (dessins d'après nature et reproductions de photographies instantanées) et 24 tableaux synthétiques. 7° mille. Broché, **7 fr. 50** — Relié . . . . **10 francs**.
Exemplaires sur vélin. Prix, broché . . . . **20 francs**.

Envoi franco au reçu d'un mandat-poste.

LIBRAIRIE LAROUSSE, 17, Rue Montparnasse, PARIS

Grand Prix, Exposition universelle 1900

Dictionnaire synoptique d'Étymologie française

DONNANT LA DÉRIVATION DES MOTS USUELS, CLASSÉS SOUS LEUR RACINE COMMUNE ET EN DIFFÉRENTS GROUPES : LATIN, GREC, LANGUES GERMANIQUES, CELTIQUE, ANGLAIS, ITALIEN, ESPAGNOL, PORTUGAIS, ARABE, HÉBREU, LANGUES SLAVES, AFRICAINES, ASIATIQUES, MYTHOLOGIE, ONOMATOPÉES, ETC.

Par **HENRI STAPPERS**

Le plan adopté par l'auteur, dans ce livre, consiste à *grouper*, d'une façon méthodique, tous les mots usuels de la langue française de même provenance, qui, dans les autres dictionnaires, se trouvent forcément éparpillés, d'après l'ordre alphabétique. Ce rapprochement est instructif et intéressant à divers titres: en quête de la dérivation d'un mot quelconque, on rencontre accompagné de ses congénères, et l'on fait ainsi connaissance avec tout un groupe de vocables ayant un ancêtre commun et dont on ne soupçonnait peut-être pas l'étroite parenté.

L'élément primitif ou radical est mis en vedette et les autres parties constitutives sont nettement distinguées: chaque mot se trouve, de cette façon, soumis à une sorte d'analyse et de dissection qui frappe en même temps les yeux et l'esprit.

Cet ouvrage ne s'adresse pas seulement aux érudits qu'intéresse particulièrement la science étymologique; il est d'une grande utilité à tous les professeurs de français et il convient aussi aux simples curieux, à tous ceux qui désirent, à un moment donné, être fixés sur la véritable origine d'un mot.

Un volume in-12 de 972 pages. 4ᵉ édition. Relié toile, 6 francs

Dictionnaire analogique

DE LA LANGUE FRANÇAISE

RÉPERTOIRE COMPLET DES MOTS PAR LES IDÉES ET DES IDÉES PAR LES MOTS

Par **P. BOISSIÈRE**

..... En dépit du fameux axiome formulé par Boileau :

Ce que l'on conçoit bien s'énonce clairement,
Et les mots pour le dire arrivent aisément,

à qui n'est-il pas arrivé d'avoir clairement dans la tête l'idée d'une chose et, comme on dit familièrement, le mot sur la langue, sans pouvoir l'en détacher à temps? Par exemple, vous faites de vains efforts pour vous rappeler comment les médecins désignent cet état d'insensibilité temporaire que produit le chloroforme; comment se nomment l'infirmité d'un boiteux ou celle d'un homme chauve, les plantes étrangères acclimatées chez nous, l'emploi de moyens artificieux pour obtenir un testament, la science qui traite du beau, celle qui classe et décrit les insectes, la connaissance d'une maladie par ses symptômes, la pièce d'une serrure que la clef fait aller et venir pour fermer ou pour ouvrir une porte, ces statues de femmes qui soutiennent les corniches d'un monument, etc. — Voilà dix idées qui viennent à votre esprit, que vous voulez rendre, mais dont les mots vous échappent, bien que vous les ayez rencontrés cent fois.

Avec le dictionnaire de Boissière, par une méthode d'analogie des plus ingénieuses et des plus simples, vous tombez *instantanément* sur les mots : ANESTHÉSIE — CLAUDICATION — CALVITIE — EXOTIQUES — CAPTATION — ESTHÉTIQUE — ENTOMOLOGIE — DIAGNOSTIC — PÊNE — CARIATIDES.

Quel que soit le terme dont vous ayez besoin, terme de jurisprudence, de science, de stratégie, d'industrie ou d'art, le *Dictionnaire analogique* vous le donnera.

On voit quels précieux services peut rendre un ouvrage de ce genre aux écrivains, aux professeurs, aux magistrats, aux fonctionnaires, pour qui la recherche du mot juste est une nécessité de tous les instants.

Il n'est pas d'une moins grande utilité aux *Étrangers* qui désirent acquérir une connaissance parfaite de la langue française et en saisir toutes les nuances.

9ᵉ édition augmentée d'un Complément et d'un grand nombre de mots nouveaux. Un fort volume in-8° de 1488 pages.

Broché, 25 francs. — Relié toile, 28 francs. — Relié demi-chagrin, 30 francs.

Le Complément se vend à part, 1 fr. 50.

Envoi franco au reçu d'un mandat-poste.

L'ALLEMAGNE CONTEMPORAINE
ILLUSTRÉE

L'Allemagne contemporaine illustrée formera 26 fascicules à **60 centimes**. L'ouvrage sera terminé en décembre 1901. — Il y a une carte en couleurs tous les trois fascicules. Les fascicules accompagnés d'une carte en couleurs n'ont que 8 pages; tous les autres en ont 12.

Souscription à forfait à l'ouvrage complet

En fascicules ou en séries de cinq fascicules, au fur et à mesure de la publication.	13 fr. 50	Payable en deux traites égales : la première dans le mois qui suit la souscription; la deuxième, le 5 décembre 1901.
En un volume *broché*, livrable à l'achèvement.	13 fr. 50	
En un volume *relié demi-chagrin* (fers spéciaux) livrable à l'achèvement.	18 fr. 50	

La souscription à forfait à prix réduit sera irrévocablement close le 31 octobre 1901

Au 1ᵉʳ novembre, le prix de l'ouvrage sera porté à 15 francs en fascicules, séries ou volume broché ; — 20 *francs en volume relié.*

On souscrit à la Librairie Larousse, 17, rue Montparnasse, Paris, et chez tous les libraires.

LA CARICATURE ET L'HUMOUR FRANÇAIS
au XIXᵉ siècle
Par Raoul DEBERDT

BOSIO, DEBUCOURT, CARLE VERNET, PIGAL, BAPTISTE, GAUDISSART, MARLET, CHARLET, RAFFET, BELLANGÉ, PRUCHE, SCHEFFER, BOURDET, DEVERIA, HENRY MONNIER, DAUMIER, TRAVIÈS, GAVARNI, MARCELIN, CHAM, GRÉVIN, GUYS, FORAIN, WILLETTE, HERMANN PAUL, ETC.

DAUMIER
Charmant, jeune, traînant tous les cœurs après soi,
Tel qu'on dépeint nos dieux, ou tel que je vous vois. *(Phèdre.)*

Il n'est peut-être pas de meilleure et de plus complète histoire des mœurs contemporaines qu'un recueil tel que celui qu'a entrepris M. Raoul Deberdt en faisant un excellent choix, parmi tant d'estampes, des spécimens les plus caractéristiques de l'esprit satirique et de l'humour en France depuis cent ans. La grande peinture ne nous renseigne que d'une façon très générale sur les goûts d'une époque; elle en raconte tout au plus les événements principaux, ceux que tout le monde sait; elle néglige l'anecdote et ne nous dit rien ou presque rien des manières d'être ou de sentir particulières aux contemporains d'un David, d'un Paul Delaroche, d'un Corot, d'un Puvis de Chavannes. C'est ailleurs, dans les tableaux de genre, dans les petits maîtres qu'il faut chercher ces sentiments intimes, ces variations du goût et de la mode, si curieux à retrouver et à suivre, si pleins pour nous de renseignements de toutes sortes; c'est surtout dans la gravure populaire, qui est essentiellement d'actualité, dans la caricature, qui s'égaye des vices et des travers du jour, des petits événements laissés de côté par l'histoire, des grands hommes du moment, dont quelques-uns ont été si vite oubliés.

Le volume de M. Deberdt est, à ces divers points de vue, des plus instructifs, et aussi des plus amusants. Le lecteur pourra y suivre l'évolution de l'esprit français durant ces cent dernières années. A côté des œuvres sont reproduits les portraits des artistes, ainsi que les types populaires qu'ils ont créés : M. Mayeux, Thomas Vireloque, Joseph Prudhomme, etc.

Un volume in-8º, illustré de 250 gravures. Broché. . . . . . **4 francs**
Exemplaires sur papier couché. . . . . **10 francs**

LIBRAIRIE LAROUSSE, 17, rue Montparnasse, PARIS. — *(Envoi franco au reçu d'un mandat-poste.)*

AVANT DE PARTIR EN VACANCES

MUNISSEZ-VOUS DE

deux livres indispensables en voyage et à la campagne :

MÉMENTO LAROUSSE

Véritable petite encyclopédie de poche, contenant en un seul volume, classées méthodiquement, toutes les connaissances d'utilité journalière : grammaire, style, littérature, histoire, géographie, cosmographie, géologie, arithmétique, géométrie pratique, arpentage et nivellement, topographie, dessin, sciences, horticulture, économie domestique, hygiène, médecine pratique, droit usuel, couture, broderie, dentelles, musique, savoir-vivre, correspondance, renseignements usuels sur les monnaies étrangères, la poste, le télégraphe, les colis postaux, etc. — In-16, 700 pages, 850 gravures, 82 cartes, dont 50 en couleurs, formant tout un atlas en miniature. Cartonné . . . . . **4 fr. 50**
    Relié toile . . . . **5 fr. »**

DICTIONNAIRE LAROUSSE

Le plus complet des dictionnaires manuels français, contenant 56 400 mots, 1 464 pages, 2 500 gravures, 750 portraits, 35 tableaux synthétiques, 36 pavillons en couleurs, 24 cartes géographiques, 620 locutions étrangères, la liste des académiciens, des sénateurs et des députés. Revisé avec soin chaque année, le *Dictionnaire Larousse* est toujours à jour. Sa vente dépasse aujourd'hui quatre millions d'exemplaires. Cartonné, **3 fr. 50**; — Relié toile . . . . **3 fr. 90**
    Relié demi-chagrin . . . . **5 fr. »**

Envoi franco contre mandat-poste adressé à la Librairie Larousse, 17, rue Montparnasse, Paris.
En vente chez tous les libraires et dans les gares.

La Bénédictine

VUE GÉNÉRALE DE LA BÉNÉDICTINE, A FÉCAMP

Dans son beau volume de *La France pittoresque et monumentale*, consacré à la Normandie, le maître Robida s'exprime ainsi : « Ces bâtiments et cette tour qui pointe dans le ciel avec des apparences de beffroi, ce sont des édifices industriels, c'est la fabrique de la Bénédictine après l'abbaye des bénédictins ; il y a là un musée dans lequel ont été recueillis, avec des débris de sculptures, bien des vestiges du brillant passé de l'abbaye. »

En grande partie détruite par l'incendie de 1892, la Bénédictine a été reconstruite sur un plan beaucoup plus vaste, arrêté par M. A. Le Grand aîné, fondateur de la Société : l'inauguration a eu lieu en juillet 1900, en présence de l'archevêque de Rouen et à cette occasion furent données à Fécamp des fêtes magnifiques.

La Bénédictine, superbe en son architecture, est un véritable temple de l'art ; son important musée a été qualifié par Viollet-le-Duc de « petit Cluny ».

Au point de vue industriel, elle est organisée avec tous les perfectionnements apportés par la science moderne. Sa prospérité commerciale ne fait que grandir chaque jour. A l'heure actuelle, la Bénédictine vend annuellement plus de 1,500,000 bouteilles de liqueur.

L'exquise liqueur dont la réputation est devenue universelle est préparée avec des soins tout particuliers. Pour être assurée de la pureté des eaux-de-vie de vin qu'elle emploie exclusivement, la Société a construit une distillerie modèle en Algérie, à Boufarik, au centre des vignobles de la Mitidja. Un agent établi sur place recherche les vins qui conviennent le mieux et sous la surveillance d'un des directeurs, on en retire des eaux-de-vie dont la qualité ne saurait être discutée. La liqueur une fois fabriquée repose pendant trois années en d'immenses foudres pour faire ensuite les délices des consommateurs.

La Société fabrique encore l'Alcool de Menthe et l'Eau de Mélisse des Bénédictins.

La Société Bénédictine a fondé et subventionne plusieurs institutions charitables parmi lesquels il convient de citer son Orphelinat et la Caisse de secours de ses employés et ouvriers.

Une visite à la Bénédictine est captivante autant qu'instructive, et pendant la saison d'été on vient à Fécamp de tous les points de la côte normande pour faire cette visite.

Ch. Maillard.

Paris. — Imp. Larousse, 17, rue Montparnasse.

28 Reproductions photographiques. Fascicule **9**

P. Jousset

L'Allemagne contemporaine illustrée

LIBRAIRIE LAROUSSE
Paris   17 rue Montparnasse   Paris

Fasc. **9**   *Prix :* **60 cent.** *net.*

L'ALLEMAGNE CONTEMPORAINE
ILLUSTRÉE

L'Allemagne contemporaine illustrée formera 26 fascicules à **60 centimes**. L'ouvrage sera terminé en décembre 1901. — Il y a une carte en couleurs tous les trois fascicules. Les fascicules accompagnés d'une carte en couleurs n'ont que 8 pages; tous les autres en ont 12.

Souscription à forfait à l'ouvrage complet

En fascicules ou en séries de cinq fascicules, au fur et à mesure de la publication. **13 fr. 50** | Payable en deux traites égales première : la
En un volume *broché*, livrable à l'achèvement. . . . . **13 fr. 50** } dans le mois qui suit la souscription; la
En un volume *relié demi-chagrin* (fers spéciaux) livrable à l'achèvement . . . . . . **18 fr. 50** | deuxième, le 5 décembre 1901.

La souscription à forfait à prix réduit sera irrévocablement close le 31 octobre 1901

Au 1ᵉʳ novembre, le prix de l'ouvrage sera porté à 15 francs en fascicules; séries ou volume broché; — 20 francs en volume relié.

On souscrit à la Librairie Larousse, 17, rue Montparnasse, Paris, et chez tous les libraires.

LIBRAIRIE LAROUSSE, 17, Rue Montparnasse, PARIS
Envoi franco au reçu d'un mandat-poste.

La Photographie

GUIDE DU PHOTOGRAPHE AMATEUR, par H. DESMAREST. — La Chambre noire; le Laboratoire; la Pose; le Cliché; l'Épreuve positive; la Microphotographie; la Photographie télescopique; la Photographie sans objectif; la Photographie des couleurs; la Photographie de l'invisible; Causes d'insuccès; Résumé des principales opérations photographiques; Quelques chiffres; Vocabulaire. — Un volume in-8°, illustré de 61 gravures, 5ᵉ édition. Broché, **1 fr. 25** — Relié toile . . . . **2 fr. »**

Cycliste et Bicyclette

GUIDE PRATIQUE DU CYCLISTE AMATEUR, par le Dʳ GALTIER-BOISSIÈRE. Ce qu'il faut savoir avant d'apprendre à monter : pourquoi on doit faire de la bicyclette; conditions de santé pour le cyclisme; comment on doit faire de la bicyclette; structure et mode de fonctionnement de la bicyclette; — Comment on apprend à monter; — Comment on doit acheter une bicyclette; — Ce qu'il faut savoir avant de se mettre en route : modifications que le cycliste peut apporter à la machine; soins à donner à la machine; ce qu'on doit emporter; costume du cycliste; hygiène d'une journée d'excursion; règles de conduite en route; code du cycliste; — Histoire de la bicyclette; les sociétés et les courses; vélocipédie militaire. — Un volume in-8°, illustré de 150 gravures, 2ᵉ édition. Broché. . . . . **1 fr. 50**

LIBRAIRIE LAROUSSE, 17, Rue Montparnasse, PARIS
Envoi franco au reçu d'un mandat-poste.

7ᵉ mille

LA CHASSE MODERNE

ENCYCLOPÉDIE DU CHASSEUR

Par MM.

Henry ADELON, Vicomte Émile de la BESGE, Gustave CANET, Adolphe CHENEVIÈRE, Comte Justinien CLARY, CUNISSET-CARNOT, Baron de DORLODOT, Édouard FOA, Charles FRICAUD, GASTINNE-RENETTE, Henri JOURNU, Roger LAURENT, LEDDET, Gaston LEGRAND, Charles MARSILLON, Pierre MÉGNIN, MICHEL-CARRÉ, Pierre-Amédée PICHOT, Vicomte Edmond de PONCINS, Comte Henri de la PORTE, ROULIER, Baron de VAUX
Dʳ Fernand VERCHÈRE, Gustave VOULQUIN.

Magnifique volume in-8° de 710 pages, 438 gravures (dessins d'après nature et reproductions de photographies instantanées), 24 tableaux synthétiques, 85 airs de chasse notés en musique.
Broché . . . . . . 7 fr. 50. — Relié toile . . . . 10 francs.
Exemplaires sur vélin. Prix, broché, 20 francs.

Ce magnifique volume, dont l'apparition a été un véritable événement cynégétique, forme une encyclopédie complète de l'art de la chasse, extrêmement sérieuse et documentée, où on trouvera tout ce qu'il est intéressant de savoir sur les armes et munitions, sur les chiens, leur dressage, leurs maladies, sur le tir, sur le gibier à poil et à plume, sur le gibier d'eau, le gibier de passage, les battues, la chasse à courre, la fauconnerie, etc.; et ces divers chapitres, ce sont les personnalités les plus autorisées du monde de la chasse, les maîtres de ce sport qui les ont signés, comme on pourra s'en rendre compte en parcourant la liste ci-dessus. De plus, l'ouvrage est illustré de nombreuses gravures, dessins d'après nature ou reproductions de photographies instantanées prises dans les chasses de Rambouillet, Sandricourt, La Ferté-Vidame, et il contient en outre un choix très heureux de fanfares notées en musique.
Ci-dessous, quelques appréciations prises au hasard parmi les nombreux articles qui ont été consacrés dans la presse à *La Chasse moderne* :

« La bibliographie cynégétique vient par les soins de la librairie Larousse de s'enrichir d'un nouvel ouvrage, *La Chasse moderne*, véritable encyclopédie du chasseur, dont la direction a été confiée à notre excellent confrère, M. G. Voulquin. Ce livre est le fruit de la collaboration d'une phalange de spécialistes, qui ont apporté chacun à l'œuvre commune l'office de leur expérience et de leur compétence sur les chiens, sur le gibier, sur le tir, sur le cheval, sur la fauconnerie, formant un tout remarquable, admirablement complet, puissamment documenté, d'une lecture facile, intéressante et séduisante. »
(*Le Sport universel illustré*, 9 juin 1900.)

« La librairie Larousse publie, sous le titre de *La Chasse moderne*, une véritable encyclopédie du chasseur. C'est l'ouvrage le plus complet qui ait jamais été écrit sur la matière. Chaque chapitre a été confié à un maître spécialiste. »
A. COUTEAUX (*Temps*, 18 juillet 1900).

« Nous ne saurions trop en conseiller la lecture, non seulement aux chasseurs, mais aussi à tous ceux qui habitent la campagne, car c'est un ouvrage de bibliothèque qui ne dépare en rien la table du salon. Nous aurons d'ailleurs l'occasion d'y revenir plus d'une fois sur les questions d'élevage et de vénerie qui y sont traitées par des maîtres. »
J. DE LA BOULAYE (*Journal des Campagnes*, 25 juin 1900).

« Il n'est pas exagéré de dire que le Touring-Club compte parmi ses membres plus de vingt mille chasseurs; ceux-ci nous sauront gré de leur avoir signalé un livre d'un intérêt vraiment exceptionnel, appelé à faire autorité dans la matière et dans lequel ils trouveront, quelques experts qu'ils soient, mille indications utiles. »
(*Revue du Touring-Club*, juin 1900.)

« Ce volume sera bientôt entre les mains de tous les chasseurs qui cherchent dans l'enseignement la raison et le contrôle de leurs observations personnelles. *La Chasse moderne* deviendra pour eux le livre utile, nécessaire, indispensable qu'on a toujours sous la main pour le consulter. En un mot, il sera le conseiller secret des disciples de saint Hubert, comme le grand Larousse est la providence des journalistes à court d'imagination et de copie. »
L. DE POUILLY (*Echo de la Chasse*, 2 août 1900).

« S'il en est parmi les lecteurs qui cultivent intellectuellement autant que pratiquement les sciences si passionnantes de la chasse, je leur conseille de lire, les jours de pluie, quelques chapitres d'un superbe livre récemment publié par la maison Larousse, *La Chasse moderne*. »
MARC DE BRUS (*Liberté*, 1ᵉʳ novembre 1900).

LIBRAIRIE LAROUSSE, 17, Rue Montparnasse, PARIS
Envoi franco au reçu d'un mandat-poste.

LIVRES DE VACANCES

200 Jeux d'Enfants
EN PLEIN AIR ET A LA MAISON
PAR
L. HARQUEVAUX et L. PELLETIER

Un beau volume in-8°, illustré de 160 gravures.

PRIX

Broché	3 fr. »
Relié, tranches blanches	4 fr. »
Relié, tranches dorées	4 fr. 50

On trouvera dans cet ouvrage des règles précises sur les jeux auxquels peuvent se livrer les enfants, suivant leur âge, leur tempérament, leur nombre et les moyens dont ils disposent. De fort belles gravures montrent la physionomie des principaux jeux et en facilitent l'exécution.

Le Fils à Guignol
PETITES SCÈNES AVEC CHANTS
Pour Théâtre Guignol et Théâtre de Salon
PAR
CLAUDE HINOT

PREMIER VOLUME
Guignol au Collège. — Guignol à la Caserne. — Guignol dans la Politique.

DEUXIÈME VOLUME
Guignol dans les Affaires. — Guignol en Ménage. — Guignol dans l'autre Monde.
Une préface détaillée sert de guide pour la mise en scène.

Chaque volume in-8°, illustré de 100 gravures.
Broché, 3 fr. — Relié, tr. blanches, 4 fr. — Relié, tr. dorées, 4 fr. 50

La Science amusante
Par TOM TIT

3 volumes illustrés de magnifiques gravures sur bois

Chaque vol. in-8°, broché, 3 fr. » | Relié, tranches blanches . . 4 fr. »
Relié, tranches dorées . . . . 4 fr. 50

Toutes les expériences décrites par TOM TIT, un ingénieur doublé d'un papa, seront répétées avec succès par les enfants en vacances, sans danger et sans dépense, au moyen des objets usuels que chacun a sous la main. Ce sera pour eux non seulement un agréable passe-temps, mais encore l'occasion de vérifier expérimentalement les principes de physique sur lesquels sont basées la plupart de ces récréations instructives.

La Science amusante de **TOM TIT** a obtenu une médaille d'honneur de la Société d'encouragement au bien.

Paris. — Imp. LAROUSSE, 17, rue Montparnasse.

Carte en couleurs : Allemagne (Partis politiques et Religions). — 17 Reproductions photogr. **Fascicule 10**

P. Jousset
L'Allemagne contemporaine illustrée

LIBRAIRIE LAROUSSE
Paris   17 rue Montparnasse   Paris

Fasc. 10

Prix : 60 cent. net.

L'ALLEMAGNE CONTEMPORAINE
ILLUSTRÉE

L'Allemagne contemporaine illustrée formera 26 fascicules à **60 centimes**. L'ouvrage sera terminé en décembre 1901. — Il y a une carte en couleurs tous les trois fascicules. Les fascicules accompagnés d'une carte en couleurs n'ont que 8 pages; tous les autres en ont 12.

Souscription à forfait à l'ouvrage complet

En fascicules ou en séries de cinq fascicules, au fur et à mesure de la publication.   13 fr. 50   Payable en deux traites égales : la première
En un volume *broché*, livrable à l'achèvement. . . . . 13 fr. 50   dans le mois qui suit la souscription; la
En un volume *relié demi-chagrin* (fers spéciaux) livrable à l'achèvement . . . . . . 18 fr. 50   deuxième, le 5 décembre 1901.

La souscription à forfait à prix réduit sera irrévocablement close le 31 octobre 1901.

Au 1er novembre, le prix de l'ouvrage sera porté à **15 francs** en fascicules, séries ou volume broché ; — **20 francs** en volume relié.

On souscrit à la Librairie Larousse, 17, rue Montparnasse, Paris, et chez tous les libraires.

LIBRAIRIE LAROUSSE, 17, Rue Montparnasse, PARIS
Grand Prix, Exposition universelle 1900

Expériences et Manipulations
Par J.-F. BOIS

TOME I : *Chimie, Physique, Mécanique*
750 expériences. Un volume in-8° de 350 pages, illustré de 150 gravures. 2e édition.
Broché. . . . . **4 fr. »**

TOME II : *Botanique, Zoologie, Géologie, Agriculture, Hygiène*
260 expériences. Un volume in-8° de 192 pages, illustré de 92 gravures. Broché. . . . . **2 fr. 50**

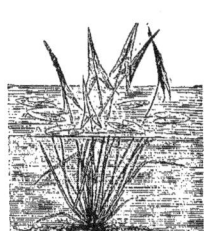

En dehors des professeurs et des élèves des lycées, écoles normales, etc., auxquels ils rendront de précieux services, ces deux volumes présentent le plus grand intérêt pour les amateurs qui font de la science par goût et pour les personnes qui cherchent à se distraire et à distraire leurs amis par des expériences instructives ou amusantes. Ils seront également utiles aux agriculteurs qui se livrent à des essais en vue de leurs travaux.

Les expériences indiquées sont généralement simples. Toutes ont été exécutées sous la direction de l'auteur et rédigées après le résultat constaté, de sorte qu'elles sont présentées avec la sanction de la pratique.

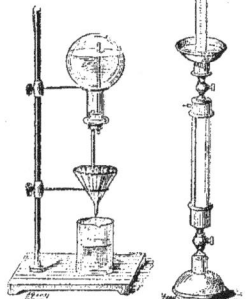

Envoi franco au reçu d'un mandat-poste.

LIBRAIRIE LAROUSSE, 17, Rue Montparnasse, PARIS
Grand Prix Exposition universelle 1900

LA SCIENCE AMUSANTE

PAR

Médaille d'honneur
de la Société
d'encouragement au bien.

La Science Amusante est un recueil de récréations scientifiques dont l'auteur a formé trois volumes contenant chacun cent superbes gravures.

Parmi les expériences contenues dans ces trois volumes, les unes sont de simples jeux destinés à récréer parents et enfants réunis le soir autour de la table de famille. D'autres, au contraire, d'un caractère vraiment scientifique, ont pour but d'initier le lecteur à l'étude de la physique.

Bouchons, allumettes, fourchettes, bouts de fil, coquilles d'œuf et de noix, épingles et autres objets de même ordre, tels sont les seuls appareils que comporte l'exécution des expériences si ingénieuses de

TOM TIT

LES TROIS VOLUMES SE VENDENT SÉPARÉMENT

CHAQUE VOLUME IN-8°

Broché, 3 fr.; Relié, tranches jaspées, 4 fr.; Relié, tranches dorées, 4 fr. 50

Envoi franco au reçu d'un mandat-poste.

LIBRAIRIE LAROUSSE, 17, Rue Montparnasse, PARIS
Grand Prix, Exposition universelle 1900

LA CHASSE MODERNE

ENCYCLOPÉDIE DU CHASSEUR

Par MM.

Henry ADELON, Vicomte Émile de la BESGE, Gustave CANET, Adolphe CHENEVIÈRE, Comte Justinien CLARY, CUNISSET-CARNOT, Baron de DORLODOT, Édouard FOA, Charles FRICAUD, GASTINNE-RENETTE, Henri JOURNU, Roger LAURENT, LEDDET, Gaston LEGRAND, Charles MARSILLON, Pierre MÉGNIN, MICHEL-CARRÉ, Pierre-Amédée PICHOT, Vicomte Edmond de PONCINS, Comte Henri de la PORTE, ROULIER, Baron de VAUX, Dʳ Fernand VERCHÈRE, Gustave VOULQUIN.

Magnifique volume in-8° de 710 pages, 438 gravures (dessins d'après nature et reproductions de photographies instantanées), 24 tableaux synthétiques, 85 airs de chasse notés en musique.
Broché . . . . . . 7 fr. 50. — Relié toile . . . . . 10 francs.
Exemplaires sur vélin. Prix, broché, 20 francs.

Ce magnifique volume, dont l'apparition a été un véritable événement cynégétique, forme une encyclopédie complète de l'art de la chasse, extrêmement sérieuse et documentée, où on trouvera tout ce qu'il est intéressant de savoir sur les armes et munitions, sur les chiens, leur dressage, leurs maladies, sur le tir, sur le gibier à poil et à plume, sur le gibier d'eau, le gibier de passage, les battues, la chasse à courre, la fauconnerie, etc.; et ces divers chapitres, ce sont les personnalités les plus autorisées du monde de la chasse, les maîtres de ce sport qui les ont signés, comme on pourra s'en rendre compte en parcourant la liste ci-dessus. De plus, l'ouvrage est illustré de nombreuses gravures, dessins d'après nature ou reproductions de photographies instantanées prises dans les chasses de Rambouillet, Sandricourt, La Ferté-Vidame, et il contient en outre un choix très heureux de fanfares notées en musique.
Ci-dessous, quelques appréciations prises au hasard parmi les nombreux articles qui ont été consacrés dans la presse à *La Chasse moderne* :

« La bibliographie cynégétique vient par les soins de la librairie Larousse de s'enrichir d'un nouvel ouvrage, *La Chasse moderne*, véritable encyclopédie du chasseur, dont la direction a été confiée à notre excellent confrère, M. G. Voulquin. Ce livre est le fruit de la collaboration d'une phalange de spécialistes, qui ont apporté chacun à l'œuvre commune l'office de leur expérience et de leur compétence sur les chiens, sur le gibier, sur le tir, sur le cheval, sur la fauconnerie, formant un tout remarquable, admirablement complet, puissamment documenté, d'une lecture facile, intéressante et séduisante. »
(*Le Sport universel illustré*, 9 juin 1900.)

« La librairie Larousse publie, sous le titre de *La Chasse moderne*,

une véritable encyclopédie du chasseur. C'est l'ouvrage le plus complet qui ait jamais été écrit sur la matière. Chaque chapitre a été confié à un maître spécialiste. »
A. COUTEAUX (*Temps*, 18 juillet 1900.)

« Nous ne saurions trop en conseiller la lecture, non seulement aux chasseurs, mais aussi à tous ceux qui habitent la campagne, car c'est un ouvrage de bibliothèque qui ne dépare en rien la table du salon. Nous aurons d'ailleurs l'occasion d'y revenir plus d'une fois sur les questions d'élevage et de vénerie qui y sont traitées par des maîtres. »
J. DE LA BOULAYE (*Journal des Campagnes*, 25 juin 1900.)

« Il n'est pas exagéré de dire que le Touring-Club compte parmi ses membres plus de vingt mille chasseurs; ceux-ci nous sauront gré de leur avoir signalé un livre d'un intérêt vraiment exceptionnel, appelé à faire autorité dans la matière et dans lequel ils trouveront, quelque experts qu'ils soient, mille indications utiles. »
(*Revue du Touring-Club*, juin 1900.)

« Ce volume sera bientôt entre les mains de tous les chasseurs qui cherchent dans l'enseignement la raison et le contrôle de leurs observations personnelles. *La Chasse moderne* deviendra pour eux le livre utile, nécessaire, indispensable qu'on a toujours sous la main pour le consulter. En un mot, il sera le conseiller secret des disciples de saint Hubert, comme le grand Larousse est la providence des journalistes à court d'imagination et de copie. »
L. DE POUILLY (*Echo de la Chasse*, 2 août 1900.)

« S'il en est parmi les lecteurs qui cultivent intellectuellement autant que pratiquement les sciences si passionnantes de la chasse, je leur conseille de lire, les jours de pluie, quelques chapitres d'un superbe livre récemment publié par la maison Larousse, *La Chasse moderne*. »   Marc de BAUS (*Liberté*, 1ᵉʳ novembre 1900.)

Envoi franco **au reçu d'un mandat-poste.**

Paris. — Imp. LAROUSSE, 17, rue Montparnasse.

28 Reproductions photographiques et 1 Carte en noir. Fascicule 11

P. Jousset
L'Allemagne contemporaine illustrée

LIBRAIRIE LAROUSSE
Paris 17 rue Montparnasse Paris

Fasc. 11 Prix : 60 cent. net.

L'ALLEMAGNE CONTEMPORAINE

ILLUSTRÉE

L'Allemagne contemporaine illustrée formera 26 fascicules à **60 centimes**. L'ouvrage sera terminé en décembre 1901. — Il y a une carte en couleurs tous les trois fascicules. Les fascicules accompagnés d'une carte en couleurs n'ont que 8 pages; tous les autres en ont 12.

Souscription à forfait à l'ouvrage complet

En fascicules ou en séries de cinq fascicules, au fur et à mesure de la publication.   13 fr. 50   Payable en deux traites égales : la première
En un volume *broché*, livrable à l'achèvement. . . . .   13 fr. 50   dans le mois qui suit la souscription; la
En un volume *relié demi-chagrin* (fers spéciaux) livrable à l'achèvement . . . . .   18 fr. 50   deuxième, le 5 décembre 1901.

La souscription à forfait à prix réduit sera irrévocablement close le 31 octobre 1901

Au 1ᵉʳ novembre, le prix de l'ouvrage sera porté à 15 francs en fascicules, séries ou volume broché; — 20 francs en volume relié.

On souscrit à la Librairie Larousse, 17, rue Montparnasse, Paris, et chez tous les libraires.

LIBRAIRIE LAROUSSE, 17, Rue Montparnasse, PARIS
Envoi franco au reçu d'un mandat-poste.

La Photographie

GUIDE DU PHOTOGRAPHE AMATEUR, par H. DESMAREST. — La Chambre noire; le Laboratoire; la Pose; le Cliché; l'Épreuve positive; la Microphotographie; la Photographie télescopique; la Photographie sans objectif; la Photographie des couleurs; la Photographie de l'invisible; Causes d'insuccès; Résumé des principales opérations photographiques; Quelques chiffres; Vocabulaire. — Un volume in-8°, illustré de 64 gravures, 5ᵉ édition. Broché, **1 fr. 25** — Relié toile . . . . **2 fr. »**

Cycliste et Bicyclette

GUIDE PRATIQUE DU CYCLISTE AMATEUR, par le Dʳ GALTIER-BOISSIÈRE. Ce qu'il faut savoir avant d'apprendre à monter : pourquoi on doit faire de la bicyclette; conditions de santé pour le cyclisme; comment on doit faire de la bicyclette; structure et mode de fonctionnement de la bicyclette; — Comment on apprend à monter; — Comment on doit acheter une bicyclette; — Ce qu'il faut savoir avant de se mettre en route : modifications que le cycliste peut apporter à la machine; soins à donner à la machine; ce qu'on doit emporter; costume du cycliste; hygiène d'une journée d'excursion; règles de conduite en route; code du cycliste; — Histoire de la bicyclette; les sociétés et les courses; vélocipédie militaire. — Un volume in-8°, illustré de 150 gravures, 2ᵉ édition. Broché . . . . **1 fr. 50**

LIBRAIRIE LAROUSSE, 17, Rue Montparnasse, PARIS

Envoi franco au reçu d'un mandat-poste.

Atlas Larousse illustré

Magnifique publication de luxe

imprimée sur papier couché, et contenant 42 cartes en couleurs et 1158 reproductions photographiques

L'*Atlas Larousse illustré* est tout à la fois un ouvrage de luxe d'un caractère réellement artistique et un livre de fonds qui présente un tableau d'ensemble absolument unique de la géographie du monde entier. Texte, cartes, illustrations, tout y concourt à donner une vision claire et rapide des choses. Complètes et simples en même temps, de bon goût et d'aspect séduisant, les cartes sont d'une netteté extraordinaire et même les moins expérimentés les liront sans aucune difficulté. Le texte contient en termes précis tout ce qu'il faut savoir sur la France et sur tous les pays de l'Europe et des autres parties du monde. Enfin, pour l'illustration, on n'a admis par principe que le document vrai, pris sur le vif, c'est-à-dire le document photographique, reproduit sans l'intermédiaire d'aucune retouche; il y a près de douze cents gravures, vues pittoresques et monumentales, détails du sol, types et costumes, qui constituent une collection absolument unique. « Ce livre, a dit M. de Lapparent, l'éminent géologue, nous semble appelé à répandre le goût de la science du globe, par la forme exceptionnellement attrayante dont on a su envelopper un fonds d'informations puisées aux meilleures sources. »

Prospectus spécimen sur demande.

L'ouvrage complet, en feuilles sous étui. . . 26 francs | En un volume relié demi-chagrin. . . . . . . 32 francs
En deux volumes reliés toile. . . . . 34 francs

On vend séparément relié toile : Tome I (France et Colonies), 15 francs; — Tome II (Les cinq parties du monde), 20 francs

Paris-Atlas

Magnifique publication de luxe, imprimée sur papier couché, 24 plans en couleurs,

595 reproductions photographiques, 32 dessins

Conçu sur le même plan que l'*Atlas Larousse illustré*, imprimé sur papier de luxe et merveilleusement illustré, *Paris-Atlas* présente, par le texte et par l'image, le tableau le plus complet et le plus vivant qui ait jamais été donné du Paris d'aujourd'hui et de ses environs. La rédaction du texte a été confiée à un écrivain qui, depuis plus de vingt ans, s'occupe exclusivement d'histoire parisienne, M. Fernand Bournon. On n'a accordé que très peu de place aux détails rétrospectifs pour consacrer tout le soin possible à la description du Paris actuel, le seul véritablement intéressant pour nous. Pour l'illustration, c'est à la photographie qu'on a eu recours, comme dans l'*Atlas Larousse illustré*; et on peut dire que ce superbe ouvrage contient la collection de vues la plus caractéristique et la plus attachante qu'il soit possible de réunir sur Paris. Enfin le lecteur y trouvera une série de plans d'une remarquable exécution (plan d'ensemble, plan de chacun des vingt arrondissements, plans des environs).

Prospectus spécimen sur demande.

Un volume grand in-4°, broché. . . . . 18 francs | Relié demi-chagrin, fers spéciaux. . . . . . . 23 francs

Les deux ouvrages ci-dessus peuvent être acquis à raison de **5 francs par mois.**

(Conditions valables seulement pour la France, l'Algérie, la Tunisie, l'Alsace-Lorraine, la Belgique et la Suisse.)

LIBRAIRIE LAROUSSE, 17, Rue Montparnasse, PARIS
Envoi franco au reçu d'un mandat-poste.

SAYNÈTES ET SCÈNES COMIQUES

Première Série.
POUR JEUNES FILLES :
1 Mlle Martin-Bâton, scène comique.
2 La Dent de Lait, scène comique.
3 La Somnambule, scène de double vue.
4 Les Refrains des grand'mères, scène lyrique et chorégraphique.
5 Les Deux Bergerettes, saynète.
6 L'Œil de verre, scène comique.
7 Froufrou, la petite Chanteuse, scène lyrique.
8 Un Baptême de poupée, scène chorale.
9 Le Petit Ramoneur, saynète.
10 Trois Bonnes sous le même bonnet, saynète.

POUR GARÇONS :
1 L'Avocat des écoliers, plaidoyer comique.
2 L'Abondance, chanson bachique.
3 Toto conférencier, voyage dans un pupitre.
4 Le Choix d'un état, boutade.
5 Croquignole, lamentation d'un patronnet.
6 Un paquet de plumes, projet en l'air.
7 A bas la Grammaire ! rodomontade.
8 Les Deux Paillasses, grande parade.
9 Blanchec ou Noiraud. (Querelle entre meunier et charbonnier.)
10 Un Duel au tableau noir, examen burlesque.

Deuxième Série.
POUR JEUNES FILLES :
11 Les Oiseaux, fantaisie à huit personnages.
12 La Musique des Fleurs, monologue.
13 J'ai du bon tabac, saynète à trois person.
14 La Leçon de Piano, saynète à deux person.
15 Une Note de blanchisseuse, monologue.
16 Le Violon parlant, monologue.
17 Le Mouvement perpétuel, saynète à 3 pers.
18 La Servante savante, saynète à deux person.
19 Pain d'épice et Coco, saynète à quatre pers.
20 L'Herbivore, saynète à deux personnages.

POUR GARÇONS :
11 Le Fantôme, saynète militaire à trois pers.
12 Pierrot et le Ramoneur, saynète à deux pers.
13 Un Voyage d'agrément, monologue.
14 La Tombola, séance-monologue.
15 Le Musicien sans le savoir, saynète lyrique pour un personnage principal et un chœur.
16 L'Escamoteur, saynète à deux personnages.
17 Les deux Braconniers, saynète à trois pers.
18 Les Médecins imaginaires, farce à cinq pers.
19 Bataille de Valets, saynète à trois personnages.
20 La Fête du Directeur, saynète à huit pers.

Troisième Série.
POUR JEUNES FILLES :
21 Les Sœurs de Lait, saynète à deux person.
22 Les deux Laitières, saynète à deux person.
23 Mademoiselle Sans-Gêne, saynète à 3 person.
24 La Sorcière, saynète à trois personnages.
25 Mesdemoiselles Touchatout, saynète à 3 pers.
26 La Voix des Meubles, saynète à trois pers.
27 Un lunch chez Lili, saynète à cinq person.
28 La Mère Rabat-Joie, saynète à trois pers.
29 Les Compliments, saynète à six personnages.
30 Un concours de Bébés, saynète à neuf pers.

POUR GARÇONS :
21 Au Cachot, saynète à deux personnages.
22 Le Portefeuille, saynète à deux personnages.
23 Le Docteur Gratis, saynète à deux person.
24 Le Mitron mélomane, saynète à deux person.
25 Le Rasoir à papa, saynète à trois personnages.
26 Autre chose, saynète à trois personnages.
27 Saint-Délicat, saynète à cinq personnages.
28 Le Chien savant, saynète à cinq personnages.
29 L'Examen pour rire, saynète à cinq person.
30 L'Aveugle, saynète à neuf personnages.

Chaque numéro : **50 centimes**. — La collection de 10 numéros : **4 francs**.

La *Première série* a des accompagnements piano pour la *collection filles* au prix de **1 franc le numéro**.

NOUVEAU THÉATRE D'ÉDUCATION

Toutes les pièces de ce Nouveau Théâtre d'Éducation se vendent séparément comme suit :
Les pièces en un acte, **50 centimes**. — deux actes, **75 centimes**. — trois actes, **1 franc**. — Prix de chaque volume, **3 francs**.
Les pièces marquées d'un (*) ont des couplets dont la musique se vend à part. **1 franc**.

1er volume. (8 pièces en 1 acte, pour jeunes filles.)
1. Les Ricochets (*), comédie imitée de Picard. — 2. Une Place à la cour (*), comédie-vaudeville. — 3. Les Demoiselles d'honneur (*). — 4. Le Lutin du soir. — 4. Le Chat parti, les Souris dansent, proverbe. — 5. Marguerite (*), ou la Robe perdue, nouvelle. — 6. Un Rêve (*), petit drame avec prologue et épilogue. — 7. Le Dindon de Nicole (*), ou les Sœurs de lait. — 8. Les Demoiselles de Saint-Cyr (*), drame moral.

2e volume. (8 pièces en 1 acte, pour jeunes gens.)
1. Le Sourd (*), ou l'Auberge pleine, comédie. — 2. La Tour de Babel (*), ou Deux Oncles charmants, folie-vaudeville. — 3. Le Roi boit (*), épisode de la vie de Charles XII. — 4. Grandeur et décadence de Frisamynthe (*), ou le Billet de loterie. — 5. Lavenette (*), ou la Conspiration des poudres. — 6. Le Revers de la Médaille (*), ou Dieu fait bien ce qu'il fait. — 7. Taquinet (*), ou le Panier de figues. — 8. Guillery le Tambour, comédie-vaudeville.

3e volume. (8 pièces en 1 acte, à l'usage des deux sexes.)
1. Arlequin, pièce à tiroirs pour jeunes gens. — 2. Arlequin, pièce à tiroirs pour jeunes filles. — 3. Le petit Pifferaro, comédie enfantine. — 4. Dialogue sur les Oiseaux. — 5. Les Étrennes de Colombine, saynète enfantine. — 6. Dialogue sur le Système métrique. — 7. Dialogue sur la France. — 8. Le Palais du Travail, ou les Fées laborieuses, dialogue. — La Leçon de botanique, dialogue.

4e volume. (4 pièces en 2 et 3 actes, pour jeunes gens.)
1. Les Héritiers de M. de Crac, comédie en deux actes. — 2. Sabre de bois (*), épisode des guerres d'Algérie, en trois actes. — 3. Les Bons Pigeons (*), ou la Manie des Voyages, comédie en trois actes. — 4. Le Sansonnet de Sylvio (*), arlequinade en trois actes.

5e volume. (5 pièces en 2 et 3 actes, pour jeunes filles.)
1. Les Sabots de Noël (*), pièce en deux actes. — 2. Le Rosier (*), comédie en trois actes. — 3. Le Laquais de Madame (*), comédie en trois actes. — 4. Angéline (*), ou Voyage aux royaumes de la Parure, de la Gourmandise et du Travail, moralité-féerie en trois actes. — 5. Bianca, ou la Vengeance du Bandit, drame en deux actes.

6e volume. (5 pièces variées, pour jeunes gens.)
1. L'Horloge (*), ou Égoïsme et Dévouement, vaudeville en un acte. — 2. La Capitaine Talmont (*), vaudeville en deux actes. — 3. La Malédiction, drame en deux actes. — 4. Le Grondeur, en deux actes. — 5. Carnaval des Marmitons, farce en trois actes.

7e volume. (10 pièces en 1 acte, pour petites filles.)
1. La Fée Rieuse, à 2 personnages. — 2. La Veillée de Noël, 2 pers. — 3. Les Bonnets de coton, 3 pers. — 4. Les Fantaisies de Cyprienne, 3 pers. — 5. La Fée Bulle d'Air, 3 pers. — 6. La Reine des Dindons, 3 pers. — 7. La Pie gourmande, 4 pers. — 8. La Souricière, 4 pers. — 9. Le Plumage ne fait pas l'oiseau, 5 pers. — 10. La Royauté de Laurentine, 5 pers.

8e volume. (10 pièces en 1 acte, pour jeunes garçons.)
1. Le Déserteur, 2 pers. — 2. Le Pipeur et le Collectionneur, 2 pers. — 3. Science et Patriotisme, 2 pers. — 4. Son de cloche, voix de Dieu, 3 pers. — 5. Bonté et Dévouement, 4 pers. — 6. Les Bouquins et les Frites, 4 pers. — 7. Esprit ouvert, cœur fermé, 4 pers. — 8. Le Hâbleur, 4 pers. — 9. Les Martin, pêcheurs, 4 pers. — 10. Une répétition sous bois, 4 pers.

9e volume. (6 pièces variées, pour jeunes filles.)
1. Dévouement filial, comédie en un acte. — 2. Les Idées de Rosalie, comédie en deux actes. — 3. Les petites Merveilleuses (*), comédie en deux actes. — 4. Le Secret d'Yvonne (*), comédie en deux actes. — 5. Les Espiègleries de Godiche, comédie en deux actes. — 6. Les Trois Dons de la Fée Giselle (*), comédie en trois actes.

10e volume. (5 pièces variées, pour jeunes gens.)
1. L'Avocat Patelin, farce en un acte. — 2. La Vocation forcée, comédie en un acte. — 3. Les Inconvénients de la grandeur, comédie en deux actes. — 4. Le Médecin malgré lui, comédie en trois actes. — 5. Les Francs-tireurs de Strasbourg, scène militaire en trois actes.

PIÈCES HORS SÉRIE

POUR JEUNES GENS :
Le Dîner de Pantalon, ou le Plat d'oreilles, bouffonnerie en un acte, couplets, musique adhérente au texte .... 2 fr.
Les Quatre Prunes, grande parade à deux personnages, avec musique . 1 fr.
Une Journée mouvementée, comédie en deux actes (onze personnages). 75 c.
Messire Cendrillonnet, comédie bouffe en trois actes (voix person.).... 1 fr.
L'Héritage de l'oncle Pacôme, comédie en trois actes (treize pers.).... 1 fr.

POUR JEUNES FILLES :
La Mort de César (nom de chien), comédie en un acte, avec couplets, musique adhérente au texte .... 2 fr.
Un conte de Perrault, comédie en un acte (sept personnages) .... 1 fr.
La Housse du Piano, comédie en un acte (deux personnages) .... 50 c.

Les Petits Moyens de la Providence, comédie en deux actes (8 person.). 75 c.
Ombres et Rayons, comédie en deux actes (huit personnages) .... 75 c.
Dindonnette, comédie en deux actes (six personnages) .... 75 c.
La Lectrice de Madame Barton, comédie en trois actes (neuf personnages). 1 fr.
L'Hôtellerie du Lapin santé, comédie en trois actes (neuf personnages). 1 fr.
La Dernière Fée, comédie en trois actes (dix personnages) .... 1 fr.
La Princesse Cendrillonnette, comédie bouffe en trois actes (14 pers.). 1 fr.

POUR LES DEUX SEXES (Comédies de salon) :
Chez le notaire, à 2 personnages (dame et jeune homme) .... 75 c.
Une partie de chasse, 4 personnages (jeune dame et trois messieurs). 75 c.
Pour oublier la marquise, 4 personnages (4 rôles, dont deux féminins). 75 c.
La Maison des Chéries, deux actes (deux dames et deux messieurs) .. 1 fr.

N. B. — *Les pièces de théâtre et les saynètes ne sont jamais remises à condition ni échangées.*

24 Reproductions photographiques et 1 Carte en noir. Fascicule 12

P. Jousset

L'Allemagne contemporaine illustrée

LIBRAIRIE LAROUSSE
Paris — 17 rue Montparnasse — Paris

Fasc. 12 — Prix : 60 cent. net.

L'ALLEMAGNE CONTEMPORAINE

ILLUSTRÉE

L'Allemagne contemporaine illustrée formera 26 fascicules à **60 centimes**. L'ouvrage sera terminé en décembre 1901. — Il y a une carte en couleurs tous les trois fascicules. Les fascicules accompagnés d'une carte en couleurs n'ont que 8 pages; tous les autres en ont 12.

Souscription à forfait à l'ouvrage complet

En fascicules ou en séries de cinq fascicules, au fur et à mesure de la publication. **13 fr. 50**
En un volume *broché*, livrable à l'achèvement. . . . . **13 fr. 50**
En un volume *relié demi-chagrin* (fers spéciaux) livrable à l'achèvement. . . . . . **18 fr. 50**

Payable en deux traites égales : la première dans le mois qui suit la souscription; la deuxième, le 5 décembre 1901.

La souscription à forfait à prix réduit sera irrévocablement close le 31 octobre 1901

Au 1er novembre, le prix de l'ouvrage sera porté à 15 francs en fascicules, séries ou volume broché; — 20 francs en volume relié.

On souscrit à la Librairie Larousse, 17, rue Montparnasse, Paris, et chez tous les libraires.

LIBRAIRIE LAROUSSE, 17, Rue Montparnasse, PARIS
Grand Prix, Exposition universelle 1900

Richard WAGNER
en Caricatures

PAR

John GRAND-CARTERET

130 caricatures françaises, allemandes, autrichiennes, anglaises, etc., sur l'homme, son œuvre et ses interprètes; portraits, nombreux croquis originaux de Blass, couverture en couleurs, reproduction de la célèbre lettre de Wagner à M. Gabriel Monod (1876). Un volume in-8° anglais, illustré de 170 gravures.
Broché . . . . **4 francs**

En feuilletant les pages si amusantes de cet ouvrage, on est étonné de la variété et du nombre des images caricaturales publiées sur l'auteur de *Lohengrin*, tant en France qu'à l'étranger.

M. GRAND-CARTERET ne s'est point borné à publier un choix des meilleures images rétrospectives. Il a joint à ces reproductions des croquis originaux signés Blass, Tiret-Bognet et Moloch.

D'autre part, des documents du plus haut intérêt : lettre autographe de Wagner à M. Gabriel Monod, analyse graphologique de la signature du maître aux diverses époques de son existence, étude physiognomonique de ses principaux portraits, etc., éclairent d'un jour nouveau la personnalité si complexe du célèbre compositeur.

Envoi franco au reçu d'un mandat-poste.

LIBRAIRIE LAROUSSE, 17, Rue Montparnasse, PARIS
Grand Prix, Exposition universelle 1900

Dictionnaire Larousse

LE PLUS COMPLET DES DICTIONNAIRES MANUELS

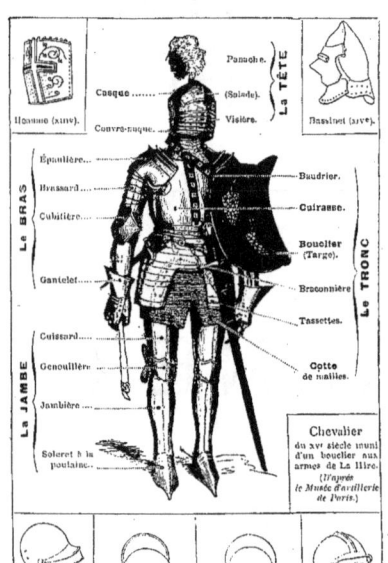

56400 MOTS. — 1464 PAGES. — 2500 GRAVURES. — 750 PORTRAITS. — 36 PAVILLONS EN COULEURS. — 35 TABLEAUX SYNTHÉTIQUES. — 24 CARTES GÉOGRAPHIQUES. — 620 LOCUTIONS ÉTRANGÈRES. — LISTE DES ACADÉMICIENS, DES SÉNATEURS, DES DÉPUTÉS.

ÉDITION 1901

Un bon dictionnaire manuel est le livre par excellence de la famille; c'est un mémento précieux que chacun doit avoir sous la main. Le plus complet sera donc le meilleur, s'il joint à l'abondance des documents la précision, l'exactitude et la variété des informations; s'il ajoute à la richesse du fond le charme de la forme ; enfin, s'il évite la sécheresse habituelle de ces sortes de livres.

Le **Dictionnaire complet illustré** de Larousse réalise le type le plus parfait du dictionnaire manuel; c'est le plus complet, le mieux informé et le plus intéressant de tous. Non seulement il englobe toutes les matières des ouvrages du même genre; mais, de plus, il renferme des parties originales qu'on ne trouve réunies dans aucun autre : les locutions latines et étrangères auxquelles on se heurte fréquemment dans les journaux et les livres, des développements encyclopédiques, historiques, géographiques, artistiques, littéraires, les œuvres célèbres, les types littéraires et sociaux, etc.

L'illustration est des plus complètes et des plus soignées. Outre les vignettes répandues à profusion dans le texte, 35 tableaux synoptiques, dont 2 en couleurs, groupent méthodiquement les mots et les choses dispersés à l'ordre alphabétique. Les cartes, au nombre de 24, donnent sur l'empire colonial des puissances les renseignements les plus récents.

Une revision annuelle permet d'ajouter au vocabulaire, qui dépasse de 46 000 mots celui des autres dictionnaires, tous les *mots nouveaux* dont s'enrichissent constamment la langue usuelle, l'histoire, la géographie, la science, etc. Les notices biographiques sont tenues à jour avec le plus grand soin. C'est le seul dictionnaire qui présente cet avantage, dont il est facile de comprendre l'importance.

La vente du Dictionnaire Larousse atteint aujourd'hui quatre millions d'exemplaires.

Cartonné. . . . . 3 fr. 50 | Relié toile . . . . 3 fr. 90 | Relié demi-chagrin . . . . 5 fr. »

Envoi franco au reçu d'un mandat-poste.

Corneille.

Félix Faure.

Gambetta.

Mme de Sévigné.

Thiers.

Bismarck.

Boileau.

Périclès.

LIBRAIRIE LAROUSSE, 17, Rue Montparnasse, PARIS
Grand Prix Exposition universelle 1900

Dictionnaire analogique

DE LA LANGUE FRANÇAISE
RÉPERTOIRE COMPLET DES MOTS PAR LES IDÉES ET DES IDÉES PAR LES MOTS

Par P. BOISSIÈRE

...... En dépit du fameux axiome formulé par Boileau :

Ce que l'on conçoit bien s'énonce clairement,
Et les mots pour le dire arrivent aisément,

à qui n'est-il pas arrivé d'avoir clairement dans la tête l'idée d'une chose et, comme on dit familièrement, le mot sur la langue, sans pouvoir l'en détacher à temps? Par exemple, vous faites de vains efforts pour vous rappeler comment les médecins désignent cet état d'insensibilité temporaire que produit le chloroforme; comment se nomment l'infirmité d'un boiteux ou celle d'un homme chauve, les plantes étrangères acclimatées chez nous, l'emploi de moyens artificieux pour obtenir un testament, la science qui traite du beau, celle qui classe et décrit les insectes, la connaissance d'une maladie par ses symptômes, la pièce d'une serrure que la clef fait aller et venir pour fermer ou pour ouvrir une porte, ces statues de femmes qui soutiennent les corniches d'un monument, etc. — Voilà dix idées qui viennent à votre esprit, que vous voulez rendre, mais dont les mots vous échappent, bien que vous les ayez rencontrés cent fois.

Avec le dictionnaire de Boissière, par une méthode d'analogie des plus ingénieuses et des plus simples, vous tombez *instantanément* sur les mots : ANESTHÉSIE — CLAUDICATION — CALVITIE — EXOTIQUES — CAPTATION — ESTHÉTIQUE — ENTOMOLOGIE — DIAGNOSTIC — PÊNE — CARIATIDES.

Quel que soit le terme dont vous ayez besoin, terme de jurisprudence, de science, de stratégie, d'industrie ou d'art, le *Dictionnaire analogique* vous le donnera.

On voit quels précieux services peut rendre un ouvrage de ce genre aux écrivains, aux professeurs, aux magistrats, aux fonctionnaires, pour qui la recherche du mot juste est une nécessité de tous les instants.

Il n'est pas d'une moins grande utilité aux *Étrangers* qui désirent acquérir une connaissance parfaite de la langue française et en saisir toutes les nuances.

9ᵉ édition augmentée d'un Complément et d'un grand nombre de mots nouveaux. Un fort volume in-8° de 1488 pages.
Broché, 25 francs. — Relié toile, 28 francs. — Relié demi-chagrin, 30 francs.
Le Complément se vend à part, 1 fr. 50

Dictionnaire des Opéras

(DICTIONNAIRE LYRIQUE)
Par FÉLIX CLÉMENT & PIERRE LAROUSSE
NOUVELLE ÉDITION, *revue et mise à jour par* ARTHUR POUGIN

Analyse et Nomenclature de tous les Opéras, Opéras-Comiques, Opérettes et Drames lyriques représentés en France et à l'Étranger, depuis l'origine de ces genres d'ouvrages jusqu'à nos jours.

1 beau volume in-8°, broché . . . . 20 fr. | Relié demi-chagrin. . . . . 23 fr.

Voici un ouvrage original qui n'a guère d'analogue ni en France ni à l'étranger, et qui est assurément, pour son objet spécial, le recueil le plus étendu, le plus vaste et le plus complet qu'on puisse trouver dans toute l'Europe. Tous les genres des différents pays y sont représentés : opéras, opérettes, opéras-comiques, intermèdes, ballets, saynètes, zarzuelas, etc. Bien des pièces revivent dans ce volume, qui étaient tombées dans un oubli complet, et qui offrent aujourd'hui un vif attrait de curiosité, souvent même un charme réel. Et non seulement les œuvres sont analysées et appréciées, mais encore les détails intéressants qui y ont trait sont rappelés au lecteur, de sorte que chaque article forme un tout où sont groupés tous les renseignements désirables.

La première édition de ce *Dictionnaire lyrique* avait obtenu un succès bien légitime; mais une publication de ce genre doit être renouvelée et complétée sans cesse pour se tenir au courant de la production artistique, qui ne s'arrête et ne s'interrompt jamais.

M. POUGIN a exécuté avec la plus grande compétence ce travail de révision; il n'a pas ajouté moins de 4 000 articles nouveaux, dont un grand nombre, fort intéressants, sont consacrés aux œuvres de Wagner. Ainsi mis à jour, le *Dictionnaire des Opéras* est un guide unique pour le curieux comme pour le travailleur, pour l'amateur comme pour l'historien, pour tous ceux en un mot qui veulent se renseigner, d'une façon précise et sûre, sur tout ce qui touche, depuis la naissance et la formation de l'opéra, à l'histoire de la musique appliquée au théâtre dans tous les États civilisés.

Envoi franco au reçu d'un mandat-poste.

L'ALLEMAGNE CONTEMPORAINE

ILLUSTRÉE

L'*Allemagne contemporaine illustrée* formera 26 fascicules à **60 centimes**. L'ouvrage sera terminé en décembre 1901. — Il y a une carte en couleurs tous les trois fascicules. Les fascicules accompagnés d'une carte en couleurs n'ont que 8 pages; tous les autres en ont 12.

Souscription à forfait à l'ouvrage complet

En fascicules ou en séries de cinq fascicules, au fur et à mesure de la publication. **13 fr. 50** — Payable en deux traites égales : la première dans le mois qui suit la souscription; la deuxième, le 5 décembre 1901.
En un volume *broché*, livrable à l'achèvement. . . . . **13 fr. 50**
En un volume *relié demi-chagrin* (fers spéciaux) livrable à l'achèvement. . . . . . . **18 fr. 50**

La souscription à forfait à prix réduit sera irrévocablement close le 31 octobre 1901

Au 1ᵉʳ novembre, le prix de l'ouvrage sera porté à 15 francs en fascicules, séries ou volume broché; — 20 francs en volume relié.

On souscrit à la Librairie Larousse, 17, rue Montparnasse, Paris, et chez tous les libraires.

LIBRAIRIE LAROUSSE, 17, Rue Montparnasse, PARIS
Grand Prix Exposition universelle 1900

L'ART
SIMPLES ENTRETIENS A L'USAGE DE LA JEUNESSE
PAR
PÉCAUT & BAUDE
7ᵉ ÉDITION

LES ARTS — L'ART ÉGYPTIEN — L'ART GREC — L'ART ROMAIN — L'ART BYZANTIN — L'ART ARABE — L'ÉPOQUE ROMANE — L'ÉPOQUE GOTHIQUE — LA RENAISSANCE — L'ART FRANÇAIS DE NOS JOURS — LA GRAVURE — LA CÉRAMIQUE — LA TAPISSERIE — L'ORFÈVRERIE — LE MEUBLE

Le Génie des Arts, par A. Mercié.

Toute l'histoire de l'art est passée en revue dans cet excellent ouvrage, depuis l'Égypte et la Grèce jusqu'à Géricault, Ingres et Delacroix. Les auteurs ont fait un choix judicieux des chefs-d'œuvre les plus caractéristiques des différentes époques, et chacun de ces types est placé sous les yeux du lecteur, reproduit avec une exactitude photographique et expliqué par un texte clair et précis qui en signale les beautés et les défauts. Le lecteur apprend ainsi à voir, à comprendre et à juger, et on ne saurait trouver de lecture meilleure que ce charmant volume pour le développement du sentiment artistique et la formation du goût.

Un volume in-8ᵉ, illustré de 125 gravures. Broché. . . . . **2 francs**
Relié toile, tranches blanches. . . . . **3 francs**
Relié toile, tranches dorées. . . . . **4 francs**

Envoi franco au reçu d'un mandat-poste.

LIBRAIRIE LAROUSSE, 17, Rue Montparnasse, PARIS
Grand Prix Exposition universelle 1900

Étude des Langues étrangères
AU POINT DE VUE COMMERCIAL

L'enseignement des langues vivantes a pris aujourd'hui une importance considérable ; c'est une des plus grandes préoccupations actuelles de développer de tous côtés cet enseignement au point de vue utilitaire, c'est-à-dire au point de vue commercial. Aussi ne saurait-on trop recommander les ouvrages de MM. BROWN, BECKER et CONTAMINE DE LATOUR qui présentent sous une forme essentiellement pratique les principes nécessaires à l'étude commerciale de l'anglais, de l'allemand et de l'espagnol, et qui permettront de s'initier rapidement au langage des affaires ; on y trouvera les termes et formules de commerce, de bourse, de change, la phraséologie commerciale, et un grand nombre d'exercices de style, de conversation et de correspondance. Ces excellents ouvrages sont en usage dans les principales écoles de commerce de France, de Belgique et de Suisse.

L'ANGLAIS COMMERCIAL, par CH. BROWN, professeur à l'Institut commercial de Paris. — Nouvelle méthode de correspondance, expliquant les expressions, termes, formules de commerce, de Bourse, de change, etc. 11ᵉ édition, augmentée d'un *Vocabulaire français-anglais et anglais-français*, et d'une *Carte commerciale de l'Angleterre*. Cartonné. . . . . . 2 fr. »
Relié toile. . . . . 2 fr. 50

L'ALLEMAND COMMERCIAL, par M. BECKER, professeur à l'École alsacienne. — Nouvelle méthode pratique enseignant les termes et formules de commerce, de Bourse, de change, etc. 6ᵉ édition, augmentée d'un *Vocabulaire français-allemand et allemand-français*, et d'une *Carte commerciale de l'Allemagne*. Cartonné, 2 francs. — Relié toile. . . . . 2 fr. 50

LECTURES PRATIQUES D'ALLEMAND MODERNE, par M. BECKER. — Récits et descriptions, biographies, proverbes, tableaux d'histoire, de géographie et d'histoire naturelle ; sujets faciles d'économie politique ; lettres commerciales. 62 gravures, 8 cartes. 3ᵉ édition. Cartonné. . . . . . 2 fr. »
Relié toile . . . . 2 fr. 50

LA CORRESPONDANCE COMMERCIALE ALLEMANDE, par M. BECKER. — Notions sur la correspondance commerciale ; circulaires et lettres diverses ; formulaires commerciaux ; marchés ; bourse ; vocabulaire. Cartonné. . 2 fr. »
Relié toile. . . . . 2 fr. 50

L'ESPAGNOL COMMERCIAL, par CONTAMINE DE LATOUR, professeur à l'École des hautes études commerciales. — Méthode pratique suivie d'un *Vocabulaire français-espagnol et espagnol-français*, et illustrée d'une *Carte commerciale des pays de langue espagnole*. 4ᵉ édition. Cartonné, 2 francs. — Relié toile. . . 2 fr. 50

Méthode Claude Marcel

suivant pas à pas la marche de la nature, pour apprendre à lire, à entendre, à parler et à écrire une langue avec ou sans maître ; convenant également aux Français qui veulent apprendre les langues étrangères et aux étrangers qui veulent apprendre la langue française.

Exposé de la méthode. — Brochure in-18 . . . . 20 centimes

APPLICATION A L'ANGLAIS, par M. Cl. MARCEL, ancien consul de France en Angleterre :
Premier Livre, Anecdotes et Récits, traduction en regard ; 8ᵉ édition. 75 c.
Deuxième Livre, Anecdotes et Récits ; français et anglais ; 3ᵉ édition. 75 c.
Troisième Livre, *Histoire anecdotique de l'Angleterre* ; français et anglais ; 4ᵉ édition . . . . 2 fr.
Tableaux synoptiques, pour l'étude de la langue anglaise ; 2ᵉ édition. 75 c.

APPLICATION A L'ALLEMAND, par G. THÉODORE :
Premier Livre, Morceaux choisis et gradués, avec la traduction en regard (l'allemand est en caractères français) ; 6ᵉ édition . . . . 50 c.
Deuxième Livre, Morceaux en caractères français et en caractères allemands ; 4ᵉ édition. . . . . 75 c.
Troisième Livre, Morceaux en caractères allemands et en écriture manuscrite, avec la traduction française en regard ; 2ᵉ édition . . . . . . 1 fr.
Tableaux synoptiques, pour l'étude pratique de l'allemand. . . . 1 fr. 25

APPLICATION A L'ITALIEN, par Jean DAMJANI :
Premier Livre, Anecdotes et Récits, traduction en regard ; 2ᵉ édition. 75 c.
Deuxième Livre, Anecdotes et Récits, traduction en regard. . . . . . 1 fr.

APPLICATION A LA LANGUE RUSSE, par L.-C. SAUVAN :
Premier Livre de français-russe, Anecdotes et Récits ; 2ᵉ édition. . . 1 fr.

APPLICATION AU LATIN, par G. THÉODORE :
Premier Livre, *Epitome historiæ sacræ*, traduction en regard ; 2ᵉ édit. 1 fr.
Deuxième Livre, *De viris illustribus urbis Romæ*, traduct. en regard. 2 fr.
Troisième Livre, *Cornelius Nepos*, traduction en regard et notes, *ouvrage couronné par l'Académie française*. . . . . 3 fr.
Tableaux synoptiques, pour servir à l'étude pratique du latin, ou lexicologie de la grammaire latine. . . . . 1 fr. 50

Le plus Petit Dictionnaire du Monde
FRANÇAIS-ANGLAIS & ANGLAIS-FRANÇAIS
(*Smallest French-English and English-French Dictionary*, by F. E. A. GASC)

Le plus petit Dictionnaire du monde (Grandeur réelle).

Le plus petit Dictionnaire du monde est une curiosité qui intéresse tous les bibliophiles. Ce minuscule volume est un vrai bijou typographique ; il n'a que 25 millimètres de haut sur 20 millimètres de large. Bien qu'il contienne 672 pages, son épaisseur est de moins de 1 centimètre et son poids est de 4 grammes seulement. Malgré ses proportions lilliputiennes, il renferme plus de 50 000 mots français et anglais, ce qui, avec leurs définitions, représente un total de 400 000 mots. Une loupe en facilite la lecture. Relié en cuir souple et renfermé dans un médaillon en métal blanc, dans la face duquel est incrustée la loupe, le plus petit Dictionnaire peut se porter attaché à la chaîne d'une montre comme breloque.
PRIX : y compris le médaillon-loupe : 2 francs.

Envoi franco au reçu d'un mandat-poste.

LIBRAIRIE LAROUSSE, 17, Rue Montparnasse, PARIS
Grand Prix Exposition universelle 1900

Rentrée des classes

LIVRES CLASSIQUES

Cours de Grammaire

Par Claude Augé (En usage dans la grande majorité des écoles et dans un grand nombre de lycées, collèges et pensionnats).
Grammaire enfantine. 100 gravures. Livre de l'élève, 118ᵉ édition, reliure parisienne, » fr. 50 — Livre du maitre. . .   1 fr. »
Deuxième Livre de Grammaire. 170 grav. Livre de l'élève, 92ᵉ édition, reliure paris., » fr. 80 — Livre du maître.   2 fr. »
Grammaire du Certificat d'études. 240 gravures. Livre de l'élève, 44ᵉ édition, cartonné, 1 fr. 25 — Livre du maître.   3 fr. »
Troisième Livre de Grammaire. 120 gravures. Livre de l'élève, 19ᵉ édition, cartonné, 1 fr. 50 — Livre du maître.   4 fr. »

Cours de Géographie

Atlas préparatoire, par Claude Augé. 20 cartes, 90 gravures, 14 tableaux. 4ᵉ édition. Reliure parisienne. . . . .   » fr. 80
Livre-Atlas de Géographie, par Vedel, Bauer, de Saint-Étienne, faisant suite à l'*Atlas préparatoire*. *Cours élémentaire*. 30 cartes, 30 gravures, 6ᵉ édition. Reliure parisienne. . . . .   1 fr. »
Cours moyen (*Certificat d'études*). 40 cartes, 30 gravures, tableaux graphiques, 6ᵉ édition. Reliure parisienne. . . .   1 fr. 50
Cours supérieur. 100 cartes, 40 gravures, tableaux graphiques. 5ᵉ édition. Reliure parisienne. . . . .   2 fr. 25

Cours d'Histoire de France

par Claude Augé et Maxime Petit.
1ᵒ — COURS CONCENTRIQUE
Histoire de France en images, à l'usage des tout petits, 140 gravures. 17ᵉ édition. Reliure parisienne. . . . . . .   » fr. 50
Livre préparatoire d'Histoire de France. 200 gravures, 15 cartes. 38ᵉ édition. Reliure parisienne. . . . .   » fr. 70
Premier Livre d'Histoire de France. 330 gravures, 16 cartes. 27ᵉ édition. Reliure parisienne. . . . .   » fr. 90
Deuxième Livre d'Histoire de France. 560 gravures, 20 cartes. 12ᵉ édition. Reliure parisienne. . . . .   1 fr. 50
2ᵒ — NOUVEAU COURS, exactement conforme à l'arrêté ministériel du 4 janvier 1894.
Cours élémentaire d'Histoire de France. 150 gravures, 8 cartes. 20ᵉ édition. Reliure parisienne. . . . .   » fr. 65
Cours moyen *pour les écoles à une seule classe*. 280 gravures, 20 cartes. 8ᵉ édition. Reliure parisienne. . . . . .   1 fr. 10
Cours moyen *pour les écoles à deux classes distinctes*. 350 gravures, 25 cartes. 13ᵉ édition. Reliure parisienne. .   1 fr. 30

Cours d'Arithmétique

par J. Chaumeil et G. Moreau.
Livre préparatoire d'Arithmétique. Reliure parisienne . . . .   » fr. 60
Premier Livre d'Arithmétique (Cours élémentaire). Livre de l'élève. 7ᵉ édit. Reliure paris., » fr. 75 — Livre du maître.   1 fr. »
Deuxième Livre d'Arithmétique (Cours moyen et supérieur). Livre de l'élève, 10ᵉ édition, 1 fr. 25 — Livre du maître.   2 fr. »
Troisième Livre d'Arithmétique (Cours complet). Livre de l'élève. 2ᵉ édition, 1 fr. 50 — Livre du maître . . . . .   2 fr. »

Envoi franco au reçu d'un mandat-poste.

28 Reproductions photographiques. Fascicule **14**

P. Jousset

L'Allemagne
contemporaine
illustrée

LIBRAIRIE LAROUSSE
Paris 17 rue Montparnasse Paris

Fasc. **14** Prix : **60 cent.** net.

L'ALLEMAGNE CONTEMPORAINE

ILLUSTRÉE

L'*Allemagne contemporaine illustrée* formera 26 fascicules à **60 centimes**. L'ouvrage sera terminé en décembre 1901. — Il y a une carte en couleurs tous les trois fascicules. Les fascicules accompagnés d'une carte en couleurs n'ont que 8 pages; tous les autres en ont 12.

Souscription à forfait à l'ouvrage complet

En fascicules ou en séries de cinq fascicules, au fur et à mesure de la publication.	13 fr. 50	Payable en deux traites égales : la première dans le mois qui suit la souscription; la deuxième, le 5 décembre 1901.
En un volume *broché*, livrable à l'achèvement.	13 fr. 50	
En un volume *relié demi-chagrin* (fers spéciaux) livrable à l'achèvement.	18 fr. 50	

<u>La souscription à forfait à prix réduit sera irrévocablement close le 31 octobre 1901. — Au 1er novembre, le prix de l'ouvrage sera porté à 15 francs en fascicules, séries ou volume broché; — 20 francs en volume relié.</u>

On souscrit à la Librairie Larousse, 17, rue Montparnasse, Paris, et chez tous les libraires.

LIBRAIRIE LAROUSSE, 17, Rue Montparnasse, PARIS
Grand Prix Exposition universelle 1900

Étude des Langues étrangères

AU POINT DE VUE COMMERCIAL

L'enseignement des langues vivantes a pris aujourd'hui une importance considérable; c'est une des plus grandes préoccupations actuelles de développer de tous côtés cet enseignement au point de vue utilitaire, c'est-à-dire au point de vue commercial. Aussi ne saurait-on trop recommander les ouvrages de MM. Brown, Becker et Contamine de Latour qui présentent sous une forme essentiellement pratique les principes nécessaires à l'étude commerciale de l'anglais, de l'allemand et de l'espagnol, et qui permettront de s'initier rapidement au langage des affaires ; on y trouvera les termes et formules de commerce, de bourse, de change, la phraséologie commerciale, et un grand nombre d'exercices de style, de conversation et de correspondance. Ces excellents ouvrages sont en usage dans les principales écoles de commerce de France, de Belgique et de Suisse.

L'ANGLAIS COMMERCIAL, par Ch. Brown, professeur à l'Institut commercial de Paris. — Nouvelle méthode de correspondance, expliquant les expressions, termes, formules de commerce, de Bourse, de change, etc. 11e édition, augmentée d'un *Vocabulaire français-anglais et anglais-français*, et d'une *Carte commerciale de l'Angleterre*. Cartonné. . . . . . 2 fr. »
Relié toile. . . . . 2 fr. 50

L'ALLEMAND COMMERCIAL, par M. Becker, professeur à l'École alsacienne. — Nouvelle méthode pratique enseignant les termes et formules de commerce, de Bourse, de change, etc. 6e édition, augmentée d'un *Vocabulaire français-allemand et allemand-français*, et d'une *Carte commerciale de l'Allemagne*. Cartonné, 2 francs. — Relié toile. . . . . 2 fr. 50

LECTURES PRATIQUES D'ALLEMAND MODERNE, par M. Becker. — Récits et descriptions, biographies, proverbes, tableaux d'histoire, de géographie et d'histoire naturelle; sujets faciles d'économie politique; lettres commerciales. 62 gravures, 8 cartes. 3e édition. Cartonné. . . . . 2 fr. »
Relié toile. . . . . 2 fr. 50

LA CORRESPONDANCE COMMERCIALE ALLEMANDE, par M. Becker. — Notions sur la correspondance commerciale; circulaires et lettres diverses; formulaires commerciaux; marchés; bourse; vocabulaire. Cartonné. 2 fr. »
Relié toile. . . . . 2 fr. 50

L'ESPAGNOL COMMERCIAL, par Contamine de Latour, professeur à l'École des hautes études commerciales. — Méthode pratique suivie d'un *Vocabulaire français-espagnol et espagnol-français*, et illustrée d'une *Carte commerciale des pays de langue espagnole*. 4e édition. Cartonné, 2 francs. — Relié toile. . . 2 fr. 50

Envoi franco au reçu d'un mandat-poste.

LIBRAIRIE LAROUSSE, 17, Rue Montparnasse, PARIS
Grand Prix, Exposition universelle 1900

Vient de paraître :

MÉMENTO LAROUSSE

PETITE ENCYCLOPÉDIE DE LA VIE PRATIQUE

Contenant en un seul volume, classées méthodiquement, toutes les connaissances d'utilité journalière

NOUVELLE ÉDITION

Grammaire, Style, Historique de la littérature française. — Histoire générale, Histoire de France. — Cosmographie. — Géologie. — Géographie des cinq parties du monde, Géographie de la France, Géographie des colonies françaises. — Arithmétique. — Comptabilité commerciale et industrielle, Tenue des livres. — Géométrie pratique. — Arpentage et Nivellement. — Topographie. — Dessin. — Physique et chimie appliquées à l'industrie et à l'agriculture. — Hygiène. — Économie domestique. — Sciences naturelles, Botanique, Agriculture, Horticulture, Zoologie. — Morale. — Instruction civique. — Notions de droit usuel. Couture, Broderie, Dentelles. — Musique. — Savoir-Vivre et Savoir-Faire. — Usages du monde, Correspondance. — Proverbes et Locutions, Emblèmes, Attributs et Symboles, Langage des Fleurs. — Hygiène pratique, Gymnastique. — Médecine pratique. — Stations thermales, balnéaires, plages. — Renseignements usuels sur les monnaies étrangères, la Poste, le Télégraphe, le Téléphone, les Colis postaux, etc.

Règles de grammaire, principes d'arithmétique, notions de sciences, d'histoire, etc., il ne se passe pour ainsi dire pas de jour que nous n'ayons besoin de retrouver quelque connaissance oubliée, quelque renseignement qui nous échappe. Tout le monde a remarqué la rapidité avec laquelle s'effacent les leçons apprises au temps de notre enfance, et qui ne s'est vu maintes fois embarrassé devant des questions auxquelles répondrait le premier écolier venu ?

On saisit donc quels services continuels rendra à tous un livre comme le *Mémento Larousse* : un livre qui résume, en un volume maniable et facile à consulter, tous les livres de classe qu'on ne possède plus et auxquels il serait du reste incommode d'avoir recours. Le *Mémento Larousse* est plus encore. Englobant sous une forme méthodique et substantielle tous les matériaux d'une solide instruction, il ne s'en tient pas aux programmes scolaires.

Il a cette originalité de faire place, à côté de la partie purement intellectuelle, à une foule de notions de la vie usuelle qu'on aurait peine à trouver réunies ailleurs. Il forme ainsi un tout d'une exceptionnelle valeur pratique, un véritable vade-mecum. Le *Mémento Larousse* est le complément du *Dictionnaire Larousse* : il a sa place marquée à côté de lui dans toutes les bibliothèques, sur toutes les tables de travail, et il ne tardera pas à devenir aussi populaire si l'on en juge par l'empressement avec lequel la première édition a été accueillie du public (10 000 exemplaires vendus en moins de trois mois). Ajoutons que le *Mémento Larousse* rendra en particulier les plus grands services aux candidats aux divers examens (brevets de l'enseignement primaire, postes et télégraphes, etc.). Il sera également précieux pour les jeunes gens entrés dans la vie qui voudront conserver et même développer le savoir acquis sur les bancs de la classe.

Un volume in-16, 780 pages, 850 gravures, 90 tableaux synthétiques, 82 cartes, dont 50 en couleurs, exercices de dessin, de musique, etc. Cartonné, 4 fr. 50. | Relié toile . . . . 5 francs

Envoi franco au reçu d'un mandat-poste.

LIBRAIRIE LAROUSSE, 17, Rue Montparnasse, PARIS
Grand Prix Exposition universelle 1900

Vient de paraître :

Édition de Voyage

SUR PAPIER INDIEN

Reproduisant exactement le contenu et la disposition de l'édition ordinaire, poids et volume réduits de moitié. Charmant volume de 1.460 pages, tranches rouges, reliure souple très élégante.

Prix : **10 francs**

**Poids
435 grammes**

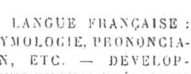

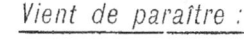

LANGUE FRANÇAISE : ÉTYMOLOGIE, PRONONCIATION, ETC. — DÉVELOPPEMENTS ENCYCLOPÉDIQUES SUR LES LETTRES, LES SCIENCES, LES ARTS; BIBLIOGRAPHIE. — GÉOGRAPHIE, HISTOIRE, MYTHOLOGIE. — LOCUTIONS LATINES ET ÉTRANGÈRES. — 2500 GRAVURES. — 750 PORTRAITS. — 24 CARTES. — 35 TABLEAUX ENCYCLOPÉDIQUES. — TABLEAU COMPARATIF DES MONNAIES FRANÇAISES ET ÉTRANGÈRES.

Depuis longtemps on nous sollicitait de donner du petit *Dictionnaire Larousse* une édition d'une forme telle qu'on pût aisément l'emporter en voyage et l'avoir toujours avec soi. C'est pour répondre à ce désir que nous publions aujourd'hui une **Édition de voyage**, dans laquelle, grâce à un papier spécial, extrêmement mince et cependant d'une opacité et d'une solidité remarquables, nous avons pu reproduire exactement la matière et la disposition de l'édition ordinaire, tout en réduisant de moitié le poids et le volume. Nous avons réalisé ainsi un livre très peu encombrant, facile à mettre dans une valise et qu'on pourra même porter sur soi sans en être gêné : un vrai dictionnaire de poche en un mot, avec cette différence que dans les dictionnaires de poche on n'arrive à la commodité des dimensions que par l'appauvrissement et l'insuffisance du contenu. Notre « Édition de voyage », au contraire, conserve toute la richesse, tous les développements qui font du petit *Dictionnaire Larousse* le plus complet et le plus intéressant des dictionnaires manuels. On comprend quels services elle rendra tant aux Français dont beaucoup ne peuvent se séparer de leur petit Larousse, qu'aux étrangers voyageant en France pour lesquels la recherche du sens d'un mot est une nécessité de tous les instants. D'un cachet élégant et luxueux, ce charmant volume sera également apprécié même comme livre de bibliothèque et ne sera pas déplacé sur la table d'un salon.

Envoi franco au reçu d'un mandat-poste français ou international.

Paris. — Imp. LAROUSSE, 17, rue Montparnasse.

L'ALLEMAGNE CONTEMPORAINE
ILLUSTRÉE

L'Allemagne contemporaine illustrée formera 26 fascicules à **60 centimes**. L'ouvrage sera terminé en décembre 1901. — Il y a une carte en couleurs tous les trois fascicules. Les fascicules accompagnés d'une carte en couleurs n'ont que 8 pages; tous les autres en ont 12.

Souscription à forfait à l'ouvrage complet

En fascicules ou en séries de cinq fascicules, au fur et à mesure de la publication.	13 fr. 50	Payable en deux traites égales : la première dans le mois qui suit la souscription; la deuxième, le 5 décembre 1901.
En un volume *broché*, livrable à l'achèvement.	13 fr. 50	
En un volume *relié demi-chagrin* (fers spéciaux) livrable à l'achèvement.	18 fr. 50	

La souscription à forfait à prix réduit sera irrévocablement close le **31 octobre 1901**. — Au 1ᵉʳ novembre, le prix de l'ouvrage sera porté à **15 francs** en fascicules, séries ou volume broché; — **20 francs** en volume relié.

On souscrit à la Librairie Larousse, 17, rue Montparnasse, Paris, et chez tous les libraires.

LIBRAIRIE LAROUSSE, 17, Rue Montparnasse, PARIS
Grand Prix Exposition universelle 1900

L'ENSEIGNEMENT PROFESSIONNEL
AU DEGRÉ PRIMAIRE
Par René LEBLANC
Inspecteur général de l'Instruction primaire pour l'Enseignement manuel et expérimental

L'Enseignement agricole

Aperçu historique; enseignement agricole dans les écoles primaires élémentaires, primaires supérieures, normales; commentaire des programmes officiels; travaux de la campagne, expériences, collections; documents relatifs à l'enseignement agricole primaire. Un volume in-8°, 70 gravures, 4 planches en couleurs, 3ᵉ édition augmentée des dernières instructions officielles. Broché . . . . **3 fr. »**

Extrait de l'Enseignement agricole. Expériences scientifiques et agricoles pour l'école primaire. » fr. 95

Nouvelle organisation de l'Enseignement agricole . . . . » fr. 50

L'Enseignement manuel

Aperçu historique; enseignement manuel dans les écoles primaires élémentaires, primaires supérieures, normales; commentaire des programmes officiels; travaux en papier et carton, modelage, travaux d'atelier (travail en bois, en fer, stéréotomie); documents relatifs à l'enseignement manuel primaire. Un volume in-8°, 150 gravures, 4 planches en couleurs. Broché . . . . **2 fr. 50**

Extrait de l'Enseignement manuel. Exercices à faire dans les écoles élémentaires, supérieures, normales, cours d'adultes, etc. 150 gravures . . . . » fr. 45

Envoi franco au reçu d'un mandat-poste.

LIBRAIRIE LAROUSSE, 17, Rue Montparnasse, PARIS
Grand Prix Exposition universelle 1900

Vient de paraître :

Pour gérer sa fortune

PAR

Pierre des ESSARS

Conseils pratiques sur les placements de capitaux et les assurances

CONSEILS FINANCIERS
LES FONDS D'ÉTAT. — LES ACTIONS. — LES OBLIGATIONS
LES ACTIONS DE JOUISSANCE ET LES PARTS DE FONDATEUR
TITRES PERDUS OU VOLÉS. — LES IMPOTS SUR LES VALEURS MOBILIÈRES
LA BOURSE. — LA COTE DE LA BOURSE. — LES OPÉRATIONS AU COMPTANT
LES OPÉRATIONS A TERME. — LES BANQUES ET LE CRÉDIT FONCIER
LE CHANGE ET LES QUESTIONS MONÉTAIRES
LES ASSURANCES

Beaucoup de personnes s'imaginent que les connaissances en matière de finance sont l'apanage de quelques hommes spéciaux et qu'il est sinon impossible, du moins très difficile, de pénétrer les arcanes d'une science aussi mystérieuse. Il s'ensuit qu'elles ne cherchent même pas à se rendre compte par elles-mêmes du meilleur emploi à faire de leurs capitaux et qu'elles demeurent dans une ignorance préjudiciable à leurs intérêts. Au surplus il n'a guère été publié jusqu'à présent sur les valeurs mobilières, la bourse et la banque que des traités spéciaux à l'usage des gens de métier et dont les développements économiques et juridiques rebutent le grand public. Le livre de M. des Essars comblera donc une lacune. C'est essentiellement un ouvrage de vulgarisation pratique : il signale les faits plus qu'il ne les approfondit. Mais, sous sa forme concise et condensée, il guidera utilement le capitaliste, en exposant, avec simplicité et avec clarté, les diverses opérations financières qu'un particulier est appelé à traiter dans son existence.

Un volume in-8°, broché. . . . . 2 fr. 50

Envoi franco au reçu d'un mandat-poste.

LIBRAIRIE LAROUSSE, 17, Rue Montparnasse, PARIS
Grand Prix, Exposition universelle 1900

Vient de paraître :

MÉMENTO LAROUSSE

PETITE ENCYCLOPÉDIE DE LA VIE PRATIQUE

Contenant en un seul volume, classées méthodiquement, toutes les connaissances d'utilité journalière

NOUVELLE ÉDITION

Grammaire. Style, Historique de la littérature française. — Histoire générale, Histoire de France. — Cosmographie. — Géologie. — Géographie des cinq parties du monde, Géographie de la France, Géographie des colonies françaises. — Arithmétique. — Comptabilité commerciale et industrielle, Tenue des livres. — Géométrie pratique. — Arpentage et Nivellement. — Topographie. — Dessin. — Physique et chimie appliquées à l'industrie et à l'agriculture. — Hygiène. — Économie domestique. — Sciences naturelles, Botanique, Agriculture, Horticulture, Zoologie. — Morale. — Instruction civique. — Notions de droit usuel. Couture, Broderie, Dentelles. — Musique. — Savoir-Vivre et Savoir-Faire. — Usages du monde, Correspondance. — Proverbes et Locutions, Emblèmes, Attributs et Symboles, Langage des Fleurs. — Hygiène pratique, Gymnastique. — Médecine pratique. — Stations thermales, balnéaires, plages. — Renseignements usuels sur les monnaies étrangères, la Poste, le Télégraphe, le Téléphone, les Colis postaux, etc.

Règles de grammaire, principes d'arithmétique, notions de sciences, d'histoire, etc., il ne se passe pour ainsi dire pas de jour que nous n'ayons besoin de retrouver quelque connaissance oubliée, quelque renseignement qui nous échappe. Tout le monde a remarqué la rapidité avec laquelle s'effacent les leçons apprises au temps de notre enfance, et qui ne s'est vu maintes fois embarrassé devant des questions auxquelles répondrait le premier écolier venu?

On saisit donc quels services continuels rendra à tous un livre comme le *Mémento Larousse* : un livre qui résume, en un volume maniable et facile à consulter, tous les livres de classe qu'on ne possède plus et auxquels il serait du reste incommode d'avoir recours. Le *Mémento Larousse* est plus encore. Englobant sous une forme méthodique et substantielle tous les matériaux d'une solide instruction, il ne s'en tient pas aux programmes scolaires.

Il a cette originalité de faire place, à côté de la partie purement intellectuelle, à une foule de notions de la vie usuelle qu'on aurait peine à trouver réunies ailleurs. Il forme ainsi un tout d'une exceptionnelle valeur pratique, un véritable vade-mecum. Le *Mémento Larousse* est le complément du *Dictionnaire Larousse* : il a sa place marquée à côté de lui dans toutes les bibliothèques, sur toutes les tables de travail, et il ne tardera pas à devenir aussi populaire si l'on en juge par l'empressement avec lequel la première édition a été accueillie du public (10 000 exemplaires vendus en moins de trois mois). Ajoutons que le *Mémento Larousse* rendra en particulier les plus grands services aux candidats aux divers examens (brevets de l'enseignement primaire, postes et télégraphes, etc.). Il sera également précieux pour les jeunes gens entrés dans la vie qui voudront conserver et même développer le savoir acquis sur les bancs de la classe.

Un volume in-16, 780 pages, 850 gravures, 90 tableaux synthétiques, 82 cartes, dont 50 en couleurs, exercices de dessin, de musique, etc. Cartonné, 4 fr. 50. | Relié toile . . . . 5 francs

Envoi franco au reçu d'un mandat-poste.

Carte en couleurs : Allemagne industrielle. — 16 Reproductions photographiques. Fascicule **16**

Fasc. **16**

Prix : **60** cent. *net.*

L'ALLEMAGNE CONTEMPORAINE
ILLUSTRÉE

L'Allemagne contemporaine illustrée formera 26 fascicules à **60 centimes**. L'ouvrage sera terminé en décembre 1901. — Il y a une carte en couleurs tous les trois fascicules. Les fascicules accompagnés d'une carte en couleurs n'ont que 8 pages; tous les autres en ont 12.

Souscription à forfait à l'ouvrage complet

En fascicules ou en séries de cinq fascicules, au fur et à mesure de la publication. 13 fr. 50 ⎫ Payable en deux traites égales : la première
En un volume *broché*, livrable à l'achèvement. . . . . 13 fr. 50 ⎬ dans le mois qui suit la souscription; la
En un volume *relié demi-chagrin* (fers spéciaux) livrable à l'achèvement. . . . . . 18 fr. 50 ⎭ deuxième, le 5 décembre 1901.

La souscription à forfait à prix réduit sera irrévocablement close le
31 octobre 1901. — Au 1ᵉʳ novembre, le prix de l'ouvrage sera porté à 15 francs
en fascicules, séries ou volume broché; — 20 francs en volume relié.

On souscrit à la Librairie Larousse, 17, rue Montparnasse, Paris, et chez tous les libraires.

LIBRAIRIE LAROUSSE, 17, Rue Montparnasse, PARIS
Grand Prix Exposition universelle 1900

Expériences et Manipulations
Par J.-F. BOIS

TOME I : Chimie, Physique, Mécanique
750 expériences. Un volume in-8° de 350 pages, illustré de 150 gravures. 2ᵉ édition. Broché. . . . . **4 fr.** »

TOME II : Botanique, Zoologie, Géologie, Agriculture, Hygiène
260 expériences. Un volume in-8° de 192 pages, illustré de 92 gravures. Broché. . . . . **2 fr. 50**

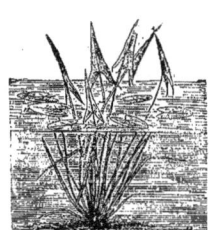

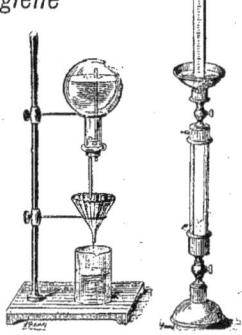

En dehors des professeurs et des élèves des lycées, écoles normales, etc., auxquels ils rendront de précieux services, ces deux volumes présentent le plus grand intérêt pour les amateurs qui font de la science par goût et pour les personnes qui cherchent à se distraire et à distraire leurs amis par des expériences instructives ou amusantes. Ils seront également utiles aux agriculteurs qui se livrent à des essais en vue de leurs travaux.

Les expériences indiquées sont généralement simples. Toutes ont été exécutées sous la direction de l'auteur et rédigées après le résultat constaté, de sorte qu'elles sont présentées avec la sanction de la pratique.

Envoi franco au reçu d'un mandat-poste.

LIBRAIRIE LAROUSSE, 17, Rue Montparnasse, PARIS
Grand Prix, Exposition universelle 1900

Vient de paraître :

MÉMENTO LAROUSSE

PETITE ENCYCLOPÉDIE DE LA VIE PRATIQUE

Contenant en un seul volume, classées méthodiquement, toutes les connaissances d'utilité journalière

NOUVELLE ÉDITION

Grammaire, Style, Historique de la littérature française. — Histoire générale, Histoire de France. — Cosmographie. — Géologie. — Géographie des cinq parties du monde, Géographie de la France, Géographie des colonies françaises. — Arithmétique. — Comptabilité commerciale et industrielle, Tenue des livres. — Géométrie pratique. — Arpentage et Nivellement. — Topographie. — Dessin. — Physique et chimie appliquées à l'industrie et à l'agriculture. — Hygiène. — Économie domestique. — Sciences naturelles, Botanique, Agriculture, Horticulture, Zoologie. — Morale. — Instruction civique. — Notions de droit usuel. Couture, Broderie, Dentelles. — Musique. — Savoir-Vivre et Savoir-Faire. — Usages du monde, Correspondance. — Proverbes et Locutions, Emblèmes, Attributs et Symboles, Langage des Fleurs. — Hygiène pratique, Gymnastique. — Médecine pratique. — Stations thermales, balnéaires, plages. — Renseignements usuels sur les monnaies étrangères, la Poste, le Télégraphe, le Téléphone, les Colis postaux, etc.

Règles de grammaire, principes d'arithmétique, notions de sciences, d'histoire, etc., il ne se passe pour ainsi dire pas de jour que nous n'ayons besoin de retrouver quelque connaissance oubliée, quelque renseignement qui nous échappe. Tout le monde a remarqué la rapidité avec laquelle s'effacent les leçons apprises au temps de notre enfance, et qui ne s'est vu maintes fois embarrassé devant des questions auxquelles répondrait le premier écolier venu ?

On saisit donc quels services continuels rendra à tous un livre comme le *Mémento Larousse* : un livre qui résume, en un volume maniable et facile à consulter, tous les livres de classe qu'on ne possède plus et auxquels il serait du reste incommode d'avoir recours. Le *Mémento Larousse* est plus encore. Englobant sous une forme méthodique et substantielle tous les matériaux d'une solide instruction, il ne s'en tient pas aux programmes scolaires.

Il a cette originalité de faire place, à côté de la partie purement intellectuelle, à une foule de notions de la vie usuelle qu'on aurait peine à trouver réunies ailleurs. Il forme ainsi un tout d'une exceptionnelle valeur pratique, un véritable vade-mecum. Le *Mémento Larousse* est le complément du *Dictionnaire Larousse* : il a sa place marquée à côté de lui dans toutes les bibliothèques, sur toutes les tables de travail, et il ne tardera pas à devenir aussi populaire si l'on en juge par l'empressement avec lequel la première édition a été accueillie du public (10 000 exemplaires vendus en moins de trois mois). Ajoutons que le *Mémento Larousse* rendra en particulier les plus grands services aux candidats aux divers examens (brevets de l'enseignement primaire, postes et télégraphes, etc.). Il sera également précieux pour les jeunes gens entrés dans la vie qui voudront conserver et même développer le savoir acquis sur les bancs de la classe.

Un volume in-16, 780 pages, 850 gravures, 90 tableaux synthétiques, 83 cartes, dont 50 en couleurs, exercices de dessin, de musique, etc. Cartonné, 4 fr. 50. | Relié toile . . . . 5 francs

Envoi franco au reçu d'un mandat-poste.

LIBRAIRIE LAROUSSE, 17, Rue Montparnasse, PARIS
Grand Prix Exposition universelle 1900

Vient de paraître :

Édition de Voyage

SUR PAPIER INDIEN

Reproduisant exactement le contenu et la disposition de l'édition ordinaire, poids et volume réduits de moitié. Charmant volume de 1 460 pages, tranches rouges, reliure souple très élégante.

Prix : **10 francs**

**Poids
435 grammes**

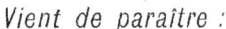

LANGUE FRANÇAISE : ÉTYMOLOGIE, PRONONCIATION, ETC. — DÉVELOPPEMENTS ENCYCLOPÉDIQUES SUR LES LETTRES, LES SCIENCES, LES ARTS; BIBLIOGRAPHIE. — GÉOGRAPHIE, HISTOIRE, MYTHOLOGIE. — LOCUTIONS LATINES ET ÉTRANGÈRES. — 2500 GRAVURES. — 750 PORTRAITS. — 24 CARTES. — 35 TABLEAUX ENCYCLOPÉDIQUES. — TABLEAU COMPARATIF DES MONNAIES FRANÇAISES ET ÉTRANGÈRES.

Depuis longtemps on nous sollicitait de donner du petit *Dictionnaire Larousse* une édition d'une forme telle qu'on pût aisément l'emporter en voyage et l'avoir toujours avec soi. C'est pour répondre à ce désir que nous publions aujourd'hui une **Édition de voyage**, dans laquelle, grâce à un papier spécial, extrêmement mince et cependant d'une opacité et d'une solidité remarquables, nous avons pu reproduire exactement la matière et la disposition de l'édition ordinaire, tout en réduisant de moitié le poids et le volume. Nous avons réalisé ainsi un livre très peu encombrant, facile à mettre dans une valise et qu'on pourra même porter sur soi sans en être gêné : un vrai dictionnaire de poche on n'arrive à la commodité des dimensions que par l'appauvrissement et l'insuffisance du contenu. Notre « Édition de voyage », au contraire, conserve toute la richesse, tous les développements qui font du petit *Dictionnaire Larousse* le plus complet et le plus intéressant des dictionnaires manuels. On comprend quels services elle rendra tant aux Français dont beaucoup ne peuvent se séparer de leur petit Larousse, qu'aux étrangers voyageant en France pour lesquels la recherche du sens d'un mot est une nécessité de tous les instants. D'un cachet élégant et luxueux, ce charmant volume sera également apprécié même comme livre de bibliothèque et ne sera pas déplacé sur la table d'un salon.

Envoi franco au reçu d'un mandat-poste français ou international.

L'ALLEMAGNE CONTEMPORAINE ILLUSTRÉE

L'**Allemagne contemporaine illustrée** formera 26 fascicules. Le 26ᵉ et dernier fascicule paraîtra le 28 décembre. Toutefois, en raison des étrennes, l'ouvrage complet sera mis en vente en volume vers le 15 décembre.

PRIX DE L'OUVRAGE COMPLET

En fascicules ou en séries de cinq fascicules, au fur et à mesure de la publication. . . . . 15 fr. »
En un volume *broché*, livrable à l'achèvement. . . . . 15 fr. »
En un volume *relié demi-chagrin* (fers spéciaux), livrable à l'achèvement. . . . . 20 fr. »

LIBRAIRIE LAROUSSE, 17, rue Montparnasse, PARIS, et chez tous les libraires.

LIBRAIRIE LAROUSSE, 17, Rue Montparnasse, PARIS
Grand Prix, Exposition universelle 1900

ÉTATS ET COLONIES

Monographies encyclopédiques publiées par une société de spécialistes, sous la direction de M. Maxime Petit, et donnant, pour chaque pays, la géographie, l'histoire, les institutions, les mœurs et coutumes, la vie économique, les lettres, les arts, les sciences, etc.

La Russie,

par MM. L. Delavaud, Girard de Rialle, Charles Rabot, Alfred Rambaud, Albert Vandal, Anatole Leroy-Beaulieu, Arthur Raffalovich, Louis Leger, Gustave Lejeal, E.-M. de Vogüé, etc. Un volume in-8° de 496 pages, illustré de 200 gravures et d'une carte en couleurs. 2ᵉ édition. Broché. . . . 5 fr. »
Relié toile, tranches dorées. . . 7 fr. 50

La Hollande,

par MM. François Bernard, C.-H.-B. Boot, Louis Bresson, E. Durand-Gréville, Maurice Enoch, A. Flaeg, J. Grand-Carteret, A. Lefèvre-Pontalis, Louis Legrand, G. Lejeal, L. Van Keymeulen, etc. Un volume in-8° de 460 pages, illustré de 222 gravures et 9 cartes. Broché. . . . . 5 fr. »
Relié toile, tranches dorées. . . 7 fr. 50

L'Italie,

par MM. René Bazin, Charles Dejob, Frantz Despagnet, Alcide Ebray, Louis Farges, Émile Gebhart, R. Kœchlin, Ernest Lehr, Gustave Lejeal, H. Marmonier, Charles Maurras, Adrien Mellion, G. Michel, Eugène Muntz, Pietro Orsi, etc. Un volume in-8° de 608 pages, illustré de 243 gravures et 5 cartes. Broché. 6 francs.
Relié toile, tranches dorées . . . . 9 francs.

Le Portugal,

par MM. Brito Aranha, Christovam Ayres, Teixeira Bastos, Daniel Bellet, Cardozo de Béthencourt, L.-P. de Brinn'Gaubast, Xavier de Carvalho, Z. Consiglieri Pedroso, Alcide Ebray, Bartholomeu Ferreira, John Grand-Carteret, Domingos Guimaraes, Francesco de Lacerda, Magalhaes Lima, Silva Lisboa, etc. Un vol. in-8° de 368 pages, illust. de 162 grav. et 12 cartes. Broché. 4 francs.
Relié toile, tranches dorées. . . . . 6 francs.

D'autres ouvrages sont en préparation.

Rédigés par les spécialistes les plus autorisés, richement illustrés et documentés avec le plus grand soin, les volumes qui composent cette collection initieront le lecteur à la connaissance des pays étrangers et lui permettront d'apprendre en peu de temps ce qu'il y a d'essentiel à savoir sur leurs institutions, leurs mœurs, leurs industries, leurs arts, etc. Chacun d'eux forme un véritable précis encyclopédique, qui présente un tableau extrêmement complet et impartial de l'État étudié.

Envoi franco au reçu d'un mandat-poste.

LIBRAIRIE LAROUSSE, 17, Rue Montparnasse, PARIS
Grand Prix Exposition universelle 1900

Atlas Larousse illustré

Magnifique publication de luxe

imprimée sur papier couché, et contenant 42 cartes en couleurs et 1158 reproductions photographiques

L'*Atlas Larousse illustré* est tout à la fois un ouvrage de luxe d'un caractère réellement artistique et un livre de fonds qui présente un tableau d'ensemble absolument unique de la géographie du monde entier. Textes, cartes, illustrations, tout y concourt à donner une vision claire et rapide des choses. Complètes et simples en même temps, de bon goût et d'aspect séduisant, les cartes sont d'une netteté extraordinaire et même les moins expérimentés les liront sans aucune difficulté. Le texte contient en termes précis tout ce qu'il faut savoir sur la France et sur tous les pays de l'Europe et des autres parties du monde. Enfin, pour l'illustration, on n'a admis par principe que le document vrai, pris sur le vif, c'est-à-dire le document photographique, reproduit sans l'intermédiaire d'aucune retouche; il y a près de douze cents gravures, vues pittoresques et monumentales, détails du sol, types et costumes, qui constituent une collection absolument unique. « Ce livre, a dit M. de Lapparent, l'éminent géologue, nous semble appelé à répandre le goût de la science du globe, par la forme exceptionnellement attrayante dont on a su envelopper un fonds d'informations puisées aux meilleures sources. »

Prospectus spécimen sur demande.

L'ouvrage complet, en feuilles sous étui. . . **26 francs** | En un volume relié demi-chagrin. . . . . . . **32 francs**

En deux volumes reliés toile. . . . . **34 francs**

On vend séparément relié toile : Tome I (France et Colonies), **15 francs**; — Tome II (Les cinq parties du monde), **20 francs**

Paris-Atlas

Magnifique publication de luxe, imprimée sur papier couché, 24 plans en couleurs,

595 reproductions photographiques, 32 dessins

Conçu sur le même plan que l'*Atlas Larousse illustré*, imprimé sur papier de luxe et merveilleusement illustré, *Paris-Atlas* présente, par le texte et par l'image, le tableau le plus complet et le plus vivant qui ait jamais été donné du Paris d'aujourd'hui et de ses environs. La rédaction du texte a été confiée à un écrivain qui, depuis plus de vingt ans, s'occupe exclusivement d'histoire parisienne, M. Fernand Bournon. On n'a accordé que très peu de place aux détails rétrospectifs pour consacrer tout le soin possible à la description du Paris actuel, le seul véritablement intéressant pour nous. Pour l'illustration, c'est à la photographie qu'on a eu recours, comme dans l'*Atlas Larousse illustré*, et on peut dire que ce superbe ouvrage contient la collection de vues la plus caractéristique et la plus attachante qu'il soit possible de réunir sur Paris. Enfin le lecteur y trouvera une série de plans d'une remarquable exécution (plan d'ensemble, plan de chacun des vingt arrondissements, plans des environs).

Prospectus spécimen sur demande.

Un volume grand in-4°, broché. . . . . **18 francs** | Relié demi-chagrin, fers spéciaux . . . . **23 francs**

Les deux ouvrages ci-dessus peuvent être acquis à raison de **5 francs par mois**.

(Conditions valables seulement pour la France, l'Algérie, la Tunisie, l'Alsace-Lorraine, la Belgique et la Suisse.)

LIBRAIRIE LAROUSSE, 17, Rue Montparnasse, PARIS
Grand Prix, Exposition universelle 1900

Vient de paraître :

Pour gérer sa fortune

PAR

Pierre des ESSARS

Conseils pratiques sur les placements de capitaux et les assurances

CONSEILS FINANCIERS
LES FONDS D'ÉTAT. — LES ACTIONS. — LES OBLIGATIONS
LES ACTIONS DE JOUISSANCE ET LES PARTS DE FONDATEUR
TITRES PERDUS OU VOLÉS. — LES IMPOTS SUR LES VALEURS MOBILIÈRES
LA BOURSE. — LA COTE DE LA BOURSE. — LES OPÉRATIONS AU COMPTANT
LES OPÉRATIONS A TERME. — LES BANQUES ET LE CRÉDIT FONCIER
LE CHANGE ET LES QUESTIONS MONÉTAIRES
LES ASSURANCES

Beaucoup de personnes s'imaginent que les connaissances en matière de finance sont l'apanage de quelques hommes spéciaux et qu'il est sinon impossible, du moins très difficile, de pénétrer les arcanes d'une science aussi mystérieuse. Il s'ensuit qu'elles ne cherchent même pas à se rendre compte par elles-mêmes du meilleur emploi à faire de leurs capitaux et qu'elles demeurent dans une ignorance préjudiciable à leurs intérêts. Au surplus il n'a guère été publié jusqu'à présent sur les valeurs mobilières, la bourse et la banque que des traités spéciaux à l'usage des gens de métier et dont les développements économiques et juridiques rebutent le grand public. Le livre de M. des Essars comblera donc une lacune. C'est essentiellement un ouvrage de vulgarisation pratique : il signale les faits plus qu'il ne les approfondit. Mais, sous sa forme concise et condensée, il guidera utilement le capitaliste, en exposant, avec simplicité et avec clarté, les diverses opérations financières qu'un particulier est appelé à traiter dans son existence.

Un volume in-8°, broché. . . . . **2 fr. 50**

Envoi franco au reçu d'un mandat-poste.

34 Reproductions photographiques. Fascicule 18

P. Jousset
L'Allemagne contemporaine illustrée

LIBRAIRIE LAROUSSE
Paris 17 rue Montparnasse Paris

Fasc. 18 Prix : 60 cent. net.

L'ALLEMAGNE CONTEMPORAINE ILLUSTRÉE

L'**Allemagne contemporaine illustrée** formera 26 fascicules. Le 26ᵉ et dernier fascicule paraîtra le 28 décembre.
Toutefois, en raison des étrennes, le volume complet broché ou relié sera mis en vente vers le 15 décembre.

PRIX DE L'OUVRAGE COMPLET

En fascicules ou en séries de cinq fascicules, au fur et à mesure de la publication. . . . . 15 fr. »
En un volume *broché*, livrable à l'achèvement. . . . . 15 fr. »
En un volume *relié demi-chagrin* (fers spéciaux), livrable à l'achèvement. 20 fr. »

LIBRAIRIE LAROUSSE, 17, rue Montparnasse, PARIS, et chez tous les libraires.

LIBRAIRIE LAROUSSE, 17, Rue Montparnasse, PARIS
Envoi franco au reçu d'un mandat-poste.

Vient de paraître :

MÉMENTO LAROUSSE

PETITE ENCYCLOPÉDIE DE LA VIE PRATIQUE, CONTENANT EN UN SEUL VOLUME,
CLASSÉES MÉTHODIQUEMENT, TOUTES LES CONNAISSANCES D'UTILITÉ JOURNALIÈRE

NOUVELLE ÉDITION

Grammaire, Style, Littérature, Histoire, Géographie, Cosmographie, Géologie,
Arithmétique, Comptabilité commerciale et industrielle, Tenue des Livres, Géométrie pratique,
Arpentage et Nivellement, Topographie, Dessin, Physique et Chimie, Sciences naturelles, Agriculture,
Économie domestique, Hygiène, Droit usuel, Couture, Broderie, Dentelles, Musique,
Savoir-vivre, Usages du Monde, Correspondance, Proverbes, Emblèmes,
Attributs et Symboles, Langage des Fleurs, Stations thermales,
Renseignements sur les Monnaies étrangères, la Poste, etc.

Un volume in-16 de 780 pages, 850 gravures, 82 cartes dont 50 en couleurs, 90 tableaux synthétiques.

Cartonné. 4 fr. 50 | Relié toile. . . . . 5 fr. »

Le Mémento Larousse est le complément obligé du Petit Dictionnaire Larousse.

 ## POUR GÉRER SA FORTUNE

Par Pierre des ESSARS

Conseils pratiques sur les placements de capitaux et les assurances

Conseils financiers. — Les Fonds d'État. — Les Actions. — Les Obligations. — Les Actions de jouissance et les parts de fondateur. — Titres perdus ou volés. — Les Impôts sur les valeurs mobilières. — La Bourse. La Cote de la Bourse. — Les Opérations au comptant. — Les Opérations à terme. Les Banques et le Crédit foncier. — Le Change et les Questions monétaires.
Les Assurances. — **Broché, 2 fr. 50**

LIBRAIRIE LAROUSSE, 17, rue Montparnasse, PARIS — (*Envoi franco au reçu d'un mandat-poste*).

LIBRAIRIE LAROUSSE, 17, Rue Montparnasse, PARIS

Grand Prix Exposition universelle 1900

Étude des Langues étrangères

AU POINT DE VUE COMMERCIAL

L'enseignement des langues vivantes a pris aujourd'hui une importance considérable ; c'est une des plus grandes préoccupations actuelles de développer de tous côtés cet enseignement au point de vue utilitaire, c'est-à-dire au point de vue commercial. Aussi ne saurait-on trop recommander les ouvrages de MM. Brown, Becker et Contamine de Latour qui présentent sous une forme essentiellement pratique les principes nécessaires à l'étude commerciale de l'anglais, de l'allemand et de l'espagnol, et qui permettront de s'initier rapidement au langage des affaires ; on y trouvera les termes et formules de commerce, de bourse, de change, la phraséologie commerciale, et un grand nombre d'exercices de style, de conversation et de correspondance. Ces excellents ouvrages sont en usage dans les principales écoles de commerce de France, de Belgique et de Suisse.

L'ANGLAIS COMMERCIAL, par Ch. Brown, professeur à l'Institut commercial de Paris. — Nouvelle méthode de correspondance, expliquant les expressions, termes, formules de commerce, de Bourse, de change, etc. 11ᵉ édition, augmentée d'un *Vocabulaire français-anglais et anglais-français*, et d'une *Carte commerciale de l'Angleterre*. Cartonné. . . . . . 2 fr. »
Relié toile. . . . . 2 fr. 50

L'ALLEMAND COMMERCIAL, par M. Becker, professeur à l'École alsacienne. — Nouvelle méthode pratique enseignant les termes et formules de commerce, de Bourse, de change, etc. 6ᵉ édition, augmentée d'un *Vocabulaire français-allemand et allemand-français*, et d'une *Carte commerciale de l'Allemagne*. Cartonné, 2 francs. — Relié toile. . . . . 2 fr. 50

LECTURES PRATIQUES D'ALLEMAND MODERNE, par M. Becker. — Récits et descriptions, biographies, proverbes, tableaux d'histoire, de géographie et d'histoire naturelle; sujets faciles d'économie politique; lettres commerciales. 62 gravures, 8 cartes. 3ᵉ édition. Cartonné. . . . . 2 fr. »
Relié toile. . . . . 2 fr. 50

LA CORRESPONDANCE COMMERCIALE ALLEMANDE, par M. Becker. — Notions sur la correspondance commerciale ; circulaires et lettres diverses; formulaires commerciaux ; marchés; bourse; vocabulaire. Cartonné. 2 fr. »
Relié toile. . . . . 2 fr. 50

L'ESPAGNOL COMMERCIAL, par Contamine de Latour, professeur à l'École des hautes études commerciales. — Méthode pratique suivie d'un *Vocabulaire français-espagnol et espagnol-français*, et illustrée d'une *Carte commerciale des pays de langue espagnole*. 4ᵉ édition. Cartonné, 2 francs. — Relié toile. . . 2 fr. 50

Méthode Claude Marcel

suivant pas à pas la marche de la nature, pour apprendre à lire, à entendre, à parler et à écrire une langue avec ou sans maître ; convenant également aux Français qui veulent apprendre les langues étrangères et aux étrangers qui veulent apprendre la langue française.

Exposé de la méthode. — Brochure in-18 . . . . 20 centimes

APPLICATION A L'ANGLAIS, par M. Cl. Marcel, ancien consul de France en Angleterre :
Premier Livre, Anecdotes et Récits, traduction en regard; 8ᵉ édition. 75 c.
Deuxième Livre, Anecdotes et Récits; français et anglais; 3ᵉ édition.
Troisième Livre, *Histoire anecdotique de l'Angleterre*; français et anglais; 4ᵉ édition . . . . 2 fr.
Tableaux synoptiques, pour l'étude de la langue anglaise; 2ᵉ édition. 75 c.

APPLICATION A L'ALLEMAND, par G. Théodore :
Premier Livre, Morceaux choisis et gradués, avec la traduction en regard (l'allemand est en caractères français); 6ᵉ édition . . . . 50 c.
Deuxième Livre, Morceaux en caractères français et en caractères allemands; 4ᵉ édition.
Troisième Livre, Morceaux en caractères allemands et en écriture manuscrite, avec la traduction française en regard; 2ᵉ édition . . . . . . 1 fr.
Tableaux synoptiques, pour l'étude pratique de l'allemand. . . . . 1 fr. 25

APPLICATION A L'ITALIEN, par Jean Damiani :
Premier Livre, Anecdotes et Récits, traduction en regard; 2ᵉ édition. 75 c.
Deuxième Livre, Anecdotes et Récits, traduction en regard. . . . . 1 fr.

APPLICATION A LA LANGUE RUSSE, par L.-C. Sauvan :
Premier Livre de français-russe, Anecdotes et Récits; 2ᵉ édition. . . 1 fr.

APPLICATION AU LATIN, par G. Théodore :
Premier Livre, *Epitome historiæ sacræ*, traduction en regard ; 2ᵉ édit. 1 fr.
Deuxième Livre, *De viris illustribus urbis Romæ*, traduct. en regard. 2 fr.
Troisième Livre, *Cornelius Nepos*, traduction en regard et notes, *ouvrage couronné par l'Académie française*. . . . . 3 fr.
Tableaux synoptiques, pour servir à l'étude pratique du latin, ou lexicologie de la grammaire latine. 1 fr. 50

Le plus Petit Dictionnaire du Monde

FRANÇAIS-ANGLAIS & ANGLAIS-FRANÇAIS

(*Smallest French-English and English-French Dictionary*, by F. E. A. Gasc)

Le plus petit Dictionnaire du monde (Grandeur réelle).

Le plus petit Dictionnaire du monde est une curiosité qui intéresse tous les bibliophiles. Ce minuscule volume est un vrai bijou typographique; il n'a que 28 millimètres de large. Bien qu'il contienne 672 pages, son épaisseur est de moins de 1 centimètre et son poids est de 4 grammes seulement. Malgré ses proportions liliputiennes, il renferme plus de 50 000 mots français et anglais, ce qui, avec leurs définitions, représente un total de 400 000 mots. Une loupe en facilite la lecture. Relié en cuir souple et renfermé dans un médaillon en métal blanc, dans la face duquel est incrustée la loupe, le plus petit Dictionnaire peut se porter attaché à la chaîne d'une montre comme breloque.

PRIX : y compris le médaillon-loupe : 2 francs.

Envoi franco au reçu d'un mandat-poste.

L'ALLEMAGNE CONTEMPORAINE ILLUSTRÉE

L'Allemagne contemporaine illustrée formera 26 fascicules. Le 26ᵉ et dernier fascicule paraîtra le 28 décembre. Toutefois, en raison des étrennes, le volume complet broché ou relié sera mis en vente vers le 15 décembre.

PRIX DE L'OUVRAGE COMPLET

En fascicules ou en séries de cinq fascicules, au fur et à mesure de la publication.	15 fr. »
En un volume *broché*, livrable à l'achèvement.	15 fr. »
En un volume *relié demi-chagrin* (fers spéciaux), livrable à l'achèvement.	20 fr. »

LIBRAIRIE LAROUSSE, 17, rue Montparnasse, PARIS, et chez tous les libraires.

LIBRAIRIE LAROUSSE, 17, Rue Montparnasse, PARIS
Envoi franco au reçu d'un mandat-poste.

Vient de paraître :

MÉMENTO LAROUSSE

PETITE ENCYCLOPÉDIE DE LA VIE PRATIQUE, CONTENANT EN UN SEUL VOLUME, CLASSÉES MÉTHODIQUEMENT, TOUTES LES CONNAISSANCES D'UTILITÉ JOURNALIÈRE

NOUVELLE ÉDITION

Grammaire, Style, Littérature, Histoire, Géographie, Cosmographie, Géologie, Arithmétique, Comptabilité commerciale et industrielle, Tenue des Livres, Géométrie pratique, Arpentage et Nivellement, Topographie, Dessin, Physique et Chimie, Sciences naturelles, Agriculture, Économie domestique, Hygiène, Droit usuel, Couture, Broderie, Dentelles, Musique, Savoir-vivre, Usages du Monde, Correspondance, Proverbes, Emblèmes, Attributs et Symboles, Langage des Fleurs, Stations thermales, Renseignements sur les Monnaies étrangères, la Poste, etc.

Un volume in-16 de 780 pages, 850 gravures, 82 cartes dont 50 en couleurs, 90 tableaux synthétiques.

Cartonné . . . . 4 fr. 50 | Relié toile . . . . 5 fr. »

Le Mémento Larousse est le complément obligé du Petit Dictionnaire Larousse.

 ## POUR GÉRER SA FORTUNE
Par Pierre des ESSARS
Conseils pratiques sur les placements de capitaux et les assurances

Conseils financiers. — Les Fonds d'État. — Les Actions. — Les Obligations. — Les Actions de jouissance et les parts de fondateur. — Titres perdus ou volés. — Les Impôts sur les valeurs mobilières. — La Bourse. La Cote de la Bourse. — Les Opérations au comptant. — Les Opérations à terme. Les Banques et le Crédit foncier. — Le Change et les Questions monétaires. Les Assurances. — **Broché, 2 fr. 50**

LIBRAIRIE LAROUSSE, 17, rue Montparnasse, PARIS — (*Envoi franco au reçu d'un mandat-poste*).

LIBRAIRIE LAROUSSE, 17, Rue Montparnasse, PARIS
Grand Prix Exposition universelle 1900

Étude des Langues étrangères
AU POINT DE VUE COMMERCIAL

L'enseignement des langues vivantes a pris aujourd'hui une importance considérable ; c'est une des plus grandes préoccupations actuelles de développer de tous côtés cet enseignement au point de vue utilitaire, c'est-à-dire au point de vue commercial. Aussi ne saurait-on trop recommander les ouvrages de MM. Brown, Becker et Contamine de Latour qui présentent sous une forme essentiellement pratique les principes nécessaires à l'étude commerciale de l'anglais, de l'allemand et de l'espagnol, et qui permettront de s'initier rapidement au langage des affaires ; on y trouvera les termes et formules de commerce, de bourse, de change, la phraséologie commerciale, et un grand nombre d'exercices de style, de conversation et de correspondance. Ces excellents ouvrages sont en usage dans les principales écoles de commerce de France, de Belgique et de Suisse.

L'ANGLAIS COMMERCIAL, par Ch. Brown, professeur à l'Institut commercial de Paris. — Nouvelle méthode de correspondance, expliquant les expressions, termes, formules de commerce, de Bourse, de change, etc. 11ᵉ édition, augmentée d'un *Vocabulaire français-anglais et anglais-français*, et d'une *Carte commerciale de l'Angleterre*. Cartonné. . . . . . 2 fr. »
Relié toile. . . . . 2 fr. 50

L'ALLEMAND COMMERCIAL, par M. Becker, professeur à l'École alsacienne. — Nouvelle méthode pratique enseignant les termes et formules de commerce, de Bourse, de change, etc. 6ᵉ édition, augmentée d'un *Vocabulaire français-allemand et allemand-français*, et d'une *Carte commerciale de l'Allemagne*. Cartonné, 2 francs. — Relié toile. . . . . 2 fr. 50

LECTURES PRATIQUES D'ALLEMAND MODERNE, par M. Becker. — Récits et descriptions, biographies, proverbes, tableaux d'histoire, de géographie et d'histoire naturelle ; sujets faciles d'économie politique ; lettres commerciales. 62 gravures, 8 cartes. 3ᵉ édition. Cartonné. . . . . 2 fr. »
Relié toile. . . . . 2 fr. 50

LA CORRESPONDANCE COMMERCIALE ALLEMANDE, par M. Becker. — Notions sur la correspondance commerciale ; circulaires et lettres diverses ; formulaires commerciaux ; marchés ; bourse ; vocabulaire. Cartonné. 2 fr. »
Relié toile. . . . . 2 fr. 50

L'ESPAGNOL COMMERCIAL, par Contamine de Latour, professeur à l'École des hautes études commerciales. — Méthode pratique suivie d'un *Vocabulaire français-espagnol et espagnol-français*, et illustrée d'une *Carte commerciale des pays de langue espagnole*. 4ᵉ édition. Cartonné, 2 francs. — Relié toile. . . 2 fr. 50

Méthode Claude Marcel

suivant pas à pas la marche de la nature, pour apprendre à lire, à entendre, à parler et à écrire une langue avec ou sans maître ; convenant également aux Français qui veulent apprendre les langues étrangères et aux étrangers qui veulent apprendre la langue française.

Exposé de la méthode. — Brochure in-18 . . . . 20 centimes

APPLICATION A L'ANGLAIS, par M. Cl. Marcel, ancien consul de France en Angleterre :
Premier Livre, Anecdotes et Récits, traduction en regard ; 8ᵉ édition. 75 c.
Deuxième Livre, Anecdotes et Récits ; français et anglais ; 3ᵉ édition. 75 c.
Troisième Livre, *Histoire anecdotique de l'Angleterre*; français et anglais ; 4ᵉ édition . . . . 2 fr.
Tableaux synoptiques, pour l'étude de la langue anglaise ; 2ᵉ édition. 75 c.

APPLICATION A L'ALLEMAND, par G. Théodore :
Premier Livre, Morceaux choisis et gradués, avec la traduction en regard (l'allemand est en caractères français) ; 6ᵉ édition . . . . 50 c.
Deuxième Livre, Morceaux en caractères français et en caractères allemands ; 4ᵉ édition . . . . 75 c.
Troisième Livre, Morceaux en caractères allemands et en écriture manuscrite, avec la traduction française en regard ; 2ᵉ édition . . . . 1 fr.
Tableaux synoptiques, pour l'étude pratique de l'allemand . . . 1 fr. 25

APPLICATION A L'ITALIEN, par Jean Damiani :
Premier Livre, Anecdotes et Récits, traduction en regard ; 2ᵉ édition. 75 c.
Deuxième Livre, Anecdotes et Récits, traduction en regard. . . . . . 1 fr.

APPLICATION A LA LANGUE RUSSE, par L.-C. Sauvan :
Premier Livre de français-russe, Anecdotes et Récits ; 2ᵉ édition. . . 1 fr.

APPLICATION AU LATIN, par G. Théodore :
Premier Livre, *Epitome historiæ sacræ*, traduction en regard ; 2ᵉ édit. 1 fr.
Deuxième Livre, *De viris illustribus urbis Romæ*, traduct. en regard. 1 fr.
Troisième Livre, *Cornelius Nepos*, traduction en regard et notes, ouvrage couronné par l'*Académie française*. . . . . 3 fr.
Tableaux synoptiques, pour servir à l'étude pratique du latin, ou lexicologie de la grammaire latine. . . . . 1 fr. 50

Le plus Petit Dictionnaire du Monde
FRANÇAIS-ANGLAIS & ANGLAIS-FRANÇAIS
(Smallest French-English and English-French Dictionary, by F. E. A. Gasc)

Le plus petit Dictionnaire du monde (Grandeur réelle).

Le plus petit Dictionnaire du monde est une curiosité qui intéresse tous les bibliophiles. Ce minuscule volume est un vrai bijou typographique ; il n'a que 28 millimètres de haut sur 20 millimètres de large. Bien qu'il contienne 672 pages, son épaisseur est de moins de 1 centimètre et son poids est de 4 grammes seulement. Malgré ses proportions lilliputiennes, il renferme plus de 50 000 mots français et anglais, ce qui, avec leurs définitions, représente un total de 400 000 mots. Une loupe en facilite la lecture.
Relié en cuir souple et renfermé dans un médaillon en métal blanc, dans la face duquel est incrustée la loupe, le plus petit **Dictionnaire** peut se porter attaché à la chaîne d'une montre comme breloque.
PRIX : y compris le médaillon-loupe : 2 francs.

Envoi franco au reçu d'un mandat-poste.

LIBRAIRIE LAROUSSE, 17, Rue Montparnasse, PARIS
Grand Prix Exposition universelle 1900

Vient de paraître :

Édition de Voyage
SUR PAPIER INDIEN

Reproduisant exactement le contenu et la disposition de l'édition ordinaire, poids et volume réduits de moitié. Charmant volume de 1 460 pages, tranches rouges, reliure souple très élégante.

Prix : **10 francs**

**Poids
435 grammes**

DICTIONNAIRE COMPLET ILLUSTRÉ

LANGUE FRANÇAISE : ÉTYMOLOGIE, PRONONCIATION, ETC. — DÉVELOPPEMENTS ENCYCLOPÉDIQUES SUR LES LETTRES, LES SCIENCES, LES ARTS; BIBLIOGRAPHIE. — GÉOGRAPHIE, HISTOIRE, MYTHOLOGIE. — LOCUTIONS LATINES ET ÉTRANGÈRES. — 2500 GRAVURES. — 750 PORTRAITS. — 24 CARTES. — 35 TABLEAUX ENCYCLOPÉDIQUES. — TABLEAU COMPARATIF DES MONNAIES FRANÇAISES ET ÉTRANGÈRES.

Depuis longtemps on nous sollicitait de donner du petit *Dictionnaire Larousse* une édition d'une forme telle qu'on pût aisément l'emporter en voyage et l'avoir toujours avec soi. C'est pour répondre à ce désir que nous publions aujourd'hui une **Édition de voyage**, dans laquelle, grâce à un papier spécial, extrêmement mince et cependant d'une opacité et d'une solidité remarquables, nous avons pu reproduire exactement la matière et la disposition de l'édition ordinaire, tout en réduisant de moitié le poids et le volume. Nous avons réalisé ainsi un livre très peu encombrant, facile à mettre dans une valise et qu'on pourra même porter sur soi sans en être gêné : un vrai dictionnaire de poche en un mot, avec cette différence que dans les dictionnaires de poche on n'arrive à la commodité des dimensions que par l'appauvrissement et l'insuffisance du contenu. Notre « Édition de voyage », au contraire, conserve toute la richesse, tous les développements qui font du petit *Dictionnaire Larousse* le plus complet et le plus intéressant des dictionnaires manuels. On comprend quels services elle rendra tant aux Français dont beaucoup ne peuvent se séparer de leur petit Larousse, qu'aux étrangers voyageant en France pour lesquels la recherche du sens d'un mot est une nécessité de tous les instants. D'un cachet élégant et luxueux, ce charmant volume sera également apprécié même comme livre de bibliothèque et ne sera pas déplacé sur la table d'un salon.

Envoi franco au reçu d'un mandat-poste français ou international.

Carte en couleurs : Les environs de Berlin. — 21 Reproductions photographiques.   Fascicule **19**

Fasc. **19**   Prix : **60** cent. net.

L'ALLEMAGNE CONTEMPORAINE ILLUSTRÉE

L'Allemagne contemporaine illustrée formera 26 fascicules. Le 26ᵉ et dernier fascicule paraîtra le 28 décembre. Toutefois, en raison des étrennes, le volume complet broché ou relié sera mis en vente vers le 15 décembre.

PRIX DE L'OUVRAGE COMPLET

En fascicules ou en séries de cinq fascicules, au fur et à mesure de la publication. . . . .   15 fr. »
En un volume *broché*, livrable à l'achèvement. . . . .   15 fr. »
En un volume *relié demi-chagrin* (fers spéciaux), livrable à l'achèvement. . . . .   20 fr. »

LIBRAIRIE LAROUSSE, 17, rue Montparnasse, PARIS, et chez tous les libraires.

LIBRAIRIE LAROUSSE, 17, Rue Montparnasse, PARIS
Grand Prix, Exposition universelle 1900

ÉTATS ET COLONIES

Monographies encyclopédiques publiées par une société de spécialistes, sous la direction de M. Maxime PETIT, et donnant, pour chaque pays, la géographie, l'histoire, les institutions, les mœurs et coutumes, la vie économique, les lettres, les arts, les sciences, etc.

La Russie,

par MM. L. DELAVAUD, Girard DE RIALLE, Charles RABOT, Alfred RAMBAUD, Albert VANDAL, Anatole LEROY-BEAULIEU, Arthur RAFFALOVICH, Louis LEGER, Gustave LEJEAL, E.-M. DE VOGÜÉ, etc. Un volume in-8° de 496 pages, illustré de 200 gravures et d'une carte en couleurs. 2ᵉ édition. Broché . . . .   **5 fr.** »
Relié toile, tranches dorées. . .   **7 fr. 50**

La Hollande,

par MM. François BERNARD, C.-H.-B. BOOT, Louis BRESSON, E. DURAND-GRÉVILLE, Maurice ENOCH, A. FLAEG, J. GRAND-CARTERET, A. LEFÈVRE-PONTALIS, Louis LEGRAND, G. LEJEAL, L. VAN KEYMEULEN, etc. Un volume in-8° de 460 pages, illustré de 222 gravures et 9 cartes. Broché. . . . .   **5 fr.** »
Relié toile, tranches dorées. . .   **7 fr. 50**

L'Italie,

par MM. René BAZIN, Charles DEJOB, Frantz DESPAGNET, Alcide EBRAY, Louis FARGES, Émile GEBHART, R. KŒCHLIN, Ernest LEHR, Gustave LEJEAL, H. MARMONIER, Charles MAURRAS, Adrien MELLION, G. MICHEL, Eugène MUNTZ, Pietro ORSI, etc. Un volume in-8° de 608 pages, illustré de 243 gravures et 5 cartes. Broché.   **6 francs.**
Relié toile, tranches dorées . . . .   **9 francs.**

Le Portugal,

par MM. Brito ARANHA, Christovam AYRES, Teixeira BASTOS, Daniel BELLET, Cardozo DE BÉTHENCOURT, L.-P. DE BRINN'GAUBAST, Xavier DE CARVALHO, Z. CONSIGLIERI PEDROSO, Alcide EBRAY, Bartholomeu FERREIRA, John GRAND-CARTERET, Domingos GUIMARÃES, Francesco DE LACERDA, Magalhaes LIMA, Silva LISBOA, etc. Un vol. in-8° de 368 pages, illust. de 162 grav. et 12 cartes. Broché.   **4 francs.**
Relié toile, tranches dorées. . . . .   **6 francs.**

D'autres ouvrages sont en préparation.

Rédigés par les spécialistes les plus autorisés, richement illustrés et documentés avec le plus grand soin, les volumes qui composent cette collection initieront le lecteur à la connaissance des pays étrangers et lui permettront d'apprendre en peu de temps ce qu'il y a d'essentiel à savoir sur leurs institutions, leurs mœurs, leurs industries, leurs arts, etc. Chacun d'eux forme un véritable précis encyclopédique, qui présente un tableau extrêmement complet et impartial de l'État étudié.

Envoi franco au reçu d'un mandat-poste.

LIBRAIRIE LAROUSSE, 17, Rue Montparnasse, PARIS
Grand Prix Exposition universelle 1900

Dictionnaire analogique

DE LA LANGUE FRANÇAISE

RÉPERTOIRE COMPLET DES MOTS PAR LES IDÉES ET DES IDÉES PAR LES MOTS

Par P. BOISSIÈRE

...... En dépit du fameux axiome formulé par Boileau :

Ce que l'on conçoit bien s'énonce clairement,
Et les mots pour le dire arrivent aisément,

à qui n'est-il pas arrivé d'avoir clairement dans la tête l'idée d'une chose et, comme on dit familièrement, le mot sur la langue, sans pouvoir l'en détacher à temps? Par exemple, vous faites de vains efforts pour vous rappeler comment les médecins désignent cet état d'insensibilité temporaire que produit le chloroforme; comment se nomment l'infirmité d'un boiteux ou celle d'un homme chauve, les plantes étrangères acclimatées chez nous, l'emploi de moyens artificieux pour obtenir un testament, la science qui traite du beau, celle qui classe et décrit les insectes, la connaissance d'une maladie par ses symptômes, la pièce d'une serrure que la clef fait aller et venir pour fermer ou pour ouvrir une porte, ces statues de femmes qui soutiennent les corniches d'un monument, etc. — Voilà dix idées qui viennent à votre esprit, que vous voulez rendre, mais dont les mots vous échappent, bien que vous les ayez rencontrés cent fois.

Avec le dictionnaire de Boissière, par une méthode d'analogie des plus ingénieuses et des plus simples, vous tombez *instantanément* sur les mots : ANESTHÉSIE — CLAUDICATION — CALVITIE — EXOTIQUES — CAPTATION — ESTHÉTIQUE — ENTOMOLOGIE — DIAGNOSTIC — PÊNE — CARIATIDES.

Quel que soit le terme dont vous ayez besoin, terme de jurisprudence, de science, de stratégie, d'industrie ou d'art, le *Dictionnaire analogique* vous le donnera.

On voit quels précieux services peut rendre un ouvrage de ce genre aux écrivains, aux professeurs, aux magistrats, aux fonctionnaires, pour qui la recherche du mot juste est une nécessité de tous les instants.

Il n'est pas d'une moins grande utilité aux *Étrangers* qui désirent acquérir une connaissance parfaite de la langue française et en saisir toutes les nuances.

9e édition augmentée d'un Complément et d'un grand nombre de mots nouveaux. Un fort volume in-8° de **1488 pages**.
Broché, 25 francs. — Relié toile, 28 francs. — Relié demi-chagrin, 30 francs.
Le Complément se vend à part, 1 fr. 50

Dictionnaire des Opéras

(DICTIONNAIRE LYRIQUE)

Par FÉLIX CLÉMENT & PIERRE LAROUSSE

NOUVELLE ÉDITION, *revue et mise à jour par* ARTHUR POUGIN

Analyse et Nomenclature de tous les Opéras, Opéras-Comiques, Opérettes et Drames lyriques
représentés en France et à l'Étranger,
depuis l'origine de ces genres d'ouvrages jusqu'à nos jours.

1 beau volume in-8°, broché .... 20 fr. | Relié demi-chagrin. .... 23 fr.

Voici un ouvrage original qui n'a guère d'analogue ni en France ni à l'étranger, et qui est assurément, pour son objet spécial, le recueil le plus étendu, le plus vaste et le plus complet qu'on puisse trouver dans toute l'Europe. Tous les genres des différents pays y sont représentés : opéras, opérettes, opéras-comiques, intermèdes, ballets, saynètes, zarzuelas, etc. Bien des pièces revivent dans ce volume, qui étaient tombées dans un oubli complet, et qui offrent aujourd'hui un vif attrait de curiosité, souvent même un charme réel. Et non seulement les œuvres sont analysées et appréciées, mais encore les détails intéressants qui y ont trait sont rappelés au lecteur, de sorte que chaque article forme un tout où sont groupés tous les renseignements désirables.

La première édition de ce *Dictionnaire lyrique* avait obtenu un succès bien légitime; mais une publication de ce genre doit être renouvelée et complétée sans cesse pour se tenir au courant de la production artistique, qui ne s'arrête et ne s'interrompt jamais.

M. POUGIN a exécuté avec la plus grande compétence ce travail de revision; il n'a pas ajouté moins de 4000 articles nouveaux, dont un grand nombre, fort intéressants, sont consacrés aux œuvres de Wagner. Ainsi mis à jour, le *Dictionnaire des Opéras* est un guide unique non seulement pour le travailleur, pour l'amateur comme pour l'historien, pour tous ceux qui en un mot veulent se renseigner, d'une façon précise et sûre, sur tout ce qui touche, depuis la naissance et la formation de l'opéra, à l'histoire de la musique appliquée au théâtre dans tous les États civilisés.

Envoi franco au reçu d'un mandat-poste.

LIBRAIRIE LAROUSSE, 17, Rue Montparnasse, PARIS
Grand Prix, Exposition universelle 1900

Publications nouvelles

MÉMENTO LAROUSSE

Petite encyclopédie de la vie pratique, contenant en un seul volume, classées méthodiquement, toutes les connaissances d'utilité journalière.

NOUVELLE ÉDITION

Grammaire, Style, Littérature, Histoire, Géographie, Cosmographie, Géologie, Arithmétique, Comptabilité commerciale et industrielle, Tenue des Livres, Géométrie pratique, Arpentage et Nivellement, Topographie, Dessin, Physique et Chimie, Sciences naturelles, Agriculture, Horticulture, Économie domestique, Hygiène, Droit usuel, Couture, Broderie, Dentelles, Musique. — Savoir-vivre, Usages du monde, Correspondance, Proverbes, Emblèmes, Attributs et Symboles, Langage des Fleurs, Médecine pratique, Stations thermales et balnéaires, Renseignements usuels sur la Poste, le Télégraphe, les Monnaies étrangères, etc.

Un volume in-16 de 780 pages, 850 gravures, 82 cartes dont 50 en couleurs, 90 tableaux synthétiques. Cartonné. **4 fr. 50**
Relié toile . . . . **5 fr. »**

ÉDITION DE VOYAGE
du Petit Dictionnaire Larousse
SUR PAPIER INDIEN

Depuis longtemps on nous sollicitait de donner du petit *Dictionnaire Larousse* une édition d'une forme telle qu'on pût aisément l'emporter en voyage et l'avoir toujours avec soi. C'est pour répondre à ce désir que nous publions aujourd'hui une *Édition de voyage* dans laquelle, grâce à un papier spécial, extrêmement mince et fort beau cependant, nous avons pu reproduire exactement la matière et la disposition de l'édition ordinaire, tout en réduisant de moitié le poids et le volume. On comprend quels services elle rendra tant aux Français qu'aux étrangers voyageant en France. D'un cachet élégant et luxueux, ce charmant volume sera également apprécié même comme livre de bibliothèque et ne sera pas déplacé sur la table d'un salon.

Charmant volume de 1 460 pages, tranches rouges, reliure souple très élégante (Poids 435 grammes). . . **10 fr. »**

POUR GÉRER SA FORTUNE

Conseils pratiques sur les placements de capitaux et les assurances

Par Pierre des ESSARS

Conseils financiers. — Les Fonds d'État. — Les Actions. — Les Obligations. — Les Actions de jouissance et les parts de fondateur. — Titres perdus ou volés. — Les Impôts sur les valeurs mobilières. — La Bourse. — La Cote de la Bourse. — Les Opérations au comptant. — Les Opérations à terme. — Les Banques et le Crédit foncier. — Le Change et les Questions monétaires. — L'Assurance contre l'incendie. — L'Assurance contre la grêle. — Les Assurances sur la vie. — L'Assurance contre les accidents.

Un volume in-8° de 200 pages. . . . . **2 fr. 50**

Envoi franco au reçu d'un mandat-poste.

29 Reproductions photographiques et 1 Plan.   Fascicule **20**

P. Jousset
L'Allemagne
contemporaine illustrée

LIBRAIRIE LAROUSSE
Paris   17 rue Montparnasse   Paris

Fasc. **20**   Prix : **60** cent. *net.*

LIBRAIRIE LAROUSSE, 17, Rue Montparnasse, PARIS
Grand Prix, Exposition universelle 1900

Vient de paraître :

MÉMENTO LAROUSSE

PETITE ENCYCLOPÉDIE DE LA VIE PRATIQUE

Contenant en un seul volume, classées méthodiquement, toutes les connaissances d'utilité journalière

NOUVELLE ÉDITION

Grammaire, Style, Historique de la littérature française. — Histoire générale, Histoire de France. — Cosmographie. — Géologie. — Géographie des cinq parties du monde, Géographie de la France, Géographie des colonies françaises. — Arithmétique. — Comptabilité commerciale et industrielle, Tenue des livres. — Géométrie pratique. — Arpentage et Nivellement. — Topographie. — Dessin. — Physique et chimie appliquées à l'industrie et à l'agriculture. — Hygiène. — Économie domestique. — Sciences naturelles, Botanique, Agriculture, Horticulture, Zoologie. — Morale. — Instruction civique. — Notions de droit usuel. Couture, Broderie, Dentelles. — Musique. — Savoir-Vivre et Savoir-Faire. — Usages du monde, Correspondance. — Proverbes et Locutions, Emblèmes, Attributs et Symboles, Langage des Fleurs. — Hygiène pratique, Gymnastique. — Médecine pratique. — Stations thermales, balnéaires, plages. — Renseignements usuels sur les monnaies étrangères, la Poste, le Télégraphe, le Téléphone, les Colis postaux, etc.

Règles de grammaire, principes d'arithmétique, notions de sciences, d'histoire, etc., il ne se passe pour ainsi dire pas de jour que nous n'ayons besoin de retrouver quelque connaissance oubliée, quelque renseignement qui nous échappe. Tout le monde a remarqué la rapidité avec laquelle s'effacent les leçons apprises au temps de notre enfance, et qui ne s'est vu maintes fois embarrassé devant des questions auxquelles répondrait le premier écolier venu ?

On saisit donc quels services continuels rendra à tous un livre comme le *Mémento Larousse* : un livre qui résume, en un volume maniable et facile à consulter, tous les livres de classe qu'on ne possède plus et auxquels il serait du reste incommode d'avoir recours. Le *Mémento Larousse* est plus encore. Englobant sous une forme méthodique et substantielle tous les matériaux d'une solide instruction, il ne s'en tient pas aux programmes scolaires.

Il a cette originalité de faire place, à côté de la partie purement intellectuelle, à une foule de notions de la vie usuelle qu'on aurait peine à trouver réunies ailleurs. Il forme ainsi un tout d'une exceptionnelle valeur pratique, un véritable vade-mecum. Le *Mémento Larousse* est le complément du *Dictionnaire Larousse*: il a sa place marquée à côté de lui dans toutes les bibliothèques, sur toutes les tables de travail, et il ne tardera pas à devenir aussi populaire si l'on en juge par l'empressement avec lequel la première édition a été accueillie du public (10000 exemplaires vendus en moins de trois mois). Ajoutons que le *Mémento Larousse* rendra en particulier les plus grands services aux candidats aux divers examens (brevets de l'enseignement primaire, postes et télégraphes, etc.). Il sera également précieux pour les jeunes gens entrés dans la vie qui voudront conserver et même développer le savoir acquis sur les bancs de la classe.

Un volume in-16, 780 pages, 850 gravures, 90 tableaux synthétiques, 82 cartes, dont 50 en couleurs, exercices de dessin, de musique, etc. Cartonné, 4 fr. 50. | Relié toile. . . . . 5 francs

Envoi franco au reçu d'un mandat-poste.

L'ALLEMAGNE CONTEMPORAINE ILLUSTRÉE

L'Allemagne contemporaine illustrée formera 26 fascicules. Le 26ᵉ et dernier fascicule paraîtra le 28 décembre. Toutefois, en raison des étrennes, le volume complet broché ou relié sera mis en vente vers le 15 décembre.

PRIX DE L'OUVRAGE COMPLET

En fascicules ou en séries de cinq fascicules, au fur et à mesure de la publication. . . . . 15 fr. »
En un volume *broché*, livrable à l'achèvement. . . . . 15 fr. »
En un volume *relié demi-chagrin* (fers spéciaux), livrable à l'achèvement. 20 fr. »

LIBRAIRIE LAROUSSE, 17, rue Montparnasse, PARIS, et chez tous les libraires.

LIBRAIRIE LAROUSSE, 17, Rue Montparnasse, PARIS
Grand Prix, Exposition universelle 1900

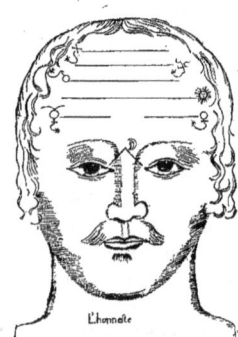

LA PHYSIONOMIE
D'APRÈS LES PRINCIPES D'EUGÈNE LEDOS
PAR
JULIEN LECLERCQ

La Physiognomonie. — Eugène Ledos, sa méthode. — Les Formes du visage. — Des types planétaires. — Variétés physiognomoniques. — Quelques caractères. — Ressemblances animales. — Des différentes parties du visage. — Études physiognomoniques d'après 85 portraits contemporains.

Un volume in-8°, broché. . . . . 3 fr. 50

LA CARICATURE
et l'Humour français au XIXᵉ siècle
Par RAOUL DEBERDT

BOSIO, DEBUCOURT, CARLE VERNET, PIGAL, BAPTISTE, GAUDISSART, MARLET, CHARLET, RAFFET, BELLANGÉ, PRUCHE, SCHEFFER, BOURDET, DEVERIA, HENRY MONNIER, DAUMIER, PHILIPON, BOUQUET, TRAVIÈS, GAVARNI, GRANDVILLE, MARCELIN, CHAM, GRÉVIN, GUYS, FORAIN, TOULOUSE-LAUTREC, PAUL HERMANN, WILLETTE, STEINLEN, CARAN D'ACHE, GUILLAUME, VEBER, ETC.

Il n'est peut-être pas de meilleure et de plus complète histoire des mœurs contemporaines qu'un recueil tel que celui qu'a entrepris M. Raoul Deberdt en faisant un excellent choix, parmi tant d'estampes, des spécimens les plus caractéristiques de l'esprit satirique et de l'humour en France depuis un siècle. On pourra suivre dans ce volume l'évolution de l'esprit français pendant ces cent dernières années.

Un volume in-8°, illustré de 250 gravures, broché. . . . . 4 fr. »
Exemplaires sur papier couché. . . . . 10 fr. »

Envoi franco au reçu d'un mandat-poste.

LIBRAIRIE LAROUSSE, 17, Rue Montparnasse, PARIS
Grand Prix Exposition universelle 1900

Vient de paraître :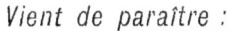

Édition de Voyage

SUR PAPIER INDIEN

Reproduisant exactement le contenu et la disposition de l'édition ordinaire, poids et volume réduits de moitié. Charmant volume de 1 460 pages, tranches rouges, reliure souple très élégante.

Prix : **10 francs**

**Poids
435 grammes**

DICTIONNAIRE COMPLET ILLUSTRÉ

LANGUE FRANÇAISE : ÉTYMOLOGIE, PRONONCIATION, ETC. — DÉVELOPPEMENTS ENCYCLOPÉDIQUES SUR LES LETTRES, LES SCIENCES, LES ARTS; BIBLIOGRAPHIE. — GÉOGRAPHIE, HISTOIRE, MYTHOLOGIE. — LOCUTIONS LATINES ET ÉTRANGÈRES. — 2500 GRAVURES. — 750 PORTRAITS. — 24 CARTES. — 35 TABLEAUX ENCYCLOPÉDIQUES. — TABLEAU COMPARATIF DES MONNAIES FRANÇAISES ET ÉTRANGÈRES.

Depuis longtemps on nous sollicitait de donner du petit *Dictionnaire Larousse* une édition d'une forme telle qu'on pût aisément l'emporter en voyage et l'avoir toujours avec soi. C'est pour répondre à ce désir que nous publions aujourd'hui une **Édition de voyage**, dans laquelle, grâce à un papier spécial, extrêmement mince et cependant d'une opacité et d'une solidité remarquables, nous avons pu reproduire exactement la matière et la disposition de l'édition ordinaire, tout en réduisant de moitié le poids et le volume. Nous avons réalisé ainsi un livre très peu encombrant, facile à mettre dans une valise et qu'on pourra même porter sur soi sans en être gêné : un vrai dictionnaire de poche en un mot, avec cette différence que dans les dictionnaires de poche on n'arrive à la commodité des dimensions que par l'appauvrissement et l'insuffisance du contenu. Notre « Édition de voyage », au contraire, conserve toute la richesse, tous les développements qui font du petit *Dictionnaire Larousse* le plus complet et le plus intéressant des dictionnaires manuels. On comprend quels services elle rendra tant aux Français dont beaucoup ne peuvent se séparer de leur petit Larousse, qu'aux étrangers voyageant en France pour lesquels la recherche du sens d'un mot est une nécessité de tous les instants. D'un cachet élégant et luxueux, ce charmant volume sera également apprécié même comme livre de bibliothèque et ne sera pas déplacé sur la table d'un salon.

Envoi franco au reçu d'un mandat-poste français ou international.

L'ALLEMAGNE CONTEMPORAINE ILLUSTRÉE

L'Allemagne contemporaine illustrée formera 26 fascicules. Le 26ᵉ et dernier fascicule paraîtra le 28 décembre. Toutefois, en raison des étrennes, le volume complet broché ou relié sera mis en vente vers le 15 décembre.

PRIX DE L'OUVRAGE COMPLET

En fascicules ou en séries de cinq fascicules, au fur et à mesure de la publication. . . . . 15 fr. »
En un volume broché, livrable à l'achèvement. . . . . 15 fr. »
En un volume relié demi-chagrin (fers spéciaux), livrable à l'achèvement. 20 fr. »

LIBRAIRIE LAROUSSE, 17, rue Montparnasse, PARIS, et chez tous les libraires.

LIBRAIRIE LAROUSSE, 17, Rue Montparnasse, PARIS
Envoi franco au reçu d'un mandat-poste.

LA CHASSE MODERNE

ENCYCLOPÉDIE DU CHASSEUR

Par MM.

Henry ADELON, Vicomte Émile de la BESGE, Gustave CANET, Adolphe CHENEVIÈRE, Comte Justinien CLARY, CUNISSET-CARNOT
Baron de DORLODOT, Édouard FOA, Charles FRICAUD, GASTINNE-RENETTE, Henri JOURNU,
Roger LAURENT, LEDDET, Gaston LEGRAND, Charles MARSILLON, Pierre MÉGNIN,
MICHEL-CARRÉ, Pierre-Amédée PICHOT, Vicomte Edmond de PONCINS,
Comte Henri de la PORTE, ROULIER, Baron de VAUX,
Dʳ Fernand VERCHÈRE, Gustave VOULQUIN.

Magnifique volume in-8° de 710 pages, 438 gravures (dessins d'après nature et reproductions de photographies instantanées), 24 tableaux synthétiques, 85 airs de chasse notés en musique.
Broché. . . . . 7 fr. 50. — Relié toile. . . . . 10 francs. — Exemplaires sur vélin. . . . . 20 francs.

Ce magnifique volume, dont l'apparition a été un véritable événement cynégétique, forme une encyclopédie complète de l'art de la chasse, extrêmement sérieuse et documentée, où on trouvera tout ce qu'il est intéressant de savoir sur les armes et munitions, sur les chiens, leur dressage, leurs maladies, sur le tir, sur le gibier à poil et à plume, sur le gibier d'eau, le gibier de passage, les battues, la chasse à courre, la fauconnerie, etc.; et ces divers chapitres, ce sont les personnalités les plus autorisées du monde de la chasse, les maîtres de ce sport qui les ont signés, comme on pourra s'en rendre compte en parcourant la liste ci-dessus. De plus, l'ouvrage est illustré de nombreuses gravures, dessins d'après nature ou reproductions de photographies instantanées prises dans les chasses de Rambouillet, Sandricourt, La Ferté-Vidame, et il contient en outre un choix très heureux de fanfares notées en musique.

Ci-dessous, quelques appréciations prises au hasard parmi les nombreux articles qui ont été consacrés dans la presse à La Chasse moderne :

« La bibliographie cynégétique vient par les soins de la librairie Larousse de s'enrichir d'un nouvel ouvrage, La Chasse moderne, véritable encyclopédie du chasseur, dont la direction a été confiée à notre excellent confrère, M. G. Voulquin. Ce livre est le fruit de la collaboration d'une phalange de spécialistes, qui ont apporté chacun à l'œuvre commune l'office de leur expérience et de leur compétence sur les chiens, sur le gibier, sur le tir, sur le cheval, sur la fauconnerie, formant un tout remarquable, admirablement complet, puissamment documenté, d'une lecture facile, intéressante et séduisante. »
(Le Sport universel illustré, 9 juin 1900.)

« La librairie Larousse publie, sous le titre de La Chasse moderne, une véritable encyclopédie du chasseur. C'est l'ouvrage le plus complet qui ait jamais été écrit sur la matière. Chaque chapitre a été confié à un maître spécialiste. »
A. COUTEAUX (Temps, 18 juillet 1900).

« Nous ne saurions trop en conseiller la lecture, non seulement aux chasseurs, mais aussi à tous ceux qui habitent la campagne, car c'est un ouvrage de bibliothèque qui ne dépare en rien la table du salon. Nous aurons d'ailleurs l'occasion d'y revenir plus d'une fois sur les questions d'élevage et de vénerie qui y sont traitées par des maîtres. »
J. DE LA BOULAYE (Journal des Campagnes, 25 juin 1900).

« Il n'est pas exagéré de dire que le Touring-Club compte parmi ses membres plus de vingt mille chasseurs; ceux-ci nous sauront gré de leur avoir signalé un livre d'un intérêt vraiment exceptionnel, appelé à faire autorité dans la matière et dans lequel ils trouveront, quelque experts qu'ils soient, mille indications utiles. »
(Revue du Touring-Club, juin 1900.)

« Ce volume sera bientôt entre les mains de tous les chasseurs qui cherchent dans l'enseignement la raison et le contrôle de leurs observations personnelles. La Chasse moderne deviendra pour ceux le livre utile, nécessaire, indispensable qu'on a toujours sous la main pour le consulter. En un mot, il sera le conseiller secret des disciples de saint Hubert, comme le grand Larousse est la providence des journalistes à court d'imagination et de copie. »
L. DE POUILLY (Echo de la Chasse, 2 août 1900).

« S'il en est parmi les lecteurs qui cultivent intellectuellement autant que pratiquement les sciences si passionnantes de la chasse, je leur conseille de lire, les jours de pluie, quelques chapitres d'un superbe livre récemment publié par la maison Larousse, La Chasse moderne. »
Marc DE BAUS (Liberté, 1ᵉʳ novembre 1900).

Sous presse : LA PÊCHE MODERNE

LIBRAIRIE LAROUSSE, 17, Rue Montparnasse, PARIS
Grand Prix Exposition universelle 1900

Vient de paraître :

Pour gérer sa fortune

PAR

Pierre des ESSARS

Conseils pratiques sur les placements de capitaux
et les assurances

CONSEILS FINANCIERS
LES FONDS D'ÉTAT. — LES ACTIONS. — LES OBLIGATIONS
LES ACTIONS DE JOUISSANCE ET LES PARTS DE FONDATEUR
TITRES PERDUS OU VOLÉS. — LES IMPOTS SUR LES VALEURS MOBILIÈRES
LA BOURSE. — LA COTE DE LA BOURSE. — LES OPÉRATIONS AU COMPTANT
LES OPÉRATIONS A TERME. — LES BANQUES ET LE CRÉDIT FONCIER
LE CHANGE ET LES QUESTIONS MONÉTAIRES
LES ASSURANCES

Beaucoup de personnes s'imaginent que les connaissances en matière de finance sont l'apanage de quelques hommes spéciaux et qu'il est sinon impossible, du moins très difficile, de pénétrer les arcanes d'une science aussi mystérieuse. Il s'ensuit qu'elles ne cherchent même pas à se rendre compte par elles-mêmes du meilleur emploi à faire de leurs capitaux et qu'elles demeurent dans une ignorance préjudiciable à leurs intérêts. Au surplus il n'a guère été publié jusqu'à présent sur les valeurs mobilières, la bourse et la banque que des traités spéciaux à l'usage des gens de métier et dont les développements économiques et juridiques rebutent le grand public. Le livre de M. des Essars comblera donc une lacune. C'est essentiellement un ouvrage de vulgarisation pratique : il signale les faits plus qu'il ne les approfondit. Mais, sous sa forme concise et condensée, il guidera utilement le capitaliste, en exposant, avec simplicité et avec clarté, les diverses opérations financières qu'un particulier est appelé à traiter dans son existence.

Un volume in-8°, broché. . . . . 2 fr. 50

Envoi franco au reçu d'un mandat-poste.

LE PLUS GRAND SUCCÈS DE LA LIBRAIRIE FRANÇAISE

119000 souscripteurs au 1ᵉʳ novembre 1901

NOUVEAU LAROUSSE ILLUSTRÉ

DICTIONNAIRE ENCYCLOPÉDIQUE UNIVERSEL EN SEPT VOLUMES

Plus nous allons, plus les conditions de la vie moderne rendent indispensable à tout esprit ouvert un bon dictionnaire encyclopédique. De là le prodigieux succès du *Nouveau Larousse illustré* qui a réalisé la perfection dans ce genre; extrêmement complet, vraiment moderne, rédigé par plus de quatre cents collaborateurs d'élite, illustré à profusion et contenant un grand nombre de planches et cartes en couleurs, ce magnifique ouvrage est à la portée même des budgets les plus modestes, grâce à d'exceptionnelles facilités de payement. Aujourd'hui quatre volumes sur sept ont déjà paru. Il y a donc tout intérêt à souscrire à la publication sans plus tarder, puisqu'on reçoit en souscrivant ces quatre superbes volumes qui rendent journellement des services considérables. (Le tome V paraîtra en mars 1902.)

Demander gratis un fascicule spécimen (16 pages)

Le **Nouveau Larousse illustré** est publié par fascicules de 16 pages à 50 centimes qui paraissent chaque semaine. Il y aura au moins 400 fascicules. Les souscripteurs peuvent recevoir l'ouvrage par *fascicules* chaque semaine, par *séries* brochées de 10 fascicules tous les deux mois environ, ou par *volumes*, brochés ou reliés.

PRIX ACTUEL DE LA SOUSCRIPTION A FORFAIT

En fascicules, séries, volumes brochés	190 francs
En volumes reliés demi-chagrin, fers spéciaux	225 francs

Payement 10 francs tous les deux mois

N. B. — L'affluence des souscriptions étant considérable à cette époque de l'année, il y a intérêt à souscrire sans tarder, si l'on veut être en possession des quatre volumes parus avant les étrennes.

On souscrit à la Librairie Larousse, 17, rue Montparnasse, Paris, et chez tous les libraires.

L'ALLEMAGNE CONTEMPORAINE ILLUSTRÉE

L'**Allemagne contemporaine illustrée** formera 26 fascicules. Le 26° et dernier fascicule paraîtra le 28 décembre. Toutefois, en raison des étrennes, l'ouvrage complet est en vente en volume dès à présent.

PRIX DE L'OUVRAGE COMPLET

En un volume *broché*... 15 fr. »
En un volume *relié demi-chagrin* (fers spéciaux)...................... 20 fr. »

LIBRAIRIE LAROUSSE, 17, rue Montparnasse, PARIS, et chez tous les libraires.

LIBRAIRIE LAROUSSE, 17, Rue Montparnasse, PARIS
Envoi franco au reçu d'un mandat-poste.

Vient de paraître :

MÉMENTO LAROUSSE

PETITE ENCYCLOPÉDIE DE LA VIE PRATIQUE, CONTENANT EN UN SEUL VOLUME,
CLASSÉES MÉTHODIQUEMENT, TOUTES LES CONNAISSANCES D'UTILITÉ JOURNALIÈRE

NOUVELLE ÉDITION

Grammaire, Style, Littérature, Histoire, Géographie, Cosmographie, Géologie,
Arithmétique, Comptabilité commerciale et industrielle, Tenue des Livres, Géométrie pratique,
Arpentage et Nivellement, Topographie, Dessin, Physique et Chimie, Sciences naturelles, Agriculture,
Économie domestique, Hygiène, Droit usuel, Couture, Broderie, Dentelles, Musique,
Savoir-vivre, Usages du Monde, Correspondance, Proverbes, Emblèmes.
Attributs et Symboles, Langage des Fleurs, Stations thermales,
Renseignements sur les Monnaies étrangères, la Poste, etc.

Un volume in-16 de 780 pages, 850 gravures, 82 cartes dont 50 en couleurs, 90 tableaux synthétiques.
Cartonné..................... 4 fr. 50 | Relié toile..................... 5 fr. »
Le **Mémento Larousse** est le complément obligé du **Petit Dictionnaire Larousse**.

LES LANGUES ÉTRANGÈRES
au point de vue commercial

L'Anglais commercial, par Ch. Brown. 11ᵉ édition. In-8°, cartonné, 2 fr. — Relié toile...................... 2 fr. 50
L'Allemand commercial, par Michel Becker. 6ᵉ édition. In-8°, cartonné, 2 fr. — Relié toile................. 2 fr. 50
Lectures pratiques d'Allemand moderne, par Michel Becker. 3ᵉ édit. In-8°, cartonné, 2 fr. — Relié toile.... 2 fr. 50
La Correspondance commerciale allemande, par Michel Becker. In-8°, cartonné, 2 fr. — Relié toile.......... 2 fr. 50
L'Espagnol commercial, par Contamine de Latour. 4ᵉ édition. In-8°, cartonné, 2 fr. — Relié toile........... 2 fr. 50

*Ces ouvrages, les premiers publiés dans ce genre, sont en usage dans les principales écoles de commerce
de France, de Belgique et de Suisse.*

LIBRAIRIE LAROUSSE, 17, rue Montparnasse, PARIS — (*Envoi franco au reçu d'un mandat-poste*).

LE PLUS GRAND SUCCÈS DE LA LIBRAIRIE FRANÇAISE

120 500 souscripteurs au 1ᵉʳ décembre 1901

NOUVEAU LAROUSSE ILLUSTRÉ

DICTIONNAIRE
ENCYCLOPÉDIQUE UNIVERSEL
EN SEPT VOLUMES

Plus nous allons, plus les conditions de la vie moderne rendent indispensable à tout esprit ouvert un bon dictionnaire encyclopédique. De là le prodigieux succès du *Nouveau Larousse illustré* qui a réalisé la perfection dans ce genre ; extrêmement complet, vraiment moderne, rédigé par plus de quatre cents collaborateurs d'élite, illustré à profusion et contenant un grand nombre de planches et cartes en couleurs, ce magnifique ouvrage est à la portée même des budgets les plus modestes, grâce à d'exceptionnelles facilités de payement. Aujourd'hui quatre volumes sur sept ont déjà paru. Il y a donc tout intérêt à souscrire à la publication sans plus tarder, puisqu'on reçoit en souscrivant ces quatre superbes volumes qui rendent journellement des services considérables. (Le tome V paraîtra en mars 1902.)

Demander gratis un fascicule spécimen (16 pages)

Le **Nouveau Larousse illustré** est publié par fascicules de 16 pages à 50 centimes qui paraissent chaque semaine. Il y aura au moins 400 fascicules. Les souscripteurs peuvent recevoir l'ouvrage par *séries* brochées de 10 fascicules tous les deux mois environ, ou par *volumes*, brochés ou reliés.

PRIX ACTUEL DE LA SOUSCRIPTION A FORFAIT

En séries ou volumes brochés. . . . . 190 francs
En volumes reliés demi-chagrin, fers spéciaux. . . . . 225 francs

Payement 10 francs tous les deux mois

N. B. — L'affluence des souscriptions étant considérable à cette époque de l'année, il y a intérêt à souscrire sans tarder, si l'on veut être en possession des quatre volumes parus avant les étrennes.

On souscrit à la Librairie Larousse, 17, rue Montparnasse, Paris, et chez tous les libraires.

LIBRAIRIE LAROUSSE, 17, Rue Montparnasse, PARIS
Grand Prix Exposition universelle 1900

Deuxième édition :

Pour gérer sa fortune

PAR

Pierre des ESSARS

Conseils pratiques sur les placements de capitaux et les assurances

CONSEILS FINANCIERS
LES FONDS D'ÉTAT. — LES ACTIONS. — LES OBLIGATIONS
LES ACTIONS DE JOUISSANCE ET LES PARTS DE FONDATEUR
TITRES PERDUS OU VOLÉS. — LES IMPOTS SUR LES VALEURS MOBILIÈRES
LA BOURSE. — LA COTE DE LA BOURSE. — LES OPÉRATIONS AU COMPTANT
LES OPÉRATIONS A TERME. — LES BANQUES ET LE CRÉDIT FONCIER
LE CHANGE ET LES QUESTIONS MONÉTAIRES
LES ASSURANCES

Beaucoup de personnes s'imaginent que les connaissances en matière de finance sont l'apanage de quelques hommes spéciaux et qu'il est sinon impossible, du moins très difficile, de pénétrer les arcanes d'une science aussi mystérieuse. Il s'ensuit qu'elles ne cherchent même pas à se rendre compte par elles-mêmes du meilleur emploi à faire de leurs capitaux et qu'elles demeurent dans une ignorance préjudiciable à leurs intérêts. Au surplus il n'avait guère été publié jusqu'à présent sur les valeurs mobilières, la bourse et la banque que des traités spéciaux à l'usage des gens de métier et dont les développements économiques et juridiques rebutent le grand public. Le livre de M. des Essars comble donc une lacune. Ce remarquable petit volume, dont la première édition a été épuisée en quelques jours, est essentiellement un ouvrage de vulgarisation pratique : il signale les faits plus qu'il ne les approfondit. Mais, sous sa forme concise et condensée, il guidera utilement le capitaliste, en exposant, avec simplicité et avec clarté, les diverses opérations financières qu'un particulier est appelé à traiter dans son existence.

Un volume in-8°, broché. . . . . **2 fr. 50**

Envoi franco au reçu d'un mandat-poste.

23 Reproductions photographiques. Fascicule **23**

Fasc. **23** Prix : 60 cent. net

L'ALLEMAGNE CONTEMPORAINE ILLUSTRÉE

L'**Allemagne contemporaine illustrée** formera 26 fascicules. Le 26ᵉ et dernier fascicule paraîtra le 28 décembre. Toutefois, en raison des étrennes, l'ouvrage complet est en vente en volume dès à présent.

PRIX DE L'OUVRAGE COMPLET

En un volume *broché*. . . . . 15 fr. »
En un volume *relié demi-chagrin* (fers spéciaux). . . . . 20 fr. »

LIBRAIRIE LAROUSSE, 17, rue Montparnasse, PARIS, et chez tous les libraires.

LIBRAIRIE LAROUSSE, 17, Rue Montparnasse, PARIS
Grand Prix, Exposition universelle 1900

 # ÉTRENNES 1902

Atlas Larousse illustré

Magnifique publication grand in-4°, imprimée sur papier couché ; 42 cartes en couleurs ; 1158 reproductions photographiques. En un volume relié demi-chagrin, fers spéciaux. . . . . **32 francs**
En deux volumes reliés toile, **34 francs**. — On vend séparément : Tome I (France et Colonies), **15 francs**. — Tome II (Les cinq parties du monde). . . . . **20 francs**

L'ATLAS LAROUSSE ILLUSTRÉ est en même temps un ouvrage de luxe d'un caractère réellement artistique et un livre de fond qui présente un tableau d'ensemble absolument unique de la géographie du monde entier. La cartographie est d'une netteté admirable, l'illustration d'une richesse inouïe. Tout à la fois récréatif et instructif au plus haut degré, imprimé sur magnifique papier couché et pourvu d'une superbe reliure originale, ce bel atlas constitue pour les amateurs de beaux livres et pour la jeunesse le plus riche et le plus séduisant des cadeaux.

« Ce livre, a dit M. de Lapparent, l'éminent géologue, nous semble appelé à répandre le goût de la science du globe, par la forme exceptionnellement attrayante dont on a su envelopper un fonds d'informations puisées aux meilleures sources. »

Paris-Atlas

Un volume grand in-4°, imprimé sur papier couché ; 595 reproductions photographiques, 32 dessins, 24 plans hors texte en huit couleurs ; texte par Fernand BOURNON. Broché. . . . . **18 francs**
Relié demi-chagrin, fers spéciaux. . . . . **23 francs**

Ce magnifique ouvrage présente, par le texte et par l'image, le tableau le plus vivant et le plus complet qui ait été donné du Paris d'aujourd'hui et de ses environs. La rédaction du texte a été confiée à un écrivain qui, depuis plus de vingt ans, s'occupe exclusivement d'histoire parisienne, et on n'a accordé que très peu de place aux détails rétrospectifs pour consacrer tout le soin possible à la description du Paris actuel, le seul véritablement intéressant pour nous. L'ouvrage se termine par une étude très développée des environs dans laquelle les châteaux historiques (Versailles, Fontainebleau, Chantilly, etc.) ont été, entres autres, l'objet d'une attention toute particulière.

Envoi franco contre mandat-poste. — Catalogue d'étrennes sur demande.

LIBRAIRIE LAROUSSE, 17, Rue Montparnasse, PARIS
Grand Prix, Exposition universelle 1900

TOUTE UNE BIBLIOTHÈQUE EN UN SEUL OUVRAGE

« Tout ce dont j'ai besoin en fait de connaissances, je le trouve dans le *Larousse*. » Francisque Sarcey.

LAROUSSE
GRAND DICTIONNAIRE
UNIVERSEL
TENANT LIEU A LUI SEUL D'UNE BIBLIOTHÈQUE DE PLUS DE 1200 VOLUMES
17 GROS VOLUMES GRAND IN-4° LIVRÉS IMMÉDIATEMENT

24 500 pages, 2 864 gravures et 642 morceaux lyriques (airs d'opéras, chansons, etc.) notés en musique.

Broché, 650 francs	Relié, 750 francs
Payable **20** fr. par mois	Payable **25** fr. par mois

Le **Grand Dictionnaire Larousse** est l'Encyclopédie la plus complète qui existe en France et celle qui jouit de la plus grande faveur. Cet ouvrage célèbre a été établi sur le plan le plus large qui ait jamais été conçu; il comprend tous les mots de la langue et englobe dans ses 100 000 colonnes toutes les connaissances humaines. Il est indispensable aux écrivains, aux journalistes, aux hommes d'étude, à tous ceux en un mot qui veulent avoir sur toutes choses des renseignements abondants.

INDEX ALPHABÉTIQUE
DES ARTICLES ET ADDITIONS
CONTENUS DANS LES DEUX SUPPLÉMENTS (TOMES XVI ET XVII DU *GRAND DICTIONNAIRE LAROUSSE*)

Trois fascicules à **1** fr. **10**

Cet Index alphabétique, imprimé sur papier rose, se divise en **15 sections** *correspondant aux 15 volumes du corps de l'ouvrage.* — Chaque section doit être insérée soit au commencement, soit à la fin du volume auquel elle se rapporte. Un simple collage permet cette insertion. En consultant un tome quelconque du *Grand Dictionnaire*, il suffira de se reporter à l'*index annexé* pour s'assurer que tel article nouveau, omis ou incomplet, a été traité ou complété dans l'un des deux Suppléments.

LIBRAIRIE LAROUSSE, 17, Rue Montparnasse, PARIS
Grand Prix, Exposition universelle 1900

Vient de paraître :

La Pêche moderne

ENCYCLOPÉDIE DU PÊCHEUR

Par MM.

G. Albert-Petit, Cunisset-Carnot, Jousset de Bellesme, Dr Joyeux-Laffuie, Maurice Launay, Émile Maison, Charles Marsillon, Michel-Carré, Charles Pérez, Dr Georges Poyet, Gustave Voulquin.

Préface de M. Henry Fouquier.

De nombreux travaux ont été publiés sur la pêche; mais il n'existait jusqu'à ce jour aucun ouvrage d'ensemble embrassant toutes les formes variées de ce sport et toutes les connaissances qui s'y rattachent. Conçue sur le même plan que *La Chasse moderne*, qui jouit dans le monde des chasseurs d'une réputation si méritée, *La Pêche moderne* constitue une véritable encyclopédie du pêcheur à la ligne et au filet, dans les rivières et au bord de la mer. Les différents chapitres qui la composent, rédigés par les spécialistes les plus autorisés, sont autant de petits traités complets et définitifs.

Ce sera le vade-mecum indispensable de tous ceux qui aiment la pêche et s'y adonnent. Ils y apprendront à pratiquer plus savamment leur art; ils y trouveront aussi tous les renseignements utiles sur leurs droits et leurs obligations au point de vue légal, sur les précautions d'hygiène qu'ils doivent prendre, etc.; et, dans la mauvaise saison, ce sera pour eux un réel plaisir de lire au coin du feu un livre qui évoque le souvenir des bonnes journées de plein air et donne l'espoir, grâce à l'enseignement qu'il renferme, d'en avoir d'autres plus agréables et plus fructueuses encore.

Ajoutons que l'ouvrage, soigneusement imprimé sur beau papier, est illustré à profusion de fort jolies gravures, dessins d'après nature ou reproductions de photographies instantanées.

Un beau volume in-8° de 600 pages, illustré de 680 gravures et 32 tableaux synthétiques. Broché. . . . . **6 fr. 75**
Relié toile . . . . **9 fr. »**

Envoi franco contre mandat-poste.

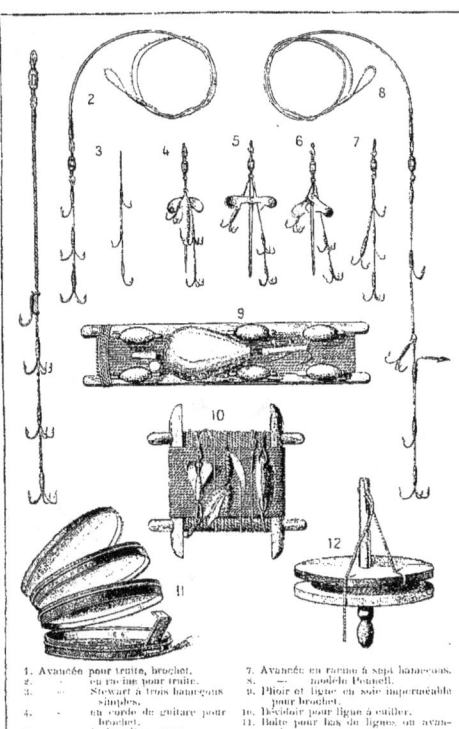

1. Avancée pour truite, brochet.
2. — en crin pour truite.
3. — Stewart à trois hameçons simples.
4. — en corde de guitare pour brochet.
5. — à charnière ouverte.
6. — — fermée.
7. Avancée en racine à sept hameçons.
8. — modèle Pennell.
9. Ploir et ligne en soie imperméable pour brochet.
10. Dévidoir pour ligne à cuiller.
11. Boîte pour bas de lignes ou avancées.
12. Trimmer flottant à brochet.

Paru précédemment : **LA CHASSE MODERNE**   Broché . . . . **7 fr. 50**
Relié toile . . . . . . **10 fr. »**

L'ALLEMAGNE CONTEMPORAINE ILLUSTRÉE

L'**Allemagne contemporaine illustrée** formera 26 fascicules. Le 26ᵉ et dernier fascicule paraîtra le 28 décembre. Toutefois, en raison des étrennes, l'ouvrage complet est en vente en volume dès à présent.

PRIX DE L'OUVRAGE COMPLET

En un volume *broché*. . . . . 15 fr. »
En un volume *relié demi-chagrin* (fers spéciaux). . . . . 20 fr. »

LIBRAIRIE LAROUSSE, 17, rue Montparnasse, PARIS, et chez tous les libraires.

LIBRAIRIE LAROUSSE, 17, Rue Montparnasse, PARIS
Grand Prix, Exposition universelle 1900

 # ÉTRENNES 1902

Atlas Larousse illustré

Magnifique publication grand in-4°, imprimée sur papier couché; 42 cartes en couleurs; 1158 reproductions photographiques. En un volume relié demi-chagrin, fers spéciaux. . . . . **32** francs
En deux volumes reliés toile, **34** francs. — On vend séparément : Tome I (France et Colonies), **15** francs. — Tome II (Les cinq parties du monde). . . . . **20** francs

L'ATLAS LAROUSSE ILLUSTRÉ est en même temps un ouvrage de luxe d'un caractère réellement artistique et un livre de fond qui présente un tableau d'ensemble absolument unique de la géographie du monde entier. La cartographie est d'une netteté admirable, l'illustration d'une richesse inouïe. Tout à la fois récréatif et instructif au plus haut degré, imprimé sur magnifique papier couché et pourvu d'une superbe reliure originale, ce bel atlas constitue pour les amateurs de beaux livres et pour la jeunesse le plus riche et le plus séduisant des cadeaux.

« Ce livre, a dit M. de Lapparent, l'éminent géologue, nous semble appelé à répandre le goût de la science du globe, par la forme exceptionnellement attrayante dont on a su envelopper un fonds d'informations puisées aux meilleures sources. »

Paris-Atlas

Un volume grand in-4°, imprimé sur papier couché; 595 reproductions photographiques, 32 dessins, 24 plans hors texte en huit couleurs; texte par Fernand BOURNON. Broché. . . . . **18** francs
Relié demi-chagrin, fers spéciaux. . . . . **23** francs

Ce magnifique ouvrage présente, par le texte et par l'image, le tableau le plus vivant et le plus complet qui ait été donné du Paris d'aujourd'hui et de ses environs. La rédaction du texte a été confiée à un écrivain qui, depuis plus de vingt ans, s'occupe exclusivement d'histoire parisienne, et on n'a accordé que très peu de place aux détails rétrospectifs pour consacrer tout le soin possible à la description du Paris actuel, le seul véritablement intéressant pour nous. L'ouvrage se termine par une étude très développée des environs dans laquelle les châteaux historiques (Versailles, Fontainebleau, Chantilly, etc.) ont été, entres autres, l'objet d'une attention toute particulière.

Envoi franco contre mandat-poste. — Catalogue d'étrennes sur demande.

LIBRAIRIE LAROUSSE, 17, Rue Montparnasse, PARIS
Grand Prix, Exposition universelle 1900

Étrennes 1902 — Livres d'Enfants

LE FILS A GUIGNOL

PETITES SCÈNES AVEC CHANTS POUR THÉATRE GUIGNOL ET THÉATRE DE SALON
Par Claude HINOT

PREMIER VOLUME : Guignol au collège. — Guignol à la caserne. — Guignol dans la politique.
DEUXIÈME VOLUME : Guignol dans les affaires. — Guignol en ménage. — Guignol dans l'autre monde.
Chaque volume in-8°, illustré de 100 gravures. Broché, 3 francs ; — relié, tranches blanches, 4 francs ; — tranches dorées, 4 fr. 50

200 JEUX D'ENFANTS

EN PLEIN AIR ET A LA MAISON
Par L. HARQUEVAUX et L. PELLETIER

On trouvera dans cet ouvrage des règles précises sur les jeux auxquels peuvent se livrer les enfants, suivant leur âge, leur tempérament, leur nombre et les moyens dont ils disposent. De fort belles gravures montrent la physionomie des principaux jeux et en facilitent l'exécution.

Un beau volume in-8°, illustré de 160 gravures, broché, 3 francs ; — relié, tranches blanches, 4 francs ; — tranches dorées, 4 fr. 50

LA SCIENCE AMUSANTE

PAR **TOM TIT**

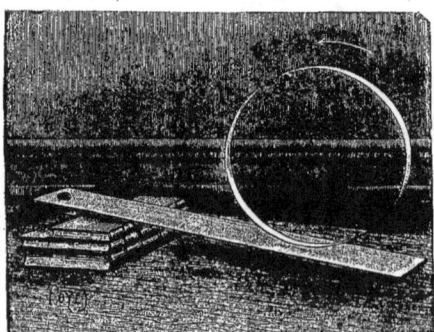

La *Science amusante* est un recueil de récréations scientifiques dont l'auteur a formé trois volumes contenant chacun 100 superbes gravures.

Parmi les expériences contenues dans ces trois volumes, les unes sont de simples jeux destinés à récréer parents et enfants réunis autour de la table de famille. D'autres, au contraire, d'un caractère vraiment scientifique, ont pour but d'initier le lecteur à l'étude de la physique.

Bouchons, allumettes, fourchettes, bouts de fil, coquilles d'œuf et de noix, épingles et autres objets de même ordre, tels sont les seuls appareils que comporte l'exécution des expériences si ingénieuses de TOM TIT.

Médaille d'honneur de la Société d'Encouragement au bien.

Trois volumes illustrés de magnifiques gravures sur bois
Chaque volume, broché . . . . 3 francs
Relié, tranches blanches . . . . 4 francs
Relié, tranches dorées. . . . . 4 fr. 50

Envoi franco au reçu d'un mandat-poste.

LIBRAIRIE LAROUSSE, 17, Rue Montparnasse, PARIS
Grand Prix, Exposition universelle 1900

Pour paraître en janvier :

LA TERRE

Ses aspects, sa structure, son évolution

GÉOLOGIE PITTORESQUE

Par Aug. ROBIN

Comme l'indique son sous-titre, ce magnifique ouvrage sera avant tout une *géologie pittoresque*. Il réalisera pour la géologie ce qu'a réalisé pour la géographie l'*Atlas Larousse illustré* et il est appelé au même succès : il révélera une science bien autrement vivante et capable d'intéresser qu'on ne se l'imagine ordinairement. Dû à la plume d'un écrivain rompu depuis vingt ans aux excursions et aux recherches géologiques, il sera au courant des plus récentes découvertes, et, ce qui constitue une véritable originalité, **merveilleusement illustré par la photographie qui n'a jamais été appliquée à cet ordre d'études**; il se présentera ainsi sous une forme essentiellement neuve et séduisante, et différera absolument de tous les ouvrages de géologie connus jusqu'à ce jour.

APERÇU DES MATIÈRES

PREMIÈRE PARTIE
Les Phénomènes contemporains.

L'Atmosphère. — Vents, nuages, foudre, etc.

L'Eau liquide. — Pluie, ruissellement, torrents temporaires, correction, reboisement, infiltration, nappes aquifères, action chimique, gouffres et abîmes, grottes et cavernes, sources.

L'Eau solide. — Gel, comblement, neiges et névés, avalanches, catastrophes, formation des glaciers, glaciers polaires, progression des glaciers, mensuration du glacier du Rhône, creusement des vallées glaciaires, moraines, crevasses, séracs, ablation, tables de glaciers, jardins et sources glaciaires.

Les Cours d'eau. — Débit, vitesse, affluents, gelées hivernales, crues, gorges, cañons, creusement des vallées, rapides, chutes, pertes de rivières, alluvions, lits, deltas.

La Mer. — Marées, courants, falaises, aiguilles, arches, grottes, érosions diverses, dépôts littoraux, lagunes, dépôts profonds, marais salants, relief, banquises.

Sécheresse de l'air. — Évaporation, déserts, oueds, chotts, oasis.

Le Vent. — Dunes, apports divers, érosions.

Les Organismes. — Action des animaux et des végétaux, action du sol sur les organismes.

Le Feu souterrain. — Cônes volcaniques, cratères, éruptions, déjections, laves, fumerolles, volcans sous-marins, distribution géographique des volcans, activité du Vésuve, activité de l'Etna, solfatares, geysers, sources thermo-minérales, soufflards, salses, gisements de pétrole, mofettes, eaux minérales, température du sol, théories du volcanisme, mouvements du sol, tremblements de terre.

DEUXIÈME PARTIE
Les Formations du passé.

Les Terrains. — Examen des roches, roches cristallines, roches sédimentaires, métamorphisme, soulèvement des montagnes, fossiles, classification, terrain archéen.

Le Système précambrien. — Distribution géographique.

Le Système silurien. — Faune et flore, étage cambrien, étage ordovicien, exploitation des ardoisières, étage gothlandien.

Le Système dévonien. — Faune et flore, étage inférieur, étage moyen, étage supérieur, exploitation des marbres.

Le Système carbonifère. — Faune et flore, formation de la houille, étage dinantien, étage westphalien, étage stéphanien, mines de houille, usages de la houille.

Le Système permien. — Faune et flore, étages autunien, saxonien et thuringien, exploitation du Bog-head, insectes primaires, éruptions primaires.

Le Système triasique. — Étages werfenien, muschelkalk et keuper, Alpes dolomitiques, exploitation du sel gemme.

Le Système jurassique. — Faune et flore, étages rhétien, hettangien, sinémurien, charmoutien, toarcien, étage bajocien et gorges du Tarn, étage bathonien et Montpellier-le-Vieux, étages callovien, oxfordien, séquanien, kimeridgien et portlandien.

Le Système crétacé. — Faune et flore, étages néocomien, barrémien, aptien, albien, cénomanien, étage turonien et gorges du Rummel, étage sénonien, Étretat et Suisse saxonne, étages aturien, danien et montien.

Le Système éocène. — Faune et flore, étages thanétien, sparnatien, yprésien, lutécien, bartonien et ludien, éruptions tertiaires.

Le Système oligocène. — Faune et flore, étages sannoisien, stampien et aquitanien.

Le Système miocène. — Faune et flore, étages burdigalien, helvétien, tortonien et sarmatien.

Le Système pliocène. — Faune et flore, étages plaisancien, astien et sicilien, volcans du Plateau central.

L'Époque pleistocène. — Faune et flore, distribution géographique, période glaciaire, géologie de la France.

TROISIÈME PARTIE
Les Terrains de Paris. — L'Homme.

Le Sol parisien. — Classification, argile plastique, sables glauconifères, calcaire grossier, caillasses, sables de Beauchamp, calcaire de Saint-Ouen, gypse, marnes du gypse, calcaire de Brie et marnes à huîtres, sables de Fontainebleau, calcaire de Beauce, diluvium, loess, limons (origine, minéraux, fossiles, distribution, exploitation, usages).

L'Homme. — Homme fossile, âge de pierre, art préhistorique, mégalithes, habitation et sol, habitations souterraines, temples souterrains et monolithiques hypogées, etc.

Les Minéraux. — Gîtes minéraux, espèces et industries minérales, passé et avenir de la terre, excursions géologiques, matériel du géologue, etc.
Index alphabétique illustré de tous les termes géographiques ou géologiques, et de tous les noms propres cités dans le volume.

LA TERRE paraîtra par fascicules de 12 pages
L'ouvrage formera 26 fascicules et contiendra 25 superbes vues hors texte,
3 cartes géologiques très soignées, **700 reproductions photographiques**, 50 tableaux
de fossiles caractéristiques et nombreuses figures explicatives.

19 Reproductions photographiques et 1 Carte en noir. Fascicule 25

P. Jousset
L'Allemagne contemporaine illustrée

LIBRAIRIE LAROUSSE
Paris 17 rue Montparnasse Paris

Fasc. 25 Prix : 60 cent.

LIBRAIRIE LAROUSSE, 17, Rue Montparnasse, PARIS
Grand Prix, Exposition universelle 1900

Pour paraître en janvier :

LA TERRE

Ses aspects, sa structure, son évolution
GÉOLOGIE PITTORESQUE

Par **Aug. ROBIN**

Comme l'indique son sous-titre, ce magnifique ouvrage sera avant tout une *géologie pittoresque*. Il réalisera pour la géologie ce qu'a réalisé pour la géographie l'*Atlas Larousse illustré* et il est appelé au même succès : il révélera une science bien autrement vivante et capable d'intéresser qu'on ne se l'imagine ordinairement. Dû à la plume d'un écrivain rompu depuis vingt ans aux excursions et aux recherches géologiques, il sera au courant des plus récentes découvertes, et, ce qui constitue une véritable originalité, **merveilleusement illustré par la photographie qui n'a jamais été appliquée à cet ordre d'études**; il se présentera ainsi sous une forme essentiellement neuve et séduisante, et différera absolument de tous les ouvrages de géologie connus jusqu'à ce jour.

APERÇU DES MATIÈRES

PREMIÈRE PARTIE
Les Phénomènes contemporains.

L'Atmosphère. — Vents, nuages, foudre, etc.
L'Eau liquide. — Pluie, ruissellement, torrents temporaires, corrosion, enfoncement, infiltration, nappes aquifères, action chimique, gouffres et abîmes, grottes et cavernes, sources.
L'Eau solide. — Gel, comblement, neiges et névés, avalanches, catastrophes, formation des glaciers, glaciers polaires, progression des glaciers, burinement du glacier du Rhône, creusement des vallées glaciaires, moraines, crevasses, séracs, ablation, tables de glaciers, jardins et sources glaciaires.
Les Cours d'eau. — Débit, vitesse, affluents, galets bi-crénulés, crues, gorges, cañons, creusement des vallées, rapides, chutes, pertes de rivières, alluvions, îles, deltas.
La Mer. — Marées, courants, falaises, aiguilles, arches, grottes, érosions diverses, dépôts littoraux, lagunes, dépôts profonds, marais salants, relief, banquises.
Sécheresse de l'air. — Évaporation, déserts, oueds, chotts, oasis.
Le Vent. — Dunes, apports divers, érosions.
Les Organismes. — Action des animaux et des végétaux, action du sol sur les organismes.
Le Feu souterrain. — Cônes volcaniques, cratères, éruptions, déjections, laves, fumerolles, volcans sous-marins, distribution géographique des volcans, activité du Vésuve, activité de l'Etna, solfatares, geysers, sources thermo-minérales, soufflards, salses, gisements de pétrole, mofettes, eaux minérales, température du sol, théories du volcanisme, mouvements du sol, tremblements de terre.

DEUXIÈME PARTIE
Les Formations du passé.

Les Terrains. — Examen des roches, roches cristallines, roches sédimentaires, métamorphisme, soulèvement des montagnes, fossiles, classification, terrain archéen.
Le Système précambrien. — Distribution géographique.
Le Système silurien. — Faune et flore, étage cambrien, étage ordovicien, exploitation des ardoisières, étage gothlandien.
Le Système dévonien. — Faune et flore, étage inférieur, étage moyen, étage supérieur, exploitation des marbres.
Le Système carbonifère. — Faune et flore, formation de la houille, étage dinantien, étage westphalien, étage stéphanien, mines de houille, usages de la houille.
Le Système permien. — Faune et flore, étages autunien, saxonien et thuringien, exploitation du Bog-head, insectes primaires, éruptions primaires.
Le Système triasique. — Étages werfénien, muschelkalk et keuper, Alpes dolomitiques, exploitation du sel gemme.
Le Système jurassique. — Faune et flore, étages rhétien, hettangien, sinémurien, charmouthien, toarcien, étage bajocien et gorges du Tarn, étage bathonien et Montpellier-le-Vieux, étages callovien, oxfordien, séquanien, kimméridgien et portlandien.
Le Système crétacé. — Faune et flore, étages néocomien, barrémien, aptien, albien, cénomanien, étage turonien et gorges du Rummel, étage emschérien, Etretat et Suisse saxonne, étages sturien, danien et montien.

Le Système éocène. — Faune et flore, étages thanétien, sparnacien, yprésien, lutétien, bartonien et ludien, éruptions tertiaires.
Le Système oligocène. — Faune et flore, étages sannoisien, stampien et aquitanien.
Le Système miocène. — Faune et flore, étages burdigalien, helvétien, tortonien et sarmatien.
Le Système pliocène. — Faune et flore, étages plaisancien, astien et sicilien, volcans du Plateau central.
L'Époque pleistocène. — Faune et flore, distribution géographique, période glaciaire, géologie de la France.

TROISIÈME PARTIE
Les Terrains de Paris. — L'Homme.

Le Sol parisien. — Classification, argile plastique, sables glauconifères, calcaire grossier, caillasses, sables de Beauchamp, calcaire de Saint-Ouen, gypse, marnes de gypse, calcaire de Brie et marnes à huîtres, sables de Fontainebleau, calcaire de Beauce, diluvium, loess, fluons (origine, minéraux, fossiles, distribution, exploitation, usages).
L'Homme. — Homme fossile, âge de pierre, art préhistorique, mégalithes, habitations et sol, habitations souterraines, temples souterrains et monolithiques, hypogées, etc.
Les Minéraux. — Gîtes minéraux, espèces et industries minérales, passé et avenir de la terre, excursions géologiques, matériel de géologue, etc.

Index alphabétique illustré de tous les termes géographiques ou géologiques, et de tous les noms propres cités dans le volume.

LA TERRE paraîtra par fascicules de 12 pages
L'ouvrage formera 26 fascicules et contiendra 25 superbes vues hors texte,
3 cartes géologiques très soignées, **700 reproductions photographiques**, 50 tableaux
de fossiles caractéristiques et nombreuses figures explicatives.

LIBRAIRIE LAROUSSE, 17, Rue Montparnasse, PARIS
Grand Prix, Exposition universelle 1900

Vient de paraître :

La Pêche moderne

ENCYCLOPÉDIE DU PÊCHEUR

Par MM.

G. Albert-Petit, Cunisset-Carnot, Jousset de Bellesme, D' Joyeux-Laffuie, Maurice Launay, Émile Maison, Charles Marsillon, Michel-Carré, Charles Pérez, D' Georges Poyet, Gustave Voulquin.

Préface de M. Henry Fouquier.

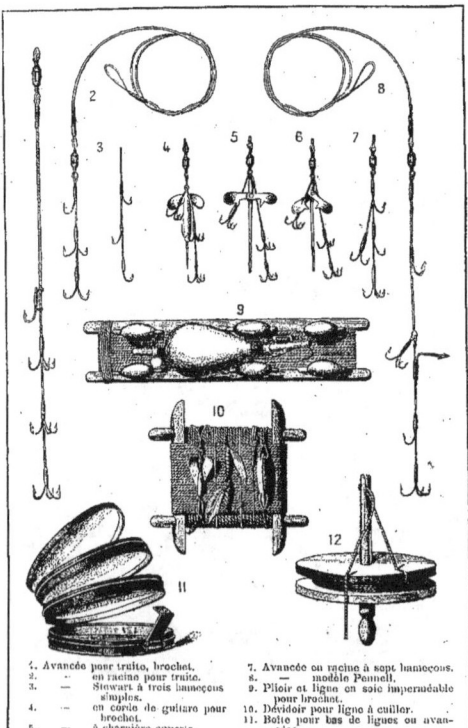

1. Avancée pour truite, brochet.
2. — en racine pour truite.
3. — Stewart à trois hameçons simples.
4. — en corde de guitare pour brochet.
5. — à charnière ouverte.
6. — — fermée.
7. Avancée ou racine à sept hameçons.
8. — modèle Pennell.
9. Ploir et ligne en soie imperméable pour brochet.
10. Dévidoir pour ligne à cuiller.
11. Boîte pour bas de lignes ou avancées.
12. Trimmer flottant à brochet.

De nombreux travaux ont été publiés sur la pêche; mais il n'existait jusqu'à ce jour aucun ouvrage d'ensemble embrassant toutes les formes variées de ce sport et toutes les connaissances qui s'y rattachent. Conçue sur le même plan que *La Chasse moderne*, qui jouit dans le monde des chasseurs d'une réputation si méritée, *La Pêche moderne* constitue une véritable encyclopédie du pêcheur à la ligne et au filet, dans les rivières et au bord de la mer. Les différents chapitres qui la composent, rédigés par les spécialistes les plus autorisés, sont autant de petits traités complets et définitifs.

Ce sera le vade-mecum indispensable de tous ceux qui aiment la pêche et s'y adonnent. Ils y apprendront à pratiquer plus savamment leur art; ils y trouveront aussi tous les renseignements utiles sur leurs droits et leurs obligations au point de vue légal, sur les précautions d'hygiène qu'ils doivent prendre, etc.; et, dans la mauvaise saison, ce sera pour eux un réel plaisir de lire au coin du feu un livre qui évoque le souvenir des bonnes journées de plein air et donne l'espoir, grâce à l'enseignement qu'il renferme, d'en avoir d'autres plus agréables et plus fructueuses encore.

Ajoutons que l'ouvrage, soigneusement imprimé sur beau papier, est illustré à profusion de fort jolies gravures, dessins d'après nature ou reproductions de photographies instantanées.

Un beau volume in-8° de 600 pages, illustré de 680 gravures et 32 tableaux synthétiques. Broché. . . . . 6 fr. 75
Relié toile . . . . 9 fr. »

Envoi franco contre mandat-poste.

Paru précédemment : **LA CHASSE MODERNE** Broché . . . . . . 7 fr. 50
Relié toile . . . . . . 10 fr. »

LIBRAIRIE LAROUSSE, 17, Rue Montparnasse, PARIS

Grand Prix, Exposition universelle 1900

REVUE UNIVERSELLE

A partir du 1ᵉʳ janvier 1902, la Revue Universelle paraîtra le 1ᵉʳ et le 15 de chaque mois. Les prix d'abonnement sont fixés comme suit :

France, Algérie, Tunisie . . . . **18** francs

Étranger (Union postale) . . . . **22** francs

Prix du numéro : **75** centimes

> La « Revue Universelle » est le seul périodique illustré ayant un caractère documentaire et encyclopédique et permettant de suivre intégralement le mouvement littéraire, scientifique, politique, social et artistique du monde entier.

BULLETIN D'ABONNEMENT

Je, soussigné, déclare m'abonner pour l'année 1902 à la Revue Universelle, au prix de ———— ci-joint en un mandat-poste (ou chèque).

Nom et adresse ————————————————————   SIGNATURE

————————————————————————————

————————————————————————————

Le ———————————— 190 .

Remplir ce bulletin et l'adresser à la LIBRAIRIE LAROUSSE, 17, rue Montparnasse, Paris, ou à son libraire.

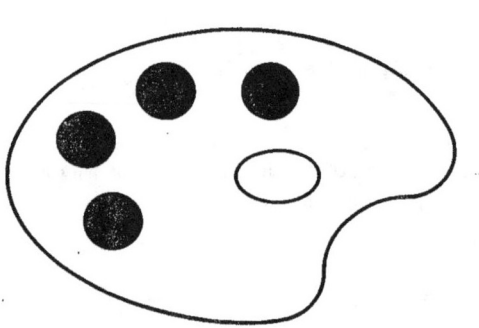

Original en couleur
NF Z 43-120-8

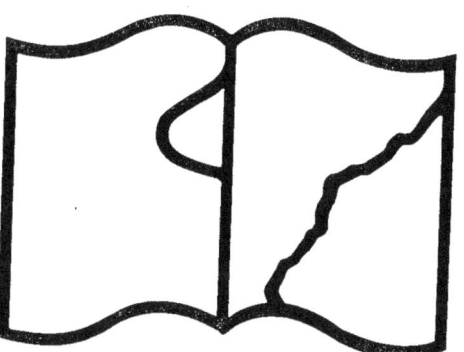

Texte détérioré — reliure défectueuse
NF Z 43-120-11

www.ingramcontent.com/pod-product-compliance
Lightning Source LLC
Chambersburg PA
CBHW060544230426
43670CB00011B/1681